총신대학교 신학대학원 길라잡이
목회자·신학생·평신도를 위한 성경주해와 목회학 연구

총신대학교 신학대학원 길라잡이
예수님의 십자가를 만나는
목회자·신학생·평신도를 위한
성경주해와 목회학 연구

2025년 8월 20일 초판 1쇄 인쇄
2025년 8월 25일 초판 1쇄 발행

지은이 | 정인선
펴낸이 | 박영호
교 정 | 박지영·이현명·정은실
디자인 | 김정분
펴낸곳 | 도서출판 솔로몬

주소 | 서울시 동작구 사당로 143
전화 | 02-599-1482
팩스 | 02-592-2104
직영서점 | 02-596-5225

등록일 | 1990년 7월 31일
등록번호 | 제 16-24호

ISBN 978-89-8255-638-8   03230

ⓒ정인선
저작권법에 의하여 한국 내에서 보호를 받는 저작물이므로
무단전재와 복제를 금합니다.

총신대학교
신학대학원
길라잡이

정인선 지음

A Guide to Chongshin Theological Seminary

Biblical commentary and pastoral studies for
pastors, seminarians and laypeople
who encounter the Jesus' Cross

예수님의
십자가를 만나는
목회자
신학생
평신도를 위한
성경주해와
목회학 연구

솔로몬

추천사

김지찬 교수님(총신대 신대원 구약학 교수 역임)[1]

정인선 권사님은 총신대 신학대학원 M.Div. 과정을 하는 도중 눈에 띄게 성실하면서도 따뜻하고 신앙심 깊은 분이었습니다. 만학도임에도 불구하고 20대 분들보다 더 열심히 연구하여 탁월한 성적을 내신 탁월한 연구자의 능력을 보여주셨습니다.

그뿐 아니라 오랫동안 신앙 경륜에서 나오는 신학적 통찰과 신앙적 혜안

---

[1] 2025년 1월 1일 신년예배를 드리며 가장 행복한 선물을 받았다. 본인이 제출했던 과제이지만 교수님들께 말씀드리는 것이 예의이고 좋을 것 같아, 이 책에 실리는 모든 과목의 교수님들 한 분 한 분께 카톡을 보내드렸는데 교수님들께서 너무 기쁘게 답해주셨다. 보내주신 카톡을 캡쳐를 떠서 추천사로 대신하려 한다고 김지찬 교수님께 말씀드렸더니 이렇게 정성껏 써주셨다. 눈물이 왈칵 쏟아졌다.

본인의 신대원 3년의 모습을 그대로 고스란히 따뜻하고 아름답게 풀어내주셨다. 김지찬 교수님의 제자 사랑의 진액이 그대로 녹아있었고, 이리저리 치였던 지난 과거의 내 삶이 '그래도 착하게 잘 살았구나' 하는 위로가 되었다. 마치 천국에 가서 주님께서 주시는 면류관을 미리 받는 기분이었다.

김지찬 교수님께서 추천사로 써도 된다고 허락하셔서 여기 추천사를 올린다. 글이 더 풍성해지고 꽉 채워지는 느낌이다. 학교가 많이 어려웠을 때 학교와 학생들을 위해 큰 희생을 감내하시던 삶의 모습이 여전히 배어 나오시는 김지찬 교수님은 멋지시고 귀한 스승님이시다. 교수님께서 제게 귀한 선물을 주셨습니다. 교수님께서 부족한 제게 베푸신 은혜입니다. 김지찬 교수님께 깊은 감사를 드립니다.

은 타의 추종을 불허합니다. 게다가 약사로서 몸의 질병에 대한 경험을 통해서 다른 이들, 특히 약자들의 아픔을 이해하는 동감능력이 뛰어납니다. 바쁜 와중에도 신대원 전도사님들을 위해 희생적으로 양호실을 운영하던 모습을 기억합니다.

신대원 다닐 때 제게 구약 역사서 강의를 듣고 제출한 주해 보고서(왕상 19:8-18) 역시 주해에서 설교까지의 과정을 잘 보여준 모범적인 연구 성과를 보여주고 있습니다. 본인이 쓴 '언어의 직공이 되라'에 대한 서평 역시, 서평이 무엇인지를 잘 보여주는 샘플이 된다고 봅니다. 이제 이런 신대원의 모든 강의를 정인선 권사님이 듣고 낸 보고서들을 묶어 책으로 출판한다고 하니, 후배 신학도들에게 큰 도움이 되리라고 생각합니다. 정인선 권사님 축하합니다. 그리고 사랑합니다. 건강하셔서 주님을 위한 사역에 기쁨을 맛보시길 바랍니다.

2025년 1월 1일
김지찬

이 책을 쓰도록 용기를 주신 김지찬 교수님은 신대원에서 나의 멋있는 은사님이시다. 교수님께서 당연히 써도 된다고 격려해주셨기에 여기까지 올 수 있었다.

보통 추천사를 받아 책을 발간하지만 내게는 그만한 능력도 없어서 교수님들께 카톡과 문자를 보내고 응답해주신 교수님들의 말씀을 담아 추천사로 대신하고 싶었는데 김지찬 교수님께서 추천사를 써주셨다. 눈물 나도록 스승님의 은혜가 감격이고 감사하다.

교수님들께 카톡을 드리고 나서, 교수님들마다 너무 기뻐해 주시며 답을 주셨는데, 오히려 무게감과 책임감이 느껴졌다. 교수님들께 실망을 안겨드리면 안 되는데 하는 염려가 앞선다.

다음은 교수님들께 보내드린 카톡과 그에 대해 교수님들께서 주신 짧은 어록(語錄)이다.

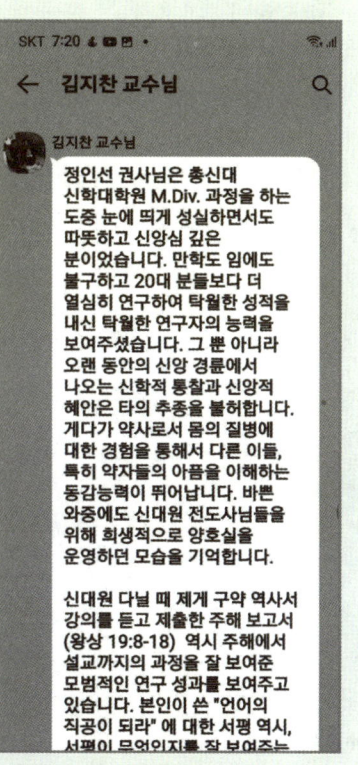

↑ 교수님들께 공통적으로 먼저 보내드린 카톡   ↑ 김지찬 교수님(역사서) 카톡 1

추천사 | 7

보여주고 있습니다. 본인이 쓴 "언어의 직공이 되라"에 대한 서평 역시, 서평이 무엇인지를 잘 보여주는 샘플이 된다고 봅니다. 이제 이런 신대원의 모든 강의를 정인선 권사님이 듣고 낸 보고서들을 묶어 책으로 출판한다고 하니, 후배 신학도들에게 큰 도움이 되리라고 생각합니다. 정인선 권사님 축하합니다. 그리고 사랑합니다. 건강하셔서 주님을 위한 사역에 기쁨을 맛보시길 바랍니다.

2025년 1월 1일
전 총신대 신대원 구약 교수
김지찬

↑ 김지찬 교수님 카톡 2

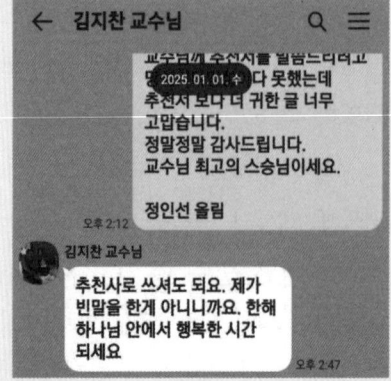

↑ 김지찬 교수님 카톡 3(중간 생략)

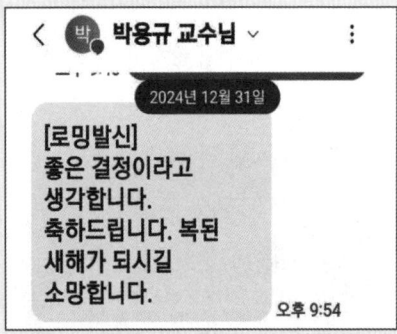

↑ 박용규 교수님(한국교회사)

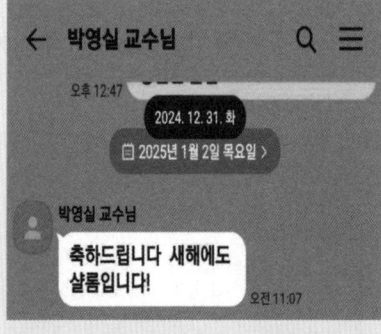

↑ 박영실 교수님(초대교회사)

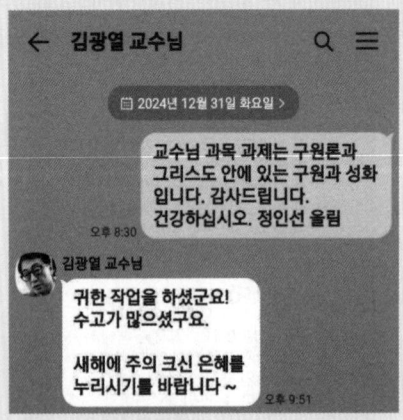

↑ 김광열 교수님(구원론)

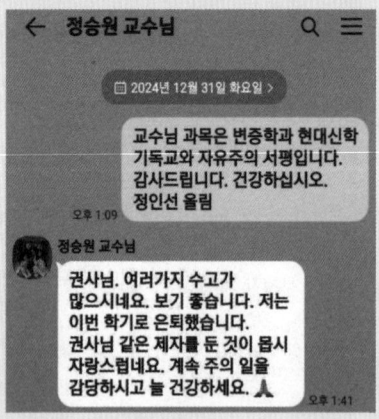

↑ 정승원 교수님(현대신학)

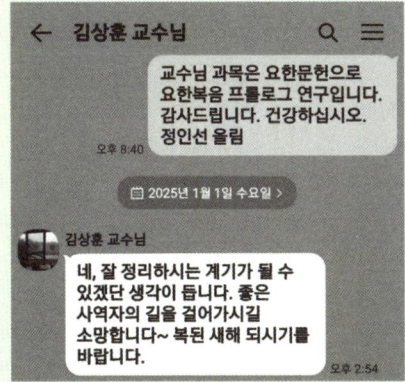
▲ 김상훈 교수님(요한문헌)

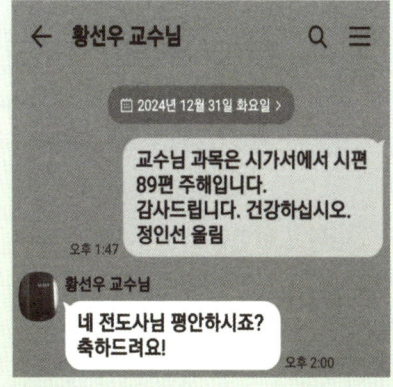
▲ 황선우 교수님(시가서)

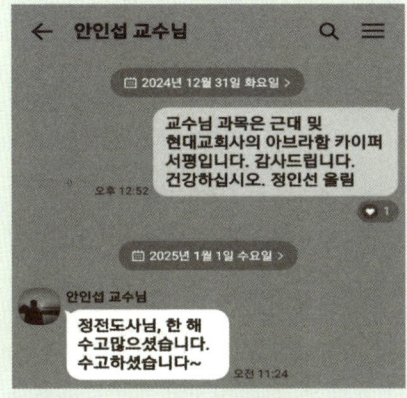
▲ 안인섭 교수님(근세 및 현대교회사)

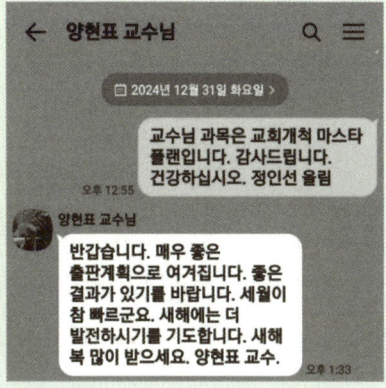
▲ 양현표 교수님(교회개척과 복음전도)

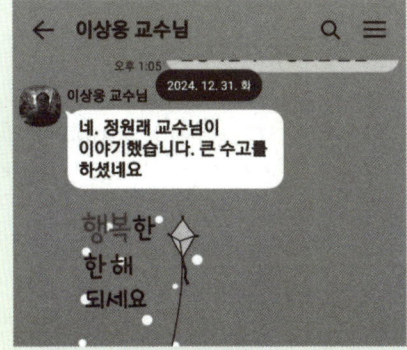
▲ 이상웅 교수님(인간론과 종말론)

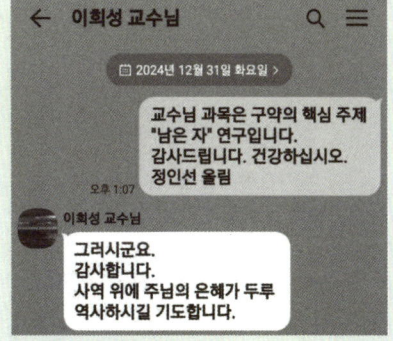
▲ 이희성 교수님(구약신학)

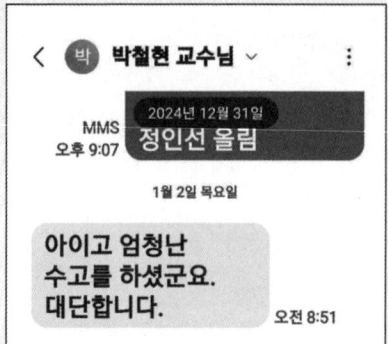
↑ 박철현 교수님(오경)

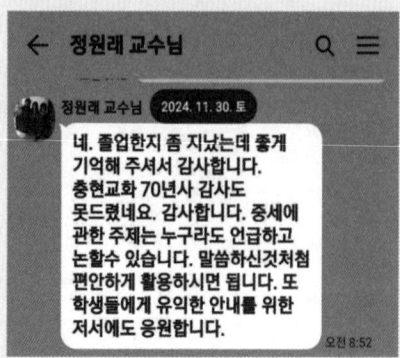
↑ 정원래 교수님(중세교회사)

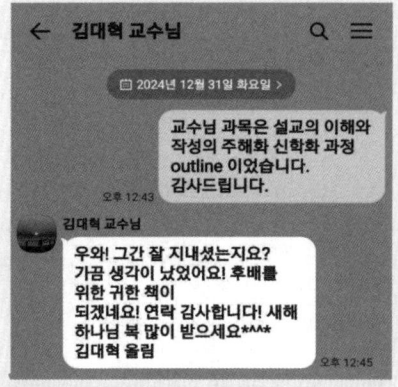
↑ 김대혁 교수님(설교의 이해와 작성)

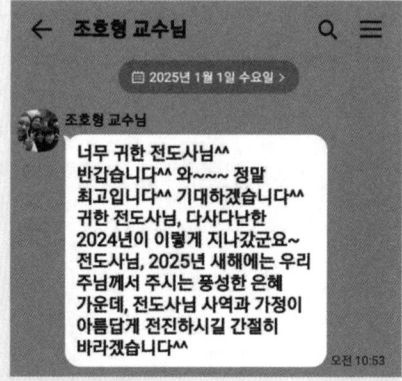
↑ 조호형 교수님(바울서신)

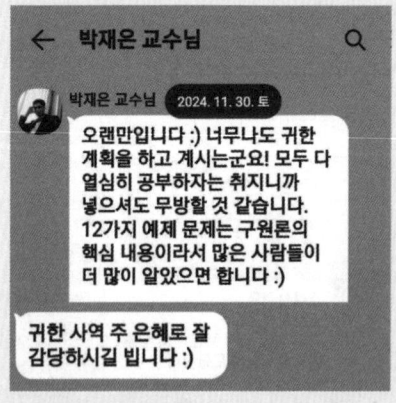
↑ 박재은 교수님(구원론)

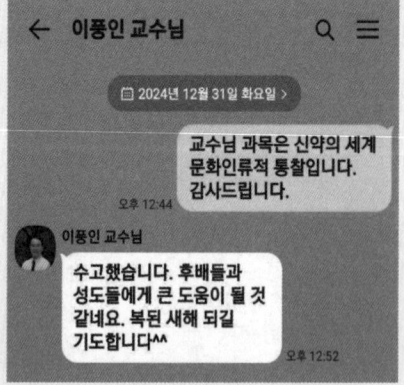
↑ 이풍인 교수님(신약서론)

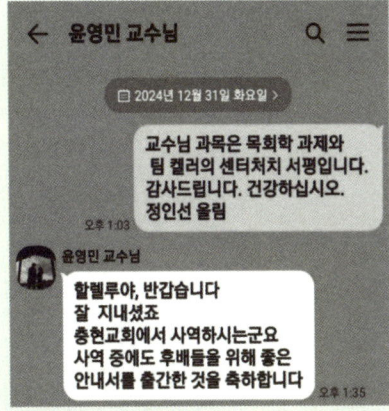
▲ 윤영민 교수님(목회학)

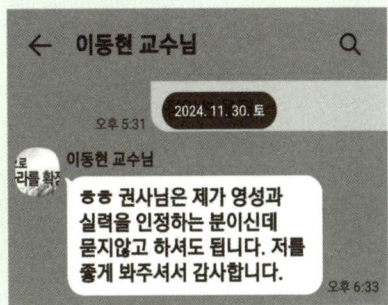
▲ 이동현 교수님(선교역사)

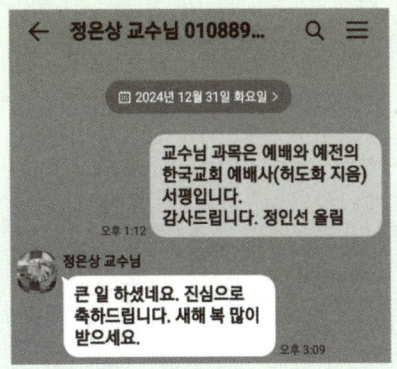
▲ 정은상 교수님(예배와 예전)

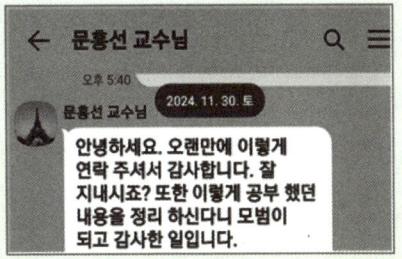
▲ 문흥선 교수님(개혁신학총론)

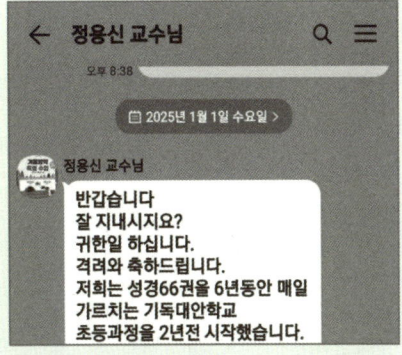
▲ 정용신 교수님(신약신학)

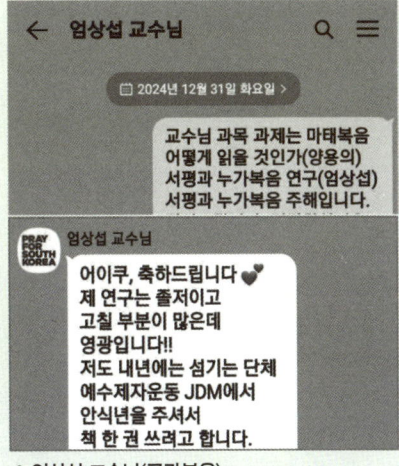
▲ 엄상섭 교수님(공관복음)

그 외 몇 분의 교수님께서는 카톡이 여전히 1로 남아 있고, 카톡을 보신 한 두 분의 교수님은 답이 없으시다. 김대웅 교수님, 박형대 교수님께도 수업을 했는데, 구약·신약원어강독이라 과제가 없어 죄송하고, 김창훈 교수님의 설교실습도 설교라서 게재하지 못해 죄송하다.

서문

　영동고속도로 아래 고즈넉이 펼쳐지는 분지 같은 양지 총신대 신학대학원, 그 분지 안으로 빨려 들듯 나의 인생 3막의 서사가 시작되었다. 나의 후반의 꿈이 고스란히 농축되어 담겨 있었던 양지의 분지! 나는 그렇게 두근두근 총신대 신학대학원에서의 여행을 시작했다.

　이 책을 쓰게 된 첫 번째 동기는, 나같이 늦은 나이에 신학의 길에 들어섰거나, 이른 나이에 입학했어도 교회 사역과 학교 수업 그리고 과제로 어려움을 겪는 후배들을 위함이었다.

　책을 쓰는 동안 서서히 내게 다가온 또 하나의 동기는 연구 과정의 스펙트럼의 범위가 넓어지면서 목회자와 신학생을 위한 성경주해를 돕는 것을 우선순위로 하자는 것이었다.

　이제 저술의 종착점에 다다르면서, 그동안 억제하고 있었지만 마지막으로 내 심장에서 솟구쳐 터져 나온 최종적인 동기는 오롯이 예수와 그의 십자가와 부활을 증언하는데 있다. 바로 이것이 이 책의 최종 목적이다. 할 수만 있다면 지구의 맨 꼭대기에 올라가 온 세상을 향해 확성기를 대고 큰소리로 "예수와 그의 십자가"를 목이 터져라 외치고 싶어서이다.

　예수님을 더 깊이 알게 되고 "십자가"가 내 목구멍에서 터져나오던 날이었다. 주일 예배를 마치고 30~40분 동안 차를 운전하고 가면서 "십자가"라는 단어가 입에서 터져 나오기 시작했다. 견딜 수가 없었다. 입으로 "십자가 십자가 십자가"만 계속 되뇌었다. 운전을 하니 다른 행동을 할 수 없어서 "십자가"만 계속 말하면서 손바닥이 아플 정도로 핸들만 두들겨댔다.

교회 선교팀 파송기도 참석차 작은 소예배실에서 예배드리던 어느 날 앞의 작은 강대상에서 "붕~~" 하고 떠오른 십자가가 "영광!", "영광" 그 외에 표현할 단어가 없는 형채로 다가오면서 내 가슴에 푹 안기는데 뜨거워서 견딜 수가 없었다. "주님 너무 뜨거워요. 가슴이 데일 것만 같아요"하면서도 가슴에 들어온 십자가를 두 손으로 꼭 안았던 체험이 있다.

그렇지만 내게는 그리스도인의 삶의 적용이나 성화라는 것은 대면대면하다. 내 삶의 작은 모토는 "주님이 기뻐하시니까!", "이러면 예수님께서 슬퍼하시겠지!" 이 두 가지뿐이다.

이것이 나의 성화이고 견인이다. 억지로 되는 것이 아니라 그냥 저절로 되었다. 예수님을 믿으면 성령이 알려주시고 이끌어주시니까, 저절로 이렇게 되지 않을까 싶다. 예수님과 십자가만 가슴에 넣고 간직하고 싶다. 그러면 예수님께서 내 삶의 시금석이 되어 주신다. 이 책에서는 "예수님과 십자가 그리고 예수님의 부활"만 담아내고 싶다. 이것이 이 책을 쓰는 최종 목적이고 하나님께 영광이고 주님께 영광을 돌림이다.

총신대학교 신학대학원 합격통지서를 받은 기쁨도 잠깐, 1월부터 시작된 동계 히브리어와 헬라어 강좌는 그야말로 hell이었다. 도서관에서 새벽 1시 전에 기숙사로 들어온 적이 없이 언어를 공부했지만 적어도 2박 3일 걸려야 축척이 되는 내 머리는 전날 공부한 것을 다음날 시험보는 데 아무것도 기억이 나지 않았다. 새벽 1시 넘어 아무도 없는 도서관을 혼자 나와 밤사이 내린 눈으로 미끄러운 산길을 내려가기가 얼마나 힘들었는지! 눈발로 하얗게 염색된 하늘만 처연히 오도가도 못하고 엉거주춤 서 있는 나를 쳐다보는 듯했다. 개강하고 나서 서평 과제를 내는 일도 막막했다. 서평을 어떻게 해야 하는지….

졸업하고 나서 가장 먼저 해야 되겠다고 생각했던 일이 책을 쓰는 것이었다. "신대원 길라잡이"이다. 나같이 헤매는 후배들을 위해 마음의 빚을 갚아야 한다는 심정이었다. 신대원 재학 시절에 필자의 레포트는 모범 답안이었지만 그것을 다 나눌 수 없어서 마음의 빚으로 늘 남아 있었기 때문이었다.

3학년 2학기 졸업반이 되자 졸업 후 사역에 대한 이야기로 설왕설래할 때 늦은 나이에 신대원에 입학한 원우들은 사역지를 정하기가 쉽지 않았다. 그때 김지찬 교수님께서 "책을 쓰세요"라고 말씀하셨다. 박영실 교수님께서도 전도사님이 글을 잘 쓰는 것을 교수님들도 다 알고 계시다면서 "책을 쓰세요"라고 말씀하셨다. 이관직 교수님은 내가 제출한 과제를 보시고 감격하시며 상담을 해보라고 하셨다. 그 말씀들이 감사했지만 졸업하고 난 후 시간들은 녹록치 않았다. 김지찬 교수님께서 우리 교회 오셔서 설교하셨을때 그런 생각을 의논드렸더니, 과제를 너무 잘 냈기 때문에 그것을 후배들을 위해 남겨보라면서 흔쾌히 꼭 쓰라고 말씀하셨다. 용기가 생겼다.

신대원 다닐 때 제출했던 과제를 전부 한 데 모으기도 쉽지 않았다. 작업을 하다 교회 70년사를 집필하게 되면서 신대원 길라잡이는 덮어버리고 3년의 시간을 보냈지만 내가 해야만 한다는 어쭙잖은 사명감이 늘 숙제로 남았다. 교회에서 디지털 역사관(아카이브) 자문을 맡으면서 숙제는 또 연기되었다. 2024년 9월 어느 날 편집하다 덮어버린 『신대원 길라잡이』가 눈에 들어왔다.

과제 제출의 글

과제를 제출할 때, 교수님마다 원하시는 프레임이 달랐다. 어떤 교수님은 2장을 넘기면 감점이라고 하셨고, 어떤 교수님은 1장을 넘기면 감점이라 하셨다. 히브리어는 아래한글로는 작업을 할 수 없어서 MS워드로 작업을 하다보니 신약 헬라어까지 MS워드로 작성했다.

그래서 아래한글과 MS워드로 작업한 것을 합치려니 다 깨지고 말았다.

결국 두 권으로 1부와 2부로 나눌 수밖에 없었다. 당시는 문헌을 보면서 워드를 치고 나름 확인을 다하고 제출했지만 몇 년이 지난 지금 문장을 확인하다보니 틀린 것도 많고, 내용도 긴가민가 싶다.

6~7년이 지난 이즈음 다시 학교 도서관에 가서 그 많은 것을 일일이 확인하기에는 불가능했다. 그래서 혹여 틀린 내용이 있을 것이다. 각주도 빠진 것이 많을 듯하지만 이제 와서 빠진 각주들을 찾아서 넣을 수가 없었다. 더욱이 히브리어는 많이 틀렸을 텐데 히브리어와 헬라어를 다 까먹은 지 오래되어 뭐가 틀렸는지 구별하기도 어렵다. 그러니 죄송하지만 독자의 이해를 바랄 뿐이다. 필자가 목적하는 바는 방향을 짚어 주는 역할까지라고 생각한다.

중요한 것은 방학이 거의 끝날 무렵, 새학기 등록 안내가 게시되면 수업계획서가 올라온다. 고속도로 운전이 무서웠지만 1시간 반이 걸리는 먼 길을 기를 쓰고 운전해서 학교 도서관에 가서 미리 책을 빌렸고 그때부터 과제 책을 읽었다. 주교재는 당연한 것이지만 부교재와 원서도 집어 들고 읽었다. 수업계획서와 시간표는 버리지 말고 편철해두면 좋고 안되면 문서로 저장이라도 해둔다면 나중에 도움될 일이 많다. 졸업하고 나면 추천도서조차 찾지 못할 때가 많아 아쉽다. 그 누구도 우리에게 개혁주의에 기초한 추천도서를 안내해주지 않는다.

수업계획서의 추천도서 중 원서를 읽고 각주를 달아야 좋은 평가가 나온다는 것은 꿀팁이다. 원서를 읽는 것에는 한계가 있지만 원서 전체를 읽는 것이 아니고 해당되는 chapter만 읽으면 된다. 본인은 원서와 번역서가 있는 것은 번역서를 같이 두고 과제를 준비했었다.

과제를 제출할 때는 반드시 쪽번호를 넣어야 할 것을 당부하고 싶다. 더욱 좋은 평가를 받기 원하면 모든 과제마다(최소 5쪽이 넘어가면) 목차를 맨 앞에 반드시 제시해야 할 것이다.

본인은 주관식 시험조차 소논문 형식으로 답을 썼다. '들어가며(서론)', '본문(본론)', '나가며(결론)', 나의 생각 등으로 형식을 갖출 것을 권한다. 답안지에도 〈들어가며〉, ①~~ ②~~ 등의 소제목을 먼저 쓰고 나서 내용을 전개해야 한다. 소설을 쓰는 것이 아니기 때문이다.

인문학적 소양이 풍부하고 글을 잘 쓰면 금상첨화(錦上添花)지만 그렇지 않더라도 제출한 과제 안에 정성과 진정성이 녹아있는 것을 교수님들께서 모르실리 없으시다.

과제는 먼저 연구목적, 연구방법 혹은 가설 등을 제시하였다. 중요한 것은 연구목적이나 가설 등에 명시된 명제가 결론까지 다다를 때 결과물로 나와서 문장에 녹아 있는지를 분명히 제시해야 한다. 용두사미 격이 되어 앞부분은 거창한데 나중에 보니 꼬리가 슬며시 보이지 않는다면 그것은 좋은 평가를 받을 수 없을 것이다. 교수님들께서는 그것을 꼭 확인하신다.

MS워드는 필수이다. 특히 히브리어 과제는 MS워드를 안할 수 없을 것이다. 그게 익숙해지면 MS워드가 재미있다. 스타일을 이용하면 MS워드나 아래한글은 목차가 저절로 생성된다. 장문의 글로 비문을 만들지 말자. 더욱이 여러 페이지 되는 A4를 전부 text로만 채워버린다면 너무 밋밋하여 차별성이 없다. 박스를 사용해서 도표 형식으로 정리하고 제목이나 소제목 그리고 중요한 부분은 칼라를 쓰면 더욱 깔끔하고 정갈하며 조금 남다른 과제가 될 것이다. 마지막으로 교수님께 대한 감사인사는 닭살이 아니고 애교이며 필수라고 권하고 싶다.

교제나 부교재 등의 책은 신대원 때 사는 것이 재산의 전부이다. 졸업하면 살 기회가 없다. 사서 쓰다가 후배를 사랑하는 마음으로 주지는 말자. 살다보니 그 책들이 다 필요해졌다.

꼼꼼히 하다보니 한 과목 과제를 하는데도 시간이 많이 걸렸기 때문에 한 두 과목은 미리 outline을 잡아놔야 한 학기를 따라갈 수 있었고, 좋은 성적을 받을 수 있었다. 그래서 본인은 개강수련회로 단축수업하고 카페에 모여 이야기를 할 때면, 도서관에 가서 책을 먼저 찜해서 빌렸고, 그때부터 과제로 들어갔었다. 책을 읽고 과제를 하고 있으면 한없이 행복했다.

교수님들께서 추천하신 책은 개혁주의가 녹아 있다. 그래서 그 책 속에 들어가면 거기서 예수님을 만나고, 예수님의 십자가를 만났고, 창조주 하나님의 위대하심 앞에 황홀했었다. 5년이 지난 지금 이 글을 쓰면서도 책 속에서 예수님의 십자가를 만났던 그 비밀스럽고 성스러운 시간이 떠오른다. 공부를 잘해야 한다는 생각보다 교수님들의 말씀에 순종하면서 따라가다보면 책 속에서의 주님을 만나고 또 만났다.

3년 내내 도서관에서 새벽 1시 전에 기숙사로 들어온 적이 거의 없었다. 도서관은 행복했다. 도서관에서 생활관 식당으로 와서 저녁을 먹으려 하면 그 시간도 아까왔다. 이따금 원우들에게 식사를 대접하려고 갔던 갈비명가와 커피점(박철현 교수님께서 소개해 주셔서 학생들이 몰려가자 교수님들이 밀려나신 곳) 그것이 나의 전부였다.

동계 헬라어와 히브리어는 우리 학년 때 한 과목당 4점이 되었다. 그리고 다음해 바뀌었지만, 그때 점수가 좋지 않아 두 과목 모두 B+을 받았다. 소수점 한 자리 차이로 졸업성적 1, 2등이 앞서니 뒤서니하는데 이 두 과목만 A를 받았더라도 전체 1등으로 졸업했을텐데 하는 아쉬움이 늘 남아있다. 하필이면 그때는 각각 4학점이었는지! 늘 끌끌하고 속상하다.

이렇게 히브리어와 헬라어뿐만 아니라 영어의 handicap까지 많은 내가 이 많은 과제를 원어를 붙들고 씨름을 했으니 어떠했겠는가! 거기에다 시력도 안 좋아 종이를 눈에 붙여야 글씨를 읽을 수 있으니…이렇게 살아내었다.

이것은 오롯이 과제로 제출했던 그대로이다. 이 책을 발간하면서 교정을 보고 편집을 하였지만, 근본적인 본문에 관한 내용은 첨삭하지 않았다. 신대원을 졸업하고 6년이 되어가는 이 시간에 다시 도서관을 가서 참고문헌을 뒤져가며 검토할 능력도, 여력도 남지 않았다. 양지도서관에 있는 문헌이 사당 도서관에 없기도 하고, 사당에 있는 문헌이 양지에 없기도 하다. 두 도서관을 왔다갔다할 체력도 허락되지 않고, 희미하고 뿌옇게 보이는 글자를 눈을 비벼가며 볼 능력도 없으니 부족하거나 틀린 것에 대하여 너그러이 이해를 바라는 마음이다.

감사의 글

　금요일이면 채플이 끝나자마자 학생들은 줄행랑을 치듯 사역지인 각자의 교회로 돌아가는데, 나는 엄마에게 가야했다. 입주 요양사 간병인 선생님이 토요일에는 하루 쉬셔서 안계신다. 신대원 입학하기 전 넘어져서 주저앉아버려 고관절 수술을 하시고 누워계신 엄마께 가서 자고, 휠체어를 밀고 교회를 모셔다 드리고 밀린 집안 살림하면서 그렇게 살아내었다.
　그 길에서 내 곁에 함께 있어 주고, 아픈 일을 당할 때마다 filtering해 준 남편 박지영 선생은 시간이 흐를수록 심약한 내게 주신 하나님의 귀한 선물임을 깨닫는다.

　마음놓고 봉사하고 아낌없이 쓰라고 언니를 위해 큰 선물을 해준 새누리당 중앙당 부대변이었던 친여동생 정은실 영문학과 교수는 하나님이 내게 주신 귀한 보배이며 선물이기에 한없이 미안하고 고맙고 감사할 뿐이다.

　약국 손님이었다가 40여 년이 넘도록 힘들 때마다 내 이야기를 들어주고 아파해주고 친구가 된 김영미 집사와 40년 전 고등부 교사로 서로 기도해 주기로 약속했던 손명희 집사, 의료선교의 동역자 김종희 권사님, 충현 55년사를 함께 썼던 이선자님께 감사드린다.
　여행 좋아하시는 엄마를 차에 모시고 대한민국 방방곡곡을 함께 다녀주시고, 엄마가 편찮으신 기간 동안 한 주도 빠짐없이 주일마다 오셔서 예배드려주신 황의범 장로님과 최영화 권사님, 엄마의 모든 급한 일에 얼른 달려와 도와주셨던 최봉규 집사님과 한순희 권사님, 엄마가 누워계실 때 한 주도 빠짐없이 오셔서 위로해주시던 송윤자 권사님, 영문교회 장원재 담임 목사님과 사모님의 사랑은 잊을 수 없다.
　4년 동안 간병하시며 엄마와 함께 계셔주시고, 말동무가 되어 주시고, 한 번이라도 더 바깥 구경 시켜드리려고 축 늘어져 가누지 못하는 엄마를 번쩍

들어 안아서 휠체어에 태워 허리가 휘도록 온몸으로 감당해주신 입주 요양사 지미자 선생님께 한없이 감사를 드린다.

엄마가 누워계셨던 4년 4개월, 그 이전부터 엄마를 심방하며, 혼자 계실 때 함께 찬송을 부르고 기도해 주시고, 4년 4개월 동안에도 한 주도 빠짐없이 엄마를 찾아오셔서 위로자가 되어주셨던 강순희 권사님과 김단용 장로님이 고맙고 감사하다. 엄마는 매일매일 강순희 권사님을 기다리셨다.

평생을 기도해 주시겠다고 하시고 내편 되어 주시고 지금도 기도해 주시는 김승옥 권사님과 안석현 장로님, 어려운 일이 있을 때마다 기꺼이 기도해 주시는 곽숙단 권사님과 박우현 장로님께 감사하다. 40여 년 전 고등부 교사로 만나 지금까지 기도를 나누며 씩씩하게 살라고 격려하시며 지지해주시는 곽도윤 권사님은 내가 본받아야 할 멋있으신 믿음의 선배님이시다.

『충현교회 70년사』를 마치고 마음이 허할 때, 책을 쓰도록 권면해 주셔서 '이것이 내가 할 일이구나'하는 책임감을 느끼고 손을 놓았던 원고를 다시 집필할 수 있도록 용기주신 충현교회 장로님이신 안연식 교수님께도 감사하다.

『충현교회 70년사』를 쓸 때 새벽 1시가 넘도록 옆방에서 원고를 만지며 교회 어려운 일을 집필하셨던 당시 서기이며 70년사 편찬위원장 이상석 장로님, 5번이 넘도록 폭풍 눈물을 흘렸을 때 미안함으로 그 눈물을 받아주셨던 부위원장 김영환 장로님께 감사드린다.

70년사를 쓰는 2년간 40번이 넘도록 매 주일마다, 때로는 한밤중에도 Zoom으로까지 감수를 해주셨던 홍금성 장로님, 정인욱 장로님, 남중호 장로님, 박성철 장로님께 감사드린다. 3년 동안 함께 긴긴 시간을 나누며 멋진 화보편을 만들어 준 류기제 집사님, 정회원 집사님, 배은혜 집사님, 자료를 찾아주고, 글도 써주셨던 서상근 집사님, 노희영 권사님, 최연희 권사님, 이진 집사님, 의대생 류진석, 행정적으로 도와주셨던 교회 사무국의 김어현 국장 집사님, 유지철 집사님, 길경덕 집사님, 문숙향 집사님과 김선영 집사님은 잊을 수 없는 위로자들이시고 사랑이시다. 3년은 고난의 길이었지만 이 책이 나올 수 있었던 동력이 되었고, 이분들과 함께했던 시간들은 나의 삶의 가장 축복된 서사가 되었기에 감사드린다.

교회 비서실의 김유석 목사님, 임진실 목사님, 신경철 목사님, 이다현 목사님, 김승래 목사님, 강민경 전도사님과 7교구 담당하신 권혁근 목사님, 김상래 목사님, 조기숙 전도사님, 류효선 전도사님과 7교구장 최규옥 장로님께 감사드린다.

『총신대학교 신학대학원 길라잡이』라는 제목으로 책을 발간하겠다고 교수님들께 카톡을 보내드렸을 때 기뻐하시면서 답을 해주신 모든 교수님들께 너무 감사드린다. 미국에서까지 로밍 발신을 해주신 박용규 교수님께도 감사드린다. 정성껏 추천사를 써주신 김지찬 교수님은 본인의 3년 동안의 신대원의 삶을 짧은 일기같이 써주셨다. 눈물이 왈칵 솟구쳤다. 『충현교회 70년사』를 쓰면서 힘들고 억울했던 시간들을 만져주시는 하나님의 손길이 느껴졌다.

『레위기』(박철현 저, 솔로몬, 2018.) 책을 교정하고 편집할 때 박철현 교수님의 인격과 성품은 잊을 수 없다. 본인이 제안한 도식 하나를 두고 "정인선 전도사께서 작성하신 것이다"(459쪽)라고 각주를 다신다고 하시기에 '괜찮다'고 말씀드렸더니, '수고한 사람의 수고는 수고한 사람의 몫으로 돌아가야 한다'라고 하신 말씀이 그후로 나의 삶의 철학이 되었다. 남이 애써서 만든 작품(결과)에 숟가락 하나 얹어 편승하려는 일이 비일비재한 우리네 현실에 너무 필요한 윤리의식이다. 서문에 감사의 글도 써주셔서 어깨가 으쓱하고 너무 행복했었다.

"사랑합니다!" 충현교회 한규삼 담임목사님을 기억하면 목사님의 따뜻한 미소와 함께 가장 먼저 떠오르는 단어이다. 교회의 어려움, 성도들의 아픔과 상처의 무게를 감당하시며 교회의 귀한 선물같이 오신 목사님을 생각하면 눈물이 앞선다. 설교 말씀을 듣던 어느 날 "저분(한규삼 목사님)은 나를 참 많이많이 사랑한단다." 주님께서 내게 말씀해주시는 음성을 들으며 더욱 눈물이 솟구쳤었다. 언약과 예수님의 십자가를 말씀으로 풀어주시면 어느새 하늘이 열리는 체험을 하곤 했다. 예배와 교육·전도와 선교 그리고 이웃사랑에 이르기까지 교회의 새 패러다임을 만드시고 특별히 차세대를 회복시키려 애쓰셨던 목사님! 교회를 보듬으며 품으시고 사랑해주시는 한규삼 목사님과 사모님! 감사합니다. 고맙습니다. 사랑합니다. 건강하십시오.

    이 책은 예수님과 예수님의 십자가에만 집중하려 했다. 때로는 필자의 삶의 이력과 궤적이 녹아 있기도 하다. 정성을 다해 썼고 수없이 많이 교정했지만 어줍잖은 글이며, 많이 부족하다. 틀린 부분도 많을 것이기에 독자분들께 너그러이 덮어주시기를 부탁드린다.
    무명하여 십자가를 덧입고 예수님의 십자가에서만 내 삶의 답을 찾을 수 있고, 하나님이 하셨다고 핑계해야 풀릴 것 같은 글 안에 담겨진 나의 삶의 단초를 주님 앞에 바친다.

    이 책을 발간할 수 있도록 어떤 조건도 없이 기쁘게 맡아주신 솔로몬의 박영호 장로님과 히브리어와 헬라어 그리고 많은 도표 때문에 고생하신 김정분 디자이너 선생님께 감사드린다.

    명석하시고 똑똑하시던 엄마는 수술 후유증으로 섬망증세가 심하셔서 내가 총신대 신대원을 다닌다고 수십 번 말씀드려도 그게 뭔지 모르셨다. 참 좋아하셨을텐데⋯. 두 딸이 책을 쓰게 해달라고 무의식 중에도 간절히 기도하셨던 엄마의 기도는 지금 응답을 받아 여동생 교수도 책을 집필 중이다. 한없이 미안하고 그립고 보고 싶은 엄마이다. 하여

이 책을 지금은 천국에서 주님과 함께 계시는
사랑하는 나의 어머니 이창희 권사(이달조 권사)에게 헌정한다.

차례
Contents

- 5 | **추천사**
- 13 | **서문**
- 23 | **차례**
- 40 | 〈표〉·〈그림〉·〈도식〉·〈차트〉·〈지도〉 색인

 1부 　신구약 성경주해 · 한국교회사 · 사도적 교회개척

- 47 | **1. 역사서 과제 Ⅰ. 열왕기상 19:8-18 주해 · 김지찬 교수님**
- 47 |　　1. 연구 목적과 본문 범위 확정(왕상 19:8-18)
- 50 |　　2. 사역 및 주요 단어 해설
- 53 |　　3. 역사적 배경
- 55 |　　4. 문학적 배경
- 57 |　　5. 양식/문학 유형(장르) 찾기
- 61 |　　6. 구조·단락 구분
- 61 |　　　　6.1. 열왕기의 구조
- 62 |　　　　6.2. 열왕기상 19장의 구조
- 62 |　　7. 문법적 자료들/본문 해설
- 71 |　　8. 사전적 자료들/가장 중요한 '단어 연구'
- 73 |　　9. 성경적 배경
- 73 |　　　　9.1. 열왕기에서의 정경적 전개

| 74 | 9.2. 신명기식 역사책
| 74 | 9.3. 말라기의 예언의 성취
| 74 | 9.4. 요한계시록 11:3-6에서 모세와 엘리야를 짝지음
| 75 | 9.5. 성경적 배경의 결론
| 76 | 10. 신학 / 해당 본문에 의해서 제기되거나 해결되는 특정한 문제들
| 81 | 11. 본문의 신학적인 위치 / 신학적인 기여
| 82 | 12. 적용·삶의 문제 목록 작성과 설교
| 83 | 13. 결론
| 85 | 14. 설교
| 91 | 나가는 말
| 92 | 참고문헌

| 95 | **2. 역사서 과제 II.** 『언어의 직공이 되라』· 김지찬 교수님
| 95 | 들어가는 말
| 96 | 1. Metaphor의 해석
| 98 | 2. 덫의 수사학
| 99 | 3. 동음이의어·유사어의 사용
| 101 | 4. 비유란 일종의 렌즈이다
| 102 | 4.1. 물 같은 마음
| 102 | 4.2. 다시 읽는 한나의 기도
| 103 | 5. 느밧의 아들 여로보암의 길
| 104 | 6. 구약 역사서를 어떻게 설교해야 하는가?
| 106 | 나가는 말
| 107 | 참고문헌

| 109 | **3. 오경 과제.** 『깨진 토기의 축복』 예정을 살아가는 방법 · 박철현 교수님
| 109 | 1. 들어가는 말
| 111 | 2. 연구 목적과 연구 내용
| 112 | 3. 연구 방법
| 113 | 4. 본문의 구조
| 115 | 5. 『깨진 토기의 축복』 등장인물 성격 분석 요약
| 115 | 5.1. 등장인물을 묘사하는 방법들

| 119 | 5.2. 창세기에서 야곱의 주요성 및 야곱 이야기의 객관적 이해
| 121 | 6. 『깨진 토기의 축복』 3장
| 121 | 6.1. 저자의 내러티브 기법 논의에 대한 개요
| 124 | 6.2. 가족 구성원의 성격 묘사(예정을 살아가는 방법)
| 134 | 6.3. 하나님께서 주신 예정을 대하는 가족(이삭, 리브가, 에서, 야곱)의 모습에 대한 저자의 기술과 필자의 등장인물 성격 분석
| 141 | 6.4. 깨진 토기와 하나님의 약속의 담지자로서의 희망
| 141 | 7. 저자의 등장인물 성격 묘사에 대한 필자(본인)의 견해 종합 정리
| 141 | 7.1. 스토리 전개와 등장인물 성격 간의 연관성 분석
| 143 | 7.2. 큰 자가 어린 자를 섬기리라
| 144 | 7.3. 비평학에서의 본문의 위치
| 146 | 나가는 말
| 150 | 참고문헌

| 153 | **4. 구약주해입문 과제.** 『대망의 책』·김영욱 교수님
| 153 | 1. 들어가는 말
| 155 | 2. 개요
| 156 | 3. 각 권별 소개
| 164 | 4. 여호와의 나라
| 166 | 5. 족보
| 168 | 나가는 말

| 171 | **5. 선지서 과제.** 예레미야 33:14-26·김희석 교수님
| 171 | 들어가는 말
| 172 | 1. 제1단계 Text & Translation(본문 번역)
| 172 | 1.1. 점검 및 번역본 비교 연구
| 177 | 2. 제2단계 역사적 배경 및 저자 문제(Historical Context)
| 177 | 2.1. Historical Background
| 178 | 2.2. 저자 문제, 저작 시기
| 180 | 3. 제3단계 단어 연구(Word Study)
| 180 | 3.1. 'בְּרִיתִי'의 어원
| 181 | 3.2. 'בְּרִיתִי'에 관한 사전적 의미(NIDOTTE, NIDOB, ISBE, HOLLADAY)

| 182 | 3.3. 용례 연구
| 184 | 3.4. 'בְּרִיתִי'의 conclusion
| 185 | 3.5. 고치고 치유하심, 회복
| 186 | 4. 제4단계 장르 연구
| 186 | 4.1. Type A. 시적 리듬(poetic rhythm) 고백(confession)/탄식
| 186 | 4.2. Type B. 전기적(biographical)
| 187 | 4.3. Type C. 비평적인 문제
| 187 | 4.4. Genre conclusion
| 187 | 5. 제5단계 문맥 분석
| 187 | 5.1. 문맥 연구
| 188 | 5.2. 예레미야 33:14-26에서의 구조 연구
| 190 | 5.3. 주제 흐름 분석(교수님께서 가장 중요하게 보심)
| 195 | 6. 제6단계 정경적 상황(Canonical Context)
| 195 | 6.1. 구약 본문 비교 연구
| 200 | 6.2. 신약 본문 비교 연구
| 203 | 6.3. 정경 흐름 분석: 사실상 주해 단계의 핵심
| 206 | 7. 제7단계 신학(조직신학) (메시지 Message)
| 209 | 8. 제8단계 적용(Application) 및 설교 개요 작성(실천신학과의 연계성)
| 212 | 나가는 말
| 214 | 참고문헌

| 219 | **6. 선지서 기말 과제.** 여호와의 날에 남은 자가 되는 길·김희석 교수님
| 220 | 1. 들어가는 말
| 220 | 2. 소선지서 각 권의 주제와 흐름
| 222 | 3. '여호와의 날(יוֹם־יְהוָה)'과 '남은 자'의 관계
| 224 | 4. 여호와의 날과 남은 자의 연결은?
| 225 | 5. 나의 사역지에 적용하여, 그 내용을 어떻게 실천해 나가야 할 것인지를 기술하라

| 227 | **7. 시가서 과제.** 시편 89편 주해·황선우 교수님
| 227 | 1. 연구 목적
| 229 | 2. 연구 과정 중의 발견

| 232 | 3. 연구 방법
| 233 | 4. 사역 및 주요 단어 해설
| 237 | 5. 문법적 주해
| 237 | 5.1. 배경
| 237 | 5.2. 주요 구조
| 238 | 5.3. 단락 구조
| 241 | 6. 시편 89편의 신학적 위치
| 243 | 7. 본문 해설
| 246 | 나가는 말
| 246 | 1. 하나님의 자비하심과 인자하심
| 247 | 2. 감사하고 노래하고 찬양하며
| 249 | 참고문헌

| 251 | **8. 시편 105:1-11 본문 분해 및 사역.** 김영욱 교수님
| 251 | 1. 본문 주해
| 254 | 2. 들어가는 말
| 255 | 3. 연구 방법
| 256 | 4. 개요
| 256 | 5. 본문
| 256 | 5.1. 내용 / 구조
| 263 | 5.2. 단어 연구
| 267 | 5.3. 토라에서의 '언약'과 시편 105편에서의 '언약'
| 269 | 5.4. 시편의 신학(시 105편에서의 신학)
| 270 | 6. 주석
| 270 | 6.1 예배로의 부름(1-6절)
| 272 | 6.2 족장과 맺은 언약(7-11절)
| 273 | 나가는 말
| 274 | 참고문헌

| 277 | **9. 구약신학 과제.** 구약의 핵심 주제 『남은 자』· 이희성 교수님
| 277 | 1. 들어가는 말
| 278 | 1.1. 포로 생활에 대한 해석: 깨어진 계약 관계

279 | 2. 본문 선정: '남은 자' 본문 연구의 동기 및 목적
281 | 2.1. 본문 선택과 연구의 방법
282 | 2.2. 본문 선택과 연구의 범위
283 | 3. 본문 사역: '남은 자' 어휘 분석
283 | 3.1. שָׁאַר (shā'ar 샤아르, 왕상 19:18)
285 | 3.2. זָכַר 기억하사(창 8:1) = 생각하사
286 | 4. 내가 택한 본문의 역사적, 문학적, 정경적 문맥 분석
286 | 4.1. 역사적 정황: '남은 자' 사상의 역사적 정황
289 | 4.2. 정경적 문맥 분석: 구약의 '남은 자'에 관한 정경적 문맥 분석
290 | 5. '남은 자' 본문의 구조 분석
290 | 5.1. Covenant of sine curve
291 | 5.2. Remnant of sine curve
292 | 6. '남은 자' 본문 분석과 신학적 해석
297 | 7. 구속사적 해석: 언약과 '남은 자'
299 | 7.1. 언약과 남은 자의 유기적 통합성
300 | 7.2. 로마서에 나타난 '남은 자' 사상(롬 9:7-8, 27)
301 | 7.3. 남은 자와 '씨'의 개념
303 | 8. 여호와의 열심
305 | 9. 설교 준비
308 | 나가는 말
309 | 참고문헌

313 | **10. 마가복음 10:17-22 주해.** 하나님의 나라와 제자도 · 심상법 교수님
313 | 들어가는 말
314 | 1. 연구 방법
315 | 2. 본문의 큰 두 가지 사건 전개
316 | 3. 서론
316 | 3.1. 마가가 '그리스도'와 '제자도'를 독자들에게 역설하고 싶은 이유
318 | 3.2. 몇 가지 견해
319 | 4. 본론
319 | 4.1. 마가복음의 전체 구조 분석: 내러티브의 구조 분석(주요 구절, 장면, 배경)

| 320 | 4.2. 마가복음의 내러티브적 묘사의 독특한 위치
| 321 | 4.3. 부자 청년 사건
| 323 | 5. 본문 주해(막 10:17-22)
| 325 | 5.1. 발단(17a절) '예수께서 길에 나가실새 한 사람이 달려와서 꿇어 앉아 묻자오되'
| 326 | 5.2. 전개(17b절) '선한 선생님이여 내가 무엇을 하여야 영생을 얻으리이까'
| 329 | 5.3. 갈등(18절) '네가 어찌하여 나를 선하다 일컫느냐'
| 330 | 5.4. 고조(19-20절) '그가 여짜오되 선생님이여 이것은 내가 어려서부터 다 지켰나이다.'
| 330 | 5.5. 절정(21절) '네게 있는 것을 다 팔아 가난한 자들에게 주라~ 그리고 나를 따르라'
| 335 | 5.6. 전환 '그 사람은 재물이 많은 고로~슬픈 기색을 띠고 근심하며 가니라'
| 338 | 5.7. 종결(대단원) '그가 곧 보게 되어 예수를 길에서 따르니라'
| 340 | 6. 본문이 주는 수사학적 신학적 의미
| 340 | 6.1. 수사학적 의미
| 342 | 6.2. 본문의 신학적 의미
| 343 | 6.3. 본문의 제자도
| 344 | 7. 결론
| 344 | 7.1. 그리스도론(기독론)과 제자도의 합치(合致)점 (십자가)
| 345 | 7.2. 마가의 자화상(自畵像)이 복음으로
| 345 | 나가는 말
| 347 | 참고문헌

| 349 | **11. 공관복음 과제.** 독서 서평 과제·누가복음 9:51-62 주해 | 엄상섭 교수님
| 349 | 1. 마태복음 서평 과제:『마태복음 어떻게 읽을 것인가』(양용의)
| 349 | 1.1. 들어가는 말
| 350 | 1.2. 본론
| 351 | 1.3. 나가는 말
| 352 | 2. 누가복음 서평 과제:『누가복음 연구』(엄상섭)
| 352 | 2.1. 들어가는 말

352	2.2. 본론
354	2.3. 나가는 말
355	3. 마태, 마가, 누가복음에 나타난 제자도에 대한 론제네커와 윌킨스의 관점 비교
355	3.1. 들어가는 말
355	3.2. 공관복음에 나타난 제자도의 비교
358	3.3. 나의 입장
359	4. 누가복음 9:51-56 주해
359	4.1. 본문 확정
362	4.2. 배경 연구
366	4.3. 단어 연구
368	4.4. 문맥 연구
371	4.5. 문법적 주해
374	5. 누가복음 9:57-62 주해
374	5.1. 본문 확정(눅 9:57-62)
376	5.2. 배경 연구
378	5.3. 단어 연구
381	5.4. 문맥 연구
384	5.5. 문법적 주해
387	나가는 말
391	**12. 요한문헌 과제.** 요한복음 1:1-18 주해·김상훈 교수님
391	1. 연구 목적
393	2. 연구 방법
396	3. 사역
400	4. 사역 해설 및 단어 해설
401	4.1. 태초에 Ἐν ἀρχῇ (1:1) בְּרֵאשִׁית (WTT)
403	4.2. 말씀 λόγος (1:1)
405	4.3. 생명 ζωή (1:4)
406	5. 단락 구조
406	5.1. 요한식의 교차법 카이에즘(chiasm), (chiastic structure)
408	5.2. 요한복음 전체의 구조: 복합 역교차 구조를 포함한 복합 병행법

| 409 | 5.3. 프롤로그 안에 두 가지의 이중적 증언
| 409 | 5.4. 요한복음 1:1-2의 구조 도식
| 411 | 5.5. 요한복음 1:1-2의 Chiastic Structure
| 412 | 5.6. 창조 전의 말씀(The Word in Pre-Creation)의 분류(요 1:1-2)
| 412 | 5.7. 서시의 내용에 따른 분류
| 413 | 5.8. 복합 역교차 구조가 주는 중요한 점: 증언
| 414 | 6. 본문 해설
| 424 | 7. 프롤로그 전체 주해
| 426 | 나가는 말
| 428 | 참고문헌

| 431 | **13. 신약신학 과제Ⅰ.** 『성경 헬라어와 신약성경의 이해』· 정용신 교수님
| 431 | 들어가는 말
| 432 | 1. 동사 '상'(aspect) 이론(Verbal Aspect Theory)
| 432 | 1.1. 시제가 '동작의 종류'를 나타낸다는 주장
| 434 | 1.2. 포터(S. E. Porter)와 패닝(Buist Fanning)의 정리
| 434 | 2. 직설법 시제(67-106)
| 435 | 2.1. 현재완료 시제의 두 가지 측면(헬라어와 영어의 차이)
| 437 | 2.2. 미완료과거와 단순과거 사이의 차이와 미완료과거의 용법(91-93)
| 437 | 2.3. 말하기 동사(Verbs of saying)의 미완료과거
| 438 | 2.4. 일반 동사의 미완료과거
| 440 | 3. 명령법 시제(106-139)
| 441 | 4. 분사 시제(139-174)
| 441 | 4.1. 부가적 분사(attendant participle) 용법
| 442 | 5. 가정법 시제(175-192)
| 443 | 나가는 말

| 445 | **14. 신약신학 과제Ⅱ.** 도날드 거쓰리·레온 모리스·래드 | 정용신 교수님
| 445 | 들어가는 말
| 447 | 1. 연구 방법
| 448 | 2. 연구 목표
| 451 | 3. 개요

| 453 | 4. 본론
| 453 | 4.1. 하나님
| 455 | 4.2. 기독론(우리의 주님 예수 그리스도)
| 463 | 4.3. 그리스도의 사역
| 468 | 5. 래드의 신약신학
| 469 | 나가는 말

| 473 | **15. 바울 서신 과제.** 『고대의 편지 저술가, 바울』· 조호형 교수님
| 473 | 들어가는 말
| 474 | 제1장 서론
| 475 | 제2장 서두 부문(The Opening)
| 481 | 제3장 감사 단락(The Thanksgiving)
| 483 | 제4장 본론 부분(The Body)
| 484 | 제5장 맺음말 부분(The Closing)
| 485 | 나가는 말

| 489 | **16. 한국기독교회사 서평 과제.** 『한국기독교회사Ⅲ』· 박용규 교수님
| 489 | 1. 저자가 이야기하고자 하는 것
| 493 | 2. 느낀 점
| 495 | 나가는 말

| 497 | **17. 교회개척과 복음전도 과제.** 교회개척 마스터 플랜 · 양현표 교수님
| 497 | 들어가는 말
| 498 | 1. 연구의 방법
| 499 | 2. 개요: 교인 수 현황
| 501 | 3. 개척하기 어려운 이유
| 501 | 3.1. 개척할 자질과 성품
| 504 | 3.2. 재정적인 burn out
| 504 | 4. 교회개척에 대한 몇 가지 질문
| 506 | 5. 교회론
| 512 | 6. Planting Churches: Why?
| 513 | 6.1. 교회개척의 원리

| 515 | 6.2. 교회개척의 정의·당위성
| 518 | 7. Planting Churches: How?
| 518 | 7.1. 예수님의 교회개척의 원리
| 519 | 7.2. 최초의 교회(예루살렘 교회)의 프로그램
| 521 | 8. 나의 How: 앞으로 할 목회 방향
| 521 | 8.1. 일반 목회
| 536 | 8.2. 노인 목회
| 544 | 8.3. 의료선교
| 549 | 9. 교회개척 준비: 교회개척자의 소명, 동기, 성품과 자세
| 549 | 9.1. 소명
| 553 | 9.2. 자세: '한 영혼이면 충분합니다'
| 553 | 10. Planting Churches: Where?
| 558 | 11. Planting Churches: When?
| 558 | 12. Planting Churches: Who?
| 559 | 13. Planting Churches: What?
| 562 | 나가는 말
| 564 | 참고문헌

2부 목회학 연구: 조직신학·역사신학·실천신학·선교신학

| 571 | **1. 목회상담학 과제Ⅰ.** 『개혁주의 목회상담학』·이관직 교수님
| 571 | 1. 들어가는 말
| 572 | 2. 서평 및 본론
| 580 | 나가는 말

| 583 | **2. 목회상담학 과제Ⅱ.** 『목회심리학』·이관직 교수님
| 583 | 1. 들어가는 말
| 588 | 2. 치유
| 590 | 3. 목회자의 탈진
| 591 | 나가는 말

| 593 | **3. 구원론 과제 I.** 구원의 계획·김광열 교수님
| 593 | 1. 들어가는 말
| 594 | 2. 본문
| 597 | 3. 자력구원설(Autosoterism)
| 599 | 4. 사제주의(Sacerdotalism)
| 600 | 5. 보편구원론(Universalism)
| 601 | 6. 칼빈주의
| 602 | 나가는 말

| 605 | **4. 구원론 과제 II.** 그리스도 안에 있는 구원과 성화·김광열 교수님
| 605 | 1. 들어가는 말
| 606 | 2. 본론
| 606 | 2.1. 그리스도 안에 있는 구원
| 610 | 2.2. 그리스도 안에 있는 성화
| 618 | 나가는 말

| 621 | **5. 구원론 기말고사 예시.** 박재은 교수님
| 621 | 1. 구원론과 성령론 사이의 관계성
| 622 | 2. 각 구원의 과정
| 624 | 3. 구원의 서정 혹은 순서(ordo salutis)의 의미와 신학적 본질
| 625 | 4. '그리스도와의 연합' 교리의 본질, 인간론적 함의, 구원론적 함의
| 628 | 5. 중생(regeneration)의 원인과 결과 및 신학적 의미
| 629 | 6. '준비적 은혜' 혹은 '선행 준비 은혜'에 대한 설명과 신학적 평가
| 630 | 7. 구원에 이르는 믿음의 대상과 내용
| 631 | 8. 믿음(faith)의 다양한 요소
| 633 | 9. 로마가톨릭교회의 칭의론과 개혁교회의 칭의론의 차이점
| 635 | 10. 칭의의 6중 원인(the sixfold cause of justification)
| 636 | 11. 칭의와 성화 사이의 바른 관계성
| 639 | 12. 배교(apostasy)와 견인(perseverance) 교리 사이의 관계성
| 642 | 13. 견인(개혁교의학을 중심으로)

645		**6. 구원론 과제Ⅲ.** 『칭의, 균형있게 이해하기』· 박재은 교수님
645		1. 들어가는 말
646		2. 과거의 균형 잃은 칭의론
649		3. 현대의 균형 잃은 칭의론
652		4. 다시 균형 잡기
656		나가는 말
659		**7. 목회학 과제Ⅰ.** 윤영민 교수님
659		1. 들어가는 말
660		2. 목사란 누구인가? "영혼의 목자이며 감독"
662		3. 목회자로 훈련 받게 된 동기나 소명 체험
664		4. 내가 생각하는 목회란 무엇인가?
667		나가는 말
668		참고문헌
671		**8. 목회학 과제Ⅱ.** 『팀 켈러의 센터처치』· 윤영민 교수님
671		1. 들어가는 말
672		2. 책의 장·단점 평가
678		3. 개인적인 적용과 결단
681		**9. 개혁신학 과제.** 개혁신학이란 무엇인가? · 문홍선 교수님
681		1. 들어가는 말
685		2. 개혁주의란 무엇인가?
689		나가는 말
690		참고문헌
691		**10. 변증학과 현대신학 과제.** 『기독교와 자유주의』· 정승원 교수님
691		1. 들어가는 말
694		2. 교리(Doctrine)
697		3. 하나님과 인간(God and Man)
698		4. 성경(The Bible)
699		5. 그리스도(Christ)

701 | 6. 구원(Salvation)
704 | 7. 교회(The Church)
705 | 나가는 말

709 | **11. 설교의 이해와 작성.** 주해화·신학화·설교화 Outline | 김대혁 교수님
710 | 1. 주해화 과정(The Exegetical Process)
711 | 2. 신학화 / 원리화 과정(The Theological Process)
713 | 3. 설교화 과정(The Homiletical Process)

715 | **12. 신약서론 과제.** 신약의 세계 문화인류학적 통찰·이풍인 교수님
715 | 1. 들어가는 말
716 | 2. 제1장 성경 연구와 문화인류학 / 본문의 올바른 해석
719 | 3. 제2장 명예와 수치 / 1세기 지중해 세계의 중심 가치들
720 | 3.1. 명예에 대한 이해
721 | 3.2. 사람은 어떻게 해서 명예를 부여받는가?
722 | 4. 제3장 1세기의 인격체 / 개인과 집단
723 | 5. 제4장 한정된 자원에 대한 인식 / 개인의 사회적 신분 유지
724 | 6. 제5장 친족관계와 결혼 / 대가족적 융합
725 | 7. 제6장 정결함과 불결함 / 정결규례 이해
726 | 8. 서평
733 | 나가는 말

737 | **13. 인간론과 종말론 과제.** 인간의 기원·본질·재림·심판 | 이상웅 교수님
737 | 1. 들어가는 말
738 | 2. 인간의 기원
739 | 3. 인간의 구조적 본성론(the constitutional nature of man)
739 | 4. 인간의 본질(세 단계의 순서에 따라 정리)
740 | 5. 인간의 목적 – 행위언약, 영혼의 기원
741 | 6. 신앙고백서의 종말론
742 | 7. 시작된 종말론 525
743 | 8. 개인적 종말론 = 중간 상태
743 | 9. 그리스도의 재림론

| 744 | 10. 천년왕국
| 744 | 11. 몸의 부활과 최후 심판

| 745 | **14. 초대교회사 과제.** '초대교회의 이해에 관한' 본인의 insight · 박영실 교수님
| 745 | 1. 들어가는 말
| 747 | 2. 본론
| 749 | 나가는 말

| 753 | **15. 중세교회사 과제.** 스콜라 신학과 교회사 구분 · 정원래 교수님
| 753 | 1. 들어가는 말: 연구 방법
| 755 | 2. 교회사 구분
| 758 | 3. 중세교회사의 정의와 서언
| 759 | 4. 스콜라 신학과 관련된 서구 교회사
| 765 | 5. 스콜라 신학
| 765 | 5.1. 스콜라 신학의 개요
| 766 | 5.2. 스콜라 시대의 시대 구분
| 767 | 5.3. 프란체스코 수도회와 도미니크 수도회
| 769 | 5.4. 스콜라 신학자들
| 776 | 6. 스콜라 신학의 학파별 특징
| 778 | 7. 결론
| 781 | 나가는 말
| 782 | 참고문헌

| 785 | **16. 중세교회사 시험 예제.** 2018년 1학기 · 정원래 교수님
| 785 | 1. 안셀무스의 '하나님의 존재 증명'
| 788 | 2. 클루니 수도원 관련
| 790 | 3. 중세 시대의 '암흑시대'와 우리 시대의 '암흑시대' 비교
| 791 | 4. 니케아 공의회(787년) 배경: 성상 숭배 · 파괴 · 절충이론

| 799 | **17. 근세 및 현대교회사 과제.** 『아브라함 카이퍼의 사상과 삶』 · 안인섭 교수님
| 799 | 1. 들어가는 말
| 800 | 2. 요약

| 802 | 3. 본론 제1부 아브라함 카이퍼의 생애
| 807 | 4. 본론 제2부 아브라함 카이퍼의 사상
| 813 | 5. 자신의 목회에 적용

| 817 | **18. 선교학 과제.** 『현대 선교학 총론』· 김성태 교수님
| 817 | 1. 내용 요약
| 819 | 2. 평가
| 823 | 3. 응용(Application)
| 825 | 4. 통합(integration)
| 827 | 나가는 말

| 829 | **19. 선교와 문화 과제.** 타문화권에 대한 소개와 타문화권에서의 선교전략 · 이동현 교수님
| 829 | 1. 들어가는 말: 연구의 목적
| 830 | 2. 연구의 방법
| 830 | 3. 문화 개관
| 832 | 4. 단기선교
| 837 | 5. 나의 단기선교 이야기
| 846 | 6. 단기선교와 구제 및 의료 사역
| 848 | 7. 허드슨 테일러의 선교
| 849 | 나가는 말
| 851 | 참고문헌

| 853 | **20. 선교와 문화 시험 예제.** 이동현 교수님
| 853 | 1. 성경적 세계관과 개혁주의 세계관
| 857 | 2. 비판적 상황화(폴 히버트, Paul G. Hiebert)와 성경적 상황화

| 859 | **21. 예배와 예전 과제.** 『한국교회 예배사』· 정은상 교수님
| 859 | 들어가는 말
| 860 | 1. 연구 목적
| 861 | 2. 연구 방법
| 861 | 3. 연구의 관점과 연구의 범위

| 863 | 본론
| 863 | 1. 주일예배의 형성(1879-1900년)
| 869 | 2. 주일예배의 전통(1901-1930년)
| 872 | 3. 주일예배의 토착(1931-1960년)
| 874 | 4. 주일예배의 굴절(1961-1990년)
| 875 | 5. 주일예배의 갱신(1991년 이후)
| 877 | 6. 주일예배의 미래
| 878 | 7. 이 변화에 대한 자신의 생각
| 884 | 나가는 말
| 885 | 참고문헌

| 887 | **22. 총신대 신학대학원 및 생명의 전화 봉사 표창**
| 887 | 1. 성적우수상(졸업성적 전체 3등)
| 888 | 2. 2017년 종교개혁 주간 독서서평대회
| 893 | 3. 2018년 독서서평대회(1등)
| 902 | 4. 2019년 '독서서평대회' 서평부분 1등
| 906 | 5. 『레위기』(박철현 저) 서문 감사 인사
| 907 | 6. 생명의 전화 봉사 표창

〈표〉·〈그림〉·〈도식〉·〈차트〉·〈지도〉 색인

쪽수	구분	내용
표		
58	표 1-1	열왕기상 19장의 여섯 가지 구성 요소
61	표 1-2	열왕기의 시간순 동심 구조
110	표 1-3	구약 내러티브에 자주 등장하는 일곱 가지 서사 기법
113	표 1-4	창세기 25:19-34의 구조
119	표 1-5	성경 안에서 아브라함·이삭·야곱·요셉의 위치
120	표 1-6	야곱 이야기의 플롯의 뼈대
122	표 1-7	창세기의 톨레도트 문구
142	표 1-8	창세기 25장의 더블플롯 전개 도표
148	표 1-9	창세기 25:20-34의 더블플롯 구조
167	표 1-10	모세의 성막과 다윗의 성전
202	표 1-11	구약의 새 언약이 신약에서 발전되는 개념
240	표 1-12	시편 89편 단락 구조
262	표 1-13	시편 105:1-11에 나타난 동사의 진행
263	표 1-14	언약의 여러 가지 의미
291	표 1-15	Covenant of sine curve
292	표 1-16	Remnant of sine curve
296	표 1-17	미가서의 구조(심판과 구원)[2]
298	표 1-18	The Pregressive Covenantal Structure of Scripture
320	표 1-19	마가복음의 전체 구조 분석: 내러티브의 구조 분석
328	표 1-20	마가복음 10장, 요한복음 3장과 4장의 병행구절
336	표 1-21	마가복음 10:17-30 교차 대칭의 구조 관계와 제자도
381	표 1-22	예루살렘으로 가시는 예수님의 행보 비교
400	표 1-23	요한복음 프롤로그에 사용된 단어들이 요한복음에서 반복 사용된 구절
402	표 1-24	'시작'(in the beginning)의 여러 가지 용법

---

[2] 오성호 교수님의 『소선지서 연구』: 내용이 너무 좋아서 꼭 넣고 싶었다.

쪽수	구분	내용
408	표 1-25	요한복음 복합 역교차 구조
433	표 1-26	헬라어 시제에 대한 포터(S. E. Porter)와 패닝(Buist Fanning)의 견해
450	표 1-27	신약신학에서의 모리스(Leon Morris)와 거쓰리(Donald Guthrie)의 전개 비교
485	표 1-28	바울 서신의 맺음말 다섯 개의 관습들
499	표 1-29	주요 교단 교세 통계 현황
500	표 1-30	예장합동 교세 현황
516	표 1-31	교회 분립개척에 대한 긍정적인 생각과 부정적인 생각 비교
516	표 1-32	교회가 계속해서 개척되어야만 하는 이유
517	표 1-33	교회개척의 당위성
519	표 1-34	신약시대 최초의 교회 모습
520	표 1-35	누가복음에 나타난 예수님을 따르는 자들의 삶과 행동
529	표 1-36	Church Improvement Priorities % of Protostant pastors
550	표 1-37	소명(부르심)의 여러 가지 형태
557	표 1-38	교회개척에 대한 지역조사 항목
559	표 1-39	단신 교회개척의 장·단점
560	표 1-40	교회개척 초기 1년간 예상 지출 금액
595	표 2-1	구원론의 유형
596	표 2-2	작정의 순서
602	표 2-3	칼빈주의 네 가지 유형
608	표 2-4	전통적인 구원의 서정 논의가 지니는 문제점에 대한 대안
653	표 2-5	능동적·수동적 칭의 개념
673	표 2-6	복음의 근거와 결과
686	표 2-7	루터주의와 개혁주의
696	표 2-8	바울과 유대주의자들의 인간론에 대한 정의
700	표 2-9	예수님에 대한 현대 자유주의와 기독교의 관점 비교
712	표 2-10	에베소서 1:1-10 "그리스도 안에서"
723	표 2-11	신약의 세계 속에 나타난 엘리트 계급과 비엘리트 계급
725	표 2-12	성경에 나타난 결혼 전략들

쪽수	구분	내용
726	표 2-13	유대교에서의 사회적 분류
737	표 2-14	기독교의 3대 교의와 다섯 가지 솔라(Sola)
755	표 2-15	교회사 분류(사도시대~근세교회사)
759	표 2-16	스콜라 신학과 관련된 서구 교회사 연보
766	표 2-17	스콜라 시대의 시대 구분
768	표 2-18	프란체스코 수도회와 도미니크 수도회 비교
777	표 2-19	스콜라 신학의 학파별 특징 비교
844	표 2-20	선교 훈련 점검표
860	표 2-21	한국 교회 시대별 예배 변화
862	표 2-22	한국 교회의 예배 변화 다섯 시기
그림		
155	그림 1-1	성경을 어떤 방법에서 읽어야 하나? 세 가지 접근 방법
155	그림 1-2	구속사의 요소
165	그림 1-3	다윗 언약과 아도나이
216	그림 1-4	참고했던 문헌들 사진
339	그림 1-5	벳세다 맹인 고치신 사건과 바디메오 고치신 사건 사이의 수난 예고
344	그림 1-6	그리스도론(기독론)과 제자도의 상관관계
452	그림 1-7	신약신학 안에서의 통일성의 기초(Donald Guthrie)
466	그림 1-8	$\delta\varepsilon\tilde{\iota}$ (Dei, 마 16:21)의 어휘 분석
505	그림 1-9	교회개척에 대한 6가지 질문
528	그림 1-10	목회자가 그들의 교회를 개선(향상)시키기 위한 목회 계획(Barna)
531	그림 1-11	제자훈련 목회자의 삶의 자세와 철학
534	그림 1-12	밀레니얼 세대 그들이 교회를 방문할 때 무엇을 원하는가?
589	그림 2-1	노먼 라이트의 스트레스에 효과적으로 대응하지 못하는 여덟 가지 유형
608	그림 2-2	그리스도와 연합의 성격
609	그림 2-3	믿음의 3가지 요소와 회개의 3가지 요소
611	그림 2-4	복음주의 안에서 성화에 대한 다양한 견해
613	그림 2-5	성화의 의미

쪽수	구분	내용
613	그림 2-6	케직교훈의 성화론의 3단계의 성화 과정
635	그림 2-7	칭의의 6중 원인
647	그림 2-8	앤서니 버지스, 개혁주의 진영 안에서의 칭의의 4중 원인
800	그림 2-9	아브라함 카이퍼의 생애와 사상
811	그림 2-10	카이퍼의 선교론
812	그림 2-11	카이퍼의 경건론
822	그림 2-12	요한 타우렌(Johann Thauren)의 토착화
823	그림 2-13	토착화의 방법론
826	그림 2-14	평신도 선교사의 영역
831	그림 2-15	문화의 보편적 특성들
831	그림 2-16	문화 충격이 일어나는 주요 원인들
833	그림 2-17	타문화권 선교에서의 스트레스
876	그림 2-18	예배의 4중 구조의 회복
877	그림 2-19	한국 교회 예식서나 예배서 발간에 사용한 기본 원칙
882	그림 2-20	칼뱅이 제안한 예배 순서

도식		
241	도식 1-1	시편 89:28-37의 동심 구조
492	도식 1-2	예수님의 사역과 청교도 신앙의 계승자인 우리의 사역
509	도식 1-3	교회의 속성과 세 표지
550	도식 1-4	목회자·개척교회 목회자의 자질
558	도식 1-5	교회개척 준비 단계 요약
594	도식 2-1	구원의 계획에 대한 다양한 주장들
607	도식 2-2	구원의 서정 순서
679	도식 2-3	우리의 설교는 어디로 가야 하나?
855	도식 2-4	문화의 구성 요소 동심원 (로이드 콰스트 Lloyd A. Kwast)
881	도식 2-5	예배에 반드시 포함되어야 할 요소들(행 2:42)

차트		
501	차트 1-1	예장합동 교세 현황 차트

쪽수	구분	내용
523	차트 1-2	당신이 교회를 선택할 때 가장 중요한 요소는 무엇입니까?
524	차트 1-3	사람들은 교회로부터 무엇을 원하는가?
525	차트 1-4	What Factors Led You to Choose This Chruch?
834	차트 2-1	단기선교 준비 시 겪는 어려움은?
지도		
294	지도 1-1	이스라엘의 건기와 우기에 영향을 주는 바람의 방향
365	지도 1-2	예수님의 이동 경로(눅 9:51-56) Misnstry around Jerusalem

1부

신구약 성경주해·한국교회사·사도적 교회개척

Old and New Testament Bible Commentary
Korean Church History·Apostolic Church Planting

1. 역사서 과제 I

김지찬 교수님
열왕기상 19:8-18 주해

1. 연구 목적과 본문 범위 확정(왕상 19:8-18)

　　김지찬 교수님의 역사서 과제를 이 책의 제1장으로 올렸다. 열왕기상 본문의 위치는 뒤쪽이지만 김지찬 교수님을 존경하며 경외하는 마음에서 비롯한다. 교수님은 학교가 어려울 때 먼저 나서서 학교를 위해 학생들을 품으시고 학생들과 하나가 되셨고, 힘이 되어 주셨다. 학교를 위해 애를 쓰는 학생들을 교수님 댁으로 불러 식사도 대접하셨고, 양지에서 사당 평대원으로까지 발령이 나신 것을 감내하시면서 학교의 어려움을 온몸으로 감당하신 분이었다. 많은 세월이 지나 학교에서 어려웠던 일을 모르는 세대가 입학을 했지만 그 당시 김지찬 교수님의 귀한 헌신과 학생들에 대한 사랑을 옆에서 지켜보며 스승에 대한 마음을 남기고 싶었다.
　　본문으로는 내가 사랑하는 열왕기상 19장을 택했다. 이 본문이 주는 함의는 열심이 있건 아니건, 그리스도인이건 아니건 삶의 여정을 가는 모든 인생들이라면 한 번 이상 경험했을 절망이며 동시에 위로이다. 녹록치 않은 삶 때문에 burn out 된 상태에서 엘리야가 경험했던 '죽기를 갈망함'이라는 작은 표제어는 얼마나 많은 목회자들 사이에 회자(膾炙)되는 주제어인지!

나 역시 본문이 주는 의미에서 위로를 받으며 절망 가운데서 다시 일어나곤 했었다. 그러나 오늘 내가 선택하고자 하는 본문은 이 구절을 지나 엘리야가 다시 소명을 받는 장면이다. 여기서 나는 하나님의 언약의 계속성을 찾아내고 싶다.

엘리야의 낙망의 장면을 계속 뚫어져라 쳐다보고 있으면 글자가 내게 말을 건네온다. 한참을 들여다 보면 글자에 뼈가 생기고 살이 붙고 팔 다리가 붙고 호흡하고 내 가슴을 두드리는 것이 느껴져서 가슴이 터져 감당할 수가 없다. 그러한 경험은 말로 다 형언할 수 없다.

이런 경험을 했기 때문에 나는 엘리야의 낙망을 통전(通典)적인 주제로 정의하고 싶지 않다. 이것은 마치 그리스도께서 십자가 앞에서 드린 감람산 기도를 연상케 한다. 처절한 기도 가운데 '만일 할 만하시거든 이 잔을 내게서 지나가게 하옵소서 그러나 나의 원대로 마시옵고 아버지의 원대로 하옵소서'(마 26:39) 하시던 절망의 무게를 우리 인생이 어떻게 알랴!

엘리야가 감당해야 했던 이스라엘의 죄짐의 무게도 역시 인간의 영혼의 죄를 짊어진 그리스도의 어깨를 내리 누르던 십자가의 무게가 조금이라도 전가되어 있지 않을까 생각한다. 그래서 나는 엘리야가 '여호와여 넉넉하오니 지금 내 생명을 거두시옵소서'(왕상 19:4)의 본문을 택하기를 주저하지만 그래도 내가 감당할 수 있는 주해의 조각들을 모아보고 싶다.

차선으로 선택한 열왕기상 19:8-18의 본문은 진미가 가득한, 할 말이 참 많은 본문이다. 하나님의 공급과 엘리야의 낙망을 비롯하여 다양한 주제들을 끄집어 낼 수 있기 때문에 많은 목회자들 사이에서 설교하기 딱 좋은 본문으로 사랑받는 말씀이다. 또한 이 본문은 내러티브로서의 전개도 한몫을 한다. 그럼에도 본문과 함께 성경 전체를 관통하고 있는 하나의 단어를 발견한다. 그것은 '남은 자' 사상이다.

그렇기 때문에 나는 본문에서 '나만 남았거늘'(10, 14절)(בַד)에 대한 구절을 중심으로 논의를 할 것이다. 두 번이나 반복된 '나만 남았거늘'이라는 엘리야의 탄원과 하나님의 말씀인 '남기리니'(18절)(שָׁאַר)는 대조를 이룬다. 두 구절의 대화는 본문을 이끌어가는 주제이다.

물론 독자에 따라서 다른 여러 가지 주제들을 논할 수 있고 그러한 관점들이 틀리지 않다. 하지만 긴 세월, 믿음의 바닥을 쳤던 방황의 시간을 지나면서 내게 다가온 말씀은 위의 두 구절의 말씀이다.

어쩌면 나는 이 말씀 때문에 다시 일어날 수 있었는지 모른다. 그것은 나를 버리지 않으신다는 하나님의 신실한 약속이었기 때문이다. 그래서 나는 다시 일어났고 회복할 수 있었다. 그리고 나를 버리지 않으시는 하나님의 은혜로 늦은 나이에 양지에서의 길을 걷고 남은 삶을 살아갈 수 있는 은총을 덧입을 수 있었던 것이다.

그렇다. 나는 '남은 자'에 대한 믿음의 고백과 확신을 가지고 있다. 그래서 이 본문을 선택했다. 오랫동안 이 본문을 사랑하며 여러 번 만지고 나 나름대로 정리도 했었다. 신대원에 와서 논문을 쓰게 되면 '남은 자'(ramnant)에 대한 논문을 쓰려고 생각했었다. 논문 쓰는 일이 없어져서 나의 연구는 초기 단계로 멈추었지만 이제는 히브리어를 배웠기에 원어에 대한 지식 없이 정리했던 '남은 자'에 대하여 과제를 통해 조금 더 살펴보고자 한다.

1.1. 연구 방법

첫 번째, 더글라스의 '구약주석방법론' 1단계를 기술하면서 왜 이 본문을 택하게 되었는지, 이 본문이 나에게 어떤 의미를 주는지를 밝히려 한다.

두 번째, 그 후에 더글라스의 '구약주석방법론'을 바탕으로 12단계의 주석을 펼쳐나갈 것이다. 먼저는 사역을 하면서 동사의 구조를 보고 주석 작업을 해 나가면서 사역을 개정하고 완성된 사역을 제시할 것이다.

세 번째, 역사적, 사회적 배경을 조사하고, 해당 본문의 연대를 살피려 한다.

네 번째, 본문의 문학적 기능과 세부적인 내용을 분석하여 본문의 위치를 조사할 것이다.

다섯 번째, 본문의 장르를 찾아내고, 삶의 자리를 추정하려고 한다.

여섯 번째, 본문의 작은 패턴들의 의도를 포함하여 단락 구조를 작성할 것이다.

일곱 번째, 문법적으로 중요한 문제들을 분석하고 형태론을 분석하려고 한다.

여덟 번째, 본문 속의 중요한 개념, 단어, 숙어적인 표현들에 대한 단어 연구를 할 것이다.

아홉 번째, 해당 본문이 성경의 다른 곳에서 어떻게 사용되고 있는지 분석하고, 해당 본문과 성경의 나머지 부분과의 관계를 분석할 것이다.

열 번째, 해당 본문의 신학적인 위치를 정하고, 신학적인 기여를 분석할 것이다.

열한 번째, 해당 본문에 관하여 다른 사람들이 말해 왔던 것을 조사하고 비교할 것이다.

열두 번째, 마지막으로 이와 같은 과정을 삶의 문제의 목록으로 작성하고 현재의 문제에 적용하고, 그에 근거하여 설교를 작성할 것이다.

2. 사역 및 주요 단어 해설[3]

19:8 וַיָּקָם וַיֹּאכַל וַיִּשְׁתֶּה וַיֵּלֶךְ בְּכֹחַ הָאֲכִילָה הַהִיא אַרְבָּעִים יוֹם וְאַרְבָּעִים לַיְלָה עַד הַר הָאֱלֹהִים חֹרֵב:

וַיָּקָם	וַיֹּאכַל	וַיִּשְׁתֶּה	וַיֵּלֶךְ
칼 바브연속 미완료 3인칭 남성 단수	칼 바브연속 미완료 3인칭 남성 단수	칼 바브연속 미완료 3인칭 남성 단수	칼 바브연속 미완료 3인칭 남성 단수
to arise 일어나다	to eat 먹다	to drink 마시다	to walk 걷다

---

3 과제를 제출할 때는 사역을 다 해서 넣었으나 교정·편집을 하면서 너무 많은 분량으로 독자들에게 부담을 줄 것 같아 일부를 생략하였다. 앞으로도 이 책 전체에서 계속 그렇게 전개할 것이다.

עַד	אַרְבָּעִים	כֹּחַ
~까지(until) (호렙산까지)	40	strength

사역 그리고 일어났다. 그리고 먹고 마셨다. 그리고 그 음식으로 강하게 되어 40일 40밤 동안 하나님의 산 호렙까지 걸어갔다.

19:8 이에 일어나 먹고 마시고 그 음식물의 힘을 의지하여 사십 주 사십 야를 가서 하나님의 산 호렙에 이르니라

19:10 וַיֹּאמֶר קַנֹּא קִנֵּאתִי לַיהוָה אֱלֹהֵי צְבָאוֹת כִּי־עָזְבוּ בְרִיתְךָ בְּנֵי יִשְׂרָאֵל אֶת־מִזְבְּחֹתֶיךָ הָרָסוּ וְאֶת־נְבִיאֶיךָ הָרְגוּ בֶחָרֶב וָאִוָּתֵר אֲנִי לְבַדִּי וַיְבַקְשׁוּ אֶת־נַפְשִׁי לְקַחְתָּהּ׃

קַנֹּא	קִנֵּאתִי	עָזְבוּ	בְרִיתְךָ	הָרָסוּ	הָרְגוּ
피엘 부정사 절대형	피엘 완료 1인칭 단수	칼 완료 3인칭 공 복수	명사 여성 단수+2인 남성 단수 접미	칼 완료 3인칭 복수	칼 완료 3인칭 복수
열심이다	열심이다	버리다	언약	헐다	죽이다
같은 동사가 두 번 나와서 강조용법				그들이 헐었다	

וָאִוָּתֵר	אֲנִי	לְבַדִּי	וַיְבַקְשׁוּ	לְקַחְתָּהּ	
니팔 바브연 속 미완료 1인칭 단수	인칭대명사 1인칭 공단수	전치사 명사 남성단수 1공 단 접미	피엘 바브연 속 미완료 3인칭 남성 복수	칼 부정사 연계형 + 3인칭 여성접미사	
남다	저	저 홀로	저희가 찾다	취하다 라카흐의 ל이 떨어져 나간 형태	
יתר	'나'를 강조함(오직 나만)				

사역 그가 말하였다. 저는 모든 군대의 하나님 여호와께 정녕 열심입니

다. 그런데 이스라엘 자손들 그들이 당신의 언약을 버리고 당신의 제단을 헐었습니다. 그리고 당신의 선지자들을 칼로 죽였습니다. 오직 나만 남았습니다. 그리고 내 생명을 취하려고 나를 찾나이다.

19:10 그가 대답하되 내가 만군의 하나님 여호와께 열심이 유별하오니 이는 이스라엘 자손이 주의 언약을 버리고 주의 제단을 헐며 칼로 주의 선지자들을 죽였음이오며 오직 나만 남았거늘 그들이 내 생명을 찾아 빼앗으려 하나이다.

- לְבַדִּי (르바디, KRV Gen 32:24) (בָּדַד, separation 분리하다, 고립되다)에서 유래했으며, 분리, 부분, 일부를 의미하며 다양한 의미를 지닌다. 구약성경에서 이 단어는 약 200회 나오며, 긍정적, 부정적, 중립적 의미로 사용되었다. 바드는 분리의 상태로, 홀로 alone, 그것만으로, 단독으로, 홀로 by itself라는 의미로 사용되었다.

וַיִּוָּתֵר יַעֲקֹב לְבַדּוֹ וַיֵּאָבֵק אִישׁ עִמּוֹ עַד עֲלוֹת הַשָּׁחַר׃
야곱은 홀로 남았더니 어떤 사람이 날이 새도록 야곱과 씨름하다가

야곱이 에서와 만나기 전날 밤에 홀로 남아 천사와 씨름하던 시간도 같은 단어 바드를 사용한다. 여기에서 성경 내러티브는 많은 병행적 타입으로 인용구와 연대기적 구성을 전개시키는 에피소드의 연속적인 방법으로 사람(person), 장소(place), 시간(time) 등을 사용한다.[4]

야곱의 홀로 남음(Jacob was left alone)의 대표적인 구절 창세기 32:24에 기록되어 있다. 이러한 전개는 독자들로 하여금 주인공의 성격과 선행하는 에피소드로부터 자연스럽게 흘러가는 새로운 에피소드를 상상하게 한다.[5]

---

[4] Rachelle Gilmour, *Juxtaposition and the Elisha cycle*, London; New York: Bloomsbury: T & T Clark, 2014, 47.

[5] Rachelle Gilmour, *Juxtaposition and the Elisha cycle*, 48.

3. 역사적 배경

열왕기는 역사적 내러티브(historical narrative)로서 솔로몬이 다윗의 뒤를 이어 왕이 된 때(971 BC)로부터, 주전 597년 바벨론에 포로로 끌려가 감옥에 수감되었던 여호야긴이, 37년 만에 출옥할 때까지를 역사적 배경으로 삼고 있다. 열왕기는 오늘날의 기준에 비추어 볼 때 그 시대 이스라엘에 관한 객관적이고 공정한 역사 교과서라고 할 수는 없지만, 분명한 역사성을 띤다. 왜냐하면 열왕기는 그 시대의 이스라엘의 역사를 일정한 관점에서 정리하고 있기 때문이다.

우리는 또한 열왕기가 교훈적인 문헌이라는 사실도 인정해야 한다. 저자는 단순히 이스라엘의 과거를 정리하기 위해서 이 책을 쓰지 않았다. 그는 기록을 통해 하나님과 그의 백성에 관한 교훈과 도전을 독자들에게 주고자 한다. 독자들의 삶과 가치관을 바꾸고자 이 책을 집필한 것이다. 이러한 차원에서 열왕기는 최소한 세 가지 성격을 지닌다.

첫째, 열왕기는 내러티브(narrtive literature) 이다.
둘째, 열왕기는 역사서(historical literature) 이다.
셋째, 열왕기는 교훈서(didacted literature) 이다.[6]

이와 같은 열왕기의 역사적 배경 가운데 열왕기상 19장이 차지하는 위치는 열왕기상의 중심에 있으며, 그 안에 오므리(B.C 885-874)가 있으며 아합(B.C 874-853)은 오므리의 정책을 추종했다. 저자는 오므리 왕조를 매우 사악한 왕조로 독자들에게 고발하고 있다.

오므리 왕조는 가장 심각한 영적 부패를 초래했으며 나봇의 포도원 강탈 사건이 암시하듯 윤리와 도덕 수준도 바닥이었다. 이 왕조의 왕들 중에서도

---

6 송병현, 엑스포지멘터리 열왕기상, 서울: 국제제자훈련원, 2014, 30-31.

저자의 특별한 관심을 받는 사람은 아합과 그의 아내 이세벨이다. 이 시대에 하나님은 이스라엘의 영성을 회복하시려고 무던히도 애를 쓰셨다. 이러한 전개 가운데 열왕기 저자는 북 왕국과 남 왕국의 이야기를 진행함에 있어서 진행하다가 말고 중간에 엘리야, 미가, 엘리사의 이야기를 끄집어 들이고 있다.

- 엘리야: 열왕기상 17-21장
- 미　가: 열왕기상 22장
- 엘리사: 열왕기하 3-9장

그렇지만 저자는 오므리 왕조를 사악한 왕조로 고발하는데만 목적을 두지 않았다. 저자가 역사서에서 펼치고 있는 내러티브는 오므리 왕조와 같은 인간 왕정은 실패하였으나 그 가운데 **하나님의 선지자를 두심으로 하나님의 구원 계획이 면면히 흘러감을 말하고자 함**이다.

남 왕국 유다와 북 왕국 이스라엘 이런 두 왕국을 새롭게 하려는 시도는 이스라엘 자체에서보다 하나님 편에서 나왔다. 하나님은 왕들에게 예언자를 보내신 것이다. 하나님 편에서 보내신 예언자들은 그 시대의 악한 현실에 정확하게 대응하여 맞섰고, 그 대표적인 사람이 엘리야와 엘리사다. 엘리야는 아합 왕과 영원한 맞수였다.[7] 이것이 하나님의 역사이다. 하나님의 역사의 궁극적인 목표는 인간 왕국의 체제 유지가 아니다. 열왕기에서 북 왕국 이스라엘의 역대 왕조를 말할 때 '여로보암의 길'이라는 표현이 있다.

■ 성경에 나타난 '여로보암의 길'

1. **열왕기상 15:34**

바아사가 여호와 보시기에 악을 행하되 **여로보암의 길**로 행하며 그가 이스라엘에게 범하게 한 그 죄 중에 행하였더라

---

[7] 이형원, 목회와신학 편집부, 서울: 두란노 아카데미, 2008, 20-21.

2. 열왕기상 16:2

내가 너를 티끌에서 들어 내 백성 이스라엘 위에 주권자가 되게 하였거늘 네가 **여로보암의 길**로 행하며 내 백성 이스라엘에게 범죄하게 하여 그들의 죄로 나를 노엽게 하였은즉

3. 열왕기상 16:19

이는 그가 여호와 보시기에 악을 행하여 범죄하였기 때문이니라 그가 **여로보암의 길**로 행하며 그가 이스라엘에게 죄를 범하게 한 그 죄 중에 행하였더라

4. 열왕기상 22:52

그가 여호와 앞에서 악을 행하여 그의 아버지의 길과 그의 어머니의 길과 이스라엘에게 범죄하게 한 느밧의 아들 **여로보암의 길**로 행하며

이것이 이스라엘 역사를 조명하는 대표적인 어구이다. 저자는 인간의 역사가 실패함을 말하고 있으며, 어떤 왕이 세워졌더라도 일시적인 개혁에 불과하였고 열왕기라는 제목과 같이 왕들이 중심 위치를 차지하는 가운데 선지자가 등장하여 하나님의 언약의 성취자로서 그 역할을 담당하고 있는 것이다. 결국 이 언약은 '남은 자'로 이어내려 간다.

4. 문학적 배경

문학적 배경을 논함에 있어 더글라스가 '역사적 배경과 문학적 배경 사이에는 어느 정도 중복이 불가피하다.'[8]고 밝히고 있듯이 본문은 처음과 중간과 마지막을 식별해 낼 수 있는 하나의 이야기이며 문학적 작품이 된다. 그

---

[8] Douglas Stuart, *The Old Testament Exegesis*, USA, Westminster John Knox Press, 2001; 박문재 옮김, 구약주석방법론, 크리스챤다이제스트, 2004, 37.

것은 기승전결의 구조로 구성되어 있다. 선지자이지만 연약한 한 인간이 처절하게 탈진했다. 하나님의 만져주심이 있었지만 제대로 회복하지 못한 채 동굴에 숨어 자신을 감추고 싶은 무력함을 느끼는 그림이 그려진다. 이스라엘의 역사가 흘러가는 가운데 그 역사의 중심에 서서 악한 왕을 향하여 하나님의 말씀을 선포하던 엘리야이지만 동굴에서 쉬고 싶었고, 몸을 움츠리고 모든 삶을 내려놓고 싶었던 엘리야의 심정은 어떠했을까? 오늘날의 동굴같이 안락한 장소도 아니었을 것이고, 안전한 장소도 아니었을 것이고, 양식의 공급도 기대할 수 없는 황량한 광야 길에서 40주야를 걸어서 간 동굴에서 어찌 견디어 낼 수 있었을까? 그럼에도 엘리야는 그 동굴이 그의 안식할 곳이었다.

　성경은 그 당시의 정황이나 어떤 동굴이었는지에 대하여 침묵하고 있다. 문학적 배경이라는 틀로 본문에서 어떤 의미를 찾기는 어렵다. 엘리야가 어떻게 40주야를 걸었는지에 대하여도 우리는 추측할 뿐이다. 엘리야의 낙망을 흔히 통전적으로 인간적인 낙망의 관점으로 볼 것인지에 대하여 의문이 남는다. 물론 이러한 관점에서 접근한다면 설교할 거리가 참으로 많다. 그러나 본문을 살피면서 무엇인지 손에 잡히지는 않지만 희미한 영상이 나를 붙드는 것을 느낀다. 그것은 우리가 알 수 없는 차원의 삶이 아닐까? 아니면 내가 너무 엘리야의 '지침', 그 자체를 알레고리로 바라보는 것일까? 성경이 지쳤다고 표현하고, 죽기를 갈망했다면 문자 그대로 받아들이면 되는 것이 아닌가? 하는 망설임이 있다.

　그러나 내가 말하고자 하는 바는 죽기를 갈망했던 엘리야의 모습과 예수 그리스도의 모습을 같이 논한다면서, 수면의 깊이가 얕아 찰박거리는 절망감으로 엘리야를 표현하거나 엘리야의 처절한 낙망을 싼 값으로 팔아넘기지 않기를 바랄 뿐이다. 이러한 문학적 접근 방법으로 엘리야의 심정을 두고 상담학의 한 이론을 위한 좋은 소재 거리가 되지 않기를 바란다. 솔직히 말해 보자! 엘리야의 등급은 모세와 엘리야와 예수님 세 분이 변화산에서 함께 있던 인물이다. 다시 말하자면 상담이나 설교 가운데 절망과 죽기를 간구하는 자의 예가 엘리야가 되지 않았으면 좋겠다는 마음이다.

그것은 온 인류의 구원 사역을 논하는 과정에 서신 분이고, 하나님의 언약을 이루심의 차원에서 보다 더 영적인 관점으로 바라보아야 할 것이다.

5. 양식 / 문학 유형(장르) 찾기

양식 문학 유형의 장르 찾기에서 열왕기는 내러티브의 구조를 가지고 있다. 플롯이 전개되는 과정에 대한 가장 단순한 분류는 아리스토텔레스가 제시한 바와 같이 '시작, 중간, 끝'으로 구성되며, 동양에서는 기승전결(起承轉結)의 관점으로 보아왔다. 그러나 실제 이야기 속에는 온갖 사건들과 에피소드와 행동들이 복합적으로 맞물리고 분리되면서 전개되고 있기 때문에 전개 과정은 훨씬 복잡한 것이 사실이다. 여기서 8절 호렙으로 가는 엘리야의 모습을 김정우 교수님은 '내레이터는 호렙으로 가는 엘리야의 모습 속에 모세의 이미지를 배경으로 깔아주고 있다.'[9]로 표현함으로 내러티브를 열고 있다.

학자들은 일반적으로, (1) 배경 제시(setting; exposition), (2) 발단(preliminary incidents; inciting moment), (3) 전개/갈등(complication), (4) 절정(climax), (5) 종결(resolution)의 여섯 가지 요소로 분류하고 있다.[10] 이것을 도표로 보면 다음과 같다.

---

9 김정우, 네가 어찌 여기 있느냐, 생명의 말씀사, 2009, 111.
10 Stemberg Meir는 expositional modes라고 이름 짓는다. 성경해석사에서 본 서사분석에 대한 서론적 고찰-엘리야 이야기를 중심으로, 김정우, 『신학지남』 75(4), 2008. 12, 132-155(24 pages 중에서 21-22 재인용).

〈표 1-1〉 열왕기상 19장의 여섯 가지 구성 요소

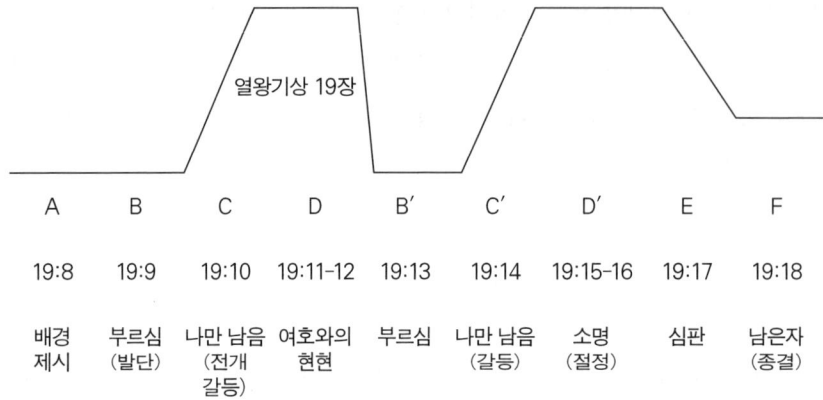

위 도표는 '열왕기상 19장의 구조'를 도표화 한 것이다. 이것은 필자가 본문을 통해 분석한 자료이다. 19:1-8의 마무리 단계인 8절을 배경으로 제시하였고, 9절과 13절에서 '네가 어찌하여 여기 있느냐?'로 부르시는 부르심 중에 9절의 부르심을 발단으로 보았다.

다음 10절과 14절에서 '나만 남았나이다'라고 하는 엘리야의 탄원 같은 이야기를 갈등으로 논의하였다. 여호와의 현현(11-12절)을 절정의 한 단락으로 분류하면서 그것을 소명과 같은 동급의 절정으로 연결되는 고리로 삼았다. 그리고 순종하지 않는 자들에 대한 하나님의 심판이 있으며(17절), 이어서 하나님의 약속이 남은 자를 통해 이루어질 것임을 종결로 삼았다. 이러한 관점은 김정우 교수님의 논의에서 더 한층 깊어지는 것을 볼 수 있다.

사건을 플롯 속에 담으면서 저자는 '이야기 시간'(story time)과 '내러티브 시간'(narrative time)을 새롭게 배열하게 된다. 이 개념을 엘리야 이야기에 아주 간략하게 적용해 본다면, 엘리야가 시내산으로 가는 시간은 실제적으로 40일이 걸렸지만 내러티브에서는 한 절로 처리되며(19:8), 시내산에서 하나님을 만나는 시간은 순간적이었지만 길게 묘사되고 있다(19:9-18). 이와 같이 원래 사건의 시간은 내러티브 속에서 예술적으로 새롭게 배열되어 청자에게 들려지므로, 원래 이야기의 순서(order)와 이야기 전달의 속도를 제시하는 기간(duration)에 변화가 생기게 된다. 여러 학자들은 '이야기 시간'(story time)과 '내러티브 시간'(narrative time)을 '연대적 시간'(chronological time)과 '허구적 시간'(fictional time), '들려진 시간'(time of being told)과 '말하는 시간'(time of telling) 등으로 새롭게 제시하였다. 또한 담화 속에서 시간을 배열함에 있어서 과거를 회고하는 것(analepsis)과 미래를 예고하는 것(prolepsis)과 독자가 현재, 미래, 과거를 알 수 없는 시간(achrony)으로 구분하였다. 시내산에서 엘리야는 과거를 회고하고 있으며(왕상 19:10, 14), 하나님께서는 미래를 예고하고(19:15-18), 하나님과 엘리야의 대화와 만남은 거의 무시간적으로 주어지고 있다(19:11-13).[11]

본문에서 엘리야는 내러티브 시간의 관점에서 과거를 회고하고 있다. 내러티브 장르로서 시간에 대한 개념을 분석함으로 '구약 성경 역사는 단순히 과거의 사건들을 재구성한 연대기나 연감이 아니라 플롯, 등장인물, 관점 등이 강하게 드러나는 내러티브라는 장르로 이루어져 있는 문예 작품이라는 사실이 강하게 대두되기에 이르렀다.'[12]는 김지찬 교수님의 논의에서 분명한 합의를 이루고 있다.

성경은 역사화된 픽션(historicized fiction)에서 한걸음 더 나아가 엘리야의 성격과 당시의 이스라엘 오므리 왕조의 역사가 함께 공존하는 '공관 역사'(synoptic)[13]로서 허구의 개념이 아닌 문학적으로 역사적으로 완전한 실제

---

11 성경해석사에서 본 서사 분석에 대한 서론적 고찰-엘리야 이야기를 중심으로, 김정우, 『신학지남』 75(4), 2008. 12, 132-155(24 pages 중 21-22).
12 구약 내러티브의 역사성: 사진이 아닌 그림으로의 역사, 김지찬, 『신학지남』 65(2), 1998. 6, 28-55(28 pages 중 3-4).
13 김지찬, 여호와의 날개 아래 약속의 땅을 향하여, 생명의 말씀사, 2016, 716.

로 일어난 일을 기록한 역사이다.[14]

- **수사법은 설득의 장치**

이러한 성경의 내러티브의 표현에서 김지찬 교수님의 '수사법은 설득의 장치'라는 논의를 함유하고 있음을 느낀다.

> 수사법이란 저자가 자신의 의도가 무엇인지를 알리기 위해 본문 가운데 깔아 놓은 의미의 단서들이라고 정의할 수도 있다. 저자의 의도를 우리는 어떻게 알 수 있는가? 그저 본문을 읽고 난 후 느낀 첫인상으로는 저자의 의도를 말할 수가 없다. 우리는 저자의 의도를 본문 가운데서 찾아내야 한다. 본문에 나타나는 데이터를 근거로 제시할 줄 알아야 한다. 성경의 기자들은 ~중략~ 독자를 위해 직접적으로 교훈을 전달하지 않는다. 저자는 독자들 스스로 본문 가운데 들어와 그 의미를 발견하고 스스로 판단을 내리도록 초대하는 전략을 사용한다.[15]

따라서 본문을 읽을 때 엘리야가 나만 남았다고 한 것은 수사법의 관점에서 볼 때 엘리야 스스로 자신이 잘 나서 홀로 남았다는 것이 아님을 분명히 알아야 할 것이다. '하나님! 나만 남기셨습니다. 두렵습니다. 얼마 전에 이세벨을 무찔렀지만, 이세벨은 내 생명을 찾고 있습니다. 여기서 제가 어떻게 해야 할까요? 저는 이 굴 속에서 숨어 지내며 쉬고 싶습니다.' '나를 구원하소서(마 14:30)'의 기도가 그에게서 저절로 나오지 않았을까 하는 마음이다.

---

14 구약 내러티브의 역사성: 사진이 아닌 그림으로의 역사, 김지찬, 『신학지남』 65(2), 1998. 6, 28-55.
15 김지찬, 언어의 직공이 되라, 서울: 생명의 말씀사, 2012, 264-265.

6. 구조·단락 구분

6.1. 열왕기의 구조

열왕기는 크게 시간 순서로 보면 3부로 구성되어 있지만, 자료 배열의 측면에서 보면 가운데 오므리 왕조의 이야기(X)를 중심으로 동심 구조를 이루고 있다.[16]

〈표 1-2〉 열왕기의 시간순 동심 구조

A 솔로몬/통일 왕정	왕상 1-11장
B 여로보암/르호보암; 왕국 분열	왕상 12-14장
C 유다 왕들/이스라엘 왕들	왕상 15:1-16:21
X 오므리 왕조; 바알 숭배의 흥기와 몰락	왕상 16:22-왕하 12:21
C′ 유다 왕들/이스라엘 왕들	왕하 13-16장
B′ 북방 왕국의 멸망	왕하 17장
A′ 유다 왕국의 단독 역사와 멸망	왕하 18-25장

열왕기는 다윗의 통치 말기와 솔로몬의 등극으로부터(왕상 1-2장) 유다의 마지막 왕으로서 바벨론에 포로로 잡혀간 여호야긴 왕의 석방까지(왕하 25:27-30) 약 400년 동안 이어진 남북조 이스라엘의 역사를 다루고 있다.[17] 열왕기상 19장은 가운데 중심의 X단락으로써 열왕기의 축의 중심에 자리함으로써 선지자 엘리야가 처한 상황과 위치를 나타낸다.

---

16 G. Savran, "1 and 2 Kings," in: Alter & Kermode, *The Literary Guide to the Bible*, 148: 김지찬, 여호와의 날개 아래 약속의 땅을 향하여, 생명의 말씀사, 2016, 717에서 재인용.
17 김정우, 네가 어찌 여기 있느냐, 생명의 말씀사, 2009, 17.

6.2. 열왕기상 19장의 구조

A 19:8		엘리야의 치유 회복
	B 19:9	네가 어찌하여 여기 있느냐(부르심)
	C 19:10	나만 홀로 남음
	D 19:11	여호와의 현현
	D 19:12	여호와의 현현
	B' 19:13	네가 어찌하여 여기 있느냐(부르심)
	C' 19:14	나만 홀로 남음
	D' 19:15	소명 I (하사엘에게 기름 부어 아람 왕이 되게 함)
	D' 19:16	소명 II, III (예후에게 기름 부어 이스라엘 왕이 되게 함)
		(엘리사에게 기름 부어 너를 대신하는 선지자 되게 함)
E 19:17		하나님의 심판
F 19:18		남은 자를 통한 하나님의 구속의 연속성

7. 문법적 자료들 / 본문 해설

열왕기는 엘리야의 사역과 관련하여 여섯 개의 주된 사건, 즉 가뭄 예언(왕상 17장), 갈멜산 대결(왕상 18장), 엘리야의 탈진과 하나님의 치유(왕상 19장), 나봇 사건(왕상 21장), 아하시야에 대한 경고(왕하 1장), 엘리야의 승천(왕하 2장)을 소개한다. 엘리야의 사역 기록 중에 엘리야의 탈진을 치유하신 하나님을 소개하는 내용이 중간에 위치하고 있다는 점이 인상적이면서도 또 당연한 순서인 것으로 사료된다.[18]

---

18 이형원, 목회와신학 편집부, 열왕기상 어떻게 설교할 것인가, 두란노 아카데미, 2008, 314.

많은 주해서들은 열왕기상 19장에 대해 '엘리야의 낙심'을 역설한다. 그런데 나는 그러한 렌즈로 해석을 하거나 설교 거리를 만드는 여러 권의 책을 읽으면서 납득할 수가 없었다. '그들이 감히 엘리야를 알까? 엘리야와 하나님과의 관계를 주해한다고 말할 수 있을까' 하는 것이었다. 열왕기상 19:1-8에 대한 표현을 '꿈이 깨질 때'[19]라는 표제로 본문을 주해하는 책을 접했을 때 열왕기 저자가 인간의 관점에서 엘리야의 약함을 서술하고자 한 것이 아니라는 강한 확신이 들었다. 이에 본문과 관련하여 중요한 단어를 몇 가지 해설하고자 한다.

- מַה־לְּךָ (what? how? why? 왕상 19:9, 13)
  이 물음은 대화를 시작하려는 수사적인 질문이다. 이 구절은 구약 전체에서 19회나 쓰이고 있으며 창세기 21:17에서 하갈을 부르실 때도 같은 단어가 쓰이고 있다.

Genesis 21:17 하나님이 그 어린 아이의 소리를 들으시므로 하나님의 사자가 하늘에서부터 하갈을 불러 이르시되 하갈아 **무슨 일이냐** 두려워하지 말라 하나님이 저기 있는 아이의 소리를 들으셨나니

이 구절은 성경에서
'무슨 일이냐?'	What is the matter?(Gen. 21:17 NET)
'무엇을 원하느냐?'	What would you like?(Jdg. 1:14 NET)
'무엇을 원하느냐?'	What would you like?(Jos. 15:18 ESV)
'요구가 무엇이뇨?'	what wilt thou, queen Esther?(Est. 5:3 KJV)
'(바다야 네가 도망함은) 어찜이뇨?'	What – to thee?(Ps. 114:5 YLT)
'(자는 자여) 어찜이뇨?'	What do you mean?(Jon. 1:6 ESV)

---

19 Gary Inrig, Max Anders 편집, 마영례 옮김, (Main Idea로 푸는) 열왕기상, 하, 서울, 디모데, 2009, 218.

등으로 다양하게 쓰이면서 성경은 하나님의 부르심과 그에 상응하는 영혼의 부르심과 각성을 표현하고 있다. 엘리야에게도 동일한 음성으로 다가오신다.

1 Kings 19:9 을 영어 성경을 대조하면 다음과 같다.

NET He went into a cave there and spent the night. All of a sudden the LORD spoke to him, 'Why are you here, Elijah?'

ESV There he came to a cave and lodged in it. And behold, the word of the LORD came to him, and he said to him, 'What are you doing here, Elijah?'

YLT And he cometh in there, unto the cave, and lodgeth there, and lo, the word of Jehovah is unto him, and saith to him, 'What – to thee, here, Elijah?'

KJV And he came thither unto a cave, and lodged there; and, behold, the word of the LORD came to him, and he said unto him, What doest thou here, Elijah?

NET는 여호와께서 갑자기(all of a sudden) 나타나셔서 '왜 여기 있느냐?'라고 말씀하신다.
ESV는 보라, 하나님의 말씀이 그에게 임했다. '여기에서 무엇을 하고 있느냐?'
YLT는 여호와의 말씀이 그에게 말하기를 '여기에서 무엇하느냐. 엘리야야?'
KJV는 보라, 하나님의 말씀이 임했다. 그리고 여호와가 그에게 '네가 여기서 무엇하니?'라고 말씀하신다.

하나님의 이러한 질문은 엘리야의 답을 기대하신 것이 아니다. 엘리야 역시 '나는 ~을 하고 있습니다.'라는 답을 말하지 않는다. 엘리야에게 던진 질문은 다독임과 만져주심이다.

나는 이러한 하나님의 부르심에 대한 아픔의 감정을 가지고 있다.

과연 하나님은 엘리야에게 '너의 현 주소가 어디냐?' 하고 물으신 것일까? 많은 설교자들은 이것을 빗대어 '우리의 현 주소가 어디인지?'에 대하여 역설하면서 고민하지 않고 쉬운 설교거리로 삼곤 한다. '우리가 어디에 있는지'를 아는 것이 중요하다. 그래야 그 다음 길로 나갈 수 있기 때문이다. ~중략~ 하나님은 천사를 통해 엘리야를 도우셨다. 이미 우울증을 경험하고, 그 우울증을 극복한 사람을 보내어 우리를 도와 주신다.'[20] 이와 같은 논리의 전개는 하나님을 주체로 하는 해석의 방법이 중심이 되었더라면 하는 아쉬움이 있다.

아! 그런데 만약 내가 설교를 해야 한다면 나도 이렇게 식상한 말로 할 것 같은 고민에 휩싸였다. 어떻게 이 말씀을 풀어나가야 할 것인지? 순간, 길을 잃은 듯했다.

하나님은 엘리야가 낙망한 것을 모르시고 '네가 어찌'라고 물어보지 않으셨다. 엘리야가 '나만 혼자 남았습니다.'라고 대답할 것을 모르시고 질문을 하신 후, 엘리야의 대답을 듣고서야 '아! 그렇지, 너만 홀로 남았구나.'라고 깨달으셨을 리가 없다.

하나님은 모든 것을 아신다. 엘리야의 감정도 아시고, 엘리야의 힘듦도 아시고, 엘리야의 비통함도 아신다. 그리고 굴 속에 숨은 엘리야의 기진함도 아신다. 그분은 그런 엘리야를 만나러 오신 것이다. '네가 어찌?' 하는 질문에 대한 긍정적인 답을 기대하셨을 리가 없다.

우리는 너무 쉽게 말을 하는 경향이 있다. 이러한 질문을 던지고 엘리야가 자신의 현 주소를 깨닫고 '아, 내가 여기 잘못 있었구나, 내가 동굴을 나

---

20 강중민, 엘리야의 기도, 넥서스, 2015, 177.

가서 하나님이 내게 주신 사명을 다시 수행해야지'라고 설교하는 분들을 보면 속상한 마음이 든다.

하나님의 자기 계시(YHWH's self-revelation)이다. 이것은 여호와의 거룩함과 무형의(incorporeal character) 현현(나타남, menifestation)이다. 이와 같은 단어가 출애굽기 33:22에도 있다. בַּעֲבֹר(Exod. 33:22 WTT)(오베르, 내 영광이 지나갈 때에)로 쓰이고 있다. 인간인 모세가 YHWH의 얼굴을 볼 수 없도록 모세를 동굴 안으로 숨기신다. 어쨌든 출애굽기 33장의 모세 내러티브는 하나님의 거룩성(YHWH's holiness)의 반영이다(the Glory of YHWH).[21] 하나님의 현현의 빛 앞에 우리는 입을 가릴 뿐이다. 그 빛을 체험하면 일어날 수 있다. 바람과 지진과 불(왕상 19:11-12)은 하나님의 현현이다. 그런데 바람과 지진과 불에 대한 현상 속에 열왕기 저자는 '여호와께서 지나가시는데'(11절)와 '여호와께서 계시지 아니하며'(11, 12절)라는 두 가지의 상황을 대구적으로 제3자의 내레이터로 같은 구절에서 표현하고 있다. 히브리 원문은 세 번이나 לֹא(로, 1 Ki. 19:11 WTT) 라는 단어로 여호와께서 계시지 않음을 말하고 있다. 이러한 현상은 구약에 여러 번 등장하며 그때는 하나님께서 나타나셨다.

하나님께서는 옛적 모세 시대처럼 다시 한번 더 시내산에 나타나셨다. 모세는 처음 하나님을 불타는 가시떨기에서 만났으며(출 3:2) 이스라엘 백성들이 시내산에서 하나님과 언약을 맺을 때 '천둥, 번개, 구름, 연기, 불, 지진'의 현상이 함께 나타났다(출 19:16, 18).[22] 학자들은 하나님께서 나타나지 않음에 대하여 '엘리야의 관점에서 볼 때 엘리야의 상태가 너무 안좋기 때문에 분별하지 못했던 것'으로 표현하기도 한다. 그러나 엘리야는 바로 전 장(왕상 18장)에서 갈멜산에서 나타나신 하나님의 모습을 경험했다. '구름과 바람이 일어나서 하늘이 캄캄해지며'(왕상 18:45)라는 표현으로 하나님의 임재를 나타

---

21 Sweeney, Marvin A, *I & II Kings: a commentary*, 미리보기 Westminster John Knox Press, 2007, 232.
22 김정우, 네가 어찌 여기 있느냐, 생명의 말씀사, 2009, 117.

내고 있다. 그렇다면 여기서 나는 두 가지의 질문을 하고 싶다.

첫째는, 하나님의 현현이 인간의 상태에 따라 달라지는 것일까?
둘째는, 하나님의 현현에 바람과 지진과 불이 반드시 동반되어야 하는 법이 어디 있는가? 하는 점이다.

이것을 우리 인간의 관점으로 하나님의 임재는 어떤 현상이 동반해야 하는데 초점을 맞추어서 풀어야 하는 것은 잘못된 이론이다. 단지 히브리어의 시제를 볼 때 전부 완료 동사로 사용하였다는 점은 과거에 일어났던 일이라는 것만 시사할 뿐, 문제를 풀 수 있는 어떤 다른 단서를 제공해주지는 못하고 있다.

나는 여기서 베드로를 향하시던 주님의 눈빛을 떠올리게 된다. 베드로가 예수님을 모른다고 세 번이나 부인하던 자리에 누가는 καὶ στραφεὶς ὁ κύριος ἐνέβλεψεν τῷ Πέτρῳ(Lk. 22:61 GNT) '주께서 돌이켜 베드로를 보시니'라고 기록하고 있다. στραφεὶς는 to turn, ἐνέβλεψεν는 to look at, τῷ는 the(여격)로서 '그 베드로를 향하여'라는 여격의 표현이 적절하다. 여기서 정관사 'the'를 통해 성경은 베드로가 어떤 베드로인지를 암시한다. 그 베드로는 예수님을 세 번이나 부인한 베드로라는 의미일 것이다.

이 구절에 대하여 영어 성경은 다음과 같이 번역하고 있다.

NET Luke 22:61 Then the Lord turned and looked straight at Peter.
ESV Luke 22:61 And the Lord turned and looked at Peter.
YLT Luke 22:61 And the Lord having turned did look on Peter.
KJV Luke 22:61 And the Lord turned, and looked upon Peter.

베드로가 다시 일어날 수 있었던 힘은 무엇일까? 베드로를 쳐다보던 주님의 눈빛은 질책도 아니고, '너는 어떤 자인가?' 상기시키려는 꾸짖음도 아니다. 주님의 눈빛 앞에 그는 통곡했고 무릎을 꿇었다. 이것이 **주님의 현현**이라고 생각한다.

다시 엘리야로 가보자. 엘리야 앞에 나타나신 여호와는 굳이 바람과 지진과 불이라는 의미 속에 계시는 물리적 현상을 동반하는 하나님이 아니다. 그분 앞에 서면, 그분이 말씀하시는 음성을 듣기만 하면 우리는 다시 일어설 수 있다. 그것은 설명할 수 없는 그 무엇이다. 엄위와 사랑, 그리고 하늘 문이 열리는 체험을 하기에 두려움이 없어진다.

- 여기서 한 가지 더 '내가 만군의 하나님 여호와께 열심이 유별하오니'의 엘리야의 대답에 주목하고 싶다. 이 구절에 대하여 많은 책들은 엘리야의 교만함을 빗대어 말한다.

> 10절과 14절에서 언급되고 있는 엘리야의 변명이 한 면으로 해석할 때 그의 영적인 교만과 외로움으로 말미암아 비롯되었다고 볼 수 있다. ~중략~ 그래서 엘리야로 하여금 혼자만 열심히 일한다고 푸념하게 만들고, 하나님의 대변자는 자기 혼자뿐이라고 말하게 만들었다. ~중략~ 영적인 교만과 외로움을 느끼며 사역을 포기하고 있는 엘리야를 영적으로 온전히 치유하고, 그로 하여금 새로운 소명감을 가지고 살 수 있도록 하기 위해 하나님은 엘리야에게 나타나 주신다.[23]

나는 이러한 주석에 대하여 의견을 달리하고 싶어 여러 주석 책을 찾아보았다. 그중에서 인상적인 논의가 있었다.

---

23 이형원, 열왕기상 어떻게 설교할 것인가, 321-322.

나는 이 구절과 관련해 여러 주석가들과 의견을 달리한다. 그들 대부분은 여기에서 엘리야가 자신을 변호하고 다른 이들을 비난하고 있다고 신랄하게 비판한다. 그러나 이 구절에서 내가 느끼는 첫 번째 인상은 엘리야의 솔직담백함이다. ~중략~ 만약 우리가 엘리야처럼 하나님을 향해 솔직하고 거리낄 것이 없다면, 우리는 하나님으로부터 그와 동일한 대접을 받을 수 있으리라. 그는 그렇게 솔직한 답변을 했음에도, 하나님으로부터 아무런 비난도 받지 않았다.[24]

위의 두 인용구를 보면 전자는 엘리야의 영적인 교만과 외로움을 논의하고 있으며, 후자는 영적인 교만함을 말하는 주석가들에 대하여 동의할 수 없다고 하면서도 솔직담백함에 대한 인간적인 측면을 주장하고 있다. 하지만 두 문구는 관점의 차이만 있을 뿐 엘리야를 바라보시는 하나님의 관점을 간파하지 못하는 듯하다. 이에 대한 다음의 논의는 설득력이 있다.

이스라엘은 언제나 형식적으로 하소연할 수 있는 상대방을 가지고 있다. 이스라엘에서 낙담은 결코 온전히 피어나지 않는다. <u>이스라엘의 양식 속에서는 간구가 낙담을 대신한다.</u>[25]

이와 같이 **엘리야의 탄원은 간구이다.** 이것을 영적인 교만함이라고 하는 것은 영적인 측면에서의 해석이 아닌 것 같다는 생각을 했다. 모세와 예수님과 함께 변화산에 나타난 엘리야의 삶을 그 누가 살아봤단 말인가! 그저 이 탄식은 엘리야의 간구이며 기도이다.

그것은 우리가 기도할 수 없을 때 '성령도 우리의 연약함을 도우시나니 우

---

[24] Arthur W. Pink, *The life of Elijah*, 김광남 옮김, 핑크 엘리야를 논하다, 엔크리스토, 2008, 369-370.
[25] Ralph L. Smith, *Old Testament Theology; Its History, Method, and Message*, USA, Nashville, 1993; 박문재 옮김, 구약신학; 그 역사, 방법론, 메시지, 서울, 크리스챤다이제스트, 2005, 463.

리는 마땅히 기도할 바를 알지 못하나 오직 성령이 말할 수 없는 탄식으로 우리를 위하여 친히 간구하시느니라'(롬 8:26)에서 경험한 것과 같은 것이다.

- **하나님의 물음에 대한 엘리야의 답과 이에 대한 하나님의 말씀에 주목해 보자.**

하나님의 물음은 '네가 어찌 여기서 뭐하니?'였고, 엘리야는 그에 대한 답보다는 자기의 불평을 늘어놓는다. 이것은 모세(민 11:15), 욥(욥 3:11; 7:16), 예레미야(렘 20:18)에게서도 발견된다. 그들의 탄식은 기도이고, 투정이지 우리가 가타부타할 수 있는 성질의 것은 아닐 것이라고 생각한다. 이것은 다음에 나오는 여호와의 태도에서 알 수 있다. 하나님은 그 어느 것에도 답하지 않으신다. 다만 민수기 11:16-17에 의하면 백성의 장로와 지도자를 세워 모세의 투정을 들으실 뿐이다. 엘리야는 아빠에게 호소하고 있는 것이다. 마치 예수님이 아빠를 부르며 기도하셨듯이 간청하는 마음이었을 것이다. 그렇기에 하나님은 변론하지 않으시고 당신의 현현을 보여줄테니 산으로 나오라고 하신 것이다.

엘리야를 향한 하나님의 질문은 욥을 향한 하나님의 질문을 연상케 한다. '무지한 말로 생각을 어둡게 하는 자가 누구냐~, 누가 놓았느냐'(욥 38:2-6) 욥을 향한 하나님의 말씀은 욥에게 '누가'(who, 미, 'מי)에 대한 답을 들으려고 하심이 아니다. 욥 역시 그에 대한 답을 말할 새도 없이 여호와 앞에 엎드러지고 만다. 이것이 우리 인생이 아닌가!

한걸음 더 나아가 신약으로 가보자. 예수님을 잡으러 그 밤에 칼과 몽치를 가지고 유다와 함께 온 군대와 무리들은 의기등등해서(마 26:47; 요 18:3) 왔지만, 예수께서 '너희가 누구를 찾느냐', '내가 그니라'(요 18:5, 6) 하실 때에 그들이 물러가서 땅에 엎드러졌다. 이 구절을 읽을 때마다 하늘이 열리며 출애굽기 3:14의 말씀이 들리곤 한다. '나는 스스로 있는 자니라'(출 3:14) 즉 '나는 나다'(I AM WHO I AM.) 그래서 그들은 예수님을 잡으러 왔지만 창조주 되신 하나님과 함께하신 주님의 위엄 앞에 엎드릴 수밖에 없었던 것이다.

- **מָה**

מָה는 전치사 לְ(레)와 함께 쓰여서 לָמָה(Gen. 25:22) '왜? 어째서?'의 뜻을 나타내기도 한다. '그 아들들이 그의 태 속에서 서로 싸우는지라 그가 이르되 이럴 경우에는 내가 어찌할꼬 하고 가서 여호와께 묻자온대'

- **קִנֵּא** (왕상 19:10)

기본 어근은 카나(קָנָא)이며, 시기하다, 투기하다, 질투하다, 열심이다, envy(to be jealous)를 의미한다. 구약성경에서 이 단어는 34회 나오며, 피엘형과 히필형으로만 사용되었다. 원래 의미를 열심이나 열정(zeal)으로 생각하면 될 것 같다.

- **לִפְנֵי** (왕상 19:11) '여호와 앞에서'

'여호와 앞에서'라는 의미의 리프네는 김지찬 교수님의 "언어의 직공이 되라." 23쪽을 보면 "어거스틴은 창세기 10:9의 '니므롯이 여호와 앞에서 특이한 사냥꾼'"이라고 할 때 '여호와 앞에서'란 표현을 가지고 고민을 하였다. 헬라어로는 엔안티온 쿠리우 투 테우(enantion kurioutou theou)인데 '앞에서'란 의미의 전치사 엔안티온이 때로는 '대항하는'이란 의미로도 쓰인다. 이 때문에 어거스틴은 '여호와 앞에서 특이한 사냥꾼'이라고 번역해야 하는지, 아니면 '여호와께 대항하는 특이한 사냥꾼'이라고 번역해야 하는지에 대해 길게 논의하고 있다. 엔안티온에 상응하는 히브리어 전치사 '리프네'(lipne)는 "'대항하는'의 의미가 없이 항상 '앞에서'의 의미로 쓰이기 때문이다."라고 기술했다.

8. 사전적 자료들 / 가장 중요한 '단어 연구'

- **קִנֵּא** (קָנָא, 카나, 왕상 19:10)

이 단어는 '불타는 열심'이란 의미로 비느하스의 질투(민 25:13)에도 등장한다.

- לֹא(로, 1 Ki. 19:11 WTT)
부정적 등식형 절은 일반적으로 לֹא를 전치사적 술어 앞에 사용한다.²⁶

| יְהוָה | בָּרַעַשׁ | לֹא | 여호와는 그 지진 속에 계시지 않으셨다. |
| YHWH | 그 흔들림들 속에 | 아니다 | |

열왕기상 19:1에 '계시지 아니하며'가 세 번이나 반복되는데 원어에서 לֹא(로)를 사용하여 표현하고 있다.

- לֹא(로, 1 Ki. 19:12 WTT) 동사가 아닌 술어를 부정하는 לֹא(아니다)
  לֹא는 서술 형용사, 수동태 분사, 실명사 또는 전치사절인 술어를 부정할 수 있다.²⁷

| יְהוָה | בָאֵשׁ | לֹא | 여호와는 그 불 속에 계시지 않으셨다. |
| YHWH | 그 불에 | 아니다 | |

- 연계어는 지시접미사 ה, '~(으)로, ~을 향하여'를 취할 수 있다.

| דַּמֶּשֶׂק | מִדְבָּרָה | 다메섹의 광야를 향하여 |
| 다메섹 | ~의 광야를 향하여 | 왕상 19:15 |

'다메섹의 광야를 향하여'는 연계형이다. מִדְבָּרָה는 연계 상태이지만 이것은 움직임의 방향을 지시해 주는 지시접미사 ה,를 가지고 있다.²⁸

---

26 Ronald J. Williams, William's Hebrew Syntax, Canada, John C. Beckman, 2007; 김영욱 역, 윌리엄스 히브리어 구문론, 2012, 그리심, 278.
27 김영욱 역, 윌리엄스 히브리어 구문론, 203.
28 김영욱 역, 윌리엄스 히브리어 구문론, 28.

9. 성경적 배경

9.1. 열왕기에서의 정경적 전개

변화산에서(마 17:3-4; 막 9:4-5; 눅 9:30-33) 모세와 엘리야는 율법과 선지자를 대표하며 ① 두 사람은 모두 그들의 순종 때문에 고난을 겪었던 신실한 종들이다. ② 두 사람은 모두 죽음을 맛보지 않았다. ③ 두 사람은 모두 산에서 하나님의 임재를 경험했다.[29] 이와 같이 오경에 나타난 모세 이야기의 유형들이 열왕기의 엘리야 이야기 본문에서 비슷한 모습으로 나타나고 있다. 이러한 특징은 열왕기의 엘리야 이야기에서 모세 전승의 '정경적 전개'가 이루어지고 있음을 보여주는 내용들로 해석해 볼 수 있다. 왜냐하면 출애굽 당시 애굽 종교와의 대결 국면을 담고 있는 모세 이야기의 여러 가지 사건들이 개별적인 유형의 모습으로 열왕기의 엘리야 이야기에서 새롭게 등장하고 있기 때문이다.[30]

헤르만 궁켈은 엘리야를 '모세를 닮은 선지자'로 말하고 있으며, 김정우 교수는 '엘리야와 모세 사이에는 놀라운 심포니가 있다.'라고 다음과 같이 기술했다.

> 열왕기상 19장은 열왕기에서 가장 장엄한 장이다. ~중략~ 오경과 비교한다면, 마치 하나님과 이스라엘의 언약이 공식적으로 수립되는 것을 서술하는 출애굽기 19장과, 황금송아지 사건으로 언약이 파기되고 회복되는 과정을 묘사하는 출애굽기 33장을 합친 것 같다. 신약성경의 빛으로 본다면, 이 장에는 예수 그리스도의

---

[29] Robert Stein, 마가복음, 배용덕 옮김, BECNT: Baker Exegetical Commentary on the New Testament, 서울: 부흥과 개혁사, 2014, 584.
[30] 이형원, 목회와신학 편집부, 서울: 두란노 아카데미, 2008, 127.

겟세마네와 부활과 오순절 성령강림의 그림자를 보는 것 같다.[31]

9.2. 신명기식 역사책

열왕기는 '신명기식 역사책'이라고 일컬어진다. 그 이유는 이스라엘 역사를 평가하는 관점을 제공하기 위해 신명기의 독특한 율법 체계를 선택했기 때문이다. 열왕기는 신명기에서 과거 이스라엘이 이방 종교를 만났던 이야기를 해줌으로써 이방 신들에 대한 중대한 주의를 주고자 했다.[32] 열왕기에는 다른 많은 선지자들이 언급되지만 선지자와 관련된 일련의 이적들이 이처럼 자주 언급된 곳은 오직 여기(왕상 17장-왕하 9장) 뿐이다.

9.3. 말라기의 예언의 성취

이것은 신명기 34:12 '모든 큰 권능과 위엄을 행하게 하시매 온 이스라엘의 목전에서 그것을 행한 자이더라'는 말씀과 같이 모세에 대한 언급과 더불어 엘리야의 삶을 예견하고 있다. 그리하여 구약의 마지막 성경인 말라기는 '보라 여호와의 크고 두려운 날이 이르기 전에 내가 선지자 엘리야를 너희에게 보내리니'(말 4:5) 말씀으로 구약을 마치고 있으며 마태복음에서 세례 요한의 삶으로 말라기의 예언의 성취로서 제시하고 있다.

9.4. 요한계시록 11:3-6에서 모세와 엘리야를 짝지음

모세는 율법을 대표했고 엘리야는 선지자를 대표했다. 그런데 모세와 엘리야보다 더 크신 이가 예수라는 분으로 오셨으며, 모든 율법과 선지자들이

---

31 김정우, 네가 어찌 여기 있느냐, 생명의 말씀사, 2009, 100.
32 Raymond B. Dillard, *Faith In the Face of Apostasy*, Phillipsburg, USA, 1999: 박성호 옮김, 그리스도를 만나는 성경 읽기: 그리스도를 중심으로 다시 읽는 열왕기, 서울: 좋은씨앗, 2004, 27.

그분에 대해 말했다(눅 24:27)고 성경은 기록하고 있다.

9.5. 성경적 배경의 결론

먼 길을 달려왔다. 각 과정마다 엘리야와 하나님의 대화를 중심으로 이루어지는 단어를 살펴보았다. 엘리야의 탄식을 가볍게 취급하며 '엘리야의 교만함과 정신 못차리는 선지자'로 표현하는 여러 주석을 보면서, 때때로 어떤 주석에서는 조금 마음이 언짢기도 했다. 많은 주석들이 엘리야를 현대의 정신 치료의 모델 정도로 삼고 있는 것처럼 느껴져 마음이 불편했기 때문이다.

어쩌면 복음주의 신학 노선에서조차 이러한 주제들이 너무 쉽게 다루어지는 것은 하나님의 임재를 너무 가벼이 여기며 감정에 호소하여 촉수를 건드리는 방법을 선택하려는 현대인들의 신앙 노선 아닐까 생각해 보기도 한다.

엘리야의 고뇌! 적어도 한 영혼을 끌어 안고 십자가 앞으로 나아가려 몸부림했던 경험을 가진 주석가들이라면 영혼의 죄성이 지닌 무게가 얼마나 큰 것인지에 대한 해석이 더 깊어졌을 것 같다. 엘리야의 고난을 읽어가는 동안 땀방울이 핏방울이 된 예수님의 고뇌가 한데 엉겨 그 중압감이 나를 누르곤 했다.

이제 '남은 자'이다. 지금까지 각 단계별로 주해를 하면서 내가 놓치고 싶지 않았고 마지막 이 글 전체의 goal을 향해 모든 focus를 맞추고 싶었던 것은 엘리야가 하나님께 드리는 이스라엘의 고발도 아니고, 엘리야의 탈진도 아니고 이세벨의 바알 숭배도 아니었다.

왜 호렙산을 40일 동안 걸어 갔을까? 왜 바람과 지진과 불 속에 하나님이 계시지 않았을까? '왜 네가 여기 있니?' 하는 질문에 성경은 그저 침묵하고 있을 뿐이다.

하지만 성경은 하나님의 말씀과 함께 큰 그림을 그려 나가고 있다. 이것이 창세기에서 노아를 '남은 자'로 남겨두시면서 엘리야에게 세 가지의 일을 맡기시고 언약의 연속선상에서 하나님의 구속 계획을 완성해 나가시는 과정이다. 그런 의미에서 다음 단락에서는 '남은 자'에 대한 것을 논의하고자 한다.

10. 신학 / 해당 본문에 의해서 제기되거나 해결되는 특정한 문제들

- 열왕기상 19장에 나오는 '남겨지다'의 의미로 쓰인 두 단어를 살펴보면 다음과 같다.

- שָׁאַר (샤아르, 왕상 19:18)
  - 히필형[33]으로 '남아 있게 하다'(to leave)[34]로 쓰인다.
  - '남다', '남아 있다'의 의미로 성경에 133회나 나온다.[35]
  - 남다, 미루어지다, 뒤에 남겨지다 등으로 130회나 사용되었는데, 그 파생어 형은 추가로 121회 사용되었다. 샤아르는 거의 절대적으로 제거되는 과정 후에 남아 있는 정적(靜的)인 행위를 가리키는 데 사용

---

[33] 히필형은 사역형으로 '~로 하여금 ~을 하게 만들다'라는 뜻으로 해석된다. 사역형의 주어가 '~로 하여금 ~을 기억하게 만들다'의 의미를 가져서 이 단어가 사역형의 의미, 즉 '~로 하여금 ~을 기억하게 만들다'라는 뜻을 바탕으로 한다는 점에 있다. 제사법의 맥락에서는 제물을 갖다 바치는 봉헌자가 이 사역형의 주어가 된다고 할 때 그 의미는 '하나님으로 하여금 (봉헌자와 관련하여) 어떤 것을 기억하게 만들다'란 것이 된다고 할 수 있다. 이 점을 인식하고 나서 '하나님이 기억하신다는 것이 과연 어떤 의미일까'라는 점을 연구한다면 제사법(레위기 등)에 있어서 소제의 '기념물'이 이 동사의 사역형에서 파생되었다는 것은 '하나님으로 하여금 봉헌자를 기억하고 구원해 달라'는 간구의 의미를 담고 있는 것으로 생각된다. 앞의 논의에서 유추한다면 결국 '남은 자'라는 단어의 의미도 사역형으로 '하나님으로 하여금 남게 만들다'라는 뜻으로 해석할 수 있다. 즉 '남은 자'라는 의미는 하나님이 남기시지 않으면 남은 자가 될 수 없는 것이다. 그래서 우리가 고백할 수 있는 것은 이것이 은혜라는 것이다.

[34] William L. Holladay, *A Concise Hebrew and Aramaic Lexicon of the Old Testament*, 구약성경의 간추린 히브리어·아람어 사전, 477.

[35] 류근상 옮김, 성경히브리어 아람어 단어집, 20.

되는 것 같다. 제거되는 이 과정은 자연적인 것일 수 있다(룻 1:3, '나오미의 남편이 죽고 나오미와 그 두 아들이 남았으며').

그것은 또한 고의적인 것일 수도 있다(삼상 9:14, '보라 이는 두었던 것이니'; 여기서 사무엘은 사울이 먹도록 의식적으로 남겨 놓은 음식을 말하고 있다). 또한 이러한 제거는 신의 간섭에 의한 어떤 직접적인 결과일 수도 있다(출 10:19, 여호와께서 바람으로 불어버리시자 '애굽온 지경에 메뚜기가 하나도 남지 아니하니라'). 그러나 그 이유가 무엇이든 간에 '샤아르'는 남겨져 있는 것 또는 살아남은 것을 뜻한다.[36]

- יָתַר(야타르, 왕상 19:10, 14)
  - 니팔형으로 남겨지다(be left over), 남다(remain over)[37]의 의미를 가진다.
  - Hiphil 형: 여분으로 남기다, 보존하다, 벗어나게 하다(겔 12:16).[38]
  - 1. 남기다(leave over, Ex 10:15), 2. 남기다(have remaining, have left), 남게 하다(have left), '남다', '존속하다', '머무르다'의 의미로 성경에 106회 나온다.[39]
  - 야타르와 그 파생어들은 약 227회 사용된다. 이 단어는 분할된 어떤 양의 한 부분을 가리키는데, 때때로 질이 더 낮은 부분을 가리키기도 한다. 그러나 이 단어는 질적으로는 떨어지나 양적으로는 더 많은 부분을 가리킬 수도 있으며(삿 7:6), 남겨진 음식은 어떤 사람의 필요가 풍족하게 충족되었다는 표시가 된다(룻 2:14; 대하 31:10).
  - 때때로 **남은 자는 아주 외톨이가 되었다는 느낌**을 갖는다. 예를 들

---

36 R. Laird Harris, Editor Gleason L. Archer, Jr. Associate Editor, Bruce K. Waltke, Associate Editor, *Theological Wordbook of the old Testament V1*. The Moody Bible Institute of Chicago, 1981; 구약원어신학사전, 번역위원회, 요단출판사, 서울: 1986, 1119.
37 구약성경의 간추린 히브리어·아람어 사전, 195.
38 구약원어신학사전, 요단출판사, 521.
39 Larry A. Mitchel, *Biblical Hebrew and Aramaic*, USA, The Zondervan Corporation, 1984; 류근상 옮김, 성경 히브리어 아람어 단어집, 서울; 크리스챤출판사, 2001, 22.

어 엘리야는 이렇게 불평하였다. "여호와의 선지자는 나만 홀로 남았으나"(왕상 18:22) 그러나 '남은 자' 사상은 거의 대부분 어근 sh'r에서부터 나온다. 그 생존자들은 다른 나라들에 대한 하나님의 심판의 무기가 될 것이다.[40]

- 구약 성경에는 남겨진(being left), 구원받은(delivered), 벗어난, 탈출한(having escaped) 등의 뜻을 가지는 '남은 자'의 개념을 표현하는데 사용된 네 개의 동사와 두 개의 명사형이 있다. 히브리어 동사로 샤알(שָׁאַר), 팔라트(פָּלַט), 말라트(מָלַט), 야타르(יָתַר)와 샤라드(שָׂרַד)의 명사형 샤리드(שָׂרִיד)와 아하르(אָהַר)에서 파생되어진 여성 명사 아하리트(אַחֲרִית) 등이다. 이 용어들은 구약성경에서 '남은 자'와 관련된다.[41]

- 키텔은 이 단어들에 대하여 다음과 같이 설명하였다.

  첫째, 샤알(שָׁאַר)은 단순히 남기다, 남겨지다, 남다 등을 의미한다.
  둘째, 팔라트(פָּלַט)는 어려움이나 위험에서 피하여 남은 자란 뜻이다.
  셋째, 말라트(מָלַט)는 팔라트(פָּלַט)에서 발전한 것이다.
  넷째, 야타르(יָתַר)는 남겨지다, 남다, 남아 있다 등으로서 남은 찌꺼기라기보다는 분량이 충분하여 쓰고 남은 것을 뜻한다.
  다섯째, 샤라드(שָׂרַד)의 명사형 샤리드(שָׂרִיד)는 '도피한 자', '남은 자'의 의미를 가진다. 샤리드(שָׂרִיד) 이 단어는 '도피한 자'(one left, escape), '남은 자'(remnant)라는 의미를 가지고 있다. 이 단어가 나타낸 대표적인 성경 구절은 '여호수아와…그 남은 몇 사람은 견고한 성들로 들어간 고로'(수 10:20, וְהַשְּׂרִידִים שָׂרְדוּ)

---

40 R. Laird Harris, Editor Gleason L. Archer, Jr. Associate Editor, Bruce K. Waltke, Associate Editor, *Theological Wordbook of the old Testament VI*. The Moody Bible Institute of Chicago, 1981; 구약원어신학사전, 번역위원회, 요단출판사, 서울: 1986, 521.
41 최대근, 12선지서에 나타난 남은 자 사상 연구, 학위논문, 총신대학교신학대학원, 2011, 7.

survivor(of battle)(전쟁의 남은 자) 등이 있다.

여섯째, 아하르(אהר)에서 파생되어진 여성 명사 아하리트(אַחֲרִית)는 'the last', 'the latter time'(신 11:12, YLT) 등이다.[42]

성경에는 이 6개의 히브리어 어근의 파생어들이 명사나 분사 또는 동사로서 앞서 제시했듯이 540번 등장한다.

'남은 자'에 관련된 어근과 성경 구절에 대한 종합적인 연구를 따라 '남은 자'의 단어를 다음과 같이 정의할 수 있다. 하나님의 심판을 받아 죽어가는 선민 가운데서 선민의 명맥을 유지하게 하시려고 남겨 두시는 소수의 사람을 남은 자(remnant)라고 부른다.[43]

- 구약 성경에서 남은 자 사상은 창세기 7:23에 처음 나타난다.

여호와께서 사람의 죄악이 세상에 관영함과 그 마음의 생각의 모든 계획이 항상 악할 뿐임을 보시고(창 6:5) 인간의 죄에 대한 심판으로 홍수로 쓸어버리시어 하나님의 공의를 나타내신다. 그러나 그 가운데 오직 노아만이 남겨졌다. 여기에 וַיִּשָּׁאֶר(Gen. 7:23)는 Niphal 형태의 단수로 쓰여졌다.

הַשָּׁמַיִם וַיִּמָּחוּ מִן־הָאָרֶץ וַיִּשָּׁאֶר אַךְ־נֹחַ וַאֲשֶׁר אִתּוֹ בַּתֵּבָה׃

ESV   He blotted out every living thing that was on the face of the ground, man and animals and creeping things and birds of the heavens. They were blotted out from the earth. Only Noah was left, and those who were with him in the ark. (Gen. 7:23 ESV)

---

42   최대근, 12선지서에 나타난 남은 자 사상 연구, 7; Gerhard Kittel, *Theological dictionary of the New Testament*. T-4 (Michigan, W. M. B. Edermans, 196), 196 재인용.
43   최대근, 12선지서에 나타난 남은 자 사상 연구, 9.

- 남은 자 사상은 소돔과 고모라 사건에서도 등장한다.(창 18장)

아브라함은 의인 오십 명을 요구하시는 하나님과 흥정을 하며 의인 십 명까지 떨어뜨렸지만 끝내 충족되지 못한 채 19장에서 소돔의 멸망이 나오고, 이어 롯이 남겨진다.

- 남은 자 사상은 요셉의 고백(창 45:7)에도 나타난다.

"하나님이 큰 구원으로 당신들의 생명을 보존하고 당신들의 후손을 세상에 두시려고 나를 당신들보다 먼저 보내셨나니"(창 45:7)

- 선지서 이전의 남은 자 사상은 모세와 라합으로 명맥을 이어간다.

남은 자 사상은 모든 아기를 다 죽이는 가운데 홀로 살아남은 모세에서 출애굽의 여정으로 이어지고 이 여정 가운데 여호수아와 갈렙이 남은 자로 가나안에 들어가며 거기서 다시 라합으로 이어져 내려간다.

- 남은 자 사상은 엘리야의 불평 속에 야탈(יָתַר)로 나타난다.

하나님은 그것을 샤알(שָׁאַר)로 답하신다. 야탈은 니팔형이다. 이 의미는 '남겨지다'의 의미로 수동의 의미가 있고, 샤알의 의미는 히필로 사역의 의미가 있다. 이런 원어의 의미로 볼 때, 엘리야가 '나만 남았거늘'이라고 불평하는 것을 자세히 보면 '나만 남김을 당하였습니다'[I only, am left, (1 Ki. 19:14, KJV, ESV)]라는 의미이다. 그렇다면 엘리야가 '남김을 당하였다'라고 **수동의 의미로 말했다면 '남김을 당하게 한 주체가 하나님이시라'는 것이 그의 고백 속에 자리하고 있다**는 의미이다.

이 단어가 칼로 쓰였다면 엘리야가 능력이 많아서 '스스로 남았다'라는 의미이나 분명 니팔의 형태이기 때문에 엘리야는 '모든 선지자가 죽고 나만 남기셨습니다'라고 호소하는 것을 알 수 있다. 그것은 어쩌면 '하나님, 왜 나만 남기셨습니까?'라고 하는 말이다. 그렇다면 하나님의 대답이 이해가 된다. 하나님은 '너만 남기지 않았다.', '내가~남기리니'(19:18)로 답하시는 것이다.

이러한 언어의 구조는 우리가 능동으로 읽을 때와 수동으로 읽을 때, 그 의미를 확연히 달라지게 만든다.

- 바울의 엘리야 논의: '은혜로 택하심을 따라 남은 자'

엘리야로부터 몇 백년이 지난 후 사도 바울은 이스라엘의 '남은 자'를 말씀하면서 엘리야를 논하고 있다. 바울의 귀납적 논리의 결론은 '은혜로 택하심을 따라 남은 자'(롬 11:5)이다.

11. 본문의 신학적인 위치 / 신학적인 기여

- '남은 자' 사상은 신학적인 위치에서 볼 때 메시야 사상이다.

남은 자의 개념은 이사야의 사역이 시작될 때부터 이사야의 관점의 일부였던 것으로 보인다. '야곱의 남은 자'는 하나님의 백성 안에서의 연속성을 강조하려는 구체적인 시도로 보인다.[44] 이와 같은 남은 자 사상은 이사야가 중심 역할을 하고 있는 구약의 종말론으로 이어진다. 이사야의 남은 자 사상은 메시야와의 관계로 이어진다. 메시야는 남은 자의 중심이고, 남은 자에게 생명을 주는 요소이다. 결국 메시야가 없다면, 남은 자의 존재도 무의미하다.[45]

- '남은 자' 사상은 신학적 위치에서 볼 때 앤서니 후크마의 '종말론'에서도 논의된다.

'남은 자'는 로마서 11장의 이스라엘의 남은 자 사상을 통하여 논의되고 있다. '하나님은 자기 백성을 버리셨거나 거부하신 것처럼 보일지도 모르지만 실제로는 은혜로 택함받아 믿음으로 구원받는 남은 자들이 언제나 있었

44　John Oswalt, NICOT 이사야 I, 이용중 옮김, 부흥과 개혁사, 2015, 316-317.
45　손찬양, 이사야의 남은 자 사상에 나타난 시온 모티프, 총신대학교 학위논문, 2000, 27-28.

고 지금도 있다.'[46]

- '남은 자' 사상은 신학적 위치에서 볼 때 하나님의 '**언약적인 미리 아심**'이다.

바울은 로마서 11:2-4의 문맥에서 이스라엘의 미래적 구원을 기대한다(Hafemann 1988: 49-50, Hvalvik 1990: 90)는 의미로 하나님이 자기 백성을 버리지 않으셨다고 기록하였다. 그런 의미로 로마서 11:2에서는 '그 미리 아신'(ὃν προέγνω, 혼 프로에그노)이라는 말을 덧붙인다. 이것은 '하나님이 그 미리 아신 자기 백성을 버리지 아니하셨다'라는 열왕기상 19:18에 대한 명제의 근거로서 기능한다. 바울은 이 단락을 '내가 나를 위하여 바알에게 무릎을 꿇지 아니한 사람 칠천 명을 남겨 두었다'(롬 11:4)는 하나님의 선언으로 결론을 내린다.

여기서 두드러지게 나타나는 것은 로마서 11:4의 '내가 나를 위하여 남겨 두었다'(κατέλιπον ἐμαυτῷ, 카텔리폰 에마우토)는 문구인데, 이는 남은 자가 보존된 결정적인 이유가 하나님의 필요에 의한 행동 때문이라는 것이다.

바울이 주장하듯이 엘리야가 이스라엘에 대해 고발한 이야기는 하나님이 이스라엘을 물리치지 않으셨다는 것을 보여주는 것으로 이해되어야 한다. 엘리야에 대한 본문은 <u>하나님이 자신을 위해 남은 자를 남겨 두었다</u>는 원리를 보여준다.[47]

12. 적용·삶의 문제 목록 작성과 설교

하나님이 남기신다는 칠천 명을 엘리야는 만나지 못했다. 그런데도 우리

---

[46] Hoekema, Anthony A., 개혁주의 종말론, 이용중 옮김, 부흥과 개혁사, 2016, 204.
[47] Schreiner, Thomas R., BECNT 로마서, Grand Rapids, USA, 1998; 배용덕 옮김, 부흥과 개혁사, 2012, 685-687.

는 남기셨겠지 하고 추측을 한다. 어딘가에 마치 시온이라는 어떤 미지의 장소에 남기셨으려니 하는 믿음의 눈으로 우리는 그 말씀을 접한다. 그것이 우리의 믿음이다. 그러한 믿음의 고백에 근거하여 삶의 문제를 작성함에 본문과 함께 '남은 자'에 대한 연구를 함께 정리한다.

- 하나님은 우리를 부르심에 있어서 우리의 연약함을 아신다.
- 하나님의 섭리하심은 섬세하시다.
- 하나님은 인간의 불평에 직접적인 답으로 응답하시지 않으시고 우리에게 하나님의 일로 과제를 주시며 소명을 주신다.
- '남은 자'는 하나님의 은혜이다.
- '남은 자'로 남기신 하나님의 은혜에 응답하는 삶을 살자.

13. 결론

과제를 준비하면서 역사서의 본문을 무엇으로 택할까 고민하다가 신대원 들어오기 전부터 '남은 자'에 대한 연구를 하고 싶었다. '남은 자'는 주로 이사야서에 많이 나오는 사상이지만, 열왕기상에도 '남은 자' 사상이 뚜렷하기에 본문을 택했다. 물론 '남은 자'에 대한 체계적인 연구를 이 논의에서 다 기술하기에는 한계가 있기에 다음의 과제로 남긴다.

처음에는 '남은 자'에 대한 연구에만 집중하고자 하는 마음으로 본문을 택했는데, 본문을 풀어가는 과정 가운데 각 절마다 역사적, 문학적, 문예적으로도 많은 함의를 가지고 있었고, 그런 부분들이 '남은 자'의 의미보다 더 귀한 말씀으로 이루어졌음을 깨닫는다.

'남은 자'는 은혜이다. '남은 자'는 능동적인 단어가 아니다. '남겨 두신 자'

이다. 원어에도 이것은 히필형으로 쓰였다. 이것은 하나님이 하신 일, 하나님이 시키신 일이기 때문이지 우리의 행위로 '남은 자'가 된 것이 아니다.

나는 언젠가 '남은 자'가 될 것이라고 스스로 생각했다. 내가 착하게 살고 믿음 생활을 잘하며 순종하고 살면 '남은 자'가 되리라고 생각했다. 그런데 남은 자가 되는 것은 내가 하는 것이 아님을 깨달았다. '남은 자'로 남겨 두시기 위한 하나님의 손길을 깨달은 그 감격이 지금도 벅차다.

하나님이 엘리야를 부르시는 부르심의 한 자락 한 자락이 얼마나 귀하고 아름다운지, 그것이 나를 향한 부르심이고 나를 만져주시고 치료해 주시는 주님의 손길이라는 사실에 위로가 되기도 했다.

이 말씀은 총신 신대원을 향한 하나님의 공의의 손길을 기다리고 사모할 수 있다는 희망을 주기도 한다. 양지에 하나님의 만져주심이 임하여서 선지자 엘리야 같이 부르짖으시던 의로운 교수님들의 회복이 속히 이루어질 것을 기도하며 기다리는 마음이다. 한 분 한 분 교수님들마다 마지막 남은 사명을 주시고, 교수님들의 상한 마음을 어루만져주시며 일으켜 주실 날을 기다리는 마음이 더 간절하다. 그리하여 본문 속에 펼쳐졌던 하나님의 일들이 일어날 것을 기대해본다. 그 길을 가기 위해 많은 희생을 감내하신 교수님들의 삶의 모습을 기억하며 새길 것이다. 엘리야와 같은 귀한 길을 가시는 교수님들의 자기 희생이 본문 속에 오버랩되어 계속 내 마음을 아프게 붙들고 있었다.(이 과제를 할 2017년 2학기 무렵 총신대는 어려운 일이 있었다.)

- 한 주석서는 King James Version(KJV)에서 a still small voice.(1 Ki. 19:12 KJV, BibleWorks, 세미한 음성)'에 대하여 강조하면서 열정(zealous)과 능력(power)으로 할 수 있다고 한다. 그것은 열정으로 그리스도를 나눌(share) 수 있기 때문이다. 엘리야는 자기 의(self-righteousnes), 자기 연민(self-pity), 자기 중심(self-importance)적이다. 그러나 엘리야보다 하나님이 더 많은 열정을 가지고 계신다. 그리고 '엘리야를 치유하시고 남은 자로 약

속하신다.'⁴⁸라고 해석하였다. 이 주석서는 엘리야의 문제를 자기 의, 자기 연민, 자기 중심의 관점에서 보았다. 나는 이 주석과 의견을 함께하지 않지만 혹시라도 하는 마음에 첨언한다.

14. 설교

본문 말씀: 열왕기상 19:8-18
설교 제목: 남은 자
설교

열왕기상 19:8-18은 우리들이 많이 사랑하는 말씀입니다. 이 본문이 주는 위로는 열심이 있건 아니건, 그리스도인이건 아니건 삶의 여정을 가는 모든 인생들이라면 한번 이상 경험했을 절망이며 위로였을 것입니다. 엘리야는 '여호와는 나의 하나님'이라는 의미로서 그의 이름이, 그의 삶과 그가 전하는 메시지의 핵심을 잘 보여줍니다.⁴⁹ 본문 앞의 열왕기상 18:21에서 바알과 아세라 선지자와 대결했던 엘리야는 백성들에게 여호와가 하나님이신지, 바알이 하나님인지 선택하라는 결단을 촉구하고 쌓아 놓은 제단에 불로 응답하는 신을 참 신으로 인정하자는 대결을 합니다. 결국 엘리야가 승리를 거두었고 백성들은 여호와를 참 하나님으로 인정하게 되었습니다.

그러나 이 사건 이후 아합이 이세벨에게 엘리야가 바알 선지자를 죽인 일을 말하자 이세벨은 엘리야의 생명을 찾아 죽이려고 했습니다. 이세벨이 사신을 엘리야에게 보내어 전합니다. '내일 이맘 때에는 반드시 네 생명을 저 사람들 중 한 사람의 생명과 같게 하리라' 하며 자기의 신들에게 맹세를 합니다. 이세벨은 바알 숭배자요, 바알 숭배를 이스라엘 왕국에 끌어들인 장본

---

48 Ryken, Philip Graham, *1 Kings*, P&R Publishing. 2011. 529-538.
49 김지찬, 여호와의 날개 아래 약속의 땅을 향하여, 생명의 말씀사, 2016, 817.

인이었기에 바알 선지자들을 죽인 엘리야를 그냥 둘 수 없었습니다.

그때 엘리야는 자기의 생명을 위해 도망하여 로뎀나무 그늘로 피신했습니다. 그리고 '지금 내 생명을 거두시옵소서 나는 내 조상들보다 낫지 못하니이다' 하고는 로뎀나무 아래에 누워 잤습니다. 그때 천사가 그를 어루만지며 '일어나서 먹으라' 합니다. 그 이유는 '네가 갈 길을 다 가지 못할까 하노라' 입니다. 여기에 갈 길을 가지 못하는 이유가 영어 성경에 보면 too great(ESV) 또는 too much(NIV) 라고 되어 있습니다. 그렇다면 엘리야의 갈 길은 호렙산으로 가는 길만이 아닙니다. 그것은 하나님의 부르심을 완수해야 하는 길이었습니다.

열왕기상 19:8-9 말씀을 보십시오. '일어나 먹고 마시고 그 음식물의 힘을 의지하여 사십 주 사십 야를 가서 하나님의 산 호렙에 이르니라 엘리야가 그 곳 굴에 들어가 거기서 머물더니'라고 되어 있습니다. 엘리야는 선지자이지만 연약한 한 인간으로서 처절하게 탈진한 상태였습니다

호렙산은 출애굽기 3:1-4에서 모세가 불타는 떨기나무 사이에서 사명을 받은 곳이고, 신명기 4:10-15에서 이스라엘이 율법을 받았던 곳이고, 모세가 40주야 동안 하나님과 교제했던 곳입니다. 엘리야가 어떻게 40주야를 걸어 호렙산을 갔는지에 대하여 우리는 알 수 없지만 우리가 확신할 수 있는 것은 하나님의 인도하심을 따라 호렙산으로 갔다는 것입니다.

이스라엘의 왕정 역사가 흘러가는 가운데 역사의 중심에 서서 왕을 향하여 하나님의 말씀을 선포하던 엘리야이지만 동굴에서 쉬고 싶었고, 모든 삶을 내려놓고 싶었던 엘리야의 심정은 어떠했을까요? 오늘날 같이 동굴은 안락한 장소도 아니었을 것이고, 안전한 장소도 아니었을 것이며, 양식의 공급도 없었을 것입니다. 하지만 황량한 길에서 40주야를 걸어서 간 동굴, 그 동굴에서라도 쉬고 싶었던 엘리야 선지자의 마음을 우리가 알 수 있을까요? 엘리야가 동굴에서라도 족히 쉬고 싶었다면 보통 때 엘리야의 삶은 광야 길을 헤매는 치열한 삶이 아니었을까 생각해 봅니다. 몹시 탈진한 엘리야는 그 동굴을 안식처럼 여겼습니다.

저는 이런 생각을 했습니다. '얼마나 힘들었을까?' 우리가 상상할 수 없는 고난의 무게가 엘리야에게 있었을 것입니다. 머물고 싶었던 엘리야, 그저 안식하고 쉬고 싶었던 엘리야 선지자의 모습은 예수님의 모습을 떠오르게 합니다. 죽기를 갈망했던 엘리야의 모습과 예수 그리스도의 모습을 같은 선상에서 논할 수 없지만 엘리야는 변화산에서 모세와 함께 예수님과 이야기 나누었던 인물이었습니다. 그렇다면 엘리야 선지자의 고뇌와 절망은 예수님께서 온 인류의 죄값을 짊어지고 겟세마네 동산에서 피땀 흘려 기도하신 구원 사역에서 보여주신 고뇌이며 쓴 잔입니다. 이와 같이 하나님의 언약을 이루심의 차원에서 엘리야의 절망의 무게를 보다 더 영적인 관점으로 바라보아야 할 것입니다.

그럼에도 낙망한 엘리야에게 하나님은 질문하십니다. 열왕기상 19:9, 13을 보십시오. '네가 어찌하여 여기 있느냐?' 그때 엘리야는 '오직 나만 남았거늘'이라고 대답합니다. 이 말씀을 가지고 엘리야가 교만하다고 생각하시지 않기를 원합니다.

저는 이러한 대답이 엘리야 선지자의 하나님 앞에서의 홀로서기라고 생각합니다. 하나님의 임재를 경험한 자 누구입니까? 하나님께서는 여호와 앞에 서라고 명하십니다. 엘리야는 다시 자기의 현재 상황을 말씀드립니다. '오직 나만 남았는데, 어찌할까요?' 하나님 나를 좀 살려 주십시오. 내가 어떻게 해야 합니까? 라고 간구하고 있는 것입니다. 성경은 '무슨 일이냐?'라고 기록하고 있습니다.

'무슨 일이냐?'는 히브리어로 마-레카(מַה־לְּךָ)라는 말씀으로 여러 군데 기록되어 있습니다. 창세기 21:8-17에 아브라함의 아내 사라가 이삭을 낳고 하갈의 아들 이스마엘이 이삭을 놀릴 때 사라가 아브라함에게 하갈과 이스마엘을 내쫓으라 합니다. 쫓겨난 하갈과 이스마엘이 아브라함이 준 떡과 물 한 가죽부대를 가지고 나가 광야에서 방황하는 도중 가죽부대의 물까지 떨어졌습니다. 그때 아이가 죽을 것을 차마 보지 못하겠다 하고 하갈과 이스마엘이 마주 앉아 소리 내어 우니 하나님이 불러 이르시대 '하갈아 무슨 일이냐 두려워하지 말라'고 말씀하십니다. 이와 같은 여러 가지 예로 '무슨 일이냐?'가 쓰입니다.

여기서 한 가지 우리가 생각해 볼 것이 있습니다. 하나님의 이러한 질문은 엘리야의 답을 기대하신 것이 아닙니다. 엘리야는 '나는 ~을 하고 있습니다.'라는 답을 말하지 않았습니다. 엘리야에게 던지신 질문은 다독임과 만져주시기 위함입니다. 하나님은 엘리야가 낙망한 것을 모르시고 물어보시지 않으셨습니다. 엘리야가 혼자 남은 것을 모르시고 물어보신 것도 아닙니다. 엘리야가 '잘 말씀하셨습니다. 제가 왜 여기 있냐구요? 그걸 모르셔서 물으십니까?'[50] '보시다시피 저만 혼자 남았습니다.'라고 대답할 것을 모르시고 질문을 한 후, 엘리야의 대답을 듣고 그제서야 '아! 맞다 내가 미처 몰랐구나, 그렇지, 너만 홀로 남았구나.', '너만 홀로 남았다고 생각하는구나.'라고 깨달으실 리가 없습니다.

하나님은 모든 것을 아십니다. 엘리야의 감정도 아시고, 엘리야의 힘듦도 아시고, 엘리야의 비통함도 아십니다. 그리고 굴 속에 숨은 엘리야의 기진함도 아십니다. 그분은 그런 엘리야를 만나러 오신 것입니다. 더욱이 하나님은 '네가 어찌?'라는 질문에 대한 긍정적인 답을 기대하셨을 리가 없습니다. 하나님의 물음에 대한 엘리야의 답과 이에 대한 하나님의 말씀에 주목해보겠습니다. 하나님의 물음은 '네가 어찌 여기서 뭐하니?'였고, 엘리야는 그에 대한 답보다는 자기의 불평을 늘어놓습니다.

민수기 11:15의 모세의 항변을 보겠습니다. "주께서 내게 이같이 행하실진대 구하옵나니 내게 은혜를 베푸사 즉시 나를 죽여 내가 고난당함을 내가 보지 않게 하옵소서", 또한 욥기 3:11과 7:16을 보면 "내가 생명을 싫어하고 영원히 살기를 원하지 아니하오니 나를 놓으소서 내 날은 헛 것이니이다(욥 7:16)."라고 합니다. 이러한 낙담은 예레미야(렘 20:18)에게서도 발견됩니다. 그

---

50 김정우, 네가 어찌 여기 있느냐, 생명의 말씀사, 2009, 113.

러나 그들의 탄식은 하나님을 신뢰하는 데서 비롯된 기도입니다.

왜냐하면 각 구절 다음 절에 나타나는 여호와의 태도가 그것을 암시하고 있기 때문입니다. 하나님은 그 어느 것에도 답하지 않으십니다. 엘리야는 아빠에게 호소하고 있는 것입니다. 마치 예수님이 '아빠'를 부르며 기도하셨듯이 간청하는 마음이었을 것입니다. 그렇기에 하나님은 변론하지 않으시고 당신의 현현을 보여줄테니 산으로 나아오라고 하신 것입니다.

욥기서 38장에는 하나님이 등장하십니다. "무지한 말로 생각을 어둡게 하는 자가 누구냐~ 누가 그것의 도량법을 정하였는지, 누가~ 누가 놓았느냐"(욥 38:2-6) 욥을 향한 하나님의 말씀은 욥에게 '누가?'에 대한 답을 들으려고 하심이 아닙니다. 욥 역시 그에 대한 답을 말할 새도 없이 여호와 앞에 엎드러지고 맙니다. 이것이 우리 인생입니다. 하나님이 만나주셔야 합니다. 하나님이 우리를 만나주셔야 하는 것입니다.

하나님은 엘리야의 현재 문제에 초점을 두지 않으십니다. 그리고는 엘리야에게 세 가지 사명을 말씀하십니다. 첫 번째는 다메섹에 가서 하사엘에게 기름을 부어 아람의 왕이 되게 하고, 두 번째는 님시의 아들 예후에게 기름을 부어 이스라엘의 왕이 되게 하고, 세 번째는 엘리사에게 기름을 부어 너를 대신하여 선지자가 되게 하라는 것입니다.

여기서 하나님이 엘리야에게 명하신 것은 열왕기상 19:15에 '네 길을 돌이켜'입니다. 이것은 강력한 명령어입니다. 영어로 'go return'입니다. 생명의 위협을 느끼고 도망쳤던 길을 되돌아가야 하는 것입니다. 그러나 하나님은 이제 엘리야를 혼자 보내신다고 말씀하지 않습니다. 18절을 보십시오 '이스라엘 가운데에 칠천 명을 남기리니'라는 약속의 말씀을 주십니다. 19절을 보면 '엘리야가 거기서 떠나 사밧의 아들 엘리사를 만나니'라고 되어 있습니다. 하나님의 나타나심을 체험하고, 약속의 말씀을 붙들고 엘리야는 다시 회복되어 남은 길을 갔습니다. 여기서 주목할 것은 남은 자입니다.

남은 자 사상은 몇백 년 뒤에 바울이 로마서 11:1-6에서 열왕기상을 들어 말씀하고 있습니다. 바울에게는 신실한 7천 명이 하나님께서 그때 자기 백성을 버리신 것이 아니라는 증거였으며, 바울 자신의 시대에도 하나님께서 스스로를 위해 남은 자들을 보존하셨다는 사실에 대한 논증이었습니다. 그들은 행위에 의해서가 아니라 그분의 은혜에 의해 택함을 받고 구원을 받은 자들이라는 것입니다.[51] 그러면 '남은 자'는 무엇입니까?

'남은 자'는 은혜입니다. '남은 자'는 능동적인 단어가 아닙니다. 수동의 '남겨 두신 자'입니다. 원어에도 사역형 즉 시키는 의미로 쓰였습니다. 이것은 하나님이 하신 일, 하나님이 시키신 일이기 때문이지 우리의 행위로 '남은 자'가 된 것이 아니기 때문입니다. 저는 언젠가 '남은 자'가 될 것이라고 스스로 생각했었습니다. 내가 착하게 살며 믿음 생활을 잘하고 순종하며 살면 '남은 자'가 되리라고 생각했습니다. 그런데 어느 날 그 '남은 자'가 '은혜로 택하심을 따라 남은 자'임을 깨닫게 되었습니다. 내가 하는 것이 아니었던 것입니다.

하나님이 남기신다는 칠천 명을 엘리야는 만나지 못했습니다. 그럼에도 우리는 '남기셨겠지' 하고 믿음으로 받아들입니다. 어딘가에 마치 시온이라는 어떤 미지의 장소에 남기셨으려니 하며 순종하는 마음으로 우리는 그 말씀을 받아들입니다. 그렇다면 하나님의 남기심은 무엇인가요? 그것은 훗날 사도 바울이 열왕기상 기자의 말을 빌어 이스라엘의 구원에 대한 하나님의 은혜로서 설파한 것입니다. **그러나 최후의 남은 자는 예수 그리스도이십니다. 그리고 예수 그리스도의 십자가 곁에 남은 자로 이름 없는 여인들이 있었습니다.**

이스라엘 역사를 보면, 이스라엘이 가나안 땅에 들어간 후에 이스라엘은 바알의 잔치를 보고 유혹을 느끼지 않을 수가 없었습니다. 바알의 잔치는 인

---

51 Raymond B. Dillard, *Faith In the Face of Apostasy*; 박성호 옮김, 그리스도를 만나는 성경 읽기: 그리스도를 중심으로 다시 읽는 열왕기, 100.

간 육신의 정욕과 욕심을 채워주는 잔치였기 때문입니다. ~중략~ 바알을 사랑한 이유는 바알이 삶을 유지하고 유쾌하게 하는 데 필요한 물품들을 준다고 생각했기 때문입니다. 문제는 바알이 이런 것들을 준다고 믿고 그를 연애하는 데 있습니다. 바알의 잔치들이 사방에서 우리를 유혹하고, 시대의 정신으로 우리를 에워싸는 이 시대에, 남은 자된 우리가 진정 두려워해야 할 일이 무엇입니까?[52]

오늘날에는 정치적인 왕족이나 왕가는 없지만, 사회적으로 왕족 같은 삶을 사는 이들이 적지 않습니다. 세상에서 왕같이 떵떵거리며 사는 사람들이 많이 있습니다. 심지어 목회자들도 교회 안에서 왕같이 살아가려고 하는 모습을 보게 됩니다.[53]

갈멜의 하나님은 호렙의 하나님이십니다. 그분은 또한 이스라엘과 열방의 전능하신 하나님이십니다.[54] 그분은 '남은 자'를 남겨두십니다. 남은 자의 삶은 어떠한 삶입니까? 우리가 그리스도인으로서 신실하게 세상을 살아가며 삶의 실천을 통해 남겨 주신 자가 되는 은혜를 누리기 원합니다.

나가는 말

학교 도서관 뒷산으로 난 길이 굽이굽이 돌아오던 내 인생의 고단했던 길 같이 보이곤 한다. 어떻게 살아냈는지 모르는 그 길에서 역사서를 만나고, 역

---

52 김지찬, 성서의 숨결/ 바알 잔치는 끝났다 호 2:8-13, 대한기독교서회, 기독교사상, 47(1), 2003. 1. 138-145.
53 김지찬, 성서의 숨결/ 누가 진정한 로열 패밀리인가?, 성서의 숨결/구약-누가 진정한 로열 패밀리인가-사사기 9:1-6, 기독교사상, 47(2), 2003. 2. 125-133.
54 Eugene H. Merrill, *Kingdom of Priests*: A History of Old Testament Israel, USA, Baker Books, 1987; 곽철호 옮김, 제사장의 나라, 구약 이스라엘의 역사, CLC, 1997, 430.

사서에 비견하여 내 삶의 역사를 마주하다가 확신에 찬 교수님의 강의에 흔들리던 믿음에 확신을 얻고 하나님이 나의 역사를 인도하셨음을 고백할 용기를 갖는다. 역사를 보는 눈을 크게, 멀리, 영원까지 바라볼 수 있도록 눈을 열어주신 김지찬 교수님께 감사드린다. 아울러 이 책을 집필할 수 있도록 용기를 주신 김지찬 교수님께 감사의 마음을 드린다.

참고문헌

【 단행본 】

강중민	엘리야의 기도. 넥서스. 2015.
김정우	네가 어찌 여기 있느냐. 생명의 말씀사. 2009.
_____.	성경해석사에서 본 서사분석에 대한 서론적 고찰 – 엘리야 이야기를 중심으로. 『신학지남』 75(4). 2008.12.
김지찬	구약 내러티브의 역사성: 사진이 아닌 그림으로의 역사. 『신학지남』 65(2). 1998. 6.
_____.	여호와의 날개 아래 약속의 땅을 향하여. 생명의 말씀사. 2016.
_____.	성서의 숨결/ 바알 잔치는 끝났다 호 2:8-13. 대한기독교서회. 기독교사상. 47(1). 2003. 1.
_____.	성서의 숨결/ 누가 진정한 로열 패밀리인가? 성서의 숨결/ 구약–누가 진정한 로열 패밀리인가–사사기 9:1-6. 기독교사상. 47(2). 2003. 2.
박철현	레위기
송병현	엑스포지멘터리 열왕기상. 서울: 국제제자훈련원. 2014.
이형원	목회와신학 편집부. 서울: 두란노 아카데미. 2008.
Rachelle Gilmour	Juxtaposition and the Elisha cycle. London; New York:

Bloomsbury: T & T Clark. 2014.

Ryken. Philip Graham   1 Kings. P&R Publishing. 2011.

Sweeney. Marvin A   I & II Kings: a commentary. Westminster John Knox Press. 2007.

【 번역서 】

Arthur W. Pink.   The life of Elijah. 김광남 옮김. 핑크 엘리야를 논하다. 엔크리스토. 2008.

Douglas Stuart   The Old Testament Exegesis. USA. Westminster John Knox Press. 2001; 박문재 옮김. 구약주석방법론. 크리스챤다이제스트. 2004.

Laird R. Harris   Editor Gleason L. Archer. Jr. Associate Editor. Bruce K. Waltke. Associate Editor. Theological Wordbook of the Old Testament V1. The Moody Bible Institute of Chicago. 1980; 구약원어신학사전. 번역위원회. 요단출판사. 서울: 1986.

Merrill. Eugene H.   Kingdom of Priests: A History of Old Testament Israel. USA. Baker Books. 1987; 곽철호 옮김. 제사장의 나라. 구약 이스라엘의 역사. CLC. 1997.

Oswalt. John   NICOT 이사야 I. 이용중 옮김. 부흥과 개혁사. 2015.

Ralph L. Smith   Old Testament Theology: Its History, Method, and Message. USA. Nashville. 1993; 박문재 옮김. 구약신학; 그 역사. 방법론. 메시지. 서울. 크리스챤다이제스트. 2005.

Raymond B. Dillard   Faith In the Face of Apostasy. Phillipsburg. USA. 1999; 박성호 옮김. 그리스도를 만나는 성경 읽기: 그리스도를 중심으로 다시 읽는 열왕기. 서울: 좋은씨앗. 2004.

Ronald J. Williams   William's Hebrew Syntax. Canada. John C. Beckman. 2007; 김영욱 역. 윌리엄스 히브리어 구문론. 2012. 그리심.

Robert Stein. 마가복음. 배용덕 옮김. BECNT: Baker Exegetical Commentary on the New Testament. 서울: 부흥과 개혁사. 2014.

Schreiner R. Thomas   BECNT 로마서. Grand Rapids. USA. 1998; 배용덕 옮김. 부흥과 개혁사. 2012.

William L. Holladay   A Concise Hebrew and Aramaic Lexicon of the Old Testament. 구약성경의 간추린 히브리어·아람어 사전. 솔로몬. 2015.

【 학위논문 】

최대근   12선지서에 나타난 남은 자 사상 연구. 총신대학교신학대학원 학위논문. 2011.

손찬양   이사야의 남은 자 사상에 나타난 시온 모티프. 총신대학교 신학대학원 학위논문. 2000.

2. 역사서 과제 II

김지찬 교수님
『언어의 직공이 되라』

> **과제**: 책을 읽고 '구약 역사서를 어떻게 설교해야 하는지'를 책을 읽은 근거가 각주로 드러나게, 그리고 개인의 체험의 언어로 작성할 것.

들어가는 말

김지찬 교수님의 "언어의 직공이 되라"는 책의 추천 글을 보면, 김정우 교수는 '새로운 접근을 보며 탁월한 상상력과 좋은 문체와 개혁주의적인 사상을 만나게 될 것이다.'[55]라고 논의하고 있다. 책을 읽어 내려가면 이 글이 과장이 아니고 정확한 진실임을 깨닫게 된다.

'구약성경은 히브리어라는 언어의 구조물이다. 성경 본문 안에는 언어로 표현되지 않은 것이 없다.'[56]라는 글에서부터 '맞다. 이거다'라는 감탄이 나오기 시작했다.

신대원 시험에 철학 과목이 있다. 철학 시험의 주 교재인 『세계철학사』에

---

[55] 김정우, 요단강에서 바벨론 물가까지: 구약 역사서의 문예적-신학적 서론(평), 헤르메네이아 투데이 9, 1999, 6, 81-83, 한국신학정보연구원.
[56] 김지찬, 언어의 직공이 되라, 생명의 말씀사, 2012, 6.

서 보면 현대 철학으로 넘어오면서 언어 연구가 활발해지고 언어가 철학의 핵심 주제가 된 것을 논한다. 이런 사상적 발전으로 언어학자들은 언어는 인간의 인식 과정에서 핵심적 역할을 하는 것이라고 주장한다. 대표적인 언어학자인 훔볼트에 의하면 인간은 '언어를 통해서만 인간이다. 언어란 하나의 매체로, 인간은 이를 통해 사유하고 느끼고 살아간다.'[57] 이와 같은 분석은 당시 신대원 입시 준비를 하며 철학을 공부할 때 새로운 세계를 접하는 신선한 충격을 주었고, 현대 철학의 한 분야에서 다루어지는 '언어'의 영역을 읽으며 지금까지 글씨로만 보였던 언어가 호흡하고, 말하고 감정을 품으며 나를 향해 손짓하며 내게 다가오는 그림이 그려졌다.

시편 119:103에 보면 '주의 말씀의 맛이 내게 어찌 그리 단지요 내 입에 꿀보다 더 다니이다.'라는 구절이 있다. 이 말씀이 정말 맞다는 생각을 했었다. 성경 말씀이 참 맛있었고 단맛이 났었다. 그런데 언어학자들은 언어에서 주는 의미를 이미 오래전에 알고 있었다. 언어학자들에게 있어서 그들의 언어는 인간의 삶의 한 방식이고, 생존의 철학이었지만, 내게는 언어가 하나님의 말씀인 성경 말씀이라는 꿀맛으로 영적으로 다가오기 시작했다.

하이데거는 '언어는 존재의 집'이라고 했다. 그 당시 공부를 하면서 '그렇지! 성경은 언어라는 존재의 집을 가지고 생명을 불어 넣어 호흡하고, 삶을 나누고 감정을 나누고 전달하고 존재하는 것이지. 그래서 성경이 언어를 매체로 하여 우리에게 전달되는 것이구나' 했었다.

1. Metaphor의 해석

김지찬 교수님은 '성경은 문학의 백미'라고 했다.[58] 성경 안에 metaphor의

---

[57] Hans Joachim, Storig, *Kleine Weltgeschichte der Philosophie*, 박민수 옮김, 세계철학사, 자음과모음, 2014, 988.
[58] 김지찬, 언어의 직공이 되라, 7.

기법이 있어 문학의 백미가 되는 것이 아닐까 생각한다. 예를 들어 '앞에서'라는 어휘를 살펴보자.

"여호와께서 이르시되 너는 나가서 **여호와 앞에서** 산에 서라 하시더니 여호와께서 지나가시는데 **여호와 앞에** 크고 강한 바람이 산을 가르고 바위를 부수나 바람 가운데에 여호와께서 계시지 아니하며 바람 후에 지진이 있으나 지진 가운데에도 여호와께서 계시지 아니하며"(왕상 19:11)에서 '여호와 앞에서'라는 말씀이 나온다. 히브리어로 리프네(לִפְנֵי)가 쓰이고 70인경을 보면 ἐνώπιον κυρίου(1 Ki. 19:11 LXT)라고 되어 있다. 열왕기상 19:8-18을 본문으로 과제를 하면서 11절의 말씀 가운데 '여호와 앞에서'라는 말씀에 내 마음이 멈췄다. 엘리야가 하나님 앞에서 대항하는 마음을 표현하는 것인지, 아니면 '앞에서'라는 단순한 의미인지 애매했기 때문이다. 그 다음 문구도 역시 '여호와 앞에'라는 문구로 시작하면서 '크고 강한 바람이 산을 가르고~여호와께서 계시지 아니하며'라고 나온다. 그렇다면 '앞에'라는 말에는 무슨 의미가 있는가? '앞에 서라' 하고는 '앞에' 아무것도 보여주지 않는 하나님의 의도는 무엇인가? 그렇다면 '앞에'라는 의미는 '나와 대면하자'라는 의미일까? 이 문제를 놓고 한참 고민했다.

이러한 의문으로 고민하던 중 저자의 책 서론에서 어거스틴 같은 대가도 실수를 한다는 것을 창세기 10:9 말씀 '여호와 앞에서'라는 어구에 대한 그의 해석을 예로 들어 설명하는 것을 발견했다. '니므롯이 여호와 앞에서 특이한 사냥꾼'이라고 할 때 '여호와 앞에서'란 표현으로 어거스틴도 고민을 했던 것이다.

헬라어로는 ἐναντίον κυρίου τοῦ θεοῦ(Gen. 10:9 LXT) 엔안티온 쿠리우 투 테우(enantion kuriou tou theou)인데 '앞에서'란 의미의 전치사 엔안티온이 때로는 '대항하는'이란 의미로도 쓰인다. 이 때문에 어거스틴은 '여호와 앞에서 특이한 사냥꾼'이라고 번역해야 하는지, 아니면 '여호와에게 대항하는 특이한 사냥꾼'이라고 번역해야 하는지에 대해 길게 논의하고 있다. 엔안티온에 상응하는 히브리어 전치사 לִפְנֵי(1 Ki. 19:11 WTT) 리프네(lipne)는

'대항하는'의 의미가 없이 항상 '앞에서'의 의미로 쓰이기 때문이다.

"언어의 직공이 되라"를 읽다보니 위와 같은 설명이 나와서 엘리야에게 '여호와 앞에 서라'(왕상 19:11)라는 말씀의 의미를 바르게 이해할 수 있었고 이어서 여호와의 지나가심(עָבַר, 아바르)으로 이어지는 하나님의 신현으로 받아들일 수 있다.

하나님의 신현은 구약에 출애굽기 33:22과 34:6에 모세 앞에서 지나가실 때만 나오는 현상이다. 이러한 내러티브 기법은 YHWH께서 지나가실 동안(while YHWH 'passes by') 동굴 밖에 서 있어야만 한다는 하나님의 명령(command)이다. YHWH의 presence(신현)을 묘사하기 불가능할 때 성경에서 나타나는 전형적인 메타포(metaphors)의 series로 야훼의 거룩함(the glory of YHWH)을 나타낸다고 주석하고 있다.[59] 이것을 김정우 교수님은 '엘리야의 관점과 내레이터의 관점에서 볼 때 해석이 약간 달라진다. ~중략~ 이 본문을 내레이터의 객관적인 묘사로 본다면, 이것은 하나님의 변주곡이다.'[60]라고 논의한다. 이러한 언어의 수사학적 의미를 수납한 후에야 다음 단계로 진도를 나갈 수 있었다.

2. 덫의 수사학

언어의 수사학을 연구하면서 박철현 교수님의 글에서 새로운 방향을 찾았다.

> 다윗이 스스로 자기 죄의 죗값을 선언하자마자 나단은 '당신이 그 사람이라'고 선언하며(삼하 12:7), 이어서 두 가지 죗값을 더 추가한다. 그것은 '칼이 네 집에서 영원토록 떠나지 아니할' 것이며, 그

---

59 Sweeney, Marvin A, *I & II Kings: a commentary*, Westminster John Knox Press, 2007, 232.
60 김정우, 너는 어찌 여기 있느냐, 생명의 말씀사, 2015, 117.

의 아내들이 다른 사람들에 의해서 백주 대낮에 범해지리라는 것이다(12:10-11). 다윗은 이 선언을 듣고 바로 자신의 죄를 인정한다. 나단은 "여호와께서 당신의 죄를 사하셨나니 당신이 죽지 아니하려니와"라고 선언한다(12:13). 이처럼 선지자가 처음부터 심판의 선언을 하지 않고 마치 제3자의 이야기인 양 죄인의 이야기를 빗대서 들려주고, 그 이야기를 들은 죄인이 자기 자신의 죄에 대한 죗값을 선언해 버리는 방식의 메시지 전달 방식은 소위 '덫의 수사학'이라고 불린다.[61]

이와 같은 수사학적 언어 기법은 덫을 던짐으로 하나님의 뜻을 전달하는 방식이다.

3. 동음이의어·유사어의 사용

저자는 동음이의어·유사어의 사용에 대하여 '사물에 대한 인습적 시각을 거부하고 고유한 별명을 통해 사물에 대한 새로운 인식을 가능케 하는 환유와 제유, 인간적 표현들을 통해 세계의 현상을 이해하고 현실 대응 논리를 제시하는 의인법'[62]이라고 정의하였다. 그리고 이와 같은 내용들이 역사서를 통해 나타나고 있음을 각 주제마다 예를 들어 독자들에게 제공하고 있다.

삼손의 내러티브를 통해 볼 때도 '사자에게서 나온 꿀'(삿 14:8, 9)에서 사자와 꿀이 모두 אֲרִי '아리'라는 동음이의어라는 점이다.[63]

나는 동음이의어에 대한 학자들의 연구를 받아들이기가 어려웠다. 성경

---

61 선지자들의 이런 중요한 메시지 전달 방식에 대해서는 박철현, '아모스의 이상들(7-9장)과 다윗의 덫의 수사학', 구약논집 5 (2009), 39-76을 보라.
62 김지찬, 언어의 직공이 되라, 28.
63 김지찬, 언어의 직공이 되라, 66-67.

저자의 의도를 너무 왜곡되게 해석하거나 억지로 끼워 맞추는 느낌이 들었기 때문이다. 그러나 많은 학자들에게서 회자(膾炙)되고 있으며, 이에 대하여 김지찬 교수님은 다음과 같이 제시한다.

> 독자들은 이런 식으로 성경을 이해하는 것이 과연 타당한가라는 의문을 가질 것이다. 성경은 종교적 문헌이나 역사 문서로 이해해 왔는데, 이런 문학적 기교를 이야기하는 것 자체가 문제가 아니냐고 할 것이다. 그러나 이것은 사실이 아니다. 중략~ 따라서 성경을 해석할 때에 이런 언어적 장치에 귀를 기울이는 것은 성경의 성격에 어긋나는 것이 아니며, 오히려 성경의 성격에 합치하는 것이다. 이런 주장은 성경이 하나님이 주신 계시라는 사실을 받아들인 후에 연역적으로 추출해 낸 명제가 아니다. 실제 주석을 통해 확인해 낸 귀납적 명제이다. (언어의 직공이 되라 111-112)

역사서 과제를 하며 계속 씨름했던 단어는 '남은 자'(שָׁאַר)였다. 이 단어가 비슷한 의미로 쓰인 יָתַר(야타르)와 어떤 관계가 있는 지를 BibleWorks에서 찾아낸 것은 다음과 같다.

> Brown, Driver, Briggs, *Hebrew and English Lexicon(Unabridged)* (BibleWorks)에 의하면 שָׁאַר [9606](Hebrew)(page 983)(Strong 7604, 7605) 는 동사로 remain, be left over 의미를 갖는다. 야타르는 탈굼에서 *sa'ara*의 의미와 같이 쓰인다.(Syn. יָתַר NH *id.;* Targum שָׁאַר; Sab. סאר *remaining* Hom: Chr 124; Ar. *saÅara, sayira be left over*)[64]

---

[64] Brown, Driver, Briggs, *Hebrew and English Lexicon(Unabridged)* (BibleWorks) 이것이 내가 해석한 것으로 '남은'의 의미를 히브리어에서 찾아보면 שָׁאַר와 יָתַר이 같이 쓰여서 두 단어의 상관관계를 찾고 싶었는데, BibleWorks에서 이와 같이 나와서 여기에 인용했다.

이와 같은 경우는 유사어로서 '남은 자'의 의미를 부여할 수 있다고 본다. 사실 '남은 자'는 구약을 지나 신약의 로마서까지 가야 결론으로 이어진다.

이러한 성경해석의 방법이 맞는지, 이것을 언어학적으로 어떻게 적용해야 하는지, 언어의 도구들을 가지고 주어진 명제를 귀납적으로 끌어내고 싶은 간절함이 있었다. 그러나 나의 탐구의 속내는 내가 예수 그리스도의 십자가 앞에서 '남은 자'에서 '남겨진 자'로 머물고 싶음이 더 간절했기에 여기에 초점을 맞추어 연역적으로 결론을 내려놓고 성경에서 그 의미가 맞는지를 확인하려 했고, 이러한 유추의 방법이 맞는지 고민하고 씨름하며 '남은 자'를 두고 해석하는 나의 성경해석의 틀이 맞는지 궁금했다. 여기에 대한 교수님의 '남은 자 모티브는 구원의 상징'이라는 짧은 해석에 나의 렌즈가 아주 다르지 않다는 사실에 위로가 되기도 했다.

4. 비유란 일종의 렌즈이다

저자는 다음과 같이 논의한다. 은유란 새로운 인식을 가능케 하는 언어 장치이다. 비유적 언어에 대한 홀대 현상은 아주 오랜 역사를 안고 있다. 플라톤은 시와 수사학에 회의적이었고 아리스토텔레스는 비유적 언어란 '음식의 양념'에 불과하다고 경시했다. 이러한 비유적 언어에 대한 경시 현상은 경험 과학이 대두된 이후, 존 로크에 의해 '진리의 적'으로 간주되었다. 수사학과 은유에 대한 부정적 평가가 문자주의자가 된 현대인들에게 은유와 비유의 시적 언어로 기록된 성경을 제대로 이해할 리가 없게 되었음을 정확하게 풀어내고 있다. 저자는 비유와 환유를 단지 언어의 장식으로만 보는 것이 잘못임을 지적하며 비유나 은유를 통해 성경 기자가 전달하려는 내용을 문자적 언어로 대치하는 일을 해서는 안된다고 주장한다.[65]

---

[65] 김지찬, 설교자는 시인이 되어야 한다.-설교에 있어서 은유적 사고의 중요성, 신학지남 62(4), 1995. 12, 229-271.

우리는 비유라는 렌즈를 통해 하나님에 대한 정보를 얻고, 그분에 대해 친숙하게 되는 것이다. 비유는 설득의 장치로 직유, 은유, 대유, 의인법, 알레고리, 상징, 이미지들을 쓴다.[66]

4.1. 물 같은 마음

저자는 '설교자는 이미지스트가 되어야 한다'에서 다음과 같이 논의한다. '시각적 이미지를 구약 성경에서 찾아볼 수 있다. 여호수아 7:5에 보면 '백성의 마음이 녹아 물이 된지라' 여기서 마음이 녹아 물이 된 백성은 이스라엘 백성이다. 이와 대조적으로 여호수아 2:11과 여호수아 5:1에는 가나안인들의 '마음이 녹았다'라고 되어 있다. 전자 이스라엘 백성의 마음은 원문에는 '물이 된지라'로 나오고 후자 가나안 백성은 '마음이 녹았다'로 표현되어 마음이 녹은 상태를 물이 된 것으로 비유하고 있다.'[67]

언어의 상징화를 풀어나가는 교수님의 논의에서 '마음이 녹은 것'과 '마음이 녹아 물이 된 것'이 원어에서 얼마나 미묘하게 차이가 나는지! 지금까지 몰랐던 것을 배우게 된다.

4.2. 다시 읽는 한나의 기도

저자의 논의에 의하면 한나의 기도는 히브리어 소리의 유사성이 동원된 것으로 제시된다. "사무엘상 1:6에 브닌나가 한나를 '격동시킨'(הַרְעִמָהּ, 하레이마흐) 것은 여호와께서 한나의 '자궁'(רַחְמָהּ, 라흐마흐)을 닫으셨기 때문이다. 격동하다는 동사 '라암'(רעם)과 자궁이란 명사, '레헴'(רחם)이 소리가 유사함을 주목하라. 두 용어의 소리의 유사성은 한나의 자궁의 닫힘이 브닌나의 격동의 빌미를 주었다."는 내용을 소리의 수준에서 강조하고 있다.

---

66 김지찬, 언어의 직공이 되라, 106, 111.
67 김지찬, '설교자는 이미지스트가 되어야 한다', 신학지남 64(4), 1997. 12, 173-207.

여기서 저자는 버르키(J. Bourke)의 주장을 빌어 "한나는 괴로운 마음(10절), 고통(11절), 심정을 통함(15절), 원통함이 많음(16절) 등을 '아나임'(עֲנִיִּים)으로 묘사한다. 아나임은 단독으로 쓰이면 명사적 용법이 되어 '겸손한 자들, 궁핍한 자들, 고통 당하는 자들, 가난한 자들'을 가리킨다. 버르키는 한나가 여호와께서 사랑하는 '아나임', 즉 겸손하고, 고통 당하며, 가난한 의인에 속한다고 주장한다. 그런데 여기서 주목할 점은 이런 '아나임'들을 하나님은 특별한 '나의 백성'이라고 부른다는 점이다." 나의 백성은 애굽에서 고통당하는 백성으로 결국 한나는 자기 백성의 고통을 들으시고 응답하시는 하나님을 체험하게 되며, 하나님의 백성의 구원을 출애굽 당시 선조들과 공유하는 것으로 해석한다.[68]

5. 느밧의 아들 여로보암의 길

구약 역사서는 성령의 감동에 의해 기록된 언어임에도 많은 사람들은 역사서를 읽을 때 단순히 그 안에 있는 사건이나 상세한 내용들 때문에 성령에 의해 감동되었을 리 없다고 생각한다. 그래서 역사서를 단순한 사건과 권선징악의 차원에서 해석한다. 그것은 역사서 전반에 흐르는 하나의 명제 '느밧의 아들 여로보암의 길로 행하며' 혹은 '여로보암의 길로 행하며'가 있어 더욱 그러하다. 그래서 설교자들은 이 말씀을 빗대어 '착하게 살아야 한다'는 행위 설교를 하기 십상이다.

그러나 로이드 존스는 그의 책에서 '역사서는 우리로 하여금 하나님의 계획과 하나님의 법은 실제의 삶 속에서 그대로 적용된다는 것을 보여 주기 위해 주어진 것이다. ~중략~ 성경은 유전적 요인을 조롱거리로 만들려는 것처럼 보입니다. 어떻게 그토록 경건한 아버지에게서 그토록 완전히 쓸모없는

---

[68] 김지찬, 다시 읽는 한나의 기도, 신학지남 70(1), 2003. 3. 212.

방탕한 아들이 나올 수 있는지, 또 변변치 않은 아버지에게서 그토록 경건한 아들, 하나님의 집에 대해 열심을 품고 개혁 활동을 열렬히 수행해 나가는 경건한 아들이 나올 수 있는지, 이러한 복잡한 관계는 바로 죄라고 하는 열쇠를 가지고 들여다 볼 때, 모든 문이 열리며 뒤엉켜 있던 실타래가 갑자기 확 풀어지는 것을 발견하게 될 것이다.'라고 말하고 있다.[69]

그렇다. 나쁜 왕, 선한 왕으로 분류하는 열왕기서 등에서 나는 선과 악의 대조만 생각했다. 그런데 성경은 그것을 넘어선 인간의 깊은 죄의 문제를 다루고 있었던 것이다. 사건의 결과(예를 들어 '여로보암의 길' 등)에만 집중해서 언어라는 구조를 통해 죄의 문제를 다양한 방법으로 다루고 있는 것을 놓치고 있었던 것이다.

6. 구약 역사서를 어떻게 설교해야 하는가?

성경의 언어는 현실을 넘어서는 새로운 가능성의 세계를 묘사하고 있기에 선지자적/시적이고 비유적임에도 불구하고, 너무나도 산문적이고 사육(飼育)된 언어로만 복음을 전하는 바람에 복음이 지닌 급진적이고 극적인 성격을 드러내지 못했다. 그렇기 때문에 저자는 구약 역사서를 설교하기 위해서는 언어의 직공이 되어야 하며 구체적인 방법으로 다음과 같은 것을 제시한다.

- 설교자는 이미지스트가 되어야 한다.
- 설교자는 수사학자가 되어야 한다.
- 설교자는 시인이 되어야 한다.

설교자는 자기 멋대로 마음대로 환상의 나래를 펴고 웅얼거리는 시인이

---

[69] Lloyd-Jones, D. Martyn, 구약을 사용한 복음 설교, 안보헌 옮김, 생명의말씀사, 2009, 186-189.

아니라, 성경 기자가 제시한 은유와 상징과 비유를 통해 시간의 간극을 넘어 현실 세계를 뚫고 들어오는 새로운 가능성의 세계를 볼 줄 알고, 이를 표현할 줄 아는 시인이 되어야 한다는 말이다. 그러기 위해 설교자는 성경에 나타난 은유적 표현의 중요성을 인식해야 한다. 은유는 단지 언어의 문제가 아니라, 삶과 행위의 문제임을 깊이 깨달아야만 하는 것이다.

"언어의 직공이 되라"는 논지를 통해 구약의 역사서들을 어떻게 설교할 것인가를 요약하면 다음과 같다.

> 첫째, 설교자는 성경 기자가 탁월한 언어의 예술가였다는 사실을 인식해야 한다.
> 둘째, 설교자는 성경 기자가 사용한 언어 장치들을 통해 그가 본 것을 볼 줄 아는 상상력을 키워야 한다.
> 셋째, 설교자는 언어의 직공이 되기 위해서 언어와 치열한 싸움을 벌여야 한다.

자신이 하려는 이야기를 곡진하고 실감나게 하기 위해 언어와 치열한 싸움을 한 언어의 대가라고나 할까.[70] 이러한 교수님의 논의는 도전이 된다. 치열한 싸움이 없이는 결코 좋은 설교가 나올 수 없음을 깨닫는다. 진정한 경지란 피를 토하는 지고의 노력 후에만 가능한 것이다. 이러한 진리가 단순히 말의 때깔 부리기에서 생겨난 것이 아님을 겸허히 받아들이게 된다. 즉 설교자는 언어의 장인(匠人)이 되어야 한다.

> 넷째, 언어의 직공이 되려면 삶에 대한 진지한 태도가 있어야 한다.

성경 해석의 문제는 단순이 언어의 문제가 아니다. 생명이냐, 죽음이냐, 선

---

[70] 김지찬, 언어의 직공이 되라, 353.

택을 요구하는 삶과 행위의 문제이다. 그렇다면 언어의 직공이 되는 것은 삶의 직공이 되는 것이다.[71]

나가는 말

설교는 생명의 문제이다. 설교는 우리에게 주어진 특혜로서, 한 생명이 구원을 얻는 수단이 되기 때문이다. 그러나 생명의 문제는 삶과 행위의 문제이기에 행위와 말씀이 일치하지 않는 설교는 힘이 없다는 것을 많이 느껴왔다. 그러한 설교가 청중의 비위만 맞추는 설교인 것을 얼마나 자주 느껴왔던가! 청중은 그러한 설교자의 태도에 민감하게 반응할 것이다. 자기를 부인하는 깊은 몸부림과 사투를 벌이는 작업이 없는 설교는 그 어떤 역사서를 멋있고 장황하게 설교한들 역사의 나열에 불과할 것이다. 그러나 성경의 역사 앞에 하나님의 임재와 하나님의 구속사의 사건의 의미를 깨달으며, 역사서가 단순한 이스라엘의 역사가 아닌 하나님의 구속사의 전개인 것을 깨닫는다면 설교는 달라질 것이다.

그러한 면에 있어서 설교자가 먼저 말씀 앞에 자신이 죄인됨을 깨닫는 것이 중요하다. 역사서의 모든 주인공들이 '숨겨진 죄의 문제' 때문에 실패하고 허둥거리며, 그것을 은폐하기 위한 여러 가지 방법으로 역사를 감추어 왔다는 것을 우리는 보아왔다. 그럼에도 불구하고 오늘날까지 이러한 역사가 되풀이되고 있다는 것은 인간의 죄성이 얼마나 악하고 끈질기고 지독한지를 보여준다. 그러기에 역사서에서 여러 가지 기법으로 묘사된 언어 속에 나타내고자 하는 성경 저자의 의도는 죄의 문제이다. 죄의 문제를 끌어내어 결국은 하나님의 섭리하심과 예수 그리스도의 십자가로 가져가지 않으면 설교는 설교가 될 수 없다는 것을 느낀다.

---

71 김지찬, 언어의 직공이 되라, 361-362.

이러한 노력에는 '역사서를 읽어가는 동안 성경에 담겨 있는 영원한 진리를 파악하며 성령님을 통하여 우리들에게 미래의 확실성을 보증하고 독생자 속에 자신을 계시하신 전능자의 날개 아래 피난처가 되기를 기도드린다.'[72]는 고백이 있어야 할 것이다.

또한 역사서를 어떻게 설교할 것인지에 대한 대단원의 문제에서 '죄의 문제'를 바라볼 수 있는 영적인 안목이 열리기를 기도한다. 이러한 죄의 문제와의 처절한 씨름에도 해결되지 않는 인간의 한계성과 구약의 한계성, 죄의 문제로 인하여 신약의 예수 그리스도가 모든 것의 완성이 되심을 깨달을 때, 비로소 성경의 언어가 눈에 보일 것이고, 성경의 언어의 이미지가 만져지고, 수사학의 기법이 내게 말하고자 하는 주제를 알게 된다.

무릇 모든 목회자들이 철저하게 복음 앞에 무릎 꿇어 성경의 근본을 붙드는 언어의 직공이 되라는 김지찬 교수님의 논의의 깊은 의미를 잘 감당하는 설교자가 되었으면 하는 마음이다. 죄의 문제에 목숨을 걸지 않는 설교가 얼마나 허공을 치는 메아리인지 너무 많은 예들을 보아왔기 때문이다. 나 역시 복음 앞에 무릎 꿇기를 간절히 사모한다.

참고문헌

【 단행본 】

김정우	너는 어찌 여기 있느냐. 생명의 말씀사. 2015.
김지찬	언어의 직공이 되라. 생명의 말씀사. 2012.
_____.	여호와의 날개 아래 약속의 땅을 향하여. 생명의 말씀사. 2016.
박철현	레위기

---

[72] VanGemeren, Willem, *The Progress of Redemption: The Story of Salvation from Creation to the New Jerusalem*, Baker Books: USA, 1998; 권영대 옮김, 구원계시의 발전사: 창조에서 새 예루살렘으로 가는 구원의 이야기, 솔로몬, 2017, 12.

Sweeney, Marvin A   I & II Kings: a commentary. Westminster John Knox Press. 2007.

【 번역서 】

Hans Joachim, Storig   Kleine Weltgeschichte der Philosophie. 박민수 옮김. 세계철학사. 서울: 자음과 모음. 2014.

Lloyd-Jones, D. Martyn   구약을 사용한 복음 설교. 안보헌 옮김. 생명의말씀사. 2009.

VanGemeren, Willem   The Progress of Redemption: The Story of Salvation from Creation to the New Jerusalem, Baker Books: USA. 1998; 권영대 옮김. 구원계시의 발전사: 창조에서 새 예루살렘으로 가는 구원의 이야기. 솔로몬. 2017.

【 학위 논문 】

김대웅   '열왕기상 제13장의 서사 구조'. 신학석사학위. 총신대학교 신학대학원. 1997.

【 학술지 논문 】

김정우   요단강에서 바벨론 물가까지: 구약 역사서의 문예적·신학적 서론(평). 헤르메네이아투데이 9. 1999. 6. 81-83. 한국신학정보연구원.

김지찬   다시 읽는 한나의 기도. 신학지남 70(1). 2003. 3. 196-232.

_____. 설교자는 시인이 되어야 한다. - 설교에 있어서 은유적 사고의 중요성. 신학지남 62(4). 1995. 12. 229-271.

_____. 설교자는 이미지스트가 되어야 한다. 신학지남 64(4). 1997. 12. 173-207.

3. 오경 과제

박철현 교수님
『깨진 토기의 축복』 예정을 살아가는 방법

1. 들어가는 말[73]

서사(敍事)란 "역사" 또는 "사실을 있는 그대로 적는 일"이라고 정의된다. 내러티브(narrative)란 "정해진 시공간 내에서 인과관계로 이어지는 허구 또는 실제 사건들의 연속"이나, '1. 설명적인 2. 이야기 3. 담화 4. 화자 5. 대사'로 정의되고 있다. 저자의 저술에서 살펴본 바에 의하면 "서사 비평"(narrative critiism)이라고 불리는 성경 연구 방법을 나는 앞으로 "내러티브 분석 방법(론)"이라는 이름으로 바꿔 부르도록 하겠다.[74] 저자는 여기에서 내러티브와 서사학을 함께 사용하고 있다고 볼 수 있다. 그러면 본문에 들어가기 전에 내러티브의 서사 기법을 먼저 살펴보고 등장인물 성격을 어떤 기법으로 내레이터가 기술하였는지 보고자 한다.

---

[73] 이하 여기에 기술한 과제는 때로는 일일이 각주를 달지 못하였을지라도 본서를 중심으로 인용한 것임을 밝힌다. 2017년 2학기에 이 과제를 하고 7년 3개월이 지난 지금 검토하면서 빠진 각주를 찾아보려니 너무 새롭다. 당시에는 열심히 했지만 이제는 모든 내용이 희미하여 일일이 각주를 달지 못함을 박철현 교수님과 독자들에게 죄송함으로 밝힌다.
[74] 박철현, "개혁주의 신학과 내러티브 분석방법의 관계에 대한 고찰", 신학지남 314(2013, 봄), 57.

〈표 1-3〉 구약 내러티브에 자주 등장하는 일곱 가지 서사 기법

> ① 수미상관(inclusio)
> ② 교차대구법(chiasm)
> ③ 반복(repetition)
> ④ 언어유희(paronomasia)
> ⑤ 반어법(irony)
> ⑥ 전조(foreshadowing)
> ⑦ 암시(allusion)[75]

"왜, 하필이면 등장인물 분석인가?"

『깨진 토기의 축복』의 초판 서문을 보면 책을 쓴 목적이 "서사학이라는 이론을 좀 더 재미있게 배우는데 도움이 되기를 바라는 마음으로 집필하였다."고 한다. 그런데 필자는 여기서 발걸음을 멈추었다. 저자에 의하면 "내러티브는 본문에 따라 플롯이나 주제에 집중할 수도 있고, 시간의 흐름에 집중할 수도 있고, 신학에 집중할 수도 있다. 내러티브 분석의 방법에 있어서도 구조, 내레이터, 스토리 시간, 디스코스(discourse) 시간 및 공간적 배경 등에 주목하는 다양한 방법"이 있다고 하는데 왜 하필이면 등장인물을 중심으로 엮어가려 하는지에 대하여 저자의 의도를 먼저 이해하고 이 책을 마주해야 한다고 생각했다.

창세기 25:19-35:29은 등장인물의 성격 묘사에 집중하고 있는 것으로 보이며, 또한 여기에는 여호와 하나님까지도 하나의 등장인물로서 이들과 뒤섞이면서 플롯의 진행을 만들어 나가신다. 따라서 구약에서 등장인물의 성격 묘사를 다룰 때 이보다 더 적절한 본문이 없는 것 같아, 이 본문을 택했다고 서술하고 있다.

---

75 김진수, 구약 내러티브의 해석과 설교(2), 신학정론31(1) 합동신학대학원대학교, 2013.6, 35-62, 44-45.

저자는 등장인물 중심으로 분석하는 방법을 다음과 같이 표현한다. "성경이 들려주는 이야기를 제대로 해석하는 방법은 성경이 전달하고자 하는 것을 있는 그대로 듣는 것이다. 성경의 인물을 제대로 파악하는 방법은 성경이 묘사하는 그대로 이해하는 것이다."[76]

이와 같이 저자는 성경이 들려주는 이야기 속에 나오는 등장인물을 있는 그대로 묘사할 때 비로소 진정한 설교가 된다고 우리에게 말하고 있다. 따라서 본문을 등장인물 성격 분석을 중심으로 기술하면서 연구 목적, 연구 내용, 연구 방법을 통하여 본문을 살핀 후 본문이 주는 문학적인 하나의 내러티브로서의 가치에 대하여 기술하고자 한다.

2. 연구 목적과 연구 내용

『깨진 토기의 축복』 1부 3장(창 25:19-34 / 예정을 살아가는 방법)에 해당하는 부분에서의 야곱과 그의 가족의 성격을 분석하여 아래와 같이 전개하고자 한다.

첫째, 저자가 기술한 1, 2장에 걸친 「등장인물 성격 분석」을 먼저 요약하고 살핀 후, 등장인물 성격 분석을 할 것이다.
둘째, 위 저서 1부 3장(창 25:19~34)의 주요 구절에 나오는 등장인물 성격 묘사 방법론을 저자는 어떻게 적용했는지를 살피고, 본인의 의견을 피력할 것이다.
셋째, 그에 관하여 본인(필자)의 생각을 논술한 후 내레이터가 독자들에게 무엇을 말하려고 하는지에 대한 연구이다.

---

[76] 박철현, 깨진 토기의 축복, 솔로몬, 2014, 9, 18, 48.

이와 같은 과정을 살펴보면 등장인물의 성격 묘사가 예정을 살아나가는 다양한 모습으로 저마다 삶의 파노라마를 그려 나가지만 결국에는 모든 것이 "여호와께서 그에게 이르시되"와 "큰 자가 어린 자를 섬기리라"는 하나님의 섭리 아래 구속사를 이루어가는 것을 보게 될 것이다.

3. 연구 방법

연구 방법으로는 문헌연구와 사례연구 방법을 적용하고자 한다.

문헌 연구는 선행 연구 논문과 단행본, 학술지 등을 중심으로 고찰하되, 저자의 역작인 『Torah Story』와 저자의 추천도서인 『창세기 주석』(고든 웬함, WBC)과 『모세오경』(고든 웬함, 성서유니온), 『모세오경』(알리스, CLC), 『서사비평이란 무엇인가』(대한예수교장로회 총회교육지원부 편), 저자의 강의 안 『내러티브 이론과 설교 세미나』, 『창세기 프리칭 예수』(시드니 그레이다누스, CLC), HOW 주석 『창세기 어떻게 설교할 것인가』(두란노 아카데미) 중에서 「성경의 등장인물 묘사방식에 따른 야곱의 이해」, The New American Commentary Volume 1B, Genesis 11:27-50:26을 참고로 할 것이다.

아울러 신학지남 박철현, 「개혁주의 신학과 내러티브 분석방법의 관계에 대한 고찰」(2013년)과 헤르메네이아 투데이 「설교를 위한 구약 내러티브 본문 주해」(2011년), 박유미, 헤르메네이아 투데이 「구약의 내러티브 본문 설교」(2009년). 로고스 2016년 조남승의 논문(총신대학교 신학대학원·총회신학원)을 참고로 할 것이다.

최승락·유재웅 공저, 「스토리 전개와 등장인물 성격간의 연관성 분석 방법—그레마스 의미생성모델, 에니어그램 중심으로」(Present of the Analysis Method of the validation between the Story proceeding and the character- By the generative trajectory of meaning with Greimass and enneagram) 등도

참고할 것이다.

사례 연구 방법에 있어서는 성경에서의 내러티브를 중심으로 본인(필자)의 생각을 논술하고 저자의 분석 방법에 대하여 비교하고자 한다.

4. 본문의 구조

본문을 크게 두 단락으로 나누면 다음과 같다.

창세기 25:19-34의 구조

- 25:19-26 야곱의 탄생과 예정
- 25:27-34 예정을 살아나가는 법

위의 구조를 자세히 살펴보면 다음과 같다.

〈표 1-4〉 창세기 25:19-34의 구조

Part One	19절	Introcuction *Toledot* of Isaac (이삭의 족보)

Part Two	20-26a	Struggle between Esau and Jacob at Birth
	20	Issac marries Rebekah
	21-22	Contention in the womb (자궁 안에서의 투쟁)
	23	Oracle concerning Rebekah's children (리브가의 자녀들에 대한 신탁)
	24-26a	Battle at birth (출생의 싸움)
	26b	Isaac become a father

Transition 전환	27-28	Vocational and parental strife (직업과 부모님의 나뉨 / 갈등)

Part three	29-34	Struggle between Esau's Jacob for the Birthright
	29	Jacob's stew and Esau's starvation
	30-31	Round one: the bargain proposed
	32-33	Round two: the bargain sealed by oath
	34	Jacob's stew for Esau's birthright[77]

○ 본문은 하나의 내러티브이다. 주인공은 야곱이며, 성경 기자는 주인공을 통하여 독자에게 무엇인가 알려주려 한다. 그에 대한 정보를 야곱과 에서의 성격으로서 묘사하면서 크게 세 파트로 나뉜다. 제일 먼저 19절은 이삭의 족보로 시작한다.

○ 20-26a절은 두 번째 단락으로 에서와 야곱의 출생의 싸움이 시작된다. 22절에 태 속에서의 싸움과 23절에서 리브가의 신탁이 나오고, 26b는 이삭이 아버지가 되는 장면이 전개된다.

○ 27-28절은 전환으로서 에서와 야곱의 성격을 묘사하고, 자식에 대한 부모의 편향성을 나타내고 있다.

○ 29-34절은 세 번째 단락으로서 야곱의 스튜와 에서의 배고픔을 미끼로 "장자의 명분"을 팔 것과 그것을 맹세하도록 제안하는 야곱과 장자의 명분을 소홀히 여기고 팔아버린 에서 사이에서 파생되는 "장자의 명분"에 대한 갈등이다.

---

[77] Kenneth A. Mathews, *The New American Commentary Volume 1B*, V. 3, Genesis 11:27-50:26, Nashville: Broadman and Holman, 2005, 383-384.

5. 『깨진 토기의 축복』 등장인물 성격 분석 요약

5.1. 등장인물을 묘사하는 방법들

본론에 들어가면서 가장 먼저 등장인물을 묘사하는 방법들로 직접적 묘사 방식, 간접적 묘사 방식, 복잡한 간접적 묘사 방법(내러티브 유비, 타입신, 더블 플롯) 등에 대한 개괄적인 이해를 하고자 한다.

첫 번째	"직접적 묘사 방식"(말해주기 telling) 등장인물이 과연 어떤 인간인지에 대해 내레이터가 직접 말해주는 것
두 번째	"간접적 묘사 방식"(보여주기 showing) 내레이터는 등장인물의 외모, 장신구, 말, 행동 등 등장인물에 대해서 알 수 있는 여러 가지 정보들을 객관적으로 제공해 주는 역할만 한다.

5.1.1. 직접적 묘사 방식
(1) 내레이터가 등장인물의 성품에 대해서 직접 규정한다.
(2) 내레이터의 직접적 묘사는 등장인물의 외모 등에 대해서도 적용되는 경우가 있다.
(3) 내레이터는 등장인물의 어떤 행동이나 말에 대해서 직접적이고 규정적인 평가를 내릴 수 있다.

⟨등장인물에 대한 내레이터의 직접적인 묘사와 관련하여 몇 가지 유념할 점⟩

(1) 예전의 이론서들은 등장인물을 다루는데 있어서 주로 직접적 묘사 방식에 의존해야 한다는 주장을 한다. 그러나 구약의 내러티브들은 직접적 묘사 방식을 극히 제한적으로만 사용하고 있으며, 오히려 뒤에 나오는 간접적 묘사 방식을 훨씬 더 많이 사용하고 있다.
(2) 드물기는 하지만 구약의 내러티브들 속에는 직접적 묘사 방식이 여전히 등장하기도 한다.
(3) 직접적 묘사를 통해 언급된 등장인물의 특성들은 대부분 플롯과 관련하여 매우 중요한 역할을 한다.

5.1.2. 간접적 묘사 방식

(1) 등장인물의 외모 등의 외적인 모습에 대한 묘사는 주로 간접적 묘사 방법에 해당된다.
(2) 등장인물의 개인적인 소품들이나 기타 그들과 관련된 물건들 역시 등장인물의 속성에 대해서 간접적인 정보를 제공해 줄 수 있다.
(3) 등장인물의 이름 역시 등장인물의 속성을 나타내는데 일조할 수 있다.
(4) 간접적인 묘사 방식의 또 다른 특징은 등장인물의 말투이다.
(5) 등장인물의 동작, 몸짓, 버릇, 습성 등의 행동 역시 등장인물의 성격이나 심중을 드러내주는 간접적인 증거로 작용할 수가 있다.
(6) 한 등장인물들이 다른 등장인물에 대해 내린 평가나 언급, 그리고 등장인물이 자기 자신에 대해 내린 평가나 언급 역시 간접적 묘사에 해당한다.
(7) 등장인물의 성격은 다른 등장인물과의 비교를 통해서도 간접적으로 얻을 수 있다.

5.1.3. 복잡한 간접적 묘사 방법

내러티브 유비 (narrative analogy)	타입신(type scene)	더블 플롯
○ 내러티브들 사이의 비슷한 점을 가지고 등장인물을 묘사하는 것 ○ 사사기 19장 레위 사람이 자기 첩의 일로 인해 기브아에서 겪는 일 ○ 창세기 19장 롯이 여호와의 천사들과 더불어 겪는 일	○ 등장인물에 대한 간접적인 묘사를 위해 성경의 내레이터들이 자주 사용하는 방법 ○ 거짓말 이야기와 우물가 이야기 • 거짓말 이야기 (창 12:10-20; 20:1-18; 26:6-11)	○ 이 기법은 본문이 서로 연결되어 있어야만 가능함 • 마가복음의 "샌드위치 기법" • 누가복음의 "예수 탄생 기사" • 사울과 나발의 이야기 (삼상 24-26장)
○ 위의 두 일이 유사함. → 사사기의 내레이터는 창세기 19장의 이야기와의 유비를 통해 사사 시대의 이스라엘 사람들이 롯이 살던 소돔의 사람들만큼이나 악했다는 점을 고발하고 있음	→ 아브라함, 이삭이 이방 땅에서 죽음이 두려워 자기 아내를 누이라고 속임 • 우물가 이야기 → 이삭, 야곱, 모세가 우물가에서 아내를 만남	• 사무엘과 엘리의 아들들의 비교 이야기 (삼상 2:11b-4:1a) • 성막과 황금 송아지 이야기(출 24:12-40:38) • 요셉과 유다의 이야기(창 37-39장)

5.1.4. 두 묘사 방식의 결합

○ 두 묘사 방식(직접적 묘사 방식과 간접적 묘사 방식)은 서로 상호 배타적이 아니다.

○ 내레이터는 직접적 묘사 방식과 간접적 묘사 방식을 적절히 안배하여 양자가 서로 상응하게 함으로써 독자들이 등장인물에 대해서 제대로 된 판단을 하도록 유도한다.

5.1.5. 등장인물 묘사 방식의 확실성에 대한 논의

① 가장 하위단계의 확실성을 제고해 주는 것: 외모나 행동 등의 사항
② 중간 단계의 확실성을 제공해 주는 것:
- 등장인물 자신이 직접 다른 사람을 향하여 한 말이나
- 다른 등장인물들이 그에 대하여 한 말
☞ 그러나 등장인물들이 한 말들이 결코 모든 경우에 다 진실을 말해 주는 것은 아니다. 많은 경우에 있어서 등장인물의 말은 그의 내면의 진실을 말해 주기보다는 상황을 반영한 것일 수가 있다.
☞ 등장인물의 말은 때로는 "열린 창이 아니라 닫힌 셔터일 수 있다"는 것을 우리는 잘 인식해야 한다.

③ 등장인물의 독백은 그가 다른 사람들을 향하여 한 말보다는 더 확실한 정보를 제공해 줄 수 있다.
☞ 그러나 이 경우에도 독자들은 그 등장인물이 왜 그런 말을 했는지에 대한 동기를 여전히 추측해야만 하는 경우가 있다.

결론

- 내레이터가 독자들에게 전달해 주는 정보들은 확실성의 정도에 있어서 각각 차이가 있다.
- 내레이터가 정말 등장인물에 대해서 무엇을 말하고자 했고, 또 왜 그렇게 말했는지를 이해하는 몫은 독자에게 남겨져 있다.
→ 그러므로 독자들이 오직 내레이터와 적극적으로 상호작용을 할 때에만 본문은 우리에게 가치 있는 정보를 제공해 준다. 성경 본문, 그리고 내레이터는 독자의 적극적이고 능동적인 참여를 요구하고 있다는 점을 독자는 기억해야 한다.

○ 1장 등장인물을 묘사하는 방법에는 내레이터가 등장인물의 성품에 대

해서 직접 규정하는 직접적 묘사 방식과 등장인물의 외모 등의 외적인 모습에 대한 묘사와 같은 간접적 묘사 방식이 있다.

○ 또한 내러티브 유비(narrative analogy), 타입신(type scene), 더블 플롯과 같은 복잡한 간접적 묘사 방법이 있다. 때로는 두 묘사 방식의 결합이 있다. 중요한 것은 내레이터가 등장인물에 대해서 무엇을 말하고자 했는지는 독자들의 몫이다.

5.2. 창세기에서 야곱의 중요성 및 야곱 이야기의 개관적 이해

〈표 1-5〉 성경 안에서 아브라함 · 이삭 · 야곱 · 요셉의 위치

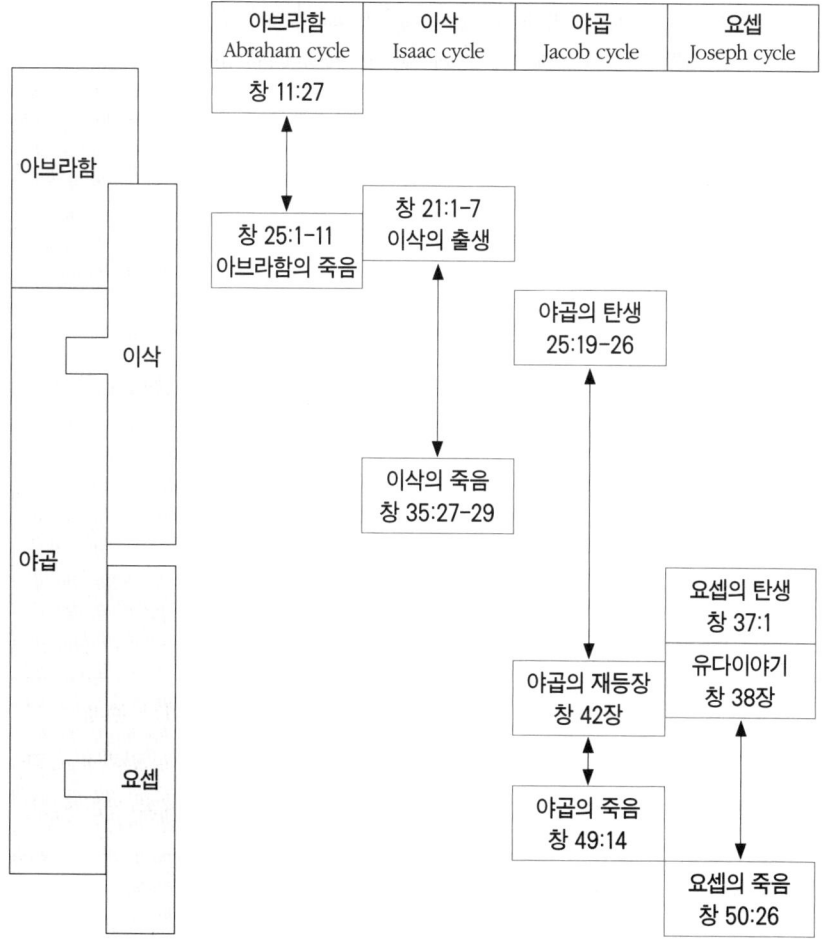

○ 창세기 37-50장의 소위 요셉의 이야기 속에서도 언뜻 보면 주인공이 요셉인 것처럼 보이지만 요셉은 야곱과 열두 아들들이 애굽 고센에 안착하도록 하나님께서 섭리하시는데 있어서 도구로 사용되는 존재일 뿐이다. 따라서 창세기 37-50장은 사실 요셉의 이야기가 아니라 야곱 가족의 이야기로 읽어야 한다.
○ 창세기의 플롯의 방향은 어떻게 아브라함을 통해 시작된 구속의 역사가 야곱을 통해서 열두 지파를 이루었으며, 이들이 어떻게 애굽에 들어가게 되었는가를 보여 주는 것이다.
○ 앞에서도 서술하였듯이 창세기의 주인공인 야곱의 생애는 창세기의 절반이 넘는 본문에서 다뤄지고 있으며, 그의 죽음은 곧 창세기의 끝과 동일시된다. 이렇게 볼 때 창세기는 궁극적으로 어떻게 이스라엘 열두 지파가 야곱의 몸을 통해 탄생하였으며, 애굽에 정착하게 되었는지를 보여주고 있다. 그리고 이 모든 핵심적이 내용의 중심에는 이스라엘 모든 지파의 단일 조상으로서 야곱이 서 있다.

5.2.1. 야곱의 이야기를 어떻게 읽을 것인가?

○ 야곱의 이야기 본문을 제대로 이해하기 위해서는 다음의 세 가지 사항을 염두에 두어야 한다.
→ 이는 야곱 이야기의 플롯의 뼈대를 제공해 주고, 각 에피소드들의 존재 이유 및 의미를 파악하는데 있어서 중요한 역할을 하고 있기 때문이다.

〈표 1-6〉 야곱 이야기의 플롯의 뼈대

| 1) 창세기 본문에는 비슷한 이야기들이 계속해서 반복되는 경향이 있다. | 2) 창세기 전체, 그리고 창세기의 족장 이야기들 중심에는 항상 "축복"이라는 주제가 들어 있다. | 3) 축복이란 주제의 이면에는 "인과응보"라는 주제가 깔려 있다. |

• 사라가 아이를 낳을 수 없는 몸이라는 사실은 리브가와 라헬에게도 공통되는 사항이다. • 거짓말 이야기(아내의 미모로 인해 촉발된 위험한 상황 속에서의 대처)	• 창세기 1~2장의 창조기사는 하나님의 축복들로 채워져 있다. • 이것이 "불가항력적인 축복"이라는 주제로 대답될 수 있다.	• 이 주제는 은혜의 뒤편에 숨은 공의라는 주제를 부각시킨다. • 구약의 모든 이야기들이 하나님의 은혜와 공의 사이의 변주곡이듯 야곱의 이야기도 마찬가지이다.

○ 내레이터는 야곱이라는 주인공을 중심으로 이삭, 리브가, 에서를 등장시켜 사건의 발단, 전개, 갈등의 과정에서 선과 악, 축복과 저주, 은혜와 징벌이라는 도구를 사용하여 내러티브를 엮어가고 있다.

○ 야곱 이야기는 저자가 기술한대로 야곱의 편에 서서 항상 읽어왔다. 저자는 야곱의 편에서 기술하기보다는 에서의 입장에서 (이것은 마치 하갈과 이스마엘을 축복하시는) 하나님의 마음과 같은 유비로서 풀어가고 있다는 점이 놀라왔다.

○ 필자(나)는 늘 야곱의 편에 섰고 마치 권선징악으로 마쳐야 될 것 같았지만, 저자는 에서와 하갈의 삶도 아브라함의 축복의 통로 가운데 하나로 연결하여 하나님의 축복을 받았음을 논의하기에 저자의 넓은 사고와 통찰력이 마음에 와 닿는다.

6. 『깨진 토기의 축복』 3장
창세기 25:19-34 저자의 성격 묘사

6.1. 저자의 내러티브 기법 논의에 대한 개요

6.1.1. 족보 / תּוֹלְדוֹת 톨레도트

창세기 25:19은 이삭의 족보(톨레도트)로 시작한다. 아래 표와 같이 '족보'(내력, 대략)는 창세기에 무려 10회나 기록되고 있다. 바로 전 구절인 25:12-18에는 이스마엘의 톨레도트가 있다. 내레이터는 단 일곱 구절을 할애해서 이삭의 이복형이면서, 하나님께서 여자의 후손 계보를 잇도록 하시려고 선택하신 이삭(17:19) 때문에 쫓겨난 이스마엘과 그의 계보를 전해 주고 있다. 고대 근동의 풍습에 따르면 장자에게는 권리가 존재한다. 성경은 이러한 장자의 권리를 다음과 같이 기록한다. "자기의 소유에서 그에게는 두 몫을 줄 것이니 그는 자기의 기력의 시작이라 장자의 권리가 그에게 있음이니라"(신 21:17). 그러나 에서에게 있어서 하나님은 인간의 관습, 심지어 하나님 자신이 주신 율법마저 뒤집으신다. 그리고 이렇게 말씀하신다. "큰 자가 어린 자를 섬길 것이다."[78]

〈표 1-7〉 창세기의 톨레도트 문구

구절	구분	내용
2:4	내력	하늘과 땅 generations(ESV)
5:1	계보	아담 generations
6:9	족보	노아 generations
10:1	족보	노아의 아들들 generations
11:10	족보	셈 generations
11:27	족보	데라
25:12	족보	이스마엘 generations
25:19	족보	이삭
36:1	족보	에서(36:9에도반복) generations
37:2	족보	야곱 generations

---

78 Sidney Greidanus, *Preaching Christ from Genesis*, Grand Rapids, Mich. USA, 2007; 강정주·조호진 옮김, 창세기 프리칭 예수, CLC, 2010, 386-387.
79 Gary Edward Schnittjer, *Torah Story*, Grand Rapids: Permission of Zondervan, 2006.; 박철현 옮김, 토라 스토리, 솔로몬, 2014, 54.

19절은 "이삭의 족보는 이러하니라"로 시작하면서 에서와 야곱의 탄생에 이어 에서가 장자의 명분을 판 것을 기록하고 있다. 그렇다면 족보와 장자의 명분은 상관관계가 있는 것인가? 내레이터는 이것을 독자들에게 알리면서 족보의 이야기를 마치고 있다. 그러나 에서의 족보는 36장에서 다시 나온다. 그렇다면 이것은 하나님께서 에서에게도 민족을 허락해 주셨다는 근거가 된다. 이러한 원리는 아브라함을 통한 "복의 근원"에 대한 약속에 의거한 축복으로 말할 수 있을 것이다.

6.1.2. 내레이터의 가시성(하나님이 내레이터가 되심)

이 본문에서 내레이터가 가시적임을 보여 주는 첫 번째 사항은 하나님에 대한 내레이터의 정보이다. 하나님에 대한 정보는 오직 전지적 시점의 내레이터만 알고, 줄 수 있다. 그러므로 이 정보를 제공할 때 내레이터는 가시적이다. 이 가시성은 본문에서 에서와 야곱의 예정을 독자에게 알려주는 데 있다.[80]

"이 족속이 저 족속보다 강하겠고 큰 자가 어린 자를 섬기리라"(25:23b)

이 말씀은 하나님의 예언의 말씀으로서 본문의 주제와 목적이 된다. 왜냐하면 이는 야곱 이야기의 전체적인 서문의 기능을 하고 있기 때문이다. 그동안 동서고금의 많은 해석자들은 하나님께서 야곱을 선택하시고 에서를 선택하지 않았다는 사실에 기초해서 에서는 무조건 나쁜 쪽으로만 보고 야곱은 무조건 좋은 쪽으로만 보려고 해 왔다는 점을 지적한 적이 있다. 그러나 사도 바울은 로마서 9:11에서 이들의 선택이 결코 이들의 행위나 윤리에 기초한 것이 아니라는 점을 밝히고 있다.[81]

그런데 우리는 이것을 고민하지 않는다. 왜 큰 자가 작은 자를 섬겨야 하

---

[80] 박철현, 설교를 위한 구약 내러티브 본문 주해, 헤르메네이아투데이, 51, 101-117, 2011, 106-107.
[81] 박철현, 깨진 토기의 축복, 솔로몬, 2014, 69.

는지에 대한 해석과 뜻에 대해 당연함으로 수납한다. 지금까지 믿음의 순종에 대한 답은 늘 큰 자가 작은 자를 섬기는 것에 대해 많은 사례들이 있었고, 이것을 은혜로서 받아들이기 때문에 이러한 하나님의 서언을 우리는 충돌없이 받아들이는 것이다.

본문에서는 주인공의 성격이 크게 드러나지 않는다. 단지 우리는 내레이터가 기술한 용어로서 야곱과 에서의 성격을 유추할 뿐이다. 이것은 마치 권선징악과 같은 추리이다. 여기서 야곱은 착한 자의 대명사로 우리의 믿음의 습관 속에 있으며, 에서는 마귀, 사탄의 무리로서 취급되어 진다.

저자는 에서의 입장을 객관적으로 잘 평가하고 있다. 그러한 저자의 분석 방법이 좋다. 거기는 깨진 토기가 있기 때문이다. 오히려 본인(필자)의 입장에서는 야곱의 편에 서기보다는 에서의 편에 서고 싶다. 야곱은 은혜로 이스라엘이 되었을 뿐, 야곱의 삶 자체만 놓고 보면, 에서보다 잘한 것도 없고, 잘 난 것도 없는 그저 간사한 삶에 지나지 않기 때문이다.

6.2. 가족 구성원의 성격 묘사(예정을 살아가는 방법)

저자는 예정을 살아나가는 방법을 설명하기 위해 가족 구성원의 성격을 자세히 묘사한다. 각자가 어떠한 역할을 했어야 하는지, 그리고 주어진 삶에 대해서 예정을 어떻게 받아들여야 하는지에 대한 기술이 전개된다.

아브라함에게 있어서는 이삭을 낳기까지의 25년이 그의 인생의 가장 중요한 순간들이었다면 이삭 및 그의 가족들에게 있어서는 그 이후의 삶들이 훨씬 더 중요한 순간이었다. 이처럼 이삭의 가족에게는 하나님으로부터 어떤 운명을 예정받았느냐 하는 것보다 더 중요한 것은 어떻게 이 예정을 살아나가느냐 하는 것이었던 것 같다.[82]

가족 구성원의 성격 묘사에서 주의할 점은 에서가 선택받지 못했다는 것

---

[82] 박철현, 깨진 토기의 축복, 솔로몬, 2014, 72.

에 근거를 두고 무조건적으로 그를 나쁘게만 보려고 해서는 안 된다는 것이다. 창세기 25:27의 에서에 대한 내레이터의 묘사를 이처럼 편향적으로 이해할 것이 아니라 그냥 그의 삶 그 자체에 대한 서술로 이해하는 것이 본문의 내레이터의 의도에 더 부합될 것이다.[83]

6.2.1. 저자의 이삭에 대한 성격 묘사, אכל(아칼), 먹다(eat)[84], 삼키다

LXE Genesis 27:4 and make me meats, as I like them, and bring them to me that I may eat, that my soul may bless thee, before I die.

NET Genesis 27:4 Then prepare for me some tasty food, the kind I love, and bring it to me. Then I will eat it so that I may bless you before I die.

YLT Genesis 27:4 and make for me tasteful things, such as I have loved, and bring in to me, and I do eat, so that my soul doth bless thee before I die.

NAS Genesis 27:4 and prepare a savory dish for me such as I love, and bring it to me that I may eat, so that my soul may bless you before I die.

ESV Genesis 27:4 and prepare for me delicious food, such as I love, and bring it to me so that I may eat, that my soul may bless you before I die.

직역성경 창 27:4 그래서 나를 위하여 내가 좋아하는 대로 요리를 만들어 내게 가져오너라. 내가 **먹고**, 내가 죽기 전에 너를 직접 축복할 것이다.[85]

---

83 박철현, 깨진 토기의 축복, 솔로몬, 2014, 72-73.
84 William L. Holladay, *A Concise Hebrew And Aramaic lexicon of the Old Testament*, 18.
85 허성갑, 히브리어 헬라어 직역성경, 말씀의 집, 40.

본문 중에 "이것이 단지 기호의 문제로 끝났다면 이것은 여전히 큰 문제가 안 될 수도 있었다. 하지만 27장에서 이삭은 불행히도 자신의 식탐을 축복의 문제와 연결시킨다(27:1-4). 그리고 이것 때문에 이 집안에 불행이 닥친다."

저자는 이삭의 식탐 문제를 전개하면서 그것이 이 집안의 불행으로 연결된다고 기술한다. "내가 즐기는 별미를 만들어 내게로 가져와서 먹게 하여 내가 죽기 전에 내 마음껏 네게 축복하게 하라"(창 27:4) 필자(나)는 이러한 이삭의 요구가 식탐에서 비롯된 것일 수는 없다고 본다. 위에 제시한 바에 의하면, 각 성경마다 'eat'의 의미로 쓰인 것이 식탐의 의미로 사용된 것은 찾을 수 없었기 때문이다.

6.2.2. 에서에 대한 저자의 평가

① '붉은'(אַדְמוֹנִי)[86], '아드모니'

우리가 에서에 대해 무조건 부정적으로 보는 태도를 잠깐 내려놓고 보면 에서에게서 좋은 모습들도 얼마든지 찾아볼 수 있다.[87] 저자는 "에서의 외모의 어떤 측면을 빌미로 그의 모든 것을 다 부정하는 것은 결코 옳지 않다."라고 한다.

에서의 경우 '붉은'색의 피부를 가지고 태어났다는 내레이터의 언급(창 25:25)은 윌리엄 할러데이 사전에 의하면 '불그스레한'(reddish)이라고 기록되어 있다. 저자는 이러한 에서의 외모에 대한 묘사가 구약에서 다윗의 아름다운 외모를 묘사할 때에도 유일하게 사용되었다는 점을 언급한다.

---

[86] William L. Holladay, *A Concise Hebrew And Aramaic lexicon of the Old Testament*, Grand rapids: Wm. B. Eerdmans, 1988; 히브리어, 손석태·이병덕 공역, 아람어 사전, 솔로몬, 2014, 6.

[87] 박철현, 깨진 토기의 축복, 솔로몬, 2014, 66.

이것은 다른 연구에 의하면 그가 장차 '에돔'(אֱדוֹם)[88] 족속의 조상이 될 것이란 사실(창 36:9)을 염두에 둔 것이며, 에서가 '털'(שֵׂעָר)이 많은 사람이었다는 진술(창 25:25)은 그가 장차 '세일'(שֵׂעִיר) 땅에 거주하게 될 것(창 36:8)과 그의 동생 야곱이 염소의 '털'을 이용하여 아버지 이삭을 속이게 될 것(창 27:23)을 고려한 의도적인 인물묘사에 해당하는 것이라 할 수 있다.[89]

이와 같은 방법은 직접 묘사에 해당한다고 볼 수 있다.

6.2.3. 익숙한 사냥꾼, 들사람 에서 Vs 조용한 사람, 장막에 거주하는 야곱

성경은 조용한 사람 야곱과 에서의 성격 묘사를 직접적으로 표현한다. 성경은 야곱을 조용한 인물로 묘사하기보다는 좀스럽게 잔머리를 굴리며 **치밀한 계획**을 세우는 인물로 묘사한다. 이는 창세기 25:27을 번역한 다음 영어 성경 구절에서 확인할 수 있다.

LXE And the lads grew, and Esau was a man skilled in hunting, dwelling in the country, and Jacob **a simple man**, dwelling in a house.

NET When the boys grew up, Esau became a skilled hunter, a man of the open fields, but Jacob was **an even-tempered man**, living in tents.

YLT And the youths grew, and Esau is a man acquainted with hunting, a man of the field; and Jacob is **a plain man**, inhabiting tents;

NAS When the boys grew up, Esau became a skillful hunter, a man of the field; but Jacob was **a peaceful man**, living in tents.

ESV When the boys grew up, Esau was a skillful hunter, a man of the field, while Jacob was **a quiet man**, dwelling in tents

직역성경 창 25:27 그 아이들이 자라니, 에싸브는 사냥을 아는 들사람이었고, 야아콥은 천막에 사는 **완전한 사람**이었다.

---

88 ESV 성경에 의하면 "*Edom* sound like the Hebrew for red"
89 김진수, 구약 내러티브의 해석과 설교(2), 38-39.

탐(תם)은 타암(תמם)에서 유래했으며, '완전한, 완벽한 perfect, complete'을 의미한다.

① 탐은 '완전한, 완벽한'이란 의미로 사용되었다. 아름다움에서 '완전한 [자]'(아 5:2; 6:9)를 묘사한다.
② 탐은 '건전한, 착실한'이란 의미로 사용되었다. 영어성경은 이 단어를 (창 25:27) '평이한'(plain), '평화적인'(peaceful), '조용한'(quiet)이라고 번역했다.
③ 탐은 '완전한, 도덕적으로 순전한, 흠없는(순결한)'이란 의미로 사용되었다(욥 1:1, 8).

○ 여기서 유의할 점은 야곱의 성격은 조용한 사람, 완전한 사람으로 표현해 주고, 에서의 성격에 대해서는 언급함이 없이 단지, 들사람, 사냥꾼이라는 표현으로 나머지 부분을 독자의 상상에 맡긴다는 것이다. 따라서 야곱의 성격은 긍정적인 의미에서 '조용하고'로 표현했다면, 에서는 부정적인 의미로 독자가 받아들이도록 나레이터가 표현했다는 것이다. 이러한 기법을 **암시**(allusion)라고 할 수 있다. 하지만 본인은 나레이터가 독자로 하여금 추측하도록 하는 성격묘사에 대하여 동의할 수 없다.

6.2.4. 언어유희

○ 일반 문예학에서 '언어유희'(paronomasia)는

① 두 개의 뜻을 가진 단어의 사용,
② 달리 표기되지만 같은 발음을 가진 두 단어의 뜻의 유사성,
③ 꼭 같이 발음되고 표기되지만 다른 뜻을 가진 두 개의 단어 등을 포함하는 것을 '언어유희'(word play)라고 말한다.

○ 창세기 27:36에서도 '언어유희'를 찾아볼 수 있다. 예를 들어 에서가 "그의 이름이 야곱이라 함이 합당하지 아니하니이까? 그가 나를 속임이 이것이 두 번째니이다."에서, '야곱'(עֲקֹב)⁹⁰이란 말은 '아카브'(עָקַב), '발꿈치를 잡다.', '음흉(교활)하게 공격하다.'라는 이름에 빗댄 언어유희에 해당한다.⁹¹

6.2.5. 끓이다, 창세기 25:29

'끓이다'는 주로 히필형으로 쓰이며 여기에서 동사의 시제는 히필, 미완료 3인칭 남성 단수이다. 이에 대한 영어 성경의 번역을 찾아보자

> LXE Genesis 25:29 And Jacob cooked pottage, and Esau came from the plain, fainting.
> NET Genesis 25:29 Now Jacob cooked some stew, and when Esau came in from the open fields, he was famished.
> NAS Genesis 25:29 And when Jacob had cooked stew, Esau came in from the field and he was famished;
> ESV Genesis 25:29 Once when Jacob was cooking stew, Esau came in from the field, and he was exhausted.
> 직역성경 창 25:29 하루는 야곱이 **죽을 쑤고 있을 때** 에싸브가 들에서 왔는데 지쳐 있었다.

에서가 늘 사냥에서 돌아오면 무엇인가를 먹었을 것이다. 지쳐 있는 에서가 무엇인가를 먹던 습관을 야곱은 알았을 것이다. 위의 동사 시제를 살펴보면 과거진행(ESV)형으로 표현하고 있다. 다른 성경은 과거나 과거완료의 형태이다. 그렇다면 야곱은 에서가 들어오는 시간에 맞추어서 죽을 쑤고 있었다는 뜻

---

90 ESV 성경에 의하면 "*Jacob* means He takes by the heel, or He cheats"
91 김진수, 구약 내러티브의 해석과 설교(2), 54-55.

으로 해석할 수 있다. 이는 야곱이 매우 치밀하게 형의 배고픔과 식습관을 염두에 두고, 그의 장자권을 빼앗을 기회를 엿보고 있었음을 의미하는 것이다.

웬함에 의하면 '야곱이 죽을 쑤었다'는 어떻게, 언제, 왜 했는지는 진술되어 있지 않다. 그 내용조차 기술되지 않는다. 중요한 것은, 힘센 사냥꾼이 '곤비하여' 들어왔다는 사실이다. 곤비란 근동에서는 '배고픔에 의한 것이라기보다는, 힘을 쓰거나 목마른 것에 더 많이 기인한다. 따라서 에서가 가장 필요했던 것은 마실 물과 쉼이었다.'[92]라고 기술한다.

그러나 본인(필자)의 생각에 따른다면 저자가 이삭의 가정에 대한 여러 가지 정황에 대한 묘사를 고려할 때, 성경이 직접적으로 언급하지는 않더라도, 야곱의 행동 이면에는 그의 **치밀한 계획**이 있었다고 생각한다.

한편으로 생각하면 야곱의 모습은 우리 인간의 사악한 죄성이다. 독자들은 이러한 죄성의 모습을 한 야곱을 보면서, 쉽게 풀리지 않는 의문이 들 것이다. 하나님께서는 왜 야곱을 사랑하시는가? 왜 야곱의 간사함을 묵인하시는가? 죄값에 대하여 묵인하시는 것은 훗날 야곱이 모든 댓가를 치루는 것으로 나타나지만, 좋은 사람으로 받아들여야 하는 야곱의 행태는 독자의 심기를 불편하게 한다. 여기에 대한 답을 바울은 로마서 9:12-13에서 말하고 있다.

"리브가에게 이르시되 큰 자가 어린 자를 섬기리라 하셨나니 기록된 바 내가 야곱은 사랑하고 에서는 미워하였다 하심과 같으니라."(롬 9:12-13)

6.2.6. '오늘', '내게', '팔라'(25:31), '맹세하라'(33)

야곱이 먼저 '형의 장자권을 내게 팔아라'하는 것은 즉각적으로 나온 말은 아니다. 야곱은 '어찌하면 형의 장자권을 내가 가질까?' 하는 잔머리를 굴리고 이미 계산에 넣고 있었다. 이어지는 대화가 그것을 증명해 준다. 장자권을 사고 팔 수 있다고 계산에 넣은 야곱을 단순히 조용한 성격을 지닌 것으로만 평가하기는 어렵다. 우리의 셈 방식으로 볼 때 무서우리만치 대단한 사

---

[92] Gordon J. Wenham, *Word Biblical Commentary Vol.2 Genesis 16-50*, Thomas Nelson, Inc., 1987, 윤상문·황수철 옮김, 창세기 16-50, 솔로몬, 2001, 338.

람이다. 아니, 웬만한 사람이라면 장자권을 팔게 하겠다는 생각도 하지 않았을 것이다. 그런데 야곱은 죽 한 그릇으로 deal을 하고 있는 것이다.

웬함은 다음과 같이 기술한다. '오늘/ 내게/ 맹세하라'라는 야곱의 퉁명스러운 세 마디 대답은, 그가 형의 어리석음을 이용하기로 마음먹었다는 냉정하고 계산적인 모습을 확인시켜 준다는 것이다.

6.2.7. '먹고', '마시고', '일어나', '갔다'(25:34)

'팔라', '맹세하라'와 대조적인 동사의 형태를 이룬다.

야곱	원문	분해	에서	원문	분해
팔라 31절	מכר	칼명령남단수	먹고	אכל	칼미3남단
			마시고	שתה	칼미3남단
			일어나	קום	칼미3남단
맹세하라 33절	שבע	니팔명령남단수	갔다	ילך	칼미3남단
			경멸하다	בזה	칼미3남단

에서의 행동은 아주 단순하다. 복잡한 생각이 없는 듯하다. 동사 4개로 연결되는 그의 행동은 바브연속법으로만 나열되는 동사가 있을 뿐이다. 그가 무슨 생각을 했는지, 어떤 기분이었는지는 성경은 말하지 않는다.

그럼에도 이 구절을 읽을 때마다 에서가 느꼈을 참담함이 그려진다. 후회해도 이미 늦었다고 생각하지 않았을까? 그래서 다른 말을 더 이상 할 수 없었을 것 같은 에서의 감정이 전달되어 오는 느낌이다. 속상함과 낙담함이 아무 말도 할 수 없게 만들었을 그의 감정이 스멀스멀 느껴진다. 이것은 창세기 27:36에서 에서가 아버지 이삭에게 야곱이 "장자의 명분을 동생이 속이고 빼앗고"(cheat), 빼앗아 갔다(took away)고 말할 때 그동안 참아왔을 에서의 참담함이 표현된다. 그렇기에 원통했을 에서의 마음에 동정이 간다. 어쩌면 이것은 에서의 변명인지도 모른다. 본인의 잘못으로 인한 것을 동생이 속이고, 빼앗아 간 것으로 동생에게 그 책임을 전가하는 격이 될 수 있다.

결국은 속고 속이는 싸움이다. 이 싸움은 이미 모친의 태중에서 예고되었다(창 25:22). 창세기의 나머지 부분에 있어서의 중심적인 주제는 태 속에서 쌍둥이의 씨름에 대한 간단한 설명 속에서 예고되고 있다. 형제들 사이 혹은 가족 사이에서의 갈등은 창세기에서 새로운 주제가 아니다. 이미 4장에서 가인과 아벨 사이의 갈등은 노아의 아들들(9:20-27), 아브라함과 롯(13:7-12), 이삭과 이스마엘(21:9), 야곱과 라반(29-31장), 그리고 요셉과 그의 형제들(37-50장)의 경우에서와 같이 창세기의 그러한 종류의 모든 갈등을 예고하고 있다. 각각의 싸움들을 통하여 하나님의 뜻은 성취되었다. 여기에서의 요점은 하나님의 뜻의 성취를 위하여 싸움이 필요하다는 것이 아니라 하나님의 뜻은 싸움에도 불구하고 성취된다는 것이다.[93]

6.2.8. "이는 에서가 장자의 명분을 가볍게 여김이었더라"(창 25:34)

에서와 관련해서 '장자의 명분'과 '가볍게 여김'에 대한 단어에 주목하자.

① 경멸(멸시)하다(despise), 업신여기다(think lightly of)[94]

בָּזָה(바자)는 '경멸하다, 멸시하다(despise), 업신여기다(regard with contempt)'를 의미한다. 바자의 용법은 여호와께 대한 불순종이 그에 대한 "모욕, 멸시"에 기초한 것임을 보여준다. 어떤 것이나 어떤 인격을 경시하거나 멸시하는 바로 그 행동은 모욕을 포함한다. 예를 들어 다윗이 밧세바와 간음한 것은 여호와(삼하 12:10)와 그의 말씀(삼하 12:19)을 멸시하는, 또는 모욕하는 것과 같다. 마찬가지로 '맹세를 경시하는 것'은 여호와의 언약을 깨뜨리는 것과 같다(겔 16:59; 17:16, 18).

---

93 John H. Sailhamer, *The Pentateuch as Narrative*, 1992; 김동진·정충하 공역, '서술'로서의 모세오경, 크리스챤서적, 2005, 349.
94 William L. Holladay, *A Concise Hebrew And Aramaic lexicon of the Old Testament*, 47.

결국 이것은 야곱과 에서의 출생의 비밀과 관련하여 장자권을 경홀히 여김으로 여호와께 대한 불순종과 여호와의 언약을 깨뜨리는 것으로 마무리되는 것이다.

왜냐하면 에서는 장자권에 대한 것을 이미 알고 있었을 것이다. 아브라함부터 내려오는 하나님의 언약에 대한 것을 이삭으로부터 들었을 것임에도 장자의 명분을 가볍게 여겼다는 것은 하나님께 대한 믿음이 없음과 불순종을 뜻한다.

이것을 도표로 보자.

큰 자가 어린 자를 섬기리라(창 25:23)			
⬇			
야곱		에서 (25:34)	
팔라 25:31	מָכַר	먹고	אָכַל
		마시고	שָׁתָה
맹세하라 25:33	שָׁבַע	일어나	קוּם
		갔다	יֵלֶךְ
⬇			
장자의 명분을 가볍게 여김(창 25:34)			

6.2.9. 장자의 명분(בְּכֹרָה, 베코라 birthright)

장자의 지위와 권리(rank and rights as first-born)[95]

성경은 장자의 명분에 대해 여러 번 언급한다. 특히 창세기 25장에서는 다음과 같이 4번이나 등장한다. 이는 27:36에서도 등장하는데, 이 구절은 에

---

[95] William L. Holladay, *A Concise Hebrew And Aramaic lexicon of the Old Testament*, 52.

서가 아버지 이삭에게 야곱이 장자의 명분을 속이고 빼앗아 갔다고 항변하는 내용이다. 다음을 보라.

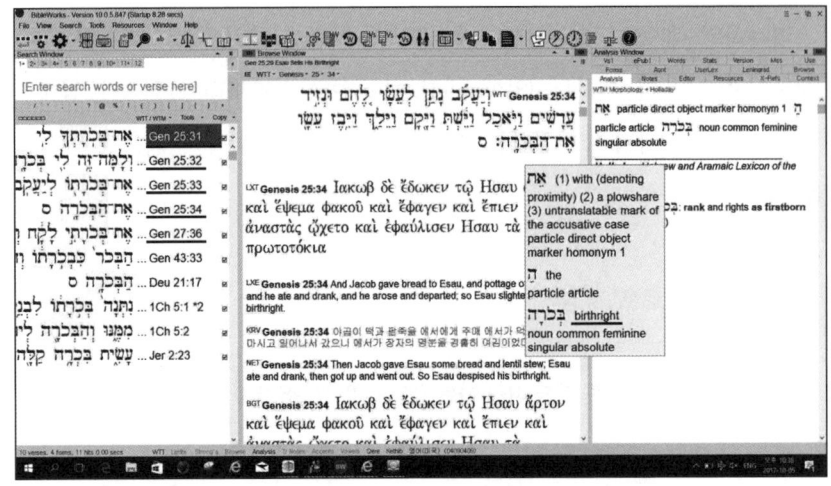

6.3. 하나님께서 주신 예정을 대하는 가족(이삭, 리브가, 에서, 야곱)의 모습에 대한 저자의 기술과 필자의 등장인물 성격 분석

등장인물의 성격을 묘사하는 가장 일반적인 방법은 등장인물의 이름을 언급하는 것이다. 이름은 고유명사로서 등장인물이 가진 모든 특징의 원천이며, 성경 속 모든 등장인물의 이름이 그러한 것은 아니겠지만 성경의 많은 이야기에서 이름이 특별한 위치를 차지하고 있음을 명확한 사실이다.[96]

그렇다면 이제 주인공인 야곱은 모든 이야기의 초점이 되는 인물이다. 저자는 야곱과 이삭, 리브가, 에서의 등장인물 성격 분석에 대하여 직접적인 묘사(이름의 의미), 간접적인 묘사(외모, 성격 묘사) 등의 방법을 취하였다. 따라서 각 인물에 대한 저자의 기술을 먼저 요약한 후 필자의 생각을 적도록 할

---

96 조남송, 창세기 24장 서사분석: 보이지 않게 드러난 참 주인공, 로고스 Vol. 61, 총신 110회 졸업기념판 총신대학교 신학대학원·총회신학원 제35대 총학회 추천 논문집, 2016, 74.

것이다.

웬함은 창세기 25:19-34의 내러티브를 잘 요약하고 있다. 그의 글은 이스라엘을 향한 하나님의 약속의 성취의 관점에서 이삭의 가정에 대해 전반적인 요약을 하고 있다. 고든 웬함이 기술한 바에 의하면

"큰 자가 어린 자를 섬기리라"(창 25:23) 하고 말씀하신 선언은 리브가의 두 쌍둥이 아들의 궁극적인 운명에 대한 선언이다. 한 명은 이스라엘의 조상이 될 것이고, 다른 한 사람은 간혹 이스라엘과 적대적인 관계에 놓이기도 할 에돔 족속의 조상이 될 것이다. 이런 비밀스런 선언은 앞으로 전개될 야곱 이야기를 요약해 준다.

창세기 27장은 두 형제가 아버지의 재산을 상속받기 위해 다시 갈등하면서 가족이 분열하는 모습을 보여 주고 있다. 죽음 직전에 축복을 하는 바른 절차는 창세기 48-50장에서 볼 수 있다. 야곱은 아들들을 모두 모아 놓고 적절히 유언하고 있다. 하지만 이삭은 에서만을 불러서 축복하려고 하여 이런 관습을 깨뜨렸다. 이것을 알아챈 리브가는 더 사랑하는 아들 야곱을 부추겨 몰래 아버지에게 들어가 에서인 척하여 맏아들의 축복을 가로채게 하였다.

창세기 저자는 이런 야곱의 속임수에 대한 징계를 이삭이나 에서가 아니라 하나님께 받았음을 아주 분명히 보여 주고 있다. 야곱은 그 후로 수년 동안 자기가 저지른 죗값을 치뤘고, 자기 잘못을 뉘우치고 다시 그 축복을 에서에게 돌려주고 있다(33:11). 자신의 뻔뻔스런 행동 때문에 어려움을 겪긴 했지만, 야곱은 끝까지 하나님께서 보호해주실 것이라는 기대를 포기하지 않는다. 이어지는 장들은 이 약속이 어떻게 성취되는지를 보여준다.[97]

---

[97] Gordon J. Wenham, *Exploring The Old Testament The Pentateuch*, Society for Promoting Christian Knowledge, 2003; 박대영 옮김, 모세오경, 서울 성서유니온, 2007, 86-87.

6.3.1. 이삭

우선 이삭은 믿음의 가정을 책임진 가장으로서 영적인 혜안을 가지고 지도력을 발휘해야 할 것이다. 그는 하나님께서 주신 이 어려운 과제를 받아서 수행하기 위해 가족의 각 구성원이 어떤 태도를 취해야 하는지를 제시해야 할 것이다. 그는 에서가 자신의 당연한 권리였던 장자권을 동생에게 넘겨주어야 하는 데서 오는 상실감이나 억울함을 잘 대처할 수 있도록 지혜로운 권면들을 해주어야 할 것이다.[98]

○ 여기에서 필자 본인은 저자의 이삭에 대한 분석이 조금 과장되었다고 판단된다. 우선 이삭이 영적인 혜안이 없었다고 볼 수 없다. 마치 이삭이 식탐만 무성한 무능한 아버지와 같이 묘사하는 것은 성경이 말하고자 하는 바가 아닌 듯하다. 물론 성경은 침묵하고 있고, 우리는 유추하여 이삭의 성품을 말할 수밖에 없지만, 이삭은 아브라함을 따라 모리아산을 갔으며, 아버지 아브라함의 믿음에 의해 제물로 바쳐지는 경험(히 11:17)을 하기도 했고, 제물로 바쳐진 자신을 대신하여 하나님이 준비하신 양을 만나는 경험을 하기도 했다. 이삭은 아버지 아브라함이 어떻게 믿음을 따라 살았는지를 목도했다. 또한 히브리서 기자는 이삭이 시험을 받을 때에 믿음으로 장차 있을 일에 대하여 야곱과 에서에게 축복하였다고 기록(히 11:20)하고 있다.

○ 이러한 사실을 따라 살펴본다면 성경에는 그가 리브가를 믿음의 어머니로 자식들을 잘 보살피도록 인도했어야 했고, 장자의 명분을 빼앗긴 에서를 위로하며 권면하지 못했다는 내용이 없기 때문에 이삭을 그렇게 매도해서도 안 될 것이다. 야곱은 형의 장자권을 빼앗아 도망가기에 급급했다. 야곱이 교만할 수도 있다고 논의한 것에 대해 첨언하자면, 사실 야곱은 교만할 시간도 없었다. 장자권의 진정한 의미

---

[98] 박철현, 깨진 토기의 축복, 솔로몬, 2014, 78.

가 권리보다는 의무에 있다는 것을 잘 가르쳐주었어야 했다는 저자의 설명은 다소 지나치다. 성경은 장자권을 무엇보다 권리로서 제시하지, 의무로서 제시하지 않기 때문이다.

창세기 22:7에 이삭이 아버지 아브라함을 향하여 "불과 나무는 있거니와 번제할 어린 양은 어디 있나이까" 하는 질문만이 고작 이삭의 삶을 대변해주고 있다. 이런 짧은 내러티브 속에 이삭의 순종함이 있다는 것만 우리가 접할 수 있는 정보이다.

  ○ 이삭은 그의 아버지 아브라함과 그의 아들 야곱이라는 그늘에 가려져 있다. 이삭은 아버지 아브라함과 이스라엘이 된 야곱의 중간 다리(interface)를 놓는 역할을 하고 있다.[99]

그러나 Kenneth A. Mathews에 의하면 이삭의 부모인 아브라함과 사갈의 예에서 보았듯이 아브라함의 아내를 대신하여 하갈이 이스마엘을 낳은 것을 보았던 경험을 가지고 있던 이삭은 20년 동안이나 아이가 없음에도 다그침 없이 기도를 하였을 것이다.[100] 이와 같은 것을 볼 때 오히려 이삭은 기도의 사람이었다고 생각한다.

6.3.2. 리브가: 내러티브 유비(narrative analogy)

리브가 역시 하나님의 신탁에 대해 정확히 알고 있는 유일한 사람으로서 자신의 분명한 책임을 다했어야 할 것이다. 그녀는 자신이 받은 신탁을 가정의 머리인 남편과 공유하고, 남편이 그 신탁을 잘 이행하도록 보필했어야 할

---

99 Kenneth A. Mathews, *The New American Commentary Volume 1B, Genesis 11:27-50:26*, 370.
100 Kenneth A. Mathews, *The New American Commentary Volume 1B, Genesis 11:27-50:26*, 385.

것이다. 그 신탁을 수행하는 과정에서 남편이 어려움을 겪을 때 위로와 격려를 아끼지 않았어야 하고, 남편이 잘못된 판단을 내릴 때는 대화를 통해 방향을 수정하도록 조언했어야 할 것이다. 또한 두 아들의 마음을 잘 헤아리고 보살피는 일을 했어야 할 것이다. 그녀 역시 27장에서 보면 결국 자기 남편과 마찬가지로 상대방의 뒤에서 권모술수를 부린다는 점에서 결국은 같은 사람이 되어 버린다.[101]

나는 이와 같은 저자의 논의와 의견을 달리한다.

리브가는 상당히 적극적인 사람이다. 그는 남자들보다 앞서 먼저 행동하는 사람이다. 능동적이고, 소위 휘두르는 여자이다. 그것은 이삭의 아내를 맞이하러 간 종에게 대한 그녀의 움직임에서 분명히 나타난다. 그녀는 먼저 나서서 낙타들에게 줄 물까지도 대접했으며, 종이 리브가에게 "네가 함께 가려느냐"고 묻자 "가겠나이다"(창 24:58)라고 바로 대답하는 성품이다. '여자가 어찌 이렇게 주저함이 없을까?' 하는 의문을 불러일으킬 만큼 적극적인 리브가의 성격으로 볼 때 자기가 사랑하는 아들 야곱의 축복을 누구보다 적극 나서서 도와 줄 수 있지 않았을까 생각한다.

○ 성경에는 여성이 위로와 격려를 아끼지 않고 남편을 조언했다는 기록이 없다. 리브가가 야곱을 사랑하고 이삭이 에서를 사랑하는 것이 잘못된 가정이라는 해석은 합당하지 않다고 본다. 그럼에도 리브가는 간교하다.
○ 그런데 리브가의 간교함을 통해 성경은 인간의 심리를 잘 분석하고 있다. 이러한 심층 구조의 분석은 정상적인 인간의 내면이지 이것 자체를 문제 삼는 것은 아니다. 이러한 플롯 구성은 족장 시대의 여자들에게 모두 생겼던 문제를 재확인하게 하면서 여자들이 겪는 문제에 누

---

101 박철현, 깨진 토기의 축복, 솔로몬, 2014, 81.

구나 공감하며 고개를 끄덕이게 한다. 이러한 **내러티브 유비**(narrative analogy)의 기법으로 내레이터는 사라와 리브가, 그리고 라헬을 동일시시키고 있다.

6.3.3. 에서

"에서는 하나님의 선택이 자신에게 주어지지 않은 것에 대해서 가장 많이 고통을 당할 수 있는 사람이다. 그러나 주권자의 뜻을 받아들이고 그것에 순응함으로써, 아브라함에게 주어진 축복을 누리는 것이 가장 지혜로운 일일 것이다." 이러한 저자의 설명은 다음과 같은 점에서 크게 설득력이 없다.

○ 에서는 여기서 주인공의 조연이다. 그는 자기의 주장이 없이 악한 역을 만들어가는 수동적인 아니 그보다 당하는 입장에서의 역할만 하고 있다고 할 수 있다. 그에게는 저자가 기술한 바와 같이 주권자의 뜻에 순응해야 한다는 인식이 존재하기도 전에 이미 야곱이 모든 것을 강탈해갔다. 에서는 그저 당하기만 했다는 표현이 옳다. 단지 성경이 "장자의 명분을 가볍게 여김이었더라"(창 25:34)라고 언급했다는 이유만으로 에서가 죄인인 것처럼 판단하게끔 만들고 있다. 어찌보면 에서는 억울함이 있다. 그럼에도 성경은 야곱을 두둔한다.

성경은 네 사람의 등장인물 중 에서와 야곱의 성격에 대해서는 매우 분명하게 묘사하고 있다. 에서는 들사람이며 사냥꾼이라는 묘사는 그가 거칠고, 감정적이며, 참을성이 없고, 혈기가 많은 사람일 것이라고 상상하게끔 만든다. 그러나 이러한 그의 성격이 꼭 나쁘다고만 할 수 없다. 성경은 이러한 에서의 성격을 통해서도 하나님의 뜻을 이루어 가신다는 것을 제시할 뿐이기 때문이다.

Kenneth A. Mathews는 창세기 25:34이 '에서의 동작'을 어떻게 묘사하는지를 살펴볼 필요가 있다고 언급한다.

창세기 3:6		창세기 25:34	
נָתַן	주다	נָתַן	주다
אָכַל	먹다	אָכַל	먹다

이것은 창세기 3:6에서 하와가 그의 남편에게 "여자가 그 열매를 따먹고 자기와 함께 있는 남편에게도 주매 그도 먹은지라"에서 '주다', '먹다'와 같은 동사의 형태를 한 문장 안에 사용하고 있어서 에서의 행동은 마치 창세기 3장에 나오는 인류의 죄의 기원에 대한 것을 연상시킨다. 또한, 에서의 짧고, 단절된 방식으로 묘사된 눈에 보이는(verval) 행동 양식('먹고', '마시고', '일어나', '갔다')은 창세기 3:6의 첫 커플의 불순종의 행동과 밀접한 관계가 있음을 연속적으로 보여주고 있다.[102]

6.3.4. 야곱

야곱은 앞에서 기술한 바와 같이 치밀하고 계산에 능하다. 이러한 야곱의 성격은 후에 라반과의 품삯을 정하는 일에서 볼 수 있다. 야곱은 여러 가지 정황으로 미루어 볼 때, 계산적인 사고와 이기적인 마음과 남의 뒤통수를 치는 교묘함이 있다. 이러한 그의 간사함과 악함이 깨어지기까지 성경은 긴 시간이 필요했다는 사실을 우리에게 말해주고 있다.

29절에서 볼 때, 야곱은 에서 앞에서 에서의 약점을 붙들고 기민하게(shrewdly) 준비하고 있었으며, 에서는 취약한(vulnerable) 상태에 있었다.

야곱이 조용한(quiet man) 사람이라는 표현은 "perfect, blameless"(완전한, 비난할 것이 없는)의 의미도 포함한다. 여기서 야곱의 성격을 비견하여 볼 때 야곱의 성공은 야곱의 성격(character)에 의하지 않고 주님의 통치에 의한 것이다.[103]

---

102 Kenneth A. Mathews, *The New American Commentary Volume 1B*, 395.
103 Kenneth A. Mathews, *The New American Commentary Volume 1B*, 391-392.

6.4. 깨진 토기와 하나님의 약속의 담지자로서의 희망

깨진 토기를 가지고 토기장이는 '자기 의견에 선한 대로 다른 그릇을 만들었다.' 이삭의 가정을 통해서도 하나님께서는 그렇게 하실 수 있고, 또 그렇게 하실 것이다. 야곱은 늘 좌충우돌인 사람이다.

그는 이재(理財)에 밝았고, 계산에 능한 사람이다. 그러나 그는 늘 깨지는 사람이고, 늘 넘어지는 자이다. 깨지지 않으려고 인간의 모든 방법을 동원하지만 그 뒤에 계신 하나님이 야곱을 이끌고 가심을 바라보지 못한 채 늘 야곱이라는 주인공 곁에 선 다른 등장인물들과의 부딪힘을 내레이터는 묘사하고 있다. 결국 야곱의 성장은 본인이 성장하는 것이 아니라 하나님이 그를 끌고 가시는 것을 체험하는 과정 가운데 그가 무릎을 꿇게 되는 것이다. 이것이 약속의 담지자로서의 희망이다.

7. 저자의 등장인물 성격 묘사에 대한 필자(본인)의 견해 종합 정리

7.1. 스토리 전개와 등장인물 성격 간의 연관성 분석

지금까지 저자의 『깨진 토기의 축복』에 대한 등장인물의 성격 분석을 필자의 성격 분석과 비교하며 전개하였다.

종교적 배경은 구약 내러티브에 담긴 내용들을 이해하기 위해 간과해서는 안 될 요소이다. 구약 내러티브에 등장하는 많은 인물들과 사건들이 구약 당시의 종교적 형편을 배경으로 하고 있기 때문이다. 시간·역사적 배경 또한 내러티브에 묘사된 인물의 행위와 사건의 의미를 이해하는데 중요한 요소이다.

스토리 전개와 등장인물의 성격을 분석하는 담화 즉 스토리텔링은 등장인물을 어떤 환경 속에 던져놓고 호기심을 가지고 관찰하는 것으로 자연스럽게 이야기가 전개될 수 있다는 것을 주장하고 있다. 어떤 환경, 상황 중 등장인물에 부여된 성격과 성격의 충돌은 스토리의 전개와 깊은 연관을 가지고 있다고 볼 수 있을 것이다. 독자는 스토리 내 등장인물의 성격 충돌을 통해 선과 악으로, 아름다움과 추함으로, 강자와 약자로 감지하고 인식하는 것을 통해 등장인물과의 동질감, 연민 등의 감정을 느끼게 되고 판단하게 될 것이다.[104]

일단 전체적인 스토리를 볼 때 이것은 플롯 구성에 있어서 다음 도표를 보면서 살펴보고, 더블 플롯으로 전개되는 창세기 25장의 도표를 그림으로 나타낸다.

〈표 1-8〉 창세기 25장의 더블플롯 전개 도표

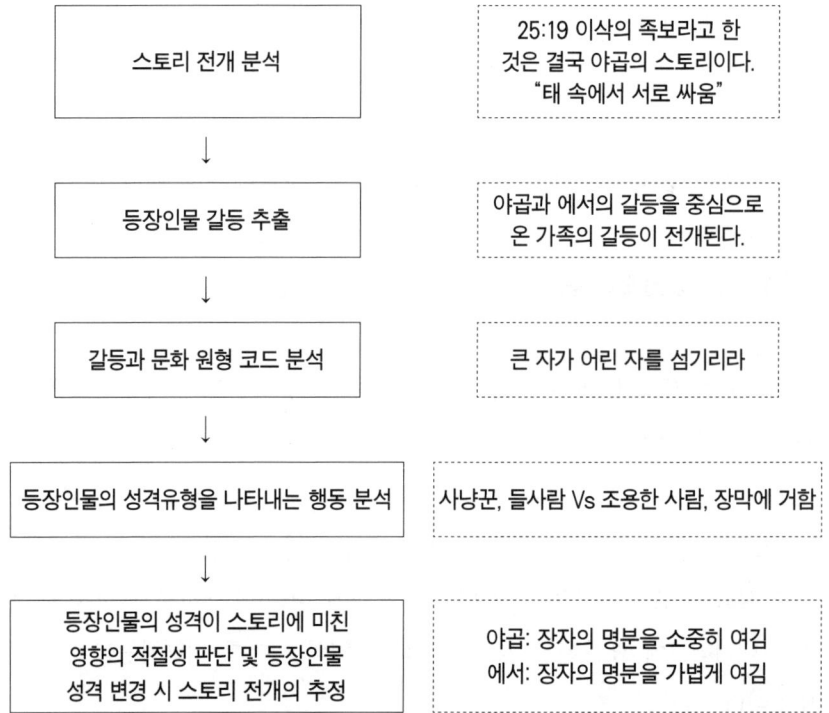

---
104 최승락, 유재웅 공저, 스토리 전개와 등장인물 성격간의 연관성 분석 방법. 141.

스토리 전개와 등장인물 성격 분석 개요[105]	이것은 깨진 토기와 같은 야곱의 가족을 향한 하나님의 회복의 축복이시며 동시에 하나님이 내레이터이시다

위와 같은 관점에서 본다면 야곱과 에서의 성격의 충돌을 통해 스토리가 전개되고 있다. 그리하여 독자는 에서를 향해 연민을 느끼기도 하고, 야곱을 향해 동질감이 되는 것으로 인식하게 된다. 이러한 동질감과 이질감을 적절하게 분배하여 창세기 저자는 독자로 하여금 내러티브에 집중하게 하는 것이다.

7.2. 큰 자가 어린 자를 섬기리라

하나님께서 큰 자 대신 어린 자를 택하셨다는 사실은 우리를 깊은 구속사의 광맥에 다가가게 한다. 가인과 아벨의 제사에서도 하나님은 동생의 제사를 받으셨다. 아브라함에게도 이삭과 이스마엘이 있지만 작은 자인 이삭을 택하셨다. 야곱과 에서도 작은 자와 큰 자의 갈등이다. 요셉의 아들, 므낫세와 에브라임의 경우도 그렇다. 이것이 성경이 말하는 약속과 성취이다.

약속과 성취는 창세기 25장에서 **'장자의 명분'**이라는 단어를 **반복기법**을 사용하여 4번(창 25:31, 32, 33, 34)이나 등장시키면서 점진적으로 하나님이 이루어가시는 언약으로 나가고 있다.

---

[105] 최승락, 유재웅 공저, 스토리 전개와 등장인물 성격간의 연관성 분석 방법, 그레마스 의미생성모델, 에니어그램 중심으로 Present of the Analysis Method of the validation between the Story proceeding and the character-By the generative trajectory of meaning with Greimass and enneagram, 디지털디자인학연구 14(2), 2014. 4, 139-147(9 pages), Journal of Digital Design(한국디지털디자인협의회), 147.

7.3. 비평학에서의 본문의 위치

본문에 대하여 여러 가지 시도를 해봤지만 어릴 때 인지했던 성경 동화 속의 등장인물 성격 이상의 의미로 내게 다가오지 않았다. 너무 단순했다. 정(正)과 부(不), 선함과 악함, 긍정과 부정, 이스라엘의 조상과 에돔의 조상 이러한 두 가지의 판단 이상으로 다른 색채를 그려낼 수 없는 나의 한계를 느꼈다.

7.3.1. 사회학적 비평

본문을 가지고 비평의 도구로 잣대를 드리울 이유까지는 없다고 생각한다. 본문은 그저 단순한 내러티브이기 때문이다. 그럼에도 구약성서비평에서 도구로 사용되는 여러 가지 비평이 많지만 사회학적 비평의 저울에 드리워 볼 때, "본문이 전달되어야 했던 공동체의 사회적 위치는 무엇이었는가? 본문이 전달 대상으로 간주했던 그 공동체 속의 구성원이 지닌 상황은 어떠했는가?"[106]라는 질문에 대하여 다시 한 번 생각을 하게 된다. 그렇다면 야곱의 조용함과 에서의 사냥꾼의 기질은 긍정과 부정으로 대립의 각을 세울 것이 아니라, 오히려 에서는 생활력이 분명하고 단정한 상남자였고 자기의 본분을 잘해내는 사람이었다.

이것은 과거를 거슬러 올라가 고대 이스라엘 즉 족장 시대의 상황을 내레이터가 어떻게 기술했는지 고민할 숙제를 남긴다. 출애굽 이전의 그들은 씨족이 모여 한 '지파'를 형성하는 유목 문화적 생활방식이었을 것이다. 이러한 발전 과정은 점진적이다. 본문은 선민으로 택함받은 야곱을 등장시키지만 본문을 이스라엘의 역사의 전체 과정으로 본다면, 이스라엘과 가나안 도시 문화나 제국주의 문화를 형성해 가는 과정의 역사를 간접적으로 보여준다고 할 수 있다.

---

[106] 이형원, 구약성서비평학 입문, 220.

7.3.2. 구조주의적 비평

"구조주의적 비평"이란 성서 본문에 담겨 있는 내용의 문학적, 언어적 심층 구조(deep structure)을 찾아내는 것이 본문의 의미를 올바로 이해하는 데 가장 중요하다는 것을 부각시킨 비평이다.[107]

본문의 내러티브는 세 가지의 테마(주제)로서의 갈등(conflicts)을 표현하고 있다.

첫 번째는 태어나기 전 자궁에서의 갈등(22-23)
두 번째는 태어난 날(the birth, 24-26)
세 번째는 장자권(the birthright, 27-34)이다.[108]

이와 같이 창세기 25:23은 구조주의적 비평에서 해석할 수 있다.

여호와께서 그에게 이르시되

a 두 국민이 네 태중에 있구나   b 이 족속이 저 족속보다 강하겠고
    ⬇   ⬇
a' 두 민족이 네 복중에서부터 나누이리라   b' 큰 자가 어린 자를 섬기리라

이 이야기는 처음 시작부터 대립 관계이다. 여기에 주어는 여호와다. 본문의 구조는 많은 암시, 예언들을 다루고 있지만 그것의 근원은 여호와이시다. 여호와께서 역사의 주인이 되셔서 본문을 이끌고 가고 있음을 우리는 놓치면 안 될 것이다.

결국 23절 이하의 말씀은 갈등 관계를 어떤 구조로 풀어나가느냐는 전개 방식을 보여줄 뿐이고 결론에서는 '그가 장자의 명분을 가볍게 여김이었더라'로 마치고 있다.

---

[107] 이형원, 구약성서비평학 입문, 279.
[108] Kenneth A. Mathews, *The New American Commentary Volume 1B*, 383.

그러나 성경은 하나님이 이스라엘이 아닌 다른 민족에게도 관심을 가지고 계심이 분명하다는 사실을 보여준다. 하나님은 모든 민족에게 구원을 주실 것이다. 이것이 하나님의 구속사이며 하나님이 이스라엘에 대해 나중에 에돔 족속을 함부로 대하지 말라고 요구하신 구절을 이해할 수 있는 발판을 제공한다.[109]

나가는 말

창세기의 목적은 이스라엘의 하나님이 모든 것의 창조주라는 사실을 기록하는 것이고 또 창조부터 시작해서 이스라엘이 특별한 백성으로 형성되는 때까지의 인류의 역사를 개관하는 것이다. 창세기는 이러한 하나님의 목적들을 따르기를 거부한 인간의 악함을 묘사하며 인간의 불순종에도 불구하고 당신의 목적을 궁극적으로 성취하실 하나님의 방법 즉 언약과 약속의 설정을 소개한다.[110] 본문도 이와 같은 결론으로 이끌어 가고 있다.

깨진 토기는 본문에 나오는 등장인물 한 사람 한 사람이 깨진 토기인 동시에 그들로 이루어진 가정 역시 깨진 토기이다. 본문에 등장하는 모든 인물들의 적용을 위한 출발점은 삶의 문제들이다.[111]

이러한 삶의 측면에서 여러 가지 다양한 해석이 나올 수 있다. 그러나 본문 전체를 관통하고 있는 것은 우리 모든 인간이 깨진 토기임에도 불구하고 25:23a의 말씀, 즉 **"여호와께서 그에게 이르시되"** 에서 출발한다는 것이다. 이

---

109 Eugene H. Merrill · Mark F. Rooker · Michael A. Grisanti, The World and The Word: *An Introduction to the Old Testament*, B&H Publishing Group, 2011; 유창걸 옮김, 현대인을 위한 구약개론, CLC, 2016, 313.
110 Eugene H. Merrill, *Kingdom of Priests*, Baker Books, 1987; 곽철호 옮김, 제사장의 나라, CLC, 1997, 23, 27.
111 Douglas Stuart, *Old Testament Exegesis*, Westminster John Konx Press, 2001; 박문재 옮김, 구약주석방법론, 크리스챤다이제스트, 2011, 65.

것이 하나님의 구속 역사의 과정이다.

여기서 놓치지 말아야 할 점은 야곱과 에서의 갈등과 분쟁에 우리의 시선이 머물지 않아야 한다는 것이다. 야곱이 마치 선(善)의 대명사인 것과 같은 모델로 착각해서는 안된다. 그렇다면, 우리는 무엇에 주목을 해야 하는가?

야곱이 에서가 받아야 할 축복을 가로채서 부자가 된 것을 성경은 말하지 않으려는 것을 눈치 빠른 독자라면 알 수 있을 것이다. 그 이유에 대한 답을 우리는 성경이 창세기 25:19의 시작을 **"이삭의 족보"**로 내레이터가 선언하고 있는 데서 확인할 수 있다.

등장인물은 저자가 구성해 낸 것으로 이야기에서 특정한 역할을 수행하기 위해 만들어졌다. 서사비평가는 등장인물의 성격 묘사를 통해서 독자가 서사로부터 주인공이 입체적인 인물인지, 평면적인 인물인지까지 상상하도록 하여 독자로 하여금 이야기 속에 함께 들어가 동일화[112]를 이룰 수 있게 하며 등장인물들과 함께 그들의 운명이 자신의 것으로 느끼게 되는 주문을 요청하는 것이다.

창세기 25:19-34에 등장하는 이삭, 리브가, 에서, 야곱에 대해 살펴보았다. 등장인물의 성격 묘사를 통하여 사건을 더욱 극적으로 묘사하고 있다. 이에 대한 전체적인 구조를 그림으로써 등장인물 성격 분석에 있어서의 마지막 단계인 복잡한 간접적 묘사 방법 중의 하나인 **더블플롯**으로 마무리하고자 한다.

---

[112] D. Marguerat·Y. Bourquin, *Pour lire les recits bibliques*, Les Editions du Cerf, 1998 et 2009: 염철호·박병규 옮김, 성경 읽는 재미: 설화분석 입문, 바오로 딸, 2014, 145에 의하면 "동일화란 성경의 등장인물들의 연결망과 그들 간에 맺어지는 관계들을 펼쳐놓는다. 등장인물들은 독자가 이야기 세계 안으로 들어올 수 있는 출입문과 같은 역할을 한다. 등장인물의 이런 힘은 독서의 결과로 독자와 텍스트 사이에서 생겨난다고 말할 수 있다. 이야기에서 어떤 인물을 선택하거나 그 인물 안에 바람과 기대, 의문을 부여하는 것은 바로 독자다."

〈표 1-9〉 창세기 25:20-34의 더블플롯 구조

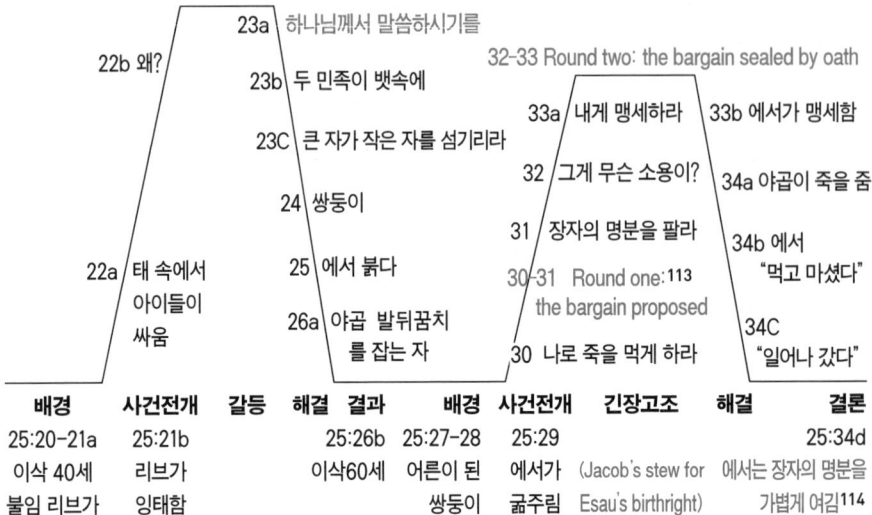

'더블플롯'은 두 개의 본문 사이의 유비를 통하여 등장인물의 속성을 다루는 묘사 기법이다. 짧은 본문을 더블플롯으로 다루기에는 무리가 있지만, 본문을 직접적인 묘사 방식이냐 간접적인 묘사 방식이냐의 평면적 차원으로 일관하기에는 야곱의 성격 묘사와 에서의 성격 묘사가 입체적이다. 또한 자세하게 내레이션을 하면서 극의 분위기를 한껏 절정으로 몰아가기 때문에 '더블플롯'의 구성이라 말할 수 있다.

리브가의 불임은 성경의 소위 아름다운 여자들의 불임이라는 주제와 맥을 같이한다. 리브가의 태 중에서의 두 형제의 싸움은 성경 저자가 이미 앞으로 전개될 싸움을 예고하고 있는 암시이다. 이 싸움은 "큰 자가 작은 자를 섬기리라"로 독자들이 결론까지 미리 유추할 수 있도록 친절하게 안내해 주고 있다.

필자가 Kenneth A. Mathews의 글을 통해 표현하였듯이 에서의 동작 표현(주다, 먹다)은 창세기 3장에 나오는 하와가 아담에게 하는 동작과 같은 표

---

113 Kenneth A. Mathews, *The New American Commentary Volume 1B*, 384.
114 Sidney Greidanus, *Preaching Christ from Genesis*; 강정주·조호진 옮김, 창세기 프리칭 예수, 386.

현임을 본다면 약속의 자녀로서 행해야 하는 동작의 모습은 아닌 것을 성경이 암시한다고 유추할 수 있다. 본문 가운데 성경 저자는 모든 내러티브 분석 방법을 동원한다.

그럼에도 저자가 「성경의 등장인물 묘사 방식에 따른 야곱의 이해, 창세기 어떻게 설교할 것인가?」에서 기술하였듯이 '야곱이 긍정적인 모습과 부정적인 모습을 공유하는 것처럼, 에서 역시 두 모습을 함께 갖고 있는 한 인간일 뿐이다.'[115]

등장인물의 성격은 인간의 파노라마와 같은 삶의 모습을 보여주고 있으며, 긍정과 부정의 양면성을 지닌 인간의 연약함으로 우리를 초대하고 있는 것이다.

서막에서 시작된 갈등은 모든 등장인물의 등장과 퇴장을 반복하는 가운데 하나의 큰 주제를 향하여 면면히 흘러가고 있다. 그것은 "여호와께서 그에게 이르시되"와 "큰 자가 어린 자를 섬기리라"의 말씀이다. 창세기 저자는 이런 식으로 독자에게 이야기를 들려주고 있는 것이다.

본문을 통해 등장인물에 대한 저자의 섬세한 성격 분석과 본인의 성격 분석에 대한 비교를 하였지만, 성경 저자의 관점에 대한 석의적 해석에 누를 끼칠까 두렵다. 이러한 나의 해석이 내 자신의 '잣대'를 들이대는 것에 지나지 않을 수 있기 때문이다. 그럴 경우, 의미는 '구약성경 자체가 말하고 있는 것이기보다는, 내 자신의 자의적인 논의 속에 주관적으로 도출된 것에 지나지 않게 되는 것'이다. 그러므로 랠프 스미스는 성경을 해석할 때, '주관성의 위험을 늘 경계해야 한다'고 말한다. 그러면서도, 그는 '이러한 위험성은 구약신학을 수행하는 작업 속에 항상 내재되어 있다.'[116]고도 말함으로서, 나를

---

115 박철현, 성경의 등장인물 묘사방식에 따른 야곱의 이해, 창세기 어떻게 설교할 것인가?, HOW 주석, 두란노 아카데미, 목회와 신학 편집부 편, 2016. 119.
116 Ralph L. Smith. *Old Testament Theology*; It's History, Method, and Message, Brodman & Holman Publishers, 1993; 박문재 옮김, 구약신학 그 역사, 방법론, 메시지, 크리스챤다이제스트, 2005, 16.

위로하고 안심시킨다. 제대로 하지 못한 것 같은 논증이지만 최선을 다해 정성껏 연구하였음을 여기에 밝힌다.

에서와 같은 나에게도 이러한 족보를 허락해 주신다는 것이 『깨진 토기의 축복』이 시사하는 바인 듯하여 교수님의 내려놓은 마음의 고백이 나를 머무르게 한다.

이 책을 읽어가면서 철저하게 깨진 입장에서 에서에 대한 평가를 통해 위로를 받았고 저자 자신이 깨진 자로, 하나님 앞에 무릎 꿇은 자신의 모습을 솔직하게 보여주심으로 몇 번이나 눈물나게 했다. 정결함으로 빚어진 교수님의 무한한 글의 가치는 우리가 측량할 수 없을 정도이다. 깨진 자로 다시 일어설 수 있다는 확신과 용기를 주신 박철현 교수님께 감사한다.

참고문헌

김진수 구약 내러티브의 해석과 설교(2). 신학정론31(1) 합동신학대학원대학교. 2013. 6. 35-62.

박철현 "개혁주의 신학과 내러티브 분석방법의 관계에 대한 고찰". 신학지남 314(2013. 봄).
내러티브 이론과 설교 세미나. 9.
깨진 토기의 축복. 솔로몬. 2014.
설교를 위한 구약 내러티브 본문 주해. 헤르메네이아투에디. 51. 101-117. 2011.
성경의 등장인물 묘사방식에 따른 야곱의 이해. 창세기 어떻게 설교할 것인가? HOW 주석. 두란노 아카데미. 목회와 신학 편집부 편. 2016.

이형원	구약성서비평학 입문. 침례신학대학교출판부. 1998.
조남송	창세기 24장 서사분석: 보이지 않게 드러난 참 주인공. 로고스 Vol. 61. 총신 110회 졸업기념판 총신대학교 신학대학원·총회신학원 제35대 총학회 추천 논문집. 2016.
최승락. 유재웅 공저	스토리 전개와 등장인물 성격간의 연관성 분석 방법 - 그레마스 의미생성모델. 에니어그램 중심으로 Present of the Analysis Method of the validation between the Story proceeding and the character - By the generative trajectory of meaning with Greimass and enneagram. 디지털디자인학연구 14(2). 2014. 4. 139-147(9 pages). Journal of Digital Design(한국디지털디자인협의회).
허성갑	히브리어 헬라어 직역성경. 말씀의 집.
D. Marguerat·Y. Bourquin.	Pour lire les recits bibliques. Les Editions du Cerf. 1999; 염철호·박병규 옮김. 성경읽는 재미: 설화분석 입문. 바오로 딸. 2014.
Douglas Stuart.	Old Testament Exegesis. Westminster John Konx Press. 2001; 박문재 옮김. 구약주석방법론. 크리스챤다이제스트. 2011.
Eugene H. Merrill.	Kingdom of Priests. Baker Books. 1987; 곽철호 옮김. 제사장의 나라. CLC. 1997.
Eugene H. Merrill·Mark F. Rooker·Michael A. Grisanti.	The World and The Word: An Introduction to the Old Testament. B & H Publishing Group. 2011; 유창걸 옮김. 현대인을 위한 구약개론. CLC. 2016.
Gary Edward Schnittjer.	Torah Story. Grand rapids: Permission of Zondervan. 2006; 박철현 옮김. 토라 스토리. 솔로몬. 2014.
Gordon J. Wenham.	Exploring The Old Testament The Pentateuch.

      Society for Promoting Christian Knowledge. 2003; 박대영 옮김. 모세오경. 서울 성서유니온. 2007.

_____. Word Biblical Commentary Vol.2 Genesis 16-50. Thomas Nelson. Inc.. 1987. 윤상문·황수철 옮김. 창세기 16-50. 솔로몬. 2001.

John H. Sailhamer. The Pentateuch as Narrative: a biblical·theological commentary. 1992; 김동진·정충하 공역. '서술'로서의 모세오경. 크리스챤서적. 2005. 349.

Kenneth A. Mathews. The New American Commentary Volume 1B. V. 3. Genesis 11:27-50:26. Nashville: Broadman and Holman. 2005.

Mark Allan Powel. What is Narrative Criticism?. Minneapolis: Fortress press. 1990; 이종록 옮김. 서사비평이란 무엇인가?. 대한예수교장로회 총회교육자원부. 1993.

Ralph L. Smith. Old Testament Theology; It's History, Method, and Message. Brodman & Holman Publishers. 1993; 박문재 옮김. 구약신학 그 역사, 방법론, 메시지. 크리스챤다이제스트. 2005.

Sidney Greidanus. Preaching Christ from Genesis. Grand Rapids, Michigan. USA. 2007; 강정주·조호진 옮김. 창세기 프리칭 예수. CLC. 2010.

William L. Holladay. A Concise Hebrew And Aramaic lexicon of the Old Testament. Grand rapids: Wm. B. Eerdmans. 1988; 히브리어. 손석태·이병덕 공역. 아람어 사전. 솔로몬. 2014.

4. 구약주해입문 과제

김영욱 교수님
『대망의 책』

1. 들어가는 말

"대망의 책"은 '성경을 어떤 관점에서 읽어야 하나'에 대한 논지로 서언을 열면서 성경을 제대로 해석하기 위한 3가지 접근 방식을 서술하고 있는데, 그것은 저자가 성경에 대한 전개를 앞으로 이러이러한 관점으로 전개하겠다는 방법론이다. 이러한 기술적인 방법으로 성경에 대한 해석의 사고를 유추해 나가는 가운데 대망의 책은 오롯이 하나님의 구속사에 대한 관심에 초점을 맞추고 있다.

책을 읽어나가며 1장 "창조: 역사의 시작"에서 밑줄이 긋고 싶어졌다. 대학의 성경 교재이기 전에 너무 아름다운 저자의 믿음의 고백인듯 하여 가슴이 뛰기 시작했다. 그렇게 "대망의 책은" 내 가슴을 파고들며 감동으로 다가왔다.

본문에 들어가기 전에 '성경을 어떤 관점에서 읽어야 하나'에 대한 세 가지 접근 방법의 전개는 독자들로 하여금 성경 해석과 관련된 호기심을 갖게 한다.

세 가지 접근 방법은 다음과 같이 제시할 수 있다.

첫 번째, 문학적 접근이다.
성경이 한 권의 책으로 놓여 있고, 성경이 글로 써진 문학적인 책이기 때문이다.

두 번째, 역사적 접근이다.
성경을 읽는 독자는 첫눈에 역사의 처음이 있다는 사실을 발견하게 된다. 구약성경의 첫 단어는 "태초에"이다. 이는 '시작에' 또는 '처음에'로서 시작 또는 처음을 의미한다. 즉 역사의 시작이다. 성경은 역사의 시작을 말한다. 성경의 마지막에 있는 책인 요한계시록은 역사의 끝을 말하며 새 하늘과 새 땅을 말하고 있다. 성경은 역사의 처음과 끝을 기록한다. 구약의 역사는 이스라엘의 역사와 함께하고 있다. 신약의 역사는 복음의 역사를 설명한다. 예수 그리스도에 의해 시작된 복음이 어떻게 전파되어 나갔는지를 기술한다. 이 역사는 하나님이 함께하시는 역사이다. 신약의 역사는 예수 그리스도에게 집중되어 있다.

간과해서 안될 것은 역사적 접근이 단순한 인간의 역사를 따라가는 것이 아니라 '하나님의 역사'라는 관점에 초점을 두어야 한다는 것이다.

세 번째, 신학적 접근이다.
성경은 역사와 함께한다. 하지만 이 역사는 하나님께서 주목하는 역사이다. 여기서 우리는 성경의 역사는 신학적 접근을 요구하는 것을 깨닫게 된다. 구약의 역사는 하나님께서 역사 속에서 이스라엘을 위하여 말씀하시며 행동하시는 역사를 보여준다.

신약의 역사는 하나님이신 예수 그리스도께서 이 땅에 임하셔서 믿는 자들 즉 교회를 위하여 행하신 일들을 설명한다. 역사의 주인공은 하나님이며 이스라엘과 교회는 조연이다. 성경의 역사는 하나님이 자신의 백성을 구원하시는 역사이기 때문에 이것을 구속사라고 부른다.

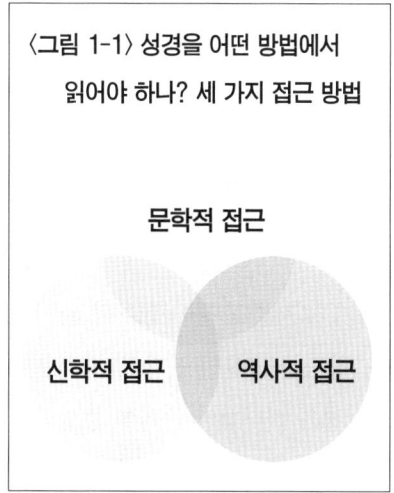

〈그림 1-1〉 성경을 어떤 방법에서 읽어야 하나? 세 가지 접근 방법

문학적 접근
신학적 접근
역사적 접근

〈그림 1-2〉 구속사의 요소[117]

첫째	둘째	셋째
약속과 성취	언약	모형론
넷째	다섯째	마지막으로
연속성과 불연속성	예언과 성취	신현을 목적으로

2. 개요

이 책은 1장부터 28장까지 각 성경의 대표적인 사건을 중심으로 구약의 전반적인 부분을 다루고 있고 그와 관련된 언약을 전개함에 있어서 어떤 사건에 대한 해석과 주해, 때로는 독자들을 향한 질문과 필요할 때는 히브리어 원전의 뜻을 풀이하는 방식으로 기술되었다.

하나님이 1인칭 되셔서 하나님의 현현을 통해 약속과 성취, 언약과 결국에는 대망(大望)에서 신현에까지 이르게 됨을 읽기 쉽도록 전개하였다. 저자가 하나님의 구속사를 붙들고 거기에 초점을 맞추고 있다는 점에 큰 박수를 보내고 싶다.

서문과 함께 '성경을 어떤 관점에서 읽어야 하나?'라는 주제를 다룬 후 본

---

[117] 김영욱, 『대망의 책』, 솔로몬, p. 12./이하 같은 책은 필요에 따라 로 표시하지 않고 내용이 있는 본문의 쪽수를 ( ) 안에 숫자로 표시한다. 예) (12)

문에서는 성경 각 권과 필요한 성경에 대해서는 창세기의 창조와 같은 부분에 대해서는 시편과 함께 해석을 하였고, 창세기도 창조, 타락, 약속과 역사, 야곱의 열두 아들들에 대한 이야기로 전개되고 있다.

3. 각 권별 소개

창조에 대한 본문의 전개는 실로 아름답기 그지없다. 문어체로 된 글이지만 그 속에 저자의 시적 영감이 담겨 있다. '창조는 만물의 시작입니다.'의 서언과 함께 한걸음 더 나아가 '흥미롭게도 성경은 하나님의 존재를 증명하려고 변론하지 않습니다. 하나님이 존재하신다는 것을 당연하게 밝히며 시작합니다. 하나님은 존재하십니다.'(13)라고 선언하는데, 이러한 선언은 믿음없이는 받아들일 수 없다.

하늘과 땅이 하나님의 구원 역사의 주 무대라는 사실을 이 책을 읽으며 다시 한번 새삼 깨닫게 된다. 창조주 하나님에 대한 믿음이 내게는 오랫동안 막연한 상태로 '성경이 그렇게 말하니까 그런거지' 했다. 그런데 저자는 본문에서 창조에 대한 형상을 너무나 선명하게 아름다운 화가의 그림과 같이 묘사하고 있었다. 저자는 시인이자 화가였다.

창세기에서 창조와 불순종, 타락의 문제를 다루면서 타락은 구원을 필요로 하는데, 창세기는 원시복음을 말하기 위해 하나님께서 창세기의 저자를 통하여 계시하신 것이 아닌가 하는 생각이 들었고, 저자 역시 그러한 구속사의 요소에 대하여 여러 가지 방법으로 전개하고 있다. 창세기 3장을 구조 분석을 통해 도표로 만들어 한 눈에 보기 좋게 제시한 것은 이해에 크게 도움이 되었다.

저자는 내가 생각지 못했던 문제를 계속 제기하고 있었다. 다음은 저자의 질문이다.

- 인간의 타락 이야기에서 신비한 사실은 뱀이 어떻게 인간의 말을 했을까 하는 점입니다.(35)
- 뱀에게 내려진 저주는 뱀은 배로 다니고 흙을 먹는 것입니다. 여기서 이것이 상징적인가 아니면 문자적인가 하는 질문이 생깁니다.
- 하나님이 왜 가인의 예배를 받지 않으셨는가 하는 궁금증이 생깁니다.(43)

결국 저자는 이러한 질문을 독자들에게 던짐으로 구속사의 큰 줄기에 대하여 독자들이 답을 찾아갈 수 있는 가교 역할로서의 질문을 우리에게 하고 있다. 예를 들면, 가인과 아벨의 제사를 예배의 관점으로 파악한 것은 아주 좋은 접근법이라고 생각한다. 저자의 예배의 관점에 대한 접근은 포스트모더니즘 시대에 열린 예배 등으로 새롭게 예배의 틀을 제시하고 있는 가운데, 아주 좋은 착안이다.

노아와의 언약이 나오고 이 언약은 "조건적인 언약"이라는 점에 대해서도 알지 못했던 부분이다. 노아 언약만 알았지, 무조건적인 언약이라는 것은 이 책에서 처음 깨닫게 되었다. 그래서 더욱 감사했고, 이 책이 구속사를 중심으로 전개된다는 점이 좋았다.

계속 책을 읽어갈수록 저자가 구속사의 요소를 어떻게 전개하면서 그 해석들에 대한 증거를 찾아내고 있는지 몹시 궁금했다. 출애굽에서는 어떻게 전개하고 있을까? 다윗 언약은 어떻게 전개하고 있을까? 각 장마다 저자가 하나님의 구속사를 어떻게 전개해 내는지에 대한 기대감에 가슴이 뛰었다.

'하나님이 아브라함에게 하신 세 가지 약속은 구약 역사의 흐름을 결정하는 중요한 요소입니다. 그것은 후손에 대한 약속, 땅을 주시겠다는 약속, 땅의 모든 족속이 너로 말미암아 복을 얻을 것이라는 약속입니다.'(50-51)라고 기술한 저자는 이 세 가지 약속을 구속사의 관점으로 해석하고 있어서 교수 님께 감사했고, 때로는 성경의 구속사를 저자와 함께 걸어갈 수 있다는 것에 눈물이 날 정도로 감격스러웠다.

'하나님의 약속은 구약을 해석하는 해석학적, 신학적인 열쇠입니다. 아스라엘의 역사를 올바로 볼 수 있게 하는 안목입니다. 약속은 구약을 넘어 신약으로 나아갑니다.'(54-55) 이 얼마나 통쾌한 선언인가? 에덴에서 흐르던 물줄기가 구약을 넘어 신약의 물줄기로 도도하게 흘러가는 하나님의 구속사의 강가에서 저자는 다시 '신현'을 부르고 있다. '신현'은 여호와의 말씀이다. 여호와께서 자기 자신을 소개하시는 하나님의 자기 소개! "아니 아도나이!"("나는 여호와이다.")(94) 이 선언 앞에 무릎 꿇지 않을 인생이 어디 있으랴?

아브라함이 아들 이삭을 바쳐야 하는 시험에 대한 저자의 관점과 해석 역시 뛰어나다. '이 시험은 아브라함 혼자만 부담과 의무를 지는 시험은 아닙니다. **하나님 역시 이 시험에 부담이 있습니다.**'(62-63)라는 저자의 해석을 읽으면서 아! '하나님 역시 이 시험에 부담이 있었다'고? 마치 부모가 자식을 시험대에 놓고 안타까워하듯, 하나님은 인간의 아픔을 인지하고 함께하시는구나 하는 깨달음을 주었고 이러한 영적인 접근 방법은 놀라웠다.

이것은 주권이 하나님께 있음을 뜻한다. 지금까지 이 말씀을 해석해 왔던 우리의 방법은 그저 하나님의 시험 앞에 아브라함이 순종하는 것에만 초점이 있었고, 이 성경을 본문으로 설교할 때 교인들을 향해 '아브라함이 이삭을 바쳤듯 순종해야 합니다.'라는 식의 설교를 수없이 들으며 세뇌되어 오지 않았던가! 그래서 우리는 더 이상 다른 관점으로 해석할 수 없었다. 저자는 인간의 행위가 중심인 관점의 패러다임을 바꾸고 있었다. 주어가 인간이 아니라 하나님이라는 것에 대한 저자의 두드림은 나의 영혼의 주권자이신 하나님을 바라보는 눈을 뜨게 해주었으며 성경 해석의 중심이 하나님이 주어가 되심을 깨닫게 하기에 충분했고, 큰 감동이 되었다.

'하나님의 고민, 하나님의 부담!' 이러한 단어가 나의 노력을 얼마나 물거품으로 만들어 놓는지 감사하다. 내 노력과 애씀이 필요없이 하나님의 부담 속에, 성경의 구속사와 같이 나의 구속사가 전개될 수 있다는 확신이 드는 것은 내가 나의 시험의 주인이 아니고, 하나님께 모든 것을 전가하도록 인도해 주시는 예수님이 나의 주인되심을 확증해주는 과정이기에 더욱 귀하다고 생각한다. 지금까지 나는 내가 내 인생의 주인이 되어 온 힘을 다해 살아왔다. 이제 이 짐을 내려놓을 수 있어 기쁘다.

하나님이 1인칭이 되셔서["내가 보았다.", "내가 들었다.", "내가 알았다.", "내가 내려왔다."(90-91)] 구속사를 전개하시듯 내 삶도 전개하실 것을 이 책을 읽으며 깨닫게 되어 감사했다.

'아브라함의 아들인 독자 이삭은 앞으로 올 메시야의 모형입니다.'(67) 이 문장에 대한 해석은 모형론을 뜻함을 배우게 된다.

1장부터 28장까지 전개하는 가운데 각 장마다 내려지는 결론이 신약에서의 예수 그리스도의 성취로 끝맺음을 전개하면서 약속(예언)이 성취로 귀결됨을 강조하고 있음에 저자의 논지의 증거들이 더욱 선명하게 드러났다.

처음 아브라함에게 세 가지(후손, 땅, 복)를 주시겠다고 약속하신 하나님의 약속의 줄기를 붙들고 저자는 약속의 땅은 언약의 장소임을 전개하면서 구속사를 논하고 있다. '약속의 땅은 하나님이 주시는 땅입니다. 하나님이 이스라엘에게 주시는 선물입니다.'(162)

'이스라엘의 역사는 철저하게 하나님의 약속에 의해서 움직여 갑니다. 하나님이 역사의 주인입니다.'(187) 역사의 주인 되시는 하나님! 힘이 없는 인간이 움직여가는 것이 아니라 전적인 하나님의 은혜로 움직여 감을 계속 강조하는 저자의 신본주의에 대하여 찬사를 보낸다. '성경의 구원 역사는 약속과 성취라는 큰 도구를 가지고 나아갑니다. 이와 같이 이스라엘의 역사는 하나님의 약속이 이루어지는 무대입니다. 이러한 성취는 이스라엘에게 하나님의 약속을 대망하게 만듭니다.'(202)

이 글을 읽으며 '아멘'하고 돌아보니 나의 인간적인 욕심으로 떠받쳐진 '아멘'임을 깨닫게 된다. 결국 나의 '아멘' 속에 자리하고 있는 인간의 죄성을 다시 바라보게 된다.

나에게 있어서 '대망(大望)'이 결국은 하나님의 구속사이기보다는 내가 잘되는 것에 대한 대망(大望) 아니었던가? 그래서 과부가 재판관을 조르듯 하나님을 졸랐다. 그럼에도 내 삶의 역사에 있어서 살아 계신 하나님이 함께하시어 대망의 기쁨을 주시기를 간구한들 하나님께서 '그건 안돼, 아니야!' 하실 분은 아니실 것이다.

저자는 우리의 믿음에 대하여 도전하고 있다. 믿음과 순종을 동전의 양면과 같이 '약속의 땅은 순종을 필요로 합니다.'(166)로 신명기의 장르를 열고 있다.

순종과 관련해서 약속의 땅은 여호와의 선택이며, 선택은 그의 이름을 두는 장소이고, 그가 거하시는 장소이며, 거기에 예배의 장소인 성소가 열려짐을 언급하고 있다. 하나님의 구속사에 대한 인간의 순종이 있을 때 바로 그곳에서 은혜의 장이 열림을 보게 한다.

사사기의 저자는 무엇을 말하고 싶었을까? 사사기 저자의 의도가 어떻게 전개되었는지는 '내러티브 유비'(narratology analogy)를 통한 방법으로 설명되는 느낌이다. 이러한 내러티브 유비[118]관점의 접근도 좋았다.

하나님의 음성에 순종하지 않은 사울 왕의 실패를 다루는 본문에서는 모

---

118 박철현, 『깨진 토기의 축복』, 솔로몬, p. 20.

세가 선언한 '왕의 자격(신 17:14-20)'을 같이 다룸으로서 모세5경의 언약이 왕정 시대까지 계속 지속됨을 증언하는 저자의 통찰력이 놀라웠다.

이어서 솔로몬의 배교가 나오고, 솔로몬의 통치의 후반부가 부정적으로 묘사되는 그림을 그리고 있지만 저자는 솔로몬의 행동에 채찍을 들어 논평하고자 하지 않았다. 하나님은 솔로몬의 범죄 속에서 예루살렘을 허락하신다. 결국 예루살렘은 우리의 구원의 도성을 뜻하는 놀라운 전개가 아니던가? '이스라엘을 다루시면서 빈틈없이 당신의 구원 계획을 완성해 나가고 계시는 하나님을 성경이 언급하고 있음을' 저자는 한 치도 놓치지 않고 우리에게 제시하고 있다.

북왕국의 많은 왕들이 범한 범죄를 성경은 한마디로 요약하고 있다. "여로보암의 길, 여로보암의 죄를 따라". 이 무겁고 어두운 단어는 계속 우리의 마음을 누르지만 결국은 북왕국의 길을 따라 나도 걷고 있음을 발견하게 됨은 간극의 차이가 아닌가! 그러면서도 이스라엘을 정죄하고, 나는 의인인 양 그들에게 잣대를 드리우고 있는 것이 나의 실존이다.

열왕기상 11:32에서 "여로보암이 이 일 후에도 그의 악한 길에서 떠나 돌이키지 아니하고 다시 일반 백성을 산당의 제사장으로 삼되"라고 말하는 것은 벧엘의 제단들에 대한 예언이 성취될 것을 미리 보여준 것이라는(335) 저자의 해석은 성경이 말하고자 하는 순종과 불순종을 이 본문에서도 역설하고 있는 것이라는 생각에 저자의 귀한 순종의 삶을 유추하게 한다.

열왕기 기자가 끈질기게 역설하고자 하는 것은 저자가 말하듯이 예언의 성취를 계속 강조함이다.(363) 한걸음 더 나아가 순종과 불순종의 모습을 독자들에게 말하고자 하는 하나님의 마음이다. 저자는 그것을 다음과 같이 말하고 있다.

여기서 우리는 이스라엘의 역사를 예언과 성취라는 구도로 볼 수 있는 안목을 얻을 수 있습니다.(363)
이스라엘의 멸망은 언약의 저주의 성취이자
예언의 성취이기도 합니다.(384)
시온의 회복은 단지 이스라엘만을 위한 것이 아닙니다.
이스라엘을 넘어 온 세계를 위한 것이 됩니다.(404)

이 책은 큰 플롯을 가지고 읽어나가야 한다. 내가 성경을 대하던 방법이나, 지금까지 성경공부를 해오던 방법은 성경 한 절 한 절 속에 포함된 지엽적인 의미의 해석이었다면, 이 책에서 저자가 바라보는 시각은 처음 창세기의 창조부터 시작된 플롯이 타락과 출애굽의 여정을 지나 약속을 바라보며 그 가운데 인간이 무너질 때마다 언약을 세우시는 하나님의 구속사가 큰 강물이 되어 도도히 흘러내리고 있고, 각 시대별로 선지자가 세워지고, 심판과 회복이 나타나는 그리고 끝까지 남은 자를 붙들고 가시는 아니, 남은 자를 세우시고 찬양을 받으시는 여호와의 이야기이다.

나는 작은 포물선을 그리고 있었지만, 이 책을 읽으며 전체를 아우르는 커다란 포물선 속에 담겨진 하나님의 역사가 눈앞에 그려지고 있었다.

구약의 대망이 이사야서의 주요 주제로서 신현으로 전개되고, 에스겔이 선지자로서 소명을 받을 때 경험한 사건으로 신현이 나온다. 각 장을 넘길 때마다 저자는 메시야에 대하여 그림을 그리고 있다. 성경은 그렇게 우리에게 메시야를 알라고, 알아야 한다고 끈질기게 조르고 있다. 그것은 이사야가 예언한 종의 노래에서도 나타난다. 메시야는 고난 받는 종이며, 어머니의 태에서부터 부름을 받은 종이며, '연한 순'과 '뿌리'이다.

저자는 예레미야를 통해서 언약의 파기와 새 언약을 주심을 말하고 있으며, 에스겔은 이상적인 목자 다윗을 등장시켜서 나의 마음을 만져주고 있었다. 이스라엘의 회복은 먼 종말론을 내다보며 두 번째 다윗이 올 것을 예언하고 있다.

시가서의 등장은 이해하지 못했던 욥기에 대한 실타래를 풀어갈 수 있게 한다. 하나님의 지혜를 찬양하며 유한한 인생과 죽음 앞에 제한된 인생이 얼마나 허무한지, 그것을 잘 받아들일 수 있도록 전개하고 있다. 젊은 시절에는 전도서의 허무 앞에 굴복해서 벗어나지 못하고 허무주의에 빠져버렸는데, 이제 다시 전도서 앞에 서 있음에 하나님의 존재에 대한 경외심으로 눈물이 날 것 같다. 제한적이고 죽음 앞에 서 있는 우리의 이야기는 구속사의 위로가 아니면 어찌 다시 계속될 수 있으리요!

시인은 여호와의 구원을 노래하며, 여호와를 찬양하고 있다. 그중 특별히 시편 105편을 주목해 보고자 한다. 시편 105편은 찬양시이다. 하나님이 이스라엘에게 행하신 일들을 찬양한다. 저자는 105편에 대하여 이스라엘의 역사를 회고하는데 머물지 않고 더 나아가 땅을 주시겠다는 하나님의 약속과 언약이 성취되는 과정을 노래한다고 말하고 있다는 점에서 시편을 지은 저자의 의도를 충분히 그려내고 있다.

105편에는 "언약"이라는 단어가 세 번(8, 9, 10절) 나온다. 이런 점에서 1-6절까지 여호와를 '찬양하라'고 권면하며 이러한 명령형이 계속 나온다. '노래하라', '찬양하라', '말하라', '기억하라', '생각하라'고 말한다. 8-10절에 "언약"에 대한 서술을 전개한 후 11절부터 언약에 대하여 하나님께서 하신 일을 이스라엘의 역사를 통해 전개함으로써 저자는 하나님의 약속과 언약이 성취되는 과정을 노래하고 있다.

이것은 이스라엘에게 여호와의 나라가 언약을 통하여 하나님의 나라로 연결됨이다. 이 모든 일의 주관자는 인간에게 있지 않고 하나님께 있음을 시인은 계속해서 "하나님", "여호와"를 주어로 우리에게 강권하고 있다.

시편에서 각각의 시마다 시인은 모든 구속사의 스위치를 제공하지는 않았을 것이다. 그럼에도 시편에 대한 큰 그림을 그려나감에 있어서 시편 각각의 편에서 시인이 말하고자 하는 것에 대한 분석 이외에도 각각의 시편을 서로 연결하여 하나의 사건이 흘러가듯 하나님의 나라를 보여주며 구속사를 향하여 전개하는 내러티브 분석도 귀하게 느껴졌다.

4. 여호와의 나라

역대기 저자는 사무엘-열왕기의 저자보다 다윗 왕조에 대하여 더 긍정적인 태도를 갖고 있으며, 더 나아가 유다를 "여호와의 나라"라고 표현하고 있다.

"여호와의 나라"에 대한 신학적인 질문에 대한 답

다윗의 선언	아비야의 말을 통한	"여호와께서 주신 왕 위에"
솔로몬이 "여호와의 나라 왕좌"에 앉는다고 말함	여호와의 나라 사상 다윗의 후손이 다스리는 유다를 "여호와의 나라"로 인식	"여호와의 보좌 위에" 즉 역대기 기자는 솔로몬이 왕위에 오를 것을 "여호와의 보좌" 위에 앉았다고 기술

유다는 다윗의 자손이 다스리는 여호와의 나라로서
여호와 하나님만을 섬기는 나라
여기에 다윗 왕조와 성전 예배가 핵심적인 위치를 차지하고 있음을 알 수 있다.

위의 세 표현과 관련한 신학적인 질문
① 어떻게 사람이 여호와의 보좌 위에 앉을 수 있는가?
② 어떻게 사람인 솔로몬이 여호와의 나라를 통치할 수 있는가?
③ 이스라엘의 왕은 여호와의 나라의 집행자 또는 대표자인가?

④ 이것이 신정정치를 의미하는가?
⑤ 솔로몬의 왕국 또는 다윗 왕조가 실제적인 여호와의 왕국인가?
⑥ 이것이 다윗 계열의 왕이 없는 상황에서 종말론적 메시야 희망을 함축하는가?

〈그림 1-3〉 다윗언약과 아도나이

다윗언약

내가 영원히 그를
내 집과 내 나라에
세우리니 그의 왕위가
영원히 견고하리라
하셨다 하라

(대상 17:14)

여호와(아도나이)

여호와의 집　(시 23:6; 27:4;
　　　　　　　92:13; 135:2)
여호와의 진영(대상 9:19)
여호와의 성막(대상 16:39)
여호와의 칼　(대상 21:12)
여호와의 회중(대상 28:8)
여호와의 종　(대하 1:3)
여호와의 악기(대하 7:6)
여호와의 모든 일(대하 19:11)
여호와의 성전(대하 26:16)
여호와의 산　(민 10:33; 사 2:3)
여호와의 날　(사 13:6, 9)

"여호와의 나라"는 유다이며 하나님이 다윗 언약에 기초하여 세운 나라

- 유다는 여호와와 친밀한 나라
- 여호와 신앙에서 떠나지 않으며 여호와 하나님께서 주신 율법을 잘 지키는 나라

"북 왕국 이스라엘"은 여호와를 배반함

- 여로보암은 금송아지를 만들었으며 아론 자손의 제사장과 레위 사람을 내어 쫓음
- 레위 사람들을 대신하여 뇌물을 바치는 사람이 제사장으로 장립됨(대하 13:6-12)

5. 족보

역대기는 포로 후기 공동체를 대상으로 기록되어 있으며 그들의 관심사는 공동체의 정체성이다. 따라서 다음 두 가지 질문을 갖는다.

○ 포로 후기 공동체는 역사적 정통성이 있는가?
즉 포로기 이전의 이스라엘의 역사와 그들과의 관계가 무엇인가?
그리고 하나님은 포로 후기 공동체에게 관심을 가지고 계신가?

→ 족보는 이러한 질문에 대한 실제적인 대답이다.
아론과 다윗의 집안의 족보만이 족장 시대부터 포로 후기까지 나타나는데 이는 유다의 다윗 집안과 레위 지파가 포로 후기 공동체의 핵심임을 보여준다.
→ 하나님의 구속 계획은 이 두 집안을 통하여 계속 이어지고 있음을 강조한다.

역대기 기자가 강조하고 있는 또 하나의 관점은 다윗이 왕국의 창시자이며 성전 예배와 하나님 예배의 창시자라는 것이다. 또한 다윗이 성전을 짓기 위하여 노력한 일을 저자는 성전 건축의 방대함에 초점을 두지 않았고, 모세의 성막에 대한 규례와 평행해서 논술하면서 이스라엘에서 법을 창시한 사람은 모세와 다윗임을 귀납적으로 마무리하고 있다. 이것은 다음과 같이 정리할 수 있을 것이다.

〈표 1-10〉 모세의 성막과 다윗의 성전

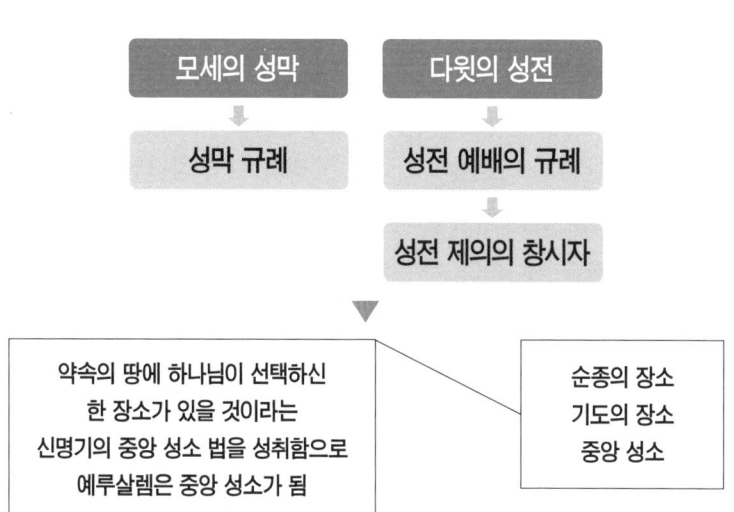

그리고 역대상에서 다윗은 "여호와의 손이 내게 임하여 이 모든 일의 설계를 그려 나에게 알려 주셨느니라"(대상 28:19)라고 마지막으로 고백한다. 여기에서도 인간이 하는 것이 아닌 여호와가 하심에 대한 다윗의 고백을 저자는 놓치지 않고 있다.

역대기는 바사 왕 고레스의 명령으로 성전을 건축해도 좋다는 칙령이 내려지고, 성전 건축과 공동체의 성결, 성벽 재건으로 인하여 유다가 회복되나 소수의 남은 자로 그 명맥을 이어 나가는 것으로 끝난다. 남은 자를 남기셔서 구속사를 완성하시는 주어가 되시는 나의 하나님이 여기 계시다.

나가는 말

"대망의 책"의 이야기는 비단 이스라엘의 이야기만은 아니다. 지금 현재 나에 대한 이야기이고, 총신의 이야기이고, 동시에 우리 시대의 이야기이며, 처절한 삶의 현장이다. 내가 처한 삶이 녹록치 않다. 학교가 아프다.

뒤돌아보면 불순종의 발자국만 남긴 이스라엘 같은 우리들, 총신의 역사 가운데 하나님의 구속사의 은혜를 기다린다. 하나님은 이루어가실 것이다. 총신의 아픈 역사의 점철은 한국교회사의 한 획으로 남게 될 것이다. 이것 역시 불순종와 순종의 저울질에 서 있는 우리를 향한 하나님의 경고의 메시지이다. 그러나 하나님은 나와 우리와 총신을 회복시켜 주실 것이기에 대망을 소망하고 신현을 기다린다.

창조의 신학적 고찰을 읽으며, 저자는 하나님의 창조에 대해 신학적 고찰을 하기 전에, 하나님의 창조에 대한 한 편의 아름다운 시와 같은 믿음의 고백을 적은 것이 인상 깊었다. 그 고백은 참 아름다웠고, 내게 큰 감동이 되었다.
이 책을 읽으며 흔들리지 않고 창조 기사를 붙들도록 우리를 권유하고 있는 저자의 서언은 "대망의 책"의 가장 큰 주제가 되는 것이다. 아울러 이러한 주제가 모든 믿음의 근본이 됨을 알도록 확신시켜 준 교수님께 고맙다는 생각을 하게 되었다.

창세기에서 시작된 언약은 불순종에서 계속되는 불순종이 결국 하나님의 구속사역까지 방해하는 것으로 묘사했다. 그러나 점진적인 전개방식에서 하나님의 은혜로 언약이 회복되어지고 하나님의 약속이 나타남을 대망(大望)하게 됨을 기술한다.
여기에 내가 첨언하고 싶은 것은, 메시야 예수 그리스도의 십자가가 하나님의 구속사의 완성이며, 대망을 통해 신현을 약속하신 하나님의 사랑을 저자가 강조하고자 한다는 것이다. 저자는 다시 한번 말하고 있다. '이스라엘의 역사는 하나님의 약속을 따라 움직여 가고 있습니다.'(87)

특별히, 갈렙에 대한 저자의 설명은 우리에게 시사하는 바가 크다. "'여호와를 따라서 충만해졌다, 채워졌다'에서 "온전히 쫓았다", "전적으로 순종했다" 이런 의미가 나옵니다. 갈렙은 여호와의 말씀을 따르려고 하는 의지와 생각이 가득한 사람입니다. 이래서 적극적으로 여호와의 말씀을 따라 살아가는 것입니다.'(201)

갈렙의 순종을 닮고 싶다. 늘 불순종하던 나의 삶이었다. "왜, 나에게?", "왜, 하필이면 나야?"라고 늘 하나님을 향한 분노와 의문은 '자기 의(自己 義)'로 하늘을 뚫으려 했다. 하나님의 주권에 대한 불순종과 의심으로 점철되던 나의 삶이었고 하나님의 구속사를 받아들이지 못한 나였다. 갈렙의 순종은 나를 향한 반향(反響)이 되어 내 영혼을 적셔오고 있었다. 앞으로 나의 삶은 하나님께 대한 순종(順從)이다. 저자는 우리에게 순종을 가르쳐 주고 있었다. 하나님의 구속사에 대한 순종이다.

신대원에 와서 절실히 느끼는 것은 순종의 삶이다. '내가 처한 이곳, 학교에 순종하고, 교수님께 순종하고 3년을 보내리라'. 입학하면서 내 자신에게 약속한 것이다. 그것은 주님을 사랑하기 때문에 학교를 사랑하고, 교수님들을 사랑하고, 원우들을 사랑할 수 있는 마음을 주심이다. 하나님의 구속사를 그려나가시는 하나님 그 중심에 예수 그리스도가 계신다. 예수 그리스도께서 나를, 원우들을 그리고 우리를 가르치시는 귀하신 교수님들과 총신을 시온산에 거하게 하시며 회복시키실 것이다.

"다윗 언약은 예수 그리스도에 의해 성취됩니다."(281)
"여호와의 나라"는 유다이며
하나님이 다윗 언약에 기초하여 세운 나라입니다.

저자는 이 문장을 역설하고 싶어 이렇게 먼 길을 달려온 것이 아닌가 생각이 든다. 대망의 책에서 구속사는 '여호와의 나라'가 '하나님의 나라'이며 하나님만을 섬기는 나라로 약속이 성취되어 가는 것을 보여준다. 내가 주인이 아니고 역사의 주인이신 하나님이 우리 모든 삶의 주인이 되어 주심을 고백하는 귀한 책이기에 저자가 역설하고 싶었던 많은 함의를 알게 해주신 김영욱 교수님께 진심으로 감사드린다.

5. 선지서 과제

김희석 교수님
예레미야 33:14-26

들어가는 말

첫 시간 김희석 교수님께서 '하나님 나라는 언약신학(covenantal theology)의 핵심 가치들 중의 하나이다.'라고 말씀해 주셨다. '언약'이라는 단어는 듣기만 해도 가슴이 벅차다. 1학년 때 '구약원어강독' 과제에서 신명기, 시편 등에서 원하는 성경을 택하여 주해하는 것이 있었을 때 '언약'이 나오는 시편 105편을 주해했다. 그때는 '이 정도면 잘했는데' 하고 생각했는데 지금 '구약주해방법론'을 배우면서 돌이켜보니 부끄럽다.

더욱이 아직도 나는 언약에 대한 사고 체계도 정리되어 있지 않고, 팝업창도 뜨지 않는다. '언약'은 곧 예수 그리스도와 연결된다. 신대원 입학하기 이전, 언제부터인가 예수님이 사무치도록 그리운 만큼 언약이라는 단어만 들어도 눈물이 났고 언약을 더 깊이 연구하고 싶은 간절함이 있었다. 언약의 너비와 길이와 높이와 깊이가 어떠한지 깨달아 하나님의 모든 충만하심으로 채우고 싶었다.

그럼에도 나는 언약에 대한 말씀의 준비가 너무 부족하다. 언약에 대한 강의를 해야 한다면 도표가 한 눈에 그려져야 할텐데 말이다. 김희석 교수님 강의를 그렇게도 많이 들었건만 '다윗 언약' 앞에서도 그림이 그려지지 않고 마음이 움찔하니, 이 실력으로 무엇을 할까 싶다. 더욱이 이사야서에서의 언약에 관한 것이라면 몇 번 접해보았지만 예레미야에서 언약은 낯설다. 과제를 준비하며 교수님께서 정해 주신 범위가 얼마나 귀한 대목인지 언약의 엑기스를 연구하도록 해주심에 감사를 드린다. '새 언약'이 열리는 예레미야임에도 나에게 있어 예레미야는 등한시되어 왔기 때문이다.

그래도 교수님께서 가르쳐주시는 주해의 방법을 따라 예레미야 33장에서 나타내는 key point인 언약을 중심으로 주해의 각 단계를 열어가면서 하나님 나라의 비밀과 계시의 역사를 살펴보려 한다. 그리고 그 길을 따라 가면 사랑하는 예수 그리스도의 고난과 죽음의 비밀스러운 영광을 만날 수 있을 것이다. 교수님께서 말씀해 주시던 예수 그리스도! 강의 시간이라 눈물을 삼키려고 애썼지만 꺼이꺼이 목을 놓아 울어버린 김희석 교수님의 강의 시간은 잊을 수 없다. '예수님', '메시야', '언약' 이런 단어만 들어도 눈물이 흐르고, 그분께 가까이 다가갈 수 있도록 교수님의 인도함을 잘 받고 싶다.

먼저 교수님께서 제시하신 8단계의 과정을 통해 본문을 살필 것이다. 낯설고 두렵기만한 영어 성경사전을 접하지 않으면 안되는 묵직한 과제지만, 흥분된다.

1. 제1단계 Text & Translation(본문 번역)

1.1 점검 및 번역본 비교 연구[119]

---

[119] Emanuel Tov, *Textual criticism of the Hebrew Bible*, third ed., Minneapolis: Fortress Press, 2012, 282-288에 의하면 '예레미야에서 **두 가지 문학적 지층**(Two Literary Stratal of Jeremiah)이 있는 것을 Qumran 4번 동굴의 the second, forth(4Q Jer ᵇ,ᵈ)와 70인역 원전 (𝔊*)과 맛소라 사본(𝔐)에서 비교해 볼 수 있다'고 말한다. 또한 '70인역이 맛소라 사본의 1/6보다 더 짧거나 벗어나거나(deviate) 첨가되는 등의 여러 가지 경우인데, 본문 33:14-26은 가장 많은 절(verses)과 구문(sections)이 첨가된 경우이다.'라고 주장한다.(288)

14 הִנֵּה יָמִים בָּאִים נְאֻם־יְהוָה [120]וַהֲקִמֹתִי אֶת־הַדָּבָר הַטּוֹב אֲשֶׁר
דִּבַּרְתִּי אֶל־בֵּית יִשְׂרָאֵל וְעַל־בֵּית יְהוּדָה

[121]דִּבַּרְתִּי	וַהֲקִמֹתִי	בָּאִים
to come in(qal participie)/to raise, build(hiphil wav consec perfect)/to speak(piel perfect)		
14 보라 날들이 오니―여호와의 말씀―내가 이스라엘 집과 유다 집에 관하여 약속한 그 선한 그 말을 이룰 것이다.		

15 בַּיָּמִים הָהֵם וּבָעֵת הַהִיא אַצְמִיחַ לְדָוִד צֶ֫מַח[123, 122] צְדָקָה[124] וְעָשָׂה
מִשְׁפָּט וּצְדָקָה בָּאָרֶץ

---

120 김창대, 새 언약 안에서 백성의 변형―예레미야 33:14-26의 분석―2015, 107; Elmer A. Martens, 'קוּם', NIDOTTE 3, 903. 재인용에 의하면 14절에 '선한 말을 성취하다'라는 히브리어 단어는 קוּם(쿰)의 히필형이다 이 단어는 주로 언약을 체결할 때에 사용된다. 그래서 말텐스는 여기서 '새 언약의 체결을 암시한다.'고 주장한다. 따라서 유다와 예루살렘의 회복의 영원성은 새 언약에 기초하고 있음을 간접적으로 보여 준다. "대한성서공회"에서 예레미야 33:14-26에 대한 김창대 교수님의 분석을 찾았을 때 감탄이 일어났다. 이렇게 귀한 논문들이 대한성서공회에 있었다는 것도 교수님께서 말씀해 주시지 않았더라면 나는 졸업한 후에도 놓치고 몰랐을 것이다.

121 דִּבַּרְתִּי는 ESV, NRS 에서는 'the promise I made'로 과거로 쓰였으며, KJV에서는 'which I have promised'로 현재완료형 동사로, NAS에서는 'which I have spoken'으로, BGT에서는 같은 어구로서(렘 23:5) λέγει(현재 능동태 직설법)로 쓰였다. 그렇다면 KJV와 NAS가 직역에 더 가깝다.

여기서 또 살펴보고 싶은 것은 주체가 되신 하나님이다. '내가'의 1인칭 단수이다. (which I have p.p.)에서 'I' 즉 약속하신 분이 하나님이시다. 인간이 '약속'을 한 것이 아니라 하나님이 자발적으로 주체가 되셔서 인간의 의지와 상관없이 이스라엘 집과 유다 집에 대하여 약속하신 것이다. 이것은 나의 삶에 대한 확신이 된다. '나'의 열심과 성실함을 최선으로 하는 나에게 있어서 하나님의 인도하심을 잊어버리고 '자기 의'를 붙들다가 내 열심으로 내 삶을 이루어가는 듯한 믿음없는 행위의 반복이 있기 때문이다. 늘 성경을 보면서 행위의 주체(主體)자로 숨어 계신 하나님, 모든 성경 본문의 전체에서 면면히 흘러내리는 주체자이신 '내가'라고 하시는 하나님을 놓치고 허공의 헛헛한 것을 잡곤 한다. 주해를 하면서 주체자 되신 '나', 하나님을 붙드는 은혜가 있기를 사모한다.

122 [15ᵇ] צֶמַח 𝔊ᴼᴸ θ´ ἀνατολήν = 𝔐 ; 𝔖𝔠 ut 23,5ᵇ //
15절에서 צֶמַח는 BHS에서 '70인역(𝔊ᴼ 오리겐의 비평본을 근거로 한 그리스어 본문)과 𝔊ᴸ 70인역(루시안 개정판 그리스어 본문)과 테오도션(Theodotion's)의 헬라어 역본(Greek version)에서는 ἀνατολήν(ἀνατολή, 떠오름)으로써 70인역에서 ἀνατέλλω(to

אַצְמִיחַ	וְעָשָׂה
to cause to grow(hiphil imperfect)	to do(qal wav consec perfect)

15 그 날들과 그 때에 내가 다윗에게서 한 의로운 새싹이 성장하게 하리니 그가 그 땅에 공평과 공의를 행할 것이라.[125]

cause to rise, 떠오르게 하는)의 의미로 쓰인다.'고 말한다. 이것은 맛소라 사본과 구약 시리아역과 탈굼에서 나오는데, ut의 의미에 있어서 '~만큼, ~하므로, as, and so' 의미를 두나 여기에서는 예레미야 23:5ᵇ에도 같이 나온다는 의미로 해석할 수 있을 것이다.

추가해서 예레미야 23:5의 본문비평 장치를 보니 같은 내용으로 맛소라 사본과 시리아 역에서 같이 쓰이고, 맛소라에서는 문자적으로(verbotenus) 빛(radious), 광휘, 광택(splendor)의 의미로도 쓰인다. 그렇다면 '의로운 가지의 떠오름'이라는 것은 '빛을 발하는 것'과 같은 의미로도 볼 수 있다.

123 Moise's Silva, *New international Dictionary of New Testament Theology and Exegesis* Vol. 1, Zondervan, 2014, 291-292에서 ἀνατέλλω의 의미를 찾아보니, 초기 그리스에서 주로 사용하던 τέλλω에서 나온 것으로 τέλλω는 'to accomplish'의 의미로도 쓰며 상호적으로 'to rise'의 의미로도 사용된다. 여기에 ἀνα가 붙어 합성어로 ἀνατέλλω가 쓰였으며, 그 의미는 다양하다.

LXX에 의하면 the springing up of plants(초목이 자라는 것, 창 2:5), the rising of the sun(해가 돋는 것, 창 32:31), the goruing of hair(털이 나는 것, 레 13:37) 등이다. 특별히 흥미로운 것은 messianic prophecies(메시야 예언)으로서; 한 별이 야곱에게서 나오는 것을 표현한다(민 24:17). 주의 영광이 이스라엘에 임한 것(사 60:1), 공의로운 해가 떠올라서 치료하는 광선(wings)(말 4:2)에서도 표현된다. 이것은 하나님이 'Branch'를 보내기로 약속하신 것이다. 이것이 다윗의 가지로서 메시야로 간주된다. 이것은 예레미야 23:5에서 나타난다. 신약에서 다음과 같이 표현된다.
① 동사형으로 '태양이 떠오르다'의 의미로서 'sun' 또는 'cause to rise'의 의미로 사용한다.(마 5:45; 13:6; 막 4:6; 16:2; 약 1:11) 여기서 '태양'이라는 의미는 사람들이 깊은 어둠에 거하기 때문이다.
② 또한 '유다의 후손으로부터 나신'(히 7:14)의 의미로 쓰이며 'Branch'의 의미는 구약에서 '예수'를 은유한다.
③ 명사형으로 'east'의 의미로도 사용한다.(마 8:11; 눅 13:29 등)

124 [15ᶜ] צְדָקָה pc Mss 𝔊ᴼᴸ θ' צַדִּיק; mlt Mss + מלך ומלך והשכיל = 23, 5 //
BHS에서는 'צְדָקָה'은 몇 개의 소수 사본과 70인역 오리겐의 비평본을 근거로 한 그리스어 본문과 70인역 루시안 개정판 그리스어 본문과 테오도션에서는 צְדָקָה로 쓰이고, 많은 사본들에서는 מלך ומלך והשכיל(그가 왕이 되어 다스리며)을 더한다. 이것은 예레미야 23:5에서도 나타난다.'고 말한다.

125 33:15-16은 23:5-6 시적 메시야의 표현(the poetic messianic statement)과 평행이나 강조점에 있어서 미세한 차이가 난다. 이 구절은 다윗 왕조의 회복을 뜻한다. 김창대, 새 언약 안에서 백성의 변형—예레미야 33:14-26의 분석—2015, 115에 의하면; 자세히 뜯어보면 예

16 וְהָיָה[126]לָבֶטַח תִּשְׁכּוֹן וִירוּשָׁלַם יְהוּדָה תִּוָּשַׁע הָהֵם בַּיָּמִים
אֲשֶׁר־יִקְרָא־לָהּ יְהוָה צִדְקֵנוּ: ס

יִקְרָא	תִּשְׁכּוֹן	תִּוָּשַׁע
to be saved(niphal, imperfect)/to settel, dwell(qal, imperfect)/to call(qal, imperfect)		

16 그 날에 유다가 구원을 받겠고 예루살렘이 안전하게 거주하며 그리고 이것은 '여호와는 우리의 의'라고 불릴 것이다.

17 כִּי־כֹה אָמַר יְהוָה לֹא־יִכָּרֵת לְדָוִד אִישׁ יֹשֵׁב עַל־כִּסֵּא בֵית־יִשְׂרָאֵל

יִכָּרֵת	יֹשֵׁב
to be cut off(niphal, imperfect)	to sit, dwell(qal participle)

17 이같이 여호와가 말한다. 이스라엘 집의 왕위에 앉을 사람이 다윗에게서 끊어지지 않을 것이다.(18-19, 23-25절 생략)

예레미야 33:15-16은 예레미야 보다 두 가지 면에서 주제적으로 발전된 것이다.
첫째, 예레미야 3장은 '왕'이라는 단어를 생략하고 있다. 둘째, 23:6은 '야훼는 우리의 의'라는 말을 왕에게 적용하고 있는 반면 예레미야 33:16은 그 말을 성읍에 적용시킨다. 이렇게 해서 '예레미야 33:15-16은 다윗 왕의 미래의 역할보다는 예루살렘의 회복을 통한 하나님의 구원에 더 초점을 맞추고 있다.'고 주장한다.

126 [16ᵃ] וְהָיָה pc Mss 𝔖 + שְׁמוֹ ; הַשֵּׁם (cf 𝔊ᴼᴸ θ' 𝔓) Vel (cf 𝔗) //
וְהָיָה(and this, 그리고 이것은) BHS는 '몇 몇 소수의 사본과 시리아 역에서는 שְׁמוֹ(his name, 그의 이름)가 더해지며; 비교해볼 때, 70인역 오리겐의 비평본을 근거로 한 그리스어 본문과 70인역 루시안 개정판 그리스어 본문, 테오도션(θ')과 라틴어 역본 불가타(𝔓)에서는 הַשֵּׁם(the name, 그 이름)이 삽입되었다. Vel(또는) 탈굼(𝔗)에서는 שְׁמָהּ(her name, 그녀의 이름)으로 나타난다.'고 말한다. 예레미야 23:6에는 '그의 이름은'으로 되어 있어 개역개정에 '이 성은'으로 번역한 것이 '그의 이름', '그 이름', '그녀의 이름'으로 뜻이 가능하다.

20 כֹּה אָמַר יְהוָה אִם־תָּפֵרוּ אֶת־בְּרִיתִי הַיּוֹם וְאֶת־בְּרִיתִי הַלָּיְלָה וּלְבִלְתִּי הֱיוֹת יוֹמָם־וָלַיְלָה בְּעִתָּם

תָּפֵרוּ	אִם
particle conjunction(If, 만약 ~ 이면, 비록 ~일지라도) / to break(hiphil, imperfect)	
בְּעִתָּם 불변화사 전치사 + 보통명사 여성 단수 연계형 + 3인칭 남성 복수 접미	

20 그러므로 여호와께서 이와 같이 말씀하신다. 만일 너희가 낮에 내 언약과 밤에 내 언약을 깨뜨려 밤낮이 그들의 때에 있지 않게 되면

22 אֲשֶׁר לֹא־יִסָּפֵר צְבָא הַשָּׁמַיִם וְלֹא יִמַּד חוֹל הַיָּם כֵּן אַרְבֶּה
אֶת־[127]זֶרַע דָּוִד עַבְדִּי וְאֶת־הַלְוִיִּם מְשָׁרְתֵי[128] אֹתִי

---

127 Bruce K. Waltke & M. O'Connor, *An Introduction to Biblical Hebrew Syntax*, Winona Lake, Indiana, 1990, 155에 의하면 '구와 절' 앞의 구조 상태(construct state)'에 대한 논의에서 אֶת는 전치사를 이끌며 '전치사구는 종종 구조 분사(conctrut participle) 다음에 위치하는데, 구조 분사란 간접목적어의 소유격과 비슷한 어법이다. 보통 어구에서는 전치사가 생략되나, 반면 이 문장 구조에서는 그대로 쓴다(유지된다)'고 한다.
128 전치사 אֵת 또는 ־אֶת는 직접목적어를 지시해 주는 번역불가능한 불변사(untranslatable mark of the accusative case)로서 전치사구를 이끈다. 여기서 목적어는 '나를'(1인칭 대명접미)이다.

또한, 전치사 אֵת 또는 ־אֶת는 전치사로서 여러 가지 용법을 가지는데, 10가지 경우가 있다. 과제 본문에 대한 성경구절을 Index에서 찾았으나 예레미야 33장에 대한 색인은 없어서 아래의 경우를 열거했음에도 적당한 용법인지 분별하기는 어려웠다. 굳이 들자면 나는 여기서 ①번의 경우가 가장 가깝게 쓰였다고 생각한다. 로고스 바이블 프로그램에서 22절이 전치사구가 이끄는 절로 직접목적어로 '나를'이 있다고 제시한다.(Ronald J. Williams, *Williams' Hebrew syntax*, John C. Beckman, 김영욱 역, 윌리엄스 히브리어 구문론, 그리심, 2012, 181-183.)
① 동반의 אֵת(함께)로서 목적어는 다른 무언가와 함께 가는 사람 혹은 어떠한 것일 수 있다.
② 위치의 אֵת(가까이, 옆에) 자신의 목적어 가까이의 위치를 나타내기 위하여 사용한다.
③ 소유자의 אֵת(가지다, ~에 소유되어) 목적어가 소유하고 있음을 나타내기 위해 쓰인다.
④ 유익의 אֵת(~위하여) 목적어는 무언가가 한 사람에게 유리할 때, 그 유리함을 받는 사람에게 쓰인다.
⑤ 불이익의 אֵת(~에 반대하여) 목적어는 무언가가 한 사람에게 불리할 때, 그 불리함을 받는 사람에게 쓰인다.
⑥ 대등의 אֵת(~와 마찬가지로, ~와 함께) 목적어가 다른 무언가에 더해졌음을, 함께 포함됨을 또는 이와는 다르게 다른 무언가와 동등함을 나타내기 위하여 사용될 수 있다.

2. 제2단계 역사적 배경 및 저자 문제(Historical Context)

2.1. Historical Background

선지자의 사역의 관점은 그가 활동했던 시대의 역사적인 배경이 없이는 이해할 수 없다. 예레미야 선지자의 시기는 B.C. 7세기말, 6세기 초이다. 우리가 예레미야를 이해하려고 한다면 우리는 그와 함께 그의 위치를 이해해야 하며, 그의 입장에 감정이입(empathy) 하고, 공감(sympathy)하며 읽어야 한다. 예레미야의 시대는 역사적으로 많은 일들이 일어났다. 유다의 역사는 한 편의 드라마로, 앗수르의 속국으로부터 시작하여, 이집트의 속국으로, 최종적으로 바벨론의 속국이 되었다. 예레미야는 이러한 드라마와 같은 역사를 그의 책에 반영하고 있다.

예레미야 네러티브의 배경은 열왕기하 21-25장이다. 더 보충하면 역대하 33-36장이다. 추가할 수 있는 선지서는 느헤미야, 나훔, 하박국, 그리고 에스겔이다.

NICOT는 이 시기를 다음과 같이 6개의 section으로 나누고 있다.

(ⅰ) B.C. 640년 요시야의 직위
(ⅱ) 앗수르의 힘의 세력
(ⅲ) 요시야의 통치(B.C. 640-609)와 앗수르의 붕괴
(ⅳ) B.C. 597 요시야의 죽음으로 예루살렘의 멸망
(ⅴ) B.C. 597-587 시드기야의 제위
(ⅵ) B.C. 587년 이후; B.C. 588 바벨론에 의해서 예루살렘 멸망[129]

⑦ 상호 작용의 אֵת(함께) 목적어는 누군가와 상호적 행위를 하는 사람일 수 있다.
⑧ 원조의 אֵת(~의 도움으로, ~으로) 목적어는 무언가 누군가의 도움에 의해 행해질 때, 그 행하는 사람일 수 있다.
⑨ 당파심의 אֵת(~을 편에) 목적어는 누군가 편을 들어주는 사람일 수 있다.
⑩ 의식의 אֵת(~의 의식으로) אֵת의 목적어는 무언가를 자각하고 있는 사람일 수 있다.

[129] J. A. Thompson, NICOT *The book of Jeremiah*, Grand Rapids, Michigan, 1980, 9-10.

예레미야는 이스라엘의 고달픈 역사 중에서도 가장 끔찍한 시기에 하나님의 말씀을 이스라엘 백성에게 전했다. Christopher Wright에 의하면 '예레미야의 예언 사역은 세 명의 주요 왕 곧 요시야, 여호야김, 시드기야의 통치 기간에 이루어졌다'고 한다.[130] 즉, 요시야 재위 13년(주전 627년경)에 시작되어 시드기야 제11년 곧 제2차 포로기(주전 587년)까지 계속되었다. 예레미야는 바벨론 포로기 후에도 몇 년간 활동을 했다.(렘 42-44장)[131]

이스라엘은 엄청난 변화가 급속하게 일어났으며 몇 년 동안 앗수르의 지배 후에 요시야 왕(B.C. 640-609)의 통치 아래, 독립한 국가는 다시 한번 번성하기 시작했다. 7세기의 마지막 분기에 앗수르 제국의 궁극적인 붕괴와 약화로 인해 요시야는 아버지 므낫세가 취했던 친 앗수르 정책을 뒤집어 새로운 정체성을 구축했다. 요시야 왕의 재위 기간 동안 유다는 안정되었다. 요시야가 므깃도 전쟁에서 애굽 왕 바로 느고 2세에게 죽고(왕하 23:29-30), 이집트가 유다를 지배하기 시작했고, 여호아김이 왕위에 올랐다.[132]

2.2. 저자 문제, 저작 시기

예레미야서의 구성은 다른 선지서들과 같이 현대적이지 않다. 오히려 신탁의 모음집으로서, 길고 오랜 복잡한 역사를 지닌 여러 자료들로 구성되어 있다. 예레미야에서 주목할 점은 예레미야 36장이 성경이 만들어지는 과정에 대해 알려준다는 것이다. 예레미야 36:2에 의하면 여호야김 제4년에 여호와께로부터 '두루마리 책을 가져다가…내가 네게 말하던 날 곧 요시야의 날부터 오늘까지 이스라엘과 유다와 모든 나라에 대하여 내가 네게 일러준 모든 말을 거기에 기록하라'고 했는데, 이때부터 예레미야의 예언 사역

---

130 Christopher Wright, 안종희 옮김, 예레미야 강해, IVP, 2014, 22.
131 Walton, John H.(외), 정옥배(외) 역, 성경배경주석, 한국기독학생회출판부, 2010, 927.
132 Louis Stulman, *Jeremiah*, Abingdon Old Testament commentaries, Nashville: Abingdon Press, 2005, 2-3.

(prophetic ministry)이 시작되었다.

여호야김이 최초의 두루마리를 불태운 후 '예레미야가 다른 두루마리를 가져다가 네리야의 아들 서기관 바룩에게 주매 그가 유다의 여호야김 왕이 불사른 책의 모든 말을 예레미야가 전하는 대로 기록하고 그 외에도 그 같은 말을 많이 더 하였더라'(렘 36:32)라고 기록이 되어 있다. 이는 불태우기 전의 두루마리에 기록한 것보다 내용이 더 추가되었을 것이며, 추가된 내용이 바룩과 예레미야를 따른 이들에 의해 쓰여진 점에는 의심의 여지가 없다.

그런데, 다른 몇몇 사람들은 이러한 신명기 저자로부터 나왔다고 주장한다. 현대의 많은 학자들은 B.C. 604년의 두루마리를 원본으로 간주한다. 그런 후 바룩이나 그를 따르는 편집자들에 의해 내용이 더 첨가되어 최종적인 형태가 되었다고 해석한다.[133]

119번 각주에서도 제시했듯이 70인역은 맛소라 사본의 1/6정도 짧다. 크리스토퍼 라이트는 '대략 1/7정도 짧다고 하는데, 맛소라와 70인역의 차이에서 텍스트의 연대 혹은 주제에 따른 순서 없이 왔다갔다 하는 혼란스런 편집 형태를 보이지만 그것은 중요하지 않다.'고 한다.[134]

32절의 '기록하고'의 관주를 찾아보면 예레미야 36:18이 나오는데, '**내가 먹으로 책에 기록하였노라**'라고 말씀한다. 나는 그동안 무심히 읽었었는데, '**성경이 기록된 것**'이라는 사실을 '**성경이 직접 증언한다**'는 점에서 깜짝 놀랐다. 물론 신약에서 로마서 16:22 '이 편지를 기록하는 나 더디오도'라는 말씀과 같이 바울의 편지가 기록되어진 것이라는 것에 대해서는 당연히 그러려니 했지만, 구약에서도 이런 말씀이 있는 것이 돋보기 같이 크게 보여졌다. 마치 맹인이 눈을 뜬 기분이다. 성경이 스스로 '먹으로 쓰여졌다'고 증언한다는 것이 내게는 놀라웠다.

133　John Arthur. Thompson, NICOT *The book of Jeremiah*, 35.
134　Christopher Wright, 안종희 옮김, 예레미야 강해, 30.

3. 제3단계 단어 연구(Word Study)

3.1. בְּרִיתִי의 어원

בְּרִיתִי (bᵉrît, covenant, Jer. 33:20×2, 33:21, 33:25 그 외에도 많으나 여기서는 본문으로만 한정을 짓는다. WTT)는 '언약' 또는 '맹약'을 가리키는 단어로 헬라어로는 διαθήκη(diathēkē, Lk. 22:20, Rom 11:27, 1Co 11:25, Heb 8:9, 10; 9:15, 16, 17)이다.[135]

בְּרִיתִי는 지금까지 히브리어에서 명확하게 나타나지만, 이 단어가 어디서 유래되었는지는 확실하지 않다. 어디서 유래되었는지는 쾰러(köhler, 3-7)에 의하면 '이 어근은 먹는 행위와 관련이 있는 'brh'와 관련이 있다고 본다.'[136] ISBE에 의하면 'bond의 의미로도 사용되고 있다. 이것은 사람과 하나님 사이의 독특한 종교적 관계에서 사용하는 것이다.'라고 한다.[137]

문체상으로 '언약을 맺다'라고 할 때 가장 많이 사용되는 동사는 히브리어 '카라트+베리트' כרת ברית이며 문자적인 뜻은 '언약을 자르다'이다 (창 15:18; 출 34:10, 27; 신 5:2, 3). 그 외 קום ברית '언약을 세우다'(창 6:18; 9:9, 11), נתן ברית '언약을 주다'(창 17:2; 민 25:12), שׂום ברית '언약을 두다'(삼하 23:5) 등 여러 가지 형태의 동사들이 쓰인다.[138]

Gemeren에 의하면 계약을 설정하는 것에 수반되는 행위는 '계약을 자르다'(창 15:18, etc; 『개역개정』, '언약을 세워')라는 어구를 사용한다고 한다. 즉 계

---

135 나용화, 김의원 공역, 새성경 사전, [N. Hillyer편] 서울, 기독교문서선교회, 1996, 1145.
136 Van Gemeren, Willem A. *A Guide to Old Testamet theology and exegesis*: The Introductory articles from the new international dictionary of Old Testament theology and exegesis, Zondervan Publishing House, 1999, 747.
137 General editor, Geoffrey W. Bromiley etc., *The International Standard Bible Encyclopedia*, Grand Rapids, Mich, W. B. Eerdmans, 1979-1988, 790.
138 김영욱, 신명기 I, 솔로몬, 2016, 38-39.

약 의식의 한 부분으로서 피의 제사를 드리는 것이다.[139]

3.2. בְּרִיתִי에 관한 사전적 의미(NIDOTTE, NIDOB, ISBE, HOLLADAY)

Van Gemeren[140] NIDOTTE	NIDOB[141]	ISBE[142]

1. between human parties
· friendship
· 다윗과 요나단(1Sam 18:3)
· 야곱과 라반(Gen 31:44)
· Ezek 17:13-18 etc.
	A. Covenants Between God and the World or God and Israel
	1. The Noah comenant
	  Gen 6:18; 9:8-17
	2. The Abraham covenants
	  Gen 15:18-20
	3. The Sinai comenants
	  Exod 6:6-8; 19:1-8
		1. Covenants Between Men in the Ancient World
		· 고대 근동에서의 그들 사이의 엄숙한 동의로 보증을 서거나, 평화 협정을 하는 맹세 등 (Jgs 4:17 etc.).

2. between God and his people
a) The Noahic covenant
  Gen 6:18; 9:8-17
b) The Abrahamic covenant twice
  Gen 15:18 and 17:2
c) The Mosaic covenant or Sinai covenant
  Exod 19:4; 20:2
  Connection linked by Abraham
  (Exod 3:7-14; 6:2-5)
  - 여기서 강조되는 단어는 'keep'이다.
  (Exod 19:5; Gen 17:9)
d) The Davidic convenant
  2Sam 7:8-17
  1Kings 8:62-64
  (dedication of the Temple)
	4. The Moab covenant
	  Deut 29:12-13
	5. The covenant broken
	  Josh 9, Judg 2,
	  1kings 11:11; 19:10, 14
	  Hos 6:7; 8:1; Ps 78:10
	6. The new covenant
	  Jer 31:31-34; 50:5
	  Ezek 16:59-63; 20:37
	7. The Jesus covenant
	  Luke 1:72; Mark 14:24(언약의 피)
		2. Covenants Between Men in the OT
		· 개인과 개인, 부족, 나라간의 독특한 관계 등이다.
		· 요나단과 다윗, 아브라함과 그의 동맹군, 이스라엘과 앗수르(Hos 12:1), 느부갓네살과 유다(Ezk 17:3).

	B. Covenants Between God and Individuals or Groups
	1. The priesthood covenant
	  Mal 2:1-9; Neh 13:29;
	  Jer 33:19-22
	2. The David covenant
	  2Sam 7; 23:5(everlasting covenant)
	  PS 89:3-4, 28, 34
	  2Chr 13:5(covenant of salt)
	  Lev 2:13; Num 18:19; Ps 132:12
		3. Covenants Between God and Man
		· 언약에 쓰이는 단어들 remember, keep, forgot, walk, do, broke, sinned against

		HOLLADAY[143] I. 사람들 사이에 *(between men)*

---

[139] R. Laird Harris etc, *Theological Wordbook of the Old Testament* Vol. 1, Moody Press, Chicago, 1981; 번역위원회 번역, 구약원어신학사전, 1986, 요단출판사, 281.
[140] Van Gemeren, Willem A. *A Guide to Old Testamet theology and exegesis*, 1997, 748-753.
[141] Nashville, Tenn, *(The) New Interpreter's dictionary of the Bible*, Abingdon Press, 2006, 767.
[142] General editor, Geoffrey W. Bromiley etc., *The International Standard Bible Encyclopedia*, 790-793.
[143] William L. Holladay, *A Concise Hebrew and Aramaic Lexicon of the Old Testament*, Grand Rapid, MI, 1971; 손석태·이병덕 공역, 히브리어, 아람어 사전, 솔로몬, 2015, 63-64.

3. Covenant in the prophets · Hosea 11:1; Amos 2:9-11	C. Covenants as Declarations Concerning God's Expectations	II. 여러 가지 계약 (misc. covenants)
4. The nature of covenant in the OT	D. Covenant as a More General Term for Relationships Between God and People in the Bible	III. 하나님과 사람 사이에 (covenant between God and men)
5. The New Testament term diathēkē	E. Covenant As a Term For the Basis of Community Life	

בְּרִיתִי의 의미에 관한 주장은 다음 4가지로 나뉘기도 한다.

첫째, clasp(잠금쇠), fetter(족쇄)

둘째, 두 쪽의 arrangement(합의)

셋째, 히브리 성경에서 더 확장된 의미로 'select for a task'의 의무(삼상 17:8, NAS, KJV 등)

넷째, something specially set apart'(뭔가 특별한 구별)의 여러 가지가 의미가 있다.[144]

בְּרִיתִי에 관한 formal commitment(공적 약속)는 한쪽 또는 다른 한쪽 혹은 각각의 양쪽에 의해 이루어지며, 그것의 진실됨은 맹세에 의하여 뒷받침되거나 혹은 하나님과 다른 사람 앞에서의 정식 약정으로 맺어진다.

3.3. 용례 연구

3.3.1. 용례 연구 ① בְּרִיתִי와 חֶסֶד [ḥesed][145]
- 구약 신학에 있어, '언약'과 함께 같은 관점에서 집합적으로 함께하는 단어는

    steadfast love [ḥesed], righteousness, love, wrath, holiness of

---

[144] Van Gemeren, Willem A. *A Guide to Old Testamet theology and exegesis*, 747.

[145] Van Gemeren, Willem A. *A Guide to Old Testamet theology and exegesis*, 752.

God이다.

이것은 시편에서 하나님의 속성으로 나타난다(시 145:7-9, 13-20).

- covenant는 어떤 중요한 연속적인 단어에 의하여 참으로 중요하게 완성된다. 예를 들면

첫째, *bᵉrît* and *ḥesed*(steadfast love; deut 7:9[146])

둘째, *bᵉrît* and *šālôm*(peace; Isa 54:10)

- Steadfast love는 전형적인 하나님과의 언약 관계의 속성이며(시 136; 렘 9:24), 하나님과의 언약의 동반자로 초청하신다(시 50:5).
- righteousness에서 언약을 만드시는(covenant-making) 하나님은 또한 공의를 보여주신다(시 145:7, 17; 렘 9:24). 이러한 속성은 그의 창조자와 연합적 관계를 나타내 보이시는 것이다.

그보다 더 중요한 언약의 목적은 '구원'이다(시 143:1). 하나님의 공의로우심에 대해 언약 백성은 그 언약에 신실함으로 그들의 삶에서 축복과 선함을 유지해야 했다(신 6:24-25).

3.3.2. 용례 연구 ② 신약에서의 *diathēkē*

- 신약에서 '언약'(*diathēkē*)은 주님의 성만찬에서 발견된다(마 26:28; 막 14:24; 눅 22:20; 고전 11:25). 여기에 그리스도의 죽음을 통한 구약 언약의 분명한 성취가 있다. 그의 피의 근원은 시내산 언약인 출애굽기 24:3-8에 있다.
- 누가복음 22:29에서 '새 언약'은 더 넓은 의미로 천국을 연상케 한다.

---

[146] 신명기 7:9 '그런즉 너는 알라 오직 네 하나님 여호와는 하나님이시요 신실하신 하나님이시라 그를 사랑하고 그의 계명을 지키는 자에게는 천 대까지 그의 언약을 이행하시며 인애를 베푸시되'.

'내 아버지께서 나라를 내게 맡기신 것 같이 나도 너희에게 맡겨'[147]
- 바이블웍스에 의하면 신약에서 '언약'(diathēkē)은 30개 절에서 6가지 형태로 32번이나 쓰인다. 거룩한 언약(눅 1:72), 조상으로 더불어 세우신 언약의 자손(행 3:25), 할례의 언약(행 7:8), 이스라엘 사람들과 세우신 언약(롬 9:4), 새 언약의 일꾼(고후 3:6), 사람의 언약(갈 3:15), 하나님께서 미리 정하신 언약(갈 3:17), 이 여자들은 두 언약이라(갈 4:24), 약속의 언약(엡 2:12), 언약의 보증되신 예수(히 7:22), 언약의 중보(히 8:6), 이스라엘 집과 유다 집으로 새 언약을 세움(히 8:8-10), 새 언약의 중보(히 9:15, 24), 유언(히 9:16, 17), 언약의 피(히 9:20; 13:20), 그들과 맺을 언약(히 10:16) 등이 있다.

3.4. בְּרִיתִי의 conclusion

언약의 근본 개념은 '하나님과 그의 이스라엘 백성 사이의 언약'이며, 노아의 언약, 아브라함의 언약, 시내산 언약, 모압 언약, 다윗 언약, 언약의 깨짐, 선지서의 언약, 새 언약으로 계시의 점진성으로 나타나며, 이것은 신약에서 $διαθήκη$로 나아간다.

언약에 대하여 학자마다 여러 논의가 있었지만, 나의 결론은 '언약의 기초는 말씀을 통한 창조 그 자체에 있으며, 언약은 우리에게 주신 문화명령이라는 것이다. 또한 아담과 하와가 죄를 짓고 하나님이 창세기 3:15에서 주신 말씀이 언약이다.'라는 것이다.

$b^e rît$의 의미는 결국 $ḥesed$로서 하나님의 신실하심과 공의를 완성하시기 위하여 신약에서 그리스도의 피, 언약의 피, 새 언약의 중보자로서 그리스도를 나타내고 있다.

147　Van Gemeren, Willem A. *A Guide to Old Testamet theology and exegesis*, 754.

חֶסֶד는 언약의 성실성을 의미하는 것으로서, 감성적인 의미는 없다고 볼 수 없지만 뜻하신 것은 반드시 이루시는 하나님의 의지, 하나님의 포기하지 않으심을 의미한다. 주로 하나님이 백성에게 대해서 חֶסֶד를 지키신다. b'rit와 ḥesed가 같은 의미로 집합을 이루면서 언약이 세 범주이었듯이 ḥesed도 역시 세 가지 영역(사람-사람, 사람-하나님, 하나님-사람)을 통해 완성되어진다. 하나님이 사람에게, 사람이 하나님에게, 사람이 사람에게 지킨다는 의미는 예수 그리스도를 통해 חֶסֶד를 완성해가시는 하나님의 신실한 약속을 시사한다고 볼 수 있다.

3.5. 고치고 치유하심, 회복

예레미야 33:6-9에서 그의 백성들에 대한 야훼의 불쌍히 여김은 그의 자애로운 약속 안에서 고치고 치유하는 것으로 나타난다. 14절에서 이스라엘 집과 유다 집에 대하여 일러 준 '선한 말'은 예레미야 29:10에 나타난다. "바벨론에서 칠십 년이 차면 내가 너희를 돌보고 나의 선한 말을 너희에게 성취하여 너희를 이곳으로 돌아오게 하리라"(렘 29:10). **땅의 회복은 다윗 언약**에 근거할 것이다. 이 언약은 아브라함에게 맹세한 언약과 같은 것이다.[148]

다윗 언약은 예레미야에서 계속 시행되고 있다. 그것은 결코 깨질 수 없는 것으로 주장한다. 예레미야 31:31-34의 새 언약은 모세의 언약보다 더 새롭고 놀라운(wonderful) 방법으로 제시된다. 새 언약은 모세의 언약에 기초한다. 새 언약은 순종을 요구하며 그런 의미에서 모세의 언약과 구조를 같이 한다.

---

[148] Thomas Edward McComiskey, *The Covenants of Promise; A Theology of the old Testament Covenants*, Baker Book House, Grand Rapids, Michigan, 1985, 174.

4. 제4단계 장르 연구

4.1. Type A. 시적 리듬(poetic rhythm) 고백(confession) / 탄식[149]

예레미야서의 장르는 복잡하다. 전체적으로 3가지 타입으로 나누는데, 먼저 시적 리듬(poetic rhythm) 스타일은 표준을 따른다. 1-25장에는 많은 신탁이 있으며, 많은 부분에서 Yahweh는 선지자의 입을 통하여 공적으로 말씀하시며, 신탁(oracle)은 'I'로서 Yahweh를 표현한다. '여호와께서 이와 같이 말씀하시기를 내가 너를 위하여'(2:2-3), '여호와께서 이르시되'(4:1-2) 등이 있다. 시적 표현에서 주목할 만한 부분은 예레미야 자신의 개인적인 내면의 소리(personal heart-searching)로 소위 '고백'(confessions)이라 불리는 것이다.[150]

시적 표현에서 볼 때 예레미야는 **내면의 자기 성찰**(introspection)이나 **통회의 감정**들이 존재하는 듯이 보인다(11:18-12:6; 15:10-11, 15-21; 17:14-18; 18:18-23). 그러나 몇몇 구절에서는 'I'로써 Yahweh가 아니고 자기 자신을 표현한다(4:19-21; 5:3-5; 8:18-23).

4.2. Type B. 전기적(biographical)

산문 자료의 상당 부분은 전기적 자료로써 예레미야의 생애 중에 일어난 사건들을 전한다는 점에서 자전적인 네러티브로서 기초를 삼고 있는 데는 의심의 여지가 없다(26-29장; 34-45장). 예레미야 외에 다른 사람이(바룩?) 같은 자서전을 작성했을 가능성도 있지만, 반드시 그렇게 가정할 필요는 없다.[151] 따라서 예레미야서의 장르는 **유연성**을 둔다.

---

[149] S. Mowinckel, *Zur Komposition des Buches Jeremia*(Kristiania, 1914); J. A. Thompson, NICOT *The book of Jeremiah*, 35, 재인용으로 이 분류는 S. Mowinckel에 의한 분류이다.
[150] J. A. Thompson, NICOT *The book of Jeremiah*, 35-36.
[151] Tremper Longman III, *Jeremiah · Lamentations*, Grand Rapids, MI, 2008; 이철민 역, 예레미야 · 예레미야 애가, 성서유니온, 2017, 38.

예레미야서의 전기적 자료는 대부분 **연대기적으로 소개되며**(렘 26:1 여호야김이 다스리기 시작한 때에, 렘 28:1 유다 왕 시드기야가 다스리기 시작한 지, 렘 36:1 요시야 왕의 아들 여호야김 제사년에), 선지자의 개인적인 회상에 의한 단편적인 문구로 나타난다. 현대 학자들은 Mowinckel이 Type B에 대해 역사적으로 신뢰할 만하다는 주장에 대체로 인정한다.

4.3. Type C. 비평적인 문제

예레미야서의 비평적인 문제는 많은 논쟁의 대상이 되어 왔다. 예레미야서에는 장황한 반복, 단조로운 문체와 높은 수사학적 스타일에 제시된 많은 진부한 표현 등을 포함하는 **산문 담론**이 존재한다. Mowinckel은 이러한 담론이 **신명기의 언어와 많은 유사성**이 있다고 본다.[152]

4.4. Genre conclusion

예레미야서는 실제로 일어났던(fact) 역사적 사건을 기초로 한 자전적 내러티브임에 의심의 여지가 없다. 이 산문 설교는 틀림없이 예레미야에 의해 표현되었으며, 때로는 시로, 때로는 자서전적으로, 때로는 하나님이 화자가 되시는 1인칭의 형태로, 수사학적이거나 설교의 형태로 이루어진다.

5. 제5단계 문맥 분석

5.1. 문맥 연구

---

[152] S. Mowinckel, *Prophecy and Tradition* (Oslo, 1946), 61f; J. A. Thompson, NICOT *The book of Jeremiah*, 36, 재인용.

5.1.1. Joshua N. Moon 의 분류[153],[154]

The Context of the New Covenant	Jeremiah's New Covenant

1. The Broken Covenant
   a. Jer 7:21-28
   b. Jer 11:1-13
 	
2. The Oracles of Restoration(회복의 신탁) 30-31장
   a. Jer 30:12-17   b. Jer 30:4-11
   c. Jer 30:18-22   d. Jer 31
	1. The Broken Covenant 31:31-32
	2. The 'New' Covenant 31:33-34

5.2. 예레미야 33:14-26 에서의 구조 연구[155]

14	서언
15-16	다윗 언약의 성취
17-18	유다의 구원(접속사 'כִּי'가 있어서 문단을 나눔)
19-21	언약을 깨뜨림(바브 연속과 하야 동사 'הָיָה, hayah, 33:20'가 있어서 문장의 전환을 나타낸다.)
22-26	회복

---

[153] Moon, Joshua N., *Jeremiah's new covenant: an Augustinian reading*, Winona Lake, Ind.: Eisenbrauns, 2011. viii.

[154] Joshua의 분류에 있어서 new covenant를 중심으로 예레미야 31장까지만 분류했으며 우리의 과제인 33장은 제외시켰다. 그럼에도 예레미야서의 언약에 관하여 detail한 문맥을 살펴보기 위하여 이것을 기록한다.

[155] G. K. Beale and D. A. Carson, *Commentary on the New Testament use of the Old Testament*, Grand Rapids, MI: Baker Academic, 2007, 291.에 의하면 예레미야 33:14-26을 '다윗왕국의 재건'(reestablishment of the Davidic kingdom)과 연결한다.

5.2.1. NICOT[156]에서의 구조 연구

1:1-3	1:4-19
Super-scription	I. The Call of Jeremiah and the Two Visions

2:1-25:38
II. The Divine Judgment on Judah and Jerusalem 유다와 예루살렘에 대한 심판 　A. 2:1-6:30　　Israel's Guilt and Punishment 　B. 7:1-10:25　　False Religion and Its Punishment 　C. 11:1-15:9　　Warnings and Judgment 　D. 15:10-25:38　Confessions, Symbolic Acts, and Preaching

26:1-29:32
III. Jeremiah's Controversy with False Prophets 거짓 선지자들과 예레미야의 논쟁 　A. 26:1-24　　The Temple Sermon and Its Consequences 　B. 27:1-29:32　Jeremiah and The False Prophets

30:1-33:26
IV. The Book of Consolation 위로의 책 　A. 30:1-31:40　The Restoration of Israel and Judah 　B. 32:1-33:26　The Restoration of Judah and Jerusalem: A Prose Collection 　　(i) 32:1-15　　Jeremiah's Purchase of Land at Anathoth 　　(ii) 32:16-25　 Jeremiah's Prayer 　　(iii) 32:26-35　Yahweh's Reply to Jeremiah

---

156 (NICOT) Thompson, J. A., (The) New international commentary on the Old Testament, Grand Rapids, Mich.: W. B. Eerdmans, 1980, ix. 여기에서 예레미야 34:1-52:34은 과제 범위가 아닌 부분이지만, 문맥의 연결과 나중에 사용하게 될지 모를 자료를 위해 정리해 둔다.

(iv) 32:36-44　Yahweh's Reply Continued
(v) 33:1-13　Jerusalem and Judah Restored
(vi) 33:14-26　The Dynasty of David and the Levitical Priests

34:1-39:18	40:1-45:5	46:1-51:64	52:1-34
V. Incidents from the Days of Jehoiakim and Zedekiah	VI. Jeremiah's Experiences after the Fall of Jerusalem	VII. Oracles against the Nations	VIII. Appendix: The Fall of Jerusalem
여호야김과 시드기야 시대의 일들	예루살렘 멸망과 예레미야의 경험	민족들에 대한 신탁	예루살렘의 멸망

5.3. 주제 흐름 분석(교수님께서 가장 중요하게 보심)

▶ 나는 처음에는(나의 고정된 선입견에 의하면) 예레미야 33:14-26의 주제는 '언약'이라고 생각하여 '언약'(בְּרִיתִי, b'rit, covenant)에 초점을 맞추어서 본문을 분석하면 되려니 했다. 예레미야의 '언약' 사상은 예레미야 11:2부터 본격적으로 나오기 시작한다.

그런데 김희석 교수님의 강의를 들으며, **'언약'을 넘어서는 하나님의 성품, 그 성품으로 인하여 하나님께서 세우신 언약을 지키실 수밖에 없는 하나님의 인자하심과 그에 대한 인간의 반응의 하모니**를 깨닫게 되었다. 또한 이것이 구원 계시의 발전사와 함께 그리스도를 통한 최종적 성취를 이루는 것이다.

'언약'이라는 틀에 하나님을 제한하여 가둬놓지 않고 **언약을 넘어선 하나님의 성품! 하나님의 위대하심 앞에 선다는 것이** 얼마나 놀라운 은혜인가! 소름이 돋았다.

하지만 먼저 '언약'에 대하여 논의할 것이며 그 후 חֶסֶד로 나아갈 것이다.
▶ 본문 예레미야 33:14-26은 언약에 대하여 여러 가지로 표현하는데, 언약은 '약속한 그 선한 그 말'(14절), '공의로운 가지가 나게 함'(15절), '낮에 대한 나의 언약', '밤에 대한 나의 언약'(20절), '다윗에게 세운 나의 언약'(21절) 등으로 나타난다.
▶ 각주 120번에 의하면 14절의 '선한 말을 성취하다'의 히브리어는 '쿰'(קוּם)의 히필형으로, 새 언약의 체결을 암시한다. 따라서 유다와 예루살렘의 회복의 영원성이 새 언약에 기초함을 보여 준다.
▶ 여기서 놓치기 쉬운 것은 **이 모든 일의 주체가 되시는 하나님**이다. 성경은 하나님이 주체가 되심을 '내가'(14, 15, 22, 25, 26절)라는 말로서 표현하며, '여호와의 말씀'(14, 19, 23절)으로 또는 '여호와께서 이와 같이 말씀하시니라'(17, 20, 25절)고도 표현한다.
▶ **나는 '내가'라는 선언이 참 좋다.** 열심히 사력을 다해 달리다 보면 어느새 '내 자신'이 주인이 되어 있는 것을 발견한다. 그런데 하나님께서 '내가'라고 선언하신다. 나는 그 단어의 날개 아래 숨으면 되고, 하나님이 이루시는 일을 바라보면서 안도의 숨을 내쉴 수 있다.
▶ 14절에서는 '집'의 개념을 15절에서는 '가지'의 개념을 도입한다. 여기서 구원 계시의 점진적 발전을 볼 수 있다. 처음에는 '이스라엘 집'과 '유다 집'으로 시작한다.
▶ 15절은 예레미야 23:5-6과 평행구절로서 '나무'의 개념인 '가지'를 도입함으로 다윗 왕조의 회복과 뻗어나가는 가지의 모습을 나타낸다.
▶ 15절의 '정의'와 '공의'는 발전적 개념으로 → 16절에서 '여호와는 우리의 의'로 → 17-18절에서 15절에 언급된 '가지'가 '집'의 개념으로 확대된다. 또한 '언약의 영원성'을 말한다. → 19절에서 전환의 문구가 나오고 → 20절에서는 'אִם'(if)라는 접속사를 써서 '만약 너희가 나의 언약을 깨뜨려'라고 한다.
　　ESV에서 'If you can break'로 가정법 현재로 표현하며 『개역개정』

이나 『개역한글』에는 '능히~할 수 있을진대'로 표현한다.
▶ 이것은 인간이 언약을 깨뜨릴 수밖에 없는 죄인임을 말씀하며

→ 22절 아브라함 언약[157]으로 나간다. 이것이 구원 계시의 발전 개념이다.

אֲשֶׁר라는 관계대명사(접속사)를 써서 다윗 자손과 레위인을 번성케 하심

→ 23절은 문장의 전환이 있다.

→ 24절에서 이스라엘과 유다를 지켜보는 이방 나라들에 대한 반응이 나온다.

→ 25절에서 주야와 맺은 언약과 천지의 법칙은 창조 언약으로 연결되며

→ 26절 상반절은 25절과 함께 연결되나

→ 26절 하반절에서 접속사 כִּי로 연결되면서 '포로된 자를 돌아오게 하심'과 '불쌍히 여기심'으로 다윗 언약이 성취될 것을 말씀하신다.

▶ 하나님은 급할 때 '훅'하고 꺼내놓으시는 무기(?) 같은 언약의 법칙이 있다. 나는 늘 그런 하나님의 마음을 느낀다. 나같이 완악한 사람에게 끈질기게 설득하시다가 안되면 '이래도 안되겠니?' 하시면서 '창조의 법칙' 즉 '창조 언약'을 꺼내신다.

▶ 구약에는 이런 식으로 '창조 언약'을 꺼내어 하나님의 언약의 신실하심을 증언하는 구절이 여러 곳에서 등장한다(시 19:1-6; 33:6; 104:2-32).

---

157 김희석 교수님의 수업 시간에 배우지 않았더라면 몰랐을 것이다. 언약의 말씀이 나오다가 왜 별안간 창조의 개념이 나오는지 늘 의아했는데, 창조기사는 언약과 연결되어 있는 것(시 74:16, 17; 104:19; 사 54:10 등)이 많음을 알게 되었다. 창조 자체가 언약이다.(창조 언약) "하나님이 천지를 창조하시니라"(창 1:1)의 말씀이 언약의 본질임을 알게 되었다. 천지를 창조하신 하나님을 믿는다면 언약을 지키시는 하나님의 능력도 믿을 수 있다는 것을 깨닫는 귀한 시간이었다.

▶ 예레미야 33:14-26을 도표로 보자.

14	15-16	17-18	19-21	22-25	26
	정의와 공의 ➡ "여호와는 우리의 의"	집, 왕위, 제사장 끊어지지 않음	창조 언약 다윗 언약의 깨어짐 (broken)	아브라함 언약 창조 언약의 회복	חֶסֶד 헤세드

14	15	16	17	18	19-20	21	22	23-25	26
선한 말 טוֹב דָּבָר	가지 branch	의 צֶדֶק	영원히 끊어지지 않을 것임	끊이 지 않을 것임	창조 언약의 깨짐	다윗 언약의 깨짐	아브 라함 언약 회복	주야와 맺은 언약	포로된 자를 돌아 오게 하심
↓	↓	↓	↓	↓	↓	↓	↓	↕	↓
집 בַּיִת 이스라엘 집과 유다 집	정의와 מִשְׁפָּט 공의 צְדָקָה	구원 안전	이스라엘 집의 왕위	레위 사람 제사장	주야의 때를 잃음	제사장 에게 세운 언약 파함	다윗 자손과 레위인 번성케 하심	천지의 법칙을 정하지 아니하 였다면?	그를 불쌍히 여기심
		안전히 살 것	끊어지지 아니함	끊어 지지 아니함				수사학 적 질문 던짐	

▶ 위의 표 예레미야 33:14-26을 **교차대구**로 표현하면 다음과 같다.[158]

14　　　　　　　　　　전환, 이스라엘 집과 유다집

　　15-16　　　　　　　정의와 공의

---

[158] 이 단락 구조는 고민하며 만들었다. 어떤 frame에 성경을 끼워 맞춘다는 것은 성경이 주는 의미를 왜곡하거나 무한한 말씀의 영역을 제한할 수도 있어서 억지스럽기도 하지만, '한번 해보자'라고 생각하고 '주제 흐름을 분석'하는 과정에서 단락 구조가 선명하게 떠오르지 않은 채 시도했는데 결과적으로 좋은 시도였던 것 같아 기뻤다.

	17-18	영원히 끊어지지 않음
	19	전환("여호와의 말씀이 예레미야에게 임하니라")
	20	창조 언약의 깨어짐
	21	다윗 언약의 깨어짐
	22	아브라함 언약의 회복, 다윗 언약의 회복
	23	전환("여호와의 말씀이 예레미야에게 임하니라")
	24	이스라엘과 유다에 발생한 일을 지켜보는 나라들
	25	주야와 맺은 언약, 천지의 법칙(창조 언약)
	26	포로된 자를 돌아오게 하고 불쌍히 여김

▶ 26절의 언약 백성을 불쌍히 여겨서 구원한다는 것은 무조건성이 강조되는 개념이다. 25절에서 **אִם**(if)를 사용하여 앞으로 백성이 불순종할 것을 아시고 길을 열어 놓으신 것이다. 언약 백성이 됐기 때문에 율법을 지켜야 하는데 못 지키기 때문에 하나님께서 지키시겠다고 하신다. 그래서 하나님이 주체가 되신다.

▶ 언약의 주체가 되시는 하나님이 어떤 하나님인가에 대한 것이 중요하며, 창조의 법칙을 세우신 하나님과 동일한 하나님으로 모세 언약에서 계속된 하나님의 은혜가 큰 covernant의 흐름을 면면히 따르고 있는 것이다.

▶ 김희석 교수님께서 강의 시간에 말씀하신 '언약 자체가 보여주는 신학적 방향성도 중요하지만 언약의 내용보다 하나님의 성품과 하나님 자체가 더 중요하고 그것을 이해하려고 해야 한다.'는 것이 중요한 것임을 깨닫게 된다.

▶ 여기서 계시의 발전사로 나가면 '너희는 나에게 언약의 신실성을 지키라'라는 것도 **חֶסֶד**의 의미이다. 왜냐하면 언약에 신실하신 하나님이 우리에게 언약을 지킬 수 있는 **חֶסֶד**의 능력도 주실 것이기 때문이다.

예수님이 חֶסֶד의 의미를 확장시키면서 חֶסֶד는 무조건적인 것이며, 영원하며, 내가 주권적으로 이루고 말겠다는 하나님의 주권적 언약 성취이다.

6. 제6단계 정경적 상황(Canonical Context)

6.1. 구약 본문 비교 연구

▶ 나는 여기서 '돌아오다'라는 단어에 대하여 비교 연구를 할 것이다.

히브리어	개역개정
גַּם־זֶרַע יַעֲקוֹב וְדָוִד עַבְדִּי אֶמְאַס מִקַּחַת מִזַּרְעוֹ מֹשְׁלִים אֶל־זֶרַע אַבְרָהָם יִשְׂחָק וְיַעֲקֹב כִּי־(אָשׁוּב) [אָשִׁיב] אֶת־שְׁבוּתָם וְרִחַמְתִּים (Jer. 33:26 WTT)	렘 33:26 야곱과 내 종 다윗의 자손을 버리고 다시는 다윗의 자손 중에서 아브라함과 이삭과 야곱의 자손을 다스릴 자를 택하지 아니하리라 내가 그 포로된 자를 **돌아오게** 하고 그를 불쌍히 여기리라
Indeed, I will restore them (Jer. 33:26 NET) for I will cause their captivity to return (Jer. 33:26 KJV) For I turn back to their captivity (Jer. 33:26 YLT)	"**돌아오게 하다**"에 대하여 • NET에서는 미래의 의지 will을 사용하여 회복시킬 것이라고 하였으며, • KJV에서는 그들의 억류에서 돌아오게 하겠다는 의미로 will을 사용하였다.
וַיֹּאמֶר יִשְׂרָאֵל אֶל־יוֹסֵף הִנֵּה אָנֹכִי מֵת וְהָיָה אֱלֹהִים עִמָּכֶם וְהֵשִׁיב אֶתְכֶם אֶל־אֶרֶץ אֲבֹתֵיכֶם (Gen. 48:21 WTT)	창 48:21 이스라엘이 요셉에게 또 이르되 나는 죽으나 하나님이 너희와 함께 계시사 너희를 인도하여 너희 조상의 땅으로 **돌아가게** 하시려니와

5. 선지서 과제 | 195

בְּטֶרֶם אֵלֵךְ וְלֹא אָשׁוּב אֶל־אֶרֶץ חֹשֶׁךְ וְצַלְמָוֶת (Job 10:21 WTT)	욥 10:21 내가 돌아오지 못할 땅 곧 어둡고 죽음의 그늘진 땅으로 가기 전에 그리하옵소서
לְכוּ וְנָשׁוּבָה אֶל־יְהוָה כִּי הוּא טָרָף וְיִרְפָּאֵנוּ יַךְ וְיַחְבְּשֵׁנוּ (Hos. 6:1 WTT)	호 6:1 오라 우리가 여호와께로 돌아가자 여호와께서 우리를 찢으셨으나 도로 낫게 하실 것이요 우리를 치셨으나 싸매어 주실 것임이라
πορευθῶμεν καὶ ἐπιστρέψωμεν πρὸς κύριον τὸν θεὸν ἡμῶν ὅτι αὐτὸς ἥρπακεν καὶ ἰάσεται ἡμᾶς πατάξει καὶ μοτώσει ἡμᾶς (Hos. 6:1 BGT)	호 6:1 오라 우리가 여호와께로 돌아가자 여호와께서 우리를 찢으셨으나 도로 낫게 하실 것이요 우리를 치셨으나 싸매어 주실 것임이라

6.1.1. 같은 점을 서술하라(내 본문과 비교 본문을 보고 서술하라.)

- 돌아오다(שׁוּב)는 하나님의 신실하심(God's faithfulness)으로 인하여 **애굽으로부터 돌아오는 것**을 나타낸다(창 50:24; 출 2:24; 3:15-16; 신 1:8; 6:10).[159]

- 돌아오다(שׁוּב)는 욥기 10:21에 의하면 돌아오지 못할 땅은 '어둡고 죽음의 그늘진 땅'으로 묘사된다. 죽음으로부터 돌아오게 하심은 아브라함과 이삭과 야곱에게 행하심과 같은 하나님의 신실하심 때문이다. 그렇다면 애굽은 **어둡고 죽음의 그늘진 땅**이다.(신 30:4, "네 쫓겨간 자들이 하늘 가에 있을지라도 네 하나님 여호와께서 거기서 너를 모으실 것이며 거기서부터 너를 이끄실 것이라") 하나님께서 애굽에서 돌아오게 하심으로 **그들의 운명을 바꾸실 것**을 말씀한다.

- 예레미야 33:26에서 제시한 '아브라함과 이삭과 야곱'은 출애굽기 3:6에

---

[159] G. K. Beale and D. A. Carson, *Commentary on the New Testament use of the Old Testament*, 216.

서 모세를 부르셨을 때 말씀하셨던 하나님의 자기 현현의 모습에서 접두사로 나오는 자신의 애칭이다. 아브라함과 이삭과 야곱은 누가복음에서의 계보 속에 등장한다(눅 3:34). 이것은 아브라함의 언약에서 함께 한다.

- 이 애칭은 이스라엘을 부르실 때, 하나님 자신의 신실하심을 표현하실 때 함께 등장하는 표현이다. 그 **하나님이 자신의 언약을 기억하시며, 이스라엘을 불쌍히 여기신다**는 것이다(시 105:9-10). 그들이 부도덕(immoral) 함에도 불쌍히 여기시는데, 그들의 인격이나 도덕적 인간성 때문이 아니다.[160]

- 그렇다면 여기서 '돌아오다'는 '애굽에서 돌아오다'의 의미로 사용된다고 볼 수 있으며 이것은 **'죄에서 돌이키는 것'**을 뜻한다. 더욱 중요한 것은 **주체가 되시는 분이 하나님**이시라는 점이다. 인간은 자신의 부도덕함에도 하나님의 긍휼하심 때문에 돌아올 수 있는 것이며, 돌아올 수 있게 하시는 분으로서 하나님이 강조된다. <u>인간은 능동적으로 스스로 돌아올 수 있는 주체가 되지 못하지만 하나님께서 주체가 되셔서 우리를 부르시고 돌아오게 하신다는 것이다.</u>

6.1.2. 다른 점을 서술하라.

본문에 나타난 주제가 같아도 역학 관계나 angle이 다르기 때문이다.(교수님 말씀)

- 더욱 놀라운 것은 예레미야 33:25에 의하면 '내가 주야와 맺은 언약'으로 하나님의 말씀의 기저라 할 수 있는 창조의 언약까지 나아간다는 점이다(시 74:16-17; 104:19).

- 호세아 6:1의 "우리가 여호와께 돌아가자"에서 וְנָשׁוּבָה는 칼, 미완료, 1인칭, 공성 복수이다. '우리가' 돌아가자는 것이다.

---

[160] G. K. Beale and D. A. Carson, *Commentary on the New Testament use of the Old Testament*, 216.

- 예레미야 33:26의 אָשִׁיב는 히필, 미완 1인 공성 단수로서 '내가 돌아오게 하고'라는 뜻으로 하나님이 무조건적으로 하시는 일인 데에 반해, 호세아서에서는 주체가 '우리'가 된다.

6.1.3. 다른 점을 계시의 발전이라는 관점으로 해석해서 서술하시오

① 두 번째 출애굽 A second exodus

- 본문에서 '돌아가는 이유'는 '두 번째 출애굽'이다. '첫 번째 출애굽'에서 하나님의 백성은 이집트의 포로에서 모세에게 주어진 언약을 기초로 하여 하나님과의 관계 속으로 인도되었다. 바벨론의 포로 또한 **새 언약을 통해 새로운 관계로 이끄는 출애굽**으로 이어진다. 예레미야는 바벨론에서의 해방을 '두 번째 출애굽'이라고 한다.(Jer. 16:14-15; 23:7-8).[161]

- 호세아 6:1을 보면 이스라엘이 '돌아가는 이유'를 כִּי(for, because)라는 접속사를 사용하여 설명한다. 그리고 그 뒤에 인칭대명사 הוּא을 사용하여 그들에게 고통을 주었던 분(여호와)이 도움을 필요로 하는 분임을 강조하는 것이다. 그들이 '돌아가는 이유'는 '여호와께서 우리를 찢으셨으나 도로 낫게 하실 것이요 우리를 치셨으나 싸매어 주실 것'임을 믿기 때문이다.[162]

- 여호와께서 그들을 '치료하시는 이유'는 예레미야 33:14 '이스라엘 집과 유다 집에 대하여 일러 준 **선한 말**'에 근거한다.[163] 이 구절은 예레미야 29:10 "여호와께서 이와 같이 말씀하시니라 바벨론에서 칠십 년이 차

---

161 Hughes, R. B., & Laney, J. C. *Tyndale concise Bible commentary*. Wheaton, Ill.: Tyndale House Publishers. 2001, 274.
162 Thomas McComiskey, *The Minor Prophes An Exegetical and Expository Commentary* Vol. 1, Baker Book House, Grand Rapids, Mich., 1992, 88. Hesea Joel Amos, 88.
163 Thomas McComiskey, *The Minor Prophes An Exegetical and Expository Commentary* Vol. 1, 197.

면 내가 너희를 돌보고 나의 선한 말을 너희에게 성취하여 너희를 이 곳으로 돌아오게 하리라"라는 구절에 등장하는 **'선한 말'**로서 **'언약의 회복'**과 연결된다.

② 가지 the Branch(렘 31:31, 33:15)

- 예레미야 33:15의 '한 공의로운 가지'는 이사야 1:29, 30에는 나무 이미지(상수리 나무)로 표현되며, 여자의 후손을 zera(창 3:15, זֶרַע)로서 나무 이미지의 '씨'라고 표현하듯이 이사야 6:13에 가면 '그루터기', '거룩한 씨'가 나와서 '이새의 뿌리', '이새의 줄기'(사 11:1)까지 연결된다.

- 예레미야에서 다윗 언약은 자주적 선언이다. 그것은 예레미야 33:14이다. 우리는 복합적으로 언약의 약속과 순종을 다시 볼 수 있다.[164] 예레미야 23:5의 '의로운 가지'(righteous Branch)는 예레미야 33:20-21에서 다윗 왕조로 연결된다.[165]

- 정의와 공의는 하나님의 언약 안에서 이루어지는 '씨'로써 예레미야 33:14의 이스라엘 집과 유다 집에 대하여 맺는 것이다. '집'은 예레미야 31:31에서 말씀하셨던 '내가 이스라엘 집과 유다 집에 새 언약을 맺으리라'에 대한 약속이다.

- 이스라엘과 유다의 '집'(בַּיִת, 렘 31:31, 33; 33:15)은 **'안전'**(security)하게 거할 것이라고 말했다. 안전하게 거할 것이라는 약속은 예레미야 32:36-40의 **'영원한 언약'**(everlastion covenant)의 축복 중의 하나이다.[166] 이사야 55:3에서 '영원한 언약을 맺으리니 곧 다윗에게 허락한 확실한 은혜니라'라고 표현한다.

- 이것은 계시의 발전적 관점에서 김희석 교수님께서 말씀하셨듯이 '언약과 순종의 두 가지 하모니'를 이루게 하며 언약 백성으로의 삶에서,

---

164 Thomas Edward McComiskey, *The Covenants of Promise*, 166.
165 Thomas Edward McComiskey, *The Covenants of Promise*, 27.
166 Thomas Edward McComiskey, *The Covenants of Promise*, 83.

사회에서 맺어야 하는 열매, 즉 삶의 기준을 가리키는 것으로 바울은 로마서 4:16에서 아브라함의 순종을 말한다.

6.2. 신약 본문 비교 연구

6.2.1. 같은 점을 서술하라.(내 본문과 비교본문을 보고 서술하라.)
▶ 나는 여기서 '새 언약'에 대하여 비교 연구를 할 것이다.

BGT	개역개정
ἰδοὺ ἡμέραι ἔρχονται φησὶν κύριος καὶ διαθήσομαι τῷ οἴκῳ Ισραηλ καὶ τῷ οἴκῳ Ιουδα διαθήκην καινήν (Jer. 38:31 BGT)	렘 31:31 여호와의 말씀이니라 보라 날이 이르리니 내가 이스라엘 집과 유다 집에 새 **언약**을 맺으리라
καὶ τὸ ποτήριον ὡσαύτως μετὰ τὸ δειπνῆσαι, λέγων· τοῦτο τὸ ποτήριον ἡ καινὴ διαθήκη ἐν τῷ αἵματί μου τὸ ὑπὲρ ὑμῶν ἐκχυννόμενον (Lk. 22:20 GNT)	눅 22:20 저녁 먹은 후에 잔도 그와 같이 하여 이르시되 이 잔은 내 피로 세우는 새 **언약**이니 곧 너희를 위하여 붓는 것이라
Καὶ διὰ τοῦτο διαθήκης καινῆς μεσίτης ἐστίν, ὅπως θανάτου γενομένου εἰς ἀπολύτρωσιν τῶν ἐπὶ τῇ πρώτῃ διαθήκῃ παραβάσεων τὴν ἐπαγγελίαν λάβωσιν οἱ κεκλημένοι τῆς αἰωνίου κληρονομίας (GNT)	히 9:15 이로 말미암아 그는 새 **언약**의 중보자시니 이는 첫 언약 때에 범한 죄에서 속량하려고 죽으사 부르심을 입은 자로 하여금 영원한 기업의 약속을 얻게 하려 하심이라

- 예레미야 33:14-26에 나타난 '언약'은 예레미야 31:31의 '새 언약'으로 신약에서 '언약'(*diathēkē*)은 주님의 성만찬에서 발견된다(마 26:28; 막 14:24; 눅 22:20; 고전 11:25). 여기에 그리스도의 죽음을 통한 구약 언약의 분명한 성취가 있다. 그의 피의 근원은 시내산 언약인 출애굽기 24:3-8에 있다.

6.2.2. 다른 점을 서술하라.

- 누가복음 22:29에서 '새 언약'은 더 넓은 의미로 **천국을 연상**케 한다. "내 아버지께서 나라를 내게 맡기신 것 같이 나도 너희에게 맡겨".[167] 이 말씀을 살펴보면, 누가복음 22:20에서 "이 잔은 내 피로 세우는 새 언약이니 곧 너희를 위하여 붓는 것이라"라고 말씀하신 후 24절에서 '누가 크냐'의 문제로 다툼이 나는 것을 기록한다. 그러나 예수님의 반응은 27절에 "나는 섬기는 자로 너희 중에 있노라" 하시면서 28-29절 "너희는 나의 모든 시험 중에 항상 나와 함께 한 자들인즉 내 아버지께서 나라를 내게 맡기신 것 같이 나도 너희에게 맡겨"라고 말씀하심으로 '**천국의 개념**'으로 확대되는 것이다.
- '새 언약'은 히브리서에서는 주로 '보증', '중보'라는 표현과 함께 나타난다. 언약의 보증되신 예수(히 7:22), 언약의 중보(히 8:6), 이스라엘 집과 유다 집으로 새 언약을 세움(히 8:8-10), 새 언약의 중보(히 9:15, 24) 등이 있다.

6.2.3. 다른 점을 계시의 발전이라는 관점으로 해석해서 서술하시오

① 계시의 성취(발전) 새 언약(눅 22:20)

헬라어	개역개정
καὶ τὸ ποτήριον ὡσαύτως μετὰ τὸ δειπνῆσαι, λέγων· τοῦτο τὸ ποτήριον ἡ καινὴ διαθήκη ἐν τῷ αἵματί μου τὸ ὑπὲρ ὑμῶν ἐκχυννόμενον. (Lk. 22:20 GNT)	저녁 먹은 후에 잔도 그와 같이 하여 이르시되 이 잔은 내 피로 세우는 새 언약이니 곧 너희를 위하여 붓는 것이라

- 예레미야 31:31에서 나타난 '새 언약'이 '이스라엘 집과 유다 집에' 언약

---

[167] Van Gemeren, Willem A. *A Guide to Old Testamet theology and exegesis*, 754.

을 맺으라는 '왕조의 개념'이었다면, 신약에 와서는 구체적으로 '계시의 성취와 발전'으로 나타난다.

〈표 1-11〉 구약의 새 언약이 신약에서 발전되는 개념

▶ 렘 31:31 '새 언약' → '이스라엘 집과 유다 집에 새 언약을 맺음'(왕조 개념) ↓
▶ 눅 22:20 '새 언약' → '내 피로 세우는 새 언약, 너희를 위하여 붓는 것'(십자가) ↓
▶ 고후 3:6 '새 언약' → '그가 우리를 새 언약의 일꾼되기에 만족하게'(일꾼) ↓
▶ 히 7:22; 8:6; 9:15, 24 '새 언약' → '언약의 보증, 중보가 되심'(언약의 확실성) ↓

② his desire to fulfill it(왕하 19:31 하나님의 열심)

Thomas Edward McComiskey에 의하면 "예레미야 선지자는 '하나님이 약속하신' 언약의 기초 위에서 그의 약속의 기간에 언약을 성취하고자 하시는 하나님의 열망을 묘사한다."[168]고 한다.

무조건적으로 성취하고자 하시는 '하나님의 열망'은 열왕기하 19:31의 "여호와의 열심이 이 일을 이루리라"라는 말씀에서도 분명히 나타난다. 이것이 신약의 '새 언약'(눅 22:20)[169]으로 이어지면서 예수 그리스도의 십자가 사건에서 완성되는 것이다.[170]

---

168 Thomas Edward McComiskey, *The Covenants of Promise*, 174; 이 문장이 너무 아름다워 기억하고 싶어서 각주에 넣었다. 'Thus, the prophet Jeremiah pictrued God as acting on the basis of his covenanted promise in this period and as expressing his desire to fulfill it.'
169 "저녁 먹은 후에 잔도 그와 같이 하여 이르시되 이 잔은 내 피로 세우는 새 언약이니 곧 너희를 위하여 붓는 것이라"(눅 22:20).
170 나는 왕하 19:31 '하나님의 열심'에 대하여 나에게 적용했었다. '나는 할 수 없지만, 하나님의 열심이 나를 통하여 하나님의 나라를 이루어 가시는데 사용되게 할 것이다'라고 생각했다. 그 생각이 틀린 것은 아닌데, 그보다 더 중요한 것은 구속사의 관점에서 '하나님의 열심'을 바라보는 것이었다. 즉 **'하나님의 열심'이 자기 아들을 십자가에 내어주기까지 하신 것이다.** 이것을 깨달았을 때 얼마나 희열이 왔는지 모른다. 그런데 '내 생각이 맞나? 내가 너무 십자가로 비약하는 것이 아닌가?' 했었는데, 여기 나와 있기에 반갑고 확신이 되어 꼭 적고 싶었다.

6.3. 정경 흐름 분석: 사실상 주해 단계의 핵심

이 대목은, 구약의 본문이 어떤 의미가 있으며, 이것이 어떻게 하나님 나라와 연결되는 것인지를 쓰라는 것이다. 특별히, 교수님께서 이를 자신의 삶과 구체적으로 연결지어, 예수 그리스도의 복음으로 제시하라고 말씀하셨다.

▶ 예레미야 33장은 32장의 연속이다. 33장은 예레미야가 시위대 뜰에 갇혀있는 32장부터의 시간적 배경을 같이 하면서 여호와의 말씀이 예레미야에게 두 번째로 임하는 것(33:1)으로 시작된다. 예레미야 32:36부터 '영원한 언약'을 그들에게 세우신다(렘 32:40)는 말씀과 내가 그들의 포로를 돌아오게 함이라(렘 32:44)는 말씀이 33장과 연결된다.

▶ 지금까지 '언약'을 중심으로 단어를 연구하고 문맥을 분석하고, 주제 흐름을 분석하였다. 언약은 '집'과 '가지'의 개념을 도입하며, '왕'의 개념에서, 16절에서 '여호와는 우리의 의'라는 발전적, 공동체 개념으로 나아간다. 20절에서 אִם(if)라는 접속사를 도입하면서 가정법으로 연결되지만, '만약에 인간이 ~ 한다면'이라는 가정의 의미보다는 인간은 언약을 지킬 수 없음을 독자들에게 알린 후, 예레미야 33:22에 아브라함 언약이 등장하고, 예레미야 33:25-26 상반절에서 수사학적 질문을 한다. 수사학적 질문은 '그렇다'라는 것이 아니라 '그렇지 않다'라는 의미의 반어법으로 강조의 의미를 지닌다. 이는 예레미야 33:26 하반절의 접속사 כִּי로 연결되면서 '불쌍히 여기심'(렘 33:26)으로 본문이 끝난다.

▶ 유다의 희망이었던 요시야 왕이 죽자 유다는 모든 것이 절망적으로 내리막길을 향해 달렸다. 유다가 의지하던 애굽이 바벨론에 의해 멸망하고 결국 유다도 바벨론에 의해 멸망당했다. 이러한 파란만장한 역사의 한가운데서 이스라엘 백성은 의문을 가졌을 것이다.

- 이스라엘이 하나님의 택한 백성이라고 하는데, 왜 멸망해야 하는가?
- 과연 이스라엘은 회복될 수 있는가?[171]
- 이스라엘에 대한 파멸과 포로 생활 이후에 남은 희망은 무엇인가?
- What hope remains for Israel after her destruction and captivity?
- 아브라함과 다윗을 통한 하나님의 약속은 여전히 유효한가?
- Are God's covenant promises through Abraham and David still in force?[172]

▶ '왜 이스라엘이 멸망했으며, 과연 이스라엘은 회복될 수 있는가?'에 대한 질문은 '이스라엘에게 남은 희망이 무엇인지'와 연결되며, 아브라함과 다윗을 통한 하나님의 약속의 유효성을 묻고 있는 것이다.

▶ 하나님은 새 언약을 통해 다윗 왕조를 지키시며, 새 언약을 이루실 한 분, 예수 그리스도를 보내신다는 것이다. 과제를 하면서 깨닫게 된 것은 이스라엘 백성의 질문에 대한 하나님의 말씀을 예레미야가 이스라엘 백성들에게 전하고 있다는 것이다. **하나님은 수사학적으로 질문을 하신다. 그것은 정말 그렇게 하시겠다는 뜻이 아니라 하나님이 그렇게 하지 않으시겠다는 강한 의지이다.** 이것은 창조의 법칙이 결코 변하지 않듯이 하나님의 언약도 결코 깨어지지 않을 것임을 변증법적으로 논증하는 것이다.[173] 예레미야 33:25-26을 보자.

> **25절** 여호와께서 이와 같이 말씀하시니라 내가 주야와 맺은 언약이 없다든지 천지의 법칙을 내가 정하지 아니하였다면 **26절** 야곱과 내 종 다윗의 자손을 버리고 다시는 다윗의 자손 중에서 아브라함과 이

---

171 이 두 가지 질문은 내가 힘들었던 시간의 강을 지나며 하나님 앞에 품었던 질문이다.
172 Hughes, R. B., & Laney, J. C. *Tyndale concise Bible commentary*, 275-276.
173 J. A. Thompson, NICOT *The book of Jeremiah*, 603.

삭과 야곱의 자손을 다스릴 자를 택하지 아니하리라 내가 그 포로된 자를 돌아오게 하고 그를 불쌍히 여기리라

A 내가 주야와 맺은 언약이 없다든지
A′ 천지의 법칙을 내가 정하지 아니하였다면
  B 야곱과 내 종 다윗의 자손을 버리고
  B′ 다윗의 자손 중에서 아브라함과 이삭과 야곱의 자손을 다스릴 자를 택하지 아니하리라

이것은 결국 반어법으로 ⬇ 다음과 같은 의미가 된다.(부정은 긍정이다.)

A 내가 주야와 맺은 언약이 있고(창 1:4, 5, 8; 8:22)
A′ 천지의 법칙을 내가 정하였기 때문에
  B 야곱과 내 종 다윗의 자손을 버리지 아니하고
  B′ 다윗의 자손 중에서 아브라함과 이삭과 야곱의 자손을 다스릴 자를 택할 것이다.

▶ 이스라엘 백성들이 가진 의문, 그리고 예레미야를 향해 던진 질문에 대하여 이스라엘 백성들을 향해서 답해야 할 예레미야에게 하나님께서 말씀해 주시는 것은 창조의 언약을 분명히 드러냄으로 이스라엘 백성들을 향한 **하나님의 언약을 지키시겠다는 약속**이다.

▶ 구약의 본문 연구를 통해 확인했듯, 예레미야에서 백성들의 '돌아옴'은 무조건적이다. 호세아서에서는 어느정도 조건적인 것처럼 보인다. 그러나 결국 호세아서에 있어서도 '돌아가자'는 것은 여호와의 성품을 믿고 돌아가는 것으로 볼 수 있다. 그것은 예레미야 33:26에서 본문의 결론으로 말씀하고 있는 하나님의 '불쌍히 여기심'(חסד)의 성품이다. 이것은 누가복음 15:18에서도 발

견할 수 있다. '내가 일어나 아버지께 가서 이르기를 아버지 내가 하늘과 아버지께 죄를 지었사오니' 돌아가면 아버지가 맞아줄 것을 확신하는 것은 아버지와 아들 됨에 있다. 아버지는 아들을 버리지 못하기 때문이다(부자 관계).

▶ '돌아가는 이유'는 하나님의 언약의 성실성으로 인한 은혜이며 이것은 '두 번째 출애굽'으로 연결된다. 이와 같이 **하나님의 언약의 성실성과 하나님의 성품**은 쌍을 이루며 구약의 구속사의 전체를 면면히 흘러가는 지표가 된다. 마지막 '세 번째 출애굽'은 구속받은 성도들이 '영원한 나라'에 가는 출애굽이 될 것이다.

▶ 예레미야 33:15의 '가지'의 개념은 이사야 1:29-30에서 '나무' 이미지로 표현되며, 이사야 6:13에서 '그루터기' 또한 **남은 자'의 개념으로 확대**된다.

> 이사야 10:21 "남은 자 곧 야곱의 남은 자가 능하신 하나님께로 돌아올 것이라"

▶ '남은 자'의 개념은 신약으로 확대되는데, 여기서 강조하고 싶은 것은 '남은 자'는 능동이 아니라 수동의 의미라는 것이다. '**하나님이 남기신 자**'로 해석해야 함이 마땅하며, 또한 이스라엘 집과 유다 집의 최후의 '남은 자'는 예수 그리스도이다.

7. 제7단계 신학(조직신학)(메시지 Message)

다음은 7단계를 어떻게 해야 하는지에 대한 김희석 교수님의 comment이다.

> 본문이 오늘날을 살아가는 우리에게 어떤 메시지를 주는지 살펴봅니다. 구약은 하나님 나라가 특정 시간, 공간에 나타난 것이기 때문에 궁극적 모델로 제시될 수 없습니다. 레위기 제사가 궁극적 예배로 제시될 수 없습니다.

> 신약까지 왔으니 구약 본문을 신약과 연결시켜 생각하면 어느 시간, 공간에 갖다 놔도 유효한 메시지가 되게 해야 합니다.
>
> 7단계는 메시지로 신학을 해야 맞습니다. 조직신학으로 구약 본문의 메시지를 신약과 연결시키면 어느 시간, 어느 공간에 갖다 놔도 다 연결이 되야 합니다. 성경 전체 맥락에서 풀어서 보편적인 메시지로 만들어야 하는데 이것을 교리라 하고, 조직신학이라고 부릅니다. 조직신학은 어떤 의미에서 적용이고, 삶으로 연결시키는 메시지지요.
>
> 조직신학의 통찰이 들어가야 하는데, 너무 많아서 어렵지만 한 페이지로 메시지화 하세요. 우리는 어떤 존재입니다. 하나님은 어떤 분입니다. 어떻게 살아야 한다는 등의 메시지를 여기에 써야 합니다.

▶ 예레미야 33:14-26은 조직신학적으로 어떻게 이해되어야 할까? 본문을 교리적으로 신학화하는 작업은 어려운 산맥이다. 교리적 측면에서 메시지화 할 때 본문은 신론과 기독론, 성경론, 구원론, 인간론으로 논의할 수 있으며 minimalist와 maximalist로서의 입장을 잠깐 언급할 것이다.

▶ 조직신학 관점에서, 본문은 신론에서 다루어지는 **하나님의 절대성과 하나님의 성품**을 잘 나타내고 있다. 출애굽기 34:6에서 비롯된 하나님의 성품은 인간이 지어낸 성품이 아니라 여호와께서 자신의 성품을 선포하신 바이다.

▶ "여호와께서 그의 앞으로 지나시며 선포하시되 여호와라 여호와라 자비롭고 은혜롭고 노하기를 더디하고 인자와 진실이 많은 하나님이라"(출 34:6)라는 구절을 고려할 때, 여호와의 성품은 인간이 체험한 결과로서 제시되는 것이 아니라 하나님께서[174] 능동적으로 모세에게 선포하신 약속으로서 제시된다. 결국 이 선포에 담긴 하나님의 성품은 예레미야

---

174 주해를 하면서, 특히 이 말씀이 내 마음에 크게 와닿았다. 지금까지는 나의 애씀으로 여호와께서 자비로워지시고 은혜로워지시고 노하기를 더디하시게 되고 인자와 진실이 많게 되

33:26에서 포로된 자를 돌아오게 하겠다고 약속하시며, 내가 '그를 불쌍히 여기리라'라고 말씀하시는 데서 잘 나타나고 있다.

▶ **신론**에 있어서 하나님은 '**낮에 대한 나의 언약**'과 '**밤에 대한 나의 언약**'을 세우신 분이다. 성경은 이것을 '천지의 법칙'으로 말씀한다. 즉 나에게 하나님이 창조주 하나님이 되심을 믿는다면, 즉 창세기 1:1에서 성경이 시작되는 말씀인 '태초에 하나님이 천지를 창조하시니라'를 믿는다면, 하나님의 언약을 왜 못믿으랴 하는 생각이 든다. 역으로 논의하면 <u>하나님의 언약을 믿는 믿음은 천지창조를 믿는 믿음에서 비롯된다는 것이다.</u>

▶ **신론**에 있어서 이 말씀은 본문에서 문단이 전환될 때마다 계속해서 나오는 말씀인 '여호와의 말씀이니라'의 서언을 근간으로 하여 성경론으로 이어진다.

▶ **인간론**에 있어서 예레미야 33:20, 21에서 나오는 '언약을 깨뜨려'는 언약을 지킬 수 없는 근본적인 죄성을 가진 인간의 모습을 드러낸다.

▶ **기독론**에 있어서 '언약'은 창세기 3:15의 원복음에서 노아 언약(주야로 그 때를, 창 8:22; 렘 33:20), 아브라함 언약(렘 33:26) 모세 언약, 다윗 언약(삼하 7:16; 렘 33:17), 새 언약으로 이어진다. '언약'은 '새 언약'으로, 새 언약은 예수께서 '내 피로 세우는'(눅 22:20) 것으로 말씀하신다. 이것은 열왕기하 19:31과 같이 '하나님의 열심'이 이 일을 이루시어 골고다 언덕까지 예수 그리스도를 못박히도록 하시는 하나님의 חֶסֶד로 나타난다. 이것이 우리를 향하신 하나님의 사랑이며, 계시의 발전이다. 이것은 시간과 공간을 초월해서 앞에 나타났던 언약의 의미들을 반추하면서 예레미야가 고민하고 그 답을 찾아 이스라엘 백성들에게 전하는 것이다.

▶ 그렇다면 기독론에서, 모세 언약(시내산 언약과 모압 언약)과 다윗 언약이

시는 것으로 생각하며 노력했던 것 같다. 이 문장을 주해하며 뚫어지게 쳐다보다 별안간 **"여호와께서 ~ 선포하시되"** 라는 말씀이 굵은 글씨로 나타났다. 늘 사람이 하는 일에 대한 하나님의 반응만 생각하고 있었던 내게 이러한 눈의 열림은 은혜로 다가와 그 말씀을 붙잡고 기다리며 인내할 수 있게 만든다.

충돌하는가? 결코 충돌하지 않으며 이것이 하나님의 '불쌍히 여기심' 안에 **생명싸개와 같이** 싸여져서 **십자가의 은혜**로 나타나는 것을 느낀다. 이것은 구원론으로 이어진다.

▶ **구원론**에 있어서 하나님께서는 언약을 지키지 못하는 이스라엘을 향하여 '천지의 법칙'을 말씀하시고, "내 앞에서 번제를 드리며 소제를 사르며 다른 제사를 항상 드릴 레위 사람 제사장들도 끊어지지 아니하리라"(렘 33:18)는 말씀으로 제사장의 영원성을 드러내심을 생각해 볼 수 있다. 이 제사장은 히브리서 5:5, 6, 10에서 예수 그리스도로 나타난다. 대제사장 되신 예수께서 우리의 죄를 위하여 속죄제를 드림으로 우리를 구원하심을 의미하는 것이다. 이것은 무조건적이며, 이 **은혜를 아는 사람은 חֶסֶד를 지키는 것이다.** 그럴 때 조건성과 무조건성이 하모니를 이루는 것이다.

"네가 영원히 멜기세덱의 반차를 따르는 제사장이라"(히 5:6; 참조 시 110:4).

▶ minimalist의 관점에서 볼 때 예레미야 33:14-26이 언약을 지키지 못하는 이스라엘을 향한 하나님의 심판과 회복, 하나님의 성품의 주제가 나타난다고 할 수 있다면,

maximalist의 관점에서 볼 때는 minimalist라 할지라도 예수 그리스도와 연결되는 것을 부정할 수 없을 만큼 예수 그리스도와 새 언약에 대한 말씀이 선명하게 나타난다고 할 수 있을 것이다.

8. 제8단계 적용(Application) 및 설교 개요 작성(실천신학과의 연계성)

설교 개요 작성에 있어서 세 가지로 나누어보려고 한다.

▶ 예레미야 33:14-26 본문은 **'여호와의 말씀이니라'**로 서문을 시작한다. 이 서문은 본문에서 세 번(14, 19, 23절)이나 나온다. 더욱 중요한 것은 예레미야의 사역의 시작이 **'여호와의 말씀이 임한 것'**[렘 1:2, 4, 7, 9(1:7, 9, 12절

은 '여호와께서 내게 이르시되'라고 기록한다), 11, 13; 2:1, 4, 31; 3:12; 5:14, 15, 29 등][175]으로부터 출발한다는 점이다.

이런 점에서 나는 예레미야서를 주해하며 그가 '눈물의 선지자'라고 불릴 정도로 이스라엘 말기의 비운의 시대를 넘나드는 어려움을 겪은 선지자였을 뿐만 아니라 그가 얼마나 하나님의 말씀을 붙들고 사역을 하려고 애썼으며, 말씀에 사로잡혔는지를 알게 되었다. 예레미야의 강인함은 '여호와의 말씀'[176]이 그를 붙들고 있음을 확신했기 때문이 아니었을까. 예레미야는 처음 시작부터 말씀에 사로잡혀 있었기 때문에 하나님의 말씀에 따라 순종으로 그 말씀을 선포하지 않을 수 없었고, 극심한 고난을 겪으면서도 다른 길을 갈 수 없었던 것이다.

▶ 바이블웍스 10을 볼 때 'דְּבַר־יְהוָה'가 22.305%로 가장 많이 나온다.

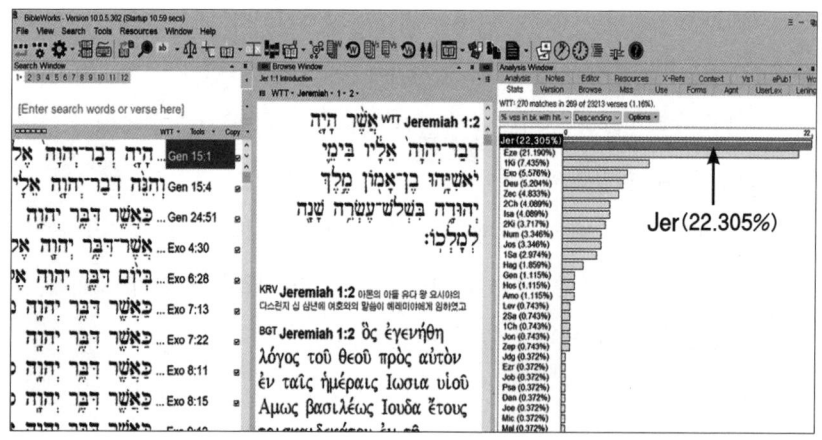

---

175 나는 렘 1:2부터 시작된 예레미야의 사역은 '여호와의 말씀'으로부터 시작한다는 것을 지금에야 발견했다. 그냥 '여호와의 말씀'이려니 했는데, 예레미야의 사역이 말씀과 더불어 시작된 것임을, 즉 1:6에서도 "나는 아이라 말할 줄을 알지 못하나이다"라는 거절에 이어 '여호와의 말씀'이 강하게 임함으로써 시작된 것임을 예레미야 스스로 증언하고 있는 것이다. 이것이 놀라왔다.

176 '여호와의 말씀'은 『개역개정』 구약에서 1,305회(여호와의 말씀이 연결되어 나오는 것과 중간에 다른 단어가 나오는 것을 포함하여) 나오는데, 그중 예레미야에서만 391회 나타나며, 이는 구약에서 가장 많은 횟수이다. 이것을 바이블웍스10과 로고스8에서 찾아보았다. 예레미야가 선지서 중 52장을 차지하면서 '여호와의 말씀'이라는 어구의 횟수가 많은 것은 사실이나, 다른 선지서들과 비교할 때, 예레미야는 문단이 바뀔 때마다 '여호와의 말씀'으로 시작하는 것을 볼 수 있다.

▶ 로고스 8도 구약 전체 중 예레미야에서 '여호와의 말씀'이 가장 많이(517회) 나온다.

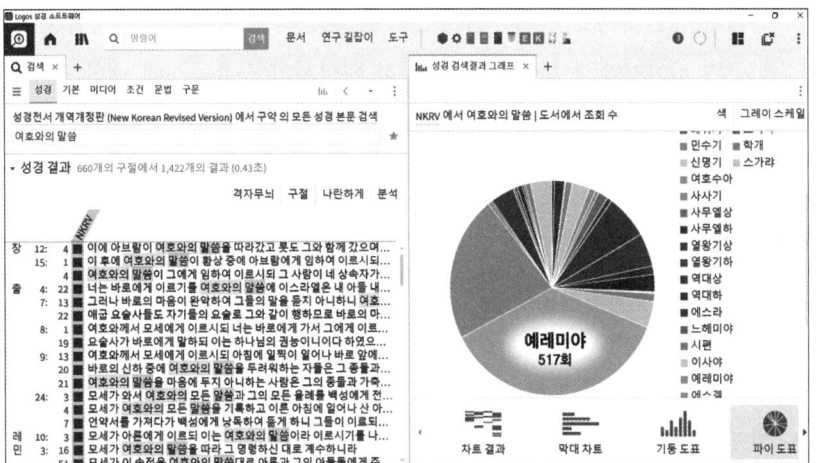

▶ 본문은 '**언약**'을 이스라엘 집과 유다 집에 대하여 일러 준 '선한 말'(렘 33:14)로 일컫는다. 그리고 '선한 말'은 '성취할 날'이 이름과 연결된다. '성취한 날'은 '공의로운 가지'라는 개념으로 '정의와 공의'를 실행할 것을 말한다(15절).

▶ 예레미야 33:21은 '다윗 언약', 33:22에서 '아브라함 언약'을 언급하며, 이것을 실행할 것을 예레미야 33:20에서 '천지의 법칙'인 '창조 언약'까지 언급하며 세 가지, 즉 '① 아브라함과 이삭과 야곱의 자손을 다스릴 자를 택할 것, ② 포로된 자를 돌아오게 할 것, ③ 불쌍히 여길 것'을 말씀한다(렘 33:26). 이것이 헤세드의 언약이다.

▶ 또한 본문은 '언약', '돌아가자', '이스라엘의 회복', '남은 자'의 **모든 주체가 하나님**이심을 말씀한다. 하나님의 '**불쌍히 여기심**' 즉 חֶסֶד가 주체가 되는 것이다. חֶסֶד는 하나님의 성품이다. 이 성품은 십자가로 연결된다. 그리고 חֶסֶד는 우리의 삶에서 우리 각자가 חֶסֶד가 되어야 함을 요구한다. 왜냐하면 하나님의 성품과 하나님의 열심이 우리를 חֶסֶד하게 만드시기 때문이다.

▶ 본문을 살펴봤듯이 우리는 חֶסֶד의 삶을 살 수 없는, 자격없는 사람들이다. 그럼에도 하나님은 창조의 법칙까지 말씀하시며 하나님의 사랑을 끈질기게 말씀하시고 싶어하신다. 그것은 흔들리는 이스라엘 백성들을 향한 부르심이지만, 동시에 우리를 향한 하나님의 긍휼하심에 대한 선포인 동시에 우리도 그 능력으로 חֶסֶד의 삶을 살도록 명하시는 엄숙한 하나님의 명령이며 하나님께서는 여기에 대한 순종을 요구하신다.

나가는 말

각 단계마다 얼마나 어려웠는지, 한 달이 꼬박 넘는 긴 시간 동안 진액이 빠지는 느낌이었지만 행복하고 즐거웠다. 머릿속에서는 생각이 되는데, 논리로 풀어내기가 어려웠다. 교수님께서 말씀하셨듯이 "'네, 저 예수님 믿어요. 하면 되는데 뭘 쓰라는 거냐?'고 저를 쳐다보면 안돼요."라고 하신 말씀을 수십 번도 더 생각하며, 모든 학생들이 다 겪는 어려움인데 하고 다시 용기를 내어 교수님의 가르치심에 답하고 싶어 온 정성을 다했다.

'언약'을 논리정연하게 나의 말로 강의하라면 어떻게 내 말로 체화시켜 전할 것인지, 고민하며 아브라함 언약, 모세 언약, 다윗 언약, 새 언약에서 예수 그리스도를 나타내기까지 논의해 보려고 최선을 다해 노력하였다.

김희석 교수님의 강의를 필기한 내용을 읽으면 교수님께서 가르쳐 주신 예수 그리스도의 향기가 진하게 전해진다. '김희석 교수님' 하면 떠오르는 아련함은 **예수 그리스도**이시다. 구약 학자이시지만 minimalist를 놓치지 않으시면서도 그 안에서 예수 그리스도를 찾아내시고 예수 그리스도의 십자가 앞으로 우리를 이끌어가심은 주님을 정말 사랑하는 마음에서 비롯된 것이기에 진정 고맙고 감사하고 눈물이 펑펑 쏟아지면서도 행복하다.

김희석 교수님께서 야긴과 보아스 종강 때 하신 말씀을 들어보자.

> 다윗은 위대하신 하나님의 무조건성의 은혜를 받았기 때문에 자신의 모든 것을 하나님께 맡기고 회개할 수 있었던 것입니다. 그는 하나님께 마음을 드릴 줄 아는 사람이었고, 끝까지 하나님이 자기에게 주신 은혜가 무엇인지 아는 사람이었습니다.
> חֶסֶד를 아는 사람은 חָסִיד의 삶을 살아갈 줄 아는 사람이고, 하나님께 자기 인생을 맡길 수 있는 결단을 하게 됩니다.

교수님의 말씀이 예레미야 과제의 결론으로 다가온다. 부족하고 허물 많지만 나도 חֶסֶד의 은혜를 덧입으며 주님 앞에서 חָסִיד의 삶을 살리라 고백한다.

양지에서 가장 소중했던 시간, 그리고 내 인생의 학문의 시간 중에서 가장 행복했던 강의를 꼽으라면, 김희석 교수님께 배웠던 시가서(청강을 했는데, 두고두고 봐도 너무 잘한 선택같다. 그 이후로 시가서를 배울 기회가 다시는 우리에게 주어지지 않았기 때문이다.), 선지서, 야긴과 보아스 강의를 들 수 있을 것이다. 이 시간을 기억하면 너무 행복하다. 졸업을 하고 나면 김희석 교수님의 강의가 참 몹시 그리울 것이다. 교수님 참 많이 감사합니다.

사랑으로, 삶으로, 온몸으로 학생들과 함께하시며 학생들을 품으시던 스승님의 눈빛이 아련히 그리워질 것 같다. 오래오래 내 가슴에서 잊혀지지 않을 것 같은 김희석 교수님께 감사와 사랑과 존경의 마음을 전한다.

'하나님은 그의 언약을 실패하지 않을 것'을 안다. '인간의 계획은 실패할 것이나, 그러나 하나님의 계획은 영원하다.'[177] 주해를 하는 동안 가장 가슴에 남는 문구였다.

---

[177] Thomas C. Oden, *Jeremiah, Lamentations*, Ancent Christian Commentary on Scripture. Old Testament; 12, edited by Dean O. Wenthe; general editor, Downers Grove, Illinois: InterVarsity Press, 2008, 227.

참고문헌

김영욱　　신명기I. 솔로몬. 2016.
김창대　　새 언약 안에서 백성의 변형-예레미야 33:14-26의 분석-대한성서공회. 성경원문연구. 제37호 2015-10.
나용화. 김의원 공역　　새성경 사전. [N. Hillyer편] 서울. 기독교문서선교회. 1996.
Beale, G. K. and Carson, D. A.　　Commentary on the New Testament use of the Old Testament. Grand Rapids. MI: Baker Academic. 2007.
Bromiley, Geoffrey W. etc.　　The International Standard Bible Encyclopedia. Grand Rapids. Mich. W. B. Eerdmans. 1979-1988. ※ 단어 연구에 필요.
Harris, R. Laird etc. 번역위원회 번역　　Theological Wordbook of the Old Testament Vol. 1. Moody Press. Chicago. 1981; 구약원어신학사전. 1986. 요단출판사.
Holladay, William L. 손석태·이병덕 공역　　A Concise Hebrew and Aramaic Lexicon of the Old Testament. Grand Rapid. MI. 1971; 히브리어. 아람어 사전. 솔로몬. 2015.
Hughes, R. B. & Laney　　J. C. Tyndale concise Bible commentary. Wheaton. Ⅲ. Tyndale House Publishers. 2001.
Longman Ⅲ, Tremper 이철민 역　　Jeremiah·Lamentations. Grand Rapids. MI. 2008; 예레미야·예레미야 애가. 성서유니온. 2017.
McComiskey, Edward. Thomas　　The Covenants of Promise; A Theology of the old Testament Covenants. Baker Book House. Grand Rapids. Michigan. 1985. ※ 구약 본문 비교에 필요.
※ McComiskey 문헌 박철현 교수님 추천(책 아주 좋음).

_____. The Minor Prophes: An Exegetical and Expository Commentary Vol. 1. Baker Book House. Grand Rapids. Michigan. 1992. ※ 이 책 아주 좋음(박철현 교수님 추천).

Moon, Joshua N. Jeremiah's new covenant: an Augustinian reading. Winona Lake. Ind.: Eisenbrauns. 2011. ※ 이 책도 좋습니다. 새 언약에 필요.

Nashville, Tenn. (The) New Interpreter's dictionary of the Bible. Abingdon Press. 2006. ※ 신약본문 비교 연구에 필요.

Oden, Thomas C. Jeremiah. Lamentations. Ancent Christian Commentary on Scripture. Old Testament; 12. edited by Dean O. Wenthe; general editor. Downers Grove. Illinois: InterVarsity Press. 2008.

Silva, Moise's New international Dictionary of New Testament Theology and Exegesis Vol. 1. Zondervan. 2014.
※ 신약본문 비교 연구에 필요.

Stulman, Louis Jeremiah. Abingdon Old Testament commentaries. Nashville: Abingdon Press. 2005.

Thompson, J. A. (NICOT) The book of Jeremiah. Grand Rapids. Michigan. 1980. ※ 4단계 장르와 2단계 역사적 배경에 필요.

Tov, Emanuel Textual criticism of the Hebrew Bible. third ed., Minneapolis: Fortress Press. 2002.

Van Gemeren, Willem A. A Guide to Old Testamet theology and exegesis. Zondervan Publishing House. 1999.
※ 3단계 단어 연구에 필요.

Waltke, Bruce K. & O'Connor, M. An Introduction to Biblical Hebrew Syntax. Winona Lake. Indiana. 1990. (단어연구에 필요)

Walton, John H.(외). 정옥배(외) 역 성경배경주석. 한국기독학생회출판부. 2010.

Williams, Ronald J. 김영욱 역　　Williams' Hebrew syntax. John C. Beckman. 2007; 윌리엄스 히브리어 구문론. 그리심. 2012.

Wright, Christopher. 안종희 옮김　　예레미야 강해. IVP. 2014.

〈그림 1-4〉 참고했던 문헌들 사진(나중에 찾기 쉽도록 사진을 첨가했다.)

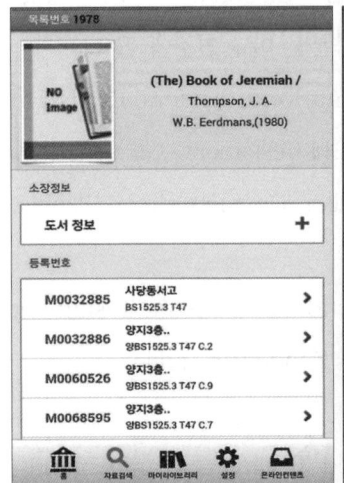

Thompson, J. A.

(NICOT) The book of Jeremiah. Grand Rapids. Michigan. 1980.

※ 이 책이 가장 좋았던 것 같아 저장해 둔다.

김희석 교수님도 이 책이 좋은데 아직 한국어로 번역이 안되어 있다고 말씀하심.

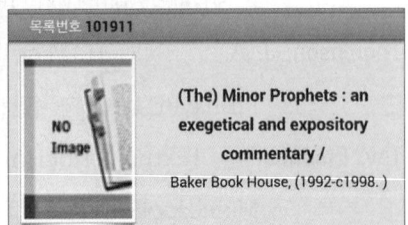

McComiskey, Edward. Thomas

The Covenants of Promise;
A Theology of the old Testament Covenants.
Baker Book House. Grand Rapids. Michigan.
1985.

※ 박철현 교수님께서 추천하신 저자인데, 이 책이 가장 좋았다.

McComiskey, Edward. Thomas

The Minor Prophes: An Exegetical and Expository Commentary Vol. 1. Baker Book House. Grand Rapids. Mi. 1992.

※ 박철현 교수님 추천하신 저자
소선지서 책이 시리즈인데 아주 좋음.

6. 선지서 기말 과제

김희석 교수님
여호와의 날에 남은 자가 되는 길

> **과제**: '여호와의 날에 남은 자가 되는 길'에 대하여 소선지서 전체의 구조와 흐름의 발전을 고려하여 서술하라

◆ **기술방법**: 본인이 선택한 주제에 대하여 각각 1장 분량으로 작성하라. 자신의 말로 풀어 기술하라.

1) 선택한 주제에 대한 담당 교수의 강의 내용을 소화한 후 그 핵심 내용을 나의 말로 설명하라.
2) 1항의 내용을 한국교회 혹은 나의 사역지(현재/미래 모두 가능, 목회지/선교지/ 기관 혹은 특수사역 모두 가능)에 적용하여, 그 내용을 어떻게 실천해 나가야 할 것인지를 기술하라.
   ☞ 반드시 1)항에서 서술한 내용을 적용하는 것이어야 합니다. 1)항과의 연결이 없거나 약한 경우 감점이 있습니다. 1)항의 내용에 기초하여 구체적이고 적실성 있는 서술을 하도록 합니다.

1. 들어가는 말

12선지서들 간에는 내적 연결고리들이 존재한다.[178] 선지서에는 한 분 하나님이 수 세기에 걸쳐 많은 선지자들에게 말씀하신 내용이 담겨있다. 이것은 예언 메시지의 주제가 **다양한** 것만이 아니라, 예언의 말씀이 엄청난 **통일성**을 지니고 있음을 의미한다.[179]

소선지서 전체를 묶어주는 두 가지 주제는
    1. 여호와의 날(יוֹם־יְהוָה, the Day of YHWH)과
    2. 하나님의 인자하심[חֶסֶד (ḥesed)]이다.

여기에 또 한 가지를 더한다면 남은 자(שְׁאֵרִית, remnant)이다. '여호와의 날'과 '남은 자' 두 단어는 거의 평행적(parallelism)으로 나타난다.

2. 소선지서 각 권의 주제와 흐름

호세아서는 소선지서 전체를 열어주는 서론의 역할을 하며, 말라기는 결론의 역할을 한다. 호세아서는 **언약 파기**를 선언하고 **언약 갱신**으로 나아간다. 말라기 역시 **언약이 파기**된다는 선포를 하고 이것이 **언약의 갱신**이라는 결론으로 나아간다. 이런 의미에서 소선지서의 맨 앞과 맨 뒤는 수미쌍관으로 상응한다. 다만 호세아와 말라기의 언약 갱신의 근거는 다르다.

호세아는 사람이 먼저 슈브(שׁוּב)해야 한다는 조건성이 부각되지만, 미가부터는 하나님이 먼저 행하심이 강조된다. 이러한 언약 파기에서 언약 갱신으로 넘어가는 근거는 헤세드 즉 여호와의 언약적 성품, 언약적 성실성, 그분

---

178 McConville, J. Gordon, 박대영 옮김, 선지서, 성서유니온, 2002. 260.
179 VanGemeren, Willem, 채천석 옮김, 예언서연구, 솔로몬, 2012, 144-145.

이 여호와이시기 때문이다. 이것이 호세아의 선포이다. '돌아오라, 여호와를 알라'가 호세아 4-14장의 이야기이다. 하나님이 헤세드의 하나님이라면 그 다음에 '주님, 헤세드는 뭘까요?'하는 질문이 자연히 따라 나오게 되어 있다. 그것이 요엘서부터 나오는 내러티브이다.

요엘서에서는 '여호와의 날'이라는 중요한 주제가 하나의 패턴으로 형성된다. 그것이 아모스에서 오바댜, 요나로 점진적으로 발전해 나간다. 주님의 궁극적 심판이 나오고, 어떻게 심판을 피하여 남은 자가 될 수 있을 것인가가 선지자의 선포이다. 어떻게 남은 자가 될 수 있는지는 요엘 1:3에서 확인할 수 있다. 학자들은 이 구절이 소선지서를 이어주는 근거라고 말한다. '너희는 이 일을 너희 자녀에게 말하고 너희 자녀는 자기 자녀에게 말하고 그 자녀는 후세에 말할 것이니라.'(욜 1:3) 호세아 2:14의 돌이키시다는 슈브 שוב 동사이다. 사람이 먼저 슈브하면, 즉 너희가 슈브 שוב 하면 하나님이 슈브 שוב 하신다는 **조건성**이다. 요엘 2:13의 '인애'는 출애굽기 34:6에서 헤세드를 발전시킨 것이다. 호세아서에서는 헤세드의 하나님이라고 선포했는데, 하나님이 헤세드로 용서해 주시니까 공동체가 제의적인 회개를 해야 한다고 말하는 것이다.

아모스서에서 하나님께서는 심판(1-6장)과 환상(7-9장)으로 여호와 하나님 본인이 말씀하신 것을 담보하여 자꾸 한걸음 더 나가신다. 회개를 안했음에도 불구하고 '**하나님은 선을 넘어 오신다**. 은혜를 베푸시고, 정한 원칙까지 넘어서면서 택한 백성을 구원하시겠다'는 것이다.

요나서에는 '회개하고 돌아오면 된다'가 없다. 그러나 '선(線)을 넘어오시는 하나님의 사랑'을 요나는 알았을까? '회개하지 않으므로 심판할 것이다. 그러나 나(여호와)는 끝끝내 회복시킬 것이다'로 말씀하신다.

미가서의 6:6-8 내가 무엇을 가지고 여호와 앞에 나아가며~는 '내가 어떻게 여호와의 날을 피하여 죄를 용서받고 구원받을 수 있을까?'라는 뜻이다. 구원자가 온다. 하나님에게로 주체가 넘어가고 있는 것을 보게 된다. 구원은 하나님께서 정하신 방법대로 이루어지는 것을 믿는 것이다.

하박국서는 믿음에 관하여 하나님과 동행하는 것을 말한다. 하나님은 우리 인생과 공동체를 이끌고 나가는 분이시다. 하나님의 구원 계획을 받아들임을 믿음이라고 하고, 멸망이 올지라도 그것이 반드시 구원이 될 줄로 믿는 것이 믿음이다.

스바냐서에서는 '여호와의 날'이라는 주제가 매우 중요하게 다루어진다. 하나님께 신원을 구하며 포기하지 않는 자들이 하나님 앞에 겸손하게 된다. 바로 이런 사람들이 겸손한 자이다. '회복시켜 줄 것을 믿고 믿음으로 살겠습니다.' 하는 것으로 온유한 자가 되는 것이다. 가난한 자, 곤고한 자는 온유한 자이다. 여호와의 이름을 의탁하여 보호를 받으며 '여호와의 이름에 피하는 자들'이라는 뜻이다. 하나님 앞에서 겸손한 자들이다. '주께서 나의 신원자가 되시는 것을 믿고 믿음으로 살아갑니다'라고 고백하게 된다. 스바냐는 그 하나님 앞에서의 겸손으로 나아가며, 이것을 예수께서는 '심령이 가난한 자는 복이 있나니'로 확장하신다.

학개서에는 하나님의 때에 전능하심으로 '내가 먼저 할 것이다'라는 말씀이 선포되며, '하나님이 먼저 돌아오셔서 성전이 확장'될 것임을 다루고 있다.

3. '여호와의 날(יוֹם־יְהוָה)'과 '남은 자'의 관계

소선지서의 Pattern I은 '여호와의 날'과 '남은 자'의 관계가 '심판'과 '구원'이라는 것이다.

'여호와의 날'이란 하나님의 궁극적인 신현이 나타나는 날로서 요엘서와 스바냐, 말라기 등에서는 진멸하는 날(헤렘의 날)로 나타난다. 여호와의 날은 구원과 심판의 양면성을 지닌 날로써 '남은 자'들에게는 구원의 날이지만 악인들에게는 멸망의 날로써 형벌이 내리고, 그 심판 과정 중에 '남은 자'들이 나타나 하나님의 나라를 회복케 하는 사건이 발생하는 날이다. '선지자는 사람들에게 선한 것을 사랑하고 악을 미워하도록 선포한다. 하나님의 심판이 반드시 와야 한다. 왜냐하면 하나님은 그들의 악한 마음을 아시며 언약에 대한 자신의 신실하심에 의하여 심판이 요구되어짐을 아신다. 그러나 그들이 돌이켜 선을 찾으면 남은 자들이 될 수 있다.'고 여호와의 날에 대해 기술한다.'[180]

반 게메렌(Van Gemeren)은 여호와의 날이 드러내는 여러 측면들을 설명하는데, 여기에는 책무의 날, 신의 현현의 임박성, 은유(법정과 전쟁), 변형이라는 궁극적 목적, 경건한 삶이라는 현재적 목적, 심판과 구원을 위한 수단 등을 예로 들고 있다. 여호와의 날은 소선지서의 주요 주제를 이루는데, 특히, 요엘과 스바냐에 여호와의 날이 개념적으로 잘 설명되어 있다.[181]

여호와의 날은 "여호와께서 그의 처소에서 나오시고 강림하사 땅의 높은 곳을 밟으실 것이라"(미 1:3)는 말씀으로 표현된다.

'남은 자'는 스바냐 2:7에 의하면, '블레셋의 영토를 포함하여 약속의 땅을 완전히 소유하게 될 것이다. 신명기 율법의 축복이(그들이 건축하지 않은 집에 살 것이기 때문에) 궁극적으로 성취될 것이다.'[182] 이것은 예상하지 못한, 받을 만하지 못한(자격 없는)자에 대한 구원!(unexpected, un deserved salvation!)이다.

---

[180] McComiskey Thomas, *The Minor Prophets* Vol.1: an exegetical and expository commentary, Grand Rapids, Mich.: Baker Book House, 2009. 423.
[181] 김희석, 자연재해에 대한 성경적 대응 방안 소선지서에 나타난 여호와의 날을 중심으로, 헤르메네이아 투데이 53, 한국신학정보연구원, 2012. 3, 78.
[182] Robertson, O. Palmer. (NICOT) *The books of Nahum, Habakkuk, and Zephaniah*, Grand Rapids, Mich.: Eerdmans, 1990, 300.

야곱과 이스라엘 각각의 이름은 하나님의 언약 백성으로서 12지파, 전체 민족을 나타내며, 여기서 남은 자로 규정된 사람들은 참 이스라엘이며, 언약에 충실한 사람들이다.[183]

4. 여호와의 날과 남은 자의 연결은?

미가부터는 '내(하나님이)가 먼저 행한다'이다. 즉 미가는 '하나님이 먼저 슈브하신다. 하나님께서 먼저 슈브하셨다'이고, 요엘은 '사람이 슈브하면 하나님이 슈브하신다'이다.

처음에는 헤세드 때문에 회복시킨다고 하신다. 너희가 돌아오면 하나님이 돌아오신다는 패턴을 넘고 선을 넘어서 하나님이 오시면 너희가 온다. 그런데 순종하지 않음으로 헤렘까지 보내신다. 이 모든 사건은 하나님이 어떤 분인지를 보여주는 것으로 하나님은 먼저 우리에게 돌아오는 분으로 넘고 넘어 돌아오셨다. 하나님이 오셨다. 하나님의 오심은 언약 파괴에서 언약 갱신으로 가는 근거가 된다. 언약의 사자로서의 오심이기 때문에 하나님이 언약의 사자가 되어서 오셨다. 오신 분은 하나님과 동일본질이신 하나님의 아들이고 그분은 성령을 보내셨다. **여호와의 날은 남은 자를 구원하시는 날이다.**

Pattern II는 심판에서 남은 자가 되기 위한 방법이다. 첫 번째는 '공동체의 제의적 회개운동'이고 두 번째는 '하나님의 주권적인 심판과 구원의 역사'이다. 이것이 헤세드이다. 헤세드의 **하나님은 사랑하시는 자를 위해서 먼저 돌아오시는 분이시다.** 우리가 돌아가기도 전에, 하나님께서 먼저 돌아오셔서, 그래서 그 은혜를 받았으니까 신실하게 살게 된다는 것이다. 이 패턴이 나훔, 하박국, 스바냐에도 적용이 되면서 계속 발전이 되는 것이다.

---

[183] Laetsch, Theodore Ferdinand Karl, Bible commentary: *The Minor prophets*. St. Louis, Concordia Pub. House, 1956, 257.

결국 '여호와의 날'과 '남은 자'는 헤세드에서 만난다. 그 외에 '여호와를 아는 지식'(דַּעַת, 호 4:1; 6:6), (יָדַע, 8:2; 13:4)도 헤세드에서 만난다. 여호와의 날과 남은 자, 여호와를 아는 지식은 각각의 의미를 함유하는 다양성 가운데 헤세드에서 통일성을 이룬다. 헤세드는 하나님이 은혜를 주셨기 때문에 우리가 헤세드 할 수 있음을 알려주는 것이다.

5. 나의 사역지에 적용하여, 그 내용을 어떻게 실천해 나가야 할 것인지를 기술하라

지금까지 나는 '여호와의 날'과 '남은 자', 그리고 '언약'을 각각 분리된 개념으로 생각했다. 선지서를 배우면서도 따로 이해함으로써 통전적인 해석을 넘어서지 못했었다.

김희석 교수님께 선지서를 배우며 남은 자가 언약과 연결될 것이라는 개념까지 들어왔는데, 나의 한계는 거기까지였다. 그러다가 김희석 교수님께서 반 대표를 통해서 기말 과제를 보내셨을 때 과제의 주제를 읽는 순간 '여호와의 날'과 '남은 자'가 하나로 연결되어 이해되었고, 순간 머릿속에 전기가 흐르는 느낌을 받았다. '어! 이거다!' 그리고 이것이 언약을 향해 나아가는 것을 발견했던 것이다. 이제야 퍼즐이 맞춰지고 완성된 느낌이었다.

하나님께서 역사하시는 무조건성이 사람이 해야 하는 조건성을 만족시키는 것, 충족시켜야 한다는 것이 새 언약이다. 하나님이 하시기 때문에 사람이 할 수 있다는 것이다. 자기가 강조하고 싶은 것을 빼가지고 하나님께서 하시기 때문에 사람은 안해도 된다가 아니다. 하나님이 하시니까 사람이 하게 된다.

은혜를 받았으니까 신실하게 된다는 것이다. 헤세드란 하나님의 언약의 신실함, 언약적 성실성으로 인자, 자비, 은혜를 뜻하며, 헤세드의 은혜를 입은 자는 하시드로 살게 된다는 것이다. 언약의 내용보다 하나님의 성품과 하나님 자체가 더 중요함을 깨닫는다. 그것을 내가 은혜로 받아 누리고 싶다. 나의 성실함이 아니라 하나님의 성실함이 이끄시는 은혜를 말이다.

    소선지서도 선지서와 마찬가지로 이스라엘의 죄를 고발하고 열방 신탁을 선포하지만 선지자가 말하고 싶은 궁극적인 목적은 하나님의 진한 기다림과 인내이다. 나는 이것을 들으면 그저 눈물이 난다. 남은 자가 내 열심으로, 인간의 열심으로 이루어지는 줄 알았던 시간들, 그러나 '여호와의 열심'(왕상 19:31)이 나를 끌어내어 나를 이곳 양지까지 인도하셨다.

    헤세드의 삶이란, 예수님의 제자들이 다 도망간 자리에 십자가 앞에서조차 마지막까지 함께 했던 이름 없는 여인들의 삶이 아닌가? 그 여인들은 화려하지 않았으며, 무명의 여인들로 비천함을 당하고 슬픔을 당했던 여인들이었다. 7번이나 귀신이 들린 마리아를 비롯하여, 가슴 저림으로 살았을 예수님의 어머니 마리아, 이름없이 예수님을 수종 들었던 여인들이야말로 **'십자가 앞의 남은 자'**들이다. 그 여인들은 '내가 남은 자가 되어야지'하고 결심하지 않았으며, 남은 자가 되려고 애를 쓴 것이 아니라 그저 주님을 따라 갔을 뿐이다. 그랬더니 거기, 그 자리가 예수님의 십자가 앞에 남은 자가 되는 은혜를 누리는 자리가 되었다.

    나는 아직 사역지가 정해지지 않았다. 그럼에도 내게 주어지는 길이 있다면, 하나님이 주시는 헤세드로서 살아가고 싶다. 김희석 교수님께서 예수님을 말씀하시던 그 시간, 눈물이 범벅이 되어 흐르던, 사랑하는 예수님을 만나던 그 시간 같이 은혜를 누리며 그저 겸손히 최선을 다해, 정성껏 주님과 사람을 섬기며 헤세드의 은혜를 나누며 살고 싶다.

7. 시가서 과제

황선우 교수님
시편 89편 주해

1. 연구 목적

- 시편에서 언약(בְּרִית)이라는 단어가 몇 번 나왔는지를 찾으면 다음과 같다.

25편	2번	44편	1번	50편	2번	55편	1번
74편	1번	78편	2번	89편	4번	103편	1번
105편	3번	106편	1번	111편	2번	132편	1번
개역개정 시편에 '언약'이라는 단어: 총 21번							

- 시편에는 여러 가지 장르 즉, 찬양시, 탄식시, 회상의 시, 신뢰의 시에 더하여, 감사시, 지혜시, 제왕시가 있다. 이와 같이 엄청나게 다양한 장르의 노래를 통해 이스라엘은 그들의 하나님을 찬양했다. 그러나 시편은 서로 완전히 분리된 것이 아니라 공통적인 특징들을 많이 가지고 있다.[184]

---

[184] Tremper Longman III., *How Read the Psalms*, InterVarsity Press, 1988, 한화룡 옮김, 어떻게 시편을 읽을 것인가?, IVP, 1989, 23, 43.

- 시편은 기본 장르 외에도 내러티브를 가지고 있다. 각 시편의 표제들은 내러티브를 함유하고 있다. 이러한 표제들은 역사서를 엿볼 수 있게 하며 대부분의 시편이 다윗의 내러티브를 간직하고 있다. 시편의 전개와 함께 다윗의 고난과 범죄, 회개, 찬양 등을 통해 독자도 역시 그 속으로 들어가서 함께 호흡한다.
- 내게 있어서 시편은 어떤 의미인가? 내가 시편을 사랑하는 이유는 무엇일까?

  죽을 것 같이 힘들었던 굴곡의 세월을 지나는 동안 시편이 주는 위로와 시편 기자의 낙망을 통한 한탄과 가슴저립이 동병상련(同病相憐)으로 공감되었기 때문이다.[185]
- 그런데 시편 가운데 '언약'이 있다는 것을 발견하고, 크게 놀랐다! 내가 어렸을 때는 시편 23편과 같은 시를 통해 위로를 받았다. 그리고 사춘기 시절, 내 존재에 대해 심각하게 고민할 때는 시편 139편에서 위로를 받았고 시편 90편에서 희망을 품기도 했다. 그러나 복음을 깨닫고 난 후 '구속'이라는 단어에 눈이 뜨이고 나자 시편 속에 들어 있는 '언약'이라는 단어가 눈에 보이기 시작했고, 어느 성경을 보든지 '언약'의 값을 생각하고 묵상하기 시작했다. 언약은 결국 예수 그리스도에게로 나아감이다. 그렇기에 '언약'이라는 단어는 예수 그리스도를 보내시는 하나님의 사랑이다.
- 삶의 나이테가 두꺼워질수록, 인간이 얼마나 악한지를 깊이 절감한다. 그 악함이 내게도 존재한다는 것을 알게 되기에 하나님이 주신 '언약'이 없다면 우리는 얼마나 절망적인 존재인지를 온몸 깊숙이 체험하게 된다. 그래서 '언약'을 붙들고 싶은 마음 간절하다. '언약'이 없다면 내 영혼은 길을 잃고 헤맬 수밖에 없었을 것이기 때문이다.

---

[185] Gordon J. Wenham, *Psalms as Torah*, Grand Rapids: USA, 2012; 방정열 옮김, 토라로서의 시편-윤리적 차원에서 시편 읽기, 도서출판 대서, 2017. 11. 참조.

- 메시야의 예언(시 2:7)과 함께 헤세드(חֶסֶד)의 하나님이 우리 인간에게 약속하신 '언약'이 예수 그리스도라는 것을 깨닫게 되기까지는 오랜 시간 긴 터널을 지나와야만 했다. 천국이 지척(咫尺)에 다가온 나이가 될수록 '언약'이 '생명'임을 온몸으로 느끼게 된다.

- '언약'이 없었더라면 내가 이 자리에 없었을 것임이 분명하기 때문이다. '언약'이 있었기에 내가 넘어질 때도 하나님의 붙잡으심으로, 여기 양지에 와서 공부할 수 있는 은총을 덧입을 수 있었다는 것이다. 이런 하나님의 약속을 깨닫기에 '언약'이라는 단어만 나오면 반갑다.

  그리고 이 단어는 내게 손을 내밀어 주고 말을 건네온다. 그래서 나는 이 단어에 압도되어 '언약'에서 빠져나올 수 없게 되었다.

2. 연구 과정 중의 발견

연구 과정 중의 발견 ① 여호와의 인자하심과 성실하심

- 처음 연구는 '언약'에 집중하였다. 그러나 시편 89편 전체를 읽어가는 동안 1절 말씀이 먼저 다가오기 시작했다. '여호와의 인자하심과 성실하심'이라는 어구였다.

  그것을 W. S. Plumer의 책 『Psalms』에서는 다음과 같이 논의하고 있다.

  '많은 시편들이 불평과 기도로 시작한다. 그리고 마지막은 기쁨과 평안이다. 그러나 시편 89편은 기쁨과 평안으로 시작하고, 그리고 마지막은 불평과 탄원이다.'

  ('Many Psalms that begin with complaint and prayer, end with joy and praise, but this begins with joy and praise, and ends with sad complaints and petitions.')

시편에는 쌍을 이루는 대조법이 많지만 이와 같은 형식으로 쌍을 이루는 대조법이 결론으로 이루어지는 예는 별로 없다. 그리고 이 시편은 메시야적인 것으로 신약의 많은 인용과 비유를 제공하고 있다.[186]

- 시편은 마치 우리의 곤고함을 표현하는 것 같은 착각에 사로잡힌다. 우리의 곤고함이나 어려움을 탄식하는 시인의 표현에 공감하지만, 그 너머에 하나님의 약속의 세계가 있다는 것을 오늘에서야 비로소 깨닫는다. 나는 늘 삶에 대한 탄식이 앞섰는데, 시인은 1절에서 "인자하심을 영원히 노래하며 주의 성실하심을 내 입으로 대대에 알게 하리이다"라고 선언하고 있지 않은가! 나도 이렇게 고백하는 시인의 삶을 살고 싶은 마음이기에 과제를 하면서 '언약'을 뛰어넘어(Beyond the covenant) '하나님의 인자하심과 성실하심을 내 입으로 대대에 알게 하리라'는 고백을 시인과 함께 나누고 싶은 마음이 들었다.
- *Mercies*, 시인이 표현한 mercies에 대해서도 W. S. Plumer는 이러한 자비가 시편에 많이 나타나는데, 89편의 2, 14, 24, 28, 33, 49절에서 나타난다고 언급한다. 특히 이러한 자비가 마지막 두 구절(33, 49절)에서는 '*lovingkindness*'(KJV, NAS), '*steadfast love*'(ESV, RSV)로 표현되고 있다.
- *Faithfulness*, 다윗에게는 이러한 하나님의 신실하심과 관련된 많은 약속이 있었다. 이것은 89편의 2, 5, 8, 24, 33, 49절에서 표현되고 있다.
- 언약에는 맹세에 의하여 확정되는 언약도 있지만, 사무엘상 20:3, 사무엘하 19:23, 히브리서 6:16 등과 같이 사람이 일방적으로 맺는 언약도 존재한다.
- 시편 89편에서 '언약'은 3, 28, 34, 39절에 나온다. 사울은 거절하시고 다윗은 선택하셨지만, 그리스도는 모든 자들 중에 그의 아버지께서 선택하셨다(사 42:1).[187] 이것이 하나님이 우리에게 하신 언약이고, 이는

---

186 William S. Plumer, *Psalms*, The Banner of truth trust, USA, 1975, 825.
187 William S. Plumer, *Psalms*, 826.

메시야를 보내신다는 약속과 연결된다.

연구 과정 중의 발견 ② 창조 언약으로 인자하심을 완성하심

- 처음 주해를 시작할 때, 시편 89편이 나오는 창조주 하나님과 연결된다는 점이 이상했다. 하지만, 자세히 살펴보니, 창조의 역사의 주체가 하나님이시며, 창조가 지속적이고, 창조 사역은 계속되어지며 창조와 이스라엘의 역사적 구원을 통해 일하시는 이는 창조주 하나님임을 깨닫게 되었다.

- 다윗 언약의 영속성은 시편 89편에서 '영원히'(עוֹלָם, 올람)라는 단어가 일곱 번 나타남으로 강조되고 있으며, **해와 달이 언약의 영속성을 지키는 증인**으로 등장하고 있다.(29, 36-37)[188]

- 야훼의 '인자하심'(חֶסֶד, 헤세드)이 그 증언어(證言語)인 '성실하심'(אֱמוּנָה, 에무나)과 함께 시편 89편에서 일곱 번(시 89:1, 2, 14, 24, 28, 33, 49) 나타난다. 증언어의 기능을 미루어 볼 때 뒤에 있는 단어인 <u>'성실하심'은 앞에 있는 '인자하심'의 질을 강화시켜 준다.</u> **헤세드와 에무나가 일곱 번**이나 한 시편에 반복되어 나타남으로 야훼의 인자하심은 성실하고, 믿을만하며 안전하고 변함없으며 결국 이루어질 것을 강조한다.

- 다윗과의 무조건적 언약을 나타내는 본문에는 4가지의 조건절이 등장한다(30-31절).

  ① 법을 버리며, ② 규례대로 행하지 아니하며, ③ 율례를 깨뜨리며, ④ 계명을 지키지 아니하며, 이와 같은 네 가지의 조건이 하나님의 무조건적 언약과 함께 변주곡을 울릴 것이다.

이 둘이 함께함으로 언약의 완전함을 이루는 하모니가 되고, 우리 믿음의 고백이 될 것이다.

---

[188] 김정우, 시편 89편: 그 문학과 신학, 총신대학교출판부, 1990, 187.

3. 연구 방법

- 시편에서 '언약'이라는 단어는 처음 제시한 도표와 같이 개역개정에서 총 21회 나온다. 그중 89편(3, 28, 34, 39, 총 4번)과 105편(8, 9, 10, 총 3번)에서 가장 많이 나온다. 시편 105편은 이스라엘의 출애굽 역사 속에 하나님의 언약이 등장하고 아브라함에게 맺은 언약(시 105:9), 이삭에게 하신 맹세(시 105:9), 야곱에게 세우신 율례 곧 이스라엘에게 하신 영원한 언약(시 105:10)으로, 언약을 세우신 하나님께 감사하고 찬양해야 함을 말하고 있다.
- 이와 견주어 시편 89편에서 시인은 언약을 맺으시는 헤세드(חֶסֶד)의 하나님이 창조의 하나님이심을 먼저 선포한다.(시 89:1-4) 그리고 하나님의 권능과 신실하심을 찬양한다. 그러고 나서 그 하나님이 다윗 언약(삼하 7장)을 기억하셔서 하나님의 성실하심과 인자하심(1, 2, 5, 8, 14, 24, 28, 33, 49)에 근거하여[189] 유다를 구원해 주실 것을 간청한다.
- 본인은 다윗과 맺으신 언약의 관점에서 시편 89편을 이해하고자 한다. 시편 89편에 대한 많은 주석들이 하나님이 택한 자와 언약을 맺으심을 강조하고 있다.(I have made a covenant with my chosen)[190]
- 이와 같이 분명한 '하나님의 택하심에 의한 언약'이라는 선언이 너무 행복하다. 그래서 나는 이 부분을 더 깊이 명료하게 다루고 싶다. 우선 먼저 사역을 할 것이다. 다음에 중요한 단어 해설을 하고, 다음에 단락 구조를 살필 것이다. 그리고 본인의 이해에 근거하여 언약에 관한 내용을 살펴볼 것이다.
- 그 방법으로는 시편 89편에 대한 WBC의 주석과 김정우 교수님의 시편 주석, 목회와 신학 편집부에서 엮은 HOW주석, 시편2 어떻게 설교할 것인가, 틴데일 구약주석 시리즈인 트렘퍼 롱맨 Ⅲ세의 시편 주석

---

189 목회와신학 편집부, 시편2 어떻게 설교할 것인가?, 두란노아카데미, 2008, 400.
190 John Calvin, *The Book of Psalms Commentary* Vol. V, Edinburgh, Scotland, 1979, 420.

및 어떻게 시편을 읽을 것인가, James Montgomery Boice의 *Psalms* 주석, John Calvin, *The Book of Psalms Commentary*, Artur Weiser의 *The Psalms*, William S. Plumer의 *Psalms*을 참고할 것이다.

4. 사역 및 주요 단어 해설[191]

Ps. 89:3

כָּרַתִּי בְרִית לִבְחִירִי נִשְׁבַּעְתִּי לְדָוִד עַבְדִּי

89:3 주께서 이르시되 나는 내가 택한 자와 언약을 맺으며 내 종 다윗에게 맹세하기를

사역 내가 나의 선택된 자와 언약을 맺었다. 나의 종 다윗에게 맹세했다.

כָּרַתִּי	בְרִית	לִבְחִירִי	נִשְׁבַּעְתִּי	עַבְדִּי
칼 완료 1인칭	명사 여성 단수	전치사 명사 남성 단수 + 1인칭 공성 단수 접미	니팔 완료 1인칭 공성 단수	명사 남성 단수 + 1인칭 공성 단수 접미
자르다 세우다	언약	선택된	맹세하다	나의 종

- 3절 바인펠트는 '언약'과 '맹세하다'가 같이 나올 때는 이것은 중언법으로서, '맹세로 맺은 언약'으로 본다. 그렇지만 바르(Barr)는 '언약'이 '맹세'보다 상위개념이라고 본다.

---

[191] 사역 일부 생략.

Ps. 89:29

וְשַׂמְתִּי לָעַד זַרְעוֹ וְכִסְאוֹ כִּימֵי שָׁמָיִם

89:29 또 그 후손을 영구하게 하여 그의 왕위를 하늘의 날과 같게 하리로다

사역 내가 그의 씨를 영원까지 둘 것이다. 그의 왕좌를 하늘의 날들처럼 둘 것이다.

וְשַׂמְתִּי	לָעַד	זַרְעוֹ	וְכִסְאוֹ	כִּימֵי
바브 완료 1인칭 단수	전치사 정관사 명사 남성 단수	명사 3인칭 남성 단수 + 3남단 접미	접속사 명사 남성 단수 + 3남단 접미	명사 남성 복수
to put, set	영원까지	후손, 씨	throne	날들처럼

- 하나님의 언약은 영원한 언약이며 다윗의 자손에게까지 확장되는 영원한 축복이다.
- 29-38절은 20-38절에서의 큰 신탁의 두 번째 부분을 구성하며 다윗 왕조에서의 다윗의 자손과 관련된 약속들과 조건들을 제시한다. 29, 36절의 '씨/자손'(זרע)이라는 단어는 30절의 '그의 아들들/자손들'(בניו)과 함께 이 단락의 핵심 용어이다. 20-28절은 다윗에게 행해진 위대한 약속들을 다루며, 29-38절은 그러한 약속들을 다윗 왕조에게까지 확장시킨다.

Ps. 89:31

אִם־חֻקֹּתַי יְחַלֵּלוּ וּמִצְוֹתַי לֹא יִשְׁמֹרוּ

89:31 내 율례를 깨뜨리며 내 계명을 지키지 아니하면

사역 만약 나의 정한 것을 더럽히고 내 명령을 지키지 않으면

יִשְׁמֹרוּ	וּמִצְוֹתַי	יְחַלֵּלוּ	חֻקֹּתַי
칼 미완료 3인칭 남성 복수	접속사 명사 여성 복수 + 1인칭 공성 단수 접미	피엘 미완료 3인칭 남성 복수	명사 여성 복수 + 1공단 접미
지키다	그리고 나의 계명들을	더럽히다	나의 율례들

- 30, 31절에서는 법, 규례, 율례, 계명들을 지킴에 대한 명령이 나오고 있다.

  이 구절들은 이와 같은 네 개의 법적인 용어를 통해, 다윗과 그의 후손들에게 언약의 의무가 주어졌음을 말하고 있다(왕하 17:34, 37).[192]

Ps. 89:32

וּפָקַדְתִּי בְשֵׁבֶט פִּשְׁעָם וּבִנְגָעִים עֲוֹנָם

89:32 내가 회초리로 그들의 죄를 다스리며 채찍으로 그들의 죄악을 벌하리로다

사역 내가 그들의 죄를 막대기로 처리하며 그들의 죄를 칠 것이다.

וּבִנְגָעִים	פִּשְׁעָם	בְשֵׁבֶט	וּפָקַדְתִּי
접속사 전치사 명사 남성 복수	명사 남성 단수 + 3인칭 남성 복수 접미	전치사 명사 남성 단수	접속사 칼 완료 1공성 단수
그들의 재앙들	그들의 허물	지팡이	처리하다

---

192 김정우, 시편주석II, 총신대학교출판부, 2005, 763-764.

פקד
1. ~를 보지 못하다 2. 찾다(make a search) 3. 처리하다(take care of)
4. 갈망하다(long for) 등의 뜻이 있다.¹⁹³

Ps. 89:35

אַחַת נִשְׁבַּעְתִּי בְקָדְשִׁי אִם־לְדָוִד אֲכַזֵּב

89:35 내가 나의 거룩함으로 한 번 맹세하였은즉 다윗에게 거짓말을 아니 할 것이라

사역 내가 나의 거룩함으로 한 번 맹세했으니 다윗에게 내가 거짓말하지 않을 것이다.

אַחַת	נִשְׁבַּעְתִּי	בְקָדְשִׁי	אֲכַזֵּב
형용사 여성 단수	니팔 완료 1인칭 공성 단수	전치사 명사 남성 단수 + 1공성 단수 접미	피엘 미완료 1인칭 공성 단수
한 번	to swear 맹세하다	나의 거룩함	거짓말하다

- 이 절을 시작하는 부사(אַחַת)는 '한 번'보다는 '단번에'로 보는 것이 좋다. 여기에서는 숫자적 단수가 아니라, '단번에'(once for all) 맹세하셨다는 의미로 신탁의 현재성을 강조한다.¹⁹⁴

---

193 William L. Holladay, *Concise Hebrew and Aramaic Lexicon of the Old Testament*, 구약성경의 간추린 히브리어·아람어 사전, 솔로몬, 2015, 394.
194 김정우, 시편 주석Ⅱ, 766.

5. 문법적 주해

5.1. 배경

- 시편 89편은 시편 88편의 저자 헤만의 형제로 추정되는 에스라인(the Ezrahite) 에단(왕상 4:31; 아마도 대상 2:6)에 의해 쓰여졌다. 에단은 다윗과 솔로몬 시대에 헤만, 아삽과 더불어 3대 악사로 활동하였던 여두둔과 동일 인물로 여겨지고 있다.
- 시편 89편은 사무엘하 7:8-16의 스토리에 근거하고 있다. 다윗이 주변국과의 전쟁이 끝나고 평화가 왔을 때, 예루살렘에 여호와를 위하여 성전을 건설하고자 했다. 이때 하나님께서는 나단 선지자를 통하여 다윗과 언약을 맺으신다. 이 언약은 하나님께서 친히 다윗에게 그의 후손들이 다윗의 왕권을 세워줄 것이라고 맺으신 언약이기 때문에 중요하다.(*This important Old Testament passage is the account of God's making a covenant with Daved. According to which David's throne was to be established in the line of his descendants.*)[195]
- 시편 89편은 하나님의 일방적인 언약을 상기시키고 다윗 언약이 파기된 듯한 상황에서 하나님의 성실하심과 인자하심에 대한 언약적인 근거를 가지고 과거 나단을 통하여 다윗에게 주신 언약에 근거하여 현재의 환난에서 구원해 주시기를 탄원하는 시이다.

5.2. 주요 구조

- forever라는 단어는 시편 89편에서 8번(1, 2, 4, 28, 29, 36, 37, 46)이나 반복적으로 등장한다. 이와 비슷하게 faithfulness도 7번(1, 2, 5, 8, 14,

---

[195] James Montgomery Boice, *Psalms* Vol 2 Psalms 42-106, Grand Rapids Baker Books, 1996, 723-724.

33, 49)이나 나온다. 또한 covenant(언약)이라는 단어도 3번이나 나오고 있다. 이 언약은 시편 89:3, 28, 34에 기초한다.(Covenant is found in verses 3, 28, and 34)

- 본인은 이 구절이 주는 상관관계를 살펴보았을 때, 'covenant'이라는 말씀이 나오면 '신실하심(faithfulness)'이 같이 나와 거의 쌍을 이루고 있다는 사실을 발견했다. James Montgomery Boice도 이것을 아래와 같이 논의하고 있는데, 성경은 이것을 'great love'로 표현한다.
- 시편의 이러한 주제는 언약이라는 단어에 의하여 신실하심과 영원하심의 첫 번째의 기초가 된다.(The theme of the psalms is established in the first stanza by the repeated use of faithfulness and forever and by one use of the word covenant.)[196]

5.3. 단락 구조

- 2-5절: 야웨께 다윗의 언약을 상기시킴
- 20-28절: 하나님의 말씀 속에서 야웨의 선택된 기름부음 받은 종으로서의 다윗의 신분과 다윗에게 행해진 위대한 약속

  - 26-27절은 4행(quatrain)을 이루며 A: B: A': B'의 평행 구조를 만들고 있다.
    - A '그가 내게 선언하기를 '당신은 내 아버지라'(26)
    - B '내가 그를 장자로 삼고'(27)
    - A' '내 하나님, 내 승리의 반석'(26)
    - B' '세상 열왕의 으뜸'(27)[197]

---

[196] James Montgomery Boice, *Psalms* Vol 2 Psalms 42-106, 724.
[197] 김정우, 시편 89편: 그 본문과 주석, 총신대학출판부, 1992, 181.

- **29-35절**: 큰 신탁의 두 번째 부분으로서 다윗 왕조에서의 다윗의 자손과 관련된 약속들과 조건들을 제시하면서 그러한 약속들을 다윗 왕조에게까지 확장시킨다.

  - 26-28절에서는 왕조의 창시자인 다윗에게 초점이 있지만 여기에서는 그의 후계자들이 중심 인물로 부각되고 있다. 즉 앞에서는 **왕이신 야웨와 그의 신하인 다윗 사이의 언약 관계**가 맺어지고 여기에서는 그 관계가 다윗의 후손까지 확대되고 있는 것이다.
  - 29절: "그의 후손을 영구하게 하여"는 하나님의 헌신뿐만 아니라 그의 언약도 영원히 굳게 설 것을 말해준다. 이 절은 시편 132편과 같이 다윗이 어떻게 하나님께 헌신하였는가를 다루지 않고 오히려 하나님께서 다윗에게 어떻게 헌신할 것인지를 부각시키고 있다.
  - 다윗 언약의 지속성은 일차적으로 인간의 응답에 의존하지 않고 주님의 신실성에 전적으로 근거하고 있다.[198]
  - 31-32절: 율법, 규례, 율례, 계명에 대한 언급으로 시내산 언약의 율례와 규례들이 다윗 언약 속에 용해되었다고 볼 수 있으며, 신명기의 영향이 시편 89:31-32에 있다는 것으로 보인다.
  - 33-34절: 징계와 은총으로서 앞 부분에서 왕, 용사 아버지로 묘사된 야웨의 모습이 여기에서는 범죄자를 심문하는 재판장의 모습으로 나타나고 있다.

- **36-37절**: 베이욜라는 36a, 36b, 37a절이 37b절의 분리된 콜론에 선행하는 삼중 콜론을 구성한다고 주장하면서, 36-37절의 콜론에 따른 운율적 구조와 문장론적 구조에 호소한다.

---

[198] 김정우, 시편 89편, 182.

- 36a절 그의 자손이 영원히 지속될 것이며
- 36b절 그의 왕위는 해같이 내 앞에
- 37a절 달같이 그것이 영원히 세워질 것이며
- 37b절 구름 속의 증인이 성실할 것이다.[199]

• 시편 89:28-37을 주해하는 작업은 89편 전체의 내용을 아우르지 않고는 안될 것이다. 89:1에서 시인은 먼저 결론을 선포하고 있다는 것을 깨닫게 된다. 그리고 나면 89편 전체에 흐르는 하나님의 신실하심과 약속에 마음이 가게 된다. 그렇기 때문에 시편 89:28-37의 구조를 살피기 전에 89편 전체의 구조를 먼저 살펴보면 다음과 같이 제시될 수 있다.[200]

⟨표 1-12⟩ 시편 89편 단락 구조

- 1부 89:1-4   주님께 다윗 언약을 상기시켜 드림
    - 89:1-2   창조만큼 오래된 주님의 인자하심
    - 89:3-4   다윗과 맺은 언약의 핵심
- 2부 89:5-18   주님의 신실하심을 찬양함
    - 89:5-8   천상의 총회에서 찬양함
    - 89:9-15   우주의 창조에서 찬양함
    - 89:16-18   회중들의 예배에서 찬양함
- 3부 89:19-37   주님께 다윗 언약을 상기시켜 드림
    - 89:19-27   주님께서 다윗을 선택하심
    - 89:28-37   주님께서 다윗에게 왕조를 약속하심

---

199 Marvin E. Tate, *Word Biblical Commentary* Vol. 20 Psalms 51-100, Dlllas, Texas, 1990, 손석태 옮김, 시편 51-100, 솔로몬, 2002, 694.
200 김정우, 시편 주석Ⅱ, 746-747.

- 4부 89:38-51   주님의 신실하지 못함을 애통함

    89:38-45   주님께서 왕을 버리심

    89:46-51   주님의 유기를 애통함

- 5부 89:52   시편 제3권 마무리 송영

- 시편 89:28-37은 다윗에게 주어진 왕조의 약속과 다윗 언약의 관계를 다루고 있으며, 다섯 개의 장이 동심구조를 이룬다. 지금까지의 내용을 요약하여 도표화하면 다음과 같다.

〈도식 1-1〉 시편 89:28-37의 동심 구조[201]

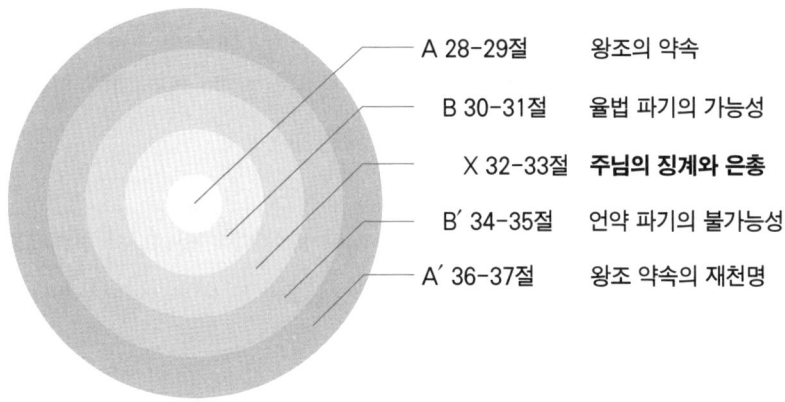

A 28-29절   왕조의 약속
B 30-31절   율법 파기의 가능성
X 32-33절   **주님의 징계와 은총**
B′ 34-35절 언약 파기의 불가능성
A′ 36-37절 왕조 약속의 재천명

6. 시편 89편의 신학적 위치

- 시편의 대표적인 일곱 장르는 찬양시, 탄식시, 감사시, 신뢰의 시, 회상의 시, 지혜시, 제왕시이다.[202] 시편 89편은 장르로 구분할 때는 제왕시

---

201 이것은 김정우, 시편 주석Ⅱ, 748쪽에 있는 내용을 필자(본인)가 그린 것이다.
202 Tremper Longman Ⅲ, 어떻게 시편을 읽을 것인가? 한화룡 옮김, 한국기독학생회출판부, 2000, 27.

의 부류에 속한다. 제왕시는 왕이신 하나님을 찬양함에 있어서 신학적 위치를 Torah에 근거함을 발견하게 된다. Torah는 언약에 기초하며 언약은 Torah를 근거로 한다. 다윗에게 주신 언약의 말씀은 하나님이 이스라엘과 맺은 언약 때문이다.

- 언약은 두 부류로 분류될 수 있는데 사람과 사람 사이에 맺는 언약과, 사람과 하나님이 맺는 언약이 있다. 본문에서의 언약은 하나님과 사람(다윗) 사이에 맺은 언약이다. 다윗 언약은 하나님이 다윗 왕과 세우신 언약이다. 이 언약은 예수 그리스도에게까지 이어지게 된다. 따라서 시편 89편의 신학적 위치는 상당히 중요하다.

- 시편 89편에는 **법, 규례, 율례, 계명(30-31절)**의 네 가지 중요한 단어도 등장한다. 이것은 사람과의 관계성을 시사하는 것이기도 하다. **하나님의 율법에는 반드시 순종**이 따르기 때문이다.

- 시편 89편은 **창조의 일부분을 인용**하여 해와 달을 하나님의 절대성과 불변하심의 증언자로 세우고 있다는 점에서 창조시와 일맥상통한다. '해'는 시편 19편을 연상케 한다.

- 시편 89편은 마치 '야곱'이라는 단어가 그의 모든 후손을 가리키듯이 '다윗'은 그의 후계자 모두, 혹은 후계자 중 어떤 사람을 가리키는 것이 분명하다. 다윗은 하나님을 '아버지'라 부르고 하나님은 "내가 또 그를 장자로 삼고"(시 89:27) 즉 자신의 상속자로 삼아서 온 세상을 주시겠다고 말씀하신다.[203]

---

[203] C. S. Lewis, *Reflection on the Psalms*; 김정우 역, 시편 사색, 총신대학교출판부, 1992, 133.

7. 본문 해설

- 외국 고전 주석책은 대부분 하나님의 언약을 강조한다. 칼빈은 그의 시편 주석에서 다음과 같이 말하고 있다. '*I have made a covenant with my chosen*' 또한 본문 34절의 주석에서는 다음과 같이 말하기도 한다. *My covenant will I not break*.[204] 이러한 말이 얼마나 위로가 되는지 모른다. 우리 삶에서 험한 길을 가거나 삶의 바닥에서 있을 때면, 우리는 하나님의 존재 자체를 의심하기도 한다. 그러나 시편 89편은 하나님의 언약은 변치 않으시며, **그가 우리를 끌어안으신다**고(embrace) 약속하고 있기에 감사한 마음이 들었다.

- Montgomery Boice는 그의 책 '훈련을 통한 하나님의 신실하심'(The Faithfulness of God in Discipline)이라는 책에서 잠언 3:11-12을 인용하여 하나님은 그가 사랑하는 자녀들에게 징계를 내리심이 마치 **아비가 그 기뻐하는 아들을 징계함같이** 한다고 논의하고 있다.

- 그는 여기에서 더 나아가 예수 그리스도의 십자가에서 *"Why doesn't God do it, then?"* 이라는 말씀을 인용한다. 그렇다면 예수님은 하나님의 약속의 신실함을 믿지 못했다는 것인가?[205] Boice는 이러한 하나님의 징계가 하나님의 신실하심에 대한 훈련이라고 제시한다. 그러나 나는 Boice의 논의를 다 수납하기는 어렵다. 시편 89:1에서 시인은 우리들이 이러한 논의를 가지고 왈가왈부하지 못하도록 미리 연역적으로 결론을 내려 선포한 후에 그 과정을 풀이해 나가고 있기 때문이다.

- 시인의 선포는 더 이상 토를 달 수 없을 만큼 강열하고 분명하다. 많은

---

[204] John Calvin, *The Book of Psalms Commentary* Vol. V, 444.
[205] James Montgomery Boice, *Psalms Vol 2 Psalms* 42-106, 728.

갈등과 고난을 지난 후에 나올 수 있는 고백을 시인은 먼저 하고 있는 것이다. "여호와의 인자하심을 영원히 노래하며 주의 성실하심을 내 입으로 대대에 알게 하리이다"(89:1) 우리는 이것을 믿음으로 수납하기만 하면 된다. 그렇기 때문에 본문은 하나님의 일방적인 약속에 초점을 두고 있는 것이다.

- 본문은 하나님의 일방적인 약속이다. 이 약속은 자연(Nature)과 역사(History), 창조(Creation)와 선택(Election)에서 구약의 하나님의 구속사역의 법칙이며, 이것은 서로 분리되지 않는다. 또한 시편 89편은 시편 2:7에 나타난 그의 아들을 따라 양자 삼으심에 관한 약속의 말씀에 대한 반영이기도 하다. 이것은 하나님의 은혜에는 제한이 없다(no limits)는 의미이다. 비록 인간이 신실하지 못할지라도 하나님은 신실하심으로 그의 구원을 이루어가시는 것을 말하고 있다.

- 30-31절에서는 네 개의 중요한 법적 용어인 '**법, 규례, 율례, 계명**'을 통해 다윗 왕에게 조건이 부여되었음을 명백히 하고 있다. 이 용어들은 단지 왕들이 지켜야 하는 '윤리적인 자격'이 아니라 **언약의 의무를 총괄적으로 집약**한 것으로 보아야 한다. 이 네 용어는 열왕기하 17:34, 37에서 순서를 달리하여 북왕조의 몰락을 신학적으로 설명하는데 사용되었다. 즉 주께서 시내산에서 주신 언약의 조건을 수행하지 못했기 때문에 사마리아가 몰락했고 그 백성은 포로로 잡혀가게 되었다는 것이다. 예루살렘의 왕 여호사밧도 레위 사람과 제사장과 족장 중 재판관을 뽑아 세울 때 '율법, 계명, 율례, 규례'를 지키며 수행하도록 명하고 있다(대하 19:10). 이 법들 중 하나라도 깨뜨리는 것은 '주께 범죄하는 것'으로 하나님의 진노를 초래하게 된다(10절).

따라서 역대기에서는 이 네 개의 용어가 유다의 법적인 체계에서 전문 용어로 사용되었음을 시사한다. 신명기 17:18-20에 있는 '왕의 헌장'

에 따르면, 이스라엘 왕들은 주님과의 언약 관계에 있어서, 이러한 언약의 의무를 지킬 것을 요구받고 있었다. 여기에 왕들의 범죄가 네 개의 가정절로 압축되어 제시된다.[206]

"내 법을 버리며"(시 89:30)	"내 규례대로 행하지 아니하며"(시 89:30)
이 구는 주님을 버리는 것과 동일하게 사용되며 온갖 종류의 불순종을 요약하는 데 사용된다.(렘 9:13; 대하 12:1)	이 구는 구약 성서에서 오직 여기와 에스겔 37:24에서만 나타난다.

왕의 헌장
신 17:18-20; 왕하 17:34, 37

"내 율례를 깨뜨리며"(시 89:31)	"내 계명을 지키지 아니하면"(시 89:31)
이 구 역시 구약 성서에서 단 한 번 나타난다. 동사 '깨뜨리다'는 주로 '더럽히다, 모독하다'는 뜻으로 사용된다.	이 구는 여러 번 나타난다. 열왕기서에서 이 표현은 왕과 백성의 리트머스 시험지로 나타난다.

- 36절에서 칼빈은 그의 후손들이 영원할 것을 말하고 있다. 태양과 달이 그 약속의 증언자로 있다는 말을 곁들인다. 또한 하나님 그 자신이 증거자라는 것을 말하고 있다(Others, again, self, and render, 'And a faithful witness is in heaven.').[207]

- 사도행전은 시편 89편을 인용하며, 예수 그리스도가 다윗의 후손으로서 하나님의 약속을 성취하셨음을 선포한다("하나님이 약속하신 대로 이 사람의 후손에서 이스라엘을 위하여 구주를 세우셨으니 곧 예수라", 행 13:23).[208]

- 시편 89편 안에는 찬양(1-4, 5-18), 제왕시(19-37절), 개인 애가(38-51) 등이 담겨 있다. 그 중에서 제왕시는 하나님의 구원 계획에 의한 <u>약속과 다윗 왕가의 언약의 성취</u> 등을 뜻한다.

---

206 위 표는 김정우 교수님의 시편 주석 II, 764쪽을 필자가 정리한 것이다.
207 J. J. Stewart Perowne, *The Book of Psalms*, Jondervan corporation Grand Rapid, 1966, 152.
208 Hans-Joachim Kraus, Psalms 60-150, Fortress press minneapolis, 1993, 211.

- 창조와 역사의 행위에서 이스라엘은 언약의 하나님을 만날 수 있다. 창조의 하나님은 역사의 하나님 외에 다른 분이 아니시다. 이스라엘과 언약을 맺으신 분은 바로 여호와 하나님이시다.(출 24:8; 34:27; 신 5:2)[209]

시편이 보여주는 역사적 관망에서 이들을 선택하시고 순간순간 이스라엘 되게 하시면서 앞으로 나갈 수 있도록 하신 것도 하나님의 창조적 주권에 의한 개입과 활동에서 비롯된 것이다. 시편 89편을 통해, 야웨를 언약의 주, 창조주로, 오직 자신이 친히 나타나시고 자기 이름을 전해 주시고 자기 백성에게 말씀하시고 구원하시는 역사를 이루어 가시는 분이심을 깨닫게 된다. 즉, '여호와의 인자하심과 성실하심'을 깨닫게 된다는 것이다.

나가는 말

1. 하나님의 자비하심과 인자하심

- 주해를 하면서 단순히 주해 자체에 집중하기보다는 본인의 개인적인 경험과 삶을 함께 녹여내며 주해를 풀어나가려고 했다. **하나님의 자비하심과 인자하심**을 경험하는 새로운 세계에 대한 고백을 곁들이고 싶은 소망함이 있었기 때문이다.
- 시편 89편을 하나의 큰 틀로 보고 제목을 붙이면 '**다윗에게 베푼 인자하심을 새롭게 해 달라**'는 기도[210]이다. 이것은 나의 간구이기도 하다. 간구할 수 있는 근원이 '언약'이기 때문이다. 나는 '언약'이라는 단어가

---

209 박종철, 시편의 구속사적 이해, 영문, 1991, 125.
210 Delitzsch, C. H. Keil, *Commentary on the Old Testament*, Grand Rapid, Michigan, 구약신학 시편(하), 최성도 역, 기독교문사, 1984, 9.

나오면 행복하다. 신실하신 하나님이 친히 먼저 맺으신 '언약'이 있었기에 나는 하나님께서 나를 붙들어 주셨다는 고백을 할 수 있다. 그래서 '언약'이라는 단어에 하나님의 숨결이 베어져 있음을 느끼게 되며 그 단어와 맞닿은 생명력의 의미에 붙들리게 된다. 이것이 운명같이 나를 놓지 않는다.

2. 감사하고 노래하고 찬양하며

- **시편 105편에도 '언약'이라는 단어가 나와서** 지난 1학년 때 주해 과제로 제출했었다. 그런데 '언약'을 파고 들고 싶어서 시작한 주해는 늘 '언약'으로 마치지 못했다. 시편 105편도 그랬고, 이번 학기에 주해하는 시편 89편도 그렇다. 시편 105편은 다음과 같이 시작한다.

    여호와께 감사하고 그의 이름을 불러 아뢰며 그가 하는 일을 만민 중에 알게 할지어다. 그에게 노래하며 그를 찬양하며 그의 모든 기이한 일들을 말할지어다.(시 105:1-2)

    그런데 시편 89편도 '언약'으로 시작했는데, 시인은 다음과 같이 시작하고 있는 것이다.

    내가 여호와의 인자하심을 영원히 노래하며 주의 성실하심을 내 입으로 대대에 알게 하리이다. 내가 말하기를 인자하심을 영원히 세우시며 주의 성실하심을 하늘에서 견고히 하시리라 하였나이다.(시 89:1-2)

- 이 두 가지 시편을 볼 때 시편 105편은 **동사 명령형**으로 이루어져서 언약을 세우신 하나님께 **감사하고, 노래하고, 찬양하며, 말하라**고 명령

하는 것이다.
- 틴데일은 다음과 같이 논의한다. '시편 기자는 여기서 논쟁의 기초를 두고 있다. 이전 연에서 그는 다윗에게 한 약속을 하나님에게 상기시켰다. 이제 시편 기자는 하나님께서 다윗과 그의 자손들과 맺은 관계의 조건적 특성(conditional nature)에 대한 인식을 보여 주려 한다.'[211] 그러나 이러한 틴데일의 논의에는 인간적인 관점의 시각이 존재한다고 본다.

  과연 시인은 하나님에게 다윗과 맺은 언약을 상기시키려 했던 것일까? 그보다 **하나님의 하나님 되심을 찬양하려 했던 것**이 아닐까. 왜냐하면 시인은 마지막 52절까지 노래할 것을 계획하면서 1절을 찬양으로 시작하고 있기 때문이다.

- 시편 89편 본문은 이스라엘의 역사와 깊은 관련이 있다. 이것을 교수님은 다음과 같이 논의한다. '시편과 역사서에 다리가 놓여진다. 시편의 시들은 역사와 문화의 진공 상태에서 지어진 것이 아니라 구체적인 시간과 공간의 삶의 자리에서 지어졌기 때문에 각 시의 삶의 자리가 밝혀진다면 각 시에 대한 이해는 더욱 증진될 것이다.'[212]

- 이와 같이 시편 89편의 삶의 자리는 나의 삶의 자리이기도 하다. 처음에는 탄식으로 주님께 아뢰고 하소연하려던 나의 믿음이 하나님과의 교제를 이어가는 가운데 어느새 찬양과 감사로 변하고 있었기 때문이다. 이것은 예수 그리스도를 보내신 하나님의 언약의 신실하심과 성실하심을 믿기 때문이고, 체험하기 때문이다.

  시편 89편을 마치며 '언약'으로 시작한 자리에 인자하심을 영원히

---

[211] Tremper Longman Ⅲ, *Tyndale Old Testament Commentaries*, Psalms Ⅰ·Ⅱ, London, England, 2014; 임요한 옮김, 시편Ⅰ·Ⅱ, 기독교문서선교회, 2017, 453.
[212] 황선우, 시편과 역사서, 김정우 교수 은퇴논총, 기혼의 시냇가에 심긴 나무처럼, 솔로몬, 2016, 131, 150.

노래하며 주의 성실하심을 내 입으로 대대에 알게 하리라는 고백이 나오게 된다.

참고문헌

【 단행본 】

김정우　　　시편 주석Ⅱ. 총신대학교출판부. 2005.
_____. 시편 89편: 그 본문과 주석. 총신대학출판부. 1992.
_____. 시편 89편: 그 문학과 신학. 총신대학교출판부. 1990
목회와신학 편집부　　　시편2 어떻게 설교할 것인가?. 두란노아카데미. 2008. 400.
박종철　　　시편의 구속사적 이해. 영문. 1991.
황선우　　　시편과 역사서. 김정우 교수 은퇴논총. 기혼의 시냇가에 심긴 나무처럼. 솔로몬. 2016.
Hans-Joachim Kraus　　　Psalms 60-150. Fortress press minneapolis. 1993.
James Montgomery Boice　　　Psalms Vol 2 Psalms 42-106. Grand Rapids Baker Books. 1996.
J. J. Stewart Perowne　　　The Book of Psalms, Jondervan corporation Grand Rapid. 1966.
John Calvin　　　The Book of Psalms Commentary Vol. V. Edinburgh. Scotland. 1979.
William S. Plumer　　　Psalms The Banner of truth trust. USA. 1975.

【 번역서 】

C. S. Lewis　　　Reflection on the Psalms; 김정우. 시편 사색. 총신대학교출판부. 1992.

Delitzsch, C. H. Keil   Commentary on the Old Testament. Grand Rapid. Michigan. 구약신학 시편(하). 최성도 역. 기독교문사. 1984.

Gordon J. Wenham   Psalms as Torah. Grand Rapids: USA. 2012; 방정열 옮김. 토라로서의 시편-윤리적 차원에서 시편 읽기. 도서출판 대서. 2017.

Marvin E. Tate   Word Biblical Commentary Vol. 20 Psalms 51-100. Dlllas. Texas. 1990. 손석태 옮김. 시편 51-100. 솔로몬. 2002.

Tremper Longman Ⅲ   How Read the Psalms. InterVarsity Press. 1988. 한화룡 옮김, 어떻게 시편을 읽을 것인가? IVP. 1989.

_____. Tyndale Old Testament Commentaries. Psalms. Ⅰ·Ⅱ. London. England. 2014; 임요한 옮김. 시편Ⅰ.Ⅱ. 기독교문서선교회, 2017.

_____. 어떻게 시편을 읽을 것인가? 한화룡 옮김. 한국기독학생회출판부. 2000.

William L. Holladay   Concise Hebrew and Aramaic Lexicon of the Old Testament. 구약성경의 간추린 히브리어·아람어 사전. 솔로몬. 2015.

8. 시편 105:1-11 본문 분해 및 사역

김영욱 교수님

1. 본문 주해

1	בִּשְׁמוֹ	קִרְאוּ	לַיהוָה	הוֹדוּ
	in / a name 전치사-명사남성단수 3남단접미 그의 이름 안에서	to call 동사 칼명령2남성복수 너희는 부르라	아도나이 전치사 to 여호와께	to praise 동사 히필명령2남성복수 너희는 감사하라
1	עֲלִילוֹתָיו	בָעַמִּים		הוֹדִיעוּ
	a deed 보통명사여성복수+ 3남단접미 그의 행위를	in the people 전치사+정관사+ 보통명사남성복수 백성들 가운데서		to declare 동사 히필명령2 남성복수 분명히 말하라(선언하라)[213]
1절 사역	너희는 여호와께 감사하라 너희는 그의 이름 안에서(이름을) 부르라 너희는 그의 행위를 백성들 가운데서 분명히 말하라			

---

[213] 'הוֹדִיעוּ' 이 단어가 BibleWorks에서는 히필형이 'to declare'의 의미를 가지고 있어서 '알게 하라'의 의미보다 '선언하라'의 의미로 이해되어졌으나 YLT, NAS, NET, KJV에서 'Make known'으로 번역이 되어져서 '알게 하라'로 사역을 해야 하나 그대로 '선언하라'로 사역했다.

2		זַמְּרוּ־לוֹ		שִׁירוּ־לוֹ
	to, for	to make music	to, for	to sing
	전치사	동사	전치사	동사
	3남단접미	피엘명령2남성복수	3남단접미	칼명령2남성복수
	그에게	너희는 찬양하라	그에게	너희는 노래하라
2		נִפְלְאוֹתָיו	בְּכָל־	שִׂיחוּ [214]
	to show wonderful		in(at, by, witn, among) all	to music
	동사니팔분사여성복수		전치사+일반명사	동사 칼명령2
	3남단접미		남성단수 모든	남성복수
	그의 놀라운 일들			너희는 칭송하라.
2절 사역	그에게 너희는 노래하라, 그에게 너희는 찬양하라 너희는 모든 그의 놀라운 일들을 칭송하라			

3		קָדְשׁוֹ	בְּשֵׁם	הִתְהַלְלוּ
		sacredness	in a name	to be boastful
		일반명사남성	전치사	동사
		단수 3남단접미	명사남성단수	히트파엘명령2남성복수
		그의 거룩한	이름 안에	너희는 자랑하라.
3	יְהוָה	מְבַקְשֵׁי	לֵב	יִשְׂמַח
		to seek	inner man,	to rejoice
	여호와	동사	heart	칼미완료3남성단수
		피엘분사남성복수	일반명사	jussive(명령의 의미)
		찾는 사람들	남성단수 마음	그것으로 기뻐하게 하라.
3절 사역	너희는 그의 거룩한 이름을 자랑하라 여호와를 찾는 자들은 그것으로 마음이 기뻐하게 하라			

---

214 שִׂיחוּ 개역개정에는 '말할지어다'로, BibleWorks에서 to music, complain으로, *William L. Holladay, A Concise Hebrew and Aramaic lexicon of the Old Testament*. 구약성경의 간추린 히브리어·아람어 사전, 손석태 외1 공역, 솔로몬, 2015., 468에는 '관심을 갖게 되다'와 '~에 주의를 집중하다'로 되어 있다.

(4-8절 생략)

9	אֶת־אַבְרָהָם	כָּרַת	אֲשֶׁר
	대격 아브라함에게	cut off, cut down, destroy make a covenant[215] 동사 / 칼완료3남성단수 언약을 맺다.	particle relative

9		לְיִשְׂחָק	וּשְׁבוּעָתוֹ
		전치사 이삭에게	an oath 접속사+일반명사여성단수+ 3남단접미 그리고 그의 맹세

9절 사역	이것은 아브라함과 언약을 맺은 것이다. 그리고 이삭에게 그가 맹세한 것이다.

10	לְחֹק	לְיַעֲקֹב	וַיַּעֲמִידֶהָ
	something prescribed or owed 일반명사남성단수 법규	전치사 야곱에게	to stand confirm[216] 동사 히필바브연속완료 3인칭남성단수+ 3여단접미 그리고 그가 그것을 확약했다

10	עוֹלָם	בְּרִית	לְיִשְׂרָאֵל
	long duration 일반명사남성단수 오랜 기간(영원)까지	a covenant 일반명사여성단수 언약	전치사 이스라엘에게

---

215 William L. Holladay, *A Concise Hebrew and Aramaic lexicon of the Old Testament*. 구약성경의 간추린 히브리어·아람어 사전, 손석태 외 1 공역, (서울: 솔로몬, 2015) 217에서 בְּרִית 와 כָּרַת 와 같이 쓰일 때 '언약을 맺다.'
박철현, 직독직해를 위한 히브리어 400단어장, (서울: 솔로몬, 2016), 99에는 '관용적 표현'에 많이 쓰인다고 나옴.

216 William L. Holladay, *A Concise Hebrew and Aramaic lexicon of the Old Testament*. 367에서 '확인하다(confirm)', 시 105:10'으로 기록됨.

11	אֶתֵּן	לְךָ	לֵאמֹר
	to give 동사 칼미완료1인칭공성단수 내가 줄 것이다.	전치사+ 2남단접미 너에게	to say 분사를 이끄는 전치사 칼부정사 말하기를
11	נַחֲלַתְכֶם	חֶבֶל	אֶת־אֶרֶץ־כְּנָעַן
	possession 일반명사여성단수 2남복접미 너희의 소유	territory 일반명사남성단수 지역[217]	가나안 땅을
11절 사역	말하기를 내가 너희에게 가나안 땅을 줄 것이다. 너희 소유의 지역이 되리라.		

2. 들어가는 말

신대원 입학시험 공부를 할 때 시편의 구조에 대해 외우면서 역사시는 78, 105, 106편이라고 외웠다. 세 편을 비교하면서 읽어갈 때 105편에서 '언약'이라는 단어를 발견하게 되었다. 창세기부터 내려오는 언약의 종류를 외우면서(햇불 언약, 소금 언약 등) '언약'이라는 단어가 참 좋았고, '언약', 이 단어가 시편에 나와 있다는 것이 신기했었다.

시편 78편은 선민 이스라엘의 형성기인 출애굽부터 다윗까지의 과거 역사이며 105편과 106편은 출애굽 과정을 그린 시이다. 시편 78편이나 106편을 보면 비탄과 이스라엘의 죄를 다루고 있어서 어두운 색채를 띠고 있으나 105편에서는 이스라엘의 죄의 문제보다는 '언약'을 중심으로 하나님을 찬양하라, 감사하라 등의 명령형 동사가 나오는 것을 볼 수 있었다. 시편 105편에

---

[217] William L. Holladay, A Concise Hebrew and Aramaic lexicon of the Old Testament. 123에서 Ⅰ. 떼(band), 무리(troop) Ⅱ. 1. 줄(rope) 2. 끈의 길이 3. 토지계획(Plot of ground) 4. 지면(tract), 지역(district) Ⅲ. 파괴(destruction), 소멸(annihilation).

서 흘러나오는 분위기가 밝았다. 그렇게 하나님의 성실하심에 대한 밝고 긍정적인 '시'라서 본문을 택하고 싶었다.

물론 '언약'이라는 단어가 시편 89편에는 4번이나 나온다. 그런데 89편에서 언약을 다루고 있는 중심 plot의 전개는 시편에서 가장 대표적인 '무조건적인 다윗 언약의 대헌장(Magna Carta)'[218]을 토대로 이루어진다. 시편 89편도 '언약'이 나오지만, 시험 준비할 때, 모세의 출애굽 사건 중 10가지 재앙에 대하여 순서를 외워야 했고, 10가지 재앙의 미묘한 단어 차이에 힘들었던 반면, 시편 105편은 출애굽의 사건이 하나의 '시'로 아름답게 다가왔다. 질리도록 힘들게 외워야 했던 출애굽 사건 하나하나를 시편 기자는 '언약'이라는 구속사의 주제를 먼저 연역적으로 선언한 후, 하나님의 구속사를 전개하면서 그 안에서 풀어가고 있다. 그중에서 105편은 명령형 동사로 문을 연 후 그 이유를 말한 8, 9, 10절에 나오는 בְּרִית '언약'을 중심으로 토라의 '언약'과 비교하고, '언약을 지키시는 하나님'에 대하여 살펴보고자 한다.

3. 연구 방법

연구 방법에 있어서는 본문의 사회적, 역사적, 지리적 배경을 살펴볼 것이다. 다음으로 본문의 구조를 살펴본 후 개요를 작성할 것이다. 그리고 구조에 관한 논의를 할 것이다. 그 후 사역을 하면서 단어의 의미에 대하여 문법적으로 중요한 문제들을 분석하여 주(註)를 함께 적어나가려고 한다. 가장 중요한 단어 '언약'에 대하여 개념 연구를 하고, 해당 본문의 중심 단어인 '언약'이 성경의 다른 곳에서 어떻게 사용되고 있는지를 분석할 것이다. 해당 본문에 대하여 비교하고 조성하고 이러한 주해 과정을 마치고 본문을 통하여 삶의 자리에 적용하고자 한다.[219]

---

[218] 김정우, 시편 89편 그 본문과 주석, (서울: 총신대학출판부, 1992), 17.
[219] Stuart, Douglas, 구약주석방법론, 박문재 옮김, 크리스챤다이제스트, 2011), 26-71.

4. 개요

시편 105편은 '언약을 지키시는 하나님', '하나님의 신실하심'에 대한 찬양시이다.

시편에서 역사 시편으로 세 개의 역사 시편을 들 수 있다. 78, 105, 106편이다. 시편 105편은 이스라엘의 역사 속에서 성실하게 자신의 약속을 지키시는 하나님을 찬양하고 있다.

이 시편의 흐름에 대하여 게르스텐버거는 크게 (1) 예배로의 부름(1-6절), (2) 역사 속에서 일하시는 주님을 찬양함(7-45a), (3) 찬양하도록 부름(45c)으로 나누기도 한다.

다시 두 번째 연은 (1) 언약의 기억(7-11절), (2) 방랑 기사(12-15절), (3) 요셉 기사(16-23절), (4) 재앙 기사(24-36절), (5) 출애굽 기사(37-42절), (6) 결론(땅의 선물 43-45ab)의 다섯 장으로 세분화하고 있다.[220]

5. 본문

5.1. 내용 / 구조

5.1.1. 장르

모든 시편은 시라는 장르에 속해 있지만, 시편의 장르를 세분화하면 찬양시, 탄식시, 감사시, 신뢰의 시, 회상의 시, 지혜시, 제왕시이다. 시편은 특별한

---

[220] 김정우, 시편주석 Ⅲ, (서울: 총신대학교출판부, 2010), 246.에 따르면 이 시편의 흐름에 대하여 대부분의 학자마다 공통된 견해는 1-6절과 7-11절을 분류한 것에 대하여는 이견(異見)이 없고, 본인은 1-11절에 대한 부분만 주해할 것이므로 게르스텐버거의 의견을 따른다.

역사적 배경을 가지고 있지 않다. 그럼에도 불구하고, 시편은 과거의 위대한 구속사적 행위들을 자주 언급한다. 회상의 시는 하나님이 과거에 이루신 구속 행위들에 집중적으로 초점을 맞추고 있는 시들이다. 이러한 시에는 이스라엘이 하나님을 찬양하도록 하기 위하여 하나님의 행위(deed, 시 105:1)들이 하나하나 열거된다. 이 장르에 속하는 시편의 예로 시편 78, 105, 106, 135, 136편을 들 수 있다.[221]

5.1.2. 본문의 배경

시편 105:1-15은 축제 찬송으로서 역대상 16:8-22 안에 그 사실을 둔다. 본문은 시편 96편, 106편과 함께 야웨 공동체의 제사 축제 안에서 사용된 것에 기원을 두고 있으면서 시온산의 언약에서 다윗의 설교의 줄거리로 연결되고 있다. 아브라함의 후손, 야곱의 아들들은 언약의 전통의 계승자로서 위치한다(addressed). 그들은 약속의 성지에서 하나님이 하신 일들을 기억하며 하나님께 영광을 돌리기 위하여 하나님을 기뻐하며 큰 소리로 찬양한다.[222]

본문은 전형적인 역사시로서 시편 106편과 짝을 이룬다. 시편 105편은 하나님이 이스라엘을 어떻게 대하셨는지를 말하는 반면, 시편 106편은 이스라엘이 하나님을 어떻게 대했는지를 말해준다. 시편 105편이 이스라엘에 대한 하나님의 신실하심을 말한다면, 시편 106편은 하나님을 향한 이스라엘의 불성실함을 말한다. 시편 105편이 하나님의 은혜에 대해서 말한다면, 시편 106편은 이스라엘 백성의 수치에 대해서 말한다. 이 두 시편에 대한 시간적 배경은 이스라엘이 바벨론 포로 생활에서 예루살렘으로 귀환한 이후인 것으로 보인다. 시편 105편은 길이가 다른 여섯 개의 연으로 분류되어 아브라함과 맺은 하나님의 언약에서 가나안 정착까지의 이스라엘 역사 약 500년의

---

[221] Tremper Longman Ⅲ, 어떻게 시편을 읽을 것인가?, 한화룡 옮김, (서울: IVP, 1989), 26-39.
[222] Artur Weiser, *The Psalms A Commentary*, The Westminster Press Philadelphia. 1959. 673.

기간을 다룬다.[223]

5.1.3. 양식 비평으로서의 본문의 위치

시편 105편은 양식 비평(Form Criticism)으로 분류할 때, 본문의 위치는 원 저자가 제사를 위해 지은 시로서 제사-기능적[224] 위치라고 볼 수 있다.[225]

최근에는 본문이 교훈적인(didactic) 찬송이 아니라 제사로서의 시(cultic hymn)라는 것이 분명해졌다. 여기에는 야웨 하나님의 구원의 행위와 커다란 역사적인 기념으로서의 감사가 있으며, 이스라엘의 하나님께 영광을 돌리고 그가 하신 모든 기이한 일(all his wonders)에 대한 감사로서 영광을 돌리는 찬송이다.[226]

시편 105편은 두 가지 관점에서 아브라함 언약의 성취이고 그 속편으로서 묘사된 시내산 언약(Sinai covenant)의 성취이다. 다른 한편으로는 또한 역사적 전통 안에서 공식적인 동기와 특색을 가지고 서정적인 역사를 기록한 것을 생각해야만 한다.[227]

---

223 Author Steven J. Lawson, General Editor Max Anders, *Holman Old Testament Commentary Psalms*, 76-105, USA, 김진선 옮김, Main Idea로 푸는 시편(서울: 디모데, 2008), 76-150, 319-320.
224 이형원, 구약성서비평학 입문, 침례신학대학교출판부, 126-127에 의하면 각 문학 양식은 독특한 삶의 자리에서 비롯된다는 전제에 대하여 학자들마다 이해 정도가 다르다는 것을 알 수 있다. 궁켈의 경우에는 본문의 상황과 관련하여 본문 자체를 분석하는 데 치중하는 면을 보이면서 그 상황 이해가 보다 일반적인 성격을 띤 것으로 이해했다. 그러나 그의 계승자들은 각 문학 양식이 보다 좁은 의미에서의 상황, 다시 말하여 독특한 제도적 위치를 가진다고 보았다. 예를 들어 모빙켈(S. Mowinckel)은 시편을 '제사-기능적'(cult-functional)으로 해석하면서 모든 시편이 이스라엘 백성들의 제사를 돕는 데 독특하게 기여한다고 주장했다.
225 이것은 필자가 "구약성서비평학 입문"을 읽으며 시편 105편이 제사로서의 기능이 있다는 생각하에 정의한 것이다. 그런데 그 다음 참고문헌을 읽으면서 필자의 생각이 맞다는 확신을 갖게 되었다.
226 Hans-Joachim Kraus, *Psalms 60-150: A Continental Commentary*, Fortress Press Minneapolis, Transed by Histon C. Oswald, 1993.
227 Hans-Joachim Kraus, *Psalms 60-150 A Continental Commentary*,

5.1.4. 시편 105편에 나타나는 수사적 비유법[228]

○ 아이소콜론(isocolon: 동일 어순 반복법)

아이소콜론이란 문법적으로 동일한 구조의 다른 단어들을 반복하는 방법으로서 1-3절에서 명령형 동사를 반복 사용함으로 '하나님을 찬양하라'를 강조하고 있다.

○ 도치법, 평행법

1-3절에서 동사[감사하라(1절), 찬양하라(2절), 자랑하라(3절)]를 도치적으로 먼저 나열하여 강조한 후, 그 까닭[그가 하는 일(1절), 그의 모든 기이한 일(2절), 거룩한 이름(3절)]을 말하고 있다. 이것은 도치법이기도 하지만 평행법이 되기도 한다.

○ 대귀법

7절 '그의 판단이 온 땅에 있도다'와
11절 '가나안 땅을 네게 주어'
    위에서 보면 '온 땅'에서 구체적으로 '가나안 땅'으로 표현하였으며, 이스라엘을 향한 '땅'(기업)으로 표현하고 있다.

○ 강조법(점층법)

9절 '아브라함과 맺은 언약이고 이삭에게 하신 맹세이며'
10절 '야곱에게 세우신 율례'에서
9절 '아브라함과 이삭'에서 시작하여 10절에서 '야곱'까지 확장되었다.

○ 위의 9, 10절은 대귀적인 표현과 점층법이 있다.

'아브라함' → '언약' / '이삭' → '맹세',

---

[228] 이형원, 구약성서비평학 입문, (서울: 침례신학대학교출판부, 1991), 308-325. 참고. 이것은 필자가 "구약성서비평학 입문"을 읽으며 나훔서의 비유적 언어를 참고로 하여 시편 105편의 언어의 비유적 언어를 정리하였다.

'야곱' → '율례'로써 표현하면서 이것을 모두 종합하여
10절 하반절에서 '이스라엘에게' → '영원한 언약'으로 나타난다.

○ 이것을 표로 정리하면 다음과 같다.

9절 a	אֶת־אַבְרָהָם	아브라함에게	כָּרַת			언약을 맺다
9절 b	לְיִשְׂחָק	이삭에게	וּשְׁבוּעָתוֹ			그의 맹세
10절 a	לְיַעֲקֹב	야곱에게	וַיַּעֲמִידֶהָ	확약했다	חֹק	법규

⬇

10절 b	לְיִשְׂרָאֵל	이스라엘에게	בְּרִית עוֹלָם	영원한 언약

○ 아큐무라티오(accumulatio: 동의어 대치 삽입법)
이것은 같은 것을 다른 단어들로 표현하는 방법으로서 9절 '언약', '맹세', '법규'가 같은 의미의 '언약'으로 쓰이며, 10절에서 '영원한 언약'으로 통일하고 있다.

5.1.5. 본문의 구조[229]

```
1. 예배로의 부름(1-6절)
    1.1. 야웨를 찾는 자들을 부름(1-3절)
    1.2. 아브람과 야곱의 자손들을 부름(4-6절)

2. 족장과 맺은 언약(7-11절)
    2.1. 언약의 주님(7-8절)
    2.2. 족장과 맺은 언약과 땅의 약속(9-11절)
```

---

229 김정우, 시편주석 Ⅲ, 247.

5.1.6. 본문의 시구

○ 동의적 평행법(synonymous parallelism)(명령형 10가지)

		동사		목적어
1.1	1절	감사하라, 부르라, 말하라	그의 이름 안에서	그의 행위를
	2절	노래하라, 찬양하라, 칭송하라		모든 그의 놀라운 일들을
	3절	자랑하라	여호와를 찾는 자들은	거룩한 이름을
1.2	4절a	구하라	여호와	그의 능력을
	4절b	찾으라		그의 얼굴을
	5절	기억하라	그가 행했던	그의 놀라운 일들을
	5절			그의 기적들을
	5절			그의 입의 심판을
	6절		아브라함, 야곱	
2.1	7절		그는 우리의 여호와 하나님	
	7절	있다	그의 심판들이	모든 땅 안에
	8절	기억했다	천대에 걸쳐 명령하신 말씀	그의 언약을
2.2	9절	언약을 맺었다	아브라함, 이삭	
	10절	확약했다	야곱	법규
	11절	줄 것이다	너희의 소유	가나안 땅을

○ 위 표에서 같은 의미로 평행되는 구절은 같은 색으로 표시하였다. 예를 들어 1-3절은 동사를 먼저 나열하였기에 같은 이미지의 청색으로 표현하였고, 7절과 11절의 땅은 같은 이미지의 색으로 통일하였다.

○ 10가지 명령으로 시작되는 본문은 1연(1-6절)에서 '하나님의 이름'과 '행위'가 중심 주제이다. 특히 '행위'와 연관된 용어들이 수미일치를 이룬다.

○ 주님의 행사는 본 시편에서 "땅"에 초점을 두고 있으므로, 11절 '가나안

땅'(אֶרֶץ־כְּנָעַן)이 중요한 지점에서 반복되고 있다[11, 12("그 안에서"), 16, 23, 44절 등].

○ 제1연의 2장(4-6절)은 1장의 마지막 핵심 단어인 '주님을 찾는 자'에서 '찾다'를 끌고 와서 주님을 항상 '구하고', '찾도록' 요청함으로써 시작하며(4절), 그들이 바로 '아브라함의 자손'이요, '야곱의 자손'임을 밝히는 것으로 매듭짓고 있다.[230]

○ 본문을 동사의 진행 중심으로 구성하면 아래와 같이 제시될 수 있다.
그 중심에 5절의 '기억하라'(זִכְרוּ)는 8절에서 '기억하다'(זָכַר)로 평행을 이루고 있으며, '기억하심'이 이 전체 문장에서 클라이막스를 이루고 있다.

○ 8절 '영원히 기억하심'에서 '영원히'(עוֹלָם)는 10절의 '영원한'(עוֹלָם) 언약과 쌍을 이루고 있다.

〈표 1-13〉 시편 105:1-11에 나타난 동사의 진행

감사하라, 부르라, 선언하라	1절	
노래하라, 찬양하라, 칭송하라	2절	
자랑하라	3절	
구하라, 찾으라	4절	
기억하라	4절	
기억했다		8절
천대에 걸쳐 명령하신 말씀 영원히 **기억하심**		8절
아브라함과 맺은 언약	9절	
이삭에게 하신 맹세	9절	
야곱에게 세우신 율례	10절	
영원한 언약	10절	
가나안 땅을 네게 주어 할당된 소유가 되게 하심		11절

---
230 김정우, 시편주석 Ⅲ, 248.

5.2. 단어 연구

5.2.1. 전치사구 연구

○ 전치사구들인 이름 안에(בְּ, 1절), 백성들 가운데서(בְּ, 1절), 이름 안에 (בְּ, 3절)가 동사 '부르라', '말하라'와 같이 서로 병렬 관계를 이루고 있다.
○ 2절에서는 לוֹ(그에게)와 같은 전치사구가 명령형(찬양하라, 노래하라)의 대상을 나타낸다.
○ 9-11절은 לְ로서 '야곱에게', '이스라엘에게', '너에게'를 계속 병렬하고 있다.

〈표 1-14〉 언약의 여러 가지 의미

절	명사, 동사	뜻
8	בְּרִיתוֹ	그의 언약
9	כָּרַת	언약을 맺다
9	שְׁבוּעָה	맹세
10	חֹק	법규
10	בְּרִית	언약

○ 언약이라는 단어를 본문에서 살펴보면 בְּרִית(베리트 8, 10절), כָּרַת(카라트, 9절), 10절의 חֹק(호크)와 같이 쓰인다는 것을 알 수 있다. 카라트는 동사로서 '언약을 맺다'라는 뜻이 된다.

9절에서 שְׁבוּעָה(셰부아) '맹세'의 의미도 언약과 같은 의미로 볼 수 있다.

10절의 חֹק(호크)는 '법규'라는 의미로 학자들은 언약의 의미에서 제외했으나, 필자의 생각으로는 '법규'라는 것 자체가 언약의 시작이라고 여겨진다.[231]

---

[231] 이런 의미에서 십계명이 약속의 시작이라는 점에서 의견을 같이 한다. 율법은 억압이 아

○ 11절은 언약의 내용을 한 문장으로 표현하고 있는데, 즉 경작할 땅으로서의 가나안 땅의 정복과 소유와 상속이다. 이 요약은 출애굽의 모든 과정이 포함된 것이다. 10절의 '율례, 법규'라는 말은 하나님의 미래의 행동을 규정하는 고정된 계획을 말하는 것으로 '언약'과 동의어로 사용되었다.[232]

○ 시편 105편에서 언약은 세 번 나타나는데, 8, 9, 10절에서 나타난다. 아브라함과의 언약은 창세기 15장에서의 횃불 언약으로 나타난다.(창 15:13-14, 16) 이 약속은 다시 이삭의 세대에 반복된다(창 26:24). 그리고 후에 야곱에게(창 28:10-15; 35:9-12; 46:1-4)도 반복된다. 이 약속은 하나님이 홀로 정하신 것이고, 그는 그의 백성들에게 조금도 부족함이 없이 신실하심으로 이 약속을 성취하셨다. 언약은 십계명(Ten Commandments)의 시작을 알리는 하나님의 자기 선언이다.(출 20:2)

"I am the Lord your God, who brought you out of the land of Egypt, out of the house of slavery"(Exod 20:2, ESV)[233]

○ 본문에서의 언약은 '땅'을 포함한다. 창세기에서 아브라함과의 특별한 언약은 그의 후손이 큰 민족(a great nation)을 이룰 것이라는 약속이다.(창 12:2) 이것은 창세기 15:18에서 나타나는데, 여기에 땅의 의미가 나타난다.

'그 날에 여호와께서 아브람과 더불어 언약을 세워 이르시되 내가 이 땅을 애굽 강에서부터 그 큰 강 유브라데까지 네 자손에게 주노니'

니라 자유케 하며, 하나님의 영원한 약속의 근간이 되는 메시야의 성취를 약속하기 때문이다.
232 목회와 신학 편집부, 시편을 어떻게 설교할 것인가, (서울: 두란노아카데미, 2008), 195.
233 James Montgomery Boice, *Psalms Volume 42~106*, Baker Books, 2005. 847-848.

이것이 본문에서 말하고 있는 언약의 구체적인 실체, '가나안 땅'(11절)이다.[234]

5.2.2. 기억하셨다(8절, זָכַר) remember

○ 시인은 여호와께서 천 대에 걸쳐 명령하신 말씀을 '기억하셨다'고 표현하고 있다. 8절의 '기억하셨다'라는 표현은 다음 절(9절)과 함께, 이 시편이 언약의 취지와 공적을 찬양하는 데 있다는 사실을 더욱 강하게 확증한다.[235] 이것은 하나님을 찬양하며 클라이막스를 향해 질주하는 트럼펫의 연주와도 같은 묘미를 느끼게 한다.[236]

> "This is more strongly confirmed in the next clause, where the correspondence between the form or tenor of the covenant and the accomplishment is celebrated."

○ '기억하셨다'의 확장되는 효과는 그의 신실하심을 사람들의 마음에 더 깊이 붙들게 한다. 뿐만 아니라 이러한 하나님의 '기억하심'은 그의 은혜이기도 하다. 이와 같이 그의 은혜는 분명하게 증명된다.

> "The effect of such an extension of it is, that his faithfulness takes deeper hold on the hearts of men; and, besides, his grace, when it is thus testified on frequent recurring occasions,

---

[234] Tremper Longman Ⅲ, *Tyndale Old Testament Commentaries Vol.* 15-16, (IVP: Inter Varsity Press. Academic, 1989). 365. 이것은 원문 그대로 인용하지 않고 필자가 정리 인용하였다.
[235] John Calvin, *Commentary on the Psalms Vol.* 2, (Books For the Ages, 1998), 320. '기억하다' 이 단어의 비중이 본문에서 중심을 이루고 있음에도 이에 대한 주석이 많지 않았는데, 칼빈 주석에서 귀한 글을 찾을 수 있었다.
[236] 이 표현은 여러 가지 주석을 보면서 느낀 필자의 표현이다.

becomes better known and more illustrious among men."²³⁷

○ '기억하다'의 다른 구절

삼상 1:11 주의 여종의 고통을 돌보시고 나를 기억하사

창 9:15 זָכַר אֶת בְּרִית(그 언약을 기억하다)(칼완료바브연속1공성단수)
and I **will remember** My covenant, which is between Me and you and every living creature of all flesh; and never again shall the water become a flood to destroy all flesh.(Gen 9:15, NAS)²³⁸

○ '기억하다'는 한나가 고통 중에 드리는 기도 속에 나타난다. 이것은 한나가 하나님께 간구하는 처절한 기도이며 한나는 이 기도에 대하여 응답을 받는다. 하나님의 기억하심은 달리 표현할 수 없는 은혜이다.²³⁹ 하나님이 일방적으로 체결하신 언약은 기억하심이고, 이것이 곧 은혜다.
○ 기억하시는 까닭은 누가복음 1:72-73에서 긍휼히 여기심으로 나타난다.²⁴⁰

눅 1:72 우리 조상을 긍휼히 여기시며 그 거룩한 언약을 기억하셨으니
눅 1:73 곧 우리 조상 아브라함에게 하신 맹세라

---

237 John Calvin, *Commentary on the Psalms Vol.* 2, 321.
238 NAS, KJV, NET, NIV, ESV에서는 'and I will remember My covenant'로 미래 시제를 사용하나, YLT에서는 "and I have remembered My covenant"의 현재완료형 시제를 사용하고 있다.
239 기억하심이 은혜(grace)라는 표현은 칼빈의 주석에서 처음으로 찾을 수 있었다. 기억하심이 주는 의미가 '언약'을 뛰어넘는 '은혜'라는 것을 발견하며 지금까지의 애쓴 수고가 헛되지 않음을 발견했다. '은혜!' 이 단어 속에 모든 것이 들어있다는 생각을 한다.
240 김정우, "시편을 어떻게 설교할 것인가", (그말씀, 1997), 1997-1, 137.

5.3. 토라에서의 '언약'과 시편 105편에서의 '언약'

5.3.1. 토라에서의 언약

'언약'(בְּרִית)은 구약에서 약 287회 그리고 신명기에서 27회 사용되었으며, בְּרִית의 단어 그대로 쓰인 것이 창세기에 9번, 출애굽기 6번, 레위기 10번, 민수기 4번, 신명기에 9회 나온다.[241] 창세기 27회, 출애굽기 13회, 레위기 8회, 민수기 5회, 신명기 27회로 말하기[242]도 하나 여러 가지 이론이 많다. 이것은 번역의 차이일 것이다.

① 언약은 십계명이다.

이스라엘과 맺으신 영원한 언약은 곧 율례이다. 본문 10절에서 표현된 'חֹק'(법규)[243]는 율례, 계명으로 해석된다. 또한 이것은 이스라엘에게 하신 영원한 언약임을 'לְ'라는 전치사로 연결하여 풀이하고 있다. 아도나이께서 호렙산에 강림하셔서 불 가운데서 선언되었던 '말씀들'은 '언약'이며, 이것은 '열 개의 말씀들' 즉, '십계명'으로 나타난다(신 4:12-13).[244]

여호와의 의지와 뜻은 토라를 통해 주어진다. 토라는 인간을 향한 여호와의 뜻을 설명한다. 타락한 인간은 토라를 통하여 죄를 깨닫고 여호와께 나아갈 수 있다. 토라는 하나님의 특별계시다. 토라에는 여호와의 뜻이 선명하고 확실하게 나타난다. 여호와는 율법을 통하여 인류를 향하신 자신의 뜻을 밝히신다.[245] 따라서 언약은 십계명이다.

---

241 Bibleworks 로 필자가 셈한 것이다.
242 김영욱, 신명기 I, (서울: 솔로몬, 2016), 38.
243 חֹק는 '율례'(개역개정), 'statute'(YLT), 'decree'(NET), 'ordinance'(LXE)로 표현한다.
244 김영욱, 신명기 I, 284.
245 김영욱, 토라 시편, 김정우 교수 은퇴논총, 기혼의 시냇가에 심긴 나무처럼, (서울: 솔로몬, 2016), 287-290.

② 언약은 '땅(기업)'이다.

이스라엘의 역사를 해석하는 중요한 신학적 주제 가운데 하나는 '약속과 성취'이다. 하나님은 이스라엘 민족의 시조인 아브라함을 부르시고 그에게 가나안 땅을 주시겠다고 약속하신다. 이 약속은 창세기에서 주어졌다. 이스라엘은 이집트에서 출애굽을 한 후에 이 약속을 향해 가나안 땅으로 나아간다. 왜냐하면 하나님의 약속은 가나안 땅을 주시겠다고 하신 약속이기 때문이었다.

모세의 지도 하에 출애굽 2세대는 요단 동편의 땅을 점령하고 땅을 나누어 주었으며 여호수아의 인도 하에 이스라엘은 가나안 땅을 점령하고 그 땅 안에서 정착하고 산다. 창세기 17:8에 의하면 이스라엘에게 있어서 '땅'은 기업이다.

> 내가 너와 네 후손에게 네가 거류하는 이 땅 곧 가나안 온 땅을 주어 영원한 기업이 되게 하고 나는 그들의 하나님이 되리라.(창 17:8)

따라서 본문 11절에서 "내가 가나안 땅을 네게 주어"라는 의미는 '영원한 기업이 되게 하고'의 의미로 해석할 수 있다.

③ 언약은 하나님의 일방적인 선언이다.

하나님은 창세기 15장에서 자신의 말씀에 대한 헌신의 보증으로 아브람과 언약을 체결하셨다. 고대의 언약 의식에 따르면 동물들을 둘로 쪼개고 언약 당사자 쌍방이 각기 그 사이로 지나가는 절차가 있는데, 이 절차는 언약 당사자 중 어느 하나가 언약을 깨뜨리면 그 동물들과 같은 운명에 처하게 될 것임을 의미했다. 날이 어두워졌을 때 불타는 횃불이 쪼갠 동물 사이로 지나갔다.

그러나 아브람은 그 사이로 지나가지 않았다. 횃불로 상징화된 하나님만이 이 언약에 맹세를 하셨다는 점은 이 언약의 약속이 영원한 것임을 시사

해 준다. 언약의 성취는 아브람의 책임과는 상관 없이 오직 하나님의 말씀의 능력에 기초해 있었다.[246]

5.4. 시편의 신학(시 105편에서의 신학)

5.4.1. 언약

하나님은 그의 속국 백성인 이스라엘과 관계를 맺으신 대왕이시다. 수많은 구약 본문들이 하나님이 어떻게 그분의 백성과 언약 관계를 맺으셨는가 묘사하고 있다. 여기에서 두 가지 중요한 점을 짚어 보고자 한다.

첫째, 우리가 하나님과 관계를 맺는다는 것은 다른 사람과 관계를 맺는 것과는 본질적으로 다르다는 것이다. 하나님은 창조주이신데 반해 우리는 하나님이 지으신 피조물이기 때문이다. 즉, 우리는 하나님과 협상할 수 있는 자로서, 언약을 맺는 것이 아니다.

둘째, 또 하나의 중요한 점은 하나님은 거룩하신 분인데 비해 우리는 죄인이라는 것이다. 죄악에 찬 사람들은 거룩하신 하나님과 관계를 맺을 수 없다. 여기에서 궁극적인 대속물은 예수 그리스도이시며 우리가 거룩하신 하나님과 관계를 맺을 수 있도록 대속적 죽음을 근거로 해서 그 관계가 맺어진다는 점을 인식하는 것이 중요하다. 시편이 '언약'에 대하여 다루는 부분은 많지 않다. 그럼에도, 언약이라는 맥락에서 말하고 있다는 사실을 무시할 수 없다. 시편 기자들은 하나님과 언약 관계를 맺고 있다는 것을 기초로 해서 하나님께 말하며 또 하나님에 대해 말하는 사람들이다. 이처럼 **언약은 시편 신학의 여러 가닥을 함께 묶는 개념인 것이다.**[247]

---

246 Gary, E. Schnittjer, *The Torah Story*, Grand Rapid, Mishigan: Zondervan, 박철현 역, 토라 스토리, 144.
247 Tremper Longman Ⅲ, 어떻게 시편을 읽을 것인가?, 70-72.

5.4.2. 시편 105편에서 구속의 의미

시편 기자는 이스라엘의 역사를 회고하면서 하나님의 손길이 역사를 이끄신 것을 보았다. 그는 출애굽과 가나안 정복, 그리고 하나님이 이스라엘을 환란에서 구출하신 많은 사건들을 기억하면서 기뻤다. 그리스도인들로서, 우리는 시편 기자의 시각을 넘어 구속의 역사를 그 정점으로까지 확장할 수 있다. 우리는 지난 과거를 회고하면서 **십자가에서 일어난 하나님의 궁극적인 구속의 행위**들을 볼 수 있다.[248]

6. 주석[249]

이제까지 본문을 따라 본문의 배경 연구, 본문의 구조, 단어 연구(전치사구, 동사, 명사)를 하였고, 특별히 '언약'(8, 9, 10절)과 '기억하셨다'('8절)에 대하여 살펴보았다.

6.1. 예배로의 부름(1-6절)

6.1.1. 야웨를 찾는 자들을 부름(1-3절)

1절. 시인은 명령형으로 시편을 열고 있다. 시인은 감사하라고 한다. 그의 이름을 부르라고 한다. 그의 하신 일을 분명히 선포하라고 명령하고 있다. 시인은 분명히 선포할 것을 강조한다.

이스라엘 제사의 형식을 갖춘 제사시의 성격을 가진 본문은 우리가 드리는 예배의 형식과 전혀 다름을 알 수 있다. 우리의 예배는 간구와 설교에 대한 기다림과 평가 등으로 이루어지는데 비해 이스라엘의 예배는 감사와 찬양으로서 특징지어진다.

---

[248] Tremper Longman Ⅲ, 어떻게 시편을 읽을 것인가?, 92.
[249] 김정우, 시편주석 Ⅲ, 총신대학교출판부, 254에서 '주석'의 형식을 빌어 왔다.

2-3절. 시인은 계속하여 그에게 노래하라, 그를 찬양하라, 그의 거룩한 이름을 자랑하라고 한다. 왜냐하면 그가 하신 모든 일이 기이하기 때문이다. 그의 기이한 일들은 홍해를 가르신 일이고, 이스라엘을 구원하신 일이다. 이 일은 우리에게 예수 그리스도를 보내셔서 구원을 성취하신 기이한 일이다. 하나님을 찾는 사람들은 마음이 즐거운 자들이다. 마음이 즐거운 자들이란 어떤 자들인가? 하나님을 찾을 때 하나님이 우리를 만나 주심을 경험한 자들이 마음이 즐거운 자들이다.

이것은 우리의 삶이 하나님을 찾는 자의 삶이 되어야 한다는 것이다. 시인은 우리가 영혼 깊은 데서 하나님을 찾는 삶을 살기 원한다. 여호와를 찾는 시인의 영적인 깊이가 우리의 어두운 눈을 열도록 초대하고 있는 것이다.

6.1.2. 아브람과 야곱의 자손들을 부름(4-6절)

4절. 시인은 1-3절까지 명령을 한 후 4절에서 구체적으로 구해야 할 것을 열거한다. 우리가 구해야 하는 것은 여호와이다. 그의 능력이다. 그의 얼굴이다. 그리고 시인은 '항상 구할지어다'라는 말로 우리를 더욱 붙들어 매며, 시의 클라이막스를 향해 나아간다.

5-6절. 시인은 족장들을 들어 '너희'의 정체성을 말해 준다. '너희'는 하나님의 종, 아브라함의 후손이고, 야곱의 자손이다. 그렇기 때문에 너희는 그가 행하신 기적과 이적과 입의 판단을 기억해야 한다고 말한다. 이스라엘의 정체성은 아브라함의 후손이고, 야곱의 자손이다. 우리의 정체성은 예수 그리스도의 피 값으로 산, 택함 받은 자녀이다. 아브라함의 후손, 야곱의 자손인 우리가 해야 할 일은 그가 행하신 기적과 하나님의 이적을 기억하는 것이다. 하나님의 이적은 예수 그리스도의 성육신이고 십자가에서의 죽음과 부활이다.

6.2. 족장과 맺은 언약(7-11절)

6.2.1. 언약의 주님(7-8절)

7-8절. 시인은 비로소 7절에서 그가 어떤 분인지 말해 주고 있다. 그는 '여호와'이시고, 우리 하나님이며, 그의 판단이 온 땅에 있다고 말한다. 시인은 지금까지 전개하던 것의 비밀을 비로소 드러낸다. 언약이라는 것은 천 대에 걸쳐 명령하신 말씀이며, 율법 즉 십계명이고, 기업이다. 여기서 유의해야 하는 것은 천 대에 걸쳐 말씀하신 것이 명령이라는 것이다. 그런데 이 명령은 우리를 가두는 것이 아니고, 오히려 우리를 자유케 하고 은혜로 이끌어 가는 것이다. 왜냐하면 하나님의 일방적인 언약과 하나님의 기억하심으로 하나님이 이루어 가실 일이기 때문이다.

이것은 6절에서 '기억하라'에 대한 명령형을 받아서 8절에서 '하나님이 기억하셨다'로 평행 구절을 이루는 데서 확인할 수 있다. 우리 인간은 '기억하라'에 대한 응답을 할 수 없음에도 불구하고, 하나님이 기억하시는 까닭은 그의 긍휼하심 때문이다. 우리를 불쌍히 여기심이고 이것이 은혜(grace)이다. 하나님이 우리를 기억하셨다는 것에 우리의 소망이 있다.

6.2.2. 족장과 맺은 언약과 땅의 약속(9-11절)

9-10절. 시인은 언약에 대하여 구체적으로 설명하고 있다. 아브라함과 맺은 언약, 이삭에게 하신 맹세, 야곱에게 세우신 율례로서 3명의 족장들의 이름과 함께 언약, 맹세, 율례를 언약의 동의어로 나열하고 있다.

그리고 나서 'ל'(곧)[250]이라는 접속사를 사용하여 언약, 맹세, 율례를 총괄하는 '영원한 언약'으로 점층법을 사용하여 통일시키고 있다.

250　Williams Ronald J., 윌리엄스 히브리어 구문론, 그리심, 김영욱 역, 151-160, 'ל'의 용법에서도 찾을 수 없었다. '곧'이라는 접속사는 개역개정이나 개역한글, 현대인의 성경에만 있다. 단지 'ל'가 전치사로서 접속사의 의미를 포함한다고 볼 수 있었다.

11절. 시인은 마지막 결론으로 가나안 땅을 주어 할당된 소유가 되게 하겠다는 것을 말함으로써 영원한 언약이 이스라엘의 기업이 됨을 언급한다. 즉 아브라함의 언약을 통해 이스라엘에게 땅을 주시기로 한 언약의 성취를 언급하며 끝을 맺고 있는 것이다.

나가는 말

구약은 두 범주로 나뉜다. 선택된 메신저를 통해 인간에게 주시는 하나님의 직접적인 계시와 나머지 부분은 직접적인 계시보다는 인간의 생각을 매개로 수직적 관계 및 수평적 관계 – 이스라엘(모든 인류)과 하나님의 관계 및 인간 상호 간의 관계 – 모두와 관련되는 계시이다. 시편은 후자의 범주에 속한다. 시편은 '교리문답'이 아니다. 시인은 하나님을 그의 백성을 통해 이 땅에 공의를 세우시는 우주의 왕으로 제시한다. 이 주권적 왕에 대한 올바른 반응은 전적인 신뢰와 찬양이다.[251]

이러한 시편의 정의에 충실하게 따르는 마음으로 정성껏 하다보니 주해의 과정은 힘들었고, 길고도 먼 길을 걸어야 했다. 히브리어 하나하나 찾을 때는 눈이 빠지는 것 같았다. 며칠째 구약 주해에 매달려 계속 워드를 치다보니 이제는 손가락이 붓고 저리다.

처음에는 '언약'만 눈에 들어와 언약에 focus를 두고 주해를 전개했다. 주해를 하다보니 '언약' 주변을 감싸고 있는 많은 수사학적인 단어와 문장들이 보이기 시작했다. 시편 105편과 함께 며칠째 뒹굴면서 얻은 수확이라면, 하나님을 찬양하고자 하는 마음이 가슴에 깊이 새겨지기 시작했다는 것이다.

---

[251] Eugene H. Merrill·Mark F. Rooker & Michael A. Grisanti, *The World and the Word: An Intorduction to the Old Testament*, 유창걸 옮김, 현대인을 위한 구약개론, (서울: CLC, 2016.), 813-814.

하나님을 찬양하는 것이 가슴속 깊은 곳에서 솟구쳐 나오기에는 우리의 삶이 녹록지 않다. 눌리고 염려하고 두려움이 많은 현실 앞에 서면 찬양보다는 탄식과 호소와 원통함이 더 앞설 때가 많다.

시편 기자는 그러한 현실을 다 알면서도 우리를 향해 권면한다. 그것은 하나님께서 영원한 언약이 되신 예수 그리스도를 우리에게 약속하셨기 때문이다. 동시에 이것은 은혜이다. 은혜를 받은 자만이 누릴 수 있는 삶이다.

우리 인간은 죄성이 있기 때문에 죄의 쓴 뿌리는 우리로 하여금 하나님을 찬양하기보다는 걱정하고 염려하고 근심하게 만든다. 그러나 이제는 시편 기자의 명령에 순종하는 마음으로 하나님께 감사하려고 한다. 시편 기자가 가장 먼저 선언한 것이 '감사하라'가 아닌가! 이러한 찬양과 감사가 나의 삶을 이끌어 가기를 간절히 소망한다.

참고문헌

김영욱　　신명기 I. 솔로몬. 2016.
　　　　　　토라 시편. 김정우 교수 은퇴논총. 기혼의 시냇가에 심긴 나무처럼. 솔로몬. 2016.
　　　　　　윌리엄스 히브리어 구문론. 도서출판 그리심. 2012.
김정우　　시편 89편 그 본문과 주석. 총신대학출판부. 1992.
　　　　　　"시편을 어떻게 설교할 것인가". 그말씀. 1997-1. 1997.
　　　　　　시편 40편 주석. 「신학지남」 통권 제266호: 63-86. 2001.
　　　　　　시편주석 III. 총신대학교출판부. 2010.
목회와 신학 편집부　　시편을 어떻게 설교할 것인가. 두란노아카데미. 2008.
박철현　　직독직해를 위한 히브리어 400단어장. 솔로몬. 2016.
이형원　　구약성서비평학 입문. 침례신학대학교출판부. 1991.

Artur Weiser.　　The Psalms A Commentary. The Westminster Press Philadelphia. 1959.

Author Steven J. Lawson.　　General Editor Max Anders. Holman Old Testament. Commentary Psalms. USA. 김진선 옮김. Main Idea 로 푸는 시편. 디모데. 2008.

Douglas Stuart.　　Old Testament Exegesis. 구약주석방법론. 크리스챤다이제스트. 박문재 옮김. 2011.

Eugene H. Merrill·Mark F. Rooker & Michael A. Grisanti.　　The World and the Word: An Intorduction to the Old Testament. 유창걸 옮김. 현대인을 위한 구약개론. (서울: CLC. 2016.)

Gary E. Schnittjer.　　The Torah Story. Grand Rapid. Mishigan: Zondervan. 박철현 역. 토라스토리. 2014.

Hans-Joachim Kraus.　　Psalms 60-150: A Continental Commentary. Fortress Press Minneapolis. Transed by Histon C. Oswald. 1993.

James Montgomery Boice.　　Psalms Volume 42~106. Baker Books. 2005.

John Calvin.　　Commentary on the Psalms Vol. 2. 1998.

Leslie C. Allen.　　Psalms 101-150. Grand Rapid. Mishigan: Zondervan. WBC 성경주석 21. 손석태 옮김. 솔로몬. 2001.

Tremper Longman Ⅲ.　　How to Read the Psalms. IVP-USA. 한화룡 옮김. 어떻게 시편을 읽을 것인가? 1989.

_____. Tyndale Old Testament Commentaries Vol. 15-16. (IVP: Inter Varsity Press. Academic. 1989.) 2014.

William L. Holladay.　　A Concise Hebrew and Aramaic lexicon of the Old Testament. 구약성경의 간추린 히브리어·아람어 사전. 손석태 외 1 공역. 솔로몬. 2015.

9. 구약신학 과제

이희성 교수님
구약의 핵심 주제 『남은 자』

1. 들어가는 말[252]

"**나는 너희 하나님이 되고 너희는 내 백성이 되리라**"는 계약 공식은 마치 후렴구처럼 구약의 곳곳에서 나타난다. 계약 공식의 선구라고 볼 수 있는 이러한 표현은 하나님과 아브라함의 대화 가운데서도 살펴볼 수 있다(창 17:7). 우리는 왕정 시대에서도 하나님께서 다윗과 계약을 맺으실 때나(삼하 7:24), 계약 관계가 이스라엘의 불충성으로 인해 위기에 처할 때에도(렘 7:23-26; 11:4) 계약 공식이 등장하며, 이러한 점에서 남은 자는 계약 공식과 불가분리(不可分離)의 관계에 있다고 볼 수 있다.

'남은 자'는 어느 날 갑자기 하늘에서 뚝 떨어지는 것이 아니라, '**여자의 후손**'(창 3:15), '**씨**'(창 22:17)에서 비롯된다. 하나님께서 '나는 너희의 하나님이 되리라'고 선언하셨음에도 불구하고 이스라엘은 왕들을 중심으로 다른 신들을 따르며 계약을 파기하였다.

이스라엘과 유다가 멸망하고 바벨론에 포로로 끌려감으로써 이와 같은

---

[252] E. A. Martens, *Plot and purpose in the Old Testament*, IVP, 1981, 김지찬 역, 구약에 나타난 하나님의 계획과 목적, 생명의 말씀사, 1990, 283-300.

계약의 이야기가 종결된 것이 아닌가 쉽게 생각할 수 있다. 그러나 오히려 그와 정반대이다.

1.1. 포로 생활에 대한 해석: 깨어진 계약 관계

계약 파기에 따른 하나님의 심판의 결과로 이스라엘은 비극을 감당해야 했지만 이 같은 사태의 진전을 쉽게 받아들일 수 없었다. 그럼에도 불구하고 여전히 하나님께서 주도권을 가지시고 새로운 계약 구조를 도입할 가능성이 남아 있었다.

① 계약 공식의 확인 I 나는 너희 하나님이 되리라

계약 공식은 두 부분으로 이루어지는데, 포로된 이스라엘 백성들은 다음과 같은 두 가지 질문을 던지게 된다.

첫째, '야훼는 진실로 하나님이신가?'
둘째, '하나님께서 우리를 그의 백성으로 계속 삼으실 것인가?'

② 계약 공식의 확인 II 너희는 내 백성이 되리라·'남은 자'

계약 공식의 확인에 있어 '너희는 한 백성이 되리라', '너희는 하나님의 백성이 되리라'에 새로운 의미를 함축한 옛 계약 공식으로 '남은 자'에 대한 사상이 나오게 된다.

2. 본문 선정: '남은 자' 본문 연구의 동기 및 목적[253]

'Remnant motif'는 내가 평소에도 고민했던 주제라 '다 아는 것'이라고 단순하게 생각했는데, 구약신학을 배우는 과정에서 이것이 결코 단순한 의미가 아닌 것을 깨닫게 되었다.

하나님의 자기 계시인 구약성경의 목적은 독자들로 하여금 하나님을 더 잘 알게 하는 것이다. 하나님을 안다는 것은 그분의 속성들을 경험하는 것이다. 그것은 하나님과의 진실한 만남의 결과로 가치 체계의 변화가 일어나는 것이다. 구약성경은 역사상의 모범, 먼지 덮인 찬송, 혹은 알쏭달쏭한 예언들을 모아 놓은 책이 아니라, 하나님이 자신의 이야기를 들으라고 부르시는 초대장이다. 하나님의 이야기는 창조 기사로 시작된다. 여기서 강조점은 우주가 어떻게 시작되었는가보다는 하나님의 계획이 어떻게 시작되었는가에 있다.[254]

본인도 '남은 자'에 대한 연구를 하면서 '**남은 자**'를 남기시는 **하나님**이란 어떤 분인지, 왜 남기시는지 그 까닭이 무엇인지, 또 그가 하신 일은 무엇인지를 살펴보며, 하나님을 진실되게 만나는데 그 목적을 두었다.

끊임없이 위협을 받고 있는 현대인들의 상황에서, 인간의 실존적 관심은 필연적으로 생존의 문제, 자신의 삶과 존재의 보장, 즉 **'남은 자'와 누가 거기에 속할 것인가**에 대한 의문을 일으킨다. 성경의 증언에서 강조되는 '남은

---

253 남은 자 연구는 앞서 많은 부분을 할애하였다. "구약신학" 과목은 3학년 2학기가 되어서야 수업을 하게 되었는데, 구약의 중심이 되는 주제를 선정하여 소논문을 제출하는 것이었다. 고민하다가 축적된 자료가 '남은 자'였고 '남은 자'에 대해 마음이 향했기 때문에 이것을 주제로 삼았다. 앞에서 기술했던 1, 2학년 때 제출했던 과제와 겹쳐지기도 하고, 더 발전시키면서 부족했던 부분을 업그레이드하였지만, 다시 검토해보니 아무래도 중복되는 부분이 있는 것 같아 독자들의 양해를 구한다. 또한 '남은 자'에 대한 작은따옴표 표기는 자유롭게 하고자 한다.

254 Andrew E. Hill and John H. Walton, *A Survey of the Old Testament*, Zondervan Publishing, USA, in 1991. 2000; 엄성옥 유선명 정종성 역, 구약개론, 은성, 2001 2nd, 20-21.

자'에 대한 신학적 사상은 현대인의 생존과 미래의 존재에 대한 희망이 하나님께 돌아가기 위한 요구에 대한 응답이기도 하다.[255]

구약의 선포와 신약의 성취 그리고 아직 미완성의 성경신학에서 과거에는 하나의 주제마다 각각의 연구가 있었지만, 이는 너무 파편화된 시각으로 전체를 아우르는 필요성이 대두되었다. 따라서 지금은 통합적으로 한 권의 책으로 묶어서 보는 관점이 요구된다. 이러한 관점에서 '남은 자'를 연구하며 다음과 같은 질문을 던지지 않을 수 없었다.

- ▶ '남은 자는 언약의 **점진적 발전의 개념**인가?'
- ▶ '남은 자는 언약의 순환고리들의 다양성 안에서 나타나는 **종속적인 개념**인가?'
- ▶ "남은 자와 함께 나타나는 용어들 '**여호와의 날**', '**씨**', '**언약**'의 개념들은 어떻게 정리할 것인가?"

'남은 자'라는 단어는 신대원 입학하기 전부터 고민했던 주제이다. 교회에서 성경공부를 하면서 '남은 자'에 주목하게 되었다. 그리고 이러한 고민이 신대원을 입학하게 만들었던 작은 계기가 되었다. 그때 나는 '내가 신대원에 들어가서 논문을 쓰게 되면 '남은 자'에 대하여 논문을 쓰리라'라고 다짐했었다. 그 후로도 '남은 자'에 관한 article이 있을 때면, 더 관심있게 보곤 했다.

그 당시 '남은 자'는 로맨틱한 감정이 섞여서 청아하고 고매한 신앙 인격을 형성하는 단어와 같은 이미지로 내게 부각되었다. 내가 열심을 내어, 그리고 주님을 정성껏 섬기는 아름다운 믿음의 결과가 '남은 자'가 될 것이라고 생각했기 때문이다. 그런데 긴 세월이 흐르면서 내게는 '남은 자'가 될 자격이 조금도 없음을 발견한다. 자칫하면 나는 '남은 자'라는 단어에 수식어를 붙여 행위 구원과 연결할 어리석음을 안고 있었던 것이다.

---

255 Gerhard F. Hasel, *The Remnant; The History and theology of the remnant idea from Genesis to Isaiah*, Andrews University press, Berrien Springs, Michigan, 1974, 135.

한편 구약성경의 '남은 자' 사상은 창세기의 가장 오래된 개념에서 시작된다.[256] 그리고 엘리야의 사역에서는 아합과 이세벨의 종교적 위협에도 타협하지 않은 '남은 자'들이 결국 하나님께 충실한 새 이스라엘의 '씨' זֶרַע가 된다.[257] 또한 아모스에서는 종말론적 심판에서 이스라엘의 '남은 자'가 있을 것이란 희망을 강조하고, 에돔의 '남은 자'를 언급하여 혈통적 이스라엘의 '남은 자'에 대한 소망을 반박(反駁)하며 이방인을 초대한다.

'남은 자' 사상은 이스라엘 역사의 가장 중요한 전환점에서 하나님의 말씀을 선포한 주전 8세기의 선지자 **이사야에게서 절정을 이룬다**. 따라서 하나님께서 자기 백성을 선택하는 구원의 역사를 보여주는 구약성경의 '남은 자' 사상은 창세기의 초기 용법에서부터 이사야의 메시지와 신학의 중심 요소로 등장하기까지 **점진적 발전**을 이루어나가고 있는 것이다.[258]

2.1. 본문 선택과 연구의 방법

'남은 자'는 구약신학의 기저로 면면히 흘러 내려간다. 그럼에도 '남은 자'에 대한 연구는 그리 많지 않으며, 과거에는 '남은 자' 열풍이 불어, 많은 논문들이 나오기도 했지만 최근에는 마치 한물간 구시대의 사상으로 뒷방 자리를 차지해야 하는 사상이 된 느낌이다. 마치 구약신학의 사상 전개에도 유행과 흐름이 있는 느낌이다.

국내 학술지를 봐도 참고할 만한 자료가 없어서 도서관에서 논문을 다

---

256 임창일, '이사야의 '남은 자' 사상 연구', 총신대학교 신학대학원 석사(ThM) 논문, 1987, 3에 의하면, 창세기 7:23에 Only Noah was left [יִשָּׁאֶר], and those who were with him in the ark(ESV)란 구절이 성경에 등장한 최초의 '남은 자' 개념을 표현한다.
257 '씨' 개념은 수업 시간에 이희성 교수님께서 잘 가르쳐 주셨다. 이것이 창 3:15 '후손'에서부터 비롯한 것임을 말씀해 주셨다. 결국 남은 자는 '씨' זֶרַע의 개념에서 출발하는 것을 알게 되었다.
258 임창일, '이사야의 '남은 자' 사상 연구', 2.

뒤져서 찾아보니 '남은 자'를 주제로 한 논문이 약 22편 정도 있었다. 22편의 논문을 훑어봤지만, '남은 자'에 대한 내용은 한계가 있었고 모든 구성 형식이 거의 정형화되어 있었다.

그럼에도 논문 내용과 논문에서 제시된 참고문헌을 참고하고자 한다. 특히 Gerhard F. Hasel의 『The Remnant』를 참고할 것이다. 그 외 알렉산더 하이델의 『고대 근동의 창조설화 홍수 설화와 구약성경의 비교』, 반 게메렌의 『예언서 연구』, 토마스 멕코미스키의 『계약신학과 약속』, 앤드류 E. 힐·존 H. 월튼의 『구약개론』과 언약과 관련하여 팔머 로벗슨의 『계약신학과 그리스도』, 『언약이란 무엇인가?』 등의 책을 참고하여 볼 것이다.

2.2. 본문 선택과 연구의 범위

노아의 홍수 사건에서 '남은 자'가 시작되고(이희성 교수님 수업시간에 창 3:15의 '여자의 후손'에서 '씨'에 대한 말씀을 들으며 '남은 자'는 창 3:15에 뿌리를 둔다고 생각하게 됐다), 구약 전체를 훑어서 이사야와 아모스의 '남은 자' 개념까지 나가서 로마서에서 종결한다. 또한 '남은 자'는 스바냐의 **'여호와의 날'**과 함께 병행적으로 나타난다. 따라서 '남은 자'와 '여호와의 날', '언약', '씨'와 관련된 명제들을 연구하면 좋겠다는 생각을 하게 됐다.

연구의 범위는 '남은 자'에 관한 부분을 성경(창세기, 열왕기상, 이사야, 아모스, 미가, 스바냐, 로마서 등)에서 찾으며, 구약신학의 언약 부분과 어떻게 연결되는지를 구약의 다양성과 통일성을 살피면서 찾아볼 것이다.

마지막으로 **'십자가 앞의 남은 자'** = **'신실한 남은 자'**에 대하여 내가 깨달았던 나의 고백과 간증을 설교 개요로 삼아 '남은 자'의 삶을 결론으로 내리고자 한다.

3. 본문 사역: '남은 자' 어휘 분석[259]

'남은 자'는 540회 이상 구약성경에서 사용되었다. 구약성경 가운데 '남은 자'는 다음과 같이 세 가지 의미로 분류할 수 있다.[260]

첫째, שאר로서 단순히 남기다, 남겨지다, 떼어놓다 등을 의미한다.

둘째, יתר로서 남겨지다, 남다, 남아있다 등으로서 남은 찌꺼기보다는 분량이 충분하여 쓰고 남은 뜻을 나타낸다.

셋째, פלט로서 어려움이나 위기에서 택하여 '남은 자'란 뜻으로 사용된다.

3.1. שאר (shā'ar 샤아르, 왕상 19:18)

(1) שאר의 동사형: (창 7:23) qal형에서는 to remain(남은), niph형에서는 남아 있다(be left over), 남다(remain), hiph형에서는 남아있게 하다(leave), 남게 하다(have left)이다.[261]

(2) Sh°ār 잔여(殘餘), 나머지, 잔류자

▶ 이 명사는 26회 사용되었다. 이 용어 역시 **남겨진 것, 남은 자, 잔류자**로 번역된다(사 10:19-22; 11:11, 16; 습 1:4). 이것은 sh'erit의 동의어이다. 경우에 따라서 이 단어는 LXX에서 καταλειπω의 헬라어 부정과거 수동태 분사형인 '남겨진 것'(that which has been left)으로 표현되기도 한다.

▶ 이 용어는 배제, 심판 또는 파국 후에도 남아 있는 것을 말하며, Sh°ār

---

[259] 특정본문을 선택하지 않았기 때문에 본문에 대한 사역을 '남은 자'에 대한 어휘 분석으로 한다.
[260] 박우호, 남은 자에 대한 구원론적 고찰, 3.
[261] William L. Holladay, *Concise Hebrew and Aramaic Lexicon of the Old Testament*; 윌리암 L. 할러데이 편집, 손석태 이병덕 공역, 구약성경의 간추린 히브리어·아람어 사전, 솔로몬, 2015 9th ed. 477.

처럼 나무, 돈, 도시의 나머지(사 10:19; 대하 24:14; 대상 11:8), 시리아의 남은 자(사 17:3), 이스라엘의 역사적인 남은 자 즉 살아있는 자(느 10:28 [H 29]), 또는 예언되어 최후에 돌아오게 될 축복받은 이스라엘의 남은 자(사 11:11, 16)를 말하는 것 같다.[262]

(3) shē'erit 잔류자, 남은 자, 자손, 살아남은 자들
▶ 이 명사는 shā'ar의 기본 어근의 개념을 전달하며, 이미 있었던 제거의 과정이나 파국에서 살아남은 것을 말한다. shē'erit는 **이스라엘의 종말론적인 미래의 남은 자**, 다시 말하면 하나님께서 수백 년을 통해 이스라엘에게 약속으로 주어진 모든 축복들을 쏟아 부으시는, 이 현 세대의 마지막까지 살아남은 유대인들을 의미하는 하나의 예언적이고 기술적인 용어이다.
▶ 하나님은 '성실과 정의로' 그들의 하나님이 되고(슥 8:8), 하늘은 이슬을 내려 평안한 추수를 얻게 되며(슥 8:12), 이스라엘과 유다가 저주가 아닌 축복이 되고(슥 8:13), 여러 나라의 백성들이 특별한 축복의 길로 하나님이 이스라엘과 다시 함께하심을 알게 될 날이 이를 때의 이스라엘의 '남은 자'를 뜻하고 있다.
▶ 하나님은 시련 후의 마지막 날, 아브라함에게서 나온 그 나라에 축복의 모든 약속을 성취하실 것이며, 오직 은혜로 심판에서 살아남은 '남은 자'들을 축복하심으로써 그 일을 성취하실 것이다(롬 11:25-29).[263]

(4) '전쟁을 피하여 남은 자'
▶ 손석태는 shā'ar에 대하여 전쟁을 피하여 '남은 자'로 제시한다. shā'ar는 가장 자주 '남은 자'의 개념을 표현한다. 그러나 이 어휘는 주로 전쟁 문맥에서 발견되며, 부정적인 의미로 쓰인다.

---

[262] 구약원어신학사전, 1118.
[263] 구약원어신학사전, 1118-1119.

- 만일 여기서 여호와께서 이스라엘을 버림이 전쟁의 이미지로 기술되었다는 것을 기억한다면, '남은 자'에 대한 개념을 전쟁의 문맥에서 찾는 것은 당연한 일이다. 여기서 '남은 자'는 전쟁을 피하여 시온에 안전하게 남아 있는 자를 말한다.[264]

3.2. זכר 기억하사(창 8:1) = 생각하사

여기서 조금 더 나아가 창세기 8:1, 19:29, 30:22에서 '기억하사'(זכר)를 살펴보자. '기억하사'와 '생각하사'는 같은 어원이다.

- "하나님이 노아와 그와 함께 방주에 있는 모든 들짐승과 가축을 **기억하사**(זכר)[265](remember, KJV, ESV, RSV, NET, YLT 등) 하나님이 바람을 땅 위에 불게 하시매 물이 줄어들었고"(창 8:1)
- "하나님이 그 지역의 성을 멸하실 때 곧 롯이 거주하는 성을 엎으실 때에 하나님이 아브라함을 **생각하사**(זכר)(remember, KJV, ESV, RSV, YLT 등) 롯을 그 엎으시는 중에서 내보내셨더라"(창 19:29)
- "하나님이 라헬을 **생각하신지라**(זכר)(remember, KJV, ESV, RSV, YLT 등; attention, NET) 하나님이 그의 소원을 들으시고 그의 태를 여셨으므로"(창 30:22)

---

264 손석태, 이스라엘의 선민사상, 성광문화사, 2001 3rd ed, 296.
265 사역형의 주어가 '~로 하여금 ~을 기억하게 만들다'의 의미를 가져서 이 단어가 사역형의 의미, 즉 '~로 하여금 ~을 기억하게 만들다'(창 8:1)라는 뜻을 바탕으로 한다는 점에 있다고 생각된다. 제사법의 맥락에서는 제물을 갖다 바치는 봉헌자가 이 사역형의 주어가 된다고 할 때 그 의미는 '하나님으로 하여금 (봉헌자와 관련하여) 어떤 것을 기억하게 만들다'란 것이 된다고 할 수 있다. 이 점을 인식하고 나서 '하나님이 기억하신다는 것이 과연 어떤 의미일까?'라는 점을 고려할 때 소제의 '기념물'이 이 동사의 사역형에서 파생되었다는 것은 '하나님으로 하여금 봉헌자를 기억하고 구원해 달라'는 간구의 의미를 담고 있는 것으로 생각된다. Watta, Leviticus 1-10, 252-253은 유대교 전통 등에서 이런 식의 해석을 한 문헌들을 나열하고 있다.(박철현, 레위기, 솔로몬 107에서 재인용)

▶ 나는 노아 홍수의 Key Word는 하나님의 '기억하심'에 있다고 본다. 이것이 '남은 자'의 Key Word가 될 것이며 '언약'의 Key Word와도 상통한다고 본다.[266]

4. 내가 택한 본문의 역사적, 문학적, 정경적 문맥 분석

4.1. 역사적 정황: '남은 자' 사상의 역사적 정황

'남은 자' 사상을 이해하기 위해서는 고대 근동의 자료를 이해할 필요가 있다. 고대 근동의 수메르, 아카드, 히타이트, 이집트 문화의 전설, 신화, 서사시, 예언 등 다양한 문학 양식 가운데 '남은 자' 사상이 나타나며, 이러한 사상에는 자연적, 사회적, 정치적 위협 등 내외적인 갖가지 생명의 위협들로부터 생명을 보존하고 특정 집단의 명맥을 유지하려는데 강조점이 있다. '남은 자'라는 개념은 우주적인 홍수 이야기들에서 분명하게 표현되며 수메르와 바벨론 홍수 전승은 소수의 살아남은 생존자들 속에 인류의 모든 미래가 담겨져 있다고 증언한다.[267]

구약성경과 『길가메쉬 서사시』(Gilgamesh Epic)의 홍수 설화 양편에 모두 나타나는 내용들 가운데 가장 괄목할 만한 것은 대(大) 홍수 기사들로서, 그 한편은 바벨론과 앗시리아인들의 것이고 다른 한편은 히브리인들의 것이다.[268]

---

266 Walter Brueggemann, *Genesis Interpretation*, John Knox Press; 강성열 번역, 창세기, 한국장로교출판사, 2000, 271. 이러한 나의 생각이 브루거만의 책에 기록되어 있어서 각주로 넣었다. 브루거만은 8:1의 중요한 분기점에서 모든 것들이 '하나님의 기억하심'이라는 기적에 달려 있다고 제시하며, '하나님의 기억하심'에 의한 극적인 전환이 이루어진다고 논의한다.
267 J. C. Campbell, *God's people and the Remnant*, Scottish Jounnal of Thelolgy Ⅲ; 남은 자에 대한 구원론적 고찰, 박우호, 1989, 8에서 재인용.
268 Alexander Heidel, *The Story of the Flood*, The Gilgamesh Epic and Old Testament

성경의 창세기에서 말하는 대홍수의 원인은 하늘에서 억수 같은 비가 내리고 지하수가 터져 올라온 데 있었다(창 7:11-12). 수메르 토판에 명시된 파괴적인 힘은 '폭풍우', '호우', '억수' 및 '강풍'을 의미하는 아마루(amaru) 이다.269

창세기 기사에서는 홍수의 물이 마른지 거의 두 달(창 8:14)쯤 지난 후 하나님께서 노아에게 말씀하셨다. 노아는 이 명령에 순종하여 방주에서 나왔다고 기록되어 있다(창 8:18-19). 바벨론 홍수의 주인공은 자의에 따라 상륙한 데 반하여, 노아는 방주에서 나가라는 하나님의 지시를 기다렸다는 것이다. 노아는 하나님의 명령에 따라 방주로 들어갔던 것과 마찬가지로 나갈 때에도 방주에서 나가라는 하나님의 명령을 받을 때까지 방주 안에서 기다렸다.270

방주에서 나온 노아가 제사를 드린 것은 아마도 인간의 죄악으로 말미암아 일어났던 홍수와 그와 동시에 자신의 죄와 가족들의 죄를 속죄받기 위한 제사였을 것이 틀림없다. 한편으로는 그의 제사는 깊은 감사의 표현이었을 것이다.(136-137)

노아의 번제를 드린 뒤, '여호와께서 그 향기를 받으시고'라는 창세기 8:21의 문구는 제사 의식과 관련된 구절인 레위기 1:9, 26:31 등에서 발견된다. 이것으로 볼 때, '남은 자'인 노아의 제사는 레위기의 제사와 맥을 같이 한다는 뜻이다.

"여호와께 향기로운 냄새니라"(레 1:9)

"너희의 향기로운 냄새를 내가 흠향하지 아니하고"(레 26:31)

Parallels, 2nd ed. Chicago & London, 1949; 윤영탁 옮김, 고대 근동의 창조설화 홍수설화와 구약성경의 비교, 엠마오, 1990, 89.
269 고대 근동의 창조설화 홍수설화와 구약성경의 비교, 112.
270 고대 근동의 창조설화 홍수설화와 구약성경의 비교, 134-135.

"여호와께서는 제물을 받으시기를 원하나이다마는"(삼상 26:19)[271]

거의 같은 구절이 아모스 5:21에 다시 나타난다.

"내가 너희 절기들을 미워하여…기뻐하지 아니하나니"

Heidel은 바벨론의 대홍수와 히브리 기사의 차이점을 설명한다. 바벨론 홍수 설화는, '가장 어리석은 다신론에 물들어 있다.' 길가메쉬 서사시의 토판 XI에 나타난 홍수 기사의 처음 몇 줄을 읽어보면, 그 홍수가 윤리적인 이유는 전혀 없이 신들의 변덕에 의해 일어났다는 인상을 받게 된다.

한편 성경의 기사에서는 홍수를 유일하시고 전능하신 하나님이 보내시는데, 그분은 인간 자녀들을 대하시는 모든 일에 있어 공의로우신 분이시지만, 의로운 자는 그의 능력있는 팔로 그의 방법대로 구원하시는 분이다. 그리고 바벨론 홍수 설화에서는 소수가 아닌 많은 사람이 구원받은 것으로 나온다.[272]

Hasel에 의하면 고대 근동 홍수 이야기의 특징적인 모티프는 한 남자 홀로 또는 가족이나 일부 동료들과 함께 홍수에서 살아남으며 인류의 미래 존재(the future existence)가 이 '남은 자'에게서 보존된다는 것이다.[273]

노아 홍수의 에필로그에서 분명한 강조점은 야웨 하나님의 근원적인 거룩함에 대한 은혜로운 '자기 제한'(the gracious self-limitation)이며, '사람의 마음이 여전히 악할지라도 그럼에도 불구하고 인간에 대한 하나님의 선한 뜻'(good will)이다.

---

271 고대 근동의 창조설화 홍수설화와 구약성경의 비교, 150-151에 의하면 '창 8:21에 기초하여 성경의 홍수 기사가 바벨론적 기원을 가졌음을 입증하려는 논증은 도무지 근거가 없는 것이다.'라고 제시한다.
272 고대 근동의 창조설화 홍수설화와 구약성경의 비교, 155-156.
273 Gerhard F. Hasel, *The Remnant*, 1974, 135.

Warne은 노아의 '의'(עדקה)가 하나님의 호의와 은혜의 토대가 아니라고 정확하게 지적한다.(Warne is correct in pointing out that the righteousness of Noah is not the basic for the claim of God's favor and grace)[274] 이와 같이 고대 Isarel 초기 단계에서 남은 자 모티프의 주요 윤곽(outline)이 형성되었다.[275]

4.2. 정경적 문맥 분석: 구약의 '남은 자'에 관한 정경적 문맥 분석

남은 자에 대한 직접적인 가르침은 **이사야** 선지자에게서 찾아볼 수 있다 (사 4:3; 6:13; 17:6). 예루살렘 함락 직전에 유다에 하나님의 진노의 날이 있을 것이라고 선언한 스바냐는 오직 남은 자만이 포로에서 귀환하여 가나안 땅을 채우게 될 것이며, 여기서 남은 자들이란 겸손하고 낮은 자들, 특별히 영적인 자격을 갖춘 자들이라고 선언하였다(습 2:7, 9; 3:12-13).

포로 시대에 활동한 **에스겔** 선지자는 비록 남은 자라는 용어는 사용하지 않았지만 모든 이스라엘이 아니라 오직 적은 수만이 고국으로 귀환하게 될 것이라고 선포하였다(겔 14:21-23, 참조 11:14-20).

예레미야도 에스겔과 마찬가지로 남은 자들이 영적인 갱신을 경험한 자들이라고 언급하고 있다. 예레미야는 그의 책의 초반부에서 이스라엘이 고국으로 귀환하여 연합하기 전에 이스라엘이 회개할 것이라고 말하고 있다(렘 31:15-20). 그는 포로 후 시대의 공동체를 소수의 신자, '남은 자' 등으로 정의하기도 했다.

사도 바울이 후에 논의한대로 여기서 남은 자는 정치적이거나 인종적인

---

[274] Warne, D. M. *'The origin, Development and Significance of the Concept of the Remnant in the Old Testament.'* Unpublished Ph. D. dissertation, Faculty of Divinity, University of Edinburgh, 1958.; Gerhard F. Hasel, *The Remnant*, 145에서 재인용.

[275] G. H. Davies, 'Remnant', *A Theological Word Book of the Bible*, ed. By Alan Richardson (2nd ed.; New York, 1962), 189; J. Nelis, 'Rest Israels', *Bible-Lexikon*, ed. By Herbert Haag (2nd ed.; Einsiedeln, 1968), col. 1474; E. Jenni, *'Remnant'*, IBD, IV, 32; Preuss, Jahweglaube, P. 187; Gerhard F. Hasel, *The Remnant*, 146에서 재인용.

이스라엘과 동등한 것이 아님을 유념해야 한다(롬 2:28; 9:6).

나는 구약의 남은 자에 관한 다음의 고찰에서 언약 본문의 구조를 분석하고 창세기, 이사야, 아모스, 미가서를 중심으로 포로기 이전과 이후에 남은 자 사상에 관하여 살펴볼 것이다.

5. '남은 자' 본문의 구조 분석

5.1. Covenant of sine curve

성경 전체를 흐르고 있는 남은 자에 대한 구조 분석을 하기에 앞서 언약에 관한 분석을 먼저 제시한다. 이것은 이희성 교수님께서 강의해 주신 것(2019년 10월 2일)을 정리하여 도표를 다시 그렸다. 언약에는 항상 고점이 있고, 저점이 있다. 언약은 싸인(Sine) 곡선을 이룬다.

언약의 싸인 곡선의 고점은 창세기 2장(에덴동산)이다. ⇨ 다시 하강하여 바벨탑 근처로 모이고 하나님을 대적한다. ⇨ 하나님은 바벨탑을 파괴하고 인간을 흩어버리시고 ⇨ 소망이 없는 시대에 한 사람을 택하셔서 다시 언약을 끌어올리신다.(아브라함 창 12-22장) ⇨ 언약의 최대의 위기는 출애굽기 1, 2장 '하나님의 백성들을 다 끊어버리겠다'는 바로의 선언이며 ⇨ 요게벳(출 6:20; 민 26:59)을 통해 모세를 세워주시고, 출애굽기 12장에서 출애굽을 하고, 출애굽기 19-24장에서 모세 언약을 맺지만 ⇨ 다시 하강 곡선에서 사사기 시대로 간다(가장 이스라엘에서 어두운 시대, 영적인 암흑기).

사사기로 갈수록 이스라엘에 왕이 없어서 자기 소견대로 행함 ⇨ 여기서 다시 세 명의 여인을 통해 언약을 세우시고(드보라, 한나, 룻), 다시 사무엘을 보내시고 ⇨ 다윗을 통해서 고점이 올라가서 최고의 정점이 된다. ⇨ 그리고 솔로몬 이후부터 다시 또 하강 곡선을 그린다. 바벨론으로 끌려가는 포로기에서 하강 곡선을 그리다가 ⇨ 다시 또 언약을 끌어올리심에서 언약의 또 한번의 절정을 주신다. 새 언약(렘 30-33장)은 주로 메시야 예언을 통하여 나타난 것이다.

이것은 큰 그림을 그리는 것이다. '이새의 줄기', '싹'으로 인하여 언약의 깊은 하강 곡선의 틈이 중간기(말라기 이후 모든 언약이 400년 동안 stop된다.)로 나타나고, 이어서, 놀랍도록 완벽한 언약의 절정인 예수 그리스도가 나타나신다.

아래 곡선은 하나님이 세우신 언약에 대한 싸인 곡선이다. 이 땅에 하나님 나라를 세우기 위한 하나님의 주권적 계획과 뜻은 절대로 어그러지지 않는다. 모든 역사를 통해서 이루어진다는 의미이다. 거기에 반하는 인간은 늘 쓰러지고, 넘어지고, 실패하지만 하나님께서는 주권적 계획을 통해 이 땅에 하나님의 역사를 이루어 가신다는 것이다. 그런데 늘 쓰러지는 인간의 실패 가운데 하나님은 '남은 자'를 남겨두신다.

하강 곡선이 생길 때마다 남은 자 사상이 성경 곳곳에 나타나면서 남은 자도 이와 마찬가지로 곡선을 이룬다는 것을 발견했다.

〈표 1-15〉 *Covenant of sine curve*

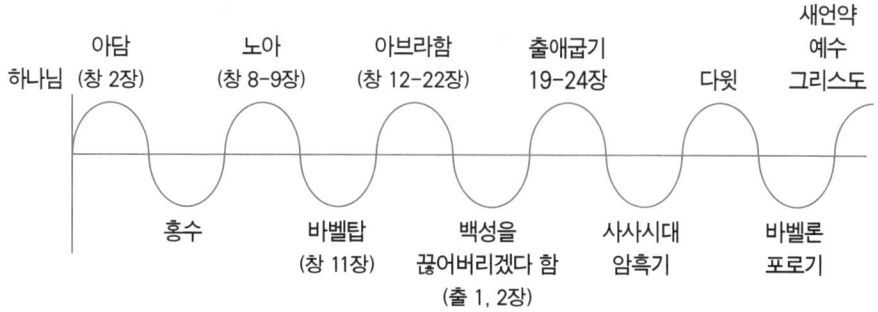

5.2. Remnant of sine curve[276]

남은 자의 싸인 곡선도 언약의 싸인 곡선과 같이 병행을 이루는 것을 볼

---

[276] 이희성 교수님의 『구약신학』 수업 시간에(2019년 10월 2일) 언약에 관하여 싸인 곡선을 그려주시는 것을 보면서 '남은 자'에 대한 싸인 곡선을 그려보자는 생각을 했다.

수 있다. 하나님께서는 창세기 4장에서 셋을 남기시고 홍수 때 노아를 남기시고 소돔과 고모라의 멸망 가운데 롯을 남기신다. 요셉을 '남은 자'로 남기셔서 이스라엘의 생명을 구원하게 하시고(창 50:20) 물에서 모세를 건져내어 남기시고 사사 시대 암흑기를 거쳐 다윗을 남기신다. 또한, 바벨론 포로 전·후 선지자들의 남은 자 사상으로 언약이 파기되지 않았음을 보여주시고 새 언약(렘 31:31)의 예수 그리스도를 통해 남은 자의 완성을 이루신다.

이러한 '남은 자'는 성경의 거대한 맥락 안에서 엘리야의 '남은 자' 칠천 명(왕상 19:18), '여호와의 싹'(사 4:2-3), '이 땅의 그루터기'(사 6:13), '여호와의 날', '요셉의 남은 자'(암 5:15), '다윗의 무너진 장막을 일으키고 에돔의 남은 자'(암 9:11-12), '이슬같고 풀 위에 내리는 단비'(미 5:7) 등의 **다양성**으로 나타나지만 **'언약'이라는 틀 안에서 통일성**을 이룬다.

〈표 1-16〉 *Remnant of sine curve*

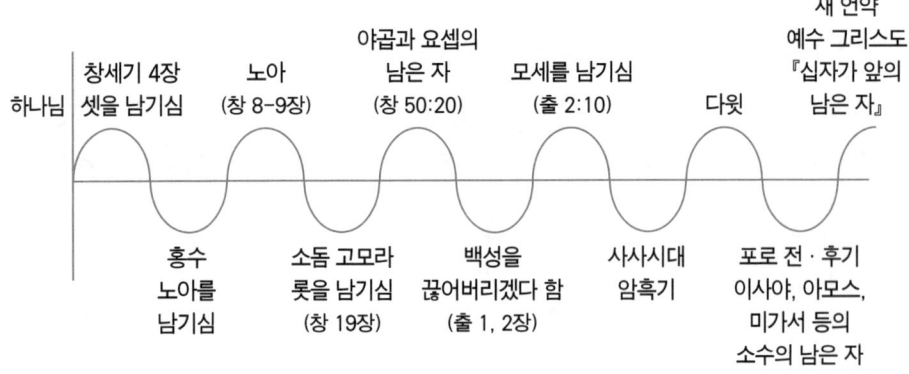

6. '남은 자' 본문 분석과 신학적 해석

'남은 자' 본문의 상세한 분석은 1. 창세기의 남은 자 사상, 2. 엘리야의 남은 자 사상(왕상 19:9-18), 3. 이사야의 남은 자 사상, 4. 아모스의 남은 자 사

상, 5. 미가서의 남은 자 사상을 들 수 있다.[277] 다시 구체적으로 나누면

- **창세기의 남은 자 사상은** ① 홍수 기사에 나오는 남은 자, ② 소돔과 고모라의 멸망에서 남은 자, ③ 야곱의 생애에서 남은 자, ④ 요셉의 생애에서 남은 자 사상으로 나누었다.
- **엘리야의 남은 자 사상은** 열왕기상 19:9-18의 본문을 택하여 מַה־לְּךָ פֹּה(무슨 일이냐?)라는 수사학적 질문(rhetorical question)과 엘리야의 불평 속에 야탈(יָתַר)로 나타나는 의미를 찾았다. 엘리야의 불평에 대하여 하나님은 샤알(שָׁאַר, 왕상 19:18, 남기리니)로 답하신다. 야탈은 니팔형으로 '**남겨지다**'(왕상 19:10, 14)의 **수동의 의미**가 있다.
- **이사야서의 남은 자 사상은** ① '여호와의 싹'(사 4:2-3), ② '거룩한 씨가 이 땅의 그루터기니라'(사 6:13), ③ 스알야숩(사 7:3-10), ④ 주님의 신실한 종(사 40-55장), ⑤ 남은 자 사상과 메시야의 관계(사 49:5-6)에 관해 논의하였다.
- **아모스서의 남은 자 사상은** ① 건져냄을 입은 이스라엘 자손(암 3:12), ② 요셉의 남은 자(암 5:15, 14-15), ③ 다윗의 무너진 장막을 일으키는 자(암 9:11-12)를 논의하고 남은 자가 남을 수 있는 것은 하나님의 주권적인 은혜, 긍휼때문임을 제시하였다.
- **미가서의 남은 자 사상은** '야곱의 남은 자'로, '여호와께로부터 내리는 이슬 같고 풀 위에 내리는 단비'(미 5:7)를 통해, "수풀의 짐승들 중의 사자 같고 양 떼 중의 젊은 사자"(미 5:8)로 표현되며 이를 '하나님의 회복하심'으로 결론 내렸다.

성경에서 '이슬'이란 팔레스타인 여름밤의 옅은 안개(night-mist)를 의미한다. 이것은 지중해로부터 불어오는 서풍(편서풍)과 밤의 찬 공기가 만나면서

---

[277] 이하 전개되는 논의는 분량이 너무 많아 생략하고 요지만 전개하였다. 과제를 제출할 당시는 학술 논문으로 내놓아도 부끄럽지 않도록 정성들여 만들다보니 A4로 빽빽하게 58쪽이나 되어 책으로 제본해서 제출했었다. 다음에 하나님께서 필자에게 기회를 허락하실 것을 믿으며 그때는 이 책에서 '남은 자'에 대하여 다 기술하지 못한 것과 다른 여러 가지 연구를 함께 증보하여 발간하고 싶은 소망을 가진다.

수증기가 응결되어 나타나는 현상이다. 5월 초부터 10월 후반까지 비가 내리지 않기 때문에 바싹 마른(parched, 몹시 건조한) 초목에 여름 농작물을 유지하기에 충분한 수분이 밤 안개를 통해 공급된다.[278]

〈지도 1-1〉 이스라엘의 건기와 우기에 영향을 주는 바람의 방향[279, 280]

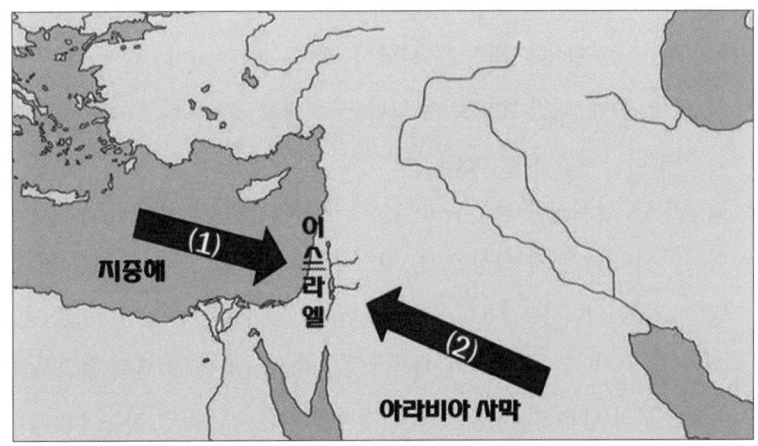

- 사진 (1)번 방향: 비구름을 몰고 오는 시원한 바람은 지중해가 있는 서쪽에서 불어오는데 (편서풍) 이때(10월부터 다음해 4월까지)가 '우기'이고,
- 사진 (2)번 방향: 뜨겁고 건조한 바람은 남동쪽의 아라비아 사막에서 불어오는데 이때(4월~10월까지)가 '건기'이다.

이스라엘의 건조한 여름 기후때문에 견딜 수 없는 날씨에서 이슬은 하나님의 은혜와 같다. 이것이 남은 자를 남기시는 하나님의 은혜로 귀결되는 것이다.

미가서 5:6의 끝에 나와 있듯이("그가 우리를 그에게서 건져내리라"에서 '그가'가 주어이다.) 이슬과 비가 인간의 노력으로 가져올 수 없는 주님의 축복처럼,

---

278 이스라엘은 '건기'와 '우기'의 2가지 계절이 있다. 4월부터 10월까지는 비가 오지 않는 '건기'이고, 10월부터 다음해 4월까지는 비가 오는 '우기'이다. 건기와 우기가 나타나는 이유는 바람의 방향 때문으로 이스라엘에서는 서풍이 불면 비가 오고, 남풍이 불면 건조한 날씨가 되는 것이다.
279 출처 http://www.kmcedu.net/bbs/board.php?bo_table=board3_1&wr_id=166
280 출처 http://lovenurim.synology.me:8080/xe/index.php?mid=bible_background&document_srl=1245

열국 사이의 공동체가 회복될 수 있는 것은 **여호와에 의한 신적 구원**의 결과인 것이다.[281]

미가서에서의 남은 자 결론은 **이스라엘의 회복**이다. 이스라엘의 회복은 포로기의 남은 자들에게 하나님이 은총을 베푸시는 것과 더불어 시작된다. McComiskey의 논술을 보자.[McComiskey의 논술은 반 게메렌의 『예언서 연구』(231)를 보며 원서를 본 것이다.]

'땅에 대한 언약은 철폐된 적이 없을 뿐만 아니라, 심지어 확장된다. 아브라함과 모세의 언약에서 약속된 땅은 가나안 땅이었다. 그러나 선지자들이 메시야의 통치를 예언한 것처럼, 비록 그들이 옛 언약(old covenant) 아래에서 사역했음에도 불구하고, 그들은 하나님의 백성의 영토가 팔레스타인 경계를 훨씬 넘어 전 세계를 포함하는 것으로 확장되는 것이다(미 4:1-4).'[282]

【 신학적 해석 】

6장은 '신학적 해석'이라는 contents로 전개하였는데, 신학적 해석에서는 '여호와의 날', '선택'과 '다윗의 집'이라는 주제로 점진적 구속을 고찰하였다. 구약성경의 '남은 자' 주제는 불가분리하게 선택 주제와 연결되어 있기 때문이다.

사도 바울은 데살로니가전서 5:1-15('주의 날')에서 여호와의 날 교리를 발전시키며 주 예수 그리스도의 죽음과 부활, 그리고 승귀를 통해, 그리스도 안에서 하나님의 사랑을 깊이 체험한 그리스도인들에게 기쁨과 기대로 기다리라고 가르친다. 이러한 남은 자들은 예수가 메시야이며 주이심을 고백하는 유대인과 이방인들로 이루어진다(롬 1:1-6; 10:9).[283]

다윗의 남은 자는 다윗의 집(בֵּית דָּוִד)이 계속 존속한다는 것을 보여준

---

281 Margolis, Max Leopold, *The Holy Scriputure with commentary Micah*, Micah. Philadelphia: Jewish pub. soc. of Amer, 1908, 55-56.(Logos 성경 프로그램에서 찾음)
282 McComiskey Thomas Edward, *The Covenants of Promise: A Theology of the Old Testament Covenants*, Baker Book House, Grand Rapids, Michigan, 1985, 172.
283 Gemeren Willem Van, *Interpreting the Prophetic Word*. Zondervan Grand Rapid, Michigan, 1990, 채천석 옮김. 예언서 연구. 솔로몬. 2016. 342-343.

다. 포로에서 돌아온 자(남을 자)들은 여호와께서 이스라엘 민족을 파멸로 이끈 다윗의 아들의 큰 죄로 말미암아 다윗 언약을 폐지하셨다고 생각할 수 있기 때문에, 역대기 기자는 그들에게 하나님이 다윗에게 하신 약속은 계속되고 있다는 것을 확증한다(대하 21:7).

미가에서의 남은 자를 살펴보자. 미가서에는 삼중 구조가 뚜렷이 나오고 있다. 미가는 **자신의 신탁을 삼중 구조 속에 배치하고**, 교차 패턴에 따라 심판 신탁을 언급하고, 이어서 구원 신탁을 제시한다. 존 윌리스는 미가서를 1-2장, 3-5장, 6-7장으로 구분하는 데 각 부분은 '들으라'/'들을지어다'의 명령어로 시작되며, 심판과 구원의 반복이 이루어진다. 구원 신탁은 부분적으로 앗수르나 바벨론의 침략에서 살아남은 남은 자와 관련되어 있다.[284] 이것을 표로 정리해보자.

⟨표 1-17⟩ 미가서의 구조(심판과 구원)[285, 286]

Panel	Judgment		Salvation	
첫 번째 사이클 1:2-2장	1:2-2:11	심판의 신탁들	2:12-13	구원의 신탁들
두 번째 사이클 3-5장	3:1-12	심판의 신탁들	4:1-5:15	구원의 신탁들
세 번째 사이클 6-7장	6:1-7:6	심판의 신탁들	7:7-20	구원의 신탁들

첫 번째 사이클 기사에서

- 이스라엘은 죄로 말미암아 포로의 위협을 받는다(1:2-2:11).

---

284 John T. Wills, doctoral dissertation, the basis later for 'A Reapplied Prophetic Hope Oracle' in Studies in Prophecy, ed. G. W. Anderson, 403-417; Bruce K. Waltke, 구약신학, 983. 재인용.
285 Robert B. Chisholm, Jr, *Interpreting the Minor Prophets*, Academie Books, Grand Rapids, Michigan, 1990, 134.
286 오성호 교수님, 소선지서 연구, 2019년 1학기 강의안, 41.

- 그러나 여호와는 앗수르의 포위에서 살아남도록 자신이 택하신 '남은 자'를 예루살렘으로 모으고, 이후에 그들의 왕이 되실 것이다(2:12-13).

두 번째 사이클 기사에서
- 백성의 지도자·통치자 계층의 가난한 자에 대한 학대로 말미암아 예루살렘이 파괴당할 것을 경고하신(3:1-12) 다음에
- 여호와는 예루살렘을 민족들 위에 높이 세우고, 고통받는 남은 자를 다시 모아 땅에 대한 자신의 지배권을 회복하시고 시온 산을 중심으로 통치하실 것이다(4:1-5:15).

세 번째 사이클 기사에서
- 영적으로 부패한 백성들(6:1-7:6)과 붕괴한 민족으로부터 택함받은 백성들의 '남은 자'는 하나님의 용서와 구원을 받고 죄에 대하여 승리하게 될 것이다(7:7-20).

7. 구속사적 해석: 언약과 '남은 자'

마지막 7장에서는 구속사적 해석으로 '언약'과 '남은 자'를 주제로 하였다. 언약은 하나님께서 사람과 언약을 '자르셨다'(God 'cuts' a covenant with men)는 말이다(창 15:17-18; 출 24:8). 하나님께서 언약의 표로 보여주신 삶과 죽음의 맹세로써 하나님은 스스로를 묶어 두셨고, 그분의 백성들을 자신에게 묶어 두셨다. 언약은 주권적으로 시행되는 피로 맺은 계약이다.[287]

언약의 시작은 창조 언약이며, 창세기 15:17 "타는 횃불이 쪼갠 고기 사이로 지나더라"에서 하나님은 아브라함과 '**내가 죽을지라도 약속한다**'라는 체

---

[287] O. Palmer Robertson, *Covenants; God's Way with his People*, Great Commission Publications; 오광만 역, 언약이란 무엇인가? 하나님과 하나님 백성의 관계, 그리심, 2002, 11-15. ※ 이 책을 원서로 봤는데 너무 좋았다. 나중에 보니 번역서가 있었다.

결을 하신 것이다. 하나님만이 쪼갠 짐승 사이를 지나가셨고 이것은 구약으로 끝나지 않았으며, 히브리서 9:15-20과 누가복음 22:19-20에서 언약은 죽은 몸 위에서 확고하게 되는 것(For a covenant is made firm over dead bodies)으로 나타난다. 즉 예수님께서 언약 당사자 양편의 의무를 혼자서 다 지심으로 언약의 저주를 받으셨다는 것이다.(위의 책 『언약이란 무엇인가?』, 59-63.)

구약에서 하나님 나라와 구속 경륜의 전개는 언약이라는 중심 주제와 관련하여 발전하고 있다. **언약은 구약성경 전체의 구속 내러티브를 이해하는 데 중추적 역할**을 한다.

창조와 더불어 시작된 하나님의 언약은 아담, 노아, 아브라함, 모세, 다윗 언약을 거쳐 새 언약으로 이어진다.[288]

다음은 팔머 로벗슨이 제시한 도표를 내가 다시 만들었다.(계약신학과 그리스도 70.)

⟨표 1-18⟩ The Progressive Covenantal Structure of Scripture

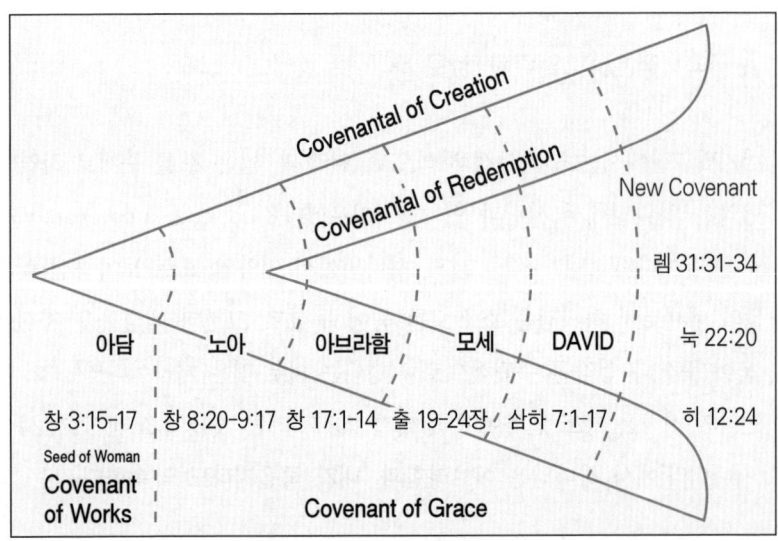

---

288 이희성, 구속사의 맥락에서 본 노아언약 성경신학적 접근, 신학지남 제85권 4집, 2018. 12, 7-8.

7.1. 언약과 남은 자의 유기적 통합성

하나님의 자기 계시, 하나님의 계획을 나타내시는 것의 중심에는 언약이 있다. '구약'(옛 약속)이라는 명칭은 이 책의 중심 개념이 약속 혹은 언약임을 말해준다. 언약에 대한 그분의 신실하심(ḥesed)은 그분의 행동을 자비와 은혜로 특징짓게 하지만, 하나님의 공의 역시 언약에 포함되어 하나님의 백성에게 책임을 요구한다.

구약은 하나님께서 이스라엘을 언약 가운데 그의 특별한 백성으로 선택하셨다고 주장한다. 구약은 우리에게 왜 하나님께서 이스라엘을 선택하셨는지에 대해 말해 주는가? 구약에서 선택의 토대는 하나님의 주권이다. 그의 선택들의 근거는 그의 목적 속에 있다.[289]

남은 자 사상은 성경의 내러티브 흐름 속에 자주 등장한다. 그럼에도 남은 자와 언약과 관련된 문헌을 찾아봐도 언약에서 남은 자로 명쾌하게 연결하는 논의는 찾기가 어려웠다. 그러므로 나는 때문에 남은 자 사상을 언약의 관계에서 유기적으로 풀어내 보고자 한다.

둠브렐은 언약과 남은 자와의 관계를 유추해 볼 수 있는 문을 열어준다. 그는 다음과 같이 말한다. '아모스가 비록 언약이라는 말을 명시적으로 언급하고 있지 않지만 그의 접근 방식에는 전적으로 이 말이 전제되어 있다고 결론 지을 수 있다. 아모스서는 전체적으로 언약을 중심으로 하고 있다. 호세아서에는 교제 관계가 언약의 원인임을 나타내는 어투로 이 언약이라는 말이 사용되고 있다는 점이 또한 중요하다.'[290] 이것이 언약과 남은 자의 유기적 통합성이다.

---

[289] Ralph L. Smith, *Old Testament Theology; its History, Method, and Message*, Broadman & Holman Publishers, Nashville, 1993; 박문재 옮김, 구약신학, 크리스챤다이제스트, 2005, 158-161.

[290] W. J. Dumbrell, *Covenant and Creation: A Theology of Old Testament Covenants*, Thomas Nelson Publish, 1984, 최우성 역, 언약과 창조: 구약 언약의 신학, 크리스챤 서적, 257-259.

7.2. 로마서에 나타난 '남은 자' 사상(롬 9:7-8, 27)

신약성경에 남은 자라는 단어가 맨 처음 쓰인 곳은 예루살렘 공회를 기록한 사도행전 15장이다. 이 공회의 결론은 유대교의 멍에를 이방인들에게 지우지 않는다는 것으로서, 야고보가 아모스를 인용한 말씀 "이후에 내가 돌아와서 다윗의 무너진 장막을 다시 지으며 또 그 허물어진 것을 다시 지어 일으키리니 이는 그 남은 사람들과 내 이름으로 일컬음을 받는 모든 이방인들로 주를 찾게 하려 함이라"(행 15:16-17)에 기초를 둔 것이다.

이 내용에서 남은 자는 바벨론인들이 유대인들을 포로로 잡아갈 때 끌려가지 않고 살아남은 유대인들을 가리키는데, 사도 시대에 남은 자들에게 주를 찾을 기회가 새로이 주어지고 있었고, 믿는 이방인들이 하나님의 새로운 백성으로 접붙여지게 된 것이었다.[291]

> 30 유다 족속 중에서 피하고 남은 자는 다시 아래로 뿌리를 내리고 위로 열매를 맺을지라
> 31 남은 자는 예루살렘에서부터 나올 것이요 피하는 자는 시온 산에서부터 나오리니 여호와의 열심이 이 일을 이루리라 하셨나이다 하니라
> (왕하 19:30-31)

수없이 많은 이런 구절들은 예루살렘이 바벨론 사람에게 패망한 것과 같이 군사상의 대재난 다음에 유대인의 얼마가 죽지 않고 살아남았다는 사실을 언급한다. 그러나 특별히 후대 선지서에서처럼 남은 자는 살아남은 집단뿐만 아니라 점점 이스라엘 안의 선민 혹은 '구원받은 자'로 서술될, 정결하게 되고, 거듭나고 회심한 백성을 가리키게 되었다.[292]

로마서에 나타난 바울의 남은 자 사상의 대표적 구절이 9:27-29이다. 여

---

291 Boice, James Montgomery, 김덕천 옮김, 로마서 Ⅲ, 줄과 추, 1998, 413.
292 Boice, James Montgomery, 로마서 Ⅲ, 177.

기서 바울은 이사야 10:22-23을 인용하고, 로마서 9:29에서는 이사야서의 또 다른 말씀을 인용하는 것으로 끝맺는다.

7.3. 남은 자와 '씨'의 개념

바울이 이사야 1:9에 주목했던 것은 '씨'(σπέρμα, 스페르마)란 용어 때문이다. 그것은 이 단락의 핵심 단어이다. 이것은 이스라엘에게 소망을 가져다주는 매우 귀한 긍정적인 말이다.[293] 하나님이 씨를 '남기신다'는 것은 이스라엘을 소돔과 고모라가 겪은 것과 같은 완전한 멸망에 이르게 하시지는 않겠다는 것을 의미한다.[294]

이희성 교수님은 **'씨'**의 개념을 다음과 같이 논한다.(2019. 9. 25. 강의 필기)[295]

▶ 모든 언약은 연속성과 통일성을 가지고 나가고 있습니다. 연속성을 연결시켜 주는 것은 '씨', 후손인데, 성경에는 제라의 흐름이 구속사적으로 흘러가고 있습니다.
▶ 창 1:26-28의 '생육하고 번성하여'는 하나님 나라의 백성과 관련된 말씀입니다.
▶ 창 3:15에서 여자의 후손을 약속하고, 구약은 '씨'라는 개념으로 여자의 후손이 등장하는 창세기부터 새 언약까지 쭉 흘러가고 있습니다. '씨'는 아브라함 언약을 이어주는 링크와 같은 역할을 합니다.
▶ 그렇습니다! 하나님은 '여자의 후손'(창 3:15)인 '씨'를 약속하셨습니다. 바로 여기서 '남은 자'를 남기시는 이유를 찾을 수 있습니다. 따라서 **최후의 '남은 자'는 예수님이십니다.**

---

293 Douglas J. Moo, 채천석 옮김, NIV 적용주석, 로마서, 솔로몬, 2011, 399.
294 Douglas J. Moo, 손주철 옮김, NICNT 로마서, 솔로몬, 2011, 837.
295 나는 수업을 통해 '씨'가 언약으로 연결되는 것을 배웠다. '씨'의 개념이 창 3:15과 연결되었다. 하나님이 세우신 언약을 지키시기 위해 남겨두신 '씨'(로마서 9:7-8)가 바로 '남은 자'라는 사실이다.

> ▶ 창 3:15의 제라의 흐름, 즉 언약의 흐름을 보기 위해서는 족보를 봐야 합니다.
> ▶ 그래서 창 3장은 뱀의 후손과 여자의 후손으로 나뉘지고, תּוֹלְדֹת tô·lê·dôṯ [296] 로 나뉘어지는 구조로 되어 있습니다.
> (tô·lê·dōṯ: 족보·계보; 창 2:4; 5:1, 6:9; 10:1, 32; 11:10, 27; 25:19; 민 3:1)

주께서 씨를 '남겨 두셨기'(ἐγκατέλιπεν, 엥카텔리펜, ἐγκαταλείπω, to leave, 직설법 부정과거 능동, 3인칭 단수) 때문이다. '씨' 즉 스페르마(σπέρμα)라는 단어는 아브라함의 진정한 자녀, 즉 하나님의 진정한 자녀인 이스라엘 사람을 가리킨다. 동사 엥카텔리펜은 능동태로써 씨를 남겨 두신 것이 오로지 하나님의 행위임을 강조한다.[297]

'씨'의 개념은 창세기 22:17의 약속에도 나타나 있다. '내가 네게 큰 복을 주고 네 씨가 크게 번성하여 하늘의 별과 같고 바닷가의 모래와 같게 하리니 네 씨가 그 대적의 성문을 차지하리라' 이사야는 이 약속을 취하여 이스라엘 민족을 향하여 말을 한다. 남은 자란 남겨진 자이다.[298]

따라서 남은 자 사상도 구약의 tōlĕdōṯ(תּוֹלְדֹת, generations)와 언약을 바라보는 연결고리 기능을 한다고 볼 수 있다.(이희성, 노아언약, 9)

바울은 이사야 10:22-23을 통해 '남은 자들이 구원을 받을 것이다'는 핵심을 이끌어 낸다. 이스라엘 전체 역사를 통하여 희망의 빛은 언제나 있었다. 바울은 이 말을 그리스도를 받아들이라고 부름 받은 유대인들에게 적

---

296 이희성, 구속사의 맥락에서 본 노아언약, 22에 의하면 '창세기 1-11장은 여섯 개의 톨레돗 문구로 서로 연결되어 있고 노아의 톨레돗트를 중심으로 전후에 아담과 노아의 세 아들들의 톨레돗트가 위치해 있다. 문학적 장르로 보았을 때 노아의 톨레돗트는 내러티브이고 앞뒤에 위치한 아담과 노아의 세 아들들의 톨레돗트는 족보이다. 족보가 내러티브를 감싸고 있는 구조를 통해 노아의 내러티브를 언약의 후손들의 관점으로 읽어갈 것을 제시한다.': 나는 여기에서 아담의 톨레돗트(창 5:1-6:8)부터 시작된 창세기의 톨레돗트가 남은 자를 말하는 것이 아닌가 생각한다. 이것은 노아의 톨레돗트(창 9:18-29)에서 더 확실하게 나타나기 때문이다.
297 Schreiner, Thomas R., BECNT 로마서, 628.
298 Lloyd-Jones, D. Martyn, 서문강 역, 로마서 강해 제9권, 기독교문서선교회, 2012. 4th, 359.

용한다. 남은 자들은 실제로 그를 받아들인 자들, 즉 바울과 동료 유대 그리스도인들이 된다. 그런 남은 자들이 있는 것은 <u>사람의 요구에 달려 있는 것</u>이 아니라, 하나님의 선택, 즉 부르시는 하나님의 자유로운 자비에 달려 있다. 이 남은 자들에게서 바울은 종말론적으로 이스라엘에게 선포되고 확장된 하나님의 약속을 본다.

이를 보는 한 가지 중요한 예가 열왕기상 19장에 있다. 물론 이 장에는 남은 자라는 말이 나오지 않는다. 하지만 바울은 로마서 11장에서 열왕기상 19장의 상황가운데 있는 저에게 남은 자라는 말을 적용한다. 우리는 로마서 9장에서도 그와 똑같은 것을 발견한다. 이 남은 자는 구원을 받을 것이다. 로마서 9:27에 실제로 나오는 말은 남은 자, 즉 하나님의 선택하신 남은 자이다.[299]

70인경을 비교하여 보면 창세기의 '자손'(זֶרַע)이 σπέρμα로 번역되어 있고, 이것이 **신약에서 남은 자 즉 '씨'로 연결되는** 것을 볼 수 있다. 남은 자가 남을 수 있는 것은 오직 언약에 성실하신 하나님의 긍휼과 권능 때문이다.

8. 여호와의 열심

남은 자 사상은 하나님의 주권적 은혜이며, "여호와의 열심이 이 일을 이루리라"(왕하 19:31)는 말씀을 통해 완성된다.

> 남은 자는 예루살렘에서부터 나올 것이요 피하는 자는 시온 산에서부터 나오리니 여호와의 열심이 이 일을 이루리라 하셨나이다 하니라.(왕하 19:31)

---

299 Joseph A. Fitzmyer, 김병모 옮김, 앵커바이블 로마서, CLC, 2015, 929.

כִּי מִירוּשָׁלַ͏ִם תֵּצֵא שְׁאֵרִית וּפְלֵיטָה מֵהַר צִיּוֹן קִנְאַת יְהוָה (כד)
[צְבָאוֹת] תַּעֲשֶׂה־זֹּאת: ס

- 본문에서 카나(קִנְאַת, ardor, zeal, jealousy)는 명사, 여성 단수로서 주어이며 이것은 아싸(תַּעֲשֶׂה, עָשָׂה, to do, make)에 영향을 미쳐서 아싸는 qal, 3인칭 여성 단수의 형태로 '여호와의 열심'이 주어가 된다. 즉 본문은 여호와께서 이를 이루시는 것으로 말하고 있는 것이다.
- 또한 ּו 접속사를 사용하여 '남은 자'라는 단어가(פְלֵיטָה, שְׁאֵרִית) 연속적으로 나타난다.
- 본문에서 남은 자에 대한 단어는 *샤아르*(שְׁאֵרִית)이며, 여호와의 열심에 대한 단어는 *카나*(קִנְאַת)를 사용하고 있다. 이 단어는 엘리야가 '열심'(왕상 19:10)이라고 할 때 사용했던 단어와 같은 단어이다. 열왕기상 19:10, 14에서 '내가 만군의 하나님 여호와께 **열심**이 유별하오니'라고 불평하던 그 단어를 열왕기하 19:31에서 다시 사용하고, 이사야를 통해서 '**여호와의 열심**이 이 일을 이루리라'고 마무리하고 있다.
- 이 말씀은 바울이 로마서 11장에서 논의한 의도와 일치한다. '내가 나를 위하여 남겨 두었다'는 것이 **여호와의 열심**으로 해석될 수 있으며 이것은 예수 그리스도를 이 땅에 보내셔서 언약을 이루어 가시는 **하나님의 열심**이 되는 것이다.[300]

---

[300] 이것은 내가 과제를 위해 직접 연구하면서 깨닫게 된 점이다. 이것은 나의 간증이다. 나는 열심을 다해 수고하면 남은 자가 될 수 있다는 아름답고, 로맨틱한 착각에 빠져 있었다. 남은 자 사상에 대한 연구도 마치 덕을 쌓고, 우아하고 고상한 신앙의 미덕의 결과를 확인하는 것으로 생각하였다.
그러나 나는 연구를 통해, 내가 남은 자가 될 자격이 아무것도 없음을 깨달으면서 이 일을 이루어가시는 하나님의 열심을 바라보게 되었다. 하나님이 주체(주어)인 것이다. 그리고 한 가지 더 놓쳤던 것은 하나님의 열심으로 나를 사용하실 것이란 착각과 그릇된 소명 의식이었다. 그러나 하나님의 열심은 예수 그리스도를 이 땅에 보내셔서 구속사를 이루어 가는 열심임을 먼 훗날에야 알게 되었고 이런 신학적인 궁금증에 대한 깨달음이 나를 양지에 오게 인도함을 받게 되었다.

남은 자 사상의 종말론적 전망[301]은 창세기 3장의 장차 오실 구속자에 대한 기대에서 나타나며, 하나님의 왕국, 새 언약, 이스라엘의 회복, 여호와의 날, 새 하늘과 새 땅, 그리고 '남은 자'와 같은 형태로 점진적으로 발전함에 따라 다양한 표현으로 나타난다. 남은 자는 소수이다. 성경은 다수의 편에 서지 않는다. 경건한 남은 자들은 언제나 소수임을 성경의 역사와 기독교의 역사가 증명한다. 이러한 현실은 오늘날까지도 계속되고 있다.

Hasel은 신명기 3:3b "우리가 그들을 쳐서 한 사람도 남기지 아니하였느니라"에서 등장하는 שְׁרִית를 LXX에서는 σπέρμα로, Volgate에서는 'semen'(씨)로 번역한다는 사실을 언급한다.[302] 이와 같은 Volgate 번역은 남은 자를 '씨'(사 6:13, holy seed)로 연결할 수 있도록 문을 열어주며, holy remnant(사 4:3)로서 메시야 사상까지 나아가게끔 만든다.

9. 설교 준비

우리는 '십자가 앞의 남은 자'로써 **예수님의 십자가 앞에 남은 자들을** 바라봅니다. 십자가 앞은 베드로가 예수님을 세 번이나 모른다고 부인한 자리이며, 모든 제자들이 도망간 자리입니다. "제자들이 다 예수를 버리고 도망하니라"(막 14:50), "베 홑이불을 버리고 벗은 몸으로 도망하니라"(막 14:52).

그런데 예수님이 못 박히시던 그 자리에 끝까지 함께 했던 여자들이 있습니다. 그중 막달라 마리아는 많은 상처와 쓰라림을 겪었던 여인입니다. 이를 통해, 하나님께서는 세상에서 멸시받고 갈 곳 없었던 연약한 자들을 은혜 가운데 남은 자가 되게 하신다는 것을 깨닫게 됩니다.

301　Anthony A. Hoekema 앤서니 후크마, *The Bible and the Future*, Eerdmans Publishing Co. Grand Rapids, Michigan, 1979; 이용중 옮김, 개혁주의 종말론, 부흥과 개혁사, 2012, 12-24.
302　Gerhard F. Hasel, *The Remnant*, 316.

멀리서 바라보는 여자들도 있었는데 그중에 막달라 마리아와 또 작은 야고보와 요세의 어머니 마리아와 또 살로메가 있었으니 이들은 예수께서 갈릴리에 계실 때에 따르며 섬기던 자들이요 또 이 외에 예수와 함께 예루살렘에서 올라온 여자들도 많이 있었더라.(막 15:40-41)

예수를 섬기며 갈릴리에서부터 따라온 많은 여자가 거기 있어 멀리서 바라보고 있으니 그중에는 막달라 마리아와 또 야고보와 요셉의 어머니 마리아와 또 세배대의 아들들의 어머니도 있더라.(마 27:55-56)(눅 23:49 성경 구절 생략)

저는 성경 기자가 이 이름 없는 여인들을 독자들에게 알리고자 굳이 기록한 이유를 알 것 같습니다. 바로 이 여인들이 '**십자가 앞에 남은 자**'라는 사실을 증언하는 것입니다. 그 여인들은 예수의 부활을 준비한 자들이며 막달라 마리아는 성경에서 공식적으로 말하는 부활의 첫 증인입니다. 마가는 그 여인들에게 부활을 준비[303]시키는 것입니다.[304]

막달라 마리아와 요세의 어머니 마리아가 예수 둔 곳을 보더라. (막 15:47)

갈릴리에서 예수와 함께 온 여자들이 뒤를 따라 그 무덤과 그의 시체를 어떻게 두었는지를 보고 돌아가 향품과 향유를 준비하더라.(눅 23:55-56)

---

303 Robert H. Stein, BECNT *Mark*, Baker Academy, Grand Rapid, MI, 2008; 로버트 스타인 지음, 배용덕 옮김, BECNT 마가복음, 부흥과 개혁사, 2014, 1003.
304 이를 나는 짐작만 하고 있었는데, 성경 주석을 보면서 같은 생각임을 확인하고 기록한다.

얼마나 아름다운 문장입니까! 부활하신 예수님을 첫 번째로 맞이한 부활의 주인공들은 끝까지 예수님과 함께 한 자들입니다. 이들이야말로 **신실한 남은 자**[305]입니다.

요한복음 19:25에는 그들이 예수의 십자가 곁에 있었다고 표현합니다. 그래야 예수가 어머니를 맡길 수(요 19:26-27) 있었을 것입니다.[306] 마태복음 27:61은 다음과 같이 증언합니다.

> 거기 막달라 마리아와 다른 마리아가 무덤을 향하여 앉았더라.
> (마 27:61)

> 예수의 십자가 곁에는 그 어머니와 이모와 글로바의 아내 마리아와 막달라 마리아가 섰는지라.(요 19:25)

이것은 여인들이 계속 무덤을 지켰음을 강조합니다. 그들은 예수님이 십자가에 못 박히셨을 때 그 곁에 있었으며, 요셉과 다른 사람들이 시체를 내리고 장사지낼 준비를 하며, 그분을 무덤에 둘 때에도 함께 했습니다. 공관복음은 모두 이것을 언급합니다. 이 사실은 이 여인들의 신실함을 보여줍니다. 그들은 고난 내러티브의 매 순간 예수님께 신실한 자로 남아 있었습니다. 여인들이 예수님의 몸에 향품을 바르기 위해 무덤에 왔을 때 그들은 어디로 가야 하는지 정확하게 알고 있었습니다(막 16:1-2). 목격자인 이 여인들의 중요성은 모든 복음서에서 세 번씩이나 언급되는 것을 통해 알 수 있습니다.[307]

---

305 Mark L. Strauss, Clinton E. Arnold, *Zondervan Exegetical Commentary on the New Testament Mark*, Zondervan Nashville, TN, USA; 정옥배 옮김, 존더반 신약주석 강해로 푸는 마가복음, 디모데, 2016, 795.

306 Grant R. Osborne, Clinton E. Arnold, *Zondervan Exegetical Commentary on the New Testament Mattew*, Zondervan Nashville, TN, USA; 김석근 옮김, 존더반 신약주석 강해로 푸는 마태복음, 디모데, 2015, 1164-1167.

307 Grant R. Osborne, 김석근 옮김, 존더반 신약주석 강해로 푸는 마태복음, 1167.

남은 자는 하나님께서 창세기 3:15에 약속된 여자의 후손을 통해 남기십니다. 우리의 힘으로 '남은 자'가 될 수 없습니다. 이것은 창세기 3:15의 후손 즉, '씨'의 개념으로부터 시작해서 가인이 아벨을 죽이고 대신 주신 셋과 노아를 거쳐, 아브라함과 야곱의 남은 자, 요셉을 남기신 일, 모세를 물에서 건져 남기시고, 다윗을 세우시고, 언약이 끊어진 것 같았던 바벨론 포로 시기에 선지자들을 통해 '남은 자'를 남기실 것과 새 언약을 약속하신 하나님께서 예수님을 통하여 남은 자를 완성하십니다.

우리는 예수님의 십자가 앞에 남은 자입니다. 하나님의 언약의 성실하심을 은혜로 받은 우리도 겸손과 성실함으로 종말을 향해 남은 자의 삶을 이루어나가기를 원합니다.

나가는 말

남은 자를 연구하는 과정은 긴 여름 더위만큼 힘들었고 오랜 시간이 걸렸다. 여름 방학 중에 과제를 해놓지 않으면 학기 중에 따라갈 수가 없어 미리 올라온 수업계획서를 보고 남은 자를 주해해 보려고 준비를 했다. 방학 중에 1시간이 넘게 걸리는 양지 도서관을 세 번이나 왔다갔다 했고, 엄청난 범위의 과제를 시작하면서 무엇부터 손을 대야 할지, 어떤 순서로 전개해 나가야 할지 감을 잡기조차 어려웠지만, 과제를 하는 가운데 『구약신학』이라는 제목의 책은 한 번씩 다 훑어봐서 구약의 뼈대가 잘 세워진 듯하다.

계시 가운데 구속이 점진적으로 전개되듯이, 남은 자의 사상도 역시 점진적이며 다양성과 통일성으로 나타나게 된다. 따라서 남은 자의 사상을 각 권의 성경 속에서 찾아내기가 쉽지 않았다. 그렇지만 하나님의 계시와 현현을 연구하고 싶었던 마음이 있어서 그 가운데 나타난 '남은 자' 사상을 깊게 살펴보고자 했다. 과제를 하며, 나의 삶 역시 '남은 자'의 삶다울 수 있기를 간절히 소원했다.

참고문헌

【 단행본 】

손석태　　이스라엘의 선민사상. 성광문화사. 2001 3rd ed.

【 단행본 외국 서적 】

Chisholm, Robert B　　Jr, Interpreting the Minor Prophets. Academie Books, Grand Rapids. Michigan. 1990.

Davies. G. H.　　Remnant. A Theological Word Book of the Bible. ed. By Alan Richardson(2nd ed.; New York, 1962.)

Hasel, Gerhard F.　　The Remnant; The History and theology of the remnant idea from Genesis to Isaiah. Andrews University press. Berrien Springs. Michigan. 1974.

McComiskey Thomas Edward　　The Covenants of Promise: A Theology of the Old Testament Covenants. Baker Book House. Grand Rapids. Michigan. 1985.

【 번역서 】

Boice, James Montgomery　　김덕천 옮김. 로마서 Ⅲ. 줄과 추. 1998.

Campbell. J. C.　　God's people and the Remnant. Scottish Jounnal of Thelolgy Ⅲ; 남은 자에 대한 구원론적 고찰. 박우호. 1990에서 재인용.

Douglas J. Moo　　채천석 옮김. NIV 적용주석 로마서. 솔로몬. 2011.

────────. 손주철 옮김. NICNT 로마서. 솔로몬. 2011.

Dumbrell, W. J.　　Covenant and Creation: A Theology of Old Testament Covenants. Thomas Nelson Publish. 1984, 최우성 역. 언약과 창조: 구약 언약의 신학. 크리스챤 서적.

Fitzmyer, Joseph A.　김병모 옮김. 앵커바이블 로마서. CLC. 2015.

Gemeren Willem Van　Interpreting the Prophetic Word. Zondervan Grand Rapid, Michigan, 1990, 채천석 옮김. 예언서 연구. 솔로몬. 2016.

Harris. R. Laird 외 2　Theological Wordbook of the Old Testament Vol 1. 구약원어신학사전. 번역위원회. 요단출판사. 서울: 1986.

Heidel. Alexander　The Story of the Flood. The Gilgamesh Epic and Old Testament Parallels. 2nd ed. Chicago & London. 1949; 윤영탁 옮김. 고대 근동의 창조설화 홍수설화와 구약성경의 비교. 엠마오. 1990.

Lloyd-Jones, D. Martyn　서문강 역. 로마서 강해 제9권. 기독교문서선교회. 2012 4th ed.

Martens. E. A.　Plot and purpose in the Old Testament. IVP. 1981. 김지찬 역. 구약에 나타난 하나님의 계획과 목적. 생명의 말씀사. 1990.

Mitchel. Lorry　A Biblical Hebrew and Aramaic. USA. The Zondervan Corporation. 1984. 류근상 옮김. 성경히브리어 아람어 단어집. 크리스챤출판사. 2010 5th ed. 참조.

Osborne, Grant R.　Clinton E. Arnold. Zondervan Exegetical Commentary on the New Testament Mattew. Zondervan Nashville. TN. USA; 김석근 옮김. 존더반 신약주석 강해로 푸는 마태복음. 디모데, 2015.

Oswalt, John　NICOT Isaiah I, Grand Rapid, Michigan, 1986; 이용중 옮김. 이사야 I. 부흥과 개혁사. 2015. 참조.

Robertson, O. Palmer　Covenants; God's Way with his People. Great Commission Publications; 오광만 역. 언약이란 무엇인가? 하나님과 하나님 백성의 관계. 그리심. 2002.

Schreiner, Thomas R.　　BECNT 로마서. Grand Rapids. USA. 1998; 배용덕 옮김. 부흥과 개혁사. 2012. 참조.

Smith, Ralph L.　　Old Testament Theology; its History. Method. and Message. Broadman & Holman Publishers. Nashville. 1993; 박문재 옮김. 구약신학. 크리스챤 다이제스트. 2005.

Stein, Robert H.　　BECNT Mark. Baker Academy. Grand Rapid. MI. 2008; 로버트 스타인 지음. 배용덕 옮김. BECNT 마가복음. 부흥과 개혁사. 2014.

Strauss, Mark L., Clinton E. Arnold.　　Zondervan Exegetical Commentary on the New Testament Mark. Zondervan Nashville. TN. USA; 정옥배 옮김. 존더반 신약주석 강해로 푸는 마가복음. 디모데. 2016.

Walton, John H., Hill, Andrew E.　　(A) Survey of the old testament: Bible O. T. intreduction. - 2nd ed. Zondervan Publishing, USA. in 1991; 엄성옥. 유선명. 정종성 공역. 구약개론. 은성. 2001.

William L. Holladay　　Concise Hebrew and Aramaic Lexicon of the Old Testament; 윌리암 L. 할러데이 편집. 손석태 이병덕 공역. 구약성경의 간추린 히브리어·아람어 사전. 솔로몬. 2015 9th ed.

【 국내논문 】

이희성　　구속사의 맥락에서 본 노아언약 성경신학적 접근. 신학지남 제 85권 4집. 2018. 12.

【 학위논문 】

손찬양　　이사야의 남은 자 사상에 나타난 시온 모티프. 총신대학교 석사학위논문. 2000.

오성호　　소선지서 연구. 2019년 1학기 강의안.

임창일	"이사야의 '남은 자' 사상 연구". 총신대학교 신학대학원 석사 (ThM) 논문. 1987.
최대근	12선지서에 나타난 남은 자 사상 연구. 학위논문. 총신대학교 신학대학원. 2011.

【 기타 】

http://lovenurim.synology.me:8080/xe/index.php?mid=bible_background&document_srl=1245

http://www.kmcedu.net/bbs/board.php?bo_table=board3_1&wr_id=166

Margolis, Max Leopold   The Holy Scriputure with commentary Micah. Micah. Philadelphia: Jewish pub. soc. of Amer. 1908. 55-56.

(Logos 성경 프로그램)

BibleWorks / Logos Bible Program

10. 마가복음 10:17-22 주해

심상법 교수님
하나님의 나라와 제자도

들어가는 말

1. 본문의 구조 속에 중요 핵심 단어들을 보면 다음과 같다.

발단 S1	길	17절	εἰς ὁδὸν	on his way
	달려와서	17절	προσδραμὼν	a man ran up to him
전개 S2	선한 선생님	17절	διδάσκαλε ἀγαθέ	good teacher
	내가 무엇을 하여야	17절	τί ποιήσω	What must I do
	영생	17절	ζωὴν αἰώνιον	eternal life
갈등 S3	어찌하여 나를 선하다 일컫느냐	18절	τί με λέγεις ἀγαθόν	Why do you call me good?
고조 S4	계명	19절	τὰς ἐντολὰς	the commandments
	지켰나이다	20절	ἐφυλαξάμην	I have kept
절정 S5	그를 보시고	21절	ἐμβλέψας αὐτῷ	looked at him
	사랑하사	21절	ἠγάπησεν αὐτὸν	loved him
	가서	21절	ὕπαγε	Go
	네게 있는 것 다 팔아	21절	ὅσα ἔχεις πώλησον	sell everything you have

절정 S5	주라	21절	δός	to give
	와서	21절	δεῦρο	come
	나를 따르라	21절	ἀκολούθει μοι	follow me
전환 S6	재물이 많은 고로	22절	ἀπῆλθεν λυπούμενος·	great wealth
	근심하며 가니라	22절	κτήματα πολλά	went away sad
종결 S7	섬기려하고, 자기 목숨을 대속물로 주려함	45절	δοῦναι τὴν ψυχὴν αὐτοῦ λύτρον	to serve to give his life as a ransom for many

① 위의 중심 단어를 보면 마가가 어떻게 서사적인 구조 속에서 이 사건을 전개하고자 하는지 파악할 수 있다. 중심 인물(예수, 한 사람), 배경(길), 한 사람(부자 청년)의 요구로 인한 사건이 전개 되고, 예수님의 반응과 명령이 펼쳐지면서 갈등은 고조를 향하여 달리고, 거기에 예수님의 명령(가라, 팔라, 주라, 오라, 따르라)이 뒤따르고 있다.

② 필자는 이와 같은 단어들을 중심으로 내러티브 구조 속에서 저자가 독자들을 향하여 전하고자 하는 메시지를 함께 살펴 나가려고 한다.

1. 연구 방법

우선 본문에 대한 주해 작업 이전에 마가복음의 위치와 저자에 대한 삶을 성경 속에서 찾아내고, 마가복음 전체의 구조와 마가복음 전체의 구조 속에 자리잡고 있는 본문의 위치를 살펴보며 본문이 주는 구조적 의미와 신학적 의미를 찾으려 한다. 그러므로 필자의 주해 작업은 아래와 같이 전개하고자 한다.

① 서론에서 마가가 '그리스도'와 '제자도'라는 주제를 독자들에게 역설하

고자 하는 이유를 마가의 생애를 통해 살펴볼 것이다.
② 그 후에 마가복음 전체의 구조 분석과
③ 마가복음의 내러티브적 묘사의 위치를 살펴보고
④ 부자 청년 사건에 대한 공관복음의 앞뒤 전황을 비교하며
⑤ 본문의 '장면 분석'(갈등구조)을 도표를 통해 이해를 돕고
⑥ 본문에 대한 주해(발단, 전개, 갈등, 고조, 절정, 전환, 종결),
⑦ 본문이 주는 수사학적, 신학적 의미와
⑧ 결론으로 전개하고자 한다.

2. 본문의 큰 두 가지 사건 전개

마가복음 10:17-22까지의 본문은 크게 두 가지 사건으로 전개하고 있다. 이를 한마디로 요약하면 내러티브 기법을 사용한 마가의 고백적 서사, 즉 '마가의 자화상(自畵像)'이라 할 수 있다. 마가는 내러티브의 중요한 구성 요소를 사용하여 사건의 발단과 전개, 갈등, 해소, 종결의 구조로 독자층을 향한 믿음의 고백을 펼쳐 보인다.

첫 번째, 마가는 제자들의 삶을 바라보며 십자가 앞에서 제자들이 실패했던 모습을 기억했을 것이며, 본인 자신도 선교지에서 실패했던 기억을 가슴에 품고 있었을 것이다.

마가가 다시 회복하여 제자도의 길을 갈 때, 바울이 마가를 향하여 "그리스도 예수 안에서 나와 함께 갇힌 자"(몬 1:23)로, 또한 바울의 가장 마지막 서신인 디모데후서 4장에서는 디모데에게 "네가 올 때에 마가를 데리고 오라 그가 나의 일에 유익하니라"(딤후 4:11)라고 언급되는 종이 되기까지 마가는 예수를 따르는 길이 어떤 것인지를 온몸으로 체험하였을 것이다.

두 번째, 마가는 예수께서 한 청년을 바라보며 품으셨던 마음을 놓치지 않고 있다. "예수께서 그를 보시고 사랑하사."(10:21) 이 말씀에는 한 청년을 사랑하셨던 예수님의 모습을 자신에게 반사시켜 결국 예수의 동정심과 긍휼 앞에 무릎을 꿇고 돌이켜 십자가의 길을 갈 수 있었다는 본인의 고백이 담겨 있다. 이것은 예수님을 세 번이나 부인한 후 자책하며 후회하는 베드로를 바라보시던 예수님의 눈빛을 연상케 한다.(눅 22:61)

3. 서론

3.1. 마가가 '그리스도'와 '제자도'를 독자들에게 역설하고 싶은 이유

3.1.1. 마가의 가정

○ 마가복음은 '하나님의 아들 예수 그리스도 복음의 시작(막 1:1)'이라는 대명제로 문을 열면서, 두 가지 중요한 목적인 '종으로서 오신 그리스도'와 '제자도'를 우리에게 전하고자 한다. 마가복음은 이 두 가지 테마로 구성되었다. 마가는 그리스도와 제자도 사이에 서로 깊은 관계가 있음을 여러 가지 방법으로 독자층에게 전달하기를 원한다.

○ 마가가 '그리스도'와 '제자도'를 독자들에게 역설하고 싶은 이유는 무엇일까? 필자는 그가 실패한 자였기 때문이 아닐까 생각한다. 그러기 위해서는 마가의 환경과 삶을 먼저 살펴볼 필요가 있다. 아마도 마가의 가정은 부유하였을 것이다.

① 그의 집은 예루살렘 안에 있었다. 예루살렘 시(市) 안에 120명의 성도들이 모였던(행 1:15; 12:12) 집이라면 아마 큰 집이었을 것이다. 이는 오늘날 서울 시내 한복판에 120명이 모일 수 있는 집을 소유한 것과 같을 것이다. 이와 같이, 그는 부유한 유대인 가문 출신이다.

② 마가의 집은 베드로가 자주 드나들었을 것으로 추측한다. 왜냐하면 베드로가 옥에서 나와 가장 먼저 간 집이 마가의 집이었고, 계집종 로데가 문을 열어 주러 나왔다가 문을 열기도 전에 베드로의 음성만 듣고 베드로임을 알았기 때문이다.(행 12:13-16). 이러한 사실은 마가가 베드로와 친한 집안이었을 것으로 추정케 한다. 또한 마가는 바나바의 생질이기도 하다.(골 4:10)

3.1.2. 마가의 전기(前期)의 삶(마가의 실패)

① 사도행전 13:13에서 마가는 바울과 함께 1차 전도 여행을 갔다가 어려움을 이기지 못해 밤빌리아에 있는 버가에서 돌아오고 만다. 그 후 바울은 2차 전도 여행에서 마가와 동행하는 것을 거절한다. 이를 누가는 바울과 바나바가 "심히 다투어 피차 갈라서니"(행 15:39)라고 표현한다. 바나바는 바울에게 있어서 은인과도 다름없음에도 마가의 문제로 심히 다투었다는 점에서 바울에게 있어서 마가에 대한 불편함이 어느 정도였을지 가히 짐작이 간다. 그리하여 바나바가 마가를 데리고 구브로로 가고 바울은 실라와 함께 수리아로 가게 된다.

3.1.3. 마가의 후기(後期)의 삶(제자도의 삶)

① 바울은 마가에 대하여 "나와 함께 갇힌 바나바의 생질 마가와"(골 4:10), "그리스도 예수 안에서 나와 함께 갇힌 자"(몬 1:23)로 마가를 말하고 있다.

② 바울의 가장 마지막 서신인 디모데후서 4장에는 디모데에게 "네가 올 때에 내가 드로아 가보의 집에 둔 겉옷을 가지고 오고~", "네가 올 때에 마가를 데리고 오라 그가 나의 일에 유익하니라"(딤후 4:11)라고 편지를 쓰고 있다. 바울의 마지막 순교의 시간이 가까이 올 때 늙은 종, 바울은 추웠을 것이다. 감옥에 갇힌 몸으로 추위를 견디며 겉옷과 가죽 종이에 쓴 책 함께 마가를 데리고 오라고 한 노종(老從)에게 마가는

어떤 존재였을까?

※ 마가는 예수를 따르는 제자들의 삶이 어떠한지를 그의 평생의 '길'에서 체험했을 것이다. 그 길이 '자기를 부인하지 않으면 갈 수 없는 '길'이라는 사실을 마가는 자신의 실패를 통해 뼈저리게 배웠을 것이다. 그러므로 그는 제자도가 어떠한 것인지 독자에게 전달하고 싶었을 것이다.

3.1.4. 한 청년이 ~ 베 홑이불을 버리고 벗은 몸으로 도망하니라(평행법)

'부자 청년'(막 10:17)과 대조되는 한 청년(막 14:51)이 마가복음에 등장한다. 이러한 병행법은 마가의 수사학적인 특징이다. 마가복음 14:51-52절을 추론하여 볼 때 '베 홑이불을 버리고 벗은 몸으로 도망한 한 청년은 마가였을 것이다'라고 학자들은 추정한다. 이 사실이 근거가 있는 것은 51절 바로 직전인 마가복음 14:50에 "제자들이 다 예수를 버리고 도망하니라"라고 기록한 후 '한 청년이~'로 전개하고 있는데, 제자들이 예수를 다 버리고 간 자리에 남아있는 다른 제자들은 없었을 것이며, 그 자리에서 저자 자신이 체험한 것이 아니고서는 이 사실을 기록할 수가 없기 때문이다. 이러한 사실을 미루어 보건대, 마가는 부자 청년에게서 자신의 모습을 기록하고 싶었을 것이며, 도망간 한 청년의 모습에서 예수를 따르지 못했던 자신의 모습을 고백하고자 했을 것이다.

3.2. 몇 가지 견해

① 불트만(History, 21-22)과 테일러(Taylor, Formation, 66)는 마가복음 10:17-22을 선포 이야기로 본다.
② 이 기사는 두 번째 수난 예고 이후 9:33-10:16의 제자도 및 하나님의 나라에 들어가는 주제를 이어간다. 자신의 부가 단순하고 어린아이와 같은 믿음으로 예수를 따르는 일에 극복할 수 없는 장애물임을 드러내는 이 부자 이야기는 하나님 나라를 얻기/들어가기 위해 모든 것

을 버리는 어린아이와 같은 믿음에 대한 이전의 본보기(마 10:13-16)와 뚜렷한 대조를 이룬다.

4. 본론

4.1. 마가복음의 전체 구조 분석: 내러티브의 구조 분석(주요 구절, 장면, 배경)

① 마가복음의 전반적인 형식은 내러티브이지만 마가복음은 연속적인 줄거리를 가진 것이 아니라 개별적인 단락들의 모음집이다. 거기에는 군중 장면, 소집단 장면, 공적인 장면, 사적인 장면이 있다. 마가복음 전체의 틀 속에서 예수님의 공생애 사건이 진행되는 시간적 배경을 3막으로 나눈다면 1막은 갈릴리에서의 사역이고, 2막은 예루살렘으로 가시는 길에서의 사건이며, 3막은 예루살렘에서의 고난·죽으심·부활의 사건이다. 그 가운데 이 사건은 예루살렘으로 향하는 길에서 일어난 사건이다.

② 마가복음이 예수님에 관한 이야기라는 점은 너무도 분명하다. 그런데 이 복음서는 동시에 제자들에 관한 이야기이기도 하다. 사실 마가복음 안에서 이 두 이야기는 너무도 밀접하게 연관되어 있어서, 서로 분리해서 생각하기 어렵다.

③ 예수님의 죽음 예고에 대해 제자들이 줄곧 몰이해의 반응을 보인다. 하지만 예수님은 예루살렘 여정 길에서 제자들에게 제자도에 관해 교육하신다. 십자가의 길을 따라간다는 것은 단순히 육체적 고난과 죽음을 감수하는 것만이 아니라 세상의 가치관을 버리고 그리스도의 가치관을 공유하는 것을 의미하며, 그에 따라 살아가야 하는 것을 의미한다.

④ 그런데 예수님의 이러한 반복적 교육에도 불구하고 제자들은 예루살

렘에 거의 도착할 때까지도 십자가의 길을 가는 제자도의 참뜻을 제대로 깨닫지 못한다. 따라서 마가는 맹인 바디매오가 즉시 눈을 뜨고 길에서 예수님을 따르는 기적 이야기로 제2막을 마무리함으로써 제자들과 독자들이 이 제자도를 깨달아야만 하는 긴박성을 강조하고 있다.

〈표 1-19〉 마가복음의 전체 구조 분석: 내러티브의 구조 분석

1장-8:26	8:27-38	9:1-50	10:1-52	11, 12장	13장	14-16장
1:1 하나님의 아들 예수 그리스도의 복음	8:29 주는 그리스도 (베드로)		10:45 인자가 온 것은 "섬김을 받으려 함이 아니라 도리어 섬기려 하고 자기 목숨을 많은 사람의 대속물로 주려 함이니라"			15:39 '이 사람은 진실로 하나님의 아들' (백부장)
예수님의 갈릴리 사역	베드로의 신앙고백 1차 수난 예고	변화산 사건 2차 수난 예고	① 10:1-12 이혼 ② 10:13-16 어린아이 축복하심 ③ 10:17-22 재물이 많은 사람 ④ (10:32-34) **3차 수난 예고** ⑤ 10:35-44 제자들이 구하는 것 ⑥ 10:45 섬김, 대속물 되심 ⑦ 10:46-52 소경 바디매오	예루살렘에서의 논쟁	세상 종말에 관해서	예수의 죽음·수난·부활
	갈릴리에서의 사건		예루살렘으로		예루살렘에서	

4.2. 마가복음의 내러티브적 묘사의 독특한 위치

① 사복음서 중에서 마가복음은 가장 분명하게 전형적이거나 대표적으로

보여주는 사건들 및 주목할 만한 일화들, 담화나 대화의 단편들, 화자의 논평으로 이루어진 '다큐멘터리 드라마'(내러티브)이다. 우리는 마가복음 10장에서의 사건이 예루살렘으로 가는 길에서 일어났다는 것에 주목할 필요가 있다. 예수께서 예루살렘으로 향하신 발걸음은 그저, 단순한 우연의 사건이 아니기 때문이다. 이러한 점에서 사건의 주요 단어인 '길'의 중요성을 간과할 수 없다.

② 그 결과물인 이 책은 자신을 예수님의 길동무로 간주하면서, 예수님의 생애에 대한 기록물을 수집했다. 이 모자이크화의 주된 통일적 요소는 주인공인 그리스도이다.

③ 마태·마가·누가에서의 '부자 청년'의 기사는 예수님의 공생애 사역 후기(예루살렘을 향하여 가기 전)에 있었던 사건이다. 이는 그 의미론적 유사성과 연관성의 파악을 통한 본문의 사실을 이해함에 있어서 매우 유의미하다는 점을 부정할 수 없다. 다음 4.3에서 부자 청년과 공관복음 내에서의 위치를 비교하면서 좀더 세밀하게 갈등 구조를 분석하고자 한다.

4.3. 부자 청년 사건

4.3.1. 부자 청년 사건과 공간 복음의 앞 뒤 전황 비교

마가복음		마태복음		누가복음	
10:13-16	어린아이 안수	19:13-15	어린아이 안수	18:15-17	어린아이 안수
10:17-22	부자 청년	19:16-22	부자 청년	18:18-23	부자 청년
10:23-27	낙타와 바늘귀	19:23-26	낙타와 바늘귀	18:24-27	낙타와 바늘귀
10:28-31	베드로 (모든 것을 버리고 주를 따랐나이다)	19:27-30	베드로 (모든 것을 버리고 주를 따랐나이다)	18:28-30	베드로 (모든 것을 버리고 주를 따랐나이다)

10:28-31		20:1-16	포도원 품꾼 비유		
10:32-34	3차 수난 예고	20:17-19	3차 수난 예고	18:31-34	3차 수난 예고
10:35-42	야고보와 요한의 요구(우편, 좌편)	20:20-25	야고보와 요한의 어머니 요구 (우편, 좌편)	없음	누가복음은 우편, 좌편의 요구와 '섬기는 자', '대속물'이라는 단어 없음
10:43-45	섬기는 자, 대속물	20:26-28	섬기는 자, 대속물	없음	
10:46-52	맹인 바디매오	20:29-34	맹인 두 사람	18:35-43	한 맹인

- 본문 '부자 청년 사건'이 **공관복음에서의 위치적 특징**은 다음과 같다.

① 도표에서 보듯이 이 사건은 공관복음 전체에 모두 등장한다.
(마 19:16-22; 막 10:17-22; 눅 18:18-23)

② 공관복음 세 장면에 등장하는 앞뒤 사건이 모두 동일한 순서와 동일한 문맥에서 발견된다. 차이점은 마태가 포도원 품꾼들의 비유(마 20:1-16)를 이 기사와 예수의 세 번째 수난 예고 사이에 배치하고 있는데, 마태가 이곳에 삽입시킨 이유는 비유의 유사한 결말 때문이다.

③ 연속적으로 일어난 사건이 공관복음 가운데 거의 공통적으로 그려지고 있다는 것은 그만큼 이 사건과 관련된 전후 문맥의 관계에 있어서 세 분의 저자가 의도하는 방향이 같음을 나타내고 있다. 결국 이것은 예수님께서 '종의로서의 그리스도'이심을 나타내고자 함이며, 동시에 '제자도'의 방향을 우리에게 제시하고 있는 것이다.

④ 이러한 부자 청년 기사를 서사 구조 분석을 통하여 중심 주제를 파악하려고 한다면 먼저 그 기사의 구조적 이해와 갈등 및 장면 분석을 통하여 중심 주제를 파악하여야 한다. 갈등 구조에 기초한 장면 분석을 통해 본문에 나타난 사건의 흐름을 이해하자면 다음과 같다.

4.3.2. 마가복음 장면 분석과 갈등 구조

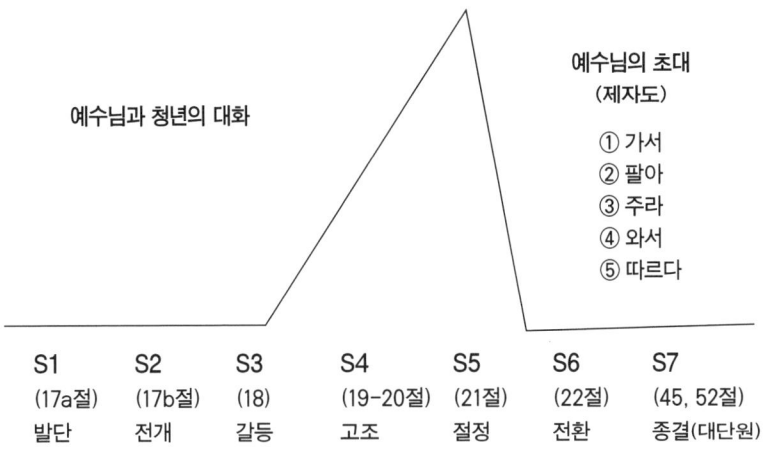

장면	분류	성경	핵심 내용
S1	발단	17a	지리적, 배경적 서술. 길에 나가실 때, 한 사람, 달려와서
S2	전개	17b	선한 선생님, 내가 무엇을 하여야, 영생을 얻으리이까
S3	갈등	18	어찌하여 나를 선하다 일컫느냐
S4	고조	19-20	계명을 다 지켰나이다
S5	절정	21	① 가서 ② 네게 있는 것을 다 ③ 팔아 가난한 자들에게 주라 그리고 ④ 와서 ⑤ 나를 따르라
S6	전환	22	근심하며 가니라
S7	종결	45	인자가 온 것은 섬기려 하고, 대속물로 주려 함

5. 본문 주해(막 10:17-22)

- 위의 장면 분석과 갈등 구조를 자세히 표로 정리하면 다음과 같다.

대분류	성경	핵심 내용 (진한 문장은 의미를 고찰하는 대구절임)
4.1. 발단	17절	시작(배경): 예수께서 길에 나가실 새
	17절	한 사람
	17절	달려와서: 자신만만
	17절	꿇어 앉아 묻자오되
4.2. 전개	17절	청년의 질문 '선한 선생' (예수님에 대한 인식)
	17절	'내가', 베드로가 '나는 그리하지 않겠나이다'
	17절	'무엇을 하여야 영생을 얻을' ※ '내가 하는'에 대한 의미 묵상
4.3. 갈등	18절	어찌하여 나를 선하다 일컫는냐
4.4. 고조	19-20절	계명을 다 지킴
4.5. 절정	21절	그를 보시고 사랑하사 ← '세 번 부인한 베드로를 쳐다보심' '보시고', '보심' → 같은 헬라어에서 파생됨
	21절	한 가지 부족한 것
	21절	다 팔아 가난한 자들에게 주라 → 사마리아 여인에 대한 예수님의 방법(요 4장)
	21절	제자도의 길
	21절	나를 따르라 ※ '제자들을 부르실 때', '함께 가자'
4.6. 전환	22절	재물이 많은 고로: '재물(토지)의 의미'
	22절	근심하며 돌아가니라
4.7. 종결	26절	제자들의 토의 '누가 구원을 얻을 수 있는가?'
	27절	사람으로는 할 수 없으되 하나님으로서는 다 하실 수 있느니라
	28-31	베드로 '우리가 모든 것을 버리고 주를 따랐나이다'
	32-34	예수님의 3차 수난 예고
	35-42	야고보와 요한이 구하는 것
	45절	종으로 오신 예수님(10:45)
	47절	다윗의 자손 예수여 나를 불쌍히 여기소서
	52절	'길', 그는 예수가 가시는 길을 따라 나섰다(새번역)

5.1. 발단(17a절) '예수께서 길에 나가실새 한 사람이 달려와서 꿇어 앉아 묻자오되'

5.1.1. '길' εἰς ὁδὸν(10:17)

① 마가복음 8:27-10:52은 예루살렘을 향해 가는 '길'에서 벌어진 사건들로 플롯이 구성되어 있다. 여기서 '길'(막 10:17) εἰς ὁδὸν은 여행을 떠나는 것 이상을 나타낸다. 이 단어는 예루살렘으로 가는 '길' 즉 십자가의 길이라는 뉘앙스를 지닌다. 따라서 예수님이 가시는 '길'은 십자가를 지시기 위하여 가시는 길이다. 그것은 단순한 예루살렘으로의 여행이 아니라 자신의 시간이 다가옴을 아시는 십자가로의 여정이다. 이미 8장과 9장에서 예수님은 자신의 수난을 1차, 2차 예고하셨다. 이를 고려할 때, 10장에서 예수님이 예루살렘으로 향하시는 길은 예수님의 사역 시간에서 플롯의 구성이 바쁘게 진행되고 있는 가운데 일어난 사건이다.

② 이 여행의 목적은 고난과 죽으심이기에 제자들은 예수님을 따라가지만 무엇인지 모를 두려움이 그들을 감싸고 있었을 것이다. 성경은 "그들이 놀라고 두려워하더라"(막 10:32)라고 표현함으로 사건의 진행 가운데 제자들의 심적인 충격이 얼마나 컸는지를 말해 주고 있다.

③ 그럼에도 그들은 예루살렘으로 가는 길의 의미를 알지 못하기에 '누가 크냐, 우편에 좌편에'의 문제로 다툰다.(마 20:20-28; 막 10:35-45) 이와 같이 '누가 크냐'의 문제로 '길에서' 다투는 제자들을 향하여 예수님은 자기의 정체성을 말씀하신다.

④ 본장은 내러티브에서 중심 인물(예수님과 부자 청년)과 사건의 의미를 파악하는 것이 중요하다. 중심 인물의 심리적 묘사와 행동에(달려와서, 꿇어 앉아, 그를 보시고 사랑하사) 대해서도 마가는 저자의 의도를 드러내어 독자로 하여금 저자의 의도 속으로 함께 들어가도록 이끈다. 이를 통해 예수님의 제자들이 복음서에서는 실패한 자들로 나타나지만 결국은 진정한 제자도를 깨닫고 십자가의 길을 끝까지 따랐으며, 독자들

또한 이러한 열한 제자들의 삶을 따라 그리스도께 대한 진정한 이해와 그분의 십자가의 길을 실제로 따를 것을 초대하고 있다.

5.1.2. 한 사람(10:17)

마가복음에서는 '재물이 많은'(막 10:22)으로, 마태복음에서 '청년'(마 19:22)으로, 누가복음에서는 어떤 '관리'(눅 18:18)로 묘사된다. 이런 이유로 '젊은 부자 관리'라는 명칭이 생겨났다.

5.1.3. 달려와서 προσδραμὼν(~에게 달려가다, Mk 10:17)

이 이야기에 등장하는 한 사람은 경제적으로 부유하고 도덕적으로 고결한 삶을 살아온 자이다. 이처럼 부족함이 없어 보이는 사람이 달려와서 예수님 앞에 무릎을 꿇고 '무엇을 하여야 영생을 얻으리이까' 묻는 모습은 그가 얼마나 긴급하고 진지하게 '영생'을 추구하고 있는 자인지를 잘 보여준다. 그의 열망은 그가 예수에게 달려가 무릎 꿇어 앉았다는 것에서 잘 나타난다. 하지만 필자의 견해로는, 그가 자기 삶에 자신 있었기에 예수님께 칭찬받고 싶은 마음으로 달려왔을 것이라고 생각한다.

5.2. 전개(17b절) '선한 선생님이여 내가 무엇을 하여야 영생을 얻으리이까'

5.2.1. 무엇을 하여야 영생을 얻으리이까(10:17)

청년은 자신이 있었기 때문에 그는 자신만만하게 달려 올 수 있었다. 어려서부터 모든 율법을 다 지켰다고 하는 청년의 마음은 자랑스러움으로 가득 차 있었다.

○ 본문에서 '영생을 얻다' κληρονομήσω(Mk 10:17),
   '하늘의 보화를 가지다' ἕξεις θησαυρὸν ἐν οὐρανῷ(Mk 10:21),
   '하나님의 나라에 들어가다'

βασιλείαν τοῦ θεοῦ εἰσελεύσονται(Mk 10:23),

'구원을 얻다' δύναται σωθῆναι(Mk 10:26) 등의 표현들은 본질적으로 동의어들이다.

○ '영생'을 얻는 것'과 '선한 행위' 사이에 어떤 상관관계가 있다는 것을 마가가 말하려 하는 것인가! 이는 '선한 선생님' Διδάσκαλε ἀγαθε 이라는 청년의 기준에 '선한'의 개념과 예수님의 '선한'의 개념이 다름을 깨우쳐 줌이다.

○ 그리고 '영생을 얻으리이까?'에 대한 질문도 역시 '내가 무엇을 하여야'에 초점을 둔다. 청년에게 영생은 '무엇을 하여야 함'에 있다. 이에 대한 예수님의 대답은 청년의 마음을 꿰뚫고 있으시기에 청년이 가장 할 수 없는 일, 가장 약한 부분에 대하여 마치 혀를 찌르듯이 정곡을 찌르시는 것이다.

5.2.2. 이는 사마리아 여인을 부르실 때와 같은 방법의 초대(요 4장)

○ 사마리아 여인도 계속 예수님을 향해 선생님으로 일관하며 영생하도록 솟아나는 물을 달라고 했을 때, 예수님은 '가서 네 남편을 불러오라' λέγει αὐτῇ· ὕπαγε φώνησον τὸν ἄνδρα σου καὶ ἐλθὲ ἐνθάδε(Jn. 4:16 GNT)고 하심으로 사건의 절정을 이루었다.

　이와 같이 예수님은 우리를 부르시는 방법에 있어서도 인간의 형질과 기질에 맞추셔서 여러 가지 다양한 방법으로 구원을 이루어 가신다.

○ 여기서 부자 청년이나 니고데모는 예수님을 찾아왔으나 그들이 품었던 문제에 대하여 해결 받지 못하고 돌아간다. 그들은 너무 많은 것을 가졌기 때문이다. 그들이 무엇인가를 소유했다는 것은 구원의 문제에 대해서도 그들이 인간의 방법으로 무엇인가를 할 수 있다고 생각했음을 함의한다.

○ 요한복음 3장과 요한복음 4장의 내러티브는 마가복음과 함께 병행을 이룬다.

〈표 1-20〉 마가복음 10장, 요한복음 3장과 4장의 병행구절

	마가복음 10장	요한복음 3장, 4장
발단	10:17-22 부자 청년의 질문 '영생'	도덕적, 종교적, 학문적 완벽한 사람 '거듭남'의 문제
예수님을 찾아온 방법	예수님을 보고 달려와서	니고데모가 밤에 찾아옴
예수님의 답변	거절 청년 근심하여 돌아감	어떻게 갔는지는 모르나 요한복음 7장과 19장에 다시 등장함 ·요 7:52 (예수님을 변호) ·요 19:39 (예수님의 시체에 바를 몰약과 침향 섞은 것을 가지고 옴)
다음 장면	바디매오의 구원 (막 10:52)	사마리아 수가성 여인 물동이를 버려 두고 예수님을 전함 (내가 행한 모든 일을 내게 말한 사람을 와서 보라)
예수님을 영접한 방법	겉옷을 내버리고 뛰어 일어나 예수께 나아옴	예수님이 사마리아를 통과하여 야곱의 우물로 가심

○ 바디매오와 수가성 여인은 바닥까지 이른 삶이었기 때문에 그들은 내려 놓기가 쉬웠다. 그래서 바디매오와 수가성 여인은 그들이 분명히 구주라고 믿을 수 있는 분에 대하여 즉각적인 반응을 할 수 있었다.

○ 이러한 내러티브의 전개를 보면 구원은 인간의 방법으로 할 수 없다는 것과 함께 무엇인가를 많이 소유한다는 것은 구원의 문제에서 멀어질 수밖에 없음을 의미한다는 생각이 들었다. 다 내려놓을 수 있다는(내려놓을 수밖에 없는 환경) 것은 영적 축복이라는 것을 성경 저자가 말해 주는 듯하다.

5.2.3. ποιήσω 1인칭 단수동사로서 '내가 무엇을 하여야'의 의미를 지닌다.

○ 필자는 여기서 베드로의 고백을 떠올리게 된다. 마가복음 14:29에 보면 '베드로가 여짜오되 다 버릴지라도 나는 그리하지 않겠나이다.'라고 한다. 헬라어의 같은 동사로서의 기원은 아니지만 성경해석적으로 볼 때, 베드로는 ἐγώ('나는')이라는 단어에 힘을 주었고, 본문에 나오는 부자 청년도 역시 '내가'라는 단어로 무엇인가를 행하려 한다. 이러한 질문에 대한 청년의 사고는 '선한 행위'에 있었기 때문에 예수님에 대해서도 '선한 선생님'이라고 불렀다.
○ 이러한 '나는', '내가'와 같은 인간의 '자기 의'는 무너지고 만다. 내가 할 수 있다고 할 때 주님의 십자가는 설 자리가 없다. 그러한 면에서 예수님은 인간이 할 수 없는 것을 강조하기 위하여 그의 영생의 기준인 '내가'와 '선한 행위'의 정곡을 찌르는 것이다.

5.3. 갈등(18절) '네가 어찌하여 나를 선하다 일컫느냐'

○ 예수님은 자신을 향해 '선한 선생님'이라고 부른 부자 청년에게 하나님 한 분만 선하다고 말씀하신다.(17-18) 이 말씀은 예수님께서 자신의 선하심을 부정하시는 것이 아니다. 예수님의 초점은 하나님께 맞춰져 있을 뿐이다. 요한복음 17:1의 "아들을 영화롭게 하사 아들로 아버지를 영화롭게 하옵소서"라는 예수님의 말씀과 같은 의미이다. 사람들로부터 영광을 받아야 할 분은 이스라엘과 계약을 맺으신 하나님이고, 사람들이 순종해야 하는 것은 하나님의 계명들이기 때문이다.
○ 예수께서 하나님만이 선함의 기준임을 명확히 하신 것은 하나님의 뜻에 철저히 순종하시며 자신의 뜻을 주장하지 않고 십자가의 길을 가신 자기 비움의 연속선상에서 이해할 수 있다. 예수께서는 구원의 길에 관한 질문에 스스로 기준을 제시하지 않으셨다. 단지 하나님께서

이미 계시하신 말씀으로 답하셨다.

5.4. 고조(19-20절) '그가 여짜오되 선생님이여 이것은 내가 어려서부터 다 지켰나이다.'

○ 예수님께서 계명에 관한 문제를 끄집어 내셨다. 그가 유대인이라면 누구나 알고 있었을 십계명을 언급하심으로써 이 계명들이 영생을 얻는 것과 무관하지 않음을 시사하신다. 예수님은 영생을 가진 하나님 나라의 백성이 되는 것과 예수님을 따르는 것을 동일시 하신다. 예수님은 그 문제를 말씀하시기 위해 부자 청년이 가진 근본적인 문제점을 간파하신 듯하다. 어려서부터 이 모든 계명들을 지켰다는 그 사람의 대답은 거만한 것이 아니다.

5.5. 절정(21절) '네게 있는 것을 다 팔아 가난한 자들에게 주라~ 그리고 나를 따르라'

5.5.1. 그를 보시고 ἐμβλέψας αὐτῷ And Jesus, looking at him(Mk. 10:21 ESV)

"주께서 돌이켜 **베드로를 보시니**(ἐνέβλεψεν τῷ Πέτρῳ) 베드로가 주의 말씀 곧 오늘 닭 울기 전에 네가 세 번 나를 부인하리라 하심이 생각나서"(눅 22:61)

○ 가장 먼저 파악해야 할 해석학적인 구조이다. 마가는 예수님의 눈빛을 놓치지 않았다. 이것은 예수님을 세 번이나 부인한 후 자책하며 후회하는 베드로를 바라보시던 예수님의 눈빛을 연상케 한다.(ἐνέβλεψεν τῷ Πέτρῳ, 눅 22:61)

마가복음 10:21의 '보시고'와 누가복음 22:61의 '보시니'의 두 단어는 같은 단어인 ἐμβλέπω에서 파생되었는데 ἐμβλέπω는 흥미나 관심 혹은 사랑을 가지고 '보는 것'을 의미한다.
o 베드로는 그 눈빛을 먼 훗날 기억했을 것이다. 예수님께서 베드로를 바라보시던 눈빛을 잊을 수 없던 베드로는 훗날 순교의 자리까지 나갈 수 있었다. 이러한 표현이 누가복음에 나오는데, 마가는 여기에서 그 단어를 사용했다.
o 그렇다면 젊은 청년을 향해 예수님은 '너는 이미 틀렸으니까 돌아가라'라는 마음으로 응대하신 것이 아니라는 것을 우리는 알 수 있다. 예수님은 한 영혼에 관심을 두셨고 한 영혼을 깊이 사랑하셨고, 젊은 청년이 진정으로 예수님을 따르기를 원하셨다. 즉, 이것이 예수님의 진정과 사랑 어린 초대였다는 것을 독자들이 놓쳐서는 안 된다는 것이다. 마가는 이 사건에서 젊은 청년이 독자들 자신의 자화상으로 비춰져서 스스로 제자도에 대한 답을 찾아가도록 인도하고 있다.
o 예수님의 이 눈빛 앞에 무릎 꿇지 않을 자가 어디 있을까? 천지를 지으신 하나님의 아들이 보여주신 이 눈빛을 경험할 때, 우리는 모든 것을 다 버려도 좋다고 고백하게 될 것이다. 이 말씀을 묵상하던 어느 날 이 단어 앞에서 펑펑 울었던 기억이 있다. 지금도 나에게는, 그 자리에서 예수님의 그 눈빛을 정말 봤다면 얼마나 울었을까?, 하는 마음이 있다. 지금 우리는 그 눈빛을 볼 수 없지만, 가슴 속에 영으로 다가오시는 그 눈빛은 경험할 수 있다. 창조주의 아들의 사랑 어린 초청과 권능과 말할 수 없는 영광의 자리를 경험하는 그 순간을 마가는 독자들에게 알리고 싶은 간절함이 있었을 것이다.

5.5.2. 사랑하사

o 예수님은 그 청년을 사랑하셨다.(ἠγάπησεν αὐτόν) 마가는 짧은 순간이었지만 예수님의 심정을 이 한 단어에 모두 농축시켜 놓았다. 이 사랑은 예수님이 십자가를 지실 것을 앞에 두고 제자들을 향한 사랑을

말씀하실 때 사용된 것과 동일한 표현이다. 요한복음 13:34을 보면 "새 계명을 너희에게 주노니 서로 사랑하라 내가 너희를 사랑(ἠγάπησεν)한 것 같이 너희도 서로 사랑하라"에서 발견할 수 있다. 두 단어는 같은 어원(ἀγαπάω)이다.

o 예수님께서 길을 가실 때에 갑자기 나타난 청년을 향한 예수님의 감정 표현은 한마디로 사랑하심이었다. 이 사랑은 요한복음 13장에서 예수님께서 제자들을 향해 표현하신 사랑이기도 했다. 그렇다면 예수님의 청년을 향한 사랑의 깊이는 어느 정도였을까? 마가는 이것을 놓치지 않고 있었다. 과연 예수님의 제자들을 향한 사랑은 어떤 사랑이었을까?

o 마가는 예수님의 제자가 아니었지만 예수님의 제자들을 향한 사랑(ἀγαπάω), 즉 사랑을 멀리서라도 봤을 것이다. 그래서 마가는 마가복음을 기록하면서 급하게 전개되는 내러티브의 표현에서 '예수께서 그를 보시고 이르시되'라고 하지 않고 '예수께서 그를 보시고 사랑하사 이르시되'라고 독자들을 향하여 예수님의 심정을 함께 호소하고 있는 것이다.

o 이 단어 하나가 예수님의 마음을 표현한다. 부자 청년을 야단쳐서 궁지로 몰아 내쫓는 예수님이 아니었음을 독자가 알 수 있도록 기록한 표현에서 마가의 따뜻함도 함께 느껴진다.

5.5.3. 영생을 얻는 조건(예수님의 요구)

o 예수님께서는 영생을 얻는 조건으로 세 가지 사항을 제시한다.(21下절)

① 모든 재산을 파는 것
② 가난한 자들에게 주는 것
③ 예수님을 따르는 것

o 그런데 영생을 얻기 위해 모든 재산을 팔아야 한다는 예수님의 첫 번째 요구는 예수님의 가르침에서 그렇게 생소한 것이 아니었던 것이 분

명하다. 마태복음 13:44-46에서도 예수님은 하나님 나라를 소유하는 조건이 모든 재산을 파는 것이라는 원리를 말씀하신다.

그런데 예수님의 요구는 여기서 끝나지 않는다. 처음 두 조건을 갖추고 나서는 고난과 죽음을 향해 나아가는 길에서 예수님을 따라가는 제자가 되어야 한다.(막 8:34)

예수님의 이 세 번째 요구는 누구든지 생명을 얻고자 하는 자는 그 생명을 잃어야 한다는 원리를 이 후보자에게 구체적으로 적용하신 것으로 보인다.

5.5.4. 인간의 불가능함과 하나님의 구원 방법에 대한 제시

○ 마가는 예수님과 한 사람의 대화를 통해 '영생'을 얻는 길을 우리에게 제시한다. 영생을 얻음은 사람으로서는 할 수 없는 일이고 하나님으로서 할 수 있음을 제시하면서, 후반부에서 부자와 낙타의 비유를 들고 있다. "낙타가 바늘 귀로 나가는 것이 부자가 하나님의 나라에 들어가는 것보다 쉬우니라"(막 10:25) 예수님께서 한 사람을 향하신 명령은 분명 우리에게는 할 수 없는 명령이다. 그렇다면 '예수님은 인간에게 할 수 없는 것을 요구하시는 뒤틀린 성정을 가지고 계신 분인가?' 하는 의문이 뒤따르게 된다. 여기에 대한 답은 그렇지 않다는 것이다. 예수님의 말씀은 인간의 불가능함과 하나님의 구원 방법에 대한 제시이다. 이것은 '내가 무엇을 하여야'(17절)와 대구가 되는 말씀이다.

5.5.5. ἀκολούθει μοι 나를 따르라(21절)

○ 더불어 한 가지 더 생각해 볼 것은 청년에 대한 요구가 불가능한 일임을 아시면서도, '가라', '팔라', '주라', '오라', '따르라' ἀκολούθει의 명령으로 청년을 향하여 예수님이 가시는 길로 초대하고 계신다는 것이다. 이것은 예수께서 제자들을 부르실 때, 부활 후 갈릴리 바닷가에 오셔서 "네가 나를 사랑하느냐"라는 세 번의 질문 후 베드로에게 '나

를 따르라(함께 가자)' 하신 것과 동일한 표현이다.(마 8:22; 9:9; 10:38; 막 2:14; 8:34; 요 1:43; 12:26; 21:19, 22)

> **마 8:22** "예수께서 이르시되 죽은 자들이 그들의 죽은 자를 장사하게 하고 너는 나를 따르라 하시니라"

ὁ δὲ Ἰησοῦς λέγει αὐτῷ, Ἀκολούθει μοι καὶ ἄφες τοὺς νεκροὺς θάψαι τοὺς ἑαυτῶν νεκρούς.(GNT Mt 8:22)

> **막 2:14** "또 지나가시다가 알패오의 아들 레위가 세관에 앉아 있는 것을 보시고 저에게 이르시되 나를 따르라 하시니 일어나 따르니라"

καὶ παράγων εἶδεν Λευὶν τὸν τοῦ Ἀλφαίου καθήμενον ἐπὶ τὸ τελώνιον, καὶ λέγει αὐτῷ, Ἀκολούθει μοι. καὶ ἀναστὰς ἠκολούθησεν αὐτῷ.(GNT Mk 2:14)

> **요 21:19** "이 말씀을 하심은 베드로가 어떠한 죽음으로 하나님께 영광을 돌릴 것을 가리키심이러라 이 말씀을 하시고 베드로에게 이르시되 나를 따르라 하시니"

οὗτο δὲ εἶπεν σημαίνων ποίῳ θανάτῳ δοξάσει τὸν θεόν. καὶ τοῦτο εἰπὼν λέγει αὐτῷ, Ἀκολούθει μοι.(GNT Jn 21:19)

○ 제자들이 예수님을 버리고 도망갈 것을 아시는 그 순간에도 제자들을 부르셨던 부르심('함께 가자')과도 유사하다.(마 26:46) 이 부르심은 근심하며 돌아가는 청년을 바라보며 자신의 자화상을 동일시하고 있는 마가를 향한 부르심인 동시에 우리를 영생의 길로 초대하시는 부르심이다.

> 막 14:42 일어나라 함께 가자 보라 나를 파는 자가 가까이 왔느니라

> 마 26:40 제자들에게 오사 그 자는 것을 보시고 베드로에게 말씀하시되 너희가 나와 함께 한 시간도 이렇게 깨어 있을 수 없더냐

> 마 26:46 일어나라 함께 가자 보라 나를 파는 자가 가까이 왔느니라

5.6. 전환 '그 사람은 재물이 많은 고로 ~ 슬픈 기색을 띠고 근심하며 가니라'

5.6.1. 재물이 많은 고로(22절)

재물이 많은 고로(22절) γὰρ ἔχων κτήματα πολλά.
재물이 있는 자는(23절) χρήματα ἔχοντες

○ 여기서 우리는 '재물'에 대하여 논할 필요가 있다. 십계명에는 '재물'이라는 단어가 없는데, 왜 예수님은 계명과 관련하여 '네게 있는 것을 다 팔아'라고 말씀하셨을까. 여기에 대해 의문이 들지 않을 수 없다. 곧 이어 나오는 구절에서도 '재물이 많은 고로 이 말씀으로 인하여'라고 평행본문이 나오고 있기 때문이다. 이 말씀은 또한 '믿음으로 구원을 얻는다'는 가르침에 익숙한 필자에게는 낯선 가르침이 되어 필자를 불편하게 만들었다.

○ "네게 있는 것을 다 팔아 가난한 자들에게 주라."(21절) 이 명령은 질문자가 어떤 계명을 지키고 있지 않은지 암시한다. 그는 아마도 가난한 자들의 것을 불법적으로 소유하고 있는 사람이라 할 수 있다. 22절은 그것이 무엇인지 알려준다.

5.6.2. inclusio(감싸기) 구조

O 우리는 도입 구절(10:17)과 마무리 구절(10:52)이 내러티브적인 사건의 전개가 inclusio(감싸기) 구조를 이루고 있다는 사실에 주목하지 않을 수 없다. '영생'이라는 문제가 발단이 되면서 그 사이에 영생의 문제를 놓고 계명을 지킴, 따름, 제자도의 삶을 다루고 하나님의 나라라는 결론으로 나아간다. 그리고 마가는 우리를 제자도의 삶으로 초대하고 있는 것이다.

지금까지 전개한 교차 대칭의 구조 관계를 표로 정리하면 다음과 같다.

〈표 1-21〉 마가복음 10:17-30 교차 대칭의 구조 관계와 제자도

10:17 영생	내가 무엇을 하여야 영생을 얻으리이까?
10:20 계명	내가 어려서부터 다 지켰나이다
10:21 한 가지 부족함	네게 있는 것을 다 팔아 가난한 자들에게 주라
10:21 따르다	예수님께서 나를 따르라고 하심
10:28 따르다	베드로의 따름
10:30 영생	내세에 영생을 받지 못할 자가 없느니라

- 부자 청년: 무엇을 하여야 영생을 얻을 수 있냐
- 예 수 님: 율법을 온전히 지킬 것을 제시하심
- 부자 청년: 근심하며 돌아감
- 예 수 님: 영생을 얻음에 있어서 인간으로서는 불가능함을 깨닫게 하심

10:13-16	어린이 비유 (하나님의 나라가 이런 자의 것)
10:27	사람으로는 할 수 없으되 하나님으로서는 다 하실 수 있느니라

> 《 제자도 》
> - 예수님의 초대 ① 가서 ② 팔아 ③ 주라 ④ 와서 ⑤ 따르라
> - 예수님이 제시하신 영생의 길: 섬김, 대속물로 주려 함(막 10:45)
>
> 10:46-52 따름 소경 바디메오 사건 (예수를 길에서 따르니라)

- ○ '영생을 얻으리이까'(17절)로 시작된 한 사람의 질문에 대한 예수님의 답변이 30절에 다시 영생이라는 단어로 반복되는 사이, 영생과 계명에 관한 문제가 전개된다.
- ○ 한 사람은 '내가 무엇을 하여야'로 질문을 하고 있고, 여기에 대한 예수님의 답은 그가 할 수 없는 일 즉 네가 가진 소유를 팔아 가난한 자들에게 나눠줄 것을 제시하신다.
- ○ 그리고 나를 따르라고 초대하신다. 그가 근심하고 돌아가는 그 자리에 예수님의 제자들이 "우리가 모든 것을 버리고 주를 따랐나이다"(28절)라고 의기양양하게 답한다.
- ○ 그럼에도 예수님은 따름의 의미를 모르는 제자들을 향하여 세 번째 수난 예고를 하신다.
- ○ 여전히 그 의미를 모르는 제자들은 '주의 영광 중에 하나는 주의 우편에, 하나는 좌편에 앉게 하여 주옵소서'라고 구하지 않는가! 이 자리에 예수님께서 제자도를 말씀하신다. '섬기려하고, 자기 목숨을 많은 사람의 대속물로 주려 함'(45절)이니라 하고.
- ○ 제자들이 놀라고 두려워하는 사이, 맹인 바디메오를 등장시켜 바디메오가 '예수를 길에서 따르니라' καὶ εὐθὺς ἀνέβλεψεν καὶ ἠκολούθει αὐτῷ ἐν τῇ ὁδῷ.(막 10:52)로 10장의 대미(大尾)를 장식하며 '따르미'에 대한 제자도를 독자들에게 말하고 있다. 이것이 예수님께서 예루살렘에 들어가시기 직전의 마지막 사건이었다. 그리고 전개되는 11장의 사건은 예루살렘에 들어가신 이후의 사건이다.

5.7. 종결(대단원) '그가 곧 보게 되어 예수를 길에서 따르니라'

5.7.1. 낙타가 바늘 귀로 나가는(10:25)

- 아울러 바디매오를 통하여 마가는 '낙타가 바늘 귀로 나가는' 모형을 우리에게 제시하고 있다. 예수님의 이러한 선언은 너무 어렵지만 가능하다. 여기에 대해 많은 학자들의 고민이 있었을 것이다. 필자는 인간으로 할 수 없는 일을 하나님이 하신다는 믿음으로 우리는 그 길을 통과할 수 있을 것이라고 생각한다. 이것이 은혜임을 필자는 이 글을 전개하는 동안에 성령님이 깨닫게 해주셨음을 느낀다.
- 구원의 문제에서 '내가' 할 수 있는 일이 아무것도 없음을 성경이 증언한다는 것이 너무 감사하다. 그렇기에 그 자리에 바디매오와 같은 내가 주님을 의지하여 하나님 앞에 설 수 있는 용기가 생긴다.

5.7.2. 길에서 따르니라(10:52)

- 여기서 '따르다'의 의미는 '길'이라는 의미가 주는 함의와 함께 살펴봐야 한다. 17절에서 '길'의 의미가 어떤 지리적인 노상(路上)에서의 길의 의미가 아닌 것을 앞에서 살펴보았듯이 '길에서 따르니라'의 진정한 의미는 예수님이 가시는 길, 십자가의 길을 따른다는 의미를 뜻한다. 이것을 새번역 성경에서 보면 그 의미가 분명하다.

  『새번역』예수께서 그에게 말씀하셨다. '가거라. 네 믿음이 너를 구원하였다.' 그러자 그 눈먼 사람은 곧 다시 보게 되었다. 그리고 그는 예수가 가시는 길을 따라 나섰다.
- 토지를 팔아 가난한 자들에게 주면 예수님을 따를 수 있다. 이러한 자격은 아무에게나 준 것이 아니므로, 본문에서 질문자는 매우 특별한 초대를 받는다. 마가복음을 통해서 볼 때 예수께서 '나를 따르라'고 청하신 예는 몇 번 없다(막 1:17, 20; 2:14). 더구나 마가복음 5:18-19은 예수께서 자신을 따라다니고자 한 사람의 요청을 거절하셨음도

볼 수 있다. 남의 토지를 돌려주지 않고 자기를 부인하였다고 말할 수는 없는 것이다.

〈그림 1-5〉 벳세다 맹인 고치신 사건과 바디매오 고치신 사건 사이의 수난 예고

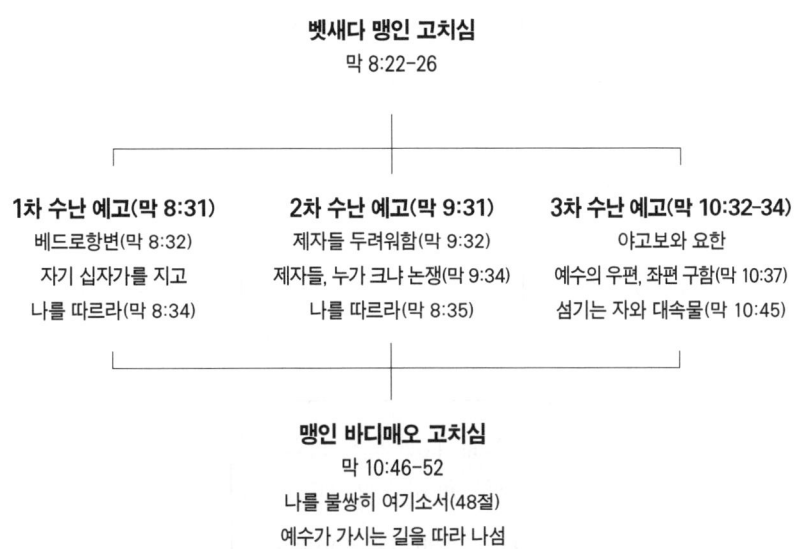

5.7.3. 초대

○ 결국 그 길을 갈 수 있는 자는 아무도 없다. 하나님만이 하실 수 있다. 슬픈 기색을 띠고 근심하며 떠난 그 자리에 바디매오가 등장한다. 앞에 8장에서 벳세다의 맹인을 고치신 기사와 함께 마지막을 장식하는 바디매오는 소유한(ἔχεις) 것이 없다. 아무것도 가진 것이 없는 자를 주님은 부르시고 이러한 부르심의 초대에 바디매오는 아무 망설임 없이 따라 나섰다고 마가는 기록하고 있다.

○ 아무것도 가진 것이 없었던 바디매오에게 있어서 예수님의 초대는 예루살렘으로 가는 마지막 여행길에 오른 예수님과 그 일행에 합류하는 축복 그 자체가 되었다. 이것은 예수님 뒤에 서서 제자들이 예루살렘

으로 가고 있던 걸음걸이나 태도와는 엄청난 대조를 보인다(막 10:32). 그와 대조적으로 제자들의 발걸음은 얼마나 피곤해 보였을까.

o 초대는 수고에 대한 보상을 바라는 원리는 아니다. 본문 뒤에 이어지는 말씀에서 베드로는 '모든 것을 버리고 주를 따랐나이다' ἠκολουθήκαμέν 원형 ἀκολουθέω(막 10:28)라고 함으로써 '자기 의(義)'를 자랑거리로 내세우려고 한다. 이에 대한 예수님의 답은 냉정하리만큼 차갑다. '누구든지 나를 따라오려거든 자기를 부인하고 자기 십자가를 지고 나를 따를(ἀκολουθείτω) 것이니라'(막 8:34) 여기서 이 두 단어의 어원의 의미는 동일한 관계임을 찾아 볼 수 있다. 다시 말하면 ἀκολουθείτω는 예수님의 운명에 함께하는 것을 암시한다.

o ἀκολουθείτω는 예수님의 본을 모방하는 것이 아니다. 오로지 그의 구원을 누림으로써 메시야와 함께하는 삶과 고난에 전적으로 참여하는 것이다. 예수님의 말씀은 부자 청년에게 할 수 없는 일을 제시하시며, 민망스럽게 하여 묵살시킴으로써 돌려보내고자 하시는 것이 아니다. 여기에는 초대의 의미가 있고 순종을 통하여 따름과 누림을 우리에게 말씀하고자 하시는 것이다. 예수님은 이 세상에서 부유한 것보다 더 가치가 있는 것을 알려주시고 한 사람을 초대하고 계신다. 거기에 저자 마가가 있고, 이스라엘이 있고, 내가 있다.

6. 본문이 주는 수사학적 의미와 신학적 의미

6.1. 수사학적 의미

o 마가복음의 사역 구조도
첫째 부분에서는 갈릴리와 그 주변 지역에서 이루어진 사역을(1:14-8:26) 둘째 부분에서는 예루살렘으로 올라가시는 여행 상황에서 일어난 일

들을(8:27-10:52)

셋째 부분에서는 예루살렘에서의 사역(11:1-16:8)을 함께 묶어서 기술하는 형식을 취한다.

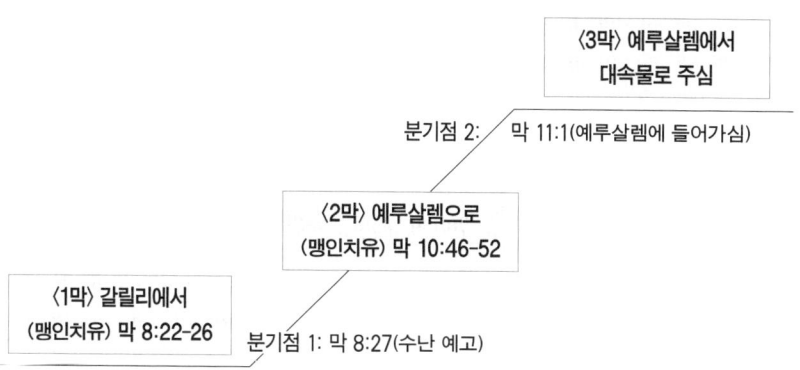

○ 마가복음을 읽는 독자들은 세 단계로 전개되는 전체 이야기를 통해 줄곧 중심에 서 계시는 주인공을 주목하게 되는데, 바로 예수 그리스도시다. 마가복음의 표제인 1:1의 확실한 선언 "하나님의 아들 예수 그리스도의 복음의 시작이라"는 말씀을 통해서도 알 수 있듯이, 마가는 그분께서 계시하시는 '복음' εὐαγγελίου이 무엇인지를 보여주며 내러티브의 이야기 속에 신학적 주제들인 기독론, 제자도, 하나님 나라에 초점을 맞추게 된다.

○ 마가는 독자들을 설득해서, 내러티브에서 주장하는 세계를 받아들이고 그 세계로 들어가도록 하기 위해 내러티브의 요소(내레이터, 배경, 플롯, 등장인물, 수사법)들을 사용한다. 본문의 내레이터는 3인칭 내레이터로서 이야기 세계의 등장인물로 나타나지는 않는다.

○ 본문에서 내레이터의 관점으로 사건을 읽어나가면서 독자는 등장인물을 답답하게 여기게 될 것이다. 또한 제자들이 거부하는 모습을 보고, 또 예수가 가르치는 말씀을 엿들으면서 독자들은 '제자들이 저렇게 실패하는데, 내가 저 사람들이라면 나는 얼마나 잘 할 수 있었을까?'라는 생각을 하게 된다. 제자들이 실패하는 모습을 보면서, 독자들은 비

로소 자기 자신의 실패를 놓고 씨름하게 되며, 예수를 좀 더 잘 따라야겠다고 다짐하게 되는 것이다.

6.2. 본문의 신학적 의미

6.2.1. 그리스도의 대속적 죽음(10:45)
○ 그리스도의 죽으심의 목적에 대한 예수님의 이 선언은 마가복음 14:24(이것은 많은 사람을 위하여 흘리는 나의 언약의 피)와 더불어 예수님의 죽음이 하나님의 구원 계획에 있어 필수적인 요소임을 밝혀 준다. 구속을 위한 요구의 정점인 십자가상에서의 죽음은 그분의 순종의 삶이 절정에 이른 행위였다. 저항할 수 없기 때문에 속절없이 맞이한 죽음이 아니라, 털 깎는 자 앞에 잠잠한 양과 같이 유순하게 기꺼이 십자가에서 죽으신 것이다.

6.2.2. 하나님 나라(막 1:15; 10:14)
○ 하나님의 나라는 공관복음에서 예수님의 가르침의 핵심을 이루는데 마가는 본문에서 하나님의 나라를 영생을 얻음과 동일시한다. 본문 전의 예수님의 말씀을 보면 '하나님의 나라는 어린아이의 것'이라고 한다.(막 10:15)

○ 부자 청년에게 '네게 있는 것을 다 팔아 가난한 자들에게 주라 그리하면 하늘에서 보화가 네게 있으리라'고 한다. 부자가 하나님의 나라에 들어가기가 심히 어렵다고 한다.

○ 위를 보면 현재 삶의 자리에 대한 표현을 여러 각도에서 묘사하고 있다. 하나님의 나라는 추상적인 자리가 아니라 현재 우리의 삶의 자리에 있다. 그런데 우리는 죄성을 가진 인간이라 하나님의 나라에 들어가는 것은 사람으로서는 할 수 없고 하나님으로서는 하실 수 있음을 예수님께서 말씀하신다. 이것이 예수님의 희생적 대속이 필요한 이유이다.

6.3. 본문의 제자도

6.3.1. 가서

○ 본문은 제자도를 다루고 있는 단락(8:27-10:52)의 거의 마지막에 위치해 있다. 이것은 이 단락이 참된 제자의 삶이 무엇인지를 교훈하고자 한다는 사실을 짐작케 한다. 재물을 의존하여 예수님을 좇는 것에 실패한 부자 청년의 모습은 앞 단락(10:13-16)의 아버지만을 의존하는 어린아이의 모범적 사례와 대조를 이루고 있다. 그 부자는 예수님의 부르심을 거절하였고 하나님 나라의 백성이며 예수님의 참된 제자가 되는 것에 실패하였다. 예수님의 참된 제자가 되기 위해서는 그의 발목을 잡고 있는 환경들을 뒤로하고 예수님만을 바라보면서 그 길의 끝이 십자가의 죽음일지라도 그분의 뒤를 좇아야 할 것이다.

6.3.2. 팔아

○ 여기서 한 가지 대조를 이루는 구절이 있다. 주님의 제자들이다. 모든 것을 버리고 예수님을 좇는 데 실패한 부자 청년을 바라보면서 제자들은 자신들이 모든 것을 버리고 예수님을 좇은 것을 내세우고 있다. 그러나 제자들의 말 속에는 그들의 진정한 포기와 헌신이 내포되어 있다기보다는 보상 심리가 담겨 있는 것이다. 그들은 자신들이 모든 것을 버리고 예수님을 따랐으니까 새로운 왕국을 세울 때 자신들에게 높은 지위를 달라고 예수님께 압박을 가하고 있는 것이다.

6.3.3. 주라 와서 따르라

○ '인자가 온 것은 섬김을 받으려 함이 아니라 섬기려 함이라'는 예수님의 말씀에는 목숨까지 내어 주신 사랑이 있다. 그리스도인들에게도 이와 같은 섬김과 내어 주는 삶이 따라야 한다.

○ 그리스도에게 와야만 따를 수 있다. 그래서 예수님은 부자 청년을 초

청하시고, 그 초청에는 우리를 향한 부르심이 내포되어 있다.

7. 결론

7.1. 그리스도론(기독론)과 제자도의 합치(合致)점(십자가)

○ 그리스도론과 제자도는 결국 한 점에서 만나게 된다. 예수 그리스도의 십자가를 통해야만 우리는 제자도의 길을 갈 수 있다. 그리고 그 길은 한 길이고, 십자가의 길이며, 십자가에서 만나게 된다. 이것이 영생이고 하나님의 나라이다.

○ 마가는 '길'의 긴 여정 가운데 부자 청년의 모습을 그려나가면서 8:22-26에 시작된 사건은 벳새다 맹인의 눈뜸으로 시작하고 10:52에서 눈을 뜬 맹인 바디매오가 예수를 따름으로 내러티브가 끝을 맺는다. 이 가운데 마가는 부자 청년의 이야기와 제자들의 몰이해를 overlap시키면서 영적 맹인으로 있던 자신이 영적으로 눈이 뜨여 제자의 길을 가는 것을 독자들에게 보여 주고 있다.

〈그림 1-6〉 그리스도론(기독론)과 제자도의 상관관계

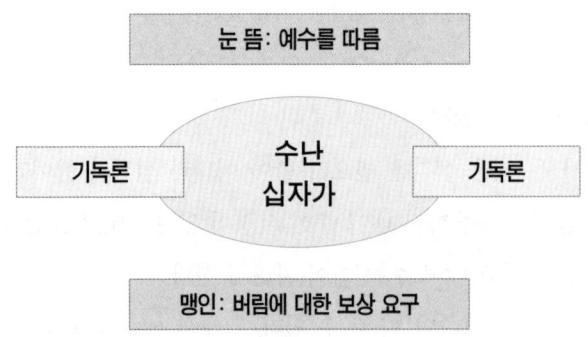

7.2. 마가의 자화상(自畵像)이 복음으로

○ 필자는 이 주해보고서를 처음 시작할 때 마가 자신의 자화상(自畵像)을 이 청년에게 투영시킴으로 서두를 시작했다. 마가는 자신만만하게 뛰어왔던 그 청년이 고개를 떨구고 나가는 모습을 보았을 것이다. 그 모습을 바라보며 제자들과 마가는 하나님의 나라가 과연 어떤 것인지 고민했을 것이다. 그럼에도 그들은 계속 실패했다. 가능하면 따르고 싶지 않는 길이었다. 그런 그들이 예수님의 부활을 경험하며 십자가의 길을 가며 독자층을 향하여 '자기를 부인하고 자기 십자가를 지고 가자', '함께 가자', '나를 따르라'는 예수님의 초대에 우리를 초대하고 싶은 것이다. 이 초대에 내가 초대되었다. 너무나 감사하다.

○ 자신만만하게 뛰어왔던 그 청년이 고개를 떨구고 나가는 모습에서 마가는 예수님이 십자가를 지고 가시는 길에서 벗은 몸으로 도망하던 자신의 모습을 떠올렸을 것이다. 부자 청년이 실패했고, 마가도, 예수님의 제자들도 실패했던 길이다.

○ 우리의 힘으로 가려할 때, 내가 하려 할 때 우리는 계속 실패한다. 그러나 하나님이 하시는 일임을 깨달을 때 우리는 낙타가 바늘 귀를 통과하는 은혜를 누리며, 바디매오가 겉옷을 내버리고 뛰어 일어나 예수님께 나아오게 만들었던 은혜를 주실 것이다. 마가는 바디매오의 뛰어 일어남을 목격하며 자신이 눈을 뜨게 되었음을 우리에게 고백하고 있다.

나가는 말

○ 1학년 1학기, 처음 과제를 받으며 막막했다. '주해 보고서!' 말로만 듣던 엄청난 주해 보고서를 대하면서 어떻게 해야 하나 답이 없었다. 그럼에도 '부딪혀보자' 하고 시작했다.

○ 본문은 난제(難題)였다. 이 말씀을 대할 때마다 건너가고 싶었다. 왜냐하면

첫째, "네게 있는 것을 다 팔아 가난한 자들에게 주라."(막 10:21)는 말씀 때문이었다.
'내가 무엇을 하여야 영생을 얻으리이까' 하는 '영생을 얻음'의 질문에 대하여 예수님의 답변은 '네게 있는 것을 다 팔아 가난한 자들에게 주라'이다. 이것은 불가능한 일을 요구하시는 것이다. 그렇다면 '영생을 얻는 것'과 '선한 행위' 사이에 어떤 상관관계가 있다는 것인지, 그리고 믿음으로 구원 얻음은 무엇인지에 대한 답을 찾기가 어려웠다.

둘째, "낙타가 바늘 귀로 나가는 것이 부자가 하나님의 나라에 들어가는 것보다 쉬우니라."(막 10:25)는 말씀 때문이었다.

이 말씀도 마음이 불편했다. 마치 뱃속이 뒤틀리는 기분이었다. 낙타가 바늘 귀로 들어갈 수 없음이 뻔한데, 예수님의 제자들은 이 말씀을 공관복음에 모두 기록하여 독자층의 심기를 불편하게 하고 있었다.(마 19:24; 막 10:25; 눅 18:25)

○ 본문을 주해하는 과정에서 처음으로 알게 된 내러티브 기법으로 쓰인 마가복음의 해석이라든지, '길'의 의미, 제자도의 의미, 바디매오 사건의 의미, 모든 것을 버리고 주를 따랐다고 하는 제자들의 보상받고 싶은 심리 등 이런 모든 것들이 나를 향한 메시지였다. 나도 역시 그 자리에서 근심하며 돌아갈 사람이고, 좌편과 우편에 앉게 해 달라고 예수님께 은근히 압력을 놓을 사람이기 때문이다.
○ 마가복음 10:52(바디매오 사건)이 마치는 바로 다음이 마가복음 11장

이다. 그 말씀을 보면 "많은 사람들은 자기들의 겉옷을, 또 다른 이들은 들에서 벤 나뭇가지를 길에 펴며 앞에서 가고 뒤에서 따르는 자들이 소리 지르되 호산나 찬송하리로다 주의 이름으로 오시는 이여"(막 11:8-9)하고 외치고 있다. 그 무리 속에 맹인 바디매오가 있었을 것이다. 그것이 은혜이다.

o '길'이 주는 의미를 통해 하나님의 이끄심을 경험하고, 나를 향한 예수님의 눈빛을 경험하고 싶다. 그리하여 예수님의 초청에 순종하며 따라가고 싶다. 십자가의 흔적을 주신 예수님이 계시기에 그분을 따라 가면 우리의 삶의 끝에 나를 기다리실 예수님을 만나게 될 것이다. 이번 과제를 통해, 예수님의 제자들과 같이 영적으로 눈뜨지 않고 제자의 길을 가려는 나를 향해 제자도의 삶을 보여주며 '함께 가자'고 하시는 주님의 음성을 들을 수 있어 감사했다.

참고문헌

박소양	마가복음 10:17-22을 통해 본 제자도와 하나님 나라. 총신대학교 신학대학원. 2012.
송영목	문법적·역사적·성경신학적 관점에서 본 신약주석. 쿰란출판사. 2011.
신현우	메시야 예수의 복음. 서울: 킹덤북스. 2015.
	마가복음 연구. 총신대학교 신학대학원.
심상법	성경 주해 방법과 실습. 총신대학교 신학대학원.
양용의	마가복음 어떻게 읽을 것인가. 서울: 성서유니온선교회. 2012.
	하나님 나라 어떻게 이해할 것인가. 서울: 성서유니온선교회. 2012.
English, Donald.	(The) message of Mark: the mystery of faith, 정옥배 옮

김, 마가복음 강해. 서울: IVP. 2000.

크로스웨이 ESV 스터디 바이블 편찬팀   ESV 스터디 바이블. 부흥과 개혁사. 2014.

Edward. James R.   The Gospel According to Mark. Eerdmans. 2002.

Evans, Craig A.   Bible. N.T. Mark Commentaries. 김철 옮김. 마가복음(하). 솔로몬. 2002.

Joanna Michie. Donald, Dewey.   Bible. N.T. Mark-Criticism, Narrative. 양재훈 옮김. 이야기 마가. 서울: 이레서원. 2003.

Longman, Tremper Ⅲ.   Literary Approaches to Biblical Interpretation. 문학적 성경해석. 유은식 옮김. 서울: 솔로몬. 2002.

Murray, John.   Redemption. 장호준 옮김. 구속. 서울: 복있는 사람. 2011.

Reodney J. Decker.   Mark 9-16. Baylor University Press. 2014.

Stein, Robert H.   Bible. Mark-Commentaries. 배용덕 옮김. 마가복음. 부흥과 개혁사. 2014.

※ 이 과제는 신대원 입학 후 1학년 1학기 첫 번째 주해 과제였다. 주해가 뭔지도 몰라 당황하며 겨우 제출했다. 당시 참고서적을 각주로 달아야 하는 것도 인지하지 못한 채 과제 마지막에 참고문헌으로 기재했다. 따라서 첨가되어야 할 각주나 참고문헌이 있을텐데 8년이 지난 지금 다시 참고문헌을 뒤지며, 일일이 각주를 달기에는 역부족인 점을 감안하여 독자들의 이해를 구한다.

11. 공관복음 과제

엄상섭 교수님
독서 서평 과제·누가복음 9:51-62 주해

1. 마태복음 서평 과제: 『마태복음 어떻게 읽을 것인가』(양용의)

1.1. 들어가는 말

○ 신대원 1학년 때 "성경해석학" 과목에서 마가복음 주해를 했을 때, 『마가복음 어떻게 읽을 것인가』(양용의, 성서유니온선교회, 2010.)를 주해했다. 책 내용이 너무 좋아서 사려고 했는데, 그때 사지 못했고 그 이후 늘 양용의 교수님의 책을 여러 번 참고했었다. 이번에도 『마태복음 어떻게 읽을 것인가』(양용의, 성서유니온선교회, 2018.)에 대한 서평이 주어졌을 때 마음이 행복했다. '아! 그분의 책을 다시 대할 수 있다니' 하는 설레임이 일어났다. 이 책을 서평 과제로 추천하신 엄상섭 교수님께 감사하는 마음이다. 그리고 복음적인 책을 서평 과제로 주신 것에 대한 수업의 기대치와 복음의 말씀에 대한 목마름과 그리움이 일어났다. 도서관에는 책이 없어서 교보문고 중고서점에서 정가가 2만원인데, 정가보다 비싼 3만원에 택배비까지 포함해서 32,500원에 구매를 했다.
○ 복음에 눈이 뜨인 어느 날부터인가 4복음서에 나타난 예수가 그리웠

다. 본서는 그러한 나의 그리움을 촉촉이 적셔주는 책이다. 저자는 내가 생각한 복음서들에 대한 평을 내가 표현하지 못하는 언어를 구사해서 아름답게 표현한다. '**네 권의 복음서들은 예수의 복음을 다양하고 조화로운 목소리로 더욱 풍요롭게 제공해 준다.**'(17쪽) 저자의 붓을 따라 예수님의 손을 잡고 마태가 예수님을 그리워하며 예수님을 전하고 싶었던 마음을 헤아리며 나도 그 길을 따라 걷고 싶다.

1.2. 본론

○ 마태복음은 '**유대적인 동시에 반(反)유대적**'이라는 저자의 논의는 '아! 그렇구나'로 감탄하게 한다. 마태복음의 첫 번째 대표적인 특징은 '유대적인 것'으로만 알고 있었는데, '반유대적'이라는 논의에 반가움이 앞선다. 왜냐하면 유대적이라고 제한을 두는 것은 마태복음을 기록한 마태가 섭섭했을 것 같다는 느낌을 늘 가지고 있었기 때문이다.

○ 이와 같이 저자는 땅과 하늘 사이를 왔다 갔다 하며 예수님과 그의 제자들에 관한 기록을 매우 주의 깊게 기록하면서도 때로는 숲을 보여주고, 때로는 나무를 하나하나 자세히 묘사하여 독자들로 하여금 예수님과 그의 제자들이 걸으셨던 그 길에 빠져들어가게 하는 마술을 펼치고 있다.

○ 예수님의 '**메시야 되심**'에 대한 마태복음 1장의 서언에서부터 나는 마태라는 분에게 매료되었다. 이방 여인이고 정상적이지 못한 여인들을 마태는 어떻게 과감하게 1장부터 전개하기 시작했을까 생각하면, 나도 그 족보에 들어갈 수 있다는 메시지를 주기 때문인데, 저자는 이러한 것을 '**구약의 성취**'로 논의하면서 역동적으로 끌어내는 가운데 기독론의 이해의 지평을 넓혀가게 한다.

○ 저자는 '**지리적 이동**'으로 주제를 더욱 확장하고 있다. 예레미야 31:15를 인용한 마태의 의도를 '라마'(마 2:18)라는 지명을 통해 '**라헬의 통곡**

소리'와 '베들레헴의 통곡 소리'로 연결하며 거기에서 그치지 않고 '**하나님의 아들들의 추방**'으로 한걸음 더 나아간다. 이러한 변증에는 그의 신학적, 문학적, 문예적 해석의 풍성함이 깃들인다.

○ 본서는 구약을 인용하여 독자들에게 전하고 싶었던 마태의 마음을 정확하게 표현하기 위해 원어를 제시하면서 충분히 전달하고 있다. '**장로들의 전통**'에 대한 예수의 힐책을 명확히 보여줌을 논의하면서 정결 규례에 대해 제약을 받지 않으시는 예수에 대한 논쟁에서 예수의 격언을 '**파라볼레**'(παραβολὴ, Matt. 15:15 GNT, a parable)라고 부른 것과 같은 풍성한 원어의 해석이 있다.

1.3. 나가는 말

○ 마태복음의 '**메시야의 고난, 죽음, 부활**'(16:21-17:27)에 대한 성격의 가르침을 논의한 단락(290-304쪽)에서 나는 가슴을 두근거리며 저자의 신앙고백을 읽고 있었다. 이것은 한 편의 설교이다. 본서를 쭉 읽어가며 느끼는 것은 매 장을 넘길 때마다 예수가 살아서 나에게 말씀하시는 설교가 되어 내 마음속을 두드려대고 있었다.

○ 목사님들이 흔히 하는 '예수 믿으면 잘 산다'는 설교가 아닌 '**하나님의 일**'로 초대하는 설교였으며, '**자기 십자가를 지고 나를 따르라**'는 초청이며, 동시에 '**예수의 죽음과 수난이 하나님의 뜻에 대한 순종**'이며, 모든 과정에서 '**예수님 자신이 주도권을 행사하시며**', '**나의 하나님**'이라고 부르짖으시는 예수의 부르짖음이 순종과 신뢰 관계에 근거한 부르짖음'(480쪽)이라고 기술한 절정의 단락은 이 책이 옥고임을 증명한다.

○ 나도 '**예수님의 장례를 위하여 향유를 부은**'(마 26:6-13)(436-439쪽) 여인처럼 주님 발 앞에 나아갈 것이다.

2. 누가복음 서평 과제: 『누가복음 연구』(엄상섭)

2.1. 들어가는 말

○ 몇 년 전 누가복음 23장(예수님의 죽음) 전(全) 장을 우리 교회 전 교인들 앞에서 암송했었다. 예수님의 십자가가 너무 그리웠었다. 사무치게 그리워서 누가복음 23장을 외우면서 그 십자가가 살아서 내 가슴속으로 파고들어오곤 했다. 그때를 기억하면 지금도 가슴이 터질 듯이 벅차고 주님이 그립고 눈물이 난다. 복음서는 예수님이 직접 말씀하신 것에 대한 기록이기 때문에 주님을 만나는 것 같은 감격이 있어 늘 그립다. 그중에서도 누가복음은 저자의 따스함이 풍겨 나와 바닥을 치며 통곡하던 내 마음에 큰 위로가 되었다.
○ 누가복음은 사회에서 소외당한 자들인 가난한 자, 여자, 사마리아인, 이방인에 대한 관심이 두드러지며 구원사에 깊은 관심을 보이고 있다. 그리고 그 구원사를 주관하시는 하나님의 주권을 매우 강조한다.(1쪽)

2.2. 본론

○ 누가복음은 또한 다른 복음서들과 매우 구별된 구조를 가진다. 특히 그 중심부를 형성하는 여행 기사(눅 9:51-19:27)는 누가복음의 매우 두드러진 구조적 특징으로서, 이 복음서를 이해하는 데 매우 중요한 위치를 차지한다.(1쪽)

이와 관련하여 '예루살렘으로 가는 길'(눅 9:51-18:14)에 대한 평행복음을 찾아보자.

병행구절	마태복음	마가복음	누가복음
① 예루살렘으로 가실 것을 결정하심	마 19:1-2	막 10:1	눅 9:51
② 예수를 따름에 관하여	마 8:18-22		눅 9:57-62
③ 칠십 명 파송	마 9:37-38		눅 10:1-12
④ 칠십 명이 돌아옴			눅 10:17-20
⑤ 선한 사마리아인 비유			눅 10:29-37
⑥ 베드로를 돌아보심			눅 22:61

○ 공관복음서 사이에는 얼마간의 문학적(문헌상의) 상호 관계가 존재하며 공관복음서들 사이의 밀접한 축어적(verbal)인 일치를 볼 때 이 일치는 등장인물들의 말, 행동에 대한 성격 묘사에서 일치이기도 하다.

- 마태가 마태복음을 통해 최초의 독자였던 유대 그리스도인들을 메시야 예수에 대한 가르침으로 무장시키고, 세례요한에 의해 선포되는 하나님의 통치에 대한 메시지를 전파하는 데 초점을 두었다면,
- 마가는 마가복음을 통해 다른 복음서들보다 더 기독론적이라는 것이다. 이것은 시작부터 분명하게 나타난다. "하나님의 아들 예수 그리스도의 복음"(막 1:1)에 대한 것이다.

○ 이와 같은 공관복음 간의 대조는 각 복음서마다 주장하는 바가 유사하다는 생각을 한다. 그러나 누가복음만의 특징이 있는데, 그것은 선한 사마리아인의 비유(눅 10장), 돌아온 아들(눅 15장), 삭개오(눅 19장)의 비유는 여린 마음, 상처 받은 사람들에 대한 끝없는 긍휼의 마음을 보여주시는 그리스도에 대한 묘사이다.

○ 저자는 누가-행전의 두 권의 책이 '이방인의 선교, 복음을 이스라엘 민족의 경계 너머까지 전파하기 위해, 선교의 필수적인 부분이면서 도구임'을 잘 서술하고 있으며, 누가복음은 '예수님의 지상 사역'을, 사도행전은 '예수님의 천상 사역'을 다룬다고 언급한다. 이런 점에서 누가(복음)-(사도)행전 내러티브의 구원사적 연결과 점진성은 기독론적 이해와 밀접한 관련이 있으며, 또 '누가의 구원론과 기독론은 그의 성령론과 불가분리의 관계로 나타나고 있다.'(12쪽)라고 하며 저자는 두 관점을 잘 석의하고 있다.
○ 가난한 자와 종말론적 축복 사이의 긴밀한 관계 때문에, 누가는 '제자도의 기본 요건으로 모든 소유를 버려야 하는 문제를 계속 반복해서 강조했던 것으로 보인다'고 논의한다.
○ 누가복음 스물네 장 가운데 '제자'라는 단어가 11회 나오는데, 가장 많이 등장하는 곳이 9장이다. 예수의 '떠남'을 이집트 탈출을 연상시키는 '엑소더스'(ε[ξοδος, exodus)라는 단어로 묘사한 것은 예수의 메시야 사역을 통해 새로운 출애굽이 발생함을 암시한다.

2.3. 나가는 말

○ 저자의 '누가복음 연구'는 복음적인 관점에서 잘 쓰여진 아주 좋은 논의이다. 또한 각 단락마다 적용과 교훈적인 설명을 함께 병행함으로 독자층이 이해하기 쉽게 안내하였다.
○ 누가복음 4:18-19은 이사야 61:1-2를 인용한 예수님 자신의 증명이다. 여기에 대한 학자들의 논란이 많지만 41절에서 귀신이 말한 '하나님의 아들'과 '그리스도'가 동일한 의미임을 알 수 있다'는 논의는 저자의 기독론의 단초가 되는 느낌이다.

3. 마태, 마가, 누가복음에 나타난 제자도에 대한 론제네커와 윌킨스의 관점 비교

3.1. 들어가는 말

○ 복음서 저자들이 예수님에 대해 서로 다른 관점을 가지고 있듯이 제자도 역시 각각의 복음서가 묘사하고 있는 모습이 다르다. 네 개의 복음서에서 서로 다른 선, 그림자, 색깔, 명암으로 그려진 예수님의 초상을 볼 때, 각각의 복음서가 제공하는 제자들의 모습은 예수님이 제자들에게 의도한 것이 무엇인지 보여준다.(윌킨스, 251)

3.2. 공관복음에 나타난 제자도의 비교

복음서	마태: 지상명령을 따르는 본보기		마가: 구원하는 종을 섬기는 종들	
저자	윌킨스	론제네커	윌킨스	론제네커
제자의 묘사	·마태가 제공하는 제자의 그림은 모든 그리스도인을 위한 실제적인 모습이다.	·단순히 '그의 제자들'이라고 말할 때는 열두 제자를 가리킴 ·충성을 다하는 사람	·예수님의 메시지와 사역에 대한 가장 기초적인 선언으로 시작(막 1:1)	·'당신을 따르는 사람들이 당신의 가족'인데, 이 가족이 바로 예수님의 제자
제자들의 모습	·마태는 제자들을 이상적인 존재로 그리지 않는다. ·그러나 제자들의 깨달음에 대해 마가보다 '이상화' 하려고 시도함	·마태는 다른 공관복음서 기자와 달리 제자들의 선교 활동을 전혀 이야기하지 않는다. ·더딘 깨달음, 두려움, 믿음 없는 모습	·제자도에 대한 마가의 독특한 견해 ① 마가는 제자들이 예수님과 동행하면서 경험한 것을 우리가 새롭게 경험하기를 원한다.	·'하나님 나라'는 곧 제자도의 영역 ·'우리를 반대하지 않는 자는 우리를 위하는 자니라'에서 제자의 범위를 폭 넓게 말씀하심
무리	·마태는 예수를 따르던 많은 수의 제자들보다 작은 무리의 제자들인 열둘에게	·연약함과 실패뿐인 제자들이 결국에는 예수님을 돕는 역할을 감당하게 될 것을	② 마가는 제자들을 긍정적으로 그린다. 다른 한편으로는 별로 좋지 않은 색깔로	·기독론과 제자도 [제자도의 본질] ① 수난 예언(기독론)

무리	만 집중한다	곳곳에 암시	채색된다. ③ 마가는 복음서 중에서 제자들에 대해 가장 모호하면서도 긍정적으로 높은 평가를 한다.	(막 8:22-10:52) ·예수님의 고난에 참여함 ·자기희생의 섬김 ·세 번째 수난 예언의 특이성에서 예수님의 잔과 세례에 동참해야 함을 말씀하심, 이는 성찬과 세례를 암시하는 말이며 동시에 성찬과 세례의식을 예수님의 고난과 결부시킴·누구라도 예수님의 제자가 될 수 있다. ② 감람산 담화 ·(막 13:5-37) 모든 제자가 깨어 있어야 함
'제자'와 '열둘' 단어의 상관관계 · 제자도와 예수님의 가르침	·마태는 제자라는 용어를 '열둘'이라는 명칭과 매우 밀접하게 일치시키며, 이것은 '사도'들과 연결된다. ·제자는 예수님의 추종자의 모습, 곧 신자의 모습 ·열둘은 초대교회에서 사도의 역할을 수행한 신자와 지도자, 제자와 사도의 이중적 역할 ·마태는 열둘 외에도 더 넓은 무리의 제자들을 인정한다.	·제자들의 가르침의 주제는 사람을 낚는다는 말이 아니라, 세례를 베풀고 가르친다의 주제로 등장한다.(마 28) ·마태는 주님이 뛰어난 교사이셨음을 보여줌으로 독자들도 초대하고 있다. ·마태는 제자들이 결국에는 예수님이 가르쳐 주신 것을 이해하게 되었다고 진술함(16:12; 17:13)	·막 10:45 '섬기려하고 자기 목숨을 많은 사람의 대속물로 주려함'이 예수님의 사역의 본질(종의 일)이며 동시에 제자도의 본질을 종의 일로 이해해야 한다. ·예수님이 십자가로 가는 궁극적 동기는 타인중심적 ·사람의 일을 생각하지 말고 하나님의 일을 생각해야 함을 가르침(막 8:33).	
제자들의 실패에 대한 관점	·제자들이 약점과 실패를 경험하는 전형적인 인간이지만 영웅으로 새롭게 탄생	제자도란 ① 헌신과 희생(종처럼 섬김)이 따르는 관계 ② 요동치 않는 믿음		·열두 제자를 다른 복음서보다 더 좋지 않게 묘사, 부정적 모습을 더 혹독하게 ·그러나, 논박보다는 교훈과 예시가 목적
제자들에 대한 긍정과 부정	·마태는 긍정과 부정으로 보여준다.	·긍정과 부정 두 가지 면에서 다룸	·마가는 긍정과 부정으로 보여준다.	
제자도의 본질	·제자도는 예수님의 가르침을 깨닫고 순종한 자들에게서 발견되는 점	제자도의 세 범주는 ① 예수님 및 하나님 ② 다른 제자들 관계 ③ 이들 이외의 더 넓은 세상(공동체)과 관계 맺음 '착한 행실'(마 5:16)을 보여줌으로써 '선교'와 그	·하나님의 길, 곧 종됨을 통해서 고난과 십자가의 길을 가도록 가르침.	·예수님을 제자도의 모델(희생제물과 섬김의 종)로 제시 ·예수님을 따르는 것

·십자가를 짐 ·제자 삼기 ·최종목표	·십자가를 짐의 대상이 오직 제자들로만 이루어진 청중 ·모든 족속 ·순종의 삶	에 따른 '핍박'	·십자가를 짐의 대상이 군중과 제자·참된 제자도의 목표는 종의 섬김 즉 이기심 없는 섬김	·예수님의 탄생, 부활, 가르침이 다른 복음서보다 적은 것은 예수님이 보여주신 본을 따르도록 함이다.

복음서	누가: 값비싼 희생의 길을 가는 추종자들	
저자	윌킨스	론제네커
제자의 묘사 제자들의 모습 무리 '제자'와 '열둘'	① 제자를 부르심에 있어 베드로가 예수님과 함께 배를 타고 나갔다가 기적적으로 많은 고기를 잡고, 예수님의 신적 권위에 비추어 자기의 악함을 고백함 ② 예수님의 입성 때 제자의 온 무리가 함께 경축했음을 기록함 ③ 누가만 칠십 명도 파송했음을 보여줌 ④ 갈릴리 전도 여행에 열둘과 함께 몇 명의 여인들과도 동행하심 ⑤ 베드로가 예수님을 부인한 사건에 대해서 부드러운 태도를 보임 ⑥ 모든 제자가 예수님을 버리고 도주했음을 기록하지 않음 ⑦ 반면, 예수님을 아는 모든 사람이 갈릴리에서 온 여인들과 함께 십자가 현장에 있었음을 언급함	·누가는 제자의 범주를 다소 넓게 보고 있으며, 예수님을 믿는 자들을 널리 제자라 함. ·열두 제자의 모습이 마가보다 마태가 좀 더 밝다면 누가는 마태보다 더 좋게 묘사한다. ·누가는 열두 제자들을 '사도들'이라고 부른다. 이런 특징은 교회의 지도자 역할을 감당할 수 있도록(사도행전에서) 준비되고 있는 사람들로 보기 때문이다. ·또한 이는 누가가 열두 제자를 그리스도인의 제자도가 꼭 갖추어야 할 특성들을 보여준 본보기로 여겼기 때문이다. ·누가는 예수님의 제자들이 '사도들'임을 강조한다.
단어의 상관관계 · 제자도와 예수님의 가르침	·사도행전에서 '제자'라는 단어는 '그리스도를 믿는 자'(행 11:26)와 동의어로 사용되며, '믿는 무리', '모든 제자'와 유사한 표현 ·누가가 복음서에서 사용한 제자라는 용어는 사도행전에서 그 용어가 그런 의미로 사용될 것을 보여주는 전조이다.	·마가는 '길'을 강조하는데, 누가는 '길'을 강조하지는 않으며 오히려 ① 하나님의 말씀의 선포 – '하나님 나라'의 선포와 하나님의 '구원'의 선포 – 와 ② 복음의 보편성 강조
제자들의 실패에 대한 관점		·누가는 제자들의 잘못들을 강조하지 않는다. 오히려 열두 제자가 그들의 선생이신 예수님과 연합하는 삶 속에서 보여 준 새로운 헌신과 지향점과 삶의 모습을 강조한다.
제자들에 대한 긍정과 부정	·제자도의 비용은 생명이며, 제자도에서 예수님을 따를 때 비용은 값비싼 희생을 치뤄야 함.(가족을 미워하는 것, 뒤를 돌아보지 않는 것, 자기 십자가를 지는 것)	

제자도의 본질	① 구원의 '문'인 예수님을 통과해 들어오며	·그리스도인의 제자도는 사도들의 가르침과 전승을 따를 때만이 진정한 제자가 됨
·십자가를 짐 ·제자 삼기 ·최종목표	② 그 다음에 예수님과 함께 좁은 '길'을 간다	·가난한 자, 갇힌 자, 눈먼 자, 억눌린 자에게 관심을 기울임(사 61장)

3.3. 나의 입장

o 윌킨스는 한 복음서가 다른 복음서들보다 더 강조하는 특정 주제에 초점을 맞추었다. (윌킨스, 250) 론제네커는 좀 더 자세히 분석하고 있으며, 특이한 점은 마태가 예수님을 따랐던 여자들을 제자로 부르지 않은 점을 날카롭게 지적하고 있다.(론제네커, 99)

o 그런데 론제네커와 윌킨스는 각각의 다른 논의를 주장하는 듯하나, 결국에는 '제자도'에서 만난다. 주님은 한 분이시므로 '제자도'의 본을 보이신 예수님의 십자가 앞에서 두 분의 저자가 만나고, 세 복음서의 저자가 만난다. 여기에는 학자들도 이견이 없으리라 생각한다. 실례로, 서사적인 해석을 곁들여서 마태를 논의한 론제네커의 논의도 설득력이 있지만, 다른 공관복음에서도 서사적인 해석은 전부 가능하다. 단지 복음서 저자의 성품상 표현 기술이나 관점에 있어서의 차이점이 있을 뿐이다. 론제네커와 윌킨스 두 저자가 공통적으로 강조한 것은 '제자도'인 '자기 부인'과 '순종'을 실천하는 삶이다.

o '자기 십자가를 지고', '함께 가자'고 초대하신 예수님의 초대는 예수님과 제자도 관계로 들어와 예수님과 함께 일하라는 부르심이다.(윌킨스, 270) 이것은 비용을 치뤄야 하는 삶(윌킨스, 328)이며, 한 사람의 전 생애이지만, 내가 가고 싶은 길이며, 나 또한, 제자도를 실천하는(론제네커, 23) 삶으로 남은 시간 살고 싶다.

※ M. J. Wilkins, 『제자도 신학: 주님을 따르는 제자도』, 황영철 역. 서

울: 국제제자훈련원, 2015. 249-330.

4. 누가복음 9:51-56 주해

4.1. 본문 확정

51절 Ἐγένετο δὲ ἐν τῷ συμπληροῦσθαι τὰς ἡμέρας τῆς ἀναλήμψεως αὐτοῦ καὶ αὐτὸς τὸ πρόσωπον ἐστήρισεν (굳게 결심하시고) τοῦ πορεύεσθαι εἰς Ἰερουσαλήμ.

4.1.1. 외증
① 네스트레알란트 28에서

```
51 ʹ το προσωπον αυτου (– f¹) εστηριξεν ℵ A D K (W) Γ Δ Θ Ψ f¹·¹³ 565. 1424 𝔐
   ¦ εστηρισεν το προσωπον (+ αυτου 33) L Ξ 33. 892
   ¦ το προσωπον αυτου εστηρισεν C 579. 1241
   ¦ txt 𝔓⁴⁵·⁷⁵ᵛⁱᵈ B 700. 2542 c
```

(1) το προσωπον αυτου εστηριξεν
(2) εστηριξεν το προσωπον αυτου
(3) εστηριξεν το προσωπον
(4) το προσωπον αυτου εστηρισεν
(5) το προσωπον εστηριξεν

- 위의 박스(NA 28판)에 의하면 시내산 사본(ℵ), 비잔틴 사본(A), 베자 사본(D), Codex, 소문자 사본(f¹·¹³ 565. 1424), 다수 모음집 등에서는 f¹ 만 빼고는 αυτου가 다 들어 있다.
- 상이한 이문들로서 레기우스 사본(L)과 소문자 사본(33, 892)은

εστηριξεν이 앞으로 가서 순서가 바뀌었다.
- 상이한 이문들로서 에프라임 사본과 소문자 사본(579, 1241)에는 εστηριξεν이 εστηρισεν으로 되어 있다.
- 비평장치에서 txt 기호 다음에 제시된 사본들은 본문란에 제시된 본문을 지지하는 사본들을 가리킨다.[308]
- Vid(videtur): 이 기호는 교부가 제시한 투정한 독법을 지닌 것처럼 보인다는 것을 뜻한다. 그렇지만 이러한 표시를 붙여 제공된 정보는 확증할 수 없다는 것을 뜻한다. 따라서 파피루스 사본 45, 75는 본문을 지지하는 사본들이나 vid 표시를 붙여 제공된 정보는 확증할 수 없다는 뜻이 된다.

② 바이블웍스10

『바이블웍스 10』에 따르면 αυτου는 시내산 사본(ℵ), 시내산 사본 교정자 집단 사본(ℵ^b), 비잔틴 사본(A), 에프라임 사본(C), 베자 사본(D), 소문자 사본(1141)에 기록되어 있고, 와싱톤 사본(W)에는 순서가 바뀌었다. 그러나 바티칸 사본(B)에는 기록되어 있지 않다.

③ 외증 결론

다중 증거의 기준(the criterion of multiple attestation)에서 시내산 사본에는 있으나, 바티칸 사본에는 없으므로 우열을 가릴 수 없다. 대문자 사본들에서는 분명한 차이를 가려낼 수 없어 내증을 통해 확정하는 것이 필요하다.

4.1.2. 내증

① 앞에서 제시하였듯이 누가복음 9:51은 다음과 같은 다양한 독법들이

---

308 대한성서공회, 네스틀레 알란트 그리스어 신약성서 28판, 2016, 13.

발견된다.

② 위 표에서 (2), (3)은 레기우스 사본(**L**)과 소문자 사본(33)으로 증거가 약하기 때문에 제외시킬 수 있다.

③ (4)는 상이한 이문들로서 에프라임 사본과 소문자 사본(579, 1241)으로 증거(외증)가 너무 약하기 때문에 (4)를 제외시킬 수 있다.[309] 그렇다면 (1)이 가장 유력한데, αυτου와 관련하여 NA28판과의 차이점은 어떻게 설명해야 할까? 이것은 '필사자의 실수들'로 보여진다.

④ 필사자의 실수란 '착시와 관련된 실수'가 있는데, 서로 유사한 문자들을 혼동하여 잘못 읽을 경우와 함께 유사한 문자와 단어(들)가 반복될 때, 중간에 담긴 문자들이나 단어들을 빠뜨리고 건너뛰는 평행시(parablepsis) 현상이 있다. 본문에서 καὶ 뒤에 바로 αὐτὸς가 나오므로 뒤에 나오는 αυτου은 생략하거나 빠뜨릴 수 있다고 판단된다. 이것은 유사 중간(homoeomeson)이라고 부른다.[310]

⑤ 이러한 표현은 누가만의 독특한 기법인데, "주께서 돌이켜 베드로를 보시니"(눅 22:61)에서 주님의 표정을 누가는 잘 표현하고 있다.

⑥ 그렇다면 누가복음에서만 표현했을까? 누가는 예수님의 십자가 사건을 강조하기 위해서 누가만의 문체로서 예수님에 대한 대명사 αυτου를 한번 더 사용하여 예루살렘을 향해 올라가시기로 굳게 결심하신 것을 표현한 듯하다. 따라서 (1)의 선택에 무리가 없을 것이다.

그러므로, (1)이 원래의 읽기이며 αυτου는 소유격 인칭대명사로 '예수님의 십자가를 지심'에 대한 강조를 나타내기 위해서 예수님에 대한 재귀용법(himself)으로 사용한 누가의 독특한 기법으로 볼 수 있다.

---

[309] 신현우, 신약주석방법론, 킹덤북스, 2017, 55.
[310] 신현우, 사본학 이야기, 웨스트민스터출판부, 2003, 110-112.

4.2. 배경 연구

o 배경은 등장인물이 행동하기에 적합한 상황을 설정해 주는 이야기의 한 요소이다. 배경은 다양한 기능을 수행하는데, 등장인물의 모습을 보여주고, 갈등을 해소시키며, 이야기의 틀을 마련해 주는 일을 한다.[311]

o 배경에는 세 가지 요소들 즉 공간적, 시간적, 사회적인 배경을 들 수 있다. 배경은 성경의 내러티브를 이해하는데 있어서 필수적인 경우가 많다.[312] 때로는 문화적, 역사적, 지리적 배경[313]으로도 분류한다.

4.2.1. 예루살렘

o (공간적 배경) 누가복음이 예루살렘에서 시작되었고 사탄이 예수님을 시험한 것이 예루살렘에서 절정에 이르렀던 것처럼, 예수님의 지상 사역은 예루살렘에서 끝날 것이다. 예루살렘은 이 여행 내러티브 전체에 걸쳐 목적지로 두드러지게 나온다. 예루살렘은 '예수님이 그리스도로 완전히 드러나시는 장소이다.'[314]

o (역사적 배경) 역사적 배경은 요세푸스의 책을 언급하지 않을 수 없다. 메이슨에 의하면, '누가복음-사도행전이, 요세푸스의 이야기와 광범위하게 유사성을 가지고 있으며', 요세푸스의 '유대고대사'에 의하면 '요세푸스는 예루살렘과 성전의 멸망을 하나님의 형벌로 해석한 점에서 기독교 저술가들과 공통점이 있다.'[315]고 한다.

---

311 Powell, Mark Allan, 이종록 옮김, 서사비평이란 무엇인가?, 대한예수교장로회총회교육자원부, 1993, 121-123.
312 박철현, 내러티브 이론과 설교 세미나 강의안, 『그말씀』, 2013년 7월-2014년 1월, 59.
313 류태진, 성경 배경 연구의 필요성, 총신대학교신학대학원 학위 논문, 2007, 4.
314 Garland, David E., 강해로 푸는 누가복음, 459; Paul Schubert, 'The structure and Significance of Luke 24, 1954, 184에서 재인용.
315 Josephus, Flavius, 김지찬 역, 유대고대사, 생명의말씀사, 1987, 7.

○ (시간적 배경) 예수님께서 예루살렘으로 여행하실 때 그곳에서 일어날 거절(rejection), 죽음(death), 그리고 부활(resurrection)을 떠올리게 하는 알림이 간혹 있다.[316]
○ 본문은 예루살렘을 향한 예수님의 여정이 시작되는 것을 보여주는데, 그곳에서 예수님은 자신의 운명을 성취하실 것이다. 누가가 예루살렘을 향한 예수님의 여행(Jesus' Journey to Jerusalem)(눅 9:51-19:44)을 10번이나 언급한(allude) 것으로 본다면(9:51-57; 10:1; 11:53; 13:22, 33; 17:11; 18:31, 35; 19:1) 본문은 첫 turing point이다.
○ 누가복음 9:51부터 시작되는 예루살렘을 향한 예수님의 여행은 '여행 내러티브'(travel narrative) 혹은 '중앙 요지'(central section)라고 부른다. 중심되는 단어는 'to go'(9:51-53, 56-57)와 'road' 혹은 'way'이다.[317] 이 내러티브는 이러한 단어를 배경으로 전개된다.
○ Carroll은 예루살렘을 향한 예수님의 여정의 시작을 'Jesus' exodus'로 표현한다.[318] 이러한 맥락에서 '예수님의 예루살렘으로의 Exodus는 은혜와 심판이 동시에 공존한다'고 볼 수 있다.

4.2.2. 사마리아인의 한 마을에 들어갔더니

○ (사회적 배경) 사마리아 촌락의 역할은 우선적으로 예수께서 남쪽에 있는 예루살렘으로 향하고 계시다는 것을 분명하게 보여준다. 사마리아인들과 유대인들 간의 분열과 기원은 미스터리로 숨겨져 있다. 전통적으로 그들은 앗시리아가 북왕국을 점령한 후에 이스라엘이 정착한 혼혈족의 후손들로 간주되어 왔다(왕하 17:24-41). 유대인들과 사마리아인들 간의 단절은 주전 1세기에 이르러서야 확고해졌던 것으로 보인다.

---

316 Robert C. Tannehill, *Luke*, Nashville, TN: Abingdon Press, 1996, 167.
317 Evans Craig A. Luke, 160.
318 John T. Carroll, *Luke A Commentary*, Louisville, Kentucky, Westminster John Knox Press, 2012, 229.

○ (시간적 배경) 누가복음은 사마리아인들에게 특별한 주의를 기울이지만, 사마리아인들에 대한 최초의 언급은 그들을 긍정적으로 제시하지 않는다. 하지만 그것은 누가복음의 문학적 유형에 들어맞는다.[319]

○ 대럴 벅은 '누가는 대체로 사마리아 사람들에 대해 호의적으로 바라본다'고 제시한 후 다시, '그런데 누가복음 9:51-56에서 사마리아 사람들이 부정적인 모습으로 묘사되는 것은 사실상 누가의 일반적인 관점과 어울리지 않는다. 따라서 누가는 여기서 어떤 특별한 자료를 이용했을 가능성이 매우 높다.'고 제시한다.[320]

○ (지리적 배경) 열 장으로 구성된 소위 여행 내러티브는 누가복음의 독특한 특징이다. 마태복음과 마가복음에서 예수님은 갈릴리에서 예루살렘으로 상당히 빨리 넘어가신다.

○ 누가가 마가복음의 내러티브에 나오는 순서를 떠나 활용하는 자료는 전통적으로 Q(마태복음과 누가복음에 공통적으로 나오고 마가복음에는 없는 자료)와 L(누가복음에만 나오는 자료)로 불리는 자료이다.[321]

○ 예수님의 이동은 다음 〈지도 1-2〉에서 추적할 수 있듯이 분명한 전진이 없고, 시간에 대한 언급들도 애매하다. "예수께서 예루살렘으로 가실 때에 사마리아와 갈릴리 사이로 지나가시다가"(눅 17:11)라는 말씀은 누가복음 9:52에서 여정이 시작될 때보다 예루살렘에 더 가까이 계시지 않다는 것을 나타내는데, 그때 예수님은 사마리아의 한 마을에 막 들어가려 하셨다.[322]

---

319 David E. Garland. Arnold, Clinton E. 책임편집, 존더반(Zondervan), Nashville, 2011; 정옥배 옮김, 신약주석, 강해로 푸는 누가복음, 디모데, 2018, 453.
320 Darrell L. Bock, 누가복음, 31.
321 David E. Garland. Arnold, Clinton E. 책임편집, 정옥배 옮김, 강해로 푸는 누가복음, 453-454.
322 BibleWorks 10에서 눅 9:51-56의 예수님의 이동경로 [Misnstry around Jerusalem](지도의 미색 부분)로 표시되어 나타난다.

○ 예수님의 이동

예수는 다른 복음서에서처럼 누가의 이야기 대부분에서도 갈릴리에 머문다. 그러나 누가복음의 저자는 예수가 항상 예루살렘으로 가고 있었다는 것을 독자들에게 상기시킨다.[323]

〈지도 1-2〉 예수님의 이동 경로 Misnstry around Jerusalem BibleWorks Maps

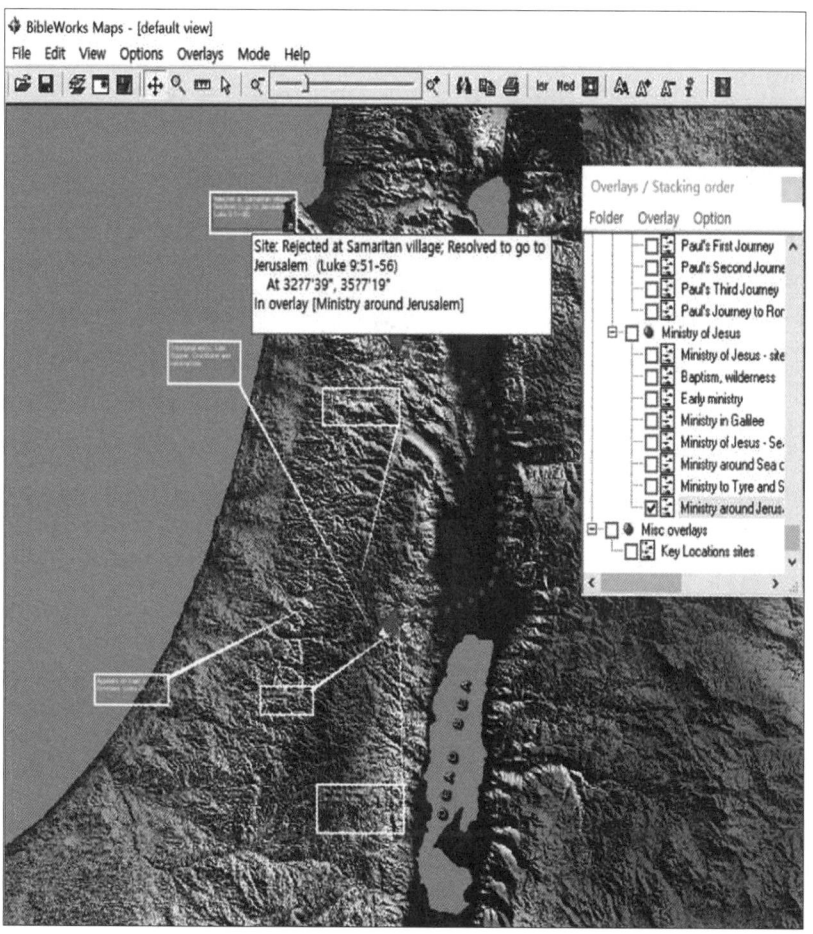

---

323 스티브 메이슨 지음, 요세푸스와 신약성서, 유태엽 옮김, 대한기독교서회, 2010, 276.

4.3. 단어 연구

O 단어 연구 방법에 관하여는 여러 가지 이론이 있지만 여기서는 두 가지 방식으로 검토한다.

첫째, 단어가 시대를 거쳐 과거에 어떻게 사용되었으며, 의미에 있어서 어떤 변화를 겪었는지를 검토함으로써 단어를 역사적으로 연구하는 것을 '통시적인 단어 분석'이라고 한다.

둘째, 단어는 주어진 시대 안에서 또는 구체적인 저자의 기록들 속에서 연구될 수도 있다. 이것을 '공시적인 단어 분석'이라고 한다.[324]

4.3.1. 51절 ἀναλήμψεως(ἀνάλημψις, ascension, 승천)

- ἀναλήμψεως(ἀνάλημψις, ascension)는 엘리야의 경우에서와 마찬가지로 하늘로 옮겨 가는 것과 관련해서 매우 분명하게 사용되기도 한다. 사도행전에 나오는 누가의 언급은 이 명사에 광의의 개념을 부여한다. 데이비스(J. G. Davies)도 9장의 다른 곳에 나타나는 예수님의 승천에 관한 예시를 강조한다. 남은 문제는 이 단어를 승천에 국한할 것인지 예수께서 (죽음, 장사 및 승귀를 통해) 아버지께로 가시는 모든 과정이라는 광의의 의미로 해석할 것인가라는 것이다.[325]
- Edward에 의하면, 후기 유대문학(in late Jewish literature)에서는 죽음을 의미한다고 한다. 많은 학자들은 예루살렘에서 예수의 수난과 부활로 간주한다. **결론적**으로

    첫째, 예수님의 승천은 행 2:1에 의하면 발생하다(taking up)의 의미로 사용되고,

    둘째, 성령의 강림으로 구원 역사에서 광범위하게 바라볼 때 누가는

---

[324] Darrell L. Bock, *The Bible Knowledge Key Word Study*, 키워드로 푸는 성경 사복음서, 유상섭 옮김, 디모데, 2005, 24.

[325] Joseph A. Fitzmyer, *The Gospel According to Luke(I-IX)*, 앵커바이블 누가복음 I, 1323-

- 두 가지 사건(예수님의 승천과 성령의 강림)을 같은 단어로 바라본다.³²⁶
- 수난 예고들이 이 절의 맥락을 이루고 있다는 점을 고려할 때 ἀνάλημψις 를 예수님이 죽음을 통과하여 하나님의 오른편에 승격(귀)되는 데까지 (through death to exaltation at the right hand of God.) 이른 예수의 노정(Jesus' pathway)과 관련하여 이해하는 것이 옳을 것이다.³²⁷
- 바우어 사전에서 이 단어는 성경에서만 '승천'을 의미하는 것으로 쓰여졌다.³²⁸고 한다.

4.3.2. 53절 οὐκ ἐδέξαντο(δέχομαι, to receive, 받아들이지 아니하다)

- 예루살렘으로 가는 사람들은 환영받지 못했다(Persons traveling to Jerusalem were unwelcome). 내레이터는 사마리아 사람들이 예수님에 관하여 이것을 어떻게 아는지, 또한 예루살렘의 목적지가 그들에게 왜 문제가 되는지 설명하지 않는다.³²⁹

  누가가 말하고 싶은 것은 그런 사소한 것이 아니라 그들이 받아들이지 않았다는 것에 관심을 두기 때문이다. 이것은 막 10:15에서 어린아이와 같이 그리스도를 단순하게 믿는 믿음으로 받아들이는 사람이 하나님의 나라에(which men are to receive with the confiding and simple attitude) 들어가는 것을 언급하는 것³³⁰과 대조를 이룬다. 나는 이것이 뒷절부터 나오는 '제자도'에 대한 전주곡으로 이해된다.

1324.

326 James R. Edwards, *The Gospel according to Luke*, Grand Rapids, Mich.: Eerdmans Books, 2015, 296.
327 John Nolland, *Word Biblical Commentary Vol.35B*, Luke, Word Books, Dallas, Texas,1993, 535.
328 Walter Bauer 지음; K. 알란트, B. 알란트, V. 라이히만 [공]엮음, 이정의 옮김. 바우어 헬라어 사전: 신약성경과 초기 기독교 문헌의 헬라어-한국어사전, 생명의말씀사, 2017, 105.
329 John T. Carroll, *Luke A Commentary*, 229.
330 Gerhard Kittel, TDNT: *Theological dictionary of the New Testament*, translator and editor: Geoffrey W. Bromiley, Grand Rapids, Michigan: Wm. B. Eerdmans Publishing Company,

4.3.3. 54절 πῦρ καταβῆναι ἀπὸ τοῦ οὐρανοῦ(fire to come down from heaven, ESV), 불을 명하여 하늘로부터 내려

- 이 표현은 왕하 1:10, 12을 연상케 한다(The wording of the suggested action alludes to 2Ki. 1:10, 12). 이것은 또한 계 11:5(만일 누구든지 그들을 해하고자 하면 그들의 입에서 불이 나와서 그들의 원수를 삼켜 버릴 것이요)과 같은 모티브이다. 이 말은 제자들이 비유적으로 말하고 있는지(speaking figuratively) 혹은 예수님과 함께함으로 그런 힘을 가지고 있다(they had such power as a result of their association with Jesus)고 믿었는지에 대한 흥미로운 의문을 불러일으킨다.
- 이것은 또한 창 19:24-28에 기록된 소돔과 고모라에 임한 심판의 이미지를 암시한다.[331]
- 왕하 1:10, 12절 LXX에서 κατεσθίω(to eat up, devour, 삼키다)가 눅 9:54 ἀναλίσκω(to destroy, 파괴하다)로 쓰인 것만 제외하고 70인역 본문을 그대로 따르고 있다.[332]
- 야고보와 요한은 자신들이 소멸하는 불을 내리도록 허락해 줄 것을 예수에게 요청한다. 그러나 고난을 받으러 예루살렘으로 향하여 가고 있는 예수님을 위한 맹렬한 심판으로 해석하는 것은 적절치 않다. 이것은 야고보와 요한이 제자로서 실패했음을 강조하고 있는 것일 가능성이 있다.[333]

4.4. 문맥 연구

51절. '승천하실 기약이 차가매'(Ἐγένετο δὲ ἐν τῷ συμπληροῦσθαι τὰς ἡμέρας τῆς ἀναλήμψεως αὐτοῦ)의 의미는 무엇일까?

---

c1964-c1976, Vol. 2. 53-54.
[331] Darrell L. Bock, 유상섭 옮김, 키워드로 푸는 성경 사복음서, 디모데, 2005, 291; BAGD, Bauer-Arndt-Gingrich-Danker, 729-730 재인용.
[332] Marshall, *Luke*, 407.
[333] Nolland, WBC 성경 주석 누가복음(중), 217.

- 예수님의 승천은 계획된 것이었다. '차다' συμπληροῦσθαι(συμπληρόω, to fulfill) 동사는 누가복음 1:23; 2:6, 21-22; 사도행전 2:1에서 사용되며, 하나님의 뜻이 곧 실현될 것을 뜻한다.[334]
- Carroll은 '예수님의 여행과 그의 사명을 완성하는 데 필요한 것들은 이 땅의 대관식이 아니라 특별한 종류의 승천, 고통과 죽음으로 인한 신성한 영광에 들어가는 것이다.'라고 한다.[335]
- συμπληροῦσθαι는 사도행전 2:1("오순절 날이 이미 이르매")에서도 찾을 수 있는데, 예수님의 승천과 성령의 강림을 같은 단어를 통해 누가가 말하고 있다.(BibleWorks 10)

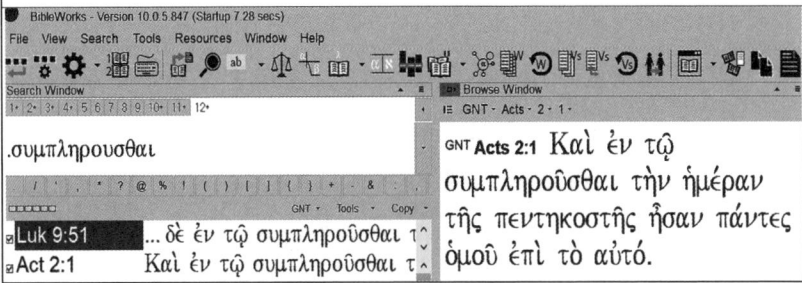

51절. '굳게 결심하고'[τὸ πρόσωπον(αυτου) ἐστήρισεν]의 의미는 무엇일까?

○ 문자적으로는 '예루살렘을 향하여(αυτου, 그의, 소유격/인칭대명사) 얼굴을 굳게 하셨다.'이다. 필자는 이 문맥을 '본문 확정'(2018. 10. 5.)[336]에서 연구하였다.

○ 누가는 70인역의 에스겔 6:2(인자야 너는 이스라엘 산을 향하여 그들에게

---

334 Robert H Stein, *Luke*, Nashville, Tenn.: Broadman Press, 1992, 296.
335 John T. Carroll, *Luke A Commentary*, 229.
336 정인선, '공관복음 주해실습 1(본문 확정) 보고서'(2018. 10. 5)에 의하면 시내산 사본(ℵ), 비잔틴 사본(**A**), 베자 사본(**D**), Codex, 소문자 사본(f^{13} 565. 1424), 다수 모음집 등에서는 αυτου가 다 들어 있다고 제시하였다.

예언하여, στήρισον τὸ πρόσωπόν σου ἐπὶ(BGT), 에스겔 13:17; 14:8 를 염두에 두고 강동사로 대체한 것으로 보인다. 이러한 대체는 **자신의 운명 및 그것을 가로막는 대적에 맞선 예수님의 굳은 결심을 나타낸다.**[337]

- Marshall 역시 이 구절은 일반적으로 LXX에 기반을 두고 있으며, 히브리어 에스겔 6:2(שִׂים פָּנֶיךָ אֶל־)에 두고 있다고 설명한다. 이 구절은 '히브리어 관용구를 따르고 있으며 누가의 자유로운 창조로 인한 것이 아니다(is not due to his free creation).'라고 하여 같은 의견을 제시한다.[338]

- 히브리 관용구(The Hebrew idiom)에 의하면 **'어떤 일을 이루기 위해 결심한'** 용법으로 '얼굴을 어떤 방향으로 향하게 하다'(to set one's face to go somewhere) 라고 표현한다. 더욱이 이전에 선지자들이 반대와 박해를 무릅쓴 것처럼, 예수는 반대에 직면하기 위해 예루살렘으로 간다.[339]

- Edward는 이것이 '시편이나 에스겔에 있는 십여 가지의 결정적인 은유로서(metaphor of determination) 큰 욕망의 대상에 눈이나 마음을 두는 것처럼 나타난다(setting one's eyes or heart on an object of great desire).' 또한 누가복음 9:31에서 예수님께서 변형되셨을 때, 모세와 엘리야가 예언한 예수의 '출애굽'을 단순히 발표하는 것이 아니라(not simply announce) <u>예루살렘에서 수반될(entail) 고통을 받아들이고 추구하는 예수의 헌신을 의미한다.</u>(signifies Jesus' dedication to embrace and pursue the suffering)'라고 논의한다.[340]

---

337 Joseph A. Fitzmyer, *The Gospel According to Luke(I-IX)*, Yale University, 1970; 이두희, 황의무, 우성훈 옮김, 앵커바이블 누가복음 I, 기독교문서선교회, 2015, 1324.
338 I. Howard Marshall, *(The) Gospel of Luke*: a commentary on the Greek text / by Marshall. Grand Rapids: Eerdmans Publishing Co, 2017, 405.
339 Darrell L. Bock, *Luke Vol. 2*, Grand Rapids, Mich.: Baker Books, 1996, 968.
340 James R. Edwards, *The Gospel according to Luke*, Grand Rapids, Mich.: Eerdmans Books,

4.5. 문법적 주해

51절. Ἐγένετο δὲ ἐν τῷ συμπληροῦσθαι τὰς ἡμέρας τῆς ἀναλήμψεως αὐτοῦ καὶ αὐτὸς τὸ πρόσωπον ἐστήρισεν τοῦ πορεύεσθαι εἰς Ἰερουσαλήμ.

Ἐγένετο γίνομαι	to become. 동사, 직설법 제2부정과거 중간태 디포넌트 직설법 3인칭 단수로 **주어가 행동을 직접 참여**하는 것으로 예수가 승천하는 것이다.
ἐστήρισεν στηρίζω	to establish. 지지하다. 동사, 부정과거 능동태 직설법 3인칭 단수. 교수님의 강의안에 의하면 부정과거는 a. 미래동작 / b. 범시간적 진술 / c. 무시간적 진술 / d. 담화표지(discourse marker)[341]가 있는데, 여기서는 **담화표지**로, 얼굴을 고정시키신 것(결심을 굳게 하신 것)으로 볼 수 있다.
πορεύεσθαι πορεύομαι	to go, proceed. 가다. 동사, 현재 중간태 디포넌트, 부정사로서 τοῦ 뒤에 부정사가 와서 '**목적**'[342]의 의미로 쓰여 '예수께서 올라가기로'가 된다.

52절. Καὶ ἀπέστειλεν ἀγγέλους πρὸ προσώπου αὐτοῦ καὶ πορευθέντες εἰσῆλθον εἰς κώμην Σαμαριτῶν ὡς ἑτοιμάσαι αὐτῷ.

2015, 297.
341 엄상섭 강의안 35에서 신현우, 『신약 주석학 방법론』, 74. 재인용.
342 한천설, 성경헬라어, 그리심, 2014, 144-145.

ἀπέστειλεν ἀποστέλλω	to send. 보내다. 동사, 부정과거 능동태 직설법 3인칭 단수 부정과거로서 **시발적인 의미**로 본다. ESB, RSV, NET에서도 sent로 번역했다.
πορευθέντες πορεύομαι	to go, proceed. 가다. 동사, 주격 복수 남성 부정과거 수동태 분사의 '**서술적 용법**'으로 '~ 된 후'(들어가서)로 해석한다.
ἑτοιμάσαι εἰσέρχομαι	to prepare. 준비하다. 동사, 부정과거 능동태 부정사. 부정사는 부사적 용법으로 동사의 목적을 나타내기도 한다. 여기서는 ὡς의 목적을 나타낸다.³⁴³

53절. καὶ οὐκ ἐδέξαντο αὐτόν, ὅτι τὸ πρόσωπον αὐτοῦ ἦν πορευόμενον εἰς Ἰερουσαλήμ.

ἐδέξαντο δέχομαι	to receive. 받다. 받아들이다. 동사, 부정과거 디포넌트 직설법 3인칭 복수. 부정과거 디포넌트는 **단순과거로서 단순히 과거의 사실에 대한 기록이다.**³⁴⁴

54절. θέλεις εἴπωμεν πῦρ καταβῆναι ἀπὸ τοῦ οὐρανοῦ καὶ ἀναλῶσαι αὐτούς.

---

343 Daniel B. Wallace, *Greek Grammar Beyond the Basics*, Zondervan Publishing House, 1996, 591.
344 정창욱, 새로운 성경 헬라어 문법, 총신대학출판부, 2010, 119.

καταβῆναι καταβαίνω	to go down. 내려오다, 내려가다. 동사, 제2부정과거 능동태 부정사 부정과거 능동태 부정사(단회적 동작의 의미)로서 '불이 내리다'이다.
ἀναλῶσαι ἀναλίσκω	to destory. 소멸하다. 멸망하다. 동사, 부정과거 능동태 부정사 부정과거 능동태 부정사로서 **범시간적 의미-시발적 의미**(현재는 일어나지 않지만 언제 어디서든 일어날 수 있는 일을 말한다.)를 뜻한다.

55절. στραφεὶς δὲ ἐπετίμησεν αὐτοῖς.

στραφεὶς στρέφω	to turn. 돌아서다. 동사, 제2부정과거 수동태 분사 주격 단수 남성 부정과거 수동태 분사의 '**서술적 용법**'으로 (돌아보시며)로 해석한다.
ἐπετίμησεν ἐπιτιμάω	to rebuke. 비난하다, 꾸짖다. 동사, 부정과거 능동태 직설법 3인칭 단수 부정과거로서 **시발적인 의미**로 본다. ESB, RSV, NET rebuked로 번역했다.

56절. καὶ ἐπορεύθησαν εἰς ἑτέραν κώμην.

ἐπορεύθησαν πορεύομαι	to go, proceed. 가다. 동사, 부정과거 수동태 디포넌트 직설법 3인칭 복수. 미래적 부정과거로서 시제는 과거이지만, 의미는 **수행적 현재**를 표현하므로, '거절로 인해 제자들은 예수님과 함께 다른 지역으로 옮겨 가고 있다.'

| ※ 수행적 현재 한천설 저, 243 | In the face of rejection, the disciples move on with Jesus to another locale.[345] |

5. 누가복음 9:57-62 주해

5.1. 본문 확정(눅 9:57-62)

59절. ὁ δὲ εἶπεν· [κύριε,] ἐπίτρεψόν μοι ἀπελθόντι πρῶτον θάψαι τὸν πατέρα μου.

5.1.1. 외증
① 네스틀레 알란트 28

---
(1) B;, D, sy^s
(2) txt 𝔓 45. 75 ℵ A B² C K L N W Γ Δ Θ Ψ 0181. $f^{1.13}$ 33 565 579 700. 892. 1241. 1424. 2542. lat sy$^{x+η}$ XO

---

(1) 바티칸 사본(B;), 베자 사본(D), 시리아 사본 다수 모음집(sy^s) 등에는 κύριε가 생략되었다.

  ※ 브루스 매츠거(Bruce M. Metzger)에 의하면 κύριε'는 61절로부터 또는 마태복음 8:21의 평행구절로부터 첨가되었을 수도 있다. 그러나 단어의 부재가 필사상 부주의로 인한 실수에 기인될 수 있기 때문에, 본문에 '그 단어를 유지시키되, 그 단어가 거기에 있는 것이 정당한지에 대한 의문을 표시하여 그것을 꺽쇠괄호 안에 두는 것

---
[345] Darrell L. Bock, *Luke Vol 2*, 971.

이 더 안전하다고 생각되었다.'³⁴⁶고 논의한다.

(2) NA 28에 의하면 *txt* 기호 다음에 제시된 사본들은 본문란에 제시된 본문을 지지하는 사본들을 가리키는 것으로,³⁴⁷ 파리푸스 사본(𝔓45.75), 시내산 사본(ℵ), 비잔틴 사본(A), 바티칸 사본(B), 베자 사본(D), Codex, 소문자 사본(*f*¹·¹³ 33. 565. 579. 700. 892. 1241. 1424. 2542), 모든 시리아 역본들(쿠레토니아의 시리아어 사본 σψˣ, 통속적인 시리아어로 번역한 역본 σψᵖ, 하르켈이 번역한 시리아어 역본 σψʰ), 모든 콥트어 역본들(XO)에서는 지지한다.

② 바이블웍스 10

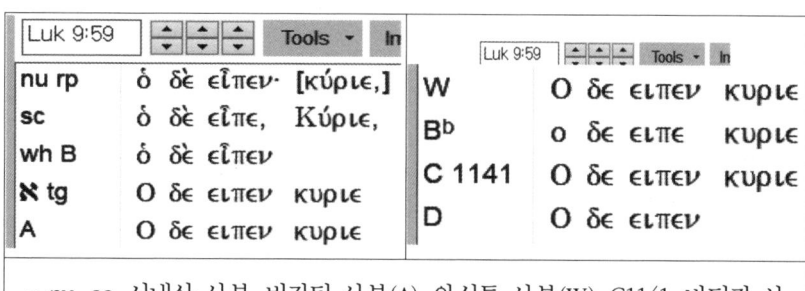

- nu, sc, 시내산 사본, 비잔틴 사본(A), 와싱톤 사본(W), C1141, 바티칸 사본(Bᵇ)에는 κύριε 가 있으나, 베자 사본(D)에는 κύριε가 없다.

③ 외증 결론

○ 위의 다중 증거의 기준에서 살펴보았으나, 시내산 사본(2세기 초)에는 있으나, 바티칸 사본과 베자 사본에는 없으므로 우열을 가릴 수 없다. 내증을 통해 확정하는 것이 필요하다.

---

346 Bruce M. Metzger, 장동수 역, 신약 그리스어 본문 주석 제2판, 대한성서공회 성경원문연구소, 2008, 120-121.
347 대한성서공회, 네스틀레 알란트 그리스어 신약성서 28판, 2016, 13.

5.1.2 내증

① 본문의 평행본문인 마태복음 8:21에 의하면[348] κύριε가 쓰여 있으며, 61절의 같은 내용에서도 κύριε을 사용했다.
② 누가복음에서 예수께 나오는 자마다 κύριε를 사용한다. 누가는 예수님의 정체를 밝힐 때 κύριε의 호칭을 점점 더 많이 사용한다.[349]
③ 누가는 κύριε의 의미를 첫째 'sir'의 의미, 둘째 'Lord'의 의미, 셋째 'master'의 의미로서 사용한다. 그는 믿음의 눈이 점점 더 깊어져 예수를 'Lord'로서 고백하기를 의도하며 사용했을 것이다.
④ 내증의 결론으로 κύριε는 저자의 내적 경향과 관련하여 저자의 문체에 맞기 때문에 선택되어져야 한다고 본다.[350]
- 필자는 위에서 (※)의 '브루스 매츠거'의 논의가 κύριε에 대한 해석의 단초가 된다고 본다.

5.2. 배경 연구

○ (언어적 배경) 고대 기독교 저술가들은 그 시대의 언어 즉, 코이네 헬라어로 저술했다. 누가는 다른 신약 기자들보다 더 과중하게 문어체 형식에 의존한다. 그는 유식한 헬라인들의 관례적이고 문자적인 언어와 헬레니즘 시대의 역사가들이 사용한 높은 수준의 코이네 문체에 꽤 친숙했다.[351] 본문과 병행본문인 마태복음 8:18-22에서 다루지 않은 '하나님의 나라'의 개념이나, '따름'에 대한 세 번의 대화(57-62절)를 **교차배열 구조(카이아스틱 구조**, Chiastic Structure)같이 배치한 것은 누가의 탁월한 언어적 기법을 반영한다.

---

348 정훈택, 병행사복음서, 민영사, 2013, 177.
349 엄상섭, 2018. 10. 5. 공관복음 강의안, 40.
350 신현우, 사본학 이야기, 웨스트민스터출판부, 2003, 192-193.
351 Koester, Helmut, 이억부 옮김, 신약성서 배경연구(상), 은성, 1995, 196.

○ (사회적 배경) '내 아버지를 장사하게'(59절), '내 가족을 작별하게 허락하소서'(61절)와 같이 유대인 문화에서는 가족의 충성도와 가족 책임(family loyalty and family responsibilities)이 거의 모든 다른 의무보다 우선시된다. 장남의 가장 중요한 역할 중 하나는 아버지에게 적절한 장례식을 마련하는 것(to arrange a suitable burial for his father)이다. 그렇게 하지 못하는 것은 아들의 나쁜 성품을 반영(the character of the son)할 뿐만 아니라 온 가족에게 수치(brought shame on the whole family)를 불러 일으킨다. 이 거룩한 책임에 대한 예수의 명백한 무시는 심히 충격적이었을 것이다.[352]

엘리사의 경우도 엘리야를 따르기 전에 "나를 내 부모와 입맞추게 하소서 그러고 나서 당신을 따르리이다"(왕상 19:19-20) 하였다.[353] 예수님은 요점을 강화하기 위해 '쟁기질'이라는 이미지를 사용한다. 쟁기로 이랑을 가는 일을 할 때는 주의가 산만해지면 안 된다. '뒤를 돌아보는'이라는 더 관용구적 번역은 헬라어의 '뒤에 있는 것들'(τὰ ὀπίσω)이라는 말을 번역한 것이다. 뒤에 있는 '것들'이라는 말은 주의를 산만하게 하는 수없이 많은 것과 열망을 포함한다고 할 수 있다. 엘리사 이야기에서 엘리사는 고별 잔치를 위해 자신과 함께 밭을 갈던 겨릿소를 잡고 그 소의 멍에를 불살라 그 위에서 소의 고기를 굽는다. 그것은 엘리사가 자신의 과거와 완전히 단절하는 것을 의미한다.[354]

○ (문화적 배경) 죽은 자에 관한 1세기 유대인의 의식과 신념은 신학적 신념을 포함한다. 이스라엘의 관행은 내세에 대한 믿음 때문에 육체가 부패한 후에 다시 뼈를 장사 지내는 전통이 있다. 죽은 자에 대한 장례

---

352 France, R. T. *Luke*, Grand Rapids, Mich.: Baker Books, 2013, 176.
353 *Zondervan illustrated Bible Backgrounds commentary Vol.1*, Clinton E. Arnold, Grand Rapids, Mich.: Zondervan, 2002. 410.
354 Garland, David E., 강해로 푸는 누가복음, 463.

는 하나님과 가족관계에서의 삶을 상징적으로 가치있게 만드는 일련의 의식으로 구성되어 있다.[355] 죽은 사람을 장사지내는 것은 율법이다. 제사장들은 시체를 만지면 더럽혀지기 때문에 만질 수 없지만 친척의 경우는 할 수 있었다.(레 21:1-3) 이것은 이 세상과 내세에서 큰 상을 수여받는 일이었으며, 그 결과 아버지의 장례식은 종교적으로 중요한 의무(a religious duty of the utmost importance)였다.[356]

○ (신학적 배경) 예수가 요구하는 것은 아버지의 장례를 치르는 것보다 더욱 중대한 의미를 지닌다. 예수의 말은 사실상 예수가 자신을 새로운 시대로 열어가는 존재로 이해하고 있다는 것을 가리켜 주며 그 요구는 십계명 가운데 다섯째 계명을 초월하는 것이다. 이와 같은 요구는 메시야의 권위를 지닌 존재가 이미 와 있다는 것을 넌지시 알려준다. 따라서 예수를 따르는 일은 가장 우선권을 지녀야 한다.(Darrell Bock, 누가복음2, 51.)

5.3. 단어 연구

5.3.1. '하나님의 나라'(βασιλείαν τοῦ θεοῦ, kingdom of God)

○ βασιλεύς는 합법적이고 권위있는 제사장이자 백성의 통치자로서 좋은 의미에서의 왕으로 나타낸다.

○ 구약에서 מֶלֶךְ(왕)는 동사 מָלַךְ에서부터 유래하는 셈족 단어이다. 원래 의미는 두 가지로서 possessor(소유자) 혹은 arbiter(결정권자)라는 이중 의미를 갖는다.[357]

---

[355] S. E. Porter and C. A. Evans, eds. *Dictionary of New Testament Background* (Downers Grove: IVP, 2000), 173-174.
[356] Howard Marshall, *Luke*, 411.
[357] Gerhard Kittel, TDNT: *Theological dictionary of the New Testament* Vol. 1, 564-565.

○ '하나님의 나라'는 바이블웍스에 의하면 신약성경에 총 27회 나온다.

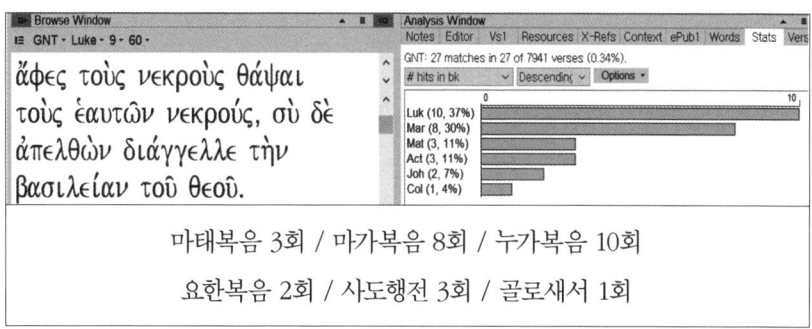

마태복음 3회 / 마가복음 8회 / 누가복음 10회
요한복음 2회 / 사도행전 3회 / 골로새서 1회

○ (Douglas, 새성경사전, 1996, 829) 공관복음서에서 '하나님의 나라' 대신 선포 메시지의 내용으로 '그리스도'를 발견한다. 이 변화는 그리스도가 그 나라라는 사실로 설명된다. 즉 그리스도를 전파하는 것이 그 나라를 전파하는 것이다.

○ **바우어 헬라어사전**에 의하면 βασιλείαν은 ① 왕위, 왕권(삼상 15:28; 20:31 등) ② 왕국, 왕이 다스리는 나라 ③ 하나님의 나라로 쓰이는데, 하나님의 나라(βασιλείαν τοῦ θεοῦ)(마 6:33; 12:28; 막 1:15; 4:11; 눅 4:43; 6:20; 7:28 등)와 하늘 나라(βασιλεία τῶν οὐρανῶν)(마 3:2; 4:17; 5:3, 10)는 근본적으로 동격이다.[358]

○ (엄상섭 교수님 강의) '하나님의 나라'를 '영생'이라는 말 대신 사용하는 동의어로 본다.

○ '하나님의 나라'는 예수의 가르침에서 중심 주제이며 마태는 대부분 '천국'에 관하여 말하는 반면 마가와 누가는 '하나님의 나라'에 관하여 말한다.[359] 복음서에서 예수는 '하나님의 나라'를 전파하러 오신 분으로 특징있게 묘사된다. 누가복음에서 예수는 자신의 사역을 통해 하나님의 나라를 실현하는 메시야, 즉 종 메시야에 대한 이사야 예언의 성

---

[358] Walter Bauer 지음; 이정의 옮김. 바우어 헬라어 사전, 254-255.
[359] J. D. Douglas, *New Bible Dictonary*, Universities and Colleges Christian fellowship, 1982; 새성경사전, 나용화·김의원 옮김, CLC, 1996, 1714.

취로서 묘사된다. 이 나라는 하나님의 '왕적 통치' 또는 '주권적 활동'으로 이해된다.360

○ NIDNT에 의하면 신약에서 하늘 나라는 다음 몇 가지의 의미로 쓰인다. (a) 인간 왕국, 왕권(눅 19:12; 계 17:12) (b) 하나님의 나라는 공관복음의 전통 안에서만 중심되는 중요성을 가진다. (c) 임박한(imminent coming) 종말론이나, 묵시적 종말론(with the apocalyptic or eschat)과 관련된 예수님의 선포에서 가장 절정으로 나타난다. (d) 실현된 종말론(realized eschatology)에 대한 예수의 가르침의 맥락에서 이해해야 한다.361

○ TDNT에 의하면 βασιλείαν은 βασιλευς, βασιλεία, βασιλισσα, βασιλευω, βασιλείοσ, βασιλίκοσ 등의 형태가 있다. βασιλεία는 하나님과의 연결(connection)을 말할 때 사용된다. 성경에서 하나님의 왕국, 하나님의 나라, 그리스도의 왕국 등이 같이 쓰여지며, 예수님과 그의 제자들은 하나님의 나라에 대하여 말하고 있으며, 이 모든 동의어에서 βασιλεία가 사람에 대한 하나님의 행동으로서의 관심이 구원론임을 알 수 있게 한다.(TDNT, 564, 576, 583.)

5.3.2. '따르다'(ἀκολουθήσω, ἀκολουθέω)(57, 59, 61절)

○ 본문은 세 장면, 세 사람의 등장인물, 3번의 '따르다'(ἀκολουθήσω, ἀκολουθέω)(57, 59, 61절)가 나온다. France는 이것을 '요청하는 사람은 자연스럽고 악의 없는 요청(natural and innocuous request)이며, 이에 대한 예수님의 대답은 의도적으로 극단적인 요청(deliberately extreme)

---

360 Darrell L. Bock, *The NIV Application Commentary*, NIV Luke, 1996; 조호진 옮김, 솔로몬, 2010, 373.
361 NIDNTT, Moises Silva, Revising Editor, *New International dictionary of New Testament Theology and Exegesis*, Vol. one, Grand Rapids, Mchigan: Zondervan, 2014, 483-485.

을 요구한다'고 제시한다.(France, Luke, 177.)

○ 누가복음 5:27에서 예수는 레위에게 '나를 따르라'고 말씀하신다. 누가복음 9:23에서도 '아무든지 나를 따라오려거든'이라고, 누가복음 18:22에서도 어떤 관리에게 '네게 있는 것을 다 팔아…나를 따르라'고 하신다. 누가는 누가복음 전체에서 "그가 모든 것을 버리고 일어나 따르니라"(눅 5:28)는 구절에서 '세리'인 레위만 헌신한 것을 기록하고 있다.

5.4. 문맥 연구

○ 누가복음 9:57-62는 많은 주석들이 'Discipleship'(and Mission)[362] 혹은 'Following Jesus'[363] 등의 주제를 다루고 있다. 본문과 평행본문인 마태복음 8:18-22에서도 '제자도'에 대한 것을 말씀한다.

〈표 1-22〉 예루살렘으로 가시는 예수님의 행보 비교

마 8:18-22	눅 9:57-62
18 예수께서 무리가 자기를 에워싸는 것을 보시고 건너편으로 가기를 명하시니라 19 한 서기관이 나아와 예수께 아뢰되 선생님이여 어디로 가시든지 저는 따르리이다 20 예수께서 이르시되 여우도 굴이 있고 공중의 새도 거처가 있으	57. 길 가실 때에 어떤 사람이 여짜오되 어디로 가시든지 나는 따르리이다 58 예수께서 이르시되 여우도 굴이 있고 공중의 새도 집이 있으되 인자는 머리 둘 곳이 없도다 하시고 59 또 다른 사람에게 나를 따르라 하시니 그가 이르되 나로 먼저 가서 내 아버지를 장사하게 허락하옵소서

---

[362] Edwards, *Luke*. & R. T. France, *Luke*, Mark L. Strauss and John H. Walton, Grand Rapids, Michigan: Baker Books, 2013, 176.
[363] John Carroll, *Luke*. 227.

되 인자는 머리 둘 곳이 없다 하시더라	60 이르시되 죽은 자들로 자기의 죽은 자들을 장사하게 하고 너는 가서 하나님의 나라를 전파하라 하시고
21 제자 중에 또 한 사람이 이르되 주여 내가 먼저 가서 내 아버지를 장사하게 허락하옵소서	61 또 다른 사람이 이르되 주여 내가 주를 따르겠나이다마는 나로 먼저 내 가족을 작별하게 허락하소서
22 예수께서 이르시되 죽은 자들이 그들의 죽은 자들을 장사하게 하고 너는 나를 따르라 하시니라	62 예수께서 이르시되 손에 쟁기를 잡고 뒤를 돌아보는 자는 하나님의 나라에 합당하지 아니하니라 하시니라

○ 위 도표에서 누가복음 9:61-62의 내용이 마태복음에는 빠졌다. 쉬르만을 포함하여, 대부분의 학자들은 이 공통 자료가 바로 Q자료라고 주장한다. 특히 누가와 마태의 공통되는 부분의 헬라어 표현이 서로 일치하는 점을 고려할 때 더욱 그렇다고 한다(Schürmann 1994; 47).

○ 반면에 마태복음 우선설을 지지하는 학자들은 마태복음에 우선을 둔다. 그리고 여기서 예수는 제자가 되려고 하는 사람에게 제자도의 본질을 철저하게 요구한다. 이 점은 여기에 수록된 예수의 말이 진정성이 있다는 것을 지지해준다.[364]

○ '길 가실 때에'(πορευομένων αὐτῶν ἐν τῇ ὁδῷ, As they were going along the road, ESV)로 한 단락의 문을 여는 것은 누가가 의도적으로 마태복음과의 차이를 '십자가를 지시기 위해 예루살렘으로 향하시는 예수님의 행보'에 두고 독자들에게 강조하는 것으로 볼 수 있다. 왜냐하면 '길 가실 때에'가 빠져도 의미에는 큰 차이가 없기 때문이다.

---

[364] Darrell L. Bock, 신지철 옮김, 누가복음2, 43.

○ Marshall은 '누가는 예수님의 세 번째 말을 덧붙였는데, 이는 예수님이 **예언자로서, 대제사장으로서 그리고 메시야의 역할**을 하시는 분이신 들 나타내시기 위해서(Jesus is presented in prophetic, high priestly and messianic roles respectively.)'[365]라고 설명한다.

○ 58절. "여우도 굴이 있고, 공중의 새도 집이 있으되, 인자는 머리 둘 곳이 없도다."[366]

1 Foxes holes have,	58절은 'foxes and birds' 두 가지
2 And birds of the sky nests;	예를 통해 '인자'와 대조(contrast)되
3 But the Son of Man has not	는 리듬 패턴과 양식으로써 한 행
where the head to lay.	(line)당 세 가지의 중요한 단어들을 강조하고 있다.

○ 59-62절. 두 개의 서로 다른 문구들이 서로 근접하게 연결되어 있다.[367]

(a) 양쪽 대화 파트너는 예수님께 제자 훈련에 들어가기 전에 다른 일을 하도록 허락을 받으려고 요청한다.
(b) 두 경우에 대한 예수님의 대답은 하나님의 나라(Kingdom of God)에 관한 것이다.
(c) 예수님이 요구하시는 하나님 나라 전파 사역은 다른 모든 연결로부터의 과격한 끊음을 필요로 한다.

○ 내래이터가 세 사람의 등장인물을 두고 **'따름'의 '제자도'**를 독자들에

---

[365] Howard Marshall, *Luke*, 409.
[366] Robert C. Tannehill, *Luke*, 171.
[367] Michael Wolter, *The Gospel According to Luke Vol. II*, Baylor University Press, Mohr Siebeck, 2013, 50.

게 제시하는 것은 '모든 것을 버리고' 예수를 따르라고 독자들에게 부담을 주려는 것이 아니다. 그것은 율법이 될 수 있다. 예수님의 초청에 우리는 할 수 없음을 고백할 수밖에 없지 않은가!

5.5. 문법적 주해

57절. Καὶ πορευομένων αὐτῶν ἐν τῇ ὁδῷ εἶπέν τις πρὸς αὐτόν· ἀκολουθήσω σοι ὅπου ἐὰν ἀπέρχῃ.

πορευομένων πορεύομαι	to go. 동사, 현재 중간태 디포넌트 분사 속격 남성 복수. 중간태는 **주어가 행동을 직접 참여**하는 것으로 예수가 현재 가는 것이다.
εἶπέν εἶπον	to say, speak. 말하다. 동사, 제2부정과거 능동태 직설법 3인칭 단수. '극적 부정과거'의 용법으로서 **현재시제보다 더욱 생생한 장면**을 표현한다.[368]
ἀκολουθήσω ἀκολουθέω	to follow. 따르다. 동사, 미래 능동태 직설법 1인칭 단수. '서술적 현재'의 용법이면서 동시에 '**미래적 현재**'의 용법으로 볼 수 있다.

58절. καὶ εἶπεν αὐτῷ ὁ Ἰησοῦς· αἱ ἀλώπεκες φωλεοὺς ἔχουσιν καὶ τὰ πετεινὰ τοῦ οὐρανοῦ κατασκηνώσεις, ὁ δὲ υἱὸς τοῦ ἀνθρώπου οὐκ ἔχει ποῦ τὴν κεφαλὴν κλίνῃ.

---

[368] 한천설, 성경헬라어, 그리심, 2014, 249.

ἔχει ἔχω ※ 성경헬라어 242.	to have, hold. 가지다. 소유하다. 동사, 현재, 능동태 직설법 3인칭 단수. 직설법의 용법 중 ※'**격언적 현재**'(Gnomic Present) 용법으로 볼 수 있다.
κλίνῃ κλίνω	to cause to bend, Bow, He could lay. 동사. 현재 능동태 가정법 3인칭 단수. 가정법으로서 간접적인 질문[369]이다.

59절. Εἶπεν δὲ πρὸς ἕτερον· ἀκολούθει μοι. ὁ δὲ εἶπεν· [κύριε,] ἐπίτρεψόν μοι ἀπελθόντι πρῶτον θάψαι τὸν πατέρα μου.

ἀκολούθει ἀκολουθέω	to follow. 따르다. 동사. 현재 능동태 명령법 2인칭 단수. 명령법은 화자의 의지인 예수님의 명령으로서 **진행의 의미**가 있다.
ἐπίτρεψόν ἐπιτρέπω	to permit. 허락하다. 동사. 부정과거 능동태 명령법 2인칭 단수. 부정과거명령으로서 **단회적인 동작**을 표현한다.
θάψαι θάπτω	to bury. 장사하다. 동사. 부정과거 능동태. 부정사/부정사의 용법 중 **동사적 목적**의 용법으로 τὸν πατέρα μου(부친을 장사하게) 앞에 쓰였다.

---

[369] Daniel B. Wallace, *Greek Grammar Beyond the Basics*, 478.
　　가정법은 때때로 '**간접적인 질문**'에 사용된다. 간접 질문에서 나온 가정법은 직접 질문에서 나온 가정법을 반영하며(the subjunctive is sometimes used in indirect questions) 이것은 **간접적으로 깊이 생각하게 하는 질문이다**(deliberative question). (이와 같은 예로 Mt 6:25; 15:32이 있다.)

60절. εἶπεν δὲ αὐτῷ· ἄφες τοὺς νεκροὺς θάψαι τοὺς ἑαυτῶν νεκρούς, σὺ δὲ ἀπελθὼν διάγγελλε τὴν βασιλείαν τοῦ θεοῦ.

ἄφες ἀφίημι	to let go, permit 내버려두다. 동사, 제2부정과거 능동태 명령법 2인칭 단수. 부정과거명령으로서 **단회적인 동작**으로 버려두라는 명령이다.
ἀπελθὼν ἀπέρχομαι	to depart. go away. 가버리다. 동사, 제2부정과거 능동태 분사 주격 단 남성. 부정과거 능동태 분사의 서술적 용법으로서 '너는 가서'의 뜻으로 해석한다.
διάγγελλε διαγγέλλω	to publish, proclaim. 선포하다. 동사, 현재 능동태 명령법 2인칭 단수. 명령법은 화자의 의지인 예수님의 명령으로서 **계속의 의미**가 있다.

61절. Εἶπεν δὲ καὶ ἕτερος· ἀκολουθήσω σοι, κύριε· πρῶτον δὲ ἐπίτρεψόν μοι ἀποτάξασθαι τοῖς εἰς τὸν οἶκόν μου.

ἀποτάξασθαι ἀποτάσσω	to set apart, take leave of. 헤어지다. 작별하다. 동사, 부정과거 중간태 부정사. 부정사의 용법 중 동사적으로 사용되어 단회적 동작의 시간을 의미하기도 하는데 여기서는 **후속적 시간(~한 후에)**로 해석할 수 있다. (장사한 후에)

62절. εἶπεν δὲ [πρὸς αὐτὸν] ὁ Ἰησοῦς· οὐδεὶς ἐπιβαλὼν τὴν χεῖρα ἐπ' ἄροτρον καὶ βλέπων εἰς τὰ ὀπίσω εὔθετός ἐστιν τῇ βασιλείᾳ τοῦ θεοῦ.

ἐπιβαλὼν ἐπιβάλλω	to lay upon. 대다, 두다. 동사. 제2부정과거 능동태 분사 주격 단수 남성. **부정과거 능동태 분사의 서술적 용법**으로서 '대고서'의 뜻으로 해석한다.
βλέπων βλέπω	to see. 보다. 동사, 현재 능동태 분사 주격 단수 남성. 분사가 주격일 경우 주문장의 주어와 동일하게 해석하여 '~하면서 ~하다'로 '동시 동작'으로 해석한다. 62절에서 καὶ로 연결된 앞 문장 (쟁기를 잡은 자)과 뒷 문장 (돌아보는 자)의 주어가 같다.
εἰς / 전치사의 다른 두 가지 방법(prepositional uses in two other ways) 중에 *Koine Greek*의 영향으로 보는 관점에서 1. Overlap usage(중복 사용) 2. Root fallacy(근본 오류)로 보는데 εἰς는 ἐν과 중복 사용[370] 되는 것으로 본다.	

나가는 말

1. '**본문 확정**'을 할 때는 배우지도 않았던 네슬알란트 28판 비평장치와 사본학 관련책을 들여다보며, 본문비평장치가 어떤 것인지, 외증과 내증이 어떤 것인지 알게 되었고, 사본의 종류도 알게 되었다.
2. '**문법적 주해**'는 동계 때 하고 잊어버렸던 문법을 들여다보며 배우지도 못한 구문론을 독학하기도 했다. Daniel B. Wallace의 '*Greek Grammar*' 책이 참 좋았다.
3. '**문맥 연구**'에서는 교수님께서 강의안에 각주로 제시하신 외국 주석들

---

[370] Daniel B. Wallace, *Greek Grammar Beyond the Basics*, 363.

을 찾아가며, 어찌하든지 읽어보려고 애를 썼다. 그러면서 외국 주석에 있는 각주에 등재된 책까지도 문헌을 찾아가며 읽는 법을 배웠다. 영문 서적도 어려운데, 그 속에 기재된 각주 책은 감히 엄두도 못냈다. 그래도 도서관에 가서 책을 찾아 읽다보니, 각주에 기재된 주석 찾는 것에 대한 두려움이 서서히 사라지고 재미있었다.

4. '**단어 연구**'에 있어서 강의 때 좋은 사전을 많이 추천해주셨지만, 감히 찾아볼 엄두도 못내던 *Bauer* 사전, *TDNT*, *NIDNT* 사전 등을 볼 수 있는 능력을 키운 것 같아 감사했다.

5. '**배경 연구**'는 참으로 난감했다. '배경'과 관련된 것을 도서관에서 검색해보니 여러 논문 등이 나오기에 논문을 찾아가며 본문의 배경을(공간적, 시간적, 사회적 배경) 찾아보려고 애를 썼다.

- 과제를 하면서 '교수님은 누가복음의 많은, 좋은 말씀 중 왜 이 본문을 선택하셨을까?', '무엇을 우리에게 가르치고 싶으셨을까?'를 늘 생각했다. 본문은 편안한 마음으로 읽기에 거북하다. 예수님을 따름에 우리가 할 수 없는 것을 요구하시는 예수님이기 때문이다. 몰상식하고, 극단적이고 인륜(人倫)을 벗어나는 것을 요구하시기 때문에 피하고 싶은 본문이었다. 그런데 왜 하필이면 이 말씀을 주해하라고 하시는 것일까를 생각했다.

- 누가는 제자들의 실패를 기록하면서 '제자도'를 강조하려는 것이 아니다. '제자들의 실패를 사역의 관점에서 보는 것이 아니다. 믿음의 관점에서 보는 것이다.'[371] '중요한 것은 '믿음의 양'이 아니라 '믿음의 대상'이다. 이것은 기도로 표현된다.'는 교수님의 말씀이 좋았다.

- 제자도가 지나치게 강조되어 '인간의 헌신'에 대한 강조가 되다보니 예수님의 메시야 되심과 예수님의 권위, 주권에 대한 약화로 이어질

---

[371] 엄상섭 교수님 수업 노트 필기(강의안 60쪽 설명하실 때, 2018. 10. 19.)

것 같아 내 마음이 불편했었다. 교수님의 강의를 듣고, 과제를 하며 '믿음에 대한 요구!', '아! 이것이구나' 하며 답을 찾을 수 있었다. 내 가슴 속에서 구름같이 둘러쌓였던 언어의 너울들이 벗겨지며 선명한 퍼즐이 맞춰지고 문자화되고 있었다. '제자들의 실패'는 '믿음의 대상 되시는 주님께로 나아가는 것을 보여주는 관문(gate)'이다. 내 열심으로 '제자도'를 지키고 따라감이 아니다. 나는 본문의 세 명의 등장인물같이 실패했지만 '나와 함께 가자'하고 내 손을 잡고 가실 주님을 바라보는 믿음에 대한 확신이 뚜렷해지고 있었다. 이것이 은혜이다.

12. 요한문헌 과제

김상훈 교수님
요한복음 1:1-18 주해

1. 연구 목적

'요한복음 1장의 프롤로그인 1-18절에서 요한은 교차법과 병행법을 많이 썼어요. 여기 프롤로그에서 앞뒤가 맞지 않는 절이 뭐지요? 15절의 내용을 보면 필요없는 것 같은데 그렇지 않아요. 왜 그럴까요? 요한은 예술가에요. 예술은 성령의 영감일 수도 있고요. ~중략~ 어구가 어떻게 쌓여가는가, 문체적으로 논리적으로 어떻게 쌓여가는가? 하는 것이 제 연구였어요.'라고 말씀하시던 요한문헌 첫 시간, 그렇다면 교수님께서는 '어구가 쌓아가는 것을 연구해서 어떤 결과를 산출해 내시려는가?' 생각했다. 그에 대한 답은 교수님의 논의에 의하면

첫째, 본문의 구조와 문체는 본문의 의미에 영향을 미친다.
둘째, 구조와 문체에는 또한 특정 저자의 언어적 특성을 알려주는 정보가 담겨 있다.
셋째, 저자가 구조와 문체를 어떻게 잘 활용하는지를 파악할 때, 해석자는 저자의 언어적 의도와 목적을 좀 더 뛰어나게 파악할 수 있게 된

다'는 것이다.[372]

어구 연구를 따라가다 보면 언어가 형성하는 메타포를 통해 저자의 의도와 목적을 알 수 있게 될 것이다. 요한은 이런 점들을 프롤로그의 구조와 어구의 관계 등에서 찾아, 독자들에게 말하고 싶었을 것이다. 다음 구절은 내가 요한문서에서 가장 연구하고 싶은 구절이다.

Ὃ ἦν ἀπ' ἀρχῆς, ὃ ἀκηκόαμεν, ὃ ἑωράκαμεν τοῖς ὀφθαλμοῖς ἡμῶν, ὃ ἐθεασάμεθα καὶ αἱ χεῖρες ἡμῶν ἐψηλάφησαν περὶ τοῦ λόγου τῆς ζωῆς (1 Jn. 1:1 GNT)

"태초부터 있는 생명의 말씀에 관하여는 우리가 들은 바요 눈으로 본 바요 자세히 보고 우리의 손으로 만진 바라"(요일 1:1)

연구를 시작하자마자 1절과 2절 사이에 언어의 병행 기법이 있다는 것을 발견했다. 교수님의 강의를 통해 계속 반복하여 강조하시는 말씀은 '요한식 글쓰기는 반복이 막(체계 없이) 나오는 것이 아니라 요한의 길(road)이 있다'고 말씀하셨다. 레이몬드 E. 브라운은 '요한복음에 제시된 산문으로 된 예수님의 강화가 매우 엄숙하다는 사실에 대해서는 매우 많은 사람들이 인식하고 있다. 중략~ 구약 성경에 기록된 시의 근본적인 원리는 평행법이며 이러한 평행법은 종종 요한복음에 제시된 예수님의 말씀에서도 나타난다.'고 한다. 또한, 그는 시가 되기 위해서는 리듬이 있어야 한다고 기술하면서 요한복음에서 나타난 시의 리듬에 대해서도 논의하고 있다.[373]

---

372 김상훈, 요한복음 프롤로그와 요한일서 서문의 비교 연구, 신약연구 제9권 제3호, 2010년 9월, 371.
373 Raymond E. Brown, 앵커바이블 요한복음 I 표적의 책, 최흥진 옮김, 기독교 문서선교회, 2013, 190-191.

2. 연구 방법

연구 목적을 설정해 놓고, 그에 대한 결과물을 산출하기 위한 연구 방법은 다음과 같다.

1. 사역을 먼저 하고,
2. 사역에 있어서 중요한 단어 해설을 할 것이다.
3. 단락 구조를 나누어 볼 것이다.
4. 각 단락에 담긴 중요 부분의 본문 해설을 할 것이다.
5. 1-18절에서 주는 전체적인 의미에 대한 주해를 할 것이다.

세례 요한의 사역으로(마가복음) 혹은 예수님의 탄생에 대한 이야기로(마태복음과 누가복음) 예수에 대한 이야기를 시작하는 다른 복음서와는 달리, 요한복음은 예수가 성육신하신 선재하신 로고스라는 선언으로 시작한다. 프롤로그의 의도는 지침과 같이 이야기 자체를 시작하기 전에 독자들에게 이야기의 내용을 소개함으로써 독자들이 프롤로그에 비추어 이야기를 읽기를 바라는 것이다. 바렛(Barrett)은 요 1:1에 대하여 다음과 같이 말한다. '요한은 그의 복음서 전체가 이 구절에 비추어 읽혀지기를 바라고 있다. 예수님의 행위와 말씀들은 곧 하나님의 행위와 말씀들이다. 만일 그렇지 않다면 이 책은 하나님을 모독하는 것이다.'[374]

나는 한 번도 요한문헌의 프롤로그가 이렇게 아름다운 어구로 구성된 시인 것을 생각해 본 일이 없었기에 나의 사고의 틀을 뒤집어야만 했다. 그래서 김상훈 교수님의 가르침대로 각 단계의 과정에서 주요 단어에 대한 분해를 한 후 어구의 치밀한 구성, 문장의 연계적 측면을 통하여 요한만이 우리

---

[374] Colin G. Kruse, 틴데일 신약주석 시리즈 4 요한복음, 배용덕 옮김, 기독교문서선교회, 2013, 87. 재인용 Barrett C. K., *Gospel*, 156.

에게 보여주는 아름다운 산문시를 찾아볼 것이다.

사역에 있어서는 바이블웍스를 참고할 것이다. 영어 성경으로는 바이블웍스에 있는 NET, RSV, ESV, YLT, KJV을 비교하여 해석하고자 한다.

단어 해설을 함에 있어서는 가장 많이 알려진 Carson의 *The Gospel According to John* 원서와 번역서를 참고할 것이다. Keener의 *The Gospel of John A Commentary*와 Bruner의 *The Gospel of John*도 좋은 책이었다. Bruner의 책은 주해보다는 해석학적인 복음 전달에 약간 치우친 면이 있다.

단락 구조에 있어서는 교수님의 논고를 보아야만 했다. 이런 교차평행구조에 대하여 접근한 책이 그리 많지 않았다. 도서관에 있는 국내 서적은 아예 시도조차 하지 않았고, 외국 서적도 단락 구조를 나누었지만, 예를 들어 1:15절이 왜 필요한지를 교차평행구조의 비밀을 통해 찾아낸 분(책, 논고)은 김상훈 교수님뿐이었다.

본문 해설에 대하여 먼저 나는 수업 시간에 배운 요한의 병행법에 대한 이해를 통해 요한의 의도를 파악하고자 한다. 말씀 안에 녹아있는 은혜만으로 풀어가던 해석의 틀을 벗어나서 기가 막힌 단어의 배치, 문장의 배치를 찾아보면서 요한의 문예적 기법이 얼마나 아름다운지, 그래서 원어를 통해서만 보여지는 어구의 배치를 살펴보려고 한다. 그래야만 요한이 말하려는 본문의 의도가 파악될 것이기 때문이다.

마지막 전체적인 주해에 대하여는 지금까지 했던 것을 종합하여 결론으로 나아갈 것이다. 무엇보다 나는 어구 분석에 함몰되어 정작 요한 선생님이 독자들에게 증언하려는 예수 그리스도에 대한 정경적 의미를 놓치지 않으면서 결론을 내리고자 한다. 앞으로만 가던 길을 돌아보며 뒤에서 빚어지는 말씀의 풍경이 주는 그리스도의 계시를 가슴으로 붙들고 싶기 때문이다.

그럼에도 요한복음 프롤로그에 대하여 micro적 접근을 하기에는 내가 너무 모르기 때문에 수업 시간에 말씀하신 요한문헌의 구조를 참고할 것이며,

교수님의 저서와 프롤로그에 대한 여러 주해서의 도움을 받으며 서론에 대한 주해를 할 것이다.

micro 접근에 대한 김상훈 교수님의 논의는 다음과 같다.[375]

'해석자의 micro(미시) 접근과 macro(거시) 접근에 대한 논의에서, 표현된(기록된) 말씀(본문)에 대한 보다 세밀한 연구는 micro 접근의 몫이다. micro 접근은 한 단어, 한 어구, 한 문장의 특성에 주목한다. 언어의 작은 단위에 초점을 두고 단어와 어구를 하나씩, 하나씩 해석하는 이 태도는 특히 언어학의 구문론과 의미론과 밀접한 연관이 있다. 성경 본문에 대한 micro 접근의 근본 동기는 성경 원본의 한 단어, 한 단어에 영감적 선택이 있었다는 신학적 믿음과 전제이다.

이 길을 따라 가다보면, 요한 선생님이 얼마나 치밀하고 섬세하게 요한서를 썼는지 알게 될 것이다. 교수님의 말씀대로 버릴 게 하나도 없는, 어느 한 곳도 우연히 쓰여지지 않은 것을 깨닫게 될 것이라 확신한다. 그것은 요한 선생님이 예수 그리스도를 증언하기 위해 쓰신 아름다운 어구의 배열에서 더욱더 가치가 드러나게 될 것이다.

이를 통해, 예수님과 함께 3년을 동거했던 요한 선생님이 예수님과 함께 다니며, 실제 경험하였던 예수 그리스도에 관한 것을 독자들에게 증언하는 말씀[들은 바요(ἀκούω, to hear), 본 바요(ὁράω, to see) 손으로 만진 바(ψηλαφάω, to feel, to touch)](요일 1:1)이 진리이며, fact임을 더욱 명료하게 확인하게 될 것이다.

---

375 김상훈, 개혁주의 해석 에베소서, 총신대학교출판부, 2013, 22.

3. 사역

(1:1) Ἐν	ἀρχῇ	ἦν	ὁ	λόγος
명사 여성 단수 여격		동사 직설법 미완료능동태 3인칭 단수		명사 남성 단수 주격
In the beginning(NET, RSV, ESV, YLT, KJV) was(NET, RSV, ESV, YLT, KJV) the Word(NET, RSv, ESV, YLT, KJV)			
처음에 그가 계셔 왔다. 그 말씀이				
처음에 그 말씀이 있어 왔다.				

(1:1) καὶ	ὁ λόγος	ἦν	πρὸς	τὸν θεόν
toward, with 전치사 대격				
with God (NET, RSV, ESV, YLT, KJV) 하나님과 함께				
그리고 그 말씀이 하나님과 함께 계셔 왔다.				

(1:1) καὶ	θεὸς	ἦν	ὁ	λόγος.
그리고 하나님 이셨다. 그 말씀이				
그리고 그 말씀이 하나님이셨다.				
〈1:1 사역〉 처음에 그 말씀이 계셔 왔다. 그리고 그 말씀이 하나님과 함께 계셔왔다. 그리고 그 말씀이 하나님이셨다.				

(1:2) οὗτος	ἦν	ἐν	ἀρχῇ	πρὸς	τὸν θεόν.
지시대명사 주격 남성 단수				정관사 목적격 남성 단수	
그분				with the God	
〈1:2 사역〉 그분이 태초에 하나님과 함께 계셨다.					

(1:3) πάντα	δι'	αὐτοῦ	ἐγένετο,
형용사 주격 중성 복수/전치사/소유격/동사 직설법 제2부정과거 dep. 3인칭 단수			
all, every, all things	through	himself	to become
모든 것들이		그에 의하여	있었다.

(1:3)	ὃ	γέγονεν
관계대명사 중성 단수 중성 γίνομαι 동사 제2완료 능동태 직설법 3인칭 단수		
있는 것		

〈1:3 사역〉 모든 것들이 그에 의하여 있었고, 그리고 그가 없이는 있는 것 중에 하나 조차도 있지 않았다.

(1:7) οὗτος	ἦλθεν	εἰς	μαρτυρίαν
	ἔρχομαι		μαρτυρία
지시 대명사 단수 주격남성	제2부정과거 능동태 직설법 3인칭 단수	전치사	명사 대격 단수 여성
he	to come, go	into	testimony, evidence

◆ εἰς가 여기서는 about(NET), for(RSV, KJV, YLT), to(ESV)로 쓰임

(1:7) ἵνα	πάντες	πιστεύσωσιν	δι'	αὐτοῦ.
	형용사 주격 남성 복수 / 동사 부정과거능동태 가정법 3인칭 복수				
	all, every, all things	to have faith(in), believe		전치사(through)

〈1:7 사역〉 그가 증거하기 위하여 왔다. 그는 그 빛에 대해서 증언하고, 모든 사람으로 그를 통하여 믿게 함이다.

(1:10) δι' αὐτοῦ ἐγένετο, καὶ ὁ κόσμος αὐτὸν οὐκ ἔγνω.

through   γίνομαι   동사 직설법 능동태 3인칭 단수 γινώσκω

To become   yet(RSV, ESV)   recognize(NET), to come to know

⟨1:10 사역⟩ 그가 세상에 계셨다. 그리고 세상은 그를 통하여 창조되었다. 그런데 그 세상은 그를 알지 못했다.

(1:11) εἰς τὰ ἴδια ἦλθεν,

형용사 대격 복수 주격   ἔρχομαι 제2부정과거 능동태 직설법 3인칭 단수

into   The one's own   to come go

(1:11) καὶ οἱ ἴδιοι αὐτὸν οὐ παρέλαβον.

관사 주격 복수 남성   인칭대 대격 남성 단수   παραλαμβάνω 2부정과거 능동태 직설법 3인칭 단수

one's own   not   to receive, take

⟨1:11 사역⟩ 그가 자기 자신의 것들 안으로 오셨으나, 자기 자신의 사람들이 그를 받아들이지 않았다.

(1:12) ὅσοι δὲ ἔλαβον αὐτόν

관계대명사/동사 제2부정과거 능동태 직설 3복 λαμβάνω / 인칭대명사 대격 남성 단수

as great as, as many as / but, and / take, to receive / himself

◆ ὅσοι: 'to all who' (NET, RSV, ESV), 'as many as' (YLT, KJV)

(1:13) οὐδὲ ἐκ θελήματος ἀνδρὸς ἀλλ' ἐκ θεοῦ ἐγεννήθησαν.						
동사 부정과거 직설법 수동 3인칭 단수 (γεννάω)						
and not, neither, nor		will	a man	but		to beget

◆ 위의 구절에 대하여 영어 성경마다 해석의 차이가 있어 참고로 기록한다.
the will of the flesh, nor of the will of man(RSV, YLT, ESV, KJV)
by human desire or a husband's decision(NET)

◆ 여기서 또 한 가지 특이한 점은 요한의 예술성이다. 불변사와 부사, 접속사를 사용하고 ἐκ를 사용하여 한 문장 안에서 평행법의 선율을 이루고 있다.

◆ 요한복음 안에 이러한 선율이 있다는 것을 원문을 보고 연구하면서 처음으로 알게 되었다.

〈1:13 사역〉 그들은 혈통으로나 육신의 의지로나, 사람의 의지로 나오지 않았고 하나님으로부터 나왔다.

(1:14) πλήρης χάριτος καὶ ἀληθείας.			
full	grace		truth

◆ 직전 구절인 μονογενοῦς παρὰ πατρός (생략되었음) 해석의 차이점을 살펴보았다.
as of the only Son from the Father. (RSV)
as of an only begotten of a father (YLT)
as of the only Son from the Father (ESV)
as of the only begotten of the Father (KJV)
※ begotten과 from의 처리가 달랐다.

〈1:14 사역〉 그리고 말씀이 육신이 되었다. 그리고 우리 안에 거하셨다. 그리고 우리는 그의 영광을 보았고, 아버지로부터 나온 단 하나의 자식의 영광이요, 은혜와 진리가 충만하다.

(1:16) πάντες ἐλάβομεν / καὶ χάριν ἀντὶ χάριτος·
동사 부정과거 직설법 1인칭 복수 / 명사 대격 여성 단수 전치사 명사 여성 속격 단수
All   to take, receive   instead of, for
◆ χάριν   ἀντὶ   χάριτος·   one gracious gift after another. (NET)   grace upon grace. (RSV, ESV)   and grace over-against grace; (YLT)   and grace for grace. (KJV)
〈1:16 사역〉 우리가 그의 충만함으로 모든 것을 받았기 때문에, 은혜 위의 은혜이다.

※ 사역에 있어서 지면상 많은 구절들을 생략하였다.

4. 사역 해설 및 단어 해설

사역 해설을 하기 전에 앞서 프롤로그 전체에서 사용된 단어들이 요한복음 안에 다른 병행 구절에서도 미묘하게 사용되는 것을 볼 수 있다.[376]

〈표 1-23〉 요한복음 프롤로그에 사용된 단어들이 요한복음에서 반복 사용된 구절

요한복음 1장 본문	*Prologue*	*Gospel of John*
The pre-existence of the Logos or Son	1:1-2	17:5
In him was life	1:4	5:26
Life is light	1:4	8:12

---

[376] D. A. Carson, *The Gospel According to John*, Grand Rapids, Michigan, 1991, 116.

Light rejected by darkness	1:5	3:19
Yet not quenched by it	1:5	12:35
Light coming into the world	1:9	3:19; 12:46
Christ not received by his own	1:11	4:44
Being born to God and not of flesh	1:13	3:6; 8:41-42
Seeing his glory	1:14	12:41
The 'one and only' Son	1:14, 18	3:16
Truth in Jesus Christ	1:17	14:6
No-one has seen God, except the one who comes from God's side	1:18	6:46

이뿐만 아니라 프롤로그 안에 이러한 복음서의 주제 단어의 다수를 여기에서 소개한다.

In the beginning('Εν ἀρχῇ, 1:1) Life, light(φῶς,1:4), witness(μαρτυρία, 1:7), Word(1:1) (λόγος), true(ἀληθινός, 1:9), world(κόσμος, 1:10), glory, truth(χάρις, ἀλήθεια, 1:14) 등이 있다. 따라서 이와 같은 단어를 중심으로 단어 해설을 할 것이다.

4.1. 태초에 Ἐν ἀρχῇ(요 1:1, GNT) בְּרֵאשִׁית(창 1:1, WTT)

이것은 창세기 1:1의 70인역과 동일하다. ἐν ἀρχῇ(Gen. 1:1 BGT). 따라서 요한복음 1:1과 창세기 1:1은 평행관계로 볼 수 있을 것이다. 이 단어를 처음에 넣은 요한의 의도는 '창조'의 의미라고 볼 수 있을 것 같다.

하나님이 천지를 창조하신 것과 예수 그리스도의 성육신을 '창조'의 동격으로 요한은 선포하는 것이다. 이 어구는 요한복음 1:2(그가 태초에 하나님과 함께 계셨고)에서 다시 반복된다.

레이몬드 E. 브라운은 '태초'라는 말이 창세기에서와 마찬가지로 창조의 시작은 아니라고 논의한다. 창조는 3절("만물이 그로 말미암아 지은 바 되었으니")에 나오기 때문이다. 요한복음 1:1의 '태초'는 창조에 앞서며, 시간적 영역이 아닌 질적인 하나님의 영역에 대한 묘사이다.

초기 유대 지혜서에서는 'in the beginning'에서의 지혜의 현존을 찬양한다. 그리고 지혜와 토라, 로고스는 때때로 '시작'으로 불리워지기도 했다. 유대 교사들의 이러한 의미 이해는 잠언 8:22("여호와께서 그 조화의 시작 곧 태초에 일하시기 전에 나를 가지셨으며")을 반영한다. 그리스 철학자들은 아르케를 첫 번째 원리로, 유사한 로고스의 철학적 이해로서 반영하곤 했다.[377]

또한 요한은 전통적인 복음에서 'beginning'의 반복적인 사용을 하는데, 이것은 창세기의 'beginning'과 예수님의 이야기의 '적절한 beginning'을 시사하는 것이다. 마가복음 1:1 "하나님의 아들 예수 그리스도의 복음의 시작이라"에서 '시작'도 ἐν ἀρχῇ(Mk. 1:1 GNT)로 표현한다. RSV 성경에 의하면 The beginning of(Mk. 1:1 RSV)이다. 정리하면 다음과 같다.

⟨표 1-24⟩ '시작'(in the beginning)의 여러 가지 용법

성경	WTT, GNT	70인역(BGT)	RSV
창세기 1:1	בְּרֵאשִׁית(WTT)	ἐν ἀρχῇ	In the beginning
요한복음 1:1	Ἐν ἀρχῇ	Ἐν ἀρχῇ	In the beginning
요한복음 1:2	ἐν ἀρχῇ	ἐν ἀρχῇ	in the beginning
마가복음 1:1	ἀρχῇ	Ἀρχὴ	The beginning of
요한일서 1:1	ἀπ' ἀρχῆς	ἀπ' ἀρχῆς	from the beginning

---

377 Craig S. Keener, *The Gospel of John A Commentary*, Vol one, Hendrickson, USA, 2003, 366.

마가복음 1:1의 ἀρχῆ의 기능은 마가복음을 여는 단어로 요한의 'Ἐν ἀρχῆ ἦν ὁ λόγος(Jn. 1:1)처럼, 창세기 1:1을 반영하는 것으로 '들리도록 의도된 것'이라고 논의되기도 한다. 그러나 마가복음 1:1은 창세기나 요한복음의 기능과는 매우 다르다. 그것은 사물의 시작을 말하는 것이 아니고, 이어지는 τοῦ εὐαγγελίους(Mk. 1:1)에 의해 정의된다.[378] 아더 핑크(Arthur Pink)는 '요한은 우리로 하여금 태초로 되돌아가게 하며 주 예수는 시작이 없으신 분임을 보여 주고 있다. 태초라는 것은 우리가 이해할 수 없는 어떤 것이다. 이것은 인간의 사고 수준에서 나오는 영감을 완전히 압도하는 것이다.'[379] 라고 말한다. 그렇다면 '태초'라는 것은 마가복음이나 요한일서의 '태초'의 의미와 다른 것이 된다. 여기서의 '태초'는 2절에서 '하나님과 함께 계셨다'고 선언함에 따라 더욱 확실히 '태초'가 모든 시간 이전을 의미함을 알게 된다.

4.2. 말씀 λόγος (1:1)

'태초'라는 의미가 중요한 것은 로고스의 선재성을 의미하기 때문이다. 결국 '태초'는 이미 있었던 '말씀' 로고스와 함께 시작의 문을 여는 것이다. 만약 1:1에서 로고스를 뺀다면 '태초'라는 것은 빛을 잃을 것이다. 그렇다면 'in the beginning'과 'Logos'는 함께 나가야 할 하나님의 '자기 계시'이다. "I AM WHO I AM"(출 3:14)과 같은 여호와의 자기 선언으로 읽어야 한다는 것이다.

카슨(Carson)은 이것을 "구약 성경에서 'Word'라는 것은 하나님의 창조와 계시, 구원에 있어서의 '자기 표현'(self-expression in creation, revelation and salvation)이다. 하나님의 '자기 표현'인 이 말씀은 시작(in the beginning)과 함께 존재하게 되었다(existed)거나, 하나님보다 낮은(nothing less) 것이라

---

[378] Richard T. France, NIGTC 마가복음, 이종만, 임요한, 정모세 옮김, 새물결플러스, 2017, 104.
[379] Arthur Walkington Pink, *Exposition of the Gospel of John*, 지상우 옮김, 크리스챤다이제스트, 2010, 19.

고 할 수 없다."380라고 논의했다.

칼빈은 그의 주석에서 다음과 같이 논의하는데 나는 그의 논의에 전적 동감한다.

> 복음서 기자가 하나님의 아들을 '말씀'이라 부르는 이유는 먼저 그는 하나님의 영원하신 '지혜'이자 '의지'이시기 때문이고, 다음으로는 그가 하나님의 계획을 분명하게 나타내신 형상(形象)이시기 때문이다. 하나님은 자신의 '말씀'을 통해서 자기 자신을 우리에게 나타내신다고 말하는 것은 부적절하지 않다. 헬라어 '로고스'의 그밖의 다른 의미들은 여기에 적합하지 않다. '로고스'라는 단어에는 '정의', '이성', '헤아림'이라는 의미도 있는 것은 분명하지만, 나는 내 믿음의 분량을 넘어서서 철학적인 논쟁을 하고 싶지는 않다. 우리는 하나님의 성령이 그러한 교묘한 논쟁들을 결코 인정하지 않으실 뿐만 아니라, 우리에게 드문드문 말씀하시며 많은 부분을 침묵하심으로써 우리가 이 지극한 신비(神秘)들을 얼마나 신중하고 진지하게 다루어야 마땅한지를 오히려 큰소리로 외치고 계시는 것을 본다.381

복음서 기자는 말씀을 시간이 시작될 때와 결부시키는 것이 아니라, 모든 시간을 초월하여 말씀이 존재하셨다고 말하고 있기 때문이다. 옛적에 아리우스파가 어떤 궤변을 늘어놓았는지를 알고 있다. 즉, 그들은 "태초에 하나님이 천지를 창조하시니라"(창 1:1)라는 말씀 속에서 하나님은 영원하지 않은 '천지'를 창조하신 것이기 때문에 '태초'라는 단어는 영원이 아니라 시간적 순서(ordo)를 가리키는 것이라고 주장한다. 그러나 복음서 기자는 '이 말씀이 하

---

380 D. A. Carson, *The Gospel According to John*, 116.
381 Iohannes Calvinus, 칼빈주석 요한복음, 박문재 옮김, 크리스챤다이제스트, 2012, 14.

나님과 함께 계셨으니'라고 말함으로써 그러한 궤변이 들어설 여지를 처음부터 차단하고 있다.³⁸²

4.3. 생명 ζωή (1:4)

4a절의 '생명'이라는 단어는 관사가 없기 때문에 주어가 아니라 서술어이다. 4a절의 '생명'이 서술어가 되어야 한다는 것은 '나선형'(staircase) 평행을 통해서도 암시된다.³⁸³ 4a절의 서술어는 4b절의 주어가 되어야 하기 때문이다.

Raymond E. Brown은 이 '생명'의 의미가 '자연적 생명'인지, '영원한 생명'인지를 다루면서, "'생명'(조에)이라는 단어가 요한복음이나 요한서신에서 자연적 생명을 의미한 경우는 없다."고 논의하면서 이 '생명'이 영원한 생명임을 말하고 있다.³⁸⁴

'생명'은 주 예수에 대한 호칭 가운데 하나이다. 그것은 '하나님은 사람들의 빛'이라고 말하는 것과 같다. 이것은 9절을 통해 더욱 확정된다.

이것을 도식하면 다음과 같다.

> 4절: 생명 = 사람들의 빛
> 9절: 참 빛 = 세상에 와서 각 사람에게 비추는 빛
> 그러므로 생명 = 빛

생명이라는 것은 예수께서 자신을 말씀하실 때 궁극적으로(ultimately) 가동되어(functional) 사용하시던 수준의 표현으로 이해해야만 한다.(요 11:25; 14:6)³⁸⁵

---

382 Iohannes Calvinus, 칼빈주석 요한복음, 14.
383 Raymond E. Brown, 앵커바이블 요한복음 I, 221.
384 Raymond E. Brown, 앵커바이블 요한복음 I, 221.
385 Craig S. Keener, *The Gospel of John A Commentary*, 382.

Carson의 이야기를 들어보자

'Life'와 'light'는 거의 통상적으로 사용되는 종교적인 상징이다. 요한은 이것을 감성적인(sentimental) 도구로 사용하지 않는다. 요한은 'Word'의 특별함에 초점을 맞추고 있다.

요한복음 5:26 "아버지께서 자기 속에 생명이 있음같이 아들에게도 생명을 주어 그 속에 있게 하셨고"라는 말씀을 보면, 프롤로그에서 **하나님과 말씀** 사이의 관계(relationship)가 복음서의 나머지 부분(the rest fo the Gospel)에서 **아버지와 아들**의 관계와 동일하다는 사실을 알 수 있다.

1:4과 5:26은 둘 다 말씀과 아들(Word/Son)이 하나님의 자기 현존의 생명(self-existing life) 안에 참여하고(share) 있음을 말한다. Carson은 빛과 생명의 차이에 관한 논의를 하나 생략한다.

다시 그의 논의를 보면 요한복음 1:1-4에서의 'life'를 말씀(Word)과 같이 연결시킬 때, 4절을 처음 세 개의 구절(1-3절) 안에서 읽으면 '말씀' 안에 내재하는(inherent) **'생명'은 '구원'이 아니라 '창조'이다.**[386]

5. 단락 구조

5.1. 요한식의 교차법 카이에즘(chiasm), (chiastic structure)[387]

A 1-2	로고스의 신성1: 하나님과 함께 계신 하나님	
	The relation of the Logos / Word to God[388]	

---

[386] D. A. Carson, *The Gospel According to John*, 119.
[387] 위의 도표는 김상훈 교수님께서 수업 시간에 말씀해 주신 도표이다. 여러 가지 주석책을 찾아 보았으나 chiastic 구조에 대하여 도식해 놓은 도표가 없었다. 그래서 김상훈 교수님께서 말씀하신 요한식의 구조가 너무 선명하게 다가오기에 본인도 이것을 사용하고자 인용한다.
[388] Charles H. Talbert, *Reading John*, The Crossroad Publishing Company, New York, 1992,

B_1 3-5		창조, '빛-생명'(×4), 어둠의 반응
		to creation / to humans
C 6-8		세례요한의 증언1. (세례요한이라는 사람 소개, 증언의 목적)
		The witness of John the Baptist
B_2 9-11		빛 비춤, 창조, 반응 (이것은 순서는 바뀌었지만 3-5절의 반복)
		The coming of the Light / Logos and his rejection
		반응 ① [οὐκ ἔγνω (Jn. 1:10), 알지 못함]
		반응 ② [οὐ παρέλαβον (Jn. 1:11), 영접하지 않음]
X 12-13		하나님 자녀 – 믿는 자
		The Benefits of belief in the Logos/Word
$B_2{'}$ 14		그리스도의 성육신, 보았다. 은혜와 진리가 충만함
		The coming of the Logos and his reception
C' 15		세례요한의 증언2. (세례요한의 증언의 내용)
		The witness of John the Baptist
$B_1{'}$ 16-17		'은혜+진리'(×4) – 우리가 받았다
		To recreatiion / to God
A' 18		그리스도의 신성2 강조: 나타나신 하나님
		The relation of the Logos / Word to humans

- 프롤로그는 9개로 세분화되어 전체가 교차대칭구조를 이루고 있다.
- 1-2절, 3-5절, 6-8절, 9-11절, 12-13절, 14절, 15절, 16-17절, 18절로 나뉜다.
- 1-2절은 세 개의 병행법으로 되어 있으며 세 개 모두 역교차를 이루고 있으며,
- 3-5절은 절별로 끊겨 구성되어 있고, 6-8절과도 아무런 관계가 없다. 반면 3-5절은 9-11절과 밀접하게 연결된다.
- 6-8절과 15절은 요한의 증언이란 주제 측면에서 둘이 공통된 반면, 다른 구절과는 어떤 연계도 없다.
- 9-11절은 자체적 결집성이 매우 약하다. 9-11절은 앞의 3-5절과 연계될 뿐만 아니라, 14절과도 연계성을 보인다.
- 12-13절은 다른 구절과 특별한 연계성이 눈에 띄지 않는다.

---

66. 각 구조마다 기록한 영어는 이 책을 참조한 것이다. 이 책의 구조가 교수님의 구조와 거의 같아 삽입하였다. 이 책에서는 1-5절, 16-18절을 한 단락으로 잡은 것만 교수님의 구조와 차이가 있었다.

- 14절은 9-11절과 연계됐으나, 다시 16-17절 그룹과도 연계됐다.
- 16-17절은 14절과 연계될 뿐 아니라, 3-5절 그룹과도 연계됐다.
- 각 단락은 각 그룹 내에서 자체의 결합적 특징을 갖고 있다.[389]

5.2. 요한복음 전체의 구조: 복합 역교차 구조(complex chiastic structure)를 포함한 복합 병행법(complex parallelism)

요한복음 구조는 크게 5개 부분으로-서론부, 표적과 말씀 부분, 연계부, 고별 담화와 고난 내러티브, 그리고 종결부-으로 나누어진다. 다섯 단원은 A-B-X-B′-A′의 구조를 이루는데 다음과 같다.[390]

〈표 1-25〉 요한복음의 복합 역교차 구조

A	(1:1-1:51)	서론부
B	(2:1-10:42)	표적과 말씀
X	(11:1-12:50)	연계부
B′	(13:1-19:42)	고별 담화와 고난 내러티브
A′	(20:1-21:25)	종결부

위에서 보는 바와 같이 요한복음은 이중 배열법(Dual Mode)을 통해 거시적 역교차 구조를 이루고 있다. 각각의 단원은 다시 그 안에서 복합 역교차 구조(complex chiastic structure)를 포함한 복합 병행법(complex parallelism)으로 구성된다.

---

389 김상훈, 요한복음 프롤로그와 요한일서 서문의 비교 연구, 392.
390 김상훈·고병찬, 요한복음 구조 이해에 대한 새로운 접근, 신약연구, 한국복음주의신약학회, 제9권 제1호 2010년 3월, 71.

5.3. 프롤로그 안에 두 가지의 이중적 증언

아래 도표에서 X 단락은 역교차 구조의 핵심으로서 두 가지 형식의 증언을 통해 바로 그 로고스를 사람들이 믿어야 할 대상임을 강조한다.[391]

```
저자 '우리의 증언'
    a  (1:1-5, 16-18)   하나님과 함께하신 하나님, 창조주 하나님
    a′ (1:9-11, 14)     '빛'으로 오신 로고스와 성육신한 로고스
         X 기록 목적 (1:12-13)    믿게 하려고
세례요한의 증언
    b  (1:6-8)          증인으로서의 요한
    b′ (1:15)           세례요한의 증언
```

신명기 17:6, 19:15에서는 '두 사람이나 세 사람의 증언'이라고 기록되어 있고, 요한복음 8:17에서는 '두 사람의 증언'이 강조되어 있다. 따라서 프롤로그는 두 증언-저자와 세례요한의 증언-을 통해 예수 그리스도를 알고 믿게 하려는 목적을 가지고 있다.[392]

5.4. 요한복음 1:1-2의 구조 도식

1:1-2에서 한글 성경으로 볼 때는 보이지 않던 것이 헬라어에서 보였다. 1:1-18까지의 큰 단원에서도 쌍을 이루는 구조이지만, 작게는 1-2절에서도 쌍을 이루고 있었다.

---

391 김상훈·고병찬, 요한복음 구조 이해에 대한 새로운 접근, 75.
392 김상훈·고병찬, 요한복음 구조 이해에 대한 새로운 접근, 75.

(1:1) Ἐν ἀρχῇ ἦν ὁ λόγος
a   b   c

(1:1) καὶ ὁ λόγος ἦν πρὸς τὸν θεόν
c   b   a

(1:1) καὶ θεὸς ἦν ὁ λόγος.
a   b   c

(1:2) οὗτος ἦν ἐν ἀρχῇ πρὸς τὸν θεόν.
c   b   a   b

교수님의 논고에 의하면 '1-2절은 세 개의 병행법으로 되어 있다. 세 개 모두 역교차인 점이 특이하다.'[393]라고 한다. 하지만 나는 각 단어를 같은 단어끼리 묶어 색을 덧입히는 동안에도 이 사실을 몰랐다. 그런데 전부 색을 칠하고 나서 보니 색끼리 서로 역교차 구조를 이루고 있었다.

김상훈 교수님께서는 강의시간에 '요한식 글쓰기는 반복이 막(마구) 나오는 것이 아니라 요한의 길이 있다'고 계속해서 반복적으로 강조하시며 말씀하셨다. 수업시간에 듣던 말씀을 1:1-2의 주해를 통해 확인하자 교수님의 말씀이 정말 참이구나 하는 감탄을 하게 된다. 각 단어가 색깔 별로 좌우 대칭의 구조로 짝을 이룬 것을 발견했기 때문이다.

---

393 김상훈, 요한복음 프롤로그와 요한일서 서문의 비교 연구, 379.

5.5. 요한복음 1:1-2의 Chiastic Structure

- In the beginning was the Word, and the Word was with God, and the Word was God. (Jn 1:1 RSV)
- He (This one YLT) was in the beginning with God; (Jn. 1:2 RSV)
  ※ YLT 성경에서는 2절의 주어를 'He'로 쓰지 않고 'This One'으로 사용한다.
- 1-2절을 chiastic structure 분석에 따르면 다음과 같이 유사한 두 가지 구조로 나타난다.[394]

A   In the beginning
  B   was
    C   the Word
      D   and the Word
        E   was
          F   with God
          F′   and God
        E′   was
      D′   the Word
    C′   This one(He)
  B′   was
A′   in the beginning with God
	A In the beginning
	  B was
	    C the Word
	    C′ and the Word
	  B′ was
	A′ with God
	A and God
	  B was
	    C the Word
	    C′ This one(He)
	  B′ was
	A′ in the beginning with God

- 위의 두 가지 구조는 유사하다. 어떤 경우건 정확한 균형을 이룬다.
- 그러나 시편과 기타 다른 시가서의 병행 구조는 유사하게 정확하지 않다.
- 이러한 신중하게 배열된 구조는 요한의 프롤로그와 복음에서 열리고 있다.

---

[394] Craig S. Keener, *The Gospel of John A Commentary*, 364-365.

5.6. 창조 전의 말씀(The Word in Pre-Creation)의 분류
요한복음 1:1-2[395]

> 1a in the beginning was the Word.   (The When of the Word)
> 1b and the Word was with God.   (The Where of the Word)
> 1b and the Word was God.   (The Who of the Word)
> 2   This One was in the beginning with God   (The Sum of the Word)

Bruner에 의하면 요한복음 1:1은 말씀의 시간과 장소, 누구인지에 대한 것을 말하며 2절에서 말씀에 대한 총체적인 것을 나타내고 있다.

- 말씀의 시간은 태초이며
- 말씀의 장소는 하나님과 함께
- 말씀은 하나님이시다.
- 그리고, 1a-2절을 종합하여 그 말씀이 하나님과 함께 태초에 계셨음을 표현한다.

5.7. 서시의 내용에 따른 분류

요한복음은 한 편의 아름다운 그리스도 찬양시인 서시로 시작한다. 서시의 내용에 따라 다음과 같이 세 부분으로 나눌 수 있다.

- 첫 번째 부분(1-8): 세상을 향한 로고스
- 두 번째 부분(9-13): 교회론적 혹은 구원론적 측면

---

[395] Frederick Dale Bruner, *The Gospel of John*, William B. Eerdmans publishing company, Michigan, U.K, 2012, 9. 브루너의 논의는 본인이 느끼기에는 주해보다는 복음적인 설교에 초점을 맞춘 경향이 있다는 점에서 Carson이나 Keener의 주해가 본문을 분석하는데 더 유용하다는 느낌이었다.

- 세 번째 부분(14-18): 교회를 향한 로고스[396]

5.8. 복합 역교차 구조가 주는 중요한 점: 증언

요한복음 1:15에 대한 레이몬드 E. 브라운의 이야기를 들어보자.

> '오늘날 이 구절(1:15)은 원래 찬양에 삽입된 것이라는 공감대가 형성되어 있다. 이것은 6-8(9)절과 동일한 유형의 삽입으로 14절과 16절 사이에 부자연스럽게 들어와 있다.'라고 진술한다.

요한의 역교차 구조를 배우지 않았더라면 브라운의 이야기에 공감했을 것이다. 따라서 15절은 두 사람의 증언을 세우기 위해 반드시 있어야 할 어구임을 깨닫게 된다.

같은 절 요한복음 1:15에 대한 Carson의 이야기를 들어보자.

> 14절 직후에 16절을 두면 아주 자연스럽고 부드럽게 연결이 되기 때문에, 어떤 이들은 15절을 후대의 삽입으로 보아 왔지만, Carson은 15절이 계획된 삽입문이라고 결론을 내리고 있다. (중략) 이렇게 해서 이 절은 서문 직후에 이어지는 세례 요한의 증언에 관한 자세한 기사를 닦는 복선으로서의 역할을 한다.[397]

요한의 이러한 역교차 구조는 신명기 말씀에 근거한 예수 그리스도에 대한 증언으로서의 역할임을 이제야 알 것 같다. 프롤로그 안에 '증언'이라는 단어가 네 번이나 나오는 것을 발견한다.[요 1:7(x2), 8, 15]

---

[396] 김동수, 요한복음 어떻게 설교할 것인가, 목회와신학 편집부, 두란노아카데미, 2007, 73.
[397] D. A. Carson, 요한복음, 박문재 옮김, 솔로몬, 2017, 226.

μαρτυρίαν(Jn. 1:7), μαρτυρήσῃ(Jn. 1:7), μαρτυρήσῃ(Jn. 1:8), μαρτυρεῖ(Jn. 1:15)

프롤로그의 복합 역교차 구조는 프롤로그가 논리적 구조로 쓰이지 않았다는 것을 의미한다. 프롤로그는 논리적 구조가 아니라 병행적 구조, 연계적 구조로 쓰여졌다. 따라서 세례 요한에 대한 구절들인 요한복음 1:6-8, 15은 문맥을 벗어나는 끼어들기(interruption)가 아니라, 주제의 신실성을 위해 복수 증인을 내세워 그리스도에 대해 증언하게 하는 의도적 삽입이며, 이를 통해 예술적 구도가 완성되는 것으로서 이해해야 한다.[398]

그러므로 이중 배열법에 기초한 거시적 역교차 구조에 대한 이해는 요한복음 구조와 관련된 여러 가지 문제들, 즉 서론부의 범위 문제, 요한복음 21장의 문제 등을 해결할 수 있으며, 이러한 이중 배열법은 요한의 독특한 기록 방식으로써, 요한복음이 '증언의 책'인 것을 보여 준다.[399] 동시에 프롤로그는 '**증언의 책**'으로서의 '**증언**'의 문을 열고 있었다.

6. 본문 해설

1:1 '태초에' בְּרֵאשִׁית(WTT) Ἐν ἀρχῇ (1:1)

'태초에'는 창세기 1:1을 상기시킨다. 요한은 창세기 1:1을 끌어옴으로 하나님이 천지를 창조하셨음을 그리스도의 신성과 선재성을 함께 강조하면서 표현하는 것이다. 1절과 2절이 하나의 묶여 있는 작은 단락을 이루면서 그리스도의 신성과 하나님 되심이 강조되는 것이다.

---

398 김상훈, 요한복음 프롤로그와 요한일서 서문의 비교 연구, 404.
399 김상훈·고병찬, 요한복음 구조 이해에 대한 새로운 접근, 93.

1:2 그가 태초에 하나님과 함께 계셨고(He was in the beginning with God)

이 말씀은 요한복음 17:5 말씀을 연상케 한다.

"아버지여 창세 전에 내가 아버지와 함께 가졌던 영화로써 지금도 아버지와 함께 나를 영화롭게 하옵소서"

'하나님과 함께 계셨고'를 RSV에서는 'with God'로 나타내는데, Raymond Brown은 좀 더 강한 표현을 사용한다. 'and the Word was in God's presence.' John McHugh는 'and the Word was very close to God' 그들의 통찰을 종합하여 우리는 다음과 같이 번역한다.

"and the Word in close fellowship with God"

하나님은 그의 아들과 가까이 계셨고, 아들, 곧 Word는 창조 전부터 아버지와 깊은 교제를 나누셨다. 이것이 하나님의 복음을 여는 문장이 된다.[400]

1:3 '엔' ἦν(Jn. 1:1)과 '에게네토' ἐγένετο(Jn. 1:3)

1, 2절에서 동사는 ἦν을 써서 그리스도의 선재성을 강조했는데, 3절은 '엔'을 사용하지 않고, 모든 것이 그를 통하여 'ἐγένετο'(되었다)라고, '에게네토' 동사를 사용했다. 이러한 '에게네토' 동사의 사용은 그리스도가 창조 사역에 관여하셨음을 의미한다. 그분이 창조자다라고 말하기는 어려울지 몰라도 아들 없이 창조 사역이 일어나지 않는다는 점을 언급함으로써 그리스도의 창조 사역을 이야기해 주고 있는 것이다.[401]

---

400 Frederick Dale Bruner, *The Gospel of John*, 11.
401 이것은 김상훈 교수님께서 수업 시간에 강의해 주신 노트 필기 자료를 정리한 것이다.

1:4 ἐν αὐτῷ ζωὴ ἦν (엔 아우토 조에 엔)

조에(ζωή)는 그리스도 자신이 생명이라는 의미로 말할 수 있고, 그리스도에게 생명력이 있다는 의미로 말할 수도 있다. 예수님께서도 종종 'life'(요 5:26, 29; 6:33, 63; 14:6; 17:3; 20:31)로서 말씀하셨고, 'eternal life'(3:15, 16, 36; 4:14, 36; 5:21, 24, 39, 40; 6:27, 40, 47, 48, 51, 53, 54, 68; 8:12; 10:10, 28; 11:25; 12:25, 50; 17:2)를 중요하게 언급하기도 하셨다. (※ 두 가지가 혼용되어 쓰이기도 한다.) 요한은 미래의 경험으로서 유대의 전형적인 이해관계에도 불구하고, 이것을 믿음과 연결시키고 있다.[402] "나는 부활이요 생명이니"(ἐγώ εἰμι ἡ ἀνάστασις καὶ ἡ ζωή, Jn. 11:25) 이 구절에서 '생명'이 '조에'인데, 그 뒤에 오는 구절은 믿음에 대한 초청이다. 어쨌든 서론에 조에가 들어간 것은 요한복음의 문을 여는 것이라고 할 수 있다.

1:5 οὐ κατέλαβεν (우 까텔라벤)

5절의 φῶς(포스)가 여기 있는 이유는 무엇인가? 왜 여기 있나? 빛은 어둠 속에 비쳤다. οὐ κατέλαβεν(우 까텔라벤)은 λαμβάνω(람바노)에서 나온 것으로 '람바노'는 '취하다', '받다'(to overtake, apprehend)를 의미한다. 이 '람바노'에 κατα(카타)가 붙으면 람바의 의미가 강화되어 '강하게 잡다'라는 'seize'의 의미가 된다. 이는 'control하다'는 의미가 있기 때문에, '이겨내다'라는 의미도 된다. RSV는, 빛과 어둠이 대립하다가 '어둠이 빛에게 졌다'라는 의미로 번역한다. 개역성경은 '깨닫다'와 '이해하다'로 번역했다.[403] 필자가 밤에 잠이 안오고 어둠(두려움)의 세력이 몰려오는 것 같은 영적 싸움을 했을 때 이 말씀을 붙들고 어둠의 세력을 이겨내면서 '어두움이 깨닫지 못하더라'(『개역개정』)의 의미보다 not overcome(RSV)의 의미가 더 맞는 것을 체험했다.

---

402 Craig S. Keener, *The Gospel of John A Commentary*, 385.
403 이것은 김상훈 교수님께서 수업 시간에 강의해 주신 노트 필기 자료를 정리한 것이다.

1:7 ἵνα πάντες πιστεύσωσιν δι' αὐτοῦ 모든 사람으로 자기를 인하여 믿게 하려 함

    7절에서 요한복음의 가장 중요한 단어가 첫 번째 등장하는데 이것은 그를 통하여 모든 사람이 믿게 하려 함(that all might believe through him, ESV)이다. 예수 그리스도를 믿게 하는 것이 요한복음의 목표이다. 요한의 복음의 미션은 한 번 더 나오는데, 이는 요한복음 20:31에 나온다. "오직 이것을 기록함은 너희로 예수께서 하나님의 아들 그리스도이심을 믿게 하려 함이요 또 너희로 믿고 그 이름을 힘입어 생명을 얻게 하려 함이니라"[404] 요한복음 20:31은 내게 특별하다. 교회에서 요한복음 20장을 암송하면서 얼마나 은혜를 받았는지 모른다. 이 짧은 구절을 곱씹으면서 그 안에 복음의 모든 것이 들어 있다는 생각을 했다.

    6-8절의 주해를 보면, 세례 요한의 ministry에 대한 말씀을 중심으로 했으나 Bruner에 의하면 요한복음을 기록한 목적은 믿게 함, 믿음(believe, belief 그리고 동의어 faith)에 있다고 한다.

    교수님께서도 수업 시간에 7절을 주해하시면서 '7절은 히나(ἵνα)절이 나오는데, 그것은 요한복음의 기록 목적에 대해서 굉장히 많이 강조하고 있다.'고 말씀하셨다. 이러한 논의가 요한복음의 중요한 Key가 된다는 것을 교수님의 강의를 통해 확증할 수 있었고, 이러한 주해서가 참(true)으로 복음적이라는 것을 믿을 수 있었다.

1:6-10 [405]

- 3-5, 6-8절은 어둠(σκοτία, Jn. 1:5)을 말하고, 6절의 아우토(αὐτῷ, Jn. 1:6)는 여격이다.

---

[404] Frederick Dale Bruner, *The Gospel of John*, 26.
[405] 이것은 강의 시간에 김상훈 교수님께서 말씀하신 내용을 정리한 것이다.

- 6절부터는 세례 요한의 증언인데 6-8절이 왜 들어갔을까? 뒤에 나오는 15절과 교차 구조를 이루기 위함이다.
- 8절은 히나(ἵνα, Jn. 1:8)절이 또 나오는데, 빛이 아니다 라고 한다.
- 9절에 엔토포스(Ην τὸ φῶς, Jn. 1:9)를 써서 빛을 또 강조한다. 이것은 8절과 대조되는 것이다. 8절은 '욱 엔 에케니노스'(οὐκ ἦν ἐκεῖνος, Jn. 1:8)로 빛이 아니고, 9절은 빛이다 라고 해서 대조를 이룬다.
- 9절 '세상에 와서 빛을 비췬다'라는 개념은 4, 5절에 있었다. 9절은 4, 5절의 개념을 반복해서 가져오고 있는데, 이는 9-11절에서 강조되면서 확대되고 보충되었다. 빛에 대한 5절의 어둠의 반응과 11절의 반응은 같을 수 있다. 그 반응은 요한복음 1:11(우 파레라본, οὐ παρέλαβον)에서 '받아들이지 않은 것'으로 나타난다.
- 10절 '알지 못했다'(οὐκ ἔγνω)를 통해, 5절은 '이기지 못했다'라는 뜻이 아니라는 결론이 된다. 즉 같은 내용을 3-4절과 9-11절에서 반복함으로써 10절은 '세상은 그로 말미암아 지은 바 되었다'라는 3절을 다시 반복하는 것이다. (창조에 대한 말씀) 10절은 '세상이 그를 알지 못했다.'는 그리스도의 사역을 알지 못하는 세상의 영적 무지를 말씀한다.

1:12 τέκνα θεοῦ 하나님의 자녀

김상훈 교수님의 강의이다. "12절의 이야기는 11절의 '그들이 영접하지 않았다'와 대조되는 것을 느끼는데, '에도켄'(ἔδωκεν, to give), 즉 그들에게 주셨어요. '에도켄' 이것이 엄청난 주제에요. 이것을 통해서 예수 그리스도 이후 '하나님의 자녀'라는 개념이 등장합니다. 구약에는 하나님의 아들들과 딸들이라는 개념이 거의 나오지 않는데, 그렇다면 이 이야기가 이루어진 것은 그리스도가 오신 이후가 되는 것이에요."라고 논지를 전개하셨다.

그래서 이것을 바이블웍스를 통해 확인했다. 표에서와 같이 그리스도가 오신 이후에 '하나님의 자녀'라는 명사구가 로마서, 빌립보서, 요한1서에 나타나고 있다.

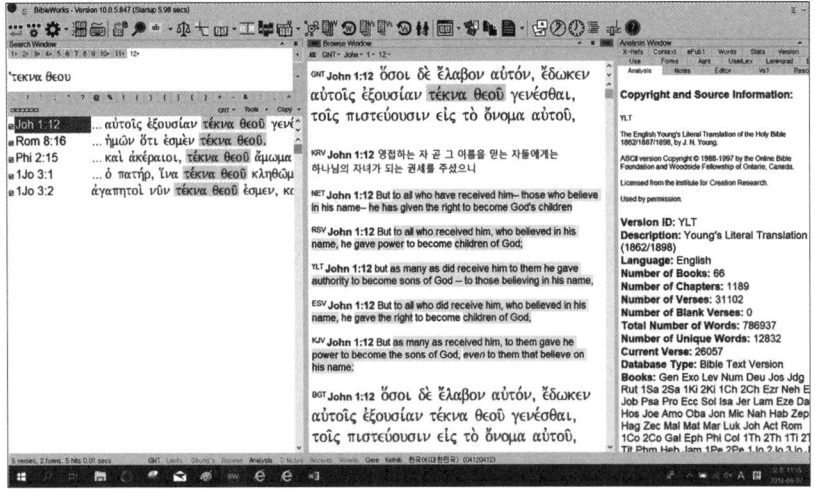

Carson은 하나님의 자녀에 대한 논의에서 요한복음 3:6로 나아간다. '육으로 난 것은 육이요 영으로 난 것은 영이니' 하나님의 자녀가 되는 것은 인간 자녀의 출생과 다르다는 것이다. 복음서 기자는 요한복음 8:39-40에서 아브라함의 육신적인 자손(physical descent from Abraham)에게까지 확장하여 육으로 태어난 것에 대해 논의를 한다.[406]

구약에서 이스라엘 사람들은 '하나님의 자녀'(신 14:1)라고 불린다. 하지만 구약 시대의 성도들은 하나님을 '아버지' 또는 '아빠(Abba)'라고 부르지는 않는다.[407] 그제서야 그리스도가 오신 이후에야 '하나님의 자녀'라는 개념이 나왔다는 교수님의 말씀이 이해되었다.

---

406 D. A. Carson, *The Gospel According to John*, 126.
407 Andreas J. Kostenberger, *Baker Exegetical Commentary John*, Grand Rapid, 2004; 신지철, 전광규 옮김, BECNT 요한복음, 부흥과 개혁사, 2017, 66.

1:12 ἐξουσία (authority)

'권세'는 'right' 또는 'freedom'으로도 번역된다. 그들에게 주신 권세는 하나님의 자녀가 되는 것이다. 이것은 인간의 노력으로 성취되는 권세가 아니라 '신적인 권세'임을 강조한다. 하나님의 자녀가 되는 것은 예수님이라는 완전한 형상의 신적 혹은 자연적인 속성을(divine nature or character) 수반하여 받는 것이다. 하나님은 세상 가운데 하나님의 자녀가 되는 권세를 주셨다. 그러나 이러한 권세는 단지 그의 영이 진실로 거듭날 때 주어진다.[408]

'권세'라는 것은 모든 사람에게 주어지지 않는다. 그것은 이스라엘 사람들에게 주어지는 특권도 아니다. 그 신분은 말씀을 믿는 모든 사람에게 주어지는 권리이다. 그렇기 때문에 우리 믿음의 고백이 수반된다. 그리고 '하나님께로부터 난 자들'이기에 은혜이다. 칼빈의 이야기를 들어보자.

> 여기에 나오는 '엑수시아'(ἐξουσία)라는 단어는 '존귀'(dignity)를 의미하는 것으로 보이는데, 교황주의자들의 거짓된 주장을 일축하기 위해서도, 그런 식으로 번역하는 것이 더 나을 것이다. 왜냐하면, 그들은 이 구절을 악하게 왜곡시켜서, '일단 하나님께서 우리를[교황들을] 이 특권을 받기에 합당한 자로 여기신 경우에, 그것을 받아들일 것인지의 선택권이 우리[교황]에게 있다는 것을 의미한다'고 주장하기 때문이다. 이런 식으로 그들은 이 구절에서 인간의 자유의지(liberum arbitrium)를 이끌어 낸다.

> '영접하는 자들'을 하나님의 자녀들로 삼으신다고 말하고 있는 것이 아니라, 그들에게 '하나님의 자녀가 되는 권세'를 주신다고 말하고

---

[408] Craig S. Keener, *The Gospel of John A Commentary*, 403-404.

있기 때문이다. 그러나 그 다음에 이어지는 말씀에 의해 그들은 무너진다. 왜냐하면, 복음서 기자는 그리스도를 '영접하는 자들'이 육신에 속한 의지에 의해서가 아니라 오직 '하나님께로부터 나서 하나님의 자녀들'이 되는 것이라는 말씀을 덧붙이고 있기 때문이다.

복음서 기자가 사용한 '권세를 주셨으니'라는 완곡어법은 그리스도께서 자기를 믿는 모든 자들을 하나님의 자녀들이 되게 하셨다고 직설적으로 말씀하셨을 경우보다 '은혜'의 탁월성(gratiae excellentia)을 훨씬 더 분명하게 부각시키는 효과를 지닌다.[409]

1:14 ὁ λόγος σὰρξ ἐγένετο(호 로고스 사룩스 에게네토, 말씀이 육신이 되어)

에게네토(ἐγένετο)에 대하여 리히터(Richter)는 "서술 명사와 연결되는 동사 기노마이(γίνομαι)는 사람 혹은 사물이 특성을 바꾸어 새로운 상태로 돌입하며, 이전과 다른 존재가 되는 것을 표현한다. 이 문맥에서 그 '다른 존재'란 바로 육신이다."[410]라고 논의했다.

Carson에 의하면 1절의 ho logos, 'the Word'가 다시 나타난 것은, 요한이 강한 필치로 말씀의 성육신(incarnation)을 강조하고자 하기 때문이다.

이 구절에서 관주로 이어지는 구절들은 출애굽기 33:7-34:35을 암시(allude)하고 있기 때문에 첫 번째 구절(말씀이 육신이 되어)의 의미도 같을 것이라고 한다.

'tent of meeting'은 하나님께서 그의 친구로 삼으신 모세와 얼굴과 얼굴을 맞대어 이야기를 하시던 곳이다. 모세는 하나님이 자신에 대해 말씀해 준

---

[409] Iohannes Calvinus, 칼빈주석 요한복음, 29-30.
[410] Andreas J. Kostenberger, WBC 요한복음 총론, 김광모 옮김, 크리스챤출판사, 2005, 139.

하나님의 거룩한 이름(divine name)을 듣고, 하나님의 말씀을 기록한 두 돌판을 받는다. 요한은 하나님의 자기 표현인 하나님의 '말씀'이 육신이 되었다고 우리에게 말한다.

이것이 최고의 계시이다.(*This is the supreme revelation*)[411]

1:14 σκηνόω(dwell)

스케노오는 직설법, 3인칭 능동태 단수의 형태로서 'to spread a tent', 'dwell'의 뜻으로 흔히 '거주했다'라고 번역된다. 이 단어는 문자적으로 '자기의 장막을 치다'를 뜻한다. 구약 시대 이스라엘 백성이 광야 생활을 할 때, 하나님은 그들의 한가운데, 즉 성막에 거하셨다(출 40:34-35). 이 헬라어 동사는 예수 안에서, 또다시 하나님이 그때보다 더 친밀한 방법으로 그분의 백성들 사이에 자신의 거처를 정하셨다는 것을 넌지시 알려 준다. 여기서 예수가 '우리 가운데 장막을 친' 것은 성육신, 즉 말씀이 인간의 몸을 취한 것과 관련되어 있다.[412]

Carson에 의하면, 이는 '그 말씀이 우리 가운데 자신의 장막(dwelling)을 만들었다'는 뜻이다. 즉, 하나님이 그의 백성 가운데 육신이 된 말씀(the Word-become-flesh)안에 사시기로 하셨다.'[413]는 의미라는 것이다.

1:15 μαρτυρεῖ 증언하여

μαρτυρεῖ는 현재 능동 직설법 3인칭 단수로서 현재 시제이다. 신약성경에서 생동감 있는 서술을 위해 부정과거 대신 현재 시제를 사용하는 것은

---

411 D. A. Carson, *The Gospel According to John*, 126-127.
412 Andreas J. Kostenberger, *Baker Exegetical Commentary John*. 69.
413 D. A. Carson, *The Gospel According to John*, 127.

흔한 일이다. 이를 통해, 복음서 기자는 세례 요한의 증언을 한편으로는 마치 현재 진행 중인 것처럼 생생하게, 다른 한편으로는 마치 그 증언 전체를 한마디로 요약한다는 듯이 포괄적으로 제시하고자 한다.[414]

다음은 15절에 대한 김상훈 교수님의 강의다.

> 15절이 문제인데, 15절이 그냥 들어간 게 아니고, 거기에 들어가야만 교차법 chiastic structure가 완성되는 거지요. 처음부터 저자에 의해서 작품으로 만들어진 것이지요. 교차와 평행 다시 말해 병행의 방식이 계속 요한복음에서 나올 것입니다.
> 15절이 없으면 쌍이 안 생깁니다. 15절이 꼭 있어야 되죠.
> 15절이 있어야 쌍을 만들고, 6-8절은 3-5절과 9-11절을 갈라놓을 수 있게 되지요.'

1:16 χάριν ἀντὶ χάριτος 은혜 위에 은혜(grace upon grace, RSV)

여기서 '안티'(ἀντὶ)는 against 보다는 upon의 의미로 은혜의 풍성함을 강조하는 것이다.'[415] 오늘날의 해석은 '안티'를 '위에' 또는 '~에 더하여'를 의미하는 것으로 본다. 이 해석에 따르면 '안티'는 '하나의 복 후에 또 다른 복'으로 번역된다.

Kostenberger는 예수가 온 것을 (교환의 의미로서) 은혜 '대신에'(ἀντὶ) 은혜를 베푼 것으로 설명한다. 즉 <u>모세를 통해 주어진 은혜가 그리스도를 통해 주어진 은혜로 대체되었다는 것이다.</u>

414　D. A. Carson, 요한복음, 박문재 옮김, 솔로몬, 2017, 226.
415　이것은 수업 시간에 김상훈 교수님께서 강의하신 내용이다.

1:18 μονογενὴς θεὸς ὁ ὢν εἰς τὸν κόλπον τοῦ πατρὸς
아버지의 품 속에 있는 독생하신 하나님
the only Son, who is in the bosom of the Father(RSV)

요한복음의 프롤로그의 결론에서 저자는 다음과 같이 강조하며 선언한다. '하나님을 아무도 결코 보지 못했다.' 이것은 1:1과 함께 '인클루지오'를 이룬다.(Keener 2003: 335 재인용) 1:1에서 말씀은 하나님과 '함께' 계셨으며, 또한 그 말씀은 곧 '하나님'이셨다고 소개되었다. 요한복음 1:18에서 '유일무이한 아들'(개역개정 '독생하신')은 하나님이었으며, 또한 그는 가장 친밀한 방법으로 하나님과 함께 있었다고 언급된다. 나아가 이 관계는 왜 성육신한 예수가 하나님과 사람 사이에 존재하던 거대한 틈을 극복할 수 있었는지를 설명하는 가장 중요한 이유로서 제시된다.

'인클루지오'를 통해서, 이 절의 '유일무이한 아들이신 하나님(개역개정, 독생하신 하나님)'은 1:1에 대한 가장 간략한 주해를 제공한다. 1절에는 '이 말씀은 곧 하나님이시니라'라고 언급되었다. 그 말씀은 바로 하나님이었다.[416]

7. 프롤로그 전체 주해

프롤로그를 사역하고, 단어의 의미를 찾고, 단락 구조를 살피고, 본문을 해설하고 전체를 주해하는 것이 연구의 목적이었다. 프롤로그는 교차대칭 구조로 늘 두 개의 쌍으로 나타났다. 1-18절 안에 많은 단어와 어구들이 유희를 하고 있었고, 아름다운 서정시이기도 했고, 말씀이 육신이 된 사건을 시적 내러티브의 기법으로 풀어내는 것이기도 했다.

---

[416] Andreas J. Kostenberger, *Baker Exegetical Commentary John*, 79-80.

1-2절은 18절과 쌍을 이루어 '태초'라는 창세기 1:1의 말씀을 인용하여 로고스의 신성과 그리스도의 신성을 나타내고 있다. 1-2절에서는 하나님과 함께 계신 하나님으로, 18절은 나타나신 하나님으로 표현한다. 1-2절은 세 개의 병행으로 모두 역교차를 이룬다.

3-5절은 만물의 창조에 대한 이야기로 시작하여, 빛과 생명에 대해 서술하며, 빛과 어둠을 대조하고 있다. 3-5절은 다시 16-17절과 쌍을 이루며, 어둠의 반응에 대하여 '예수 그리스도로 말미암아 온 은혜'(17절)와 진리를 받음으로 은혜 위에 은혜가 됨을 17절의 '율법'과 '모세'로 대조하여 은혜를 강조하고 있다.

6-8절은 15절과 같이 '삽입구'라는 학자들의 이론에 대한 교수님의 분명한 논의가 있다.

9-11절은 반응이다. 반응에는 첫째 세상이 알지 못함이 있고, 둘째 영접하지 아니함이 있다. 이것은 14절의 '그의 영광을 보니', 즉 하나님께로부터 난 자들이 보게 되는 아버지의 독생자의 영광과 대조된다.

12-13절은 가장 중심이 되는 구절이다. 믿음에 대한 초청이며, 동시에 요한 기자가 요한복음을 쓰는 목적이다. 이는 7절에 이어 12절에서도 강조되고 있다.

14절은 incarnation이다. '말씀이 육신이 되었다'로만 문장이 마쳤다면 복음이 아니었을 것이다. **'우리 가운데 거하시매'**라는 어구가 있어 완성이 되는 것이며 이것은 9-11절의 영접하지 아니하는 자와 대조되는 권세를 말씀하고 있다.

15절은 앞 뒤에 들어있기에 적절하지 않은 것 같으나, 그렇지 않다. 요한 기자가 처음부터 계획하여 넣은 구절이기 때문이다. 이것은 3-5, 9-11절과 14, 16-17절 사이에서 서로 쌍을 이룬다. 6-8절에서는 세례 요한의 소개가 나오고, 15절에서는 세례 요한을 통한 예수 그리스도의 신성을 증언하고 있다.

이것을 종합하면 프롤로그는 역교차 대칭구조로 정교하게 표현되어 두 증언-저자와 세례요한의 증언-을 통해 예수 그리스도를 알고 믿게 하려는 목적을 가지고 있다. 이것은 사려깊은 요한만의 기법으로서 끼어들기 같이 생각되어 풀리지 않던 모호한 어구들이 역교차의 구조에서 볼 때 오히려 해결되는 실마리를 열어주며 요한이 독자들에게 전달하려는 메시아이신 그리스도와 믿음에 대한 요한의 두 증언의 함의를 깨달을 수 있게 한다.

이렇게 완벽하게 짜여진 구조를 통해, 3년 동안 예수님을 따르며 경험했던 요한의 '들은 바, 본 바, 손으로 만진 바'(요일 1:1)의 고백이 요한복음의 진정성으로 표현될 것이다.

나가는 말

교수님의 손에 의해 잉태된 이 작품(교차대칭구조)이 앞으로 신약학계에서 인정받게 될 것이라고 확신하신 말씀을, 분석의 도구들을 통해, 그리고 프롤로그의 구조를 충분히 다루지 못한 여러 주해서들을 통해 확인하면서 고개를 끄덕일 수 있었다.

그들은 미완성으로 남겨 놓았지만 다음 세대를 위해 하나님께서 교수님의 분석의 틀을 준비하고 계시는 듯한 느낌이다.

신학을 하기 전, 아니 김상훈 교수님의 요한문헌 수업을 듣기 전까지도 요한복음의 프롤로그가 이렇게 아름다운 예수님의 탄생의 내러티브 서사시라는 것을 생각해 본 적이 없었다. 단순하게 성육신의 대표적인 구절로만 요한복음 1장을 생각했었다. 교수님의 강의를 들으며 비로소 요한복음 1장이 요한복음의 서곡이 되어 아름다운 찬양을 이루고 있다는 것을, 나는 주해를 시작하자마자 1절과 2절 사이에 언어의 병행 기법에서부터 발견하게 되었다. 나는 프롤로그를 보는 시각을 바꿔야만 했고 여기에 나의 마음이 머물게 되었다.

보강과 과제와 퀴즈로 힘든 시간을 보내면서 틈을 내어 프롤로그의 1:1-2을 먼저 분석하는 과정 중에, 나는 한글 성경에서는 볼 수 없었던, 헬라어에서만 볼 수 있는 아름다운 단어의 배열과 문장의 배열에 주목하게 되었다. 같은 단어 색을 색깔로 입히면서도 몰랐다. 다 하고 나서 화면을 보니 그제서야 각 단어가 색깔 별로, 좌우 대칭의 구조로 짝을 이룬 것을 발견하게 되었다.

'어! 이거 정말 신기하다. 교수님 말씀이 정말 맞다.'는 생각을 했다. 정신 없이 산을 오르고, 옆의 풍경을 쳐다볼 새도 없이 허덕거리고 정상에 올라가면 그제서야 산꼭대기 아래 펼쳐지는 아름다운 풍경을 볼 때의 기쁨을 느꼈다. 문장 분석을 미리 해 봤던 것은 내게 은혜였다. 그 후로 수업 시간에 교수님의 말씀이 어찌나 잘 들어오던지!

나는 요한복음을 참 많이 암송했다.(14, 17, 19, 20장) 처음 요한문헌 수업을 시작하면서 내가 암송했던 요한복음이었기에 수업에 대한 열정이 있었고, 행복함이 있어서 많이 기대를 했었는데, 요한복음 구조를 대하면서 너무 어렵다는 생각이 들었다. 나에게는 정말 처음 듣는 이야기였다.

그럼에도 이러한 소중한 것을 발견하신 교수님의 귀한 강의를 들으며 요한이 문장의 배열을 통해 우리에게 주고자 하는 문자적인 해석 너머의 세계를 조금 알 것 같은 마음이 들기 시작했고, 새로운 시각으로의 접근이 요한복음을 대하는 나의 눈을 열어주는 최소한의 작업이 되리라 생각을 하게 되었다.

요한복음의 프롤로그 구조를 살펴보다보니 이와 같은 카이아스틱 구조가 성경 곳곳마다 많이 있다는 것이 어렴풋이 그려진다. 학습으로 습득된 구조 배열에 도전해 보리라 생각한다. 그래서 성경 속에 감추어진 저자의 의도를 더 깊이 알아가며 그 기쁨을 맛보고야 말리라.

참고문헌

【 간행물(논고) 】

김상훈	요한복음 프롤로그와 요한일서 서문의 비교 연구. 신약연구 제9권 제3호. 2010년 9월.
김상훈·고병찬	요한복음 구조 이해에 대한 새로운 접근. 신약연구. 한국복음주의신약학회. 제9권 제1호 2010년 3월.

【 단행본 】

김상훈	개혁주의 해석 에베소서. 총신대학교출판부. 2013.
김동수	요한복음 어떻게 설교할 것인가. 목회와신학 편집부. 두란노아카데미. 2007.
Charles H. Talbert	Reading John. The Crossroad Publishing Company. New York. 1992.

※ 신대원을 다니면서 이 책만큼 내 가슴을 뛰게 했던 책이 있을까! 물론 다른 문헌들도 내용면에서는 이 책보다 더 좋은 책이 많았다. 양지 도서관 열람실에서 공부를 할 때, 늘 내가 앉는 자리 앞에 앉는 우리반 전도사님이 요한문헌 과제를 하면서 보던 책이 이 책이었다. 그때까지만해도 이 책은 과제물 책이 아니었고, 도서관을 뒤져야 나왔던 책이다. 그 전도사님 왈 "요한복음 서가에서 이 책이 많이 낡아 있기에 꺼내왔다고 하면서 보는데 김상훈 교수님께서 수업 시간에 말씀하셨던 내용이 그대로 녹아 있었다. 얼마나 흥분되었는지, 요한을 상징하는 독수리가 책표지 디자인이 된 이 책은 잊을 수가 없다. 복음적인 내용이면서도 성경적·문학적 접근을 다룬 면에서 이 책을 읽으면서 너무 행복했었다.

※ 후배들에게 과제물 할 때 많이 추천했는데, 나중에 보니 과

제물 책으로 분류 되어 있었다.

Craig S. Keener The Gospel of John A Commentary. Vol one. Hendrickson. USA 2003.

D. A. Carson The Gospel According to John. Grand Rapids. Michigan. 1991.

Frederick Dale Bruner ἅψωμαι (Matt. 9:21 BGT) The Gospel of John. William B. Eerdmans publishing company. Michigan. U.K. 2012.

【 번역본 】

Andreas J. Kostenberger WBC 요한복음 총론. 김광모 옮김. 크리스챤출판사. 2005.

Andreas J. Kostenberger Baker Exegetical Commentary John. Grand Rapid. 2004; 신지철, 전광규 옮김. BECNT 요한복음. 부흥과개혁사. 2017.

Arthur Walkington Pink Exposition of the Gospel of John. 지상우 옮김. 크리스챤다이제스트. 2010.

Colin G. Kruse 틴데일 신약주석 시리즈 4 요한복음. 배용덕 옮김. 기독교문서선교회. 2013.

Iohannes Calvinus 칼빈주석 요한복음. 박문재 옮김. 크리스챤다이제스트. 2012.

Raymond E. Brown. 앵커바이블 요한복음 I 표적의 책. 최흥진 옮김. 기독교문서선교회. 2013.

Richard T. France NIGTC 마가복음. 이종만. 임요한. 정모세 옮김. 새물결플러스. 2017.

13. 신약신학 과제 I

정용신 교수님
『성경 헬라어와 신약성경의 이해』

들어가는 말

'헬라어 시제'는 말만 들어도 먼저 주눅이 들고 마음부터 아파온다. 1학년 입학시험을 본 후 합격 통지서를 받자마자 그 기쁨은 잠시 뿐이었고, '헬라어·히브리어 동계'라는 무서운 공지사항을 들으면서, '어떻게 살아가야 하나?'를 생각할 정도로 앞이 캄캄했었다.

긴긴 겨울, 새벽 2시! 공부하던 학생들은 이미 다 돌아갔고 아무도 없는 도서관에서 혼자 남아 있다 나오면 도서관 앞마당에는 눈이 가득히 쌓여 있었다. 함박눈에 하늘이 하얗게 보이고 온 천지가 눈발의 군무를 이루던 처연한 밤, 한 사람도 밟지 않은 미끄러운 눈 쌓인 길을 걸으며 돌계단에서 미끄러질까 조심조심 기숙사로 돌아오던 기억이 있다.

그럼에도 나는 시험지 앞에서는 머리가 하얗게 되었다. 지금도 나는 헬라어에 대한 트라우마를 간직하고 있다. 그런데 다시 헬라어 동사 앞에 서야 한다. 전에도 나는 헬라어 시제가 '상'(aspect)을 표현한다는 개념을 내 고정관념으로 받아들일 수 없었다. 그런데 다시 '상' 앞에 서야만 하는 것이다.

이 과제는 서론에서 '이 책이 쓰여진 이유'를 논의하고
제1장에서는 '성경 원어의 중요성'을 강조한다.
제2장에서는 '헬라어 동사 시제의 이해'를 논의한다.

제2장은 동사 상(Aspect)이론으로 동사에 대한 전체적인 개괄을 소개한 후 그 이론이 성경 본문 이해와 해석에 어떻게 사용될 수 있는지 구체적인 예를 살핀다. 이와 같이 하여 Ⅱ. 직설법 시제(67-106), Ⅲ. 명령법 시제(106-139), Ⅳ. 분사 시제(139-174), Ⅴ. 가정법 시제(175-192)를 차례로 논의할 것이다.

1. 동사 '상'(aspect) 이론(Verbal Aspect Theory)

100여 년 전에 일반 언어학에서 상(aspect)에 대한 활발한 논의가 일어났는데, 그때 두 명의 신학자인 포터(S. E. Porter)와 패닝(Buist Fanning)은 이 개념에 대한 논쟁을 벌였다. 두 사람은 전통적으로 견지되어 오던 헬라어 시제가 '시간'이나 '동작의 종류'를 나타낸다는 전통적인 주장을 논박했다.[417]

1.1. 시제가 '동작의 종류'를 나타낸다는 주장

이 주장은 헬라어의 시제는 기본적으로 어떤 동작이 어떻게 생겨났는지를 묘사하기 위하여 사용된다고 보는 주장으로 저자의 주관적인 선택이 아닌, 객관적으로 묘사되는 동작의 종류로 보는 것이다.[418]
- 현재 시제에 속하는 시제는 진행 중인 동작(On-going action)을 나타내고
- 과거 시제는 완료된 동작(completed action)을 나타낸다.

---

[417] 정창욱, 성경 헬라어와 신약성경의 이해, 그리심, 2012, 59.
[418] 시제가 '시간'을 나타낸다는 주장은 쉽게 이해할 수 있으므로 설명이 필요없는 주장으로 생략함.

그런데, 패닝과 포터 두 학자는 일반 언어학의 개념을 도입하여 헬라어 시제에 대해 새로운 관점을 제시했다.

〈표 1-26〉 헬라어 시제에 대한 포터(S. E. Porter)와 패닝(Buist Fanning)의 견해[419]

포터(S. E. Porter) (60-62)	패닝(Buist Fanning) (62-64)
급진주의적 주장을 펼침	포터에 비하면 패닝은 온전(溫全)하다
헬라어 시제는 시간이나 동작의 종류가 아니라 상을 나타내는데, 이것은 직설법에도 적용된다.	동사의 상을 중시 여기면서, 문맥 속에 있는 다른 요소들이 동사 시제의 의미를 이해하고 결정하는 데 중요한 역할을 하게 된다고 생각했다.
직설법에서도 현재 시제는 현재를 나타내는 것이 아니며 과거 시제는 과거를 지칭하지 않는다.	포터와 마찬가지로 헬라어 시제에서 상은 시간성을 나타내지 않는다고 주장하면서, 상(aspect)과 동작의 종류(Aktionsart)를 구별해 내려고 시도한다.
모든 법에서 시제는 어떤 동작에 대한 저자나 화자의 주관적 묘사일 뿐이다.	의미론(semantics)과 화용론(pragmatics)을 구분함.
저자의 관점에서 볼 때 어떤 동작을 내적 관점(internal perspective)에서 진행하는 것으로 보는 것이 현재 시제이다.	동사의 종류를 절차적 특성이라 명명하여 시제가 갖는 '영향 받지 않는 의미'(상이 전해 줌)와 '영향 받는 의미'(동작의 종류가 전해줌)를 구별한다.
동작 전체를 외부에서 보고(external perspective) 하나의 동작으로 표현하는 것이 과거 시제이다.	포터의 견해와 다른 점은 직설법의 경우에는 시제가 시간적 의미를 갖는다고 생각함

---

[419] 정창욱, 성경 헬라어와 신약성경의 이해, 60-67.

동사의 '상'의 세 가지 구분 완료, 미완료(imperfective), 상태	물론 다른 법들의 경우에는 헬라어의 시제가 보통 시간적 의미를 전달하지 않으며 상을 전달한다고 봄
• **완료 상**(perfective): 어떤 동작을 외부에서 하나의 전체로 보아서 표현해 주는 것으로 단순 과거가 완료 상에 해당한다고 본다. • **미완료 상**: 어떤 동작을 내부에서 관찰하여 묘사하는 것으로 현재와 미완료 과거가 여기에 해당한다. • **상태 상**(stative): 완료 시제를 뜻함	현재완료의 경우: 동작의 종류가 나타나서 **상태 동작의 종류**를 표현해 준다고 주장한다. 　포터와 달리, 완료 시제는 미완료 상에 속한다고 본다. 결국 상의 종류를 분류하면서 현재완료를 위해 따로 상태 상을 만들지 않고 두개의 상, 곧 미완료 상과 완료상만 인정한다.

1.2. 포터(S. E. Porter) 와 패닝(Buist Fanning)의 정리

　직설법에서는 패닝이 대표하는 입장을 따라 시제가 시간을 나타낸다고 보는 것이 타당하며, 동작의 종류를 상과 전혀 상관없는 별개의 것으로 보려는 포터의 주장은 한계를 가지고 있으므로 보다 과격한 포터의 주장보다는 새로운 이론을 수용하고 발전시키면서도 전통적 견해와 접촉점을 찾아내는 **패닝의 주장이 더 설득력이 있다.**(66-67)

2. 직설법 시제(67-106)

　직설법의 시제는 절대적인 개념을 가지고 있는데 이것을 포터는 직설법에서조차도 동사의 시상은 시간 관계를 나타내지 않는다고 주장한다. 하지만, 그렇게 이해할 경우, 헬라어의 '너무나 많은 예외들'(numerous exceptions)이 생겨나는데 포터의 이론에서는 '완료 상'만으로 '미완료 상'으로 해결할 수가 없다. 따라서 포터는 '상태 상'을 도입할 수밖에 없었다.

그러나 도입한 '상태 상'은 동사의 상이라기보다는 동사의 동작의 종류라고 보는 것이 더 타당하기 때문에 포터는 모순에 직면하게 된다.

2.1. 현재완료 시제의 두 가지 측면(헬라어와 영어의 차이)

과거 시제를 나타내는 외적인 상 ➡ 헬라어 시제는 과거 행동과 현재 결과 사이에 공백(interval)이 존재 ➡ 현재 시제를 표현하는 내적인 상

① 헬라어의 현재완료에는 과거의 행동과 현재의 결과 사이에 공백이 존재한다. 그러나 영어의 현재완료에는 공백이 존재하지 않는다.
② 또한 헬라어 현재완료의 강조점은 **과거의 동작**일 수도 있고 그 **동작의 현재 결과**일 수도 있지만, 어느 한쪽이 강조되더라도 다른 한쪽이 사라져 버리는 것은 결코 아니다. 단순히 강조점의 차이만을 의미한다.

본문을 읽어가며 느끼는 점은 모든 언어의 한계성이다. 나는 한국어에만 한계성이 있는 줄 알았는데 헬라어 원문을 영어의 현재완료로 번역할 때는 원문의 의미를 곡해해 버릴 수도 있어서 오히려『개역개정』이 잘 표현한 부분도 있다는 것이 아닌가!

그런데 언어의 체계에 따라 우리의 사고 체계가 바뀌는 것이 아닌가 하는 생각이 든다. 왜냐하면 헬라어를 쓰는 헬라인들에게는 현재완료의 사고가 과거의 시제와 현재의 시제를 표현하는 '상'으로서의 상상이 가능하다면, 한글에서의 표현 역시 현재완료의 사고를 넘어서는 논지가 형성될 것이라고 본다.

헬라어의 현재완료는 ① 현재적 상태의 강조가 있으며,
② 과거의 동작 완료의 강조가 있다.

여기서 과거의 동작 완료의 강조를 예를 들어보려 한다.(82-85)

καὶ ὅτι ἐτάφη καὶ ὅτι ἐγήγερται τῇ ἡμέρᾳ τῇ τρίτῃ κατὰ τὰς γραφὰς (1 Cor. 15:4, GNT)	
ἐτάφη	to bury. 동사, 직설법, 과거, 수동, 3인칭, 단수
ἐγήγερται	to raise up. 원형 ἐγείρω 동사, 직설법, 현재완료, 수동, 3인칭, 단수
『개역개정』	장사 지낸 바 되였다가 성경대로 사흘만에 다시 살아나사
he was buried, that he was raised (ESV)	he was buried, and that he rose again (KJV)

- 헬라어 문장에는 두 개의 동사가 사용되는데, 하나는 **과거**, 다른 하나는 **현재완료** 시제다.
- 이 현재완료는 과거의 완료된 동작에 강조점이 놓인다. 그래서 예수님이 우리 죄를 위하여 돌아가셨고 장사 지낸 바 되셨고, 성경에 기록된 대로 사흘만에 살아나셨다는 사실이 강조된다.
- 여기서 주목할 것은 3절의 '돌아가셨다'와 5절과 6절에 '보이셨다'는 단순 과거 시제가 사용된다는 점이다. 이런 맥락에서 볼 때 4절에서 사용된 현재완료 동사는 **과거의 행동에 더 많은 강조점을 두고 있다**고 볼 수 있다.
- 물론 이 현재완료형은 예수님이 부활하셔서 바울이 이 글을 쓰는 현재도 살아 계심을 함축한다. 과거에 있었던 사건들을 강조하는 중에 부활과 관련해서는 현재적 의미도 함께 언급한 것이다.
- 왜냐하면 '죽으셨다'와 '장사 지낸 바 되셨다'는 현재완료로 표현할 필요가 없는 단순과거이나 "부활하셨다"는 현재완료로 표현할 필요가 있기 때문이다.
- 또 한 가지 주목해 볼 것은 바울이 여기서 복음의 핵심을 기술하고 있다는 점이다. 바울은 자신이 전하는 그리스도 복음의 중심 내용이 무엇

> 인지를 설명한다. 따라서 바울은 <u>그리스도께서 이전에 어떻게 되셨는지를 언급할 때는 과거라는 틀 속에서</u> 조명하며, 거기에 더하여 부활하신 그리스도의 현재적 존재와 의미를 추가한 것이다.

2.2. 미완료과거와 단순과거 사이의 차이와 미완료과거의 용법(91-93)

> - **단순과거**: 일련의 완성된 사건들을 묘사함으로 이야기를 위한 중추뼈를 제공
> - **미완료과거**: 다음 순간 어떤 일이 일어나리라는 긴장감을 주기도 하고 사건 속에서 무언가 색다른 측면을 표현해 주고자 할 때 쓰임

① 묘사적 미완료과거
descriptive imperfective

② 반복적인 용법 혹은 습관적인 용법

미완료과거 용법

③ 기동(起動), 동작의 시작을 나타내는 미완료과거

④ 의욕을 나타내는 미완료과거

2.3. 말하기 동사(Verbs of saying)의 미완료과거

저자는 '말하기 동사'의 미완료과거 동사에 대한 굿윈(Goodwin)의 견해를 제시하면서 대표적인 예로 마태복음 9:21을 든다.(93-94) 저자는 이 부분에 대하여 어떤 주석가도 이 같은 측면에 관심을 기울이지 않는데, 모리스(Leon Morris)만이 단순하게 아무런 설명 없이 마태복음 9:21의 미완료과거 동사가 "'그녀는 계속해서 말하고 있었다.'(She kept saying, NET)는 의미를 전달해 줄

수도 있다"⁴²⁰고 지적할 뿐이라고 한다. 나에게는 이 해석이 너무 아름답고 간절하고 언젠가 내가 필요할 것 같아 정리해 두고 싶었다.

> ἔλεγεν γὰρ ἐν ἑαυτῇ· ἐὰν μόνον ἅψωμαι τοῦ ἱματίου αὐτοῦ σωθήσομαι. (Mt. 9:21, GNT)
>
> λεγεν verb indicative imperfect active (직설법 미완료 능동태) 3인칭 단수 원형 λέγω
>
> λέγω 동사의 미완료과거 시제는 이 구절에서 반복적인 요소를 전달해 주어서 '반복적으로 계속해서 말하고 있었다'로 해석해야 한다. 즉 그 여인은 어쩌면 계속해서 마음속으로 '예수님의 겉옷을 만지기만 하면 나음을 받으리라'고 반복적으로 되뇌이고 있었을 수도 있다. 미완료과거는 예수님의 겉옷을 만지기 전에 그 여인이 마음속으로 자신의 소원을 계속 반복해서 되뇌임으로써 나음을 받고 싶다는 간절한 열망을 증대시키기 위해 노력하고 있었음을 암시해 준다.

2.4. 일반 동사의 미완료과거

일반 동사의 미완료과거에 대한 이해에 있어서 중요한 것을 놓치고 있었던 것을 알게 되었다. 갈라디아서 2:12을 비교해보자.

> πρὸ τοῦ γὰρ ἐλθεῖν τινας ἀπὸ Ἰακώβου μετὰ τῶν ἐθνῶν συνήσθιεν· ὅτε δὲ ἦλθον, ὑπέστελλεν καὶ ἀφώριζεν ἑαυτὸν φοβούμενος τοὺς ἐκ περιτομῆς. (Gal. 2:12, GNT)

---

420 Leon Morris, *The Gospel according to Matthew* (Grand Rapid: Eerdmans, 1992), 230: 정창욱, 성경 헬라어와 신약성경의 이해, 96 재인용.

> for until certain people came from James, he used to eat with the Gentiles. But after they came, he drew back and kept himself separate for fear of the circumcision faction. (NRS)

> For before certain men came from James, he was eating with the Gentiles; but when they came he drew back and separated himself, fearing the circumcision party. (ESV)

첫째, συνήσθιεν은 미완료과거로서, NRS에서는 'he used to'로서 베드로의 습관적 행위를 묘사하나, ESV에서는 'was eating'으로 과거의 어느 한 시점의 과거 진행형의 의미로 번역되었다.

둘째, ὑπέστελλεν καὶ ἀφώριζεν은 미완료과거로서, NRS에서는 'drew back and kept himself separate' 이며, ESV에서도 'drew back and separated himself'으로 대부분의 영어 성경은 'used to'(하곤 했다)나 'kept'(계속했다)와 같은 조동사를 첨가하지 않고 단순과거를 사용한다.

여기 귀한 해석이 있다. 바로 뒤이어 나오는 13절을 볼 때 바나바조차도 베드로의 영향으로 이방인과의 교제를 꺼리게 되었다는 것은 **어느 정도 시간이 흘렀음**을 의미한다. 상당한 시간이 흐른 후에야 바울이 베드로를 모든 사람 앞에서 힐난하기에 이른 것이다. 이 같은 번역은 이 문장의 의미를 모호하게 만들거나 심지어 곡해하도록 만들 수 있다. 단순과거를 사용함으로써 마치 베드로가 식사를 하는 도중에 야고보로부터 온 사람들을 보고 식탁에서 물러간 듯한 느낌을 주어 본문의 의미를 제대로 전달해 주지 못한다.(103)

3. 명령법 시제(106-139)

시제의 상(aspect)은 화자의 관점에서 보는 주관적 설명이다.[421] 그러나 주관적 시제 선택에 과도한 의미 부여를 하여 과도한 해석을 하지 말아야 한다는 저자의 경계는 아주 감사하다. 이어서, 저자는 명령법 시제에서 **현재 명령법은 주로 일반적 교훈**을 위해 사용되며, **과거 명령법은 주로 구체적인 명령**을 위해 쓰인다고 말하며, 이것을 '동작의 종류'(Aktionsart)라고 불린다고 설명한다.(118)

① 명령법의 사실확인(constative) 용법: 디모데전서 6:11-12(115-122)

일반적인 교훈을 명령하면서 과거 명령법을 쓰는 경우 가장 중요한 것으로서 우선순위에 두어야 할 '엄중성'(solemnity)이나 '급박성'(urgency)을 강조해 주며, 그 명령을 최우선 순위로 삼으라는 의미의 용법이다.(딤전 6:11-12에서 바울이 다른 세 가지 명령 동사에서는 전부 현재 명령법을 쓰다가 '영생을 취하라'에서 과거 명령법을 쓴 까닭에 대한 해석)

② 요한3서 15절의 현재 명령법(현재 명령법: 지속적인 문안의 동작 표현)

'문안하라'(Ἀσπάσασθε, 살전 5:26, 과거 명령)와 '문안하라'(ἀσπάζου, 요삼 1:15 현재 명령)의 차이에서, '문안하라' 동사의 명령법이 신약 전체에서 모두 27번 사용되는데(서신서에서 26회), 이 중 오직 한 곳 요한3서에서만 현재 명령법을 쓴 까닭은 단순히 '인사를 전하라'는 일반적인 의미보다 '형제들 한 사람 한 사람에게 인사를 전하라'는 것을 강조하기 위함이다. 즉, 요한3서의

---

421 Wallace, *Greek Grammar Beyond the Basics*, 719-25: 정창욱, 성경 헬라어와 신약성경의 이해, 118. 재인용에 따르면 '어떤 동작의 내적 진행에는 관심이 없이 전체를 하나의 행동으로 보고 어떤 명령을 전달하려면 과거 시제를 쓰고, 반면에 내적인 관점에서 내적인 과정의 진행을 나타내려면 현재 시제를 쓴다는 것이다.'

현재형은 '진행 중인 지속적인 문안의 동작'을 표현을 표현하기 위함이라는 것이다.

4. 분사 시제(139-174)

4.1. 부가적 분사(attendant participle) 용법

'부가적 분사'[422]를 '부가적 상황분사'(attendant circumstance participle), '상황의 분사'(circumstantial participle) 또는 '잉여적 분사'(redundant participle)라고 명명한다.(150) 부가적 분사에 대한 혼란은 용어의 혼란으로 인해 더욱 난해해진다.[423]

그럼에도 본서를 통해 '부가적 용법'과 '부사적 용법'이 다른 것을 알게 되었는데, 이는 '가서'(πορευθέντες, 마 28:19)의 용법에서 확인할 수 있다. 『개역개정』에서는 이를 '부사적 용법', 즉 주동사의 '시간'이나 '수단' 등의 의미로 해석하여 '가서'라고 번역했다. 그러나 사도행전에 기록된 초대교회의 모습을 볼 때, 이스라엘 백성이 이방인에게로 가는 것을 꺼려했던 사회적 배경과 예수님의 제자들이 예루살렘을 떠나고 싶어하지 않을 것을 아신 예수님의 '가라'라는 명령은 주동사에 따라붙은 잉여적 표현이라기 보다는 주동사와 대등한 가치를 가진 명령이 되는 것이다.(163-164)

그럼에도 누가복음 15:15, 17:14과 같이 '가서'의 의미가 늘 동일한 것은

---

[422] 정창욱, 성경 헬라어와 신약성경의 이해, 156에 의하면 '부가적 용법'이란 시간, 이유, 조건, 양보, 수단, 방법, 목적, 결과의 8개의 부사적 용법의 범주에 들지 않으면서 부가적으로 어느 정도 독립적인 새로운 정보를 제공해 주는 분사로 정의한다.

[423] 한천설, 성경헬라어, 그리심, 2014 3쇄, 120에 의하면 '분사의 시간은 주동사와의 관계에 의해 결정되는데, **현재 분사는 주동사와 동시동작**을, **부정과거 분사는 주동사보다 앞선 동작**을 나타낸다. …분사의 용법도 형용사와 마찬가지로 관형적, 독립적, 서술적(혹은 부사적) 용법이 있다.'

아니다. 나병 환자들은 나병이 낫지도 않은 상태에서 '제사장들에게 가라'는 예수님의 명령을 믿고 가다가 나음을 받는다. 이러한 분사의 부가적 용법은 문맥을 통해 결정된다.(169-170)

분사의 '부가적 용법'은 '부사적 용법'과 유사하다. 그러나 이는 1) 일반적으로 분류하는 부사적 용법에 속한다고 보기 어렵고 2) 문맥상 상당한 독립적 가치, 곧 본동사와 대등한 가치를 가지고 있기 때문에, 서로 구별해야 할 것이다. 특별히 이는 부사적 용법 중 시간을 나타내는 것으로 해석할 때 분사의 시제 이해가 어색한 경우에 분사 시제에 대한 적절한 설명을 제공해 준다.(172-173)

5. 가정법 시제(175-192)

가정법의 세 가지 시제를 본서는 '현재·단순과거·현재완료 가정법'으로 제시하는데, 나는 '현재·부정과거·현재완료 가정법'으로 배웠다. 저자의 가정법 시제에 대한 연구를 요한복음 20:31을 예로 들어 살펴보고자 한다.

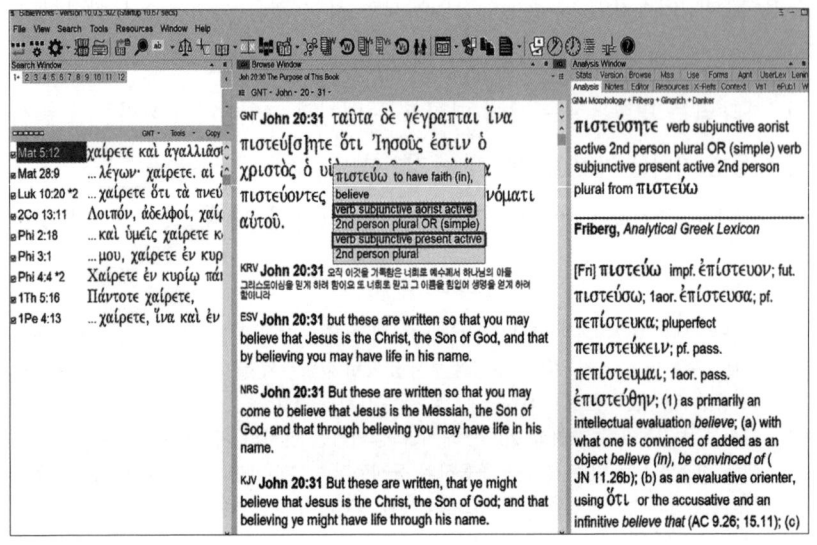

앞의 바이블웍스에 의하면 πιστεύ[σ]ητε (원형, πιστεύω) 동사가 두 가지 의미로 쓰인 것을 볼 수 있다. 하나는 **가정법 부정과거 능동**이며, 다른 하나는 **가정법 현재 능동**이다. 이것을 본서에서도 자세히 설명한다.

> 위에 인용한 네슬알란트27(28)판에 따르면, 이 가정법 동사는 현재로 볼 수도 있고 과거로 볼 수도 있다. 사본학상으로 따져볼 때, 우열을 가리기 어려워 둘 중에 하나를 선택할 수 없어서 괄호를 쳐서 현재 가정법과 단순과거 가정법 두 가지 형태를 모두 본문에 표시해 놓고 있다.[424]

전통적인 해석에 의하면 가정법 과거는 '아직 시작하지 않은 동작'을 의미하며, 가정법 현재는 '이미 시작한 동작'을 의미한다. 하지만 본서는 이 두 가정법의 의미를 다음과 같이 제시한다. 오히려 이 둘의 차이는(184-185),

---

가정법 현재는 어떤 동작을 내부에서 관찰한 것(내적 관점에서 보아서 발전하는)으로, 진행 중인 혹은 지속적 동작을 나타내 주고

가정법 과거는 동작을 전체로 보아서 그 동작을 하나의 행동으로 표현한다. 즉 그 동작을 외적 관점에서 보고 표현하여 동작 전체를 하나로 이해하는 것이다.

나가는 말

어려웠던 헬라어 문법이 오히려 본서를 읽어 내려가면서 재미있어졌다. 퍼즐이 맞춰지면서 어려운 문법 용어(시제·태·법·인칭·수)로 힘들었던 시간의

---

[424] 정창욱, 성경 헬라어와 신약성경의 이해, 180.

애씀이 구문론에서 완성되는 느낌이었다. 바이블웍스를 보면 동사의 파싱이 나오지만, 이 파싱을 두고, '그 다음엔 어쩌란 말이냐?'에 대한 답을 찾지 못하고, 어렴풋이 '구문론을 해야 하는데!'라고 생각만 하고, 엄두를 내지 못했다. 동계 헬라어를 하면서 분수령이 왜 이렇게도 많았는지, 높은 산맥 앞에서 무너질 것 같았는데 겨우겨우 올라가면 더 깊은 협곡이 나타났다. 반쯤 왔을 때 그야말로 다시는 기억하고 싶지도 않은 분사가 나를 무너뜨렸다.

다른 학생들은 분사의 '관형적(형용적) 용법'과 '독립적 용법'을 잘 구별했지만 나에게 있어서 그 두 가지를 구별해 내는 일은 거의 불가능했다. 아무리 봐도 관형적 용법 같은데 독립적 용법이라 하고, 독립적 용법 같은데 관형적 용법이라 하니 게다가 시간, 이유, 조건, 양보, 수단, 방법, 목적, 결과로 나누는 것은 이현령비현령(耳懸鈴鼻懸鈴)이었는데 다른 학생들은 잘도 구별해 내었고 나에게 헬라어는 그야말로 hell 이었다.

이 책을 읽어가며 헬라어 동사의 시제와 용법이 꿈틀꿈틀 움직이는 것이 느껴진다. 전통적 견해의 약점을 메워주는 문맥이 주는 이해가 동사 '상' 이론과 함께 내 안에서 조화를 이룰 것이다. 그것은 분명한 확신과 그리스도께서 말씀하시는 복음의 메시지를 놓치지 않게 해 줄 것이다. 나 역시 저자들이 독자들에게 전하려 하는 복음의 본질을 놓치지 않을 것이다.

14. 신약신학 과제 II

정용신 교수님
『신약신학』 도날드 거쓰리(Guthrie, Donald)
『신약신학』 레온 모리스(Morris, Leon)
『신약신학』 래드(Ladd, George)

들어가는 말

　방학 때 수업계획서가 올라왔을 때 미리 준비하려고 먼 길을 운전해서 학교 도서관에 와서 모리스와 거쓰리, 래드의 책을 빌리며 참 많은 고민을 했다. 이 세 권 중에서 '한 권을 어떻게 선택해야 잘 선택했다고 할 것인지?' 이 책을 보면 저 책이 손에서 떨어지지 않았고, 저 책을 보면 이 책이 마치 '나도 좀 읽어주세요.' 하는 듯 내게 말을 걸어왔다.
　처음에는 거쓰리(Donald Guthrie)의 책을 주로 보면서 모리스(Morris, Leon)의 책은 드문드문 읽어가며 참고하려고 했었다. 그럴 계획이었는데, 교수님께서는 래드(Ladd, George)의 책도 비교해서 보라고 말씀하시는 게 아닌가! 나는 이 세 권 중에서 결정하지 못하고, 계속해서 고민을 해야 했다. 그런데 오늘 3월 14일 두 번째 수업을 들으며 소중한 답을 얻은 느낌이다. 신약신학은 단순하게 나에게 답을 제시하고 있었다.

　다음은 정용신 교수님의 강의이다. 내가 신약신학을 하는 나침반이 될 것이다.

역사성에 대해서 확신이 없으면 신학도 쌓을 수 없고 신앙도 무너지게 됩니다. 말씀의 확신이 없으면 거기에 균열이 생기고 의심의 잔재들이 있으면 시간이 지나면서 저절로 해결되는 것이 아니고 가면 갈수록 그 무게를 견디지 못하고 무너지는 것입니다.

『신약신학』을 하기에 앞서 먼저 『성경신학』이 이해되어야 했다. 그래서 성경신학에 대하여 찰스 스코비와 게할더스 보스가 제시하는 정의를 먼저 살펴보았다.

찰스 스코비(Charles H. H. Scobie)는 성경신학은 '성경의'와 '신학'의 두 요소를 검토하는 것이 먼저 필요하다고 언급한다. 자세한 것은 차치(且置)하고 요점만 말하자면, '성경신학'은 성경이 '하나님'과 '세상과 인간과 하나님의 관계'에 대해 말하는 것을 순서대로 연구하는 것을 의미한다.[425]고 정의한다. '성경신학'(Biblical Theology)이라는 용어는 두 가지 방식으로 이해되는데,

첫 번째로 '성경, 성경의 신학과 일치하는 신학'으로 이것은 '교의학' 또는 '조직신학'에 더 적합하므로 만족스럽지 못하다.
두 번째로 '성경에 담겨 있는 신학, 성경 자체의 신학'이며 이 정의는 대부분의 학자들이 선호하는 것이다.[426]

게할더스 보스(Geerhardus Vos)가 제시하는 성경신학의 정의는 좀 더 광범위한데, '성경신학은 주경신학의 한 분과로서 성경에 저장되어 있는 하나님의 자기 계시 과정을 다루는 것이다. 성경신학은 계시를 신적활동으로서 다

---

[425] Charles H. H. Scobie, *The Ways of Our God*, Grand Rapid, Michigan, 2003; 찰스 스코비 지음, 강대훈 옮김, 성경신학, 부흥과 개혁사, 2017, 43.
[426] Charles H. H. Scobie, *The Ways of Our God*, 43.

룬다.'⁴²⁷ 그렇다면 신약신학은 성경신학의 일부로써 신약 속에 나타난 하나님의 자기 계시를 다루는 것이라고 볼 수 있다.

1. 연구 방법

모리스는 서론에서 신약신학의 저자 중 주요 학자들(루돌프 볼트만, 큄멜, 한스 콘첼만, 거쓰리 등)의 연구 방법을 평하는데, 이것을 요약해보고자 한다.

루돌프 볼트만(Rudolf Bultmann)은 자신의 『신약신학』을 두 권의 책으로 저술하였는데 그 두 권은 '바울신학' 그리고 '요한복음서와 요한서신들의 신학'으로 명명된다.…그가 신학을 오직 바울 저작들과 요한 저작들의 두 곳에서만 찾으려고 했음을 나타낸다. 그는 확실히 예수의 가르침과 신학을 구별하는데 왜냐하면 그가 시작하는 '예수의 선포'라는 말은 신학 그 자체의 한 부분이기보다는 오히려 신약신학을 위한 전제이기 때문이다.⁴²⁸ 이러한 구분은 대부분의 신약성경을 신학이 아닌 것으로 보이게 하며, 어떠한 경우든 하나가 아닌 두 가지의 신학이 있는 것으로 보이게 한다.

큄멜(W. G. Kümmel)은 『(주요 증인들에 따른) 신약성경신학: 예수, 바울, 요한』(*The theology of the New Testament* according to its major witnesses: Jesus-Paul-John)을 저술하였는데, 이것은 신약성경에 그러한 신학과 같은 어떤 것이 있다는 것을 의미하는 것처럼 보인다.…그래서 큄멜이 신약신학을 다루고 있다고 말할 수 없게 만들어 버린 것이다.

---

427 Geerhardus Vos. *Biblical Theology*, 게할더스 보스 지음, 원광연 옮김, 성경신학, 크리스천 다이제스트, 2017, 14.
428 Rudolf Bultmann, *Theology of the New Testament* (New York, 1951) 3. 재인용. Leon Morris, 박용성 역, 신약신학, 기독교 문서선교회, 1993, 재판 발행, 9.

도날드 거쓰리(Donald Guthrie)는 그 문제에 대하여 신론, 인간론, 기독론, 교회론, 종말론, 신약의 윤리 등 주제별로 접근한다. 하워드 마샬(Howard Marshall)에 의하면 '거쓰리는 그가 탐구하는 각각의 주제들에 대한 신약성경 저자들의 몇 가지 이해들을 서술하고 나서는 이 저자들의 공통적인 가르침에 대한 요약들을 제시한다.'라고 논거한다.[429]

나의『신약신학』을 연구하는 방법은 거쓰리의『신약신학』을 중심으로 전개하되, '제1장 하나님', 제3장 기독론', '제4장 그리스도의 사역'과 모리스의 『신약신학』을 병행하여 제2장 '우리의 주님 예수 그리스도'에 초점을 맞추려 한다.

2. 연구 목표

모리스에 의하면 "'신약신학'이란 신약성경 안에 표현되어 있거나 또는 그 근저에 있거나 또는 거기로부터 연역할 수 있는 **하나님과 관계된 것들에 대한 이해일 것이다.**"라고 정의한다. 따라서 이 책들이 의미하는 바는 무엇인가? 이 책들이 표현하고 있거나 함축하고 있는 신학은 무엇인가?가 질문되어야만 할 것이다.(모리스 11-12)

거쓰리는 먼저 신약신학 연구의 발전사에 대한 과정을 전개했다. 교의신학과 성경신학이 1787년 **가블러**(J. P. Gabler)에 의해 처음으로 분리되었고, **브레데**(Wrede)의 '신약신학의 과제와 방법'(The Task and Methods of New Testament Theology, 1897.)이라는 논문이 출현하면서, 신약신학이 교의적인 접근보다 역사적 접근 방법론을 취함으로 중요한 접근 방법을 취하게 되었다고 논의한다. **거쓰리**는 결국 교의적인 접근을 주장하고 있는데, 이 교의적인 접근은 교의학과는 구별된다고 언급한다.

---

429 Howard Marshall, *New Testament theology*, 박문재·정용신 옮김, 신약성서신학, 크리스챤 다이제스트, 2006. 31.

그 외 신약성경의 어떤 통일성을 발견하려고 노력한 대표자는 오스카 쿨만(Oscar Cullmann)인데 그는 구속사의 신학을 중요시했으며, 예레미아스 요아킴(J. Jeremias)는 예수의 가르침을 다루면서 불트만보다 더욱 교훈의 중요성에 집착했다고 논의한다.

'연구 목표'에 있어, 신약신학은 '다양성 안에서의 통일성'이기에 이 부분을 주의 깊게 살피되, 신약 전체를 꿰뚫고 있는 통일성을 근거로 다양한 신약 각 권의 신학과 사상을 파악하여 저자들의 신약신학 방법론 및 특징을 전개할 것이다.

【 래드(George Ladd)의 전개 】

래드는 제1부부터 제6부까지 나누고 있다.

제1부 공관복음서	세례 요한, 하나님의 나라, 메시야, 인자, 하나님의 아들, 종말론 등
제2부 제4복음서	요한의 이원론, 기독론, 영생, 기독교인의 생활, 성령, 종말론 등
제3부 초대교회	사도행전의 신학, 예수의 부활, 종말론적 케뤼그마, 교회
제4부 바울	바울 사상, 그리스도의 인격, 사역, 바울의 인간론, 율법, 교회 등
제5부 히브리서와 일반 서신들	히브리서, 야고보서, 베드로전서, 베드로후서와 유다서, 요한 서신들
제6부 묵시록	묵시록

〈표 1-27〉 신약신학에서의 모리스(Leon Morris)와 거쓰리(Donald Guthrie)의 전개 비교

모리스	거쓰리
제1부 바울신학	제1장 하나님
제1장 하나님 중심	Ⅰ. 창조주로서의 하나님
1. 영광스러운 한 분 하나님 2. 예정 3. 심판	Ⅱ. 아버지로서의 하나님
제2장 우리의 주님 예수 그리스도	Ⅲ. 하나님의 사랑
제3장 그리스도를 통한 하나님의 구원사역	제2장 인간과 세계(여기서는 생략)
제4장 성령 안에서의 생활	Ⅰ. 인간론에 대한 배경 Ⅱ. 세상
제2부 공관복음서와 사도행전	Ⅲ. 인간론 Ⅳ. 하나님과 인간 관계
제5장 마가복음서	제3장 기독론(일부 인용)
1. 예수의 인성 2. 하나님의 아들 3. 인자 4. 그리스도 5. 하나님의 나라 6. 믿음 7. 십자가의 의미	Ⅰ. 서론 Ⅱ. 인간 예수 Ⅲ. 예수의 인성 Ⅳ. 인간 예수의 무죄성 Ⅴ. 기독론적 칭호들 Ⅵ. 메시야 Ⅶ. 다윗의 자손 Ⅷ. 종 Ⅸ. 교사와 선지자이신 예수 Ⅹ. 인자
제6장 마태복음서	ⅩⅠ. 주 ⅩⅡ. 하나님의 아들 ⅩⅢ. 로고스
1. 복음서의 시작 4. 예수의 인격 5. 하나님의 아들 6. 인자 7. 그리스도 8. 다윗의 자손 9. 천국 11. 수난 12. 제자도 13. 열두 제자의 사명 14. 교회	ⅩⅣ. '나는…이다' 발언 ⅩⅤ. 마지막 아담 ⅩⅥ. 하나님 ⅩⅩ 결론: 신인이신 예수
	제4장 그리스도의 사역
제7장 누가복음서와 사도행전: 신론	Ⅰ. 천국 Ⅱ. 그리스도의 구속사역: 예비적 고찰
제8장 누가복음서와 사도행전:기독론	Ⅲ. 그리스도의 구속사역: 예수와 복음서들
제9장 누가복음서와 사도행전: 구원	Ⅳ. 그리스도의 구속사역에 대한 이해의 발전
제10장 성령론 제11장 제자훈련	제5장 성령

제3부 요한신학	제6장 그리스도인의 생활
제12장 요한복음서: 기독론	I. 시작 II. 은혜 III. 그리스도 안에서의 새 생명
제13장 요한복음서: 하나님 아버지	IV. 성화와 온전함
제14장 요한복음서: 성령론	V. 그리스도인의 삶에 있어서의 율법
제15장 요한복음서: 그리스도인의 삶	제7장 교회론
제16장 요한서신들 제17장 요한계시록	제8장 미래
제4부 공동서신	I. 미래에 오실 그리스도 II. 사후 III. 심판 등
제18장 히브리서 제19장 야고보서	제9장 신약의 윤리
제20장 베드로전서 제21장 베드로후서	I. 서론 II. 개인 윤리 III. 사회 윤리
결론	제10장 성경

3. 개요

거쓰리는 첫째, 성경을 순전히 문학작품으로 접근하는 연구 태도의 한계를 지적하고,

둘째, 분석적인 방법만을 취하는 연구의 약점을 지적하며,

셋째, 신약신학에 있어서 인물의 위치에 대하여도 메시지를 전달하는 저자의 인격의 중요성을 간과(看過)할 수 없음을 바울의 예를 들어 제시한다. 예수는 전적으로 유대적 환경 안에서 가르쳤는데 바울은 헬라적 혹은 영지주의적 영향을 받았다고 하는 주장 때문에 이러한 이분적인 이해가 고찰되지만, 우리가 취할 입장이란 복음서 안의 고유한 사상은 바울에게서도 동일하다는 것이다.[430]

---

[430] Guthrie, Donald, 신약신학, 정원태 김근수 공역, 기독교문서선교회, 1988, 47.

거쓰리는 두 가지의 방법론을 제시하는데,

첫째, 신약을 서로 다른 문학적 그룹으로 나누어서 이런 각 그룹의 신학적 견해를 제시하거나,
둘째, 어떤 중요한 주제를 택해서 이것들을 구분하여 작품을 구성하는 경우이다.

모리스는 '다양성 중에 통일성'이 있음을 주장하며, 그 다양성들을 지나쳐서는 안된다고 한다. 그러나 통일성을 부인할 수 없다는 것 역시 중요함을 강조한다.
모리스와 거쓰리의 공통된 견해는 '다양성 속의 통일성'이다.

〈그림 1-7〉 신약신학 안에서의 통일성의 기초(거쓰리 48-51)

첫째	둘째	셋째
신약신학 안의 중심 인물은 예수 그리스도다.	신약신학은 그리스도의 사역과 전도를 중요하게 다룬다.	예수 그리스도 안에서 언약이 성취되었다는 사상이다.
신약신학은 본질적으로 그리스도에 관한 신학이다.	이러한 측면은 하나님에 대한 구속사적 접근방법이다.	이것은 신구약 성경의 연속성에도 큰 역할을 한다.
넷째	**다섯째**	**여섯째**
모든 그리스도인들이 새로운 공동체로 연합되었다는 사상이다.	어떤 불일치도 없이 모든 신약성경은 그리스도께서 다시 오신다는 확신으로 충만해 있다.	성령의 포괄적인 사역이다.
신자의 연합체인 그리스도의 교회는 지역적인 양상과 우주적인 양상을 띠고 있다.	미래가 현재를 해결하는 열쇠를 쥐고 있다는 개념은 신약 신앙의 중요한 양상이다.	주 예수의 성육신으로부터 교회의 여러 발전 단계에까지 성령의 강력한 사역이 있었다.

4. 본론

4.1. 하나님

거쓰리의 연구는 광범위하고 깊어서 이해하기 난해할 때가 있다. 그럼에도 하나님에 대한 근본적인 전제들로부터 변증법으로 나아가는 전개부터 매력에 빠지게 한다.

> 신약성경은 하나님의 존재를 입증하기 위하여 시도하지 않는다. 유신론적인 증명은 보다 후기의 변증론과 조직신학의 시대에 속한다. 신약신학은 엄청난 전제들로서 시작된다. 그것은 즉 하나님은 존재하신다는 것, 그리고 인간을 창조하셨고 계속하여 인간에게 관심을 가지고 계신다는 것이다.
>
> 이와 같은 기본적인 전제들이 참이 아니라면 신약성경은 아무런 의미도 지니지 못한다. 단지 두 가지 선택의 여지가 있을 뿐이다. 즉 믿음으로 이 전제들을 용인하거나 아니면 이 전제들을 부인하는 것, 그리하여 결과적으로 이 전제에 토대를 둔 전체 계시를 거부하는 것이다.(거쓰리 70)

지난 학기 반틸의 변증학을 배우면서 어렵게 시험공부할 때 외웠던 것이 떠올랐다. '아! 이거다. 그때 배웠던 것을 여기에서 다시 만나니 반갑고 쉬워서 눈에 쏙쏙 들어왔다.' 믿음을 전제로 요구하는 것이 성경이라는 것을 새삼 다시 깨닫게 된다.

4.1.1. 창조주로서의 하나님 (거쓰리 74-77)

신약성경의 기자들은 창조의 방법을 논의하지 않는다. 히브리서는 창조가

'하나님의 말씀으로' 비롯되었다고 선언하고 있다(히 11:3). 이는 창조 시(時) 하나님의 주권적인 명령을 뜻하는 것이다(창 1:31). 그리스도의 창조의 행위에 대한 강조는 어떠한 경우에 있어서도 하나님의 창조의 행위를 경감시키지 않는다. 요한복음 1:3, 골로새서 1:16, 히브리서 1:2 등 이와 같은 구절은 그리스도를 통하여(διά) 그리고 또한 그리스도를 위하여(εἰς) 창조하셨음을 명백하게 가르쳐 준다.

4.1.2. 아버지로서의 하나님(거쓰리 78-82)

신약성경에서 하나님의 아버지 되심은 세 가지 방법으로 보여진다.

- 그는 예수의 아버지이시다.
- 그는 예수의 제자들의 아버지이시다.
- 그는 모든 피조물의 아버지이시다.

예수께서 그의 제자들에 대한 하나님의 아버지되심을 시사하신 가장 주목할 만한 예증은 그가 제자들에게 가르치셨던 기도의 양식에서이다. 또한 산상수훈에 있는 예수의 가르침에서도 보여진다. "너희 하늘 아버지께서… 아시느니라"(마 6:32) 요한복음서에서 하나님의 아버지 되심은 예수께 대하여 가장 명료하게 나타난다.[431]

---

[431] 나는 이 구절(하나님이 아버지 되심)을 많이 사랑한다. 요한복음 16장, 17장에서 이어지는 예수님의 기도에는 아버지라는 단어가 수없이 나온다. 오래전에 요한복음 14장, 17장, 19장, 20장을 교회에서 솔로로 암송했는데 그때 '아버지'라는 단어가 얼마나 가슴을 파고 들었는지 모른다. 이 대목을 읽으면서 그때의 두근거림이 새롭다. '내 아버지가 곧 너희 아버지, 내 하나님이 곧 너희 하나님'(요 20:17)이란 대목은 예수님이 나를 향하신 선언 같았다. 나의 삶에서 '나를 용서하신 예수님'을 믿을 수 있었지만, 하나님이 살아 계시다면 이렇게 하실 수가 있을까 하는 의심에 찬 믿음으로 인하여 하나님을 만나지 못하는 힘든 시간을 보내곤 했었다. 나는 자격 없지만 내 아버지가 너희 아버지가 되어 주신다는 확신에 찬 말씀에 비로소 하나님이 나의 하나님, 나의 아버지로 다가왔었다. 지금도 힘들 때마다 기도하면서 엎드리면 '아버지'라는 단어가 저절로 나오며, 성령이 나를 붙들고 내 입에서 '아버지'가 나오게 하심을 체험한다.

그런데 모리스는 사도 바울이 놀라울 만큼 자주 하나님의 이름을 언급하고 있다는 사실은 흔히 주목되지 않는다고 논의한다. 바울은 신약의 어떤 기자보다도 훨씬 더 자주 하나님에 관해 언급하고 있는데, 이 횟수는 신약성경 전체에서 40%가 넘는 높은 비중을 차지하고 있다는 것이다. 로마서의 경우 바울은 '하나님'이라는 단어를 모두 153회나 사용하고 있다. 바울은 하나님께 도취된 사람이었다.[432](모리스 36-37)

4.1.3. 하나님의 사랑(모리스 44-49)

하나님께 대한 바울의 가장 큰 관심은 그분의 능력이나 위엄, 심판보다는 그의 백성들에 대한 그분의 사랑과 관심에 집중되어 있다. 하나님은 진정 그분의 백성들을 향하여 사랑을 쏟으신다. '하나님의 사랑'은 분명 그분이 주신 은사의 일부에 속하며(고후 13:13), 하나님의 사랑과 선택은 동일한 맥락에 놓여 있다. 바울의 이해를 따르면, 하나님의 선택은 사람들을 구원하시기 위한 계획이지 그들을 저주하기 위한 것이 아니다.(45-46)

4.2. 기독론(우리의 주님 예수 그리스도)

4.2.1. 서론(거쓰리 244-245)

거쓰리는 기독론의 서론에서 '예수 그리스도의 위치'와 관련하여, '신앙의 그리스도'와 '역사적 예수'에 관한 현대적 논쟁에 대해 자신의 입장을 분명히 해야 함을 밝힌다.

---

432 바울이 '하나님'이라는 단어를 그토록 많이 사용했다는 것은 놀랍다. 저자의 논의대로 '바울이 하나님의 이름을 언급하고 있다는 사실은 주목하지 못했다.' 이 논의는 내게 하나님과의 귀한 만남으로 인도한다. 나는 예수로만 취해 있었다. 예수와 그의 죽음과 십자가와 부활이 내 삶의 전부인데 하나님은 멀었다. 그런 내게 바울이 하나님을 얼마나 사랑했는가를 주목하게 되었다. 그러면서 고단했던 삶에 순종하지 못하고, 살아 계신 하나님을 부인했던 시간이 결국 하나님을 만나지 못하는 걸림돌이 되었던 내 믿음의 자리를 돌아보며 바울이 사랑하는 예수 그리스도를 넘어 하나님을 얼마나 사랑했는가를 기억하며 나도 다시 하나님을 더 깊이 만나고 싶은 간절함이 생긴다.

기독론에서 두 가지 통찰을 하게 되는데 '인간 예수'에 대한 연구와 '예수가 자신을 어떻게 불렀으며 다른 사람들은 그를 어떻게 불렀는지'를 검토하게 될 것이라고 한다.

4.2.2. 인간 예수(거쓰리 245-246)

예수 그리스도에 관한 신약의 가르침에서 그가 참된 인간이었다는 사실을 확립하되, 순전히 인간적인 견지로부터 기독론을 다루려는 시도들은 경계해야 한다.(거쓰리 246)

4.2.3. 예수의 인성(거쓰리 246-255)

공관복음에 나타난 예수에 관한 세 가지 묘사에서 마가는 다른 복음서 기자들보다도 인간 예수를 강조하고 있으며 마태와 누가는 탄생 기사를 통하여 인간 생활의 시작에 초점을 맞추고 있다. 잃어버린 예수를 찾는 사건은 인간적인 가정의 분위기를 보여준다.

모든 복음서들이 예수의 사역을 그가 세례받으신 사건으로부터 시작함으로 요한에게 세례받기 위하여 몰려드는 사람들과 동일시하되 동시에 하늘로부터 들려오는 음성을 통해 예수를 다른 사람들과 명백히 구별시켰던 것이다. 그 뒤에 이어지는 시험받으신 기사도 예수가 다른 모든 사람들처럼 도덕적 유혹에 노출되어 있었음을 명백히 보여주는 것이다.(거쓰리 247)

예수의 생애는 본질적으로 제1세기의 팔레스타인의 생활에 속해 있었다. 집에서 함께 식사를 하시고, 고깃배를 움직이시며, 온갖 부류의 사람들과 이야기를 나누시고 사회적으로 소외된 자들에 대한 깊은 연민을 느끼시며 위선에 대해 비판하시는 등의 세속적인 모습들은 복음서 기자들이 예수를 인간들 가운데 한 분의 인간으로 묘사한다.(거쓰리 248)

이는 특히 누가가 피와 같은 땀을 흘리셨다고 묘사하는 겟세마네 동산에서의 예수의 고난이나, 마태와 마가도 중요하게 언급하는 십자가상의 부르짖음을 통해서도 확인할 수 있다.(거쓰리 248) 요한이 말씀이 육신이 되었다고 말할 때 그것은 예수가 진정한 육신을 입으신 것을 의미하는 것이다. 예수의 인성을 강조한 것은 예수의 신성을 지나치게 강조하는 가현설의 근본적인 오류를 견제하기 위함이다.

그러나 복음서 기자들은 예수와 인간의 동일성과 인간으로부터 구별되는 예수 사이에 있는 긴장의 문제를 해결하려고 시도하지 않았다. 사실상 복음서들은 이러한 긴장을 의식하지 못했던 것처럼 보인다.(거쓰리 248)

4.2.4. 인간 예수의 무죄성(거쓰리 255-264)

공관복음서에는 예수 자신이 무죄성을 주장하신 특별한 기록이 없으나 예수에 대한 이러한 견해를 뒷받침할 수 있는 근거들이 있다. 요한문헌에서도 예수의 무죄성을 전제하며 사도행전이나 바울 서신에서도 예수의 무죄성은 직접적으로 주장된다기보다는 암시적으로 나타난다. 신약성경 어디에서도 그리스도께서 타락한 인간의 상태와 동일하다고 주장하거나 암시하는 곳은 찾아볼 수 없다.

4.2.5. 메시야(거쓰리 265-283)

공관복음서는 메시야 직분에 대한 예수의 태도와 관련하여 여러 증거들을 제공하고 있다. 요한복음에서 세례 요한은 자신이 메시야가 아니라고 극구 부인하고 있으며(요 1:20) 또 최초의 예수의 제자들은 예수를 처음 만나본 즉시 그들이 그 칭호를 통해서 기대하고 있던 메시야를 만났다고 고백한 사실을 기록하고 있는 것이다(요 1:41). 저자는 예수께서 의식적으로 메시야 직분을 수행하기 위하여 오셨다고 생각하는 것이 더 합리적인 일이라고 주장한다. 그 문제에 관한 증거를 보여주는 견해는 다음과 같다.(거쓰리 268)

첫째로, 우리는 "주는 그리스도시요"(마 16:16; 막 8:29; 눅 9:20)라는 베드로의 신앙고백을 살펴보아야 한다.

둘째로, "네가 그리스도냐?"(마 26:57-68; 막 14:53-65)라고 하는 가야바의 질문을 둘러싼 문제이다. 여기에서 중요한 사실은 가야바가 메시야적 개념과 하나님의 아들이라는 칭호를 연결시키고 있다는 사실이다. 빌라도 앞에 공식적인 혐의는 예수가 유대인의 왕 메시야임을 주장했다는 것이다(눅 23:2). 또 십자가에 붙은 죄패에는 유대인의 왕(막 15:26)으로 기록되었다.(거쓰리 273)

요한복음에서는 요한복음을 기록한 목적이 독자들로 하여금 예수께서 하나님의 아들 그리스도이심을 믿게 하려는데 있음을 기록한다(요 20:31). '유대인(이스라엘)의 임금'이라는 표현은 요한의 마음 속에서 메시야적인 의미를 지녔음에 틀림없는 것이다. 나다나엘도 같은 표현을 사용하였다(요 1:49).(거쓰리 275)

바울 서신에서 예수에 대한 바울의 묘사는 복음서들의 묘사와는 근본적으로 다르다. 그 중대한 차이점은 예수의 부활을 통해서 비롯된 것이었다. 복음서에서 밝히고 있는 고난당하는 메시야는 서신서들에서 승리에 찬 그리스도로 나타나고 있다. 그러나 그는 여전히 다름없는 메시야인 것이다. 예수 그리스도나 또는 그리스도 예수라는 칭호는 결국 메시야 예수의 전형적인 형태이다.(거쓰리 279)

4.2.6. 인자(거쓰리 306-330)

공관복음서 가운데 나타나는 모든 칭호들 가운데서 가장 중요하고 신비한 칭호는 '인자'이다. 더구나 그 칭호는 오직 예수만이 사용하셨으므로 예수께서 인자라는 칭호를 통하여 무엇을 의도하셨는지에 대한 의문이 일어나게 된다.(거쓰리 306)

공관복음서에 나오는 '인자'라는 칭호의 의미는 다음과 같다.(거쓰리 316-317)

> ① 공관복음에 나오는 모든 언급은 예수의 말씀이며 예수께서만 홀로 인자의 칭호를 사용하셨다. 이것은 요한의 설명에서도 마찬가지의 사실이다.
> ② 공관복음과 요한복음 외에도 사도행전 7:56에서 인자의 칭호가 나타난다.
> ③ 예수께서 사용하신 인자의 의미는 다니엘서에서 나타나는 구절로 다니엘서의 인자에 대한 구절은 메시야적으로 해석되었으므로 예수께서 그 구절을 자신의 메시야적 직분에 대한 이해와 더불어 사용하였을 가능성은 부인될 수 없다.
> ④ 다니엘서 7장과 이사야서의 종의 개념(사 52-53장) 사이에 공통적인 요소가 있음을 볼 때 예수께서 이러한 복합성을 염두에 두셨을 가능성이 짙다.
> ⑤ 나중에 자신의 사명을 변호하신 예수께서 스스로 묵시적 인자와 자기 자신을 따로 구별하여 생각하셨다고 가정할 근거는 없다.
> ⑥ 그럼에도 불구하고 인자의 천상적 기원은 예수의 의식 가운데 자리잡고 있었을 것이다.

요한복음서에는 인자라는 칭호가 언급된 몇 개의 중요한 구절들이 제시되어 있다.

① 그것들은 공관복음서의 언급들과 본질적인 일치를 보인다.
② 그것들은 그 칭호의 특징들을 보다 분명히 나타내준다. 공관복음서들과는 주제나 구조에 있어서 판이하게 다른 요한복음서에도 인자에 대한 구절이 있다는 사실은 인자에 관한 구절들이 참된 것이라는 사실에 대한 훌륭한 증거가 된다.

4.2.7. 하나님의 아들(거쓰리 343-366)

예수께서 자기 자신을 하나님의 아들로 생각하셨는지에 대한 문제는 아주 중요하다. 이와 관련하여 '하나님의 아들'에 대한 이해의 배경으로서 구약에서 이스라엘 백성들이 하나님의 아들들이라고 불리워진다는 점을 언급할 수 있다(신 14:1-2; 렘 3:19-20; 호 1:10). 공관복음서에서 예수가 하나님을 아버지로 이해하신 사실은 예수의 하나님의 아들되심을 암시하는 것이며 하나님의 아들이라는 칭호를 보다 특별하게 사용하기 위한 서곡으로 간주되어야 할 것이다.

또한 삼하 7:14에서 하나님께서 다윗의 아들의 아버지가 되시고 다윗의 아들은 하나님의 아들이 되리라고 직접적으로 하신 약속도 언급할 수 있을 것이다.

① '하나님의 아들'이 '메시야'와 함께 사용된 구절들(거쓰리 347-349)

하나님의 아들이 메시야와 함께 사용된 구절들이 유대 문헌들 가운데 '기다리는 메시야'를 가리키는 호칭으로 사용되었다는 증거들이 충분하지 않을지라도 공관복음서에서는 이 두 가지 칭호가 함께 연결되어 메시야적 의미를 나타내는 것처럼 보이는 세 개의 구절이 있다.(347)

가장 중요한 것은 베드로의 신앙고백이다(마 16:16; 막 8:29; 눅 9:20).

다른 구절은 마태복음 26:63 이하(= 막 14:61 이하, 눅 22:67 이하)이다. 가야바는 '네가 하나님의 아들 그리스도인지 우리에게 말하라'(마가는 '네가 찬송받을 이의 아들 그리스도냐'라고 표현한다.)고 단도직입적인 질문을 하고 있다(거쓰리 348).

또 다른 표현은 누가복음 4:41에 나타난다. 여기에서 귀신들은 예수에게 '당신은 하나님의 아들이니이다'라고 말한다. 누가는 아래와 같이 덧붙이고 있다. "예수께서 꾸짖으사 그들이 말함을 허락하지 아니하시니 이는 자기를 그리스도인 줄 앎이러라" 그러므로 일부 메시야적 의미들이 '하나님의 아들'이라는 칭호와 연결되어 있음에 틀림없다.

② 예수의 아들 직분에 대한 인식을 중점적으로 다루는 구절들

마태복음 11:26 = 누가복음 10:21은 "옳소이다 이렇게 된 것이 아버지의 뜻이니이다" 이러한 구절은 요한복음에 나타난 많은 진술들과 놀라운 유사성을 보인다. 요한복음에서 예수는 하나님을 '내 아버지' 또는 '아버지'로 언급하신다. 마태복음 11:27에서도 '아버지 외에는 아들을 아는 자가 없고'라는 구절과 '아들 외에는 아버지를 아는 자가 없다'라는 상호적인 표현은 아들의 열등함을 암시해 주지 않는다.(거쓰리 350)

예수가 시험 받으신 기사, 변화산의 기사에서도 아들 직분에 관한 개념이 '사랑하는'이라는 표현과 연결된다. 그러므로 아들 직분은 본질적인 자격으로 보인다.(거쓰리 354)

③ 하나님의 아들로서의 예수의 특성(거쓰리 358-361)

복음서에서 하나님의 아들로서의 예수의 두드러진 특성은 다음과 같다.(358)

첫째는 그 아들이 아버지로부터 보내심을 받았다는 사실이다.
둘째는 아들에 대한 아버지의 사랑이다.
셋째는 아버지에 대한 아들의 의존성이다.

아들로서 예수는 자신이 아버지의 독특한 계시가 된다는 사실을 주장하신다. 오직 예수만이 아버지를 보았던 것이다(요 6:46).

바울 서신에서 하나님의 아들로서 예수에 대한 개념은 하나님의 아들 직분을 나타내고 있다. 아들 직분은 성육신을 통하여 바꾸어질 수 없는 본질의 관계이며 또 하나의 중요한 측면은 성령을 아들 직분에 대한 선언과 연결시키고 있다는 점이다.(거쓰리 362-363)

4.2.8. 로고스(거쓰리 366-378)

로고스에 대한 개념은 차치하고, 로고스 교리가 복음서와 무슨 관계를

가졌는지를 살펴보면 다음과 같다.

첫째로, 예수와 하나님 간의 관계를 묘사하기 위해서 요한은 창조 전의 상태를 상기시킨다. 말씀이 하나님과 함께 계셨다. 태초가 창세기 1:1과 동일한 공식으로 표현되고 있기 때문에 말씀의 선재(pre-existence)에 관한 언급이 분명히 나타난다. 말씀이 하나님이셨다는 진술은 말씀의 인간적인 성질과 하나님의 인간적인 성질 사이의 구별을 모호하게 하지 않으면서 말씀의 신성을 진술하고 있다.

둘째로, 요한은 로고스와 세상과의 관계에 대한 어떤 주장을 내세운다. 여기에서 로고스의 창조적 권세와 하나님의 창조 권세 사이에 구별이 없다.(거쓰리 374)

셋째로, 인간들에 대한 헬라의 관계이다. 요한에게 있어서 '육신'은 로고스의 완전한 인간됨을 의미한다. 따라서 로고스에 대한 요한의 진술은 가장 위대한 가능성으로 승귀(possible exaltation)와 성육신이란 비하를 결합시킨다. 이것은 그의 기본적인 기독교의 요체이다.(거쓰리 375)

4.2.9. "나는 … 이다"(거쓰리 378-381)

"나는…이다"라는 발언이 다른 사람들이 사용하면 뻔뻔스러웠을 것이 예수에게는 자연스럽다. 이 문구가 구약에서는 하나님께서 자신을 소개하시는 데 사용했다는 점에서 특별한 의미를 갖는다. 출애굽기 3:14에서 하나님은 모세에게 자신을 "나는 스스로 있는 자라"("I AM WHO I AM": ESV, RSV, NAS), ("I AM THAT I AM": NET, YLT, KJV)고 소개하시면서 "나는…이다"에 특별히 신적 의미를 부여하신다. (379)

4.2.10. 우리의 주님 예수 그리스도(모리스 60-88)

모리스의 『신약신학』은 '우리의 주님 예수 그리스도'에 대한 서설로서 많은 그리스도인들이 습관적으로 우리 구주를 '그리스도'라고 부르는데 이 습관이 사도 바울에게서 비롯되었음을 개진한다. 모리스는 바울이 인간이신 예수, 즉 예수의 진정한 인간됨에 관해서도 분명한 확신을 보여주고 있다는 사실을 간과해서는 안된다고 한다. 바울의 깊은 관심은 거기서 그치지 않고 회개한 자들 안에서 역사하시는 그리스도의 능력으로 나아가며 그의 섬김의 대상이 되셨던 한 분 하나님께 대한 깊은 확신과 연결된다.(모리스 88)

모리스의 『신약신학』에서는 성도의 삶과 연결된 실천적인 면을 더 강조한다. 내가 찾던 것은 본질의 문제였다. 예수와 하나님, 그리고 나의 존재 관계의 본질적인 문제만 해결된다면 삶의 실천은 기쁨으로 할 수 있기 때문이다. 이런 점에서 모리스의 책은 아쉬움이 남는다.

4.3. 그리스도의 사역

예수의 사역은 크게 둘로 나뉘는데
첫 번째는 예수의 설교의 중요한 부분을 형성했던 **천국**에 대한 가르침이고 두 번째는 **예수의 죽음**에 대한 설명이 된다.(거쓰리 468)

4.3.1. **천국**(거쓰리 469-493)

공관복음서에 기록된 예수의 가르침 가운데 중요한 특징 중의 하나는 하나님의 나라를 특별히 강조한 것이다. 이 가르침은 우리가 예수의 사역을 이해함에 있어서 중요한 요소이다.

① '천국' 용어에 대한 신약의 의미(거쓰리 469-470)

'천국'(the kingdom of heaven, 하늘 나라의 왕국)이란 단어는 마태만이 사용했으며 마태는 천국과 하나님의 나라를 구별하지 않았다는 결론이 합리적이다. 거쓰리는 '이 용어가 이 세상에서 메시야가 정치적 왕국을 설립한다는 의미가 아님을 염두에 두는 것이 필요하며, 특히 하나님 나라의 현재적 의미는 물질적인 면이 아니라 영적인 면에서 찾아야 한다.'고 주장한다.

② 천국의 양면성[433]

> 천국의 양면성에 대하여는 **미래적인 면**과 **현재적인 면**으로 나뉜다.
> **맨슨(T. W. Manson)과 다드(C. H. Dodd)**는 천국의 현재적인 면을 주장하며,
> **바이스(J. Weiss)와 슈바이쳐(A. Schweizer)**는 예수께서 미래적 천국이 그의 생애 중에 이룩될 것으로 기대하셨는데 재판을 받고 십자가에 못 박히심으로 그러한 기대가 완전히 무너졌다고 주장한다.
> **래드(G. Ladd)와 쿨만(O. Cullman)**은 현재적인 면과 미래적인 면으로 보며 **쿰멜**은 천국은 오직 예수의 인격과 행위 속에 존재한다고 본다.
> **리델보스(H. Ridderbos)**는 두 개의 분리된 천국을 주장하는데, 현재를 관통하여 다가오고 있는 미래의 천국에 대하여 더 강조하여 말한다.

4.3.2. 그리스도의 구속 사역: 예비적 고찰(거쓰리 493-497)

예수의 사역을 표현하는데 사용된 신약의 개념들은 예수와 사도 시대의 문화적 배경에 기인한다. 이러한 이유 때문에 배경 연구가 필요하다.

저자는 여기서 희생에 대한 구약의 개념을 논의하는데

첫 번째, 구약에 있어서 **희생은 인간이 하나님께 접근할 수 있는 수단**이다.
두 번째, 구약의 희생에 대한 근본적인 개념은 희생의 피가 희생물의 죽

---

[433] 여러 학자들이 천국에 대한 양면성을 논의하였는데, 필자는 현재적인 천국에 대한 접근은 천국에 대한 믿음이 없음을 회피하기 위한 방법이 아닌가 하는 생각이 든다. 성경은 분명히 '내가 너희를 위하여 거처를 예비하러 가노니'(요 14:2)라고 기록되어 있다. 우리는 이러한 말씀을 붙들고 천국에 대한 소망을 가진다. 그것이 현실 도피는 아니며 우리의 영혼이 영원히 안식할 곳을 믿음으로 확신하기에 현재의 고난을 이겨낼 수 있으며 영원을 바라보며 천국을 증거하는 것이 아닌가 생각한다. 현재적 천국이 물결같이 밀려오는 요즘 현재의 안위와 평화만 강조하는 것은 미래의 천국을 잃어버리게 만들고 결국 심판과 재림도 믿지 못하게 만들 것이라고 생각한다.

음이 아니라 **생명을 의미**했다.

세 번째, 속죄 염소의 의식에서 그 머리 위에 손을 얹는 것의 중요성이다. 그 의식은 **희생물을 바치는 자의 죄를 희생물과 동일시**하는 행위이며 **죄를 덮음**에 대한 개념이다.(거쓰리 494-496)

언약의 중요성과 관련해서는 비록 옛 언약이 자기 백성을 위한 하나님의 놀라운 준비였지만, 구약 안에서조차 더 나은 언약이 예언되었다. 이러한 사실은 예레미야 31:31(새 언약)이 잘 보여준다.(거쓰리 496-497)

4.3.3. 그리스도의 구속 사역: 예수와 복음서들(거쓰리 497-524)

예수의 사역은 그의 세례와 함께 시작되었다. 예수의 사역에 대한 모든 설명에 있어서 십자가는 가장 중요한 요소로 등장하며, 그 중요성은 신약의 나머지 부분에서도 계속 이어진다. 예수의 죽음과 십자가에 대한 이해가 없이는 그의 사역에 대한 어떠한 이해도 불가능하며, 인자의 말 중에서 많은 부분이 그의 고난과 관계가 있음을 이미 보았다.

① 공관복음에서 다가오는 죽음에 대한 일반적인 암시(거쓰리 498-499)

공관복음에서 고난이 점차적으로 드러나는데, 마가복음에서는 예수를 죽이려는 종교 지도자들의 의도가 일찍부터 암시되고 있다(막 3:6).

주요 과제는 예수 자신이 그의 죽음에 대하여 어떻게 생각했는지를 발견하는 것이다. 모든 공관복음서의 초기 부분에 나오는 금식에 대한 예수의 태도와 바리새인들의 질문에 대한 '신랑이 있는 동안'이라는 예수의 대답은 자신에게 강제적인 죽음이 기다리고 있다는 것을 틀림없이 암시하는 것이다.(거쓰리 498-499)

또 다른 것은 "요나가 밤낮 사흘 동안 큰 물고기 뱃 속에 있었던 것 같이 인자도 밤낮 사흘 동안 땅 속에 있으리라"(마 12:40)는 예수의 말씀이다. 이 말씀은 예수께서 자신에게 다가오는 죽음을 스스로 깨닫고 계셨다는 사실을 독자들에게 알려주기 때문에 중요하다.

② 고난에 대한 특별한 예언(거쓰리 499-501)

예수의 죽음에 대한 예언은 세 번이나 있다. 첫 번째 예언에서 마태가 직접적인 인칭대명사를 사용하고 있다는 점에 주목할 필요가 있다(마 16:21). 이 모든 것은 죽음의 필연성을 강조한다. δεῖ(Dei GNT)라는 헬라어는 숙명적인 의미보다는 예수의 전 사역에 필수불가결한 것(it is necessary)으로 이해되어야 한다. 이것은 예수께서 고난을 하나님의 계획의 일부분으로 여겼음을 처음으로 보여주는 곳이다. '죽음'은 부활을 위한 전주곡이며, 오히려 죽임 당함이 마지막이 아니라는 확신 속에 주어진 것이다. 여기에는 승리의 부활을 강조하는 확신이 있다.(거쓰리 500)

⟨그림 1-8⟩ δεῖ (Dei, 마 16:21)의 어휘 분석

출처 上 BibleWorks / 下 LOGOS 10   δεῖ 동사 직설법 현재 능동태 3인칭 단수

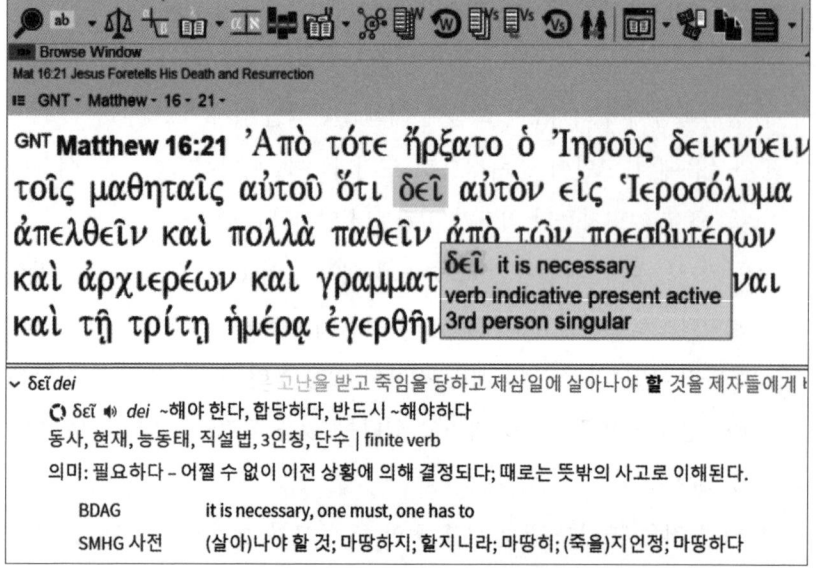

예수께서 자기를 기다리고 있는 운명에 대하여 착각 속에 있지 않았음을

보여주는 말이 고난에 대한 예고와 관련해서 많이 있다. 그리고 예수께서는 자기 자신에 대하여 예언하신 것과 같은 운명이 그를 따르는 자들에게도 동일하게 일어날 것을 예언하신다.

③ **고난의 해석에 대한 증거**(거쓰리 501-512)

예수께서 자신의 죽음이 지닌 중요성에 대하여 강조하신 증거가 없었다면, 예수가 자신의 죽음을 순교로 보았다는 가정이 그럴 듯 했을 것이다. 이러한 가정을 반박하는 두 가지 증거를 제시한다면

첫째, **인자의 대속물**에 대한 언급이다(마 20:28; 막 10:45). 이는 노예 해방을 위한 속전이다.

둘째, **성만찬의 제정**이다. 이는 예수의 마음이 임박한 고난에 집중되었던 십자가 사건의 전날 밤에 언급되었으며 **유대의 유월절과 같은 상징적인 의미**를 지니기 때문에 더욱 중요하다.

4.3.4. 그리스도의 구속 사역에 대한 이해의 발전(거쓰리 524-578)

구속에 포함된 세 가지 사실은 다음과 같다.

첫째, **구속을 요구하는 상태의 존재**이다. 이것은 신약 시대에는 넓고 친밀하게 알려진 현상이었던 노예에 비유함으로써 이해될 수 있다. 노예는 그와 동일한 값을 지불해야만 육체의 속박으로부터 자유를 얻을 수 있었다. 그러므로 신약에서 사용된 영적인 의미에서의 죄의 종에 대한 개념은 결코 낯선 것이 아니었으며, 대부분의 사람들은 자신이 죄로부터 구원받아야 하는 필요성을 느꼈다.(거쓰리 547)

둘째, **구속의 행위**이다. **구속의 대가**는 **그리스도의 죽음**에 연결시키고 있다.

셋째, **신자의 결과적인 상태**이다. 구속된 자는 죄로부터 구원을 받아 이

제는 하나님께 속하게 되었는데, 이것은 새로운 도덕적 의무를 동반한다. 구속의 개념이 현대적 개념에서는 받아들여지기 힘들기 때문에 그 설명을 충분히 강조하지 않는다면 균형을 잃게 될 것이다.

구속의 개념은 그리스도인들 자신이 더 이상 자기 자신의 것이 아님을 강하게 암시한다. 죄로부터의 자유는 그리스도에 대한 속박을 포함하는데, 이것은 신약의 핵심적인 교리인 동시에 윤리적인 개념이다.(거쓰리 547-548)

5. 래드의 신약신학

래드(George Ladd) 교수의 제자이자, 래드 교수의 후임 교수로 이 책의 개정증보판을 발간한 Donald A. Hagner는 서문에서 '이 책의 논평가들이 지적한 것처럼, 이 책은 각각의 공관복음서 저자들의 신학에 대한 논의가 부족했으며, 신약성경의 통일성과 다양성의 문제를 소홀히 했다'[434]는 점을 언급한다.

래드는 신약신학을 논함에 있어서 역사적 관점에서 또는 역사의 본질에 관한 전제들을 놓고 성경의 메시지를 재구성한다. 이를 통해, '구약과 신약을 통일시키는 끈은 역사 속에서 인간의 구속을 성취하는 하나님의 행위이다.' 라고 고전적인 정의를 제시를 한다.[435] 예를 들면 그리스도의 부활은 역사비평의 관점에서 볼 때 '역사적인' 해명이 존재할 수 없는데, 오히려 이것은 역설적으로 부활의 초자연적인 성격을 부정적인 측면에서 지지해 주는 것이라고 주장한다.(래드 41)

래드는 그의 『역사신학』 12장 '하나님의 아들'과 13장 '메시야'에서 메시야의 아들 됨을 구약적인 배경에서 찾아내며 양식비평가들이 역사적인 개

---
434 George Eldon Ladd, 이한수·신성종 옮김, 신약신학 개정증보판, 대한기독교서회, 2011, 5.
435 George Eldon Ladd, 이한수·신성종 옮김, 신약신학, 37.

연성을 무시하는 것에 대해 고발을 한다. 또한 '칼케돈 회의가 고백한 그리스도는 역사적 예수를 흐리게 만들어 놓았다'고 언급하며(래드 212-213), '역사적 예수는 초월성이 없는 단순한 인간에 불과하며 하나의 가설일 뿐이다'라고 주장한다. 나는 래드의 고전적인 해석에 적극 동의한다.

나가는 말

거쓰리의 『신약신학』은 그야말로 방대하다. 그럼에도 깊은 맛이 난다. 신약에서 난해한 부분들을 다루며 독자들의 가려운 등을 긁어주기도 한다. 그러나 때로는 너무 광범위한 부분을 다루다보니 나 같이 개념 없는 독자층에게는 어느 노선이 적합한지 분별하기 어려울 때가 있다. 특히, 이는 최근에 연구된 신약신학의 다양한 이슈까지 취급하면서도 현대신학과 관련된 부분에서는 저자 자신의 입장은 드러내지 않고 판단을 독자들에게 맡기고 있다는 점에서 더욱 그러하다.

거쓰리는 『신약신학』의 개념을 배경부터 제시한다. 배경에 대한 이해가 없이는 이해할 수 없다는 것이다. 그는 유대적 사상에 뿌리를 둔 개념으로부터 시작해서 헬라적 사상의 개념도 살핀 후, 역사적 연구와 교의학적 연구를 병행하여 미래의 개념들까지 확장하면서도, 이를 성경신학의 범주만으로 집약하여 나아간다.

그럼에도 거쓰리의 책은 신본주의를 주장하며 현대의 과학적인 세계관을 용납하지 않는다. 그것은 다양성 속의 통일성을 추구하기 때문일 것이다. 그러나 내가 느끼기에 다양성 속의 통일성이 자칫하면 위험하다는 생각이 들기도 했다. 통일성을 너무 깊이 추구하다보면 타협이 앞서 종교다원주의로 빠지게 되지 않을까 하는 우려가 생긴다.

'아버지'라는 호칭의 풍요함을 '예수 그리스도의 아버지', '아버지 되심은 하나님의 속성에 있어서 보다 근원적인 것으로 보여진다'(79-80)고 주장하는 부분에서는 저자에게 무한한 박수를 보내며 기쁨으로 손을 맞잡고 아버지 앞으로 나아가고 싶어졌다.

교리만 나열하여 조직신학으로만 머물 것 같은 전개이지만 사변적인 것에 머물지 않도록 독자들을 은혜의 세계로 잘 인도하고 있다. 저자의 서문과 같이 다양성을 상쇄하고도 남음이 있다는 것을 깨닫는다.

거쓰리의 『신약신학』에서 아쉬운 점은 뒷부분의 '성령', '그리스도인의 생활', '교회론', '미래', '신약의 윤리' 부분에 대해서는 잘 다루지 못한 느낌이다. 이 부분은 우리 삶에서의 병행과 실천적인 요소가 있어서 윤리를 가르치는 설교 같은 느낌이 들었기 때문이다. 한국교회의 많은 목회자가 아무 거부감 없이 강단에서 선포하는 윤리적인 설교를 다시 읽게 되지는 않을까 싶은 마음에 자세히 살펴보고 싶지 않았다. 내가 더 알고 싶은 것은 예수에 관한 것이었기 때문이다. 예수로 말미암아 예수로 충만하고 그분의 고난과 십자가의 사역 앞에 더 많은 은혜를 갈망하고 사모하는 것이 내게는 더 간절하다. 나는 십자가를 붙들고 십자가의 비밀을 좇아 신약신학을 따라가보고 싶음이 더 간절하다.

모리스는 각 주제마다 성경으로 시작하되 마지막은 실천과 인간의 감성에 호소한다.

내가 왜 모리스의 책에서는 뭔가 혼란스러움을 느꼈는지 잘 모르겠지만 묘하게도 내가 갈망하던 교리적 접근에서 5% 비뚤어짐을 느낀다. 그 차이가 어떤 색깔인지 잘 모르겠어서 신학적 용어로 잘 표현할 수 없지만, 보수적인 글이면서도 그 안에 녹아내리는 것은 신학의 깊은 안내서라기보다는 가벼운 설교 참고서 같은 느낌이다. 거쓰리의 『신약신학』을 대하지 않고 모리스의 『신약신학』만을 대했다면 잘 분별하지 못했을 것이다.

나는 『신약신학』을 대하면서 신약은 우리가 쉽게 접하듯 그냥 말씀으로 읽으면 그 안에 은혜가 넘치는데 굳이 신학이 필요한가 라는 의문을 가지고 문을 열었다. 거쓰리의 『신약신학』의 안내를 받으며 신약과 구약을 넘나드는 교리의 아름다움을 거쓰리의 책에서 발견한다.

거쓰리는 단순하고 조야한 논리로 변증하는 것이 아니라 정제된 언어와 폭넓은 사고로 전체를 아우르며, 어렵고 딱딱한 교리를 적재적소에 배치하고 나무를 보며 숲을 안내하고 숲을 보며 나무를 안내하는 데 매우 명료하다. 그의 글을 읽다 보면, 마치 그 속에 아름다운 조각을 들여다 보는 것과 같은 느낌이 든다.

거쓰리는 그야말로 거장임을 다시 한번 깨닫는다. 가장 중요한 것은 '성경이 스스로 말하도록'[436] 하는 것임을 평생의 철학과 같이 기억하고 성경을 보기로 다짐한다.

래드의 『신약신학』은 고전이지만 나에게는 보석같이 느껴졌다. 이 책을 다 읽지 못했지만, 래드의 신학 안에 녹아 있는 복음이 아름답게 느껴졌다. 래드의 『신약신학』을 읽지 않았더라면 귀한 옥고(玉稿)를 놓칠 뻔하였다는 생각이 들어 감사하다. 거쓰리처럼 너무 방대하지도 않고, 모리스처럼 얕지도 않으며, 그러면서도 신학의 깊은 곳까지 안내한다.

통일성을 강요함으로 다양성이 약화될 오류도 있다.

'성경신학을 위해 정경적, 주제별, 구조적 접근을 사용하는 어떤 제안이라도 성경 내용에 잘못된 통일성을 강요함으로써 성경이 증언하는 풍성한 다양성을 약화시킬 것이라는 비판이 생긴다.…성경신학은 성경의 모든 내용을

---

[436] Charles H. H. Scobie, *The Ways of Our God*, 34.

하나의 모델 안에 압축해 넣어 버려서 성경에 나타난 증언들의 특성을 뒤틀어 버리고자 하는 엄격한 '교리들'로 취급하지 말아야 한다.'[437] 나는 이 말이 무척 귀하게 여겨졌다. 어려웠지만 하고 나니 신약의 뼈대가 조금 세워진 것 같다. 귀한 세 권의 『신약신학』 책을 추천해 주시고, 좋은 강의를 해주신 교수님께 감사드린다.

---

[437] Charles H. H. Scobie, *The Ways of Our God*, 132.

15. 바울 서신 과제

조호형 교수님
『고대의 편지 저술가, 바울』

들어가는 말

조호형 교수님은 별볼일 없는 우리에게도 '귀한 누구누구~'라는 호칭으로 말씀해주셨다. 수업 기간 중 교수님의 강의안을 편집해야 하는 일이 있어서 본인이 편집과 교정을 해드렸다. 교수님께서는 그것을 너무 고마워하시며, 강의 시간마다 첫 서두에 '정인선 전도사'를 말씀하시고 격려해주셨다. 우리 학년만이 아니라 다음 해 후배들에게도 말씀하셔서 타인의 수고를 보듬어주시고 칭찬과 지지를 해주셨던 귀한 교수님의 성품이 감사하고 행복했었다.

『바울 서신』을 배운다는 것부터 흥분되었다. 1학년 때부터 『바울 서신』 과목을 배우고 싶은 소망이 가득했었다. 조호형 교수님께 바울 서신을 배우며, 많은 은혜를 받았다. 조호형 교수님의 열정과 개혁주의 신학을 탄탄하게 연마한 실력과 젊은 학자의 새로운 학문 세계를 보면서 새 지평이 열리는 느낌이었다. 본서를 대하면서 어렵고 난해할 것 같아 두려움이 앞서지만, 바울 서신을 조호형 교수님께 배우게 된 것은 참으로 감사하고 행복한 일이었다.

지금까지는 믿음으로만 읽었던 바울 서신이다. 은혜 받았으니 그저 '아멘' 하면 모든 것이 다 끝나는 바울 서신이었는데 저자와 역자 서문은 신천지로 나를 안내하고 있었다. '어! 이런 것도 있었나? 이런 관점으로 보기도 하는구나!'라는 생각이 들었다. 바울 서신에 대한 지평을 넓혀주시고, 형식과 내용에 대한 인식을 올바르게 함으로 성경을 이해하는데 한걸음 더 다가갈 수 있어 교수님께 감사하다. 이제 제프리 와이마 교수님과 조호형 교수님의 안내를 받으며 『고대의 편지 저술가, 바울』의 본문 안으로 들어가 볼 것이다.

제1장 서론

서론에서 소개하는 것은 바울의 편지 형식과 그에 따른 저자의 의도이다. 저자는 바울 서신 안에 있는 다양한 관용어구들이나 고정된 표현의 사용을 그 당시에 통용되었던 고대 편지들에 대한 연구를 통해 풀어나가려고 한다.

본서는 사도 바울이 비교적 고정된 유형을 따른 '서두(The Opening), 감사단락(The Thanking), 본론(The Body), 맺음말(The Closing)'에 대한 것을 각각 1, 2, 3, 4장으로 나누어 논의한다. 저자는 성경 본문을 조각조각 나누는 것 (21), 즉 파편화시키는 것을 우려하지만 그럼에도 편지의 구조 분석을 해석의 출발점으로 여겨야 한다(22)고 논의한다.

저자는 바울 서신의 **'수사학적 비평'** 방법과 **'서신 분석'**의 방법은 형식과 구조가 사도 바울의 서신을 올바로 읽는데 있어서 얼마나 중요한지에 대한 인식이 공유되고 있다고 언급한다.(26) 예를 들면, '수사적인 장치의 한 예로서, 어떠한 주제를 아주 기교 있게 말하는 **연역법(Paralipsis)**을 생각해보라'(26)고 제시한다. 마치 사도 바울이 수신자를 향해서 '너희들'이 아는(십자가에 못 박은) '예수'를 끄집어 내어 그들의 심장부(양심)를 향해, 죄성을 찌르듯이 말하는 기교법을 저자도 사용하고 있기 때문에 흥미진진하다.

저자는 또한 형식과 상투적인 관용어구들과 문학적인 장치들의 형식과 기능을 단순히 확인하는 것에만 그치지 않고, 이 지식으로부터 오는 주석적인 이점(利點)을 증명할 것(27)이라고 한다. 이 논술에 다시 한번 감탄을 했다. 편지 형식에 대한 연구로만 끝내지 않겠다는 저자의 통찰력에 맞장구를 치면서 말이다.

제2장 서두 부문(The Opening)

저자는 서두 부분을 하찮게 여겨서는 안된다고 한다. 오히려 편지 전체의 주장에서 중요한 기능을 갖는 것으로 이해되어야 한다고 한다.(31) 서두는 다음과 같이 세 가지의 관습들로 구성된다.(31) 이것은 바울 자신의 사도권과 복음 메시지에 대한 변호이다. 그런데 이 세 가지는 본서를 읽어가는 내내 나를 흥분시킬 것 같다.

- (1) 발신인(Sender) 관용어구
- (2) 수신인(Recipient) 관용어구
- (3) 인사말(Greeting) 관용어구

① 자신의 사도권의 기원:예수 그리스도와 하나님 아버지로부터
② 하나님에 대한 신앙고백의 진술
③ 공동 발신인들에 대하여 모두를 포함하는 언급

신대원에 들어오기 전에 교회에서 청년부 선교팀 팀장을 하면서 팀 모임 때 사도행전과 로마서를 나눴다. 그때 사도행전 가운데 나타나는 변증법이 눈에 보이기 시작했다. 사도행전을 성령행전이라고 하면 사도행전이 슬퍼할 것 같았다. **사도행전은 무수히 많은 예수 그리스도의 십자가 죽음과 부활을 변증하는 책**이었기 때문이다. 누가는 베드로와 스데반과 바울의 말을 빌린다. 그들은 유대인들을 향하여 연설(설교)을 할 때 구약으로부터 끄집어 내어 선지자들의 말을 빌어 변증한다. 그 시대의 청취자들은 주로 유대인들이었을 것이며 설령 이방인이었다 하더라도 코이네 헬라어를 읽었다면 예수를 알았을 것이다.

그들 앞에서 예수를 변증하는 것은 그들이 **나면서부터 하나님의 백성**이라는 선민사상을 담보로 하여 그들의 심장을 찌르는 것이다.

본문을 보면 '바울이 하나님께서 죽은 자 가운데서 예수를 살리셨다는 중요한 진술을 갈라디아에 있는 신자들과 함께 고백할 때, **그들이 바울의 사도권과 복음을 거절하는 것은 쉽지 않을 것이다.**'라고 논증한다. 이를 통해, 역시 유대인들은 하나님께서 보증하시면 비록 그들이 하나님을 떠나 부패와 타락함에 머물렀을지라도 거절하는 것이 쉽지 않았을 것임을 깨닫게 된다. 그들은 날 때부터 유대인으로서 이미 하나님의 존재 여부에 대하여 의심하지 않았던 기초 위에 출발한 민족들이기 때문이다.

따라서 그들에게 하나님이 하신 일, '하나님이 주체가 되신다'는 것으로부터 변증의 A를 삼고, '성경에서 증언한다'를 B로 하고, '그리스도께서 십자가에 죽으신 일이 성경에 기록된 일이다'를 C로 삼아, '**A=B다. B=C다. 따라서 A=C이다**'라고 변증한다면 그들은 꼼짝없이 부정할 수 없는 것이 아닌가![438] 다음에서 제시하는 삼단논법을 따라가보자.

> A. 하나님이 주체가 되신다. = B 성경에서 증언한다.
> B. 성경에서 증언한다. = C 그리스도께서 십자가에서 죽으신 일이 성경에 기록된 일이다.
> 그러므로
> A 하나님이 하신 일이다. = C 그리스도께서 십자가에서 죽으신 일이다.

---

[438] Lloyd-Jones, D. Martyn, 서문강 역, 로마서 강해 제9권, 기독교문서선교회, 357-358에 의하면 로이드 존스는 '**이방인들이 하나님 나라의 시민이 될 수 있다는 것은 그들에게 거침돌이었다.** 그러나 그들에게는 이사야 53장이 있음에도 **십자가가 거침돌**이었다. 바울은 그 성경을 가지고 유대인들에게 말할 때 평계할 수 없는 논증을 성경을 붙들고 호소하는 것이다. 유대인들이 믿는다고 말하는 성경을 들이대며 그 성경을 가지고, 그 성경에서 그리스도를 보여주는 그런 일을 하고 있는 것이다.'라고 논의한다. 이 주해가 내가 생각했던 바로 그 해석이었다. 너무 명쾌하다. 내가 마음 속에 품고 있었던 생각이 로이드 존스 목사님의 논리적인 언어로 표현됨에 기적을 본 것 같이 기쁘다. 그리고 내가 성경을 보는 눈이 틀리지 않았구나 하는 확증을 받는 느낌이라 성경을 잘 볼 수 있는 눈을 열어주신 하나님께 감사드린다.

사도행전을 공부하면서 어부인 베드로(행 3-4장)나 스데반(행 7장)도 이러한 식의 변증을 사용했음을 깨닫게 되었다. 나는 어느 날 여기에 꽂혔다. 그리고 성경이 보이기 시작했다.

모든 성경의 주어는 하나님이었다. 주어가 때로는 생략이 되기도 했고(이것을 저자는 **신적 수동태**라고 표현한다.), 앞절의 주어와 공통주어를 사용하면서 나타나지 않기도 했지만, 언제나 주어는 하나님이다. 이와 같이 사도행전 전반에 도도히 흐르고 있는 것은 '하나님'이라는 주어이다.

나는 여기서 어릴 때 기억을 떠올리게 된다. 전차가 달릴 때 보면, 어릴 적 느릿느릿 지나가던 전차 뚜껑 위로 전선이 여기저기 거미줄 같이 있었다. 지금도 그 기억이 눈에 뚜렷하다. 우리는 전기가 흐르는 것을 알지 못하고 지나치지만, 전차가 다닐 때 전차 위를 흐르는 전기의 힘을 누가 고민하면서 생각해볼까!

이것은 어릴 때 전차를 본 나의 이미지이지만 나에게 아주 중요한 간증이다. **나는 사도행전을 읽을 때마다 그 전차 위 전선의 이미지가 사도행전 전체를 이끌어가는 그림으로서 자꾸 떠오른다.** 그래서 사도행전을 읽으며, 나의 삶을 이끌어가시는 하나님을 확신할 수 있었다. '이 모든 일을 하나님이 하셨다'는 것은 모든 것이 실패한 것 같은 나의 삶에 있어서 너무 귀한 만남이었다. 나는 하나님이 주체가 되어 하신 일을 믿지 못한 채 오랜 시간을 불순종했다. 너무 긴 시간이었다. '하나님이 살아 계시다면 나에게 이런 일이 일어나지 않을 것이라고' 얼마나 반항하면서 몸부림쳤는지 모른다. 이 긴 시간 속에 하나님이 그림자같이 전선을 따라 움직이신 것을 나는 성경을 통해 깨닫게 되었던 것이다.

이 만남이 없었다면 나는 오늘 양지에 없었을 것이다. 나는 이때 성경을 제대로 보고, 장님이 눈을 뜨는 것 같은 경험을 하게 되었고, 이를 통해 양지에서 신학을 하고 싶은 사모함이 생기게 되었다. 그래서 앞으로 남은 시간동안에는 말씀을 따라 순종하며 살고싶은 간절함이 있다. 그러한 간절함은 양지에서 교수님들의 가르침에 순종하고 싶은 마음으로 이어졌다. 교수님들의 가르침을 열심히 따라가다보면 거기에 사랑하는 예수님이 서 계실 것이라고 기대했다. 그리고 나의 죄를 위해 예수님을 세상에 보내신 하나님을 만날 것이라고 생각하고 열심히 최선을 다해 정성껏 3년을 보냈다. 와이머 교수님의 논의는 내가 지금 따라가고 있는 나의 개인적인 경험이 '**틀리지 않구나, 내가 성경을 이상하게 해석하고 있지 않구나**'라는 확신을 주기 때문에 반가움과 함께 와이마 교수님께 눈물겹도록 감사한 마음이 들었다.

본서도 이러한 논리에서 계속 사도 바울을 변증하면서 전개하고 있다. 또한 부활을 "모든 것이 변하는 '새 시대'"(48)로 묘사한 것은 와이머 교수님과 슈라이너 교수님(48)의 탁월한 통찰력이다. 나는 부활을 새 시대로 바라보지 못했다. 이것을 조호형 교수님께서 수업 시간에도 말씀하셨다. 그때 부활을 새 시대로 말씀하셨는데, 나는 이와 같이 부활을 새 시대로 묘사하는 것이 무척 생소하게 느껴졌다. 너무 낯설게 느껴진 나머지, 지나친 알레고리적 해석이 아닌가라는 생각까지 했다. 그 의도는 충분히 알겠는데, 새 시대라는 묘사는 부활 자체의 의미를 희석시키는 느낌이었고, 예수 그리스도의 부활보다는 인간의 변화에 더 강조점을 두는 느낌이었다.

부활은 부활 그 자체로 신적 영역인데 인간의 언어로 치환하는 것에 마음이 불편했다. 굳이 다른 언어로 표현할 수 있나 싶다. 어쨌든 수업 시간에 의아했던 부분이었지만 본서를 읽으면서 조금은 '맞다'라는 마음이 들었다.

데살로니가전서 2:18의 해석에서 역자 주로 논의하신 각주 12번(와이마 지음, "고대의 편지 저술가, 바울", 55쪽)에 ἠθελήσαμεν(1 Thess. 2:18 GNT)의 해석을 영어 번역에서도 we로 해석하고 있는데[we would have come(1 Thess. 2:18 KJV), we wanted to come(1 Thess. 2:18 ESV, RSV, NET)], 『개역개정』 에는 '**우리'라는 주어가 등장하지 않는다**고 논의하신 것을 읽으면서 조호형 교수님의 탁월한 실력과 수고가 애잔하게 느껴졌다. 와이마 교수님의 글을 읽는 독자층과 한국어 번역을 읽을 독자층이 전혀 다르기에 독자층을 향한 교수님의 섬세한 배려와 정성껏 번역하신 수고가, 얼마나 기진하도록 번역하셨을까 생각하면서 너무 많이 고생하셨다는 생각이 들었다. 원문과 일일

사도행전을 공부하면서 어부인 베드로(행 3-4장)나 스데반(행 7장)도 이러한 식의 변증을 사용했음을 깨닫게 되었다. 나는 어느 날 여기에 꽂혔다. 그리고 성경이 보이기 시작했다.

모든 성경의 주어는 하나님이었다. 주어가 때로는 생략이 되기도 했고(이것을 저자는 **신적 수동태**라고 표현한다.), 앞절의 주어와 공통주어를 사용하면서 나타나지 않기도 했지만, 언제나 주어는 하나님이다. 이와 같이 사도행전 전반에 도도히 흐르고 있는 것은 '하나님'이라는 주어이다.

나는 여기서 어릴 때 기억을 떠올리게 된다. 전차가 달릴 때 보면, 어릴 적 느릿느릿 지나가던 전차 뚜껑 위로 전선이 여기저기 거미줄 같이 있었다. 지금도 그 기억이 눈에 뚜렷하다. 우리는 전기가 흐르는 것을 알지 못하고 지나치지만, 전차가 다닐 때 전차 위를 흐르는 전기의 힘을 누가 고민하면서 생각해볼까!

이것은 어릴 때 전차를 본 나의 이미지이지만 나에게 아주 중요한 간증이다. **나는 사도행전을 읽을 때마다 그 전차 위 전선의 이미지가 사도행전 전체를 이끌어가는 그림으로서 자꾸 떠오른다.** 그래서 사도행전을 읽으며, 나의 삶을 이끌어가시는 하나님을 확신할 수 있었다. '이 모든 일을 하나님이 하셨다'는 것은 모든 것이 실패한 것 같은 나의 삶에 있어서 너무 귀한 만남이었다. 나는 하나님이 주체가 되어 하신 일을 믿지 못한 채 오랜 시간을 불순종했다. 너무 긴 시간이었다. '하나님이 살아 계시다면 나에게 이런 일이 일어나지 않을 것이라고' 얼마나 반항하면서 몸부림쳤는지 모른다. 이 긴 시간 속에 하나님이 그림자같이 전선을 따라 움직이신 것을 나는 성경을 통해 깨닫게 되었던 것이다.

이 만남이 없었다면 나는 오늘 양지에 없었을 것이다. 나는 이때 성경을 제대로 보고, 장님이 눈을 뜨는 것 같은 경험을 하게 되었고, 이를 통해 양지에서 신학을 하고 싶은 사모함이 생기게 되었다. 그래서 앞으로 남은 시간동안에는 말씀을 따라 순종하며 살고싶은 간절함이 있다. 그러한 간절함은 양지에서 교수님들의 가르침에 순종하고 싶은 마음으로 이어졌다. 교수님들의 가르침을 열심히 따라가다보면 거기에 사랑하는 예수님이 서 계실 것이라고 기대했다. 그리고 나의 죄를 위해 예수님을 세상에 보내신 하나님을 만날 것이라고 생각하고 열심히 최선을 다해 정성껏 3년을 보냈다. 와이머 교수님의 논의는 내가 지금 따라가고 있는 나의 개인적인 경험이 '**틀리지 않구나, 내가 성경을 이상하게 해석하고 있지 않구나**'라는 확신을 주기 때문에 반가움과 함께 와이마 교수님께 눈물겹도록 감사한 마음이 들었다.

본서도 이러한 논리에서 계속 사도 바울을 변증하면서 전개하고 있다. 또한 부활을 "'모든 것이 변하는 '새 시대'"(48)로 묘사한 것은 와이머 교수님과 슈라이너 교수님(48)의 탁월한 통찰력이다. 나는 부활을 새 시대로 바라보지 못했다. 이것을 조호형 교수님께서 수업 시간에도 말씀하셨다. 그때 부활을 새 시대로 말씀하셨는데, 나는 이와 같이 부활을 새 시대로 묘사하는 것이 무척 생소하게 느껴졌다. 너무 낯설게 느껴진 나머지, 지나친 알레고리적 해석이 아닌가라는 생각까지 했다. 그 의도는 충분히 알겠는데, 새 시대라는 묘사는 부활 자체의 의미를 희석시키는 느낌이었고, 예수 그리스도의 부활보다는 인간의 변화에 더 강조점을 두는 느낌이었다.

부활은 부활 그 자체로 신적 영역인데 인간의 언어로 치환하는 것에 마음이 불편했다. 굳이 다른 언어로 표현할 수 있나 싶다. 어쨌든 수업 시간에 의아했던 부분이었지만 본서를 읽으면서 조금은 '맞다'라는 마음이 들었다.

데살로니가전서 2:18의 해석에서 역자 주로 논의하신 각주 12번(와이마 지음, "고대의 편지 저술가, 바울", 55쪽)에 ἠθελήσαμεν(1 Thess. 2:18 GNT)의 해석을 영어 번역에서도 we로 해석하고 있는데[we would have come(1 Thess. 2:18 KJV), we wanted to come(1 Thess. 2:18 ESV, RSV, NET)], 『개역개정』에는 '**우리'라는 주어가 등장하지 않는다**고 논의하신 것을 읽으면서 조호형 교수님의 탁월한 실력과 수고가 애잔하게 느껴졌다. 와이마 교수님의 글을 읽는 독자층과 한국어 번역을 읽을 독자층이 전혀 다르기에 독자층을 향한 교수님의 섬세한 배려와 정성껏 번역하신 수고가, 얼마나 기진하도록 번역하셨을까 생각하면서 너무 많이 고생하셨다는 생각이 들었다. 원문과 일일이 대조하면서 번역을 하시고, 또 한국어로 번역함에 『개역개정』까지 보면서 비교하며 집필해야 하는 긴 고난의 시간이 느껴져 존경심과 함께 마음이 아파왔다.

수업 시간(2019년 9월 20일 금요일)에 "**'공동 발신자'** 이것을 공동 저자라고 말하면 절대 안된다. 공동 발신인이라는 용어를 절대로 잊어버리면 안된다."고 말씀하신 내용이 이 책을 읽으며 선명히 살아난다. 그때 '아! 맞다.'라고 생각했었다.

신대원 입시 공부할 때 공동 저자로 열심히 외웠던 일이 떠올랐다. 그런데 그날 수업 시간에 '아! 공동 저자로 외운 것이 틀린 것이구나' 하고 생각했다. 이러한 하나하나의 배움이 너무 재미있고 감격이었다.

나는 사도행전에 나오는 '**회당장 소스데네**'(행 18:17)가 고린도전서 1:1의 '**형제 소스데네**'와 동일 인물임을 연결해 보려고 한 번도 생각하지 못했다. 바울 때문에 화가 난 군중에게 바울 대신 맞았던 소스데네가 후일 바울과 함께 동역자가 되었으리라고는 상상도 못했다. 이런 비밀이 있다니! 회당장 소스데네(행 18:17)의 그 이름이 형제 소스데네(고전 1:1)의 그 이름인 줄 나는 전혀 알지 못했다. 얼마나 귀한 일인가! 그것이 성경 몇 줄에 불과한 기록임에도 너무 소중한 정보이고, 믿음의 간증이 묻어나오는 느낌이라 눈물이 핑 돌았다. 바울은 그렇게 지나치듯 스쳐가는 사도행전의 인물들을 후일 그의 서신서에서 자주 등장시키는 것을 볼 수 있다. 그것은 잔잔한 감동과 함께 티끌 같은 한 사람도 놓치지 않으려는 그의 배려의 자락들을 보게 한다.

고린도전서 1:1-9을 논의하신 와이마 교수님의 귀한 글 앞에 마음이 멈춘다. 각주 17번(와이마 지음, "고대의 편지 저술가, 바울", 65쪽)에서 교수님은 (어려운 고어를 쓰는) 다소 까다로운 YLT(Young's Literal Translation) 성경조차 The will of God(ESV, RSV, YLT)라고 번역하는 θελήματος θεοῦ(1 Cor. 1:1 GNT)에 대해 중요하게 다룬다.

성경의 곳곳마다 '**하나님**'이 주체가 되시는 일이 얼마나 많은가! 그것을 성경이 묘사할 때 직접적으로 언급되지 않을 때는 '**신적 수동태**'를 사용한다. 숨어 있는 주어 '**하나님이**' 그리고 '**예수 그리스도의 십자가와 부활**'이 어느 날 Boldic체로 보이기 시작한 이후, 신대원 들어오기 전이었는데도 무단히 그 말씀을 찾았다. 성경을 넘길 때마다. 페이지마다 숨어 있던 그 단어들이 마구 쏟아져 나왔고, 손에 만져졌고 나는 흥분했었다. **나는 그러한 구절들이 성경 곳곳마다 흘러넘치고 있음을 보았다.** 본서, 와이머 교수님의 주해 가운데에도 전차가 전선을 따라 도도히 흘러가는 모습이 여기저기 보였다.

또한 저자는 '**그리스도인의 행위**'에 관한 바울의 논의로 나아간다. 논의의 전개에 가장 먼저 등장하는 조건절은 67쪽 아래에서 다섯째 줄에 보면, '하나님이라는 명칭이 분명히 나타나지 않지만, 바로 하나님이 이들을 거룩하게 만들고, 이들을 거룩하도록 불러주신 분이다.'라고 설명하고 있다. 바울이 하나님이 만드신 거룩함으로 '**거룩한 삶**'이라는 주제를 강조한다는 저자의 논의는 거룩함이 내가 만든 것인 양 착각하도록 만드는 이 시대의 강대상 앞에 시금석으로 내놓아야 할 귀한 논거이다.(68)

저자는 바울이 사용하는 인사말에서 '주 예수 그리스도'와 '하나님 우리 아버지'의 병렬 구조를 사용하는 **고등 기독론**(high Christology)을 제시한다.(76) 이러한 논의에 감사하다. '주 예수 그리스도'와 '하나님 우리 아버지'라는 두 개의 구만 가지고도 설교가 몇 편이 나올텐데, 나는 때로는 이 두 구절이 너무 좋아서 오랫동안 두 구절이 쓰인 종이를 뚫어져라 쳐다보기도 했다.

저자는 **송영**(Doxology) 즉, '아멘'에 대한 자신의 경험을 논의하면서 이것이 진정한 결론임을 제시한다. '하나님께서 그리스도를 통하여 구원하는 사역에 대하여 '아멘'이라는 자연스러운 반응을 통해 갈라디아 독자들이 사도 바울과 연합한다면, 이들이 바울의 입장을 거절하기 어렵게 만든다는 점에서, **바울의 송영은 십자가상에서 그리스도의 구속적인 죽음의 충족함에 대**

한 자신의 이전의 주장들을 '정화하는'(baptize) 역할을 한다. 물론 이 주장들은 어떠한 이의를 제기할 수 없는 진정한 것이다.'(85) 나도 '아멘'이다.

제3장 감사 단락(The Thanksgiving)

바울이 편지를 쓸 때 **서두 부분 다음에 감사 단락**을 쓴다는 것은 이 책을 통해서 알게 되었다. 과거에는 바울 서신을 읽으면서 '감사'를 쓰고 있구나 라고 넘어갔는데, 바울에게 있어서 수신자들을 설득하기 위한 전략과 밀접하게 관련되어 의도적으로 쓰였다는 것을 깨닫게 되었다. 또한 나는 본서를 통해서 바울 서신 서두의 감사 단락을 따로 구별하여 자세하게 설명하는 것을 처음 접하게 되었다.

감사 단락이 **첫 번째 목회적인**(Pastoral) 기능을 한다는 것은 너무 귀한 해석이다.

두 번째 권면하는(Exhortative) 기능에 대한 설명은 뭔가 뿌옇던 것, 희미하게 생각하던 것을 와이마 교수님이 글을 쓰심으로 실체가 선명하게 드러나는 느낌을 받았다. 내 속에 가지고 있었던 막연한 생각들이 언어의 옷을 입고 살아 움직이는 느낌이었다.

고린도전서 1:4-9의 권면하는 기능에서 와이마 교수는 그리스도를 통하여 하나님의 은사를 받은 교회인 고린도 교인들이 자신들의 정체성을 재구성함에 있어서 **'영적인 은사들을 어떻게 바라보느냐'** 하는 아주 중요한 문제를 논의한다.

고린도전서 1:4 '너희에게 주신 하나님의 은혜로 말미암아'[ἐπι[439] τῇ χάριτι τοῦ θεοῦ, for the grace of God(KJV, YLT), because of the grace of God(ESV, RSV, NET)]를 석의하면서, 그는 '바울은 고린도 교인들이 행한 것

---

439 전치사 여격인데, 여기서 원어와 함께 약간의 구문론적 설명이 추가되었더라면 더 좋았을 텐데 하는 아쉬움이 있다.

에 대해서가 아니라, 하나님께서 행하신 것에 대해 감사한다'고 언급한다.(117) 저자는 '**말미암아**'에 대한 너무 귀한 논의를 계속해서 하고 있는데, '하나님께서 행한 것', '하나님의 은혜에 전적으로 그 뿌리를 두고 있다' 라든지, 바울이 자신의 손가락을 수평적으로 독자들에게 향하지 않고, 수직적으로 하나님께 감사하며 하늘을 향하여 가리키는 이미지로 표현한다고 논의한다.

저절로 '아멘'이 나오고 있었다. 그러면서 내 삶을 떠올렸다. 나는 이러한 감사가 있는가? 선뜻 긍정적인 대답을 하기 어려웠다. 나의 삶의 모든 것이 '하나님께서 행한 것으로 말미암아'라고 고백하지 못했기 때문이다. 하지만, 여기에서나마 '이 모든 은사들이, 양지에서의 공부하는 이 시간조차 예수 그리스도를 통하여 주어진 은사로서 하나님께 감사할 이유가 됨을 고백한다.(120)

고린도전서 1:9에는 다시 신적 수동태 ἐκλήθητε(동사, 부정과거수동태 2인칭 직설법 복수, to call, name invite)가 나타난다. 즉 **하나님이 행동의 주체**로 암시된다는 것이다. 이것은 그리스도의 지체들이 부름을 받았다는 사실을 강조하는 것이다. 이것은 하나님의 사역을 강화시킬 뿐만 아니라 연합에 대한 바울의 함축적인 권면을 받아들이도록 압력을 가하기 위함이다. 이러한 저자의 논의는 정말 멋있고 나에게 도전이 되었다.

세 번째는 편지의 본론에서 다루어질 **주제를 미리 예시하는**(Foreshadowing) **기능**이다. 즉 **변주곡**을 울리기 위한 예비적 기능이 된다는 것이다.(127)

나는 와이마 교수님의 논의 중 첫 번째 논의에 있어 '그는 실제로 진정으로 독자들의 마음과 삶 속에 일어난 신적인 역사에 대하여 하나님께 감사했기 때문에 이 단락을 포함시켰다.'(96)는 해설이 좋다. 왜냐하면, 수신자들이 순종하려고 애쓰는 삶을 조명해 주는 것 같아 마음이 풍성해지기 때문이며, 두 번째 논의 '하나님이 주체가 되심'에도 마음이 간다.

모든 것이 하나님으로부터 말미암는다는 것은 내게 큰 위로가 되며, 늘 하나님께 토설하고 불평하며 내게 일어난 일에 대한 나의 불순종을 어루만지는 권면이 되기 때문이다. 그렇다. 나의 감사는 모든 것이 하나님의 은혜라는 사실에서 비롯된다.

제4장 본론 부분(The Body)

저자는 본론 부분에 대한 논의에서 비교 형식 분석(Comparative Formal Analysis)을 함으로써 고대 편지들에서 주로 사용된 서신의 관습들이나 관용어구들을 사도 바울이 어떻게 사용하였는지를 확인한다. 각 관용어구는 다음과 같이 세 가지 틀을 이룬다고 한다. ① **형식**(형식은 다 논의하지 않는다) ② 기능 ③ 해석상의 중요성이다.[440]

1. 전환 관용어구들(Transitional Formulas):

▶ 간구 관용어구(Appeal Formula)

▶ 공개 관용어구(disclosure Formula)

▶ '~대하여' 관용어구('Now About' Formula)[441]

▶ 호격 호칭(Vocative Form of Address)

2. 자서전적인 부분(Autobiographical Section)[442]

이 부분들은 감사 단락 바로 다음이자 편지의 본론이 시작되는 부분에 위치한다.(166) 이 변호 안에서 사도 바울은 자기 자신과 자신이 선포하는 복음에 대해서 말하고, 독자들에게 자기 자신과 자신의 선포를 확증하며 재

---

[440] 관용어구에 대한 목록을 분류해서 정리하고 싶은 마음으로 제목만 정리했다. 그리고 이러한 관용어구에 대한 논의는 처음이라서 반가왔고, 이렇게 정리를 하니까 뭔가 바울의 편지들이 잘 정리되는 느낌이 든다.

[441] '~에 대하여'(Περὶ δὲ, 고전 1; 7, 25; 8:1; 12:1; 16:1, 12) 라는 관용어구가 이렇게 중요한 의미를 가진 것인지 오늘에야 알았다. 성경을 볼 때 이런 부분들을 다시 보게 될 것 같다.

[442] 라이언스(Lyons)나 말허브(Malherbe)가 제시하는 새로운 패러다임 변화의 찬성에도 불구하고 이 단락에서 제시하는 반제적인 진술('X가 아니라 Y')은 처음 대하는 용어이다. 나는 바울이 **반제적인 진술**을 사용하여 자신과 자신의 동역자들의 진실성을 변호하고, 독자들의 신뢰와 확신을 회복시키고자 했다는 저자의 변증이 설득력이 있다는데 동의한다. (172-173)

확인한다.⁴⁴³ (167)

3. 사도적 임재(Apostolic Parousia)
4. 확신 관용어구(Confidence Formula)
5. 페러네시스(Paraenesis) '권면, 충고, 간청'(παραινέω, recommend, urge)⁴⁴⁴
6. '예배를 위해 사용된'(Liturgical) 형식들
7. 송영들(Doxologies) (1) 찬양의 대상 (2) 찬양의 요소 (3) 시간의 표시 (4) 긍정의 대답

제5장 맺음말 부분(The Closing)

맺음말 부분은 본론 부분에서 이미 다루어진 주요한 논점들을 강조하고 요약하는 기능을 갖는다. 맺음말은 상당한 해석적인 가치를 가지며, 독자들과 이들의 역사적인 상황에 대하여 중요한 이슈들과 주제들을 이해하는 중요한 단서들을 제공한다.(246-247)

바울 서신의 다섯 개의 관습들이 일괄적으로 바울의 편지 맺음말 부분에 나타난다.

---

443 사도 바울이 자기를 변호하기 위하여 자신이 당한 고난을 말하려는데 초점을 맞추는 전통적인 해석보다는 라이언스(Lyons)의 논증에 오히려 마음이 간다. 그러나 한걸음 더 나아가 예수 그리스도의 복음의 '실현'(Incarnation)으로서 자신의 정신(Ethos)을 입증하는 기능으로서 '자서전'(Autobiography)을 강조하며, 자신을 닮음으로서 이들 역시 복음을 실현해야 한다는 라이언스의 논리보다 사도 바울의 자서전적 자기 변호의 발언이 **위대한 복음의 선포**로 해석되어야 한다고 생각한다.
444 이것은 신약성경에서만 유일하게 나타난다고 한다(행 27:9, 22). (187).

⟨표 1-28⟩ 바울 서신의 맺음말 다섯 개의 관습들

> 1. 평강의 축도 The Peace Bendiction
> 2. 권고 부분 The Hortatory Section
> 3. 인사말 The Greetings
> 4. 자필 The Autograph
> 5. 은혜의 축도 The Grace Benediction

맺음말에서는 맺음말의 주요 특징인 독특한 관용어구에 대한 해석, 단락의 구조(교차대구법), '거룩한 입맞춤'(Holy Kiss)의 인사, 자필(The Autograph), 은혜의 축도(The Grace Benediction), 신적인 기원 등이 있다.

2019년 10월 4일 수업 시간에 로마서를 다루면서 조호형 교수님께서는 '왜 바울은 로마서 16장을 기록했을까. 이 질문을 반드시 해결해야만 한다.' 라고 말씀하셨다. 에베소 가설(Ephesian hypothesis)에 의하면 로마서 16장은 원래 에베소에 있는 교회로 향하고 있었던 바울의 서신의 조각이며, 이후에 로마서에 잘못 첨부된 것이다.(278) 이와 같은 내용은 어려웠는데, 수업을 한 후 책을 읽으니까 이해가 분명해진다.

나가는 말

본서를 읽는 내내 아쉬웠던 점은 중요한 전치사의 누락을 설명하는 **헬라어와 관련된 논의가 빠진** 것이다. 예를 들면 50쪽 3째줄 '나와 함께'가 『개역개정』에 빠져 있다는 논의에서 'καὶ οἱ σὺν ἐμοὶ πάντες ἀδελφοὶ(Gal. 1:2 GNT)'(σὺν ἐμοὶ에 대하여 영어 성경을 살펴보자.)는 영어 번역본에서 다음과 같이 번역된다.

KJV   Galatians 1:2 And all the brethren which are **with me**, unto the churches of Galatia

ESV   Galatians 1:2 and all the brothers who are **with me**, To the churches of Galatia

NET   Galatians 1:2 and all the brothers **with me**, to the churches of Galatia

RSV   Galatians 1:2 and all the brethren who are **with me**, To the churches of Galatia

위의 영어 번역본에서 제시하듯 'with me'로 되어 있다. 이러한 부분에 대하여 헬라어를 사용한 설명이 있었더라면 하는 아쉬움이 남는다. 본론 부분에서는 몇 군데에서 헬라어 발음을 제시하기도 하는데 조금 아쉽다. 아주 좋았던 것은 수업과 함께 이 책을 읽게 되니까 이해가 훨씬 더 쉬웠고, 수업 시간이 기대되고 흥분되었다. 얼마나 행복한지!

바울 서신을 공부하기 전에는 바울 서신의 말씀들을 믿음으로 읽었다. 내가 깊이 간직하고 있는 바울의 모습은 예수 그리스도의 십자가와 부활을 증언하기 위해 자기의 생명조차 조금도 귀한 것으로 여기지 아니하는 모습이다. 생명조차 아끼지 않는 바울의 모습이 중요한 것이 아니라, **바울이 간직하고 있는 예수 그리스도의 십자가와 부활의 생명을 늘 그리워했었다**. 그런데, 본서를 읽으면서 줄곧 나오는 구절은 '**바울의 자기 변호**'이다. 바울의 자기 변호는 '**예수의 자기 이해**'(Jesus' slef-understanding)[445]와 함께 평행법으로 변증하고 있다. 저자는 감사 단락에서 데살로니가전서를 설명할 때도 '바울의 진실성에 대한 변호'(106)를 제시한다.

---

445 David Wenham, *Paul Follower of Jesus or Founder of Christianity?*, Grand Rapids, Cambridge, 1995, 104; 박문재 옮김, 바울: 예수의 추종자인가 기독교의 창시자인가?, 크리스챤다이제스트, 2002, 157에 의하면 **예수의 자기 이해**(Jesus' slef-understanding)에 대한 논의가 있다.

그러나 나는 바울 서신과 마주하기 전부터 바울의 서언, 감사 단락, 자기 변호에서 웅장한, 장엄한 선포를 보았다. 마치 천지가 열리는 것을 보았다. 신비주의는 아니지만, 하늘이 열리는 체험이었다. 대부분 하나님 아버지와 주 예수 그리스도로 시작하는 바울 서신을 읽다보면 나는 그저 그 웅장함 앞에 무릎을 꿇을 수밖에 없었다. 그것은 천국에서 들려오는 음성이었다. 이러한 시간을 마주했기에 바울 서신을 배우는 시간은 가슴이 뛰고 흥분되었다.

바울 서신의 서두를 읽으면 마치 출애굽기 3:14 "나는 스스로 있는 자이니라"[אֶהְיֶה אֲשֶׁר אֶהְיֶה](WTT), I am who I am. ESV, RSV; I am that I am. NET, KJV]와 요한복음의 ἐγώ εἰμι(생명의 떡 6:35; 세상의 빛 8:12; 양의 문 10:7, 9; 선한 목자 10:11, 14; 부활이요 생명 11:25; 길, 진리, 생명 14:6; 참 포도나무 15:1-5)가 생각났다.

하나님의 자기 계시이며, **예수 그리스도 자신의 정체성에 대한 선언**과 같이 바울 서신의 서두 인사가 편지에 쓰는 인사로 느껴지지 않았고, 하나님이 바울을 통해 자신을 계시하신 '**위대한 복음의 선포**'로 느껴졌다. 그런데 때로는 그것이 깨지는 느낌이 들기도 한다. '이 구차스런(?) 변명이 복음을 선포한다는 것인가'하고 말이다. 신적 선언이 인간의 언어로 희석되어지는 느낌이 들기도 한다. 아니면 하나님은 바울의 변호를 도구로 사용하셔서 당신의 복음을 선포하시는 것이 아닌가? 아마도 **다양성**으로 풀어내야 할 것 같다.

본론 부분은 바울 서신의 전 영역을 다루고 있는데, 저자는 서신 형식에서 시작하여 전체를 다루는 주해적 작업의 수고를 한다. 그러므로 본서를 읽으면 바울 서신 전체를 볼 수 있다. 더 나아가 '페러네시스'의 형식 안에서 도덕적인 문제들과 신자들이 어떻게 살아야 하는지에 대한 **삶의 문제로까지 나아가는 것**을 볼 수 있다.

본서는 바울 서신을 처음 대하는 초보자부터 깊이 연구하는 학문적 성향을 가진 독자층까지 광범위하게 섭렵하는 책이다. 또한 지나치기 쉬운 바울의 능숙한 신학적인 진술을 구체적인 언어로 표현함으로써 바울의 표현하나하나가 살아 숨쉬는 것을 느낄 수 있다. 이 책을 읽어야만 바울 서신에 대한 지평이 열릴 수 있다는 확신이 들기에 누구에게든지 권면하고 싶은 마음이 생긴다. 그렇기에 바울 서신을 주해하는 신학생은 물론이고 목회자와 평신도에 이르기까지 본서를 적어도 한 번은 읽기를 강력하게 추천한다.

더욱이 '신적인 근원',446 '신적 수동태'(divine passive), '수사학적 질문'(rhetorical question)과 같은 유려한 고급 언어의 사용(조호형 교수님께서 문장을 자연스럽고 적재적소에 단어를 배치하여 이해하기 쉽게 잘 번역하셨다는 생각을 했다.)은 본서의 가치를 더욱 탁월하게 하면서도 동시에 그 의미를 선명히 한다.

본서를 읽는 내내 은혜가 흘러넘쳤다. 그리고 울컥울컥 눈물이 솟구쳤다. 내가 고백했던 신앙고백을 지구의 한쪽에 계신 유명한 학자가 하신다는 것이, 내가 하나님을 찾아가는 방법이 틀리지 않았다는 보증이 되기에 감사했다. 그리고 내가 이 길을 잘 가고 있구나 하는 생각에 큰 위로와 은혜가 되었다.

---

446 원서인 Jeffery A. D. Weima, *Paul, the Ancient Letter Writer*, Grand Rapid: Baker Academic, 2016. 이 책을 도서관에서 찾아 보려고 했는데, 2019년 9월, "현재 주문 중"이라고 해서 아쉬웠다.

16. 한국기독교회사 서평 과제

박용규 교수님
『한국기독교회사Ⅲ』 한국기독교사연구소. 2018. 박용규 지음

1. 저자가 이야기하고자 하는 것

Ⅰ권은 1784년 이승훈이 천주교 세례를 받은 때부터 1910년까지, Ⅱ권은 1910년부터 1960년까지, Ⅲ권은 1960년부터 2010년까지의 역사를 다룬다.

Ⅲ권을 들어가던 수업 시간(2019년 11월 14일)에 박용규 교수님께서 '왜 1960년을 기준으로 나누었겠느냐?'를 질문하셨다. 한국사를 배운지 오래되어 4·19인가, 5·16인가 가물가물하는 사이 교수님께서 말씀하셨다. '4·19가 일어나서 1960년을 Ⅲ권의 시작점으로 나눈다.'

이것이 한국 근대화의 출발점이라는 것이다. 그리고 '1960년대 이후 **한국교회사는 원하든 원치 않든 한국의 근대화와 더불어 진행되었다.**'[447]는 첫 문장의 선언에서 저자이신 박용규 교수님께서 이것을 주제로 이 책을 펼쳐 나가겠다는 뜻을 알 수 있었다.

한국의 근대화는 첫째, 민주주의 발전이며, 둘째 경제 발전, 셋째 사회적 책임을 뜻한다. 이것이 한국 근대기독교회사를 이해하는 열쇠이기도 하다.

---

447 박용규, 한국교회사 Ⅲ, 2018 1판 3쇄, 한국기독교사연구소, 21.

Ⅲ권을 이끌고 가는 사상은 민주화의 정신으로, 모든 직업은 평등하다는 것이 기독교의 정신이었으며 세계화의 가치는 기독교의 가치와 맞물려 있다는 것이다. 격변의 시대, 급속한 민주화, 경제발전, 세계화가 진행되는 한국의 근대사 속에 과연 한국기독교가 걸어온 길은 무엇인가? 이 책의 목적은 평양장로회신학교 전통을 계승하면서 총신의 신학 형성에 결정적인 역할을 한 세 개의 신학 전통, 즉 '구 프린스턴신학과 총신신학', '복음주의신학과 총신신학' 그리고 '개혁신학과 총신신학'을 조명하면서 성경의 무오와 복음전파를 교단의 양대 축으로 삼고 교회성장과 해외선교에 매진해 온 총신과 예장합동의 시대적 사명을 일깨우고자 함에 있었다.

실제로 지난 100년, 총신의 신학적 전통은 보수주의적 개혁주의와 복음주의를 근간으로 삼았다.(1069) 주지하듯이 1901년 설립된 옛 평양장로회신학교에서 목회자 양성의 가장 중요한 목적으로 삼았던 신학 교육의 목적은 장로교 정치와 신앙고백에 기초한 '복음주의의 진정한 정신'을 함양한 목회자 양성이었다.(1069)

조선일보 김한수 종교전문 기자의 소개에 의하면 '저자는 복음주의 관점에서 서술하되 진보 혹은 근본주의 입장을 가진 분도 인정할 수 있을 정도로 한국 교회의 자화상을 객관적으로 그리려 했습니다. 급성장하던 개신교가 불과 한 세대 만에 외면당하게 된 이유도 찾아보고 싶었죠.'[448]라고 소개한다. 다음은 각 시대별 특징이다.

1960년대 이후 급속하게 진행된 한국의 근대화에 기독교는 너무도 중요한 역할을 감당했다. 1960년 4·19 혁명과 1961년 5·16 군사정변으로 집약되는 혁명시대를 지나 한국은 민주주의와 놀라운 경제성장을 동시에 이룩한 보기 드문 나라가 되었다. 자본주의, 민주주의, 세계화는 곧 기독교가 추구하는 기독교 정신과 궤를 같이 했다.

---

448 조선일보 제30246호, 2018년 4월 13일 금요일, A23.

1970년대 한국기독교는 대중전도운동과 복음주의운동의 발흥으로 집약할 수 있으며, 1973년 빌리 그래함 서울대회를 기점으로, 1974년 엑스폴로 '74대회, 1977년 민족복음화대성회, 1980년 '80세계복음화대성회, 1984년 한국기독교 100주년 선교대회를 들 수 있다. 대중전도운동은 한국교회의 급속한 성장을 촉진시켰고, 수많은 초대형 교회들이 이 시대에 등장했다. 초대형 교회들의 등장으로 교회성장을 최우선시하는 현상이 강하게 나타났다. 이를 달성하기 위해 세상의 방법론이 교회 안에도 무분별하게 도입되었다. 맥가브란의 교회성장학은 이와 같은 성장주의를 부추겼다.

1980년대 당시 한국사회에서 가장 보편적으로 사용되던 용어인 '**민중**'이라는 계급은 한국의 진보주의 기독교를 특징짓는 키워드가 되었다. 대중전도운동과 복음주의운동의 발흥으로 촉발된 놀라운 교회 성장은 선교적 소명을 한국교회 안에 불어넣었다.

1990년대 한국기독교는 천주교의 세력 확장과 함께 WCC의 도전과 각종 이단들의 급부상으로 심각한 위협을 받게 되었다.

2000년대 한국기독교는 WCC 총회 부산 유치 문제로 양분화되었고, 평양대부흥운동 100주년(2007년)을 맞이하여 통일 문제와 함께 부흥을 열망하는 움직임이 일어났다. 우리 현실의 문제는 복잡하다. 그러나 믿음의 사람은 현실에 함몰되지 말고 전능하신 하나님의 손길을 믿음의 눈으로 바라봐야 할 것이다.

청교도 신앙의 계승

우리의 사역은
1. 예수님의 ① 가르치시고 ② 전파하시고 ③ 치료하시고 의 사역 위에 기초한다.

2. 청교도들은 ① 교리 ② 경건 ③ 문화 이 세 가지를 tirangle처럼 가졌으며,
3. 한국에 파송된 선교사들은 ① 복음의 순수성 ② 복음 전파 ③ 복음의 사회적 책임을 강조했다.
4. 평양신학교의 전통은 청교도 신앙의 전통과 맥을 같이 한다. 평양장로회신학교 전통은 ① 성경무오 ② 해외선교 ③ 제자운동인데 이것은 예수님의 사역의 방향과 같다.

〈도식 1-2〉 예수님의 사역과 청교도 신앙의 계승자인 우리의 사역

예수님의 사역	Puritanism	한국에 파송된 선교사	평양장로회신학교
①가르치심 ②치료하심 ↔ ③전파하심	Doctrine(교리) Piety 경건　　Culture 문화	①복음의 순수성 ②복음 전파 ③복음의 사회적 책임	①성경무오 ②제자운동 ↔ ③해외선교

세계화

예수를 믿는 사람들에게는 아브라함의 자녀 의식이 있어서 갈 바를 알지 못하고 간다. 그래서 이민자들은 갈 바를 알지 못하고 타국으로 나갔고, 이들이 제일 먼저 한 일은 교회를 세운 것이었다. 유대인들이 세운 디아스포라가 한국인들에게 적용되고, 은혜를 받은 사람들이 70년대 미국 유학을 가서 코스타가 열리고, 코스타 선언을 통해 세계화를 이루었다.

한국을 이야기할 때, 한반도라는 것은 대륙의 끝이라고 이야기하는데, 대륙이라고 하는 것은 대륙지향적인 민족이라는 뜻이 된다. 한국인들은 대륙지향적인 민족인데 분단이 된 것이다. 남쪽에서 survival 할 수 있는 길은 수출지향적일 수 밖에 없었다. 그래서 바다로 진출할 수밖에 없어서 이민을 장

려하고 해외에 진출하고 조선업을 장려했던 것이다. 그 결과 해방 후 80여 년의 세월이 흐르는 동안 남한이 해양지향적인 민족으로 바뀌게 되었다.

회복

저자가 볼 때 한국교회는 지난 반 세기동안 복음의 순수성을 상실하고 급속하게 세속화의 길을 걸었고, 복음전파의 사명과 열정도 상실했으며, 대사회적 책임도 제대로 감당하지 못했다고 주장한다. 더불어 통일, 이데올로기와 지방주의 극복은 가장 시급히 선결해야 할 민족적 과제이다. 이 점을 명심하며 기독교는 앞으로의 통일 시대를 준비해야 할 것이다.

저자는 '이 땅에 복음을 들고 미지의 땅을 밟았던, 불타는 심장을 가지고 입국한 선교사들이 전해 주고, 초기 한국교회가 소중하게 간직해온 복음의 순수성, 복음전파의 열정, 그리고 복음의 대사회적 책임을 온전히 회복해야 할 것이다'라고 제시한다.(63)

한국교회가 다시 깊은 잠에서 깨어나 통일 시대를 대비하며, 복음 본연의 능력을 회복하고 시대적 사명을 온전히 감당하기를 소망한다. 그러기 위해서 한국교회는 **복음으로 돌아가 복음 본래의 사명, 복음 전파, 복음의 순수성 계승, 그리고 복음의 대사회적 책임을 온전히 회복해야한다.**

이것이야말로 한국교회가 사는 길이라고 제시한다. 지난 세기 평양대부흥 운동에서 사회개혁을 가능케 한 원동력은 하나님의 말씀이었다. 오늘날 한국교회 위기는 말씀의 쇠퇴와 깊은 연관성이 있다. 한국교회는 말씀과 기도와 회개와 성령으로 특징되는 사도행전적 교회로 돌아가야 할 것이다.

2. 느낀 점

이 귀한 책(학국교회사 Ⅲ)은 총신이 가장 힘들었던 시기에 태어났다. I, Ⅱ권을 펴낸지 14년 만이다. 교수님께서는 1, 2권에 이어 2004년 집필을 시작하자 대장암과 폐암으로 투병하면서 잠시 중단했다. '교계 최초로 집대성했다는 면에서 의미가 남다르다.'[449]는 평과 같이 이 책은 한국기독교회사 I, II권과 더불어 교수님의 대작이다.

저자는 기독교 운동이 바른 신학이 뒷받침되어야 한다는 사실에서 근원의 해결점을 찾으신다. '건전한 신학이 교회를 건강하게 만들고 건강한 교회들이 복음의 빚진 자의 사명을 온전히 감당한다는 사실을 성경과 기독교 2천년의 역사가 증거해준다'(759)고 제시하심으로 오늘 한국교회의 직면한 문제 해결의 실마리를 찾아 논의한다.

역사가 하나님의 주권 하에 있다고 고백하는 이들은 바울이 로마서에서 고백한 바, "이는 만물이 주에게서 나오고 주로 말미암고 주에게로 돌아감이라"(롬 11:36)는 사실, 곧 **역사의 시작, 과정, 심판이 전능하신 창조주 하나님께 달려있다는 사실을 전혀 의심하지 않고 받아들인다.**[450]

이 고백이 교수님의 한국교회사 I권에서부터 시작하여 II권을 지나 III권에 이르기까지 면면히 흘러내린다. 즉 선교는 하나님이 하신다는 기독교 역사의 진리가 각 권마다 깊숙이 베어나오는 저자의 신앙고백인 것이다.

1884년 알렌이 입국한 후 개신교 선교가 공식적으로 시작되었지만 하나님께서는 이미 훨씬 그 이전부터 다양한 손길을 통해 한국선교를 착수하였던 것이다.(I권 1041) 그럼에도 '나봇의 포도원'(I권 1047)인 한반도가 격동의 세월을 거치고, III권에 이르기까지 놓치지 않은 것은 '**복음주의 신앙과 정신, 곧 복음전파, 복음의 순수성, 그리고 복음에 대사회적, 문화적, 민족적 책임**'이다. 바로 이것이 한국교회사를 이해하는 중요한 논제[451]라고 교수님

---

449 국민일보, http://news.kmib.co.kr/article/view.asp?arcid=0923930281&code=23111111&cp=du 2018년 4월 9일 월요일, 26.
450 박용규, 한국교회사 I, 2019 3판 2쇄, 한국기독교사연구소, 1041.
451 박용규, 한국교회사 II, 2018 3판 1쇄, 한국기독교사연구소, 1097.

께서는 논의한다.

나가는 말

교수님의 논고와 같이 동 시대를 살아왔던 나는 그 의미가 무엇을 뜻하는지, 감히 높이와 깊이를 다 알 수 없지만, 교수님의 혜안(慧眼)을 조금이나마 알 것 같다. 목요기도회 시간에도 늘 학생들 밥을 사주시고, 아낌없이 학생들을 위해 섬기시는 삶의 모습은 사변적 지식만 전달하시는 것이 아니라 말씀을 적용하시는 삶의 실천에도 소홀히 하지 않으시는 분임을 깨닫게 한다.

교수님은 '한국교회는 이제 다시 하나님 앞에 길을 묻고, 역사 앞에 길을 물어야 한다'고 했다.(조선일보) **교회는 사회적 책임을 행동에 옮기려는 노력이 부족했고, 교회성장만을 추구했다는 점에서 한계가 있었다**는 교수님의 지적은 정확하다. 교회의 비대와 더불어 교회의 양극화와 세속화가 심해졌으며, 강남으로 이전하는 교회와 더불어 신도시 교회들이 젊은 세대를 중심으로 교회성장에 주력하면서 어느새 한국 교회는 생명력을 잃은 것이다. 이에 대하여 교수님은 '**교회의 생명은 분립(分立)**'에 있음을 강조한다. Ⅲ권은 이러한 이해를 바탕으로 앞으로의 한국장로교회가 나아갈 방향이 무엇인가를 제시하며, 이에 대한 분명한 답까지 보여주는 귀한 자료들이 본서 곳곳에 짙게 묻어나오고 있었다.

17. 교회개척과 복음전도 과제

양현표 교수님
교회개척 마스터 플랜

들어가는 말

양현표 교수님의 『사도적 교회개척』 책 소개가 『기독신문』 2019. 10. 18.에 개제되었다.

'교회개척은 방법론 아닌 신학이다'[452]

양현표 교수는 '이 책을 읽는 독자들이 사도들이 지녔던 신학과 원리와 방법으로 돌아가기를 바란다'면서 '사도들은 사람이 있는 곳을 찾아가서 그들의 영혼을 구원하여 그곳을 교회화하는 사람 중심 교회개척을 했다.'고 강조했다.

양현표 교수는 '교회개척은 방법론이 아니라 신학'이라면서 '오늘날 교회개척이 실패한 중요한 이유 하나가 기초가 되는 신학적 원리 없이 상황과 전통을 단순히 따르는 방법론만을 준비하기 때문'이라고 지적했다.

---

[452] 출처: 기독신문 http://www.kidok.com/news/articleView.html?idxno=203503

이 책의 또 한 가지 전제는 '다르게'이다. 저자는 교회개척과 목회를 지금까지의 형태와 다르게 해도 되고, 아니 다르게 해야만 하며, 본서가 교회개척을 준비하는 많은 목회자들에게, 그리고 신학도들에게 조그마한 지침이 될 수 있기를 소망한다고 논의하였다.

총신 신대원 3학년 마지막 학기에 3년 동안 배운 학업의 결론과 같이 느껴지는 『교회개척과 복음 전도』 과목을 배우면서 양현표 교수님의 좋은 강의와 존경심이 느껴지는 교수님의 성품을 배우게 되고, 『사도적 교회개척』이라는 귀한 책을 만나게 됨이 감사하고 행복하다. 이 과목이 왜 3학년 2학기에 배치되었는지 그 이유를 알 것 같다. 강의도 좋지만 교수님의 따뜻함과 인간적인 배려의 깊이가 느껴져 목회자 후보생들에게 오랫동안 기억에 남을 귀감이 되는 분이시기에 너무 좋은 시간으로 느껴진다.

그리고 '교회개척'이라는 기사가 어디 없을까 하고 뉴스앤조이, 뉴스파워, 기독신문을 뒤져 보다가, 양현표 교수님의 책 소개가 기독신문에 최근 기사로 실려 있기에 얼른 클릭을 했다. 서두 제목으로 내건 **'교회개척은 방법론 아닌 신학이다'**의 명제는 책상에서 사변적으로 나온 것이 아님이 느껴진다. 한걸음 더 나아가 성경에 근거한 원칙을 제시하면서도 그 원칙이(기독교인들이 할 말이 없을 때 위기를 모면하기 위해 가장 잘 써먹는 '기도하세요'라고 하는 것과 같은) 눈가림하는 명제가 아니라 분명한 확신에 찬 메시지이기에 기뻤다.

1. 연구의 방법

연구의 방법으로는 양현표 교수님의 책 『사도적 교회개척: 신학과 실천과 방향』과 교수님의 강의를 우선으로 하고 추가적으로 문헌 연구를 할 것이다. 도서관에서 개척과 관련된 책을 찾으니까 생각보다 많았다. 여러 문헌들을 뒤지면서 개척에 관한 문헌이 많은 것을 보고, '교회개척'에 대하여 많은 고민들이 있었다는 것을 알게 되었다.

문헌 연구에 있어서는 교회개척과 관련된 논문들이 많이 있어서 논문을 이용하여 교회개척의 방향을 살펴볼 것이다. 더 구체적인 사항들(어디에, 언제, 누구와 에 대한 실제적인 연구)에 있어서 가능한 내가 동원할 수 있는 실제적인 지인들을 소개해보려고 한다. 그리고 구청 건축물 관리대장을 살펴보고, 내가 개척하려고 하는 장소의 평면도와 동네의 상황에 대하여 동대문구청의 자료 및 각종 통계 자료를 살펴볼 것이다.

2. 개요: 교인 수 현황

아이굿뉴스(2016. 09. 28.)에 의하면 '한국교회의 교세감소 추세가 장기국면에 접어든 것은 아닌지 우려가 커지고 있다. 감소세가 각 교단이 집계한 통계 발표에서 확인되고 있어 반등을 위한 종합적인 대응책 마련이 시급히 요청되고 있다.'고 하였다.

〈표 1-29〉 주요 교단 교세 통계 현황　　　　　　　　　　2015년 12월 31일 기준

교단	2014년 교인 수	2015년 교인 수	비율
예장 통합	281만 574명	278만 9,102명	0.76% ↓
예장 합동	272만 1,427명	270만 977명	0.8% ↓
기독교대한감리회	137만 5,316명	129만 7,281명	5.7% ↓
예장 고신	46만 1,476명	47만 2,014명	2.2% ↑
한국기독교장로회	28만 4,160명	26만 4,743명	6.9% ↓
예장 합신	15만 1,516명	15만 5,776명	2.8% ↑

예장합동총회 교회 수는 2014년 1만 2,078개에서 2015년에는 1만 1,770개로 2.5% 감소했으며, 목사는 2만 2,646명에서 2만3,179명으로 2.4% 증가했다. 전체 교인 수는 272만 1,427명(2014년)에서 270만 977명(2015년)으로 0.8% 줄었다. 이하 생략'[453]

예장합동 100회 보고서(예장합동, 전체 교인 수 4.8퍼센트 감소)에 따르면, 교회 수는 2013년도에 11,593개 였는데, 2014년도에는 12,078개로 늘어났다. 4.2퍼센트 늘어난 것이다. 목사 수는 2013년 22,216명에서 2014년에는 1.9퍼센트 늘어난 22,646명이었다. 또한 강도사는 889명에서 873명으로, 전도사 수는 10,525명에서 11,153명으로 증가했다. 교인 수는 2,857,065명(2013년)에서 4.8퍼센트 감소한 2,721,427명(2014년)으로 감소했다.[454] 위의 것을 종합하면 예장합동 교세 현황은 다음과 같다.

⟨표 1-30⟩ 예장합동 교세 현황[455]   2017년 12월 31일 기준

	2013년	2014년	2015년	2016년	2017년	증감 수 (전년대비)	증감율 (전년대비)
교회	11,593	12,078	11,770	11,937	11,922	-15	-0.10%
목사	22,216	22,646	23,179	23,440	23,726	+286	+2.20%
강도사	889	873	843	837	850	+13	+1.60%
전도사	10,525	11,153	11,632	12,226	12,514	+288	+2.40%
교인 수	2,857,065	2,721,427	2,700,977	2,764,428	2,688,858	-75,570	-2.73%

---

453 출처: 아이굿뉴스 기독교연합신문 http://www.igoodnews.net/news/articleView.html?idxno=50809
454 출처: 뉴스파워 http://www.newspower.co.kr/sub_read.html?uid=28062&section=sc4&section2=
455 출처: 뉴스앤조이 http://www.newsnjoy.or.kr/news/articleView.html?idxno=219590 '예장합동 103회 총회 교세 현황'; 103회 총회 보고서(여기에는 2015, 2016, 2017년 통계만 있었으며, 위의 통계 자료 수치를 함께 참고하여 연결하고 교인 수에 대해서만 꺾은선 그래프를 그렸다.

〈차트 1-1〉 예장합동 교세 현황 차트

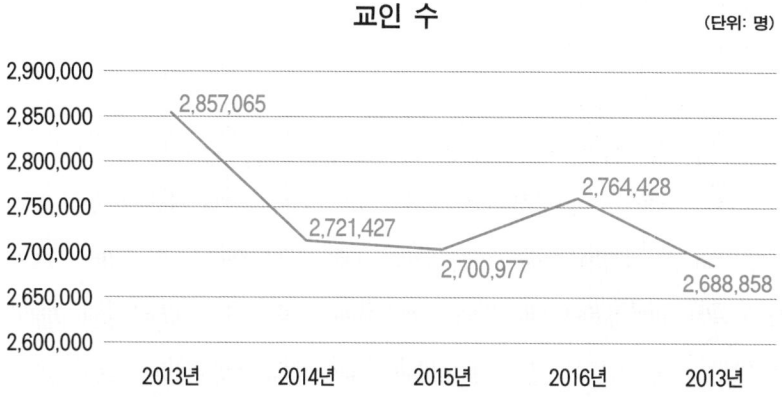

- 교인 수에 대한 통계만 꺾은선 그래프로 표시한다.
- 다른 통계를 같이 비교하려니 단위가 달라 그래프상 차이가 나는 것이 보이지 않아 생략한다.

3. 개척하기 어려운 이유

자신의 개척 마스터 플랜을 써야 하기에 앞서, 먼저 내가 개척할 수 없는 이유부터 제시하려고 한다. 교수님께 죄송하지만 나의 성품을 솔직히 제시하고 난 후 그럼에도 부족하지만 나의 약함과 장점을 살려서 개척을 하거나 전문 사역을 할 수 있는 방향을 모색하고자 한다.

3.1. 개척할 자질과 성품

교회개척은 지금도 나에게는 받아들이기 어려운 먼 나라 이야기이다. 여자이기 때문이기도 하고, 내 성격은 야멸차게 뭔가 끌고가는 카리스마적인 성품과는 거리가 멀다. 요즘은 여자 목회자들도 개척하는 시대이고, 또 내가 나이가 많아서 사역지를 찾을 곳이 없다 보니, 하기 쉬운 말로 '개척해 보세요'라는 말을 많이 듣곤 한다. 내가 말씀을 좋아하고, 말씀 공부를 잘 가르칠 것이니 개척을 하라는 것이다. 사실 말씀을 전하는 일만이 개척의 모든 key가 되지는 않는다.

나의 과거를 이야기해 보자. 약대를 졸업하고 약국을 할 때이다. 그때는 의약분업 전이라 약사가 조제를 해서 며칠씩 먹으라고 권하면 손님들은 꼼짝없이 조제된 약을 먹어야만 했던 시절이다. 나는 약사가 조제해서 돈을 잘 벌던 그 시절도 약을 하루분 이상 지어가라고 권해본 적이 없다.

정말 최소 이틀치는 지어가야 할 손님에게도 이틀을 지어가라고 말하려면 심장이 두근거렸다. 내가 하는 약국에 오는 손님은 하루 분이 제일 길었고, 아니면 한 번 먹을 것 내지는 두 번 먹을 약만 줬다. 약국은 손님들이 믿고 왔고, 조제 잘한다고(좋은 약을 넣어주니까) 왔지만, 거의 실비로 다 나간 탓에 약국 운영은 어려웠고 월세도 겨우 내는 처지였다. 영양제 끼워팔기는 모든 약국들이 하는 방법이었다. 기본이 이틀분 조제이고, 심하면 1주일씩 지어먹어야 낫는다고 했고, 한 달치도 지어주곤 했던 시절인데, 나는 아무것도 권할 수 없었다. 나는 한 번 먹을 것만 조제했고, 나중에는 습관이 된 손님들도 한 번 먹을 것만 달라고 했다.

그때 나는 이런 생각을 했다. '내가 10원 벌기 어려우면 그들도 10원 벌기 어렵고, 10원 벌어서 가족들을 위해서 약을 사러 오는데, 내 가족이라면 종근당이나 유한양행 영양제를 먹이지 하류 메이커 약을 먹이지 않을텐데, 그들이 힘들게 벌어오는 돈을 내가 착취할 수 없다'고. 일류 메이커 약들은 마진이 500~1,000원이고, 하류 메이커 약들은 double 마진이었다. 손님들을 웬만하면 다 돌려보내고, 약 먹지 말고 대신 그 돈으로 가서 소고기 사먹으라하니, 약국 운영조차 어려워지고, 월세를 내기도 어렵게 되었다. 겨우겨우 돈을 모아 집세를 주고 나면 한 달이 가버렸다.

우리 친구들은 '끼워팔기'(감기약 사러오면 영양제까지 끼워팔기—그것도 하류 메이커 영양제를 팔면 마진이 아주 좋다. 그리고 피로회복제 사러 온 사람들에게는 말 걸어서 간장약—그것도 마진 많은 수입약으로—강매하고)해서 집도 사고, 건물도 샀다. 또 한약까지 권하면서 한약 한 재, 두 재 지어주고 돈을 긁어 모았다.

대학교를 졸업하고 난 다음 해 의료선교사가 되겠다고 ACTS(아세아연합신학대학원) M. A. Healing Ministry(내가 입학할 1981년에는 의료선교학과였다가 치유선교학과로 바뀌었다가 현재는 없어졌다) 과정을 입학했다. 거기서 Clinical Counsling 과목을 공부할 때 교수님께서 환자를 case로 보지 말라고 중요하게 가르치셨다. 환자를 care하지 말고 cure하라고 말씀하셨다. 그리고 우리 치료자들에게는 사람의 생명을 살리는 일이 결국 구원이라고도 말씀하셨다.

그때의 공식 'Healing is Salvation'이 우리 과의 motto였다. 나는 학교에서 배운대로 약국을 운영했다. 그래서 손님들은 나를 믿고 약국에 왔다.

매일 하루 한 번씩 들리는 여자 손님이 있었다. 딱 100원만 가지고 온다. 매일마다 '게보린 한 알 주세요.' 하고 왔다. 100원이 고작이라 짜증이 나기도 했지만, 어느 날 '왜 매일 진통제를 먹느냐?'고 했더니 남편이 힘들게 해서 진통제로 산다는 것이었다. 그 환자는 약을 먹어서 될 사람이 아니었다. 나는 정직하게 약을 먹지 말라고 하고 돌려보내었다.

다른 곳에서 감기약을 엄청 많이 지어 먹어도 며칠 동안 계속 낫지 않는다고 나에게 온 여자 손님을 처음 마주하던 날, 나는 약을 주지 않고 폐결핵 같으니까 보건소에 가보라고 했다. 다음날 다시 찾아온 그 손님은 '너무 고맙다'고 말하며, 정말로 폐결핵이었다는 사실을 말해주었다.' 나는 공무원이 된 뒤에도, 정직하게 일했다. 사람의 생명과 가난을 담보로 내가 이익을 취할 수 없었다. 의약분업이 된 지금에도 처방전을 가지고 약국에 온다면, 나는 '이 약 먹어서는 안돼요' 하고 돌려보낼 것 같다.

그래서 직장을 다니면서 사회복지학과 대학원을 다녔다. 그리고 사회복지사 1급 자격증도 땄다. 그러나 사회복지사도 결국은 공무원과 결탁해서 나랏돈을 잘 빼낸 뒤, 적당히 분배하고, 남은 잉여금을 가져가는 일이었다. 그러다보니 사회복지 분야에서 일하는 것도 나는 아니라고 생각했다. 결국 나는 영혼을 치료하는 사람이 되어야겠다고 마음먹었다.

3.2. 재정적인 burn out

졸업한 분이 본인이 앞으로 개척을 한다면서 함께하자는 말을 슬며시 했다. 내가 하겠다고 했으면 기꺼이 좋다고 응했을 것이다. 그러나 나는 개척에 자신이 없다. 여리고 잘라내지 못하는 내 성품을 내가 너무 잘 알기 때문이다. 가장 중요한 것은 돈이다. 그렇다면 그 많은 돈을 내야 한다. 나는 그들이 주는 눈치에서부터 burn out이 되어버렸다.

상대방이 뭔가 해 달라고 요구하면 내 성품에 버거워도 그것을 어떻게 해 보려고 나는 빚을 내서 돈을 댈 것이며, 내 몸과 마음은 만신창이가 될 것이다. 말도 못하고 모든 것을 포기할 것 같은 내 결말이 쉽게 상상이 되었다. 야멸차게 끊어내기를 잘 못하는 내가 밑 빠진 독에 물 붓기를 어떻게 하란 말인가? 결국 나는 파산하고 말 것이다.

양현표 교수님 수업을 통해 개척에 대해 많은 도전을 받고 있다. 이제 개척을 해야 한다면 어떻게 사역할 것인지에 대한 마스터 플랜을 짜야 한다. 나는 내가 할 수 있는 것을 무기로 삼아 교회개척을 하면서 노인복지와 상담 사역을 하려고 계획을 해보고자 한다. 나는 이 분야에서의 특수 사역으로 개척의 발판을 세우고 싶기에 개척을 한다는 전제하에서 노인복지와 상담 사역을 함께 병행하는 계획서를 준비하려고 한다.

4. 교회개척에 대한 몇 가지 질문

Stuart Murray는 교회개척에 대하여 위와 같은 질문으로 시작한다.[456]

---

[456] Stuart Murray, *Planting churches in the 21st century: a guide for those who want fresh perspectives and new ideas for creating congregations*, Scottdale, Pennsylvania, Herald Press, 2010. 29.

▶ Why do mission agencies, churches, and denominations decide to plant churches?
▶ What are the motives and expectations of church planters?
▶ Why are new churches and new kinds of church emerging?
▶ Why are hundreds of churches creating fresh expressions of church?
▶ What stirs the imagination and energizes the commitment of the pioneers?
▶ What does to take to move from vision to reality?

- 왜 선교 단체, 교회, 교파가 교회를 세우기로 결정하는가?
- 교회개척자들의 동기와 기대는 무엇인가?
- 왜 새로운 교회와 새로운 종류의 교회가 최근에 등장하는가?
- 왜 수백 개의 교회가 새로운 교회 표현을 창조해 내고 있는가?
- 상상력을 자극하고 개척자들의 헌신을 자극하는 것은 무엇인가?
- 비전에서 현실로 나아가려면 무엇을 해야 하는가?

저자는 교회개척에 대하여 다음 6가지로 질문을 제시하면서 그에 대하여 답하고 있다. 나는 양현표 교수님의 강의의 큰 틀을 기본으로 하여 본 논고를 전개해 나갈 것이다.

〈그림 1-9〉 교회개척에 대한 6가지 질문

1. Planting Churches: Why?	2. Planting Churches: How?	3. Planting Churches: Where?
4. Planting Churches: when?	5. Planting Churches: What?	6. Planting Churches: Who?

5. 교회론

5.1. 교회론의 정의

서철원 박사는 그의 책 『교의신학』에서 교회론을 '하나님이 창조경륜을 이루시기 위해 반역한 백성들 가운데서 그리스도의 피로 구속한 백성을 그리스도에게 연합시켜 교회로 삼으시고 그 백성 가운데 거주하심을 다루는 신학이다.'라고 정의한다.

이렇게 교회를 이루는 과정은 ① 하나님이 먼저 주 예수의 복음으로 죄인들을 부르시고 ⇨ ② 그의 피로 죄를 다 씻으셔서 ⇨ ③ 그리스도에게 연합시켜 ⇨ ④ 교회로 세우시고 ⇨ ⑤ 그의 백성 가운데 거하시게 되는 것이다.

이와 더불어 교회의 정의[457]는 다음과 같다.

- 교회는 예수 그리스도의 복음으로 부름받아 그의 피로 죄가 씻어져서 믿음 고백을 하므로 그리스도에게 연합된 사람들의 공동체이다. 또한 부름받은 자들이 그리스도와 연합됨으로 교회가 되며 피로 씻어진 사람들이 그리스도와 연합하여 교회를 이룬다.
- 그리스도에게 연합된 자들로 교회가 이루어지므로 그리스도는 교회의 머리이다.
- 그리스도가 피 흘리심으로 그들을 죄와 죽음에서 사셨으니 그는 교회의 구주이시다.
- 사람들이 교회를 이루려면 주 예수를 믿는 믿음 고백을 해야 한다. 그러므로 주 예수 그리스도가 교회의 믿음의 대상이다.
- 또 그리스도에게 연합되어야 교회가 되므로 그리스도는 교회 생명의 원

---

[457] 서철원, 서철원 박사 교의신학 VI. 교회론; 교회, 하나님의 집, 쿰란출판사, 34-35.

천이다.
- 교회는 그리스도의 소유가 되었으니 그리스도는 교회의 주이시다.

5.2. 교회의 본질

교회는 그리스도의 피로 세워졌으므로, 그리스도의 구속사역의 선포로 자라나고 유지된다. 교회는 모여서 하나님을 찬양하고 경배한다. 또 하나님의 충만한 거주를 준비하여 창조경륜이 완전히 성취되도록 힘쓴다. 교회의 본질은 그리스도와의 연합이다. 교회의 설교와 성례는 다 그리스도와의 연합을 강화하는 것으로 진행되어야 한다. 그리하여 교회가 죄를 벗어버리고 거룩한 백성으로 하나님의 충만한 임재를 모셔야 한다.

5.3. 교회에 대한 성경적 명칭

5.3.1. 구약에서의 교회 명칭

구약에서는 「카할」(קָהָל)과 「에다」(עֵדָה), 두 명사가 교회를 가리켜 사용되었다. 카할(קָהָל)은 「부르다, 소집하다」를 의미하는 「카할」(קָהָל)에서 왔다. 그러므로 명사 「카할」(קָהָל)은 「집회」 혹은 「회중」을 의미한다. 이것은 특별히 이스라엘 총회(קְהַל יִשְׂרָאֵל, 신 31:30), 여호와의 총회(민 16:3), 하나님의 총회(느 13:1)에 적용되었다.[458]

「에다」와 「카할」 두 단어들은 종종 분별없이 사용되지만, 맨 처음에는 엄격하게 동의적으로 사용되지 않았다. 「에다」는 원래 지명에 의한 회집이며,

---

[458] 박형룡, 교회론, 한국기독교교육연구원, 1977, 17.

이스라엘에 적용될 때 이스라엘의 자녀나 그들의 대표자들에 의해 형성된 사회 그 자체를 나타낸다. 한편 「카할」은 원래 백성의 실제적인 회집을 나타낸다. 우리는 종종 「케할 에다」(קְהַל עֵדָה), 즉 '회중 총회'라는 표현을 찾아볼 수 있다(출 12:6; 민 14:5; 렘 26:17).[459]

5.3.2. 신약에서의 교회 명칭[460]

신약도 역시 70인역에서 유래된 두 개의 단어들을 가지고 있는데, 즉 「엑클레시아」(ἐκκλησία, ἐκ+καλέω '불러내다' 와 「쉬나고게」συναγωγή, σύν+ἄγω, 함께 오다, 함께 모으다) 이다. 후자는 독점적으로 유대인의 종교적인 모임이나 또는 그들이 공적인 예배를 위해 모였던 건물들을 나타내는데 사용되고 있다(행 13:43; 계 2:9; 3:9). 그러나 「엑클레시아」는 일반적으로 신약 교회를 나타내지만, 몇 군데에서 그것은 보통 사회적인 모임을 나타낸다(행 19:32, 39, 41). 엑클레시아에 있는 「에크」(ἐκ)라는 전치사는 종종 '백성의 일반 대중에서부터'를 의미하며 「엑클레시아」의 성경적 용법과 연관하여 교회가 인간 세계로부터 부름받은 피택자로 구성되어 있음을 의미하는 것으로 해석된다.

그 외 신약은 교회의 몇몇 비유적인 명칭들을 포함하고 있다.
① 그리스도의 몸으로 신약성경은 이 명칭을 교회의 완전한 정의로 간주하고 있는 것 같다.
② 성령 또는 하나님의 전
③ 위에 있는 예루살렘, 또는 새 예루살렘, 또는 하늘의 예루살렘
④ 진리의 기둥과 터이다.

---

459 Berkhof, Louis, 고영민 역, 벌콥 조직신학 제6권 교회론, 기독교문사, 1981, 13.
460 서철원, 서철원 박사 교의신학 VI. 교회론; 교회, 하나님의 집, 쿰란출판사, 14-19.

5.4. 교회의 속성[461] · 교회의 세 표지[462]

〈도식 1-3〉 교회의 속성과 세 표지

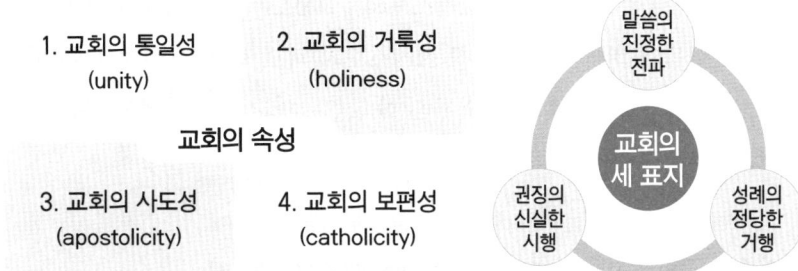

위의 4가지 속성 이외에 때로는 '무흠성'(indefectibility)과 '무오성'(infallibility)과 같은 다른 속성들이 덧붙여지기도 한다. 바빙크(Bavinck)에 의하면 이들도 역시 교회의 속성에 속한다고 한다.[463] 박형룡 박사님은 그의 책에서 교회의 무오성을 첨가한다.(박형룡 70-72)

5.4.1. 교회의 통일성(unitas, una ecclesia)

모든 교회는 신앙고백에 있어서 일치하고 믿음 고백에서 하나이다. 교회는 한 주 예수 그리스도를 믿음으로 한 교회일 수밖에 없다. 모든 신자들은 주 예수 그리스도와 연합하여 교회가 되었다. 그러므로 하나의 교회이다. 개별교회들은 어떤 교파에 속하든지, 어느 곳이나 어떤 시대에 있든지 그리스도의 한 교회이다.(서철원, 교회론, 43.)

5.4.2. 교회의 거룩성(sanctitas, sancta ecclesia)

교회는 사도신경을 통해 자신의 거룩성을 고백하고 있는 것처럼(거룩한 공

---

[461] G. C. Berkouwer, 나용화·이승구 옮김, 개혁주의교회론, CLC, 2006, 18.
[462] 박형룡, 교회론, 100-102.
[463] G. C. Berkouwer, 나용화·이승구 옮김, 개혁주의교회론, 32.

교회를 믿사오며),⁴⁶⁴ 교회는 그리스도의 피로 깨끗해졌으므로 그의 피의 거룩으로 거룩을 유지한다.

교회는 거룩하다. 교회에 가입한 그리스도인 각자의 거룩 때문이기보다 그리스도의 피로 깨끗해졌고 그리스도의 거룩으로 살기 때문에 거룩하다. 그리스도인들의 내면적인 거룩 곧 그리스도의 피로 죄가 씻어져서 깨끗해짐 때문에 교회는 거룩하다. 이것 외에 교회 혹은 그리스도인의 내적 거룩은 성립하지 않는다.(서철원 45)

5.4.3. 교회의 사도성(apostolicitas, apostolica ecclesia)

사도들은 처음부터 예수 그리스도가 하나님의 아들이심과 그의 십자가에 죽고 부활하심을 선포하였다. 그리스도의 피 흘리심과 부활로 죄가 용서되고 영생을 이루었음을 선포하였다. 이 사도적 선포로 교회가 발생하였다. 그러므로 교회는 사도성을 지닌다. 교회의 사도성은 사도적 선포에 근거한다.(서철원 47)

5.4.4. 교회의 보편성(catholicitas, catholica ecclesia)

교회는 그 머리이신 그리스도가 우주적이기 때문에 보편적인 교회이다. 교회는 그리스도와 연합해야 교회가 된다. 그리스도는 신인 인격이므로 우주적이며 보편적이다. 그리스도에게 연합된 교회는 우주적인 보편교회이다. 그리스도의 교회는 낙원에서부터 시작하여 역사의 마지막까지 있을 것이다. 또 지역적으로 널리 흩어져 있어도 한 보편적인 교회를 이룬다. 소수의 교회가 존재하여도 우주적인 보편교회이다. 교회의 설립자요 머리이신 그리스도의 보편성 때문에 교회는 공교회(catholica ecclesia)이다.(서철원 46-47)

---

464 G. C. Berkouwer, 나용화·이승구 옮김, 개혁주의교회론, 389.

5.5. 교회의 사명

교회는 예수 그리스도의 복음선포로 발생하고 유지된다. 이것이 교회의 사명이다. 교회는 권징이 있지만, 어려운 이웃을 섬기는 권세가 있다. 처음부터 교회는 구제를 교회의 삶의 법으로 삼았다(행 6:1-3). 그러므로 교회가 존속하는 한 어려워도 구제하는 것을 중단하면 안 될 것이다. 어려운 사람들을 섬기는 일은 그리스도의 사랑의 강권적인 역사로 이 일을 하는 것이므로 이 권세도 그리스도가 주신 것이다.(서철원 162-163)

5.6. 성숙한 '작은 교회'

작은 교회란?

작은 교회란, 교계의 현실적 관례에 따라 '작은 교회'라는 명칭을 사용하더라도 일괄적으로 외적 규모에 따라 교인 수 몇 명 이하의 교회를 '작은 교회'라고 정의하기에는 어려움이 있다. 보는 관점에 따라 그 숫자에 차이가 나기 때문이다.[465]

이와 관련해 양현표 교수는 '본질적으로 작은 교회는 교회의 외적 규모에 따라 정의되는 것이 아니다. 작은 교회는 양과 질이 균형잡혀 있으면서 원래의 교회 기능이 그 지역 안에서 발휘되고 있는 건강한 교회를 의미한다'라고 정의한다.[466] 작은 교회의 정의에서 교인의 숫자에 의한 구분도 중요하지만 그 교회가 추구하는 교회론을 고려하는 것도 필요하다. 저자는 목양에 더 충실하기 위해 의도적으로 작은 교회이기를 추구하는 '의도형 작은 교회'[467]를 '작은 교회'로 정의한다.

---

[465] 박종용, 교회개척, 실패는 없다. 호산나, 2018, 62.
[466] 양현표, "'대형교회의 역기능과 그 대안으로서 '성숙한 작은 교회'"(총체적복음사역 연구소 발표회, 총신대학교 신학대학원, 2014. 4. 8.), 22; 박종용, 교회개척, 실패는 없다, 62에서 재인용.
[467] 송인규, '대형교회 멘탈리티와 작은 교회 모델,' 152-153. 송인규는 '교회의 지도자들이나

성숙한 교회는 성숙한 성도들의 공동체다. 교회가 성숙하기 위해서는 공동체의 구성원인 성도들이 성숙해야 한다. 존 스토트(John R. W. Stott)는 제자도의 변함없는 핵심자질 여덟 가지 중 하나로서 '성숙'을 들고 있다. '그리스도를 예배하고 신뢰하고 사랑하고 순종함으로 그분과 성숙한 관계를 맺는 것'을 '그리스도인의 성숙'이라고 말한다.[468]

성숙한 작은 교회란? (박종용 64)

성숙한 작은 교회란 담임목회자가 성도들을 잘 알고 목양할 수 있는 적정 규모를 지향하는 교회로, 각 성도들의 신앙 인격이 성숙해서, 분쟁이 없이 화목하고, 자신의 역할을 잘 감당하며, 서로 돕고 협력하여, 아름다운 하나님의 나라를 세워가는 성도들의 공동체이다. 성숙한 작은 교회론은 보다 성경적인 목회관, 교회관으로 들어가게 해 준다.

6. Planting Churches: Why?

왜 새로운 교회를 개척해야 하는가? 이 질문에 대해 확신이 없다면 교회 개척을 시도하지 말아야 한다. 교회가 너무 많다고 하는데, 또 실제로 같은 건물에도 여러 교회가 있을 정도로 포화상태인 지역도 있는 것이 사실인데 무엇 때문에 교회를 새로 개척하려고 하는가?[469]

위 질문에 대하여 양현표 교수님은 강의 시간에 다음과 같이 정확하게

구성원들이 교회의 수적 발전을 꾀할 수 있음에도 불구하고 목회적 이상 때문에 교회의 크기를 의도적으로 작은 수준에 머물도록 조치하는 교회'를 '의도형 작은 교회'라고 정의한다.; 박종용,63. 재인용.

468 John R. W. Stott, *The Radical Disciple* (Nottingham: InterVarsity Press, 2010); 김명희 역, 『제자도』(서울: IVP, 2010), 49-53.; 박종용, 교회개척, 실패는 없다, 63에서 재인용.
469 명성훈, 교회개척의 원리와 전략, 국민일보, 2001, 15.

말씀해 주셨다.[470]

'교회개척은 목회입니다. 우리 소명의 영역입니다. 왜냐하면 영혼의 구원이거든요. 교회개척은 영혼 구원이거든요. 교회개척은 건물 하나 빌려서 간판다는 게 아니라, 사람 있는데 찾아가서 영혼을 구원하고 제자화하는 것이 교회개척의 소명이고, 해야 하는 것입니다. para-church를 하든지 어떤 목회를 하든지 영혼이 구원되는 결과가 나타나지 않는다면 여러분은 직업인입니다. 직장인에 불과한 것입니다. **목회의 결과는 영혼 구원이 나타나야 합니다.**'

6.1. 교회개척의 원리

1) 복음전도(Evangelism), 교회개척(church planting) 그리고 교회 성장(church growth)을 동의어로 간주한다.

2) 교회개척은 이 땅에 교회를 존재하도록 하는 하나님의 유일한 전략이다.

이것은 창조원리로 돌아가면, 생명체를 영원히 유지시켜 살게 하는 것으로 생명체를 유지시키는 것이다. 생명체는 생명의 연한이 있고, 자손들을 퍼트려서 그 자손이 지구상에 존재하도록 한다. 그러나 우리는 죽는다. 이것이 창조원리이듯 한 교회를 주님 오실 때까지 유지시키는 것이 하나님의 뜻이 아니며 **모든 지상의 교회는 죽는다. 비록 사는 교회가 있지만 죽는다.**[471] 교회에 있어서도, 이 땅에 수많은 교회가 탄생에서부터 죽음에까지

---

470 이 강의는 2019년 8월 29일 『교회개척과 복음전도』 첫 시간 양현표 교수님의 수업 내용이다. 교회개척은 나의 일이 아니라서 남의 일로 부담없이 들으면 된다고 생각하고 수업에 임했었다. 그냥 쉽게 들으면서 보내면 되는 시간으로 생각했는데, 첫 시간 교수님의 강의는 묵직했지만 좋았다.

471 첫 시간 수업 때 양현표 교수님의 강의[6.1. 교회개척의 원리 1)~4)]를 들으면서, 역사신학의 결론을 비로소 배우는 느낌이었다. 교황 정치의 부패와 많은 교회 정치 지도자들의 타락으로 인한 교회사의 얼룩을 명료하게 큰 그림을 그려주셔서 하나님의 구속사적 섭리를 느낄 수 있었고, 더불어 양현표 교수님의 강의를 통한 거시적인 안목과 박식함에 존

이른다는 것이다.

탄생-생성-소멸 이 기간을 10년, 20년 겪고 있을 교회도 있다. 그러므로 가임기와 같은 기간에 아이를 낳아야 하는데, 아이를 낳지 않으면 스스로 비대해지는 것이다.

교회 성장은 적당한 크기에서 교회 수를 늘리는 것이다. 교회가 비대해지면 역시 세속화라는 병이 들게 되어 있다. 안타깝고 슬픈 일이기는 하지만 하나님께서는 이 땅 가운데 교회를 영원히 존재하게 하지 않는다. 이는 성경이 증명하고 역사가 증명하고 현장이 증명한다.

"수정교회가 문을 닫았는데(천주교로 넘어갔는데) 병들어 죽은 거죠. 때문에 하나님의 나라가 전파되기 위해서는 교회가 계속해서 생겨나야 되는 것입니다. '교회개척이 왜 필요해?' 하는 사람은 애들이 이렇게 많은데 왜 출산율을 걱정하는 거야 하는 것과 같습니다. 우리나라를 유지하기 위해서 애기가 태어나야 하는데, 우리가 미국으로 이민 갔듯이 앞으로 우리나라에도 이민자를 받아야 합니다. 앞으로 우리의 목회 방향은 <u>여러분의 교회 안에 이민자들이 많아질 것을 염두에 두고 정해야 할 것입니다</u>."

3) 모든 수강생이 '강소교회'의 평범한 목사가 되는 것을 전제로 한다.

'즉, 건강한 중소형 교회(10가정 혹은 400명)의 규모의 목회자가 된다는 전제입니다. 현실적으로 80%의 교회들이 미자립 교회임을 감안할 때, 소위 대형교회로 불리는 규모의 목회자는 전 신학생들의 모델이 될 수 없습니다. 특별한 경우를 일반화시키는 오류, 이것을 일반화의 오류라고 하는데, 대형교회의 목회자가 되려 하는 것을 일반화의 오류라고 합니다.

목양과 목회를 구별해야 하는데, minister가 목사인데, 수상도 minister라고 합니다. 목양은 한 사람과의 관계로, 사람들은 목양의 단계를 빨리 넘어

경심이 들었다.

서 목회자가 되기를 원한다는 것입니다. 모두가 다 목회자가 되기를 원하는데, 저는 목양을 말하려고 합니다.'

4) 교회개척은 모든 목회 형태의 기본이다. 따라서 교회개척자로 준비된 자는 어떤 목회 상황 속에서도 살아남을 수 있다.

'한 영혼을 제대로 경험하지 않은 채, 엘리트 코스를 밟은 사람은 영혼을 가볍게 여깁니다. 한두 영혼 떠나가도 별 일이 아닌 것입니다. 그래서 자기의 목회 철학을 가지고 가서 교회를 뜯어고치려고 해요. 그러면 자신의 목회철학이 교회론과 성령보다 더 위에 있게 됩니다. 어떤 목회 철학이라도 한 영혼이 다친다면 저는 아니라고 생각해요. 교회개척의 훈련이 되어 있으면 어떤 목회 스타일에서도 영혼을 사랑하고 버틸 수 있어요.'(여기까지 교수님 강의이다)

이제 교회개척의 정의를 살펴보도록 한다. 교회개척이란 '기존의 한 교회가 다른 공동체에게 예수 그리스도에 대한 믿음을 나누기 위해 그리스도의 제자로 이루어진 새로운 회중을 형성하는 행위'이다. 그런 점에서 교회개척은 교회의 사명이며 교회와 교회개척의 기초는 바로 **예수 그리스도의 주재권(the lordship of Jesus Christ)이다.**[472]

6.2. 교회개척의 정의·당위성

교회개척의 당위성에 대하여는 양현표 교수님께서 『2017 개혁주의 실천신학 학과세미나』에서 발표하신 논고를 참고하여 정리한다.[473]

---

472 명성훈, 교회개척의 원리와 전략, 16.
473 양현표, 『2017 개혁주의 실천신학 학과 세미나』, '교회개척의 당위성과 개척 이후에 목회자가 직면하게 되는 위기와 그 대안' 발제안 모음집, 57-63; '본 논고는 『목회와 신학』 2017년 10월호에 기고한 것으로 수정 보완한 것임을 밝힌다.'고 명시함.

〈표 1-31〉 교회 분립개척에 대한 긍정적인 생각과 부정적인 생각 비교

부정적인 생각	긍정적인 생각
1) 모교회의 지속적인 성장에 손해가 난다.	1) 교회개척은 모교회에 항상 도움을 줄 것이다.
2) 개척비용이 너무 많이 든다.	2) 개척비용은 복음전파 사역에서 가장 값싸고 효과적인 전략으로 판명되고 있다.
3) 새 교회를 개척하기 위해 성도들을 파송하는 것 때문에 모교회의 교제가 깨진다.	3) 분립개척으로 인해 모교회의 교제가 깨지는 문제는 주의 사역을 위해 반드시 지불해야 할 대가이다. 전체적으로 볼 때 잃은 양을 주께로 인도하는 일은 우리 안의 양 떼들의 교제를 지속하는 일보다 훨씬 더 가치있는 일이다.

〈표 1-32〉 교회가 계속해서 개척되어야만 하는 이유

▶ 첫 번째: 교회개척은 하나님께서 이 땅에 그의 나라를 확장하기 위해 사용하시는 유일한 방법이기 때문이다. '교회 성장'을 '교회 비대'와 반드시 구별해야 한다.
▶ 두 번째: 소명론으로부터 출발한다. 소명 받음의 본질적인 이유는 영혼 구원이다. 교회개척은 소명에 포함되는 것이지 사명에 포함되는 것이 아니다. 교회개척은 하나님의 부르심의 본질적 영역으로서 이 땅의 모든 소명 받은 자가 당연히 가야 할 길이다.
▶ 세 번째: 오늘날의 보편적 현상으로 유추하는데, 교회가 많다는 사실과 개척한 교회가 생존하기 어렵다는 상황, 그것과 교회를 계속해서 개척해야 한다는 사실은 서로 다른 영역이다. 예를 들면 아이들이 많다거나, 아이들을 잘 키울 수 없다는 이유로 아이를 낳지 않는다면 그 가정과 그 나라의 미래는 없다.

> ▶ 네 번째: 역사적 교훈으로부터 나온다. 교회개척이 쉬웠던 시절은 없다. 사람들은 70년대 중반이 쉬웠다고들 말하는데, 그러나 그 쉬운 목회의 결과가 오늘날의 대한민국 목회 생태계임을 기억해야 한다. 목회는 어려워야 정상이며, 교회개척은 쉽지 않아야 정상이다.

피터 와그너는 '세상에서 가장 효과적이고 유일한 전도 방법은 새로운 교회들을 개척하는 것'이라고 선언하였다.('The single most effective evangelistic methodology under heaven is planting new churches')[474] 피너 와그너는 교회개척이 중요한 이유를 열거하는 가운데 가장 먼저 논하는 것은 '교회개척은 성경적이다'라고 제시한다. 그는 교회를 의도적으로 또는 적극적으로 개척하지 못한다면 하나님의 명령에 불순종하는 것이라고 주장한다.[475]

교회개척의 정의, 당위성에 대해 명쾌하게 정리한 사람은 스튜어트 크리스틴이다. 그는 '왜 교회를 개척하는가?'에 대해 다음과 같은 여섯 가지로 요약하여 대답했다.[476]

〈표 1-33〉 교회개척의 당위성

> ▶ 하나님이 원하시는 좋은 일이기 때문이다.
> ▶ 영혼 구원에 필요하기 때문이다.
> ▶ 교회 성장에 효과적이기 때문이다.
> ▶ 침체된 교회를 갱신하기 때문이다.

---

[474] C. Peter Wagner, *Church Planting for a Greater Harvest*, Ventura, CA: Regal Books, 1990, 11.
[475] C. Peter Wagner, 교회개척 이렇게 하라, 서로사랑 편집부 옮김, 2002, 17.
[476] Martin Robinson & Stuart Christine. *Planting Tomorrow's Churches Today*. Monarch Tunbridge Wells, 1992, 35-38: 명성훈, 교회개척의 원리와 전략, 17에서 재인용.

> ▶ 지역 및 세계복음화를 위해 전략적이기 때문이다.
> ▶ 시기적으로 성령께서 요청하시기 때문이다.

명성훈 목사는 교회개척의 원리를 다음 7가지로 제시한다.(명성훈, 18-32)

> 【 교회개척의 원리 】
> ◆ 교회개척은 교회를 향하신 하나님의 명령이다.
> ◆ 교회개척은 민족 및 세계복음화에 효과적이다.
>   전도 → 교회개척 → 교회 성장 → 세계복음화
> ◆ 교회개척은 교회 성장을 위한 거룩한 수단이다.
> ◆ 교회개척은 교단적 성장을 위한 최선의 전략이다.
> ◆ 교회개척은 기존교회에 건전한 자극과 도전을 준다.
> ◆ 교회개척은 교회 지도자를 배출하는 기회가 된다.
> ◆ 교회개척은 다양한 계층의 새로운 필요를 채워준다.

7. Planting Churches: How?[477]

교회개척의 방법에서 기준이 되는 것은 예수님의 방법과 초대교회의 방법이다.

7.1. 예수님의 교회개척의 원리

① 예수님은 중심지 접근 전략(Center-Approach Strategy)을 사용하셨다.
   예수님은 중심지 접근 방법으로서, 도심지 혹은 주요 도시에서부터

---
477 Benson, Donald, 고용남 역, 모교회를 통한 교회개척의 실제, 요단출판사, 1992, 14-20.

사역을 시작하셨다. 그 다음에는 점점 주변 도시들이나 시골 지역으로 퍼져 나가도록 하셨다. 예수님의 첫 번째 공식적 말씀은 유월절에 예루살렘에서 이루어졌다.(이하 생략)

② 예수님은 자연스럽게 연결되는(Natural-Bridge) 접촉 방법을 찾으셨다.
'자연스럽게 연결되는' 접촉이란 자기와 매우 가까운 사람에게 복음을 전하는 것이다. 예수님은 그의 친척인 세례 요한에 의해 알려지게 되셨다.(이하 생략)

③ 예수님은 핵심 인물들과 핵심 가족들을 찾으셨다.(내용 생략)
④ 예수님은 제자들이 교회확장의 핵심이 되도록 훈련하셨다.(내용 생략)

7.2. 최초의 교회(예루살렘 교회)의 프로그램

최초의 교회는 성령께서 역사하심으로 탄생되었다. 최초의 교회가 세워진 그날은 오순절 곧 주일날이었다. 최초의 교회가 행한 것은 교회들이 배울만한 모범이 된다.(행 2:41-47)

〈표 1-34〉 신약시대 최초의 교회 모습

교회 회원의 자격	교회 회원들에게 필요한 것	교회의 모임	교회의 성장
1. 그리스도의 복음을 믿음 2. 사도들의 가르침을 받음 3. 세례를 받음 4. 교제 5. 하나님을 찬미	1. 하나님의 말씀을 배움 2. 신자들과 교제를 나눔 3. 기도와 찬양으로 예배 4. 나눔과 물건을 통용 5. 날마다 마음을 같이함 6. 기쁨과 순전한 마음으로 음식을 먹음 7. 성전에 모이기를 힘씀	1. 성전에서 2. 집에서 3. 날마다	1. 계속적으로 2. 온 백성에게 칭송받음 3. 주께서 구원받는 사람을 날마다 더하게 하심

성도는 함께 모인 자리에서, 하나님께 예배드리며 예수님의 중요성에 대한 사도들의 가르침을 힘써 배웠다. 또한 각자의 집에서 모여 교제를 나누고 다른 신자들의 필요를 채워주었다. 이런 이스라엘의 메시야이신 예수님을 향한 헌신은 예수님을 따르는 자들의 삶에 근본적인 변화를 가져오기 시작했다.[478] 다음은 사도행전에 나타난 예수님을 따르는 자들의 삶과 행동에 대한 누가의 요약 설명이다.[479]

〈표 1-35〉 누가복음에 나타난 예수님을 따르는 자들의 삶과 행동

1:12-14	2:42-47	4:32-37	5:12-16	6:7	9:31
	사도들의 가르침	사도들의 설교			
모임들	교제				
	함께 떡을 뗌				
기도	기도				
	사도들을 통한 기적들		사도들을 통한 기적들	기도하고 안수	
	하나 됨	하나 됨			
	재산을 팜	재산을 팜			
	소유를 나눔	소유를 나눔			
	어려운 신자의 필요를 채워줌				
	성전에서 모임		성전에서 모임		
	집에서 떡을 뗌				

---

478 Eckhard J. Schnabel, 존더반(Zondervan) 신약주석, 강해로 푸는 사도행전, 디모데, 2018, 180-181.

479 Eckhard J. Schnabel, 강해로 푸는 사도행전, 182.에는 다음과 같이 첨부하였다.
'행 2:42-47의 순서는 본문에 있는 그대로이며 다른 요약 설명들은 2장의 순서에 따르고 있다. 어떤 학자들은 행 1:12-14을 요약 설명 목록에 넣지 않는다. 어떤 학자들은 행 2:41을 사도행전 2장의 요약으로 첨가한다.' 행 2:41 '그 말을 받은 사람들은 세례를 받으매 이 날에 신도의 수가 삼천이나 더하더라.'

	음식을 함께나눔					
	하나님을 찬양					하나님을 경외함
	백성의 칭송		백성의 칭송			평안
	교회 성장		교회 성장		교회 성장	교회 성장

Schnabel은 이 표를 다음과 같이 설명한다. '이 요약 설명들은 사도행전 앞부분에 기록되어 있다. 시작 부분에서 교회의 정체성과 그 사역을 설명해 줄 필요가 있었기 때문일 것이다. 이 요약 내용은 개인들의 경험을 일반화시키고 그렇게 함으로써 모범을 제시하려는 의도가 있다.'(183)

8. 나의 How: 앞으로 할 목회 방향

나는 ① 일반 목회와 ② 특수 목회(노인 목회) ③ 의료선교 목회를 겸하려고 한다.

1. 일반목회	① 교리 교육의 목회 ② Vision and Mission을 세우는 목회 ③ 제자 훈련과 지도자 훈련 ④ 다음 세대를 세우는 목회	➡ 그리스도를 전함
2. 노인목회		
3. 의료선교		

8.1. 일반 목회

일반 목회에서 중점으로 두는 것은

① 교리 교육의 목회
② Vision and Mission을 세우는 목회
③ 제자 훈련과 지도자 훈련
④ 다음 세대를 세우는 목회를 근간으로 한다.

이 네 가지는 평소에 내가 교회를 한다면 이런 방향으로 하고 싶은 마음의 소망을 담은 것이다. 무엇보다 교리 교육처럼 중요한 것은 없다고 본다. 모든 사람들은 매순간 넘어지고 시험드는데, 그럴 때면 하나님의 실존과 나의 구원이 바닥에서부터 흔들린다. 이럴 때 교리 교육은 우리 믿음의 기초를 놓아주며, 연약함 가운데서도 버틸 수 있는 힘이 되는 것임을 실감했었다. 철저한 교리 교육은 교회를 든든히 세워가는 초석(礎石)이 될 것이다.

8.1.1. 교회를 세우는 교리 교육의 목회

Richard Baxter 목사는 목사의 의무에 관한 지침을 아래와 같이 3가지로 제시하면서 그는 '교리문답 교육을 하는 것이 목회자들의 당연한 사명이지 않은가'라고 말한다.[480] 이 교육은 죄인들을 회심시키기에 가장 기대할 만한 수단이 될 것이라고 한다.

> 첫째, '**목회자의 자아성찰**'에 대한 것으로 목회자들이 먼저 자신이 구원의 은혜 안에 있는지 점검할 것을 말하고 있다.
>
> 둘째, 양 떼를 돌보는 것으로 '**목양의 본질, 목양의 자세, 목양의 이유**'들에 대해 설명한다.
>
> 셋째, 목회의 실제에 대한 적용을 설명하면서 '**겸손**'을 훈련할 것, '**개별적 교**

---

480 Richard Baxter, 고성대 옮김, *The Reformed Pastor*(참된 목자), 크리스챤다이제스트, 2011, 47-49.

리문답 교육의 의무와 중요성'에 대해 이야기한 후 예상되는 반론과 답변을 말한다.

백스터는 이것이 부담이 되고 성도들이 비웃을 것이라 생각했던 자신의 이야기를 하면서, 오히려 이 사역을 통해 큰 유익과 위로를 받았기 때문에, 이 세상의 모든 보화를 준다해도 바꾸지 않을 것이라고 했다. 다음은 Thom Rainer가 Barna Research를 인용하여 사람들이 교회로부터 무엇을 원하는지를 조사한 것이다.[481] 도표에 의하면 'Doctrine Theology'(교리)가 58% 였으며, 'People Caring for Each Other'(양육과 돌봄)가 53%, Preaching(설교)가 52% 등이었다. 이 책은 2001년에 씌여졌으므로 현재와 많이 차이가 날 것이지만, 그럼에도 그 수치는 변하지 않았을 것이라고 생각한다.

〈차트 1-2〉 당신이 교회를 선택할 때 가장 중요한 요소는 무엇입니까?[482]

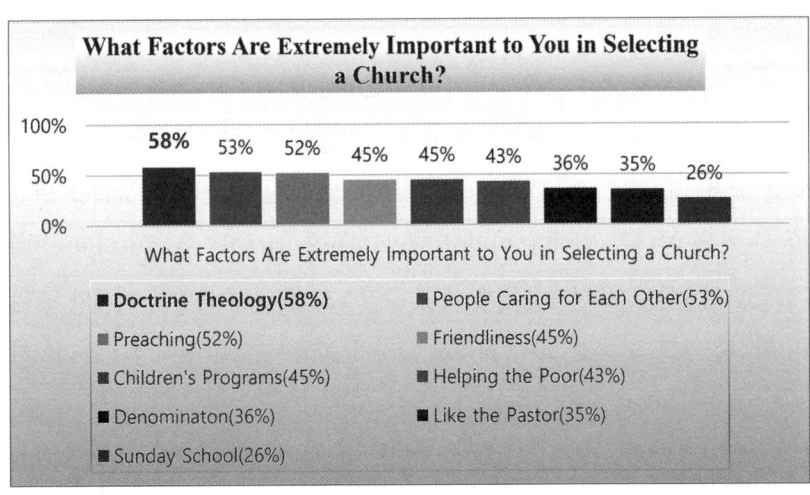

---

481 실제 조사는 Rainer, Thom S. *Surprising Insights from the Unchurched and Proven Ways to Reach Them*, Grand Rapids, Mich.: Zondervan, 2001, 73에 의하면, 'what factors are extremely important to you in selecting a church?'이다.

482 Rainer, Thom S. *Surprising Insights from the Unchurched and Proven Ways to Reach Them*, Grand Rapids, Mich.: Zondervan, 2001, 72.

〈차트 1-3〉 사람들은 교회로부터 무엇을 원하는가?

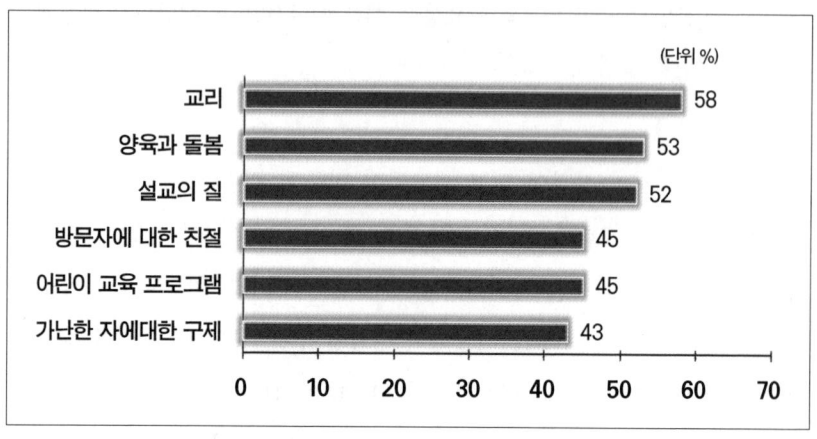

위 〈차트 1-3〉[483]에서 보듯이 '사람들은 교회로부터 무엇을 원하는가'라는 설문 조사에서 가장 많은 것이 '교리'에 대한 공부로 58%를 차지했지만, 더욱 놀라운 것은 '가난한 자에 대한 구제'가 가장 낮은 비중을 차지한다는 것이다.

새신자가 등록하는 교회에서 가장 중요하게 보는 것이 '주차장이 넓고 주차가 편한 것, 안내팀이 방문자에 보이는 친절도'이기보다는 새신자들이 교회를 찾을 때, 가장 우선적으로 그 교회가 신학적으로 건강한 교리를 믿고 따르는가를 본다는 점이다. 따라서 교리 교육은 절대적으로 중요하고, 절대적으로 필요하다. 새신자들에게 예수 그리스도에 대한 분명한 이해와 구원의 확신을 갖도록 하는 교리 교육은 신자가 붙들어야 할 절대적인 진리이기

---

[483] George Barna의 'More than Twenty Million Churches Adults Actively Involved in Spiritual Growth Efforts,' 'Barna Research Online', WWW.barna.org. May 9, 2000, 1: 도표 2는 도표 1과 같은 내용이다. 윤영민, 『2017 개혁주의 실천신학 학과 세미나』, '교회를 세우는 교리교육' 발제안 모음집, 90에 있는 도표인데, 교수님이 각주를 달으신 출처 주소를 따라 찾아 보니, Barna Research에는 없었고, 구글을 통해 찾아보니 이 내용을 담은 책이 위의 빨간색 글씨의 책 중에 chapter 3의 소제목으로 나와 있었다. 그래서 이 책의 제목으로 다시 우리 학교 도서관에서 검색해서 찾았고 챠트는 교수님의 강의안에 기초하여 내가 만들었다.

에 반드시 실천해야 할 것이다.

나는 새신자에 대한 교리 교육 뿐만 아니라 중직자, 오래된 교인 등 모든 교인들에게 철저한 교리 교육을 반복해서 실시해야 한다고 생각한다. 교리 교육이 처음에는 딱딱하고 지겹다고 생각이 들지 모르지만, 씹으면 씹을수록 단맛을 내는 신비함이 있다.

또한 같은 책에서 'What Factors Led You to Choose This Church?'(이 교회를 선택한 요인은 무엇인가?)에 의하면, 다음 도표와 같다.[484]

〈차트 1-4〉 What Factors Led You to Choose This Church?

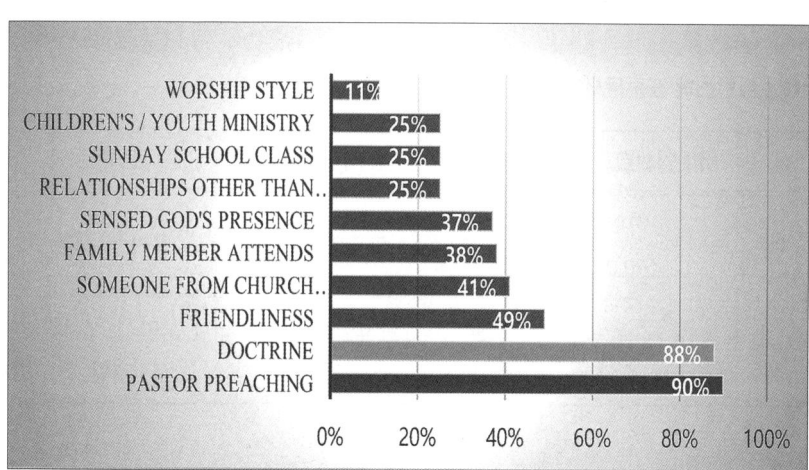

도표에서 보듯이 '이 교회를 선택한 요인이 무엇인가?'에서 가장 비중을 많이 차지하는 것이 **목사의 설교로서 90%**이며, 그 다음이 **교리 88%**, 친구 우정 관계가 49%, 누군가의 권유가 41%, 가족 참석이 38%, 하나님의 임재 체험이 37%, 가족보다 다른 사람과의 관계가 25%, 교회학교가 25%, 아동

---

[484] Rainer, Thom S. *Surprising Insights from the Unchurched and Proven Ways to Reach Them*, 74.

청소년부가 25%, 예배 스타일이 11%에 해당했다.

교리 교육은 누구나 어려워하지만 교리 교육의 딱딱함 대신에 사랑과 위로와 따스한 교제가 있다면 교리 교육에 대한 어려움이 없을 것이다. 교리 교육으로 잘 다져진 신앙의 기초석이 놓여질 때(어려운 문제가 부딪힐 때마다 구원의 확신조차 스멀스멀 흔들리던 나의 삶의 경험을 미뤄 볼 때) 믿음의 근간(根幹)마저 흔들리는 교인들이 잘 이겨낼 수 있도록 든든한 받침대를 세워줄 수 있으며, 이단과의 싸움에서도 미혹됨이 없이 잘 분별할 수 있을 것이다. 나는 교리 교육으로 웨스트민스터 표준문서와 하이델베르크 소요리문답을 공부하려고 한다.

『웨스트민스터 표준문서와 사도행전 · 로마서 공부』(일부 생략)

	하이델베르크소요리문답[485]	사도행전	로마서
1주	하이델베르크 소요리문답 서론	사도행전 서론	로마서 서론
35주	사도신경 3	사도행전 정리와 결단	로마서 정리와 결단

8.1.2. Vision and Mission을 세우는 목회

또한 비전을 세우고 미션을 세우는 목회를 해야 할 것이다. 이것은 제자훈련과 지도자 훈련으로 이어진다. 제자 훈련은 성경공부를 통해 진행할 것이다. 성경공부를 통해 지도자로 나아가도록 할 것이다. 좋은 지도자가 되려면 적절한 신학적 기초가 바탕이 되어야 한다

필자가 제시하는 Vision and Mission은 항간에 난무하는 Vision의 개념

---

[485] 최창수, 십대를 위한 소요리 성경공부, 생명의 말씀사, 2019 4th, 5.

이 아니다. 대학생선교회(C.C.C.)에서 훈련받았던 나는 얼마나 많은 Vision을 받았는지 모른다. 그것은 사람을 흥분시킨다. 부정적인 표현을 한다면 '목회 장사'하기에 딱 좋은 미혹의 문구이다.

"아무것도 없는 자 같으나 모든 것을 가진 자"(고후 6:10)라는 말씀은 가난하고 고단했던 대학생 시절에 우리의 가슴을 뛰게 했다. 예수님을 믿어서 멋있게 되고 성공하고 명예와 존귀를 얻는 꿈을 꾸게 만들었었다. 그래서 그 당시 우리는 '민족을 품고, 세계를 품고'의 캐치프레이즈를 가슴에 품고 뭔가 해낼 수 있을 것만 같았다. 물론 그러한 뜨거움이 있어서 여기까지 왔지만, 내가 생각할 때 그리스도 안에서의 Vision과 Mission은 철저한 자기 희생의 삶이다.

오히려 '자기를 부인하고 자기 십자가를 지고 나를 따르라'는 Mission에 대한 예수님의 거친 요구가 우리의 Vision이다. 예수님의 거친 요구는 모든 사람들이 쉽게 가는 넓은 길에서 이루어지지 않을 것이다. 그것은 좁은 길이기에 모든 교인을 향하여 무조건 요구하기는 쉽지 않다. **내가 그 삶을 살면 교인들은 따라온다. 오히려 교인을 이용하려는 목회자들은 교인들에게 자기 부인과 순종을 강요하면서도, 정작 자신은 이득을 취하지 않았던가!** 그래서 나는 '힘들지만 순종하는 마음으로 함께 가자'(마 26:46; 막 14:42)고 Vision과 Mission을 제시할 것이다.

다음은 Vision과 Mission에 대한 목회자의 계획과 관심도이다.

〈그림 1-10〉 목회자가 그들의 교회를 개선(향상)시키기 위한 목회 계획 George Barna[486]

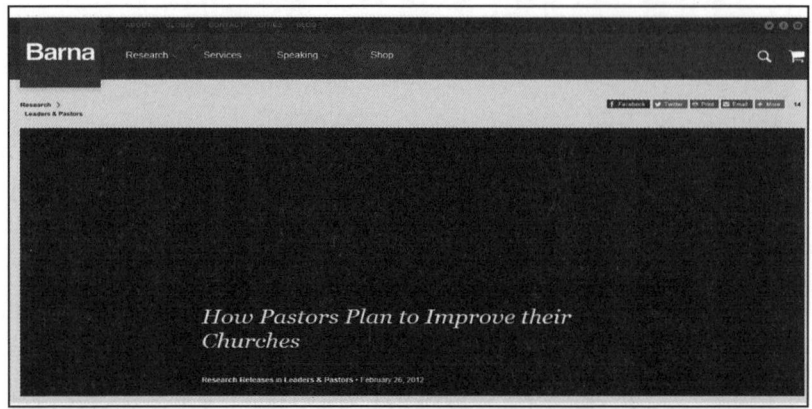

위의 도표를 풀면 다음과 같다.[487]

---

486 출처: https://www.barna.com/research/how-pastors-plan-to-improve-their-churches/
487 Barna Group이 제공한 이 연구 프로젝트는 '내년에 목회자들에게 어떤 방법으로 교회를 개선시킬 수 있는지'에 대한 목록을 제시하고 수행되었다. 표본은 614이다. 연구 프로젝트는 응답자에게는 12가지 가능한 활동이 제시되었고 각 활동의 우선순위를 평가하도록 요청되었다. 이 12가지 활동 중 많은 부분이 교회 외부 조직으로부터 도움, 전문 지식 또는

〈표 1-36〉 Church Improvement Priorities % of Protestant pastors

항 목	확실한 수치
① 교회의 비전과 사명의 평가	59%
② 지역 사회에서 교회의 평판을 평가	38%
③ 지역 사회의 인구 통계적 및 영적 요구 측정	31%
④ 안전 및 보안 문제	25%
⑤ 예산 및 지출 과정 개선	25%
⑥ 교회의 영적 변화에 대한 평가 수행	22%
⑦ 어린이를 위한 시설 및 장비	22%
⑧ 오디오 및 시청각 장비	19%
⑨ 청소년을 위한 시설 및 장비에 대한 투자	18%
⑩ 기술과 디지털 미디어에 투자	18%
⑪ 기부금 증가에 도움이 되는 조직과 협력	6%
⑫ 적합한 직원을 채용하는데 도움이 되는 회사 찾기	2%

이 연구에서 검토된 12가지 우선순위 중 목회자들은 '교회의 비전과 사명의 평가(assess your church's vision and mission)'에 대해 명확성을 얻는 데 가장 관심이 있었다. 연구에서 평가된 12가지 개선 우선순위 중 이것이 가장 높은 순위를 차지했다.

목회자들은 '지역 사회에서 교회의 평판을 평가(assessing their church's reputation in their community)'에 대하여 38%로 높게 평가했으며, '지역 사회의 인구 통계적 및 영적 요구 측정(measuring the demographic and spiritual needs

자원을 얻는 것과 관련이 있다.
연구에 대하여, 이 보고서는 미국 대륙 전역에 있는 개신교 교회의 614명의 선임 목사들의 전국 무작위 표본을 기반으로 했다. 연구는 전화 인터뷰를 통해 수행되었다. 각 집계 표본과 관련된 최대 샘플링 오차 한계는 95% 신뢰 수준에서 ± 4.1% 포인트이다.

of their community)'에 대해서도 31%의 높은 수치를 보였다.

교회의 사역 능력과 도구를 향상시키는 것으로 분류 될 수 있는 우선순위는 '어린이를 위한 시설과 장비'(22%), '시청각 장비(visual equipment)'(19%), '청소년을 위한 시설과 장비'(18%), '기술과 디지털 미디어에 투자(invest in technology and digital media)'(18%)이다.

기금 모금 및 직원 개발 전문가의 사용과 관련된 우선순위에 있어서, 단지 6%의 교회만이 '기부금을 늘리기 위해 조직과 협력할 것'이라고 응답했고, 2%만이 '적합한 인재를 고용하는 데 도움이 되는 회사를 고용할 의향이 있다'라고 조사되었다.

연구의 의미에 대해, 연구 조사를 지휘한 데이비드 키나 만(David Kinnaman)은 다음과 같이 논평했다. '대부분의 목회자들은 그들의 사역을 바꾸는 데 열려 있지만, 많은 목회자들은 사명과 비전에 대한 근본적인 질문으로 어려움을 겪고 있습니다. 다시 말해, 그들은 시설, 장비, 기술 또는 사역 도구와 같은 더 많은 사역 자원뿐만 아니라 추구해야 할 명확한 방향을 원합니다.'

Barna 회장 역시 '믿음의 지도자들이 교회의 지역 명성과 지역사회의 프로필을 우선순위로 두는 것도 중요합니다. 지역사회가 교회에 대해 회의적인 시대에, 지도자들은 가장 효과적인 교회가 지역사회의 필요를 인식하고 이를 채워주는 활동적인 교회임을 인식하는 것 같습니다.'라고 논의하였다.

위의 사항으로 볼 때 비전과 미션을 제시하는 것은 중요하다. 나는 교회의 비전을 말씀 연구와 선교 그리고 봉사에 둘 것이다. 먼저는 교회개척에 있어서 말씀에서 승부를 걸고 싶다. 말씀을 전하는 일에 전력투구를 할 것이다. 아울러 봉사와 나눔도 소홀히 하지는 않을 것이다. 말씀을 받고 뜨거워진 성도들을 통해 전도와 선교를 함께 하려고 한다. 나는 이러한 면에서 자신이 있다. 이것은 제자 훈련과 지도자 훈련을 통해 이루어질 것이다.

8.1.3. 제자 훈련과 지도자 훈련 목회

교회의 성장을 주도하는 한 가지 핵심적인 요인은 신실한 사람들을 훈련시키는 사역에 대한 열정이다. 교회를 개척할 때는, 지도력의 은사가 있다고 생각되는 사람들을 미리 파악해 두는 것이 중요하다. 그리고 예수께서 했던 것처럼 매주 이 사람들에게 자신의 삶을 투자하는 것이 필요하다. 이를 통해, 교회 구성원들은 매우 밀착된 관계가 형성될 수 있을 것이다.

바울은 가는 곳마다 제자들을 만들었다. 그는 사람들을 예수 그리스도에게로 인도하고 그들에게 그리스도의 참된 제자가 되는 방법을 보여주었다. 그는 제한된 시간을 이용해서 그리스도께 대한 헌신의 기본 원리들을 가르쳤다. 바울은 제자들을 지도자로 훈련시켰다. 디모데는 바울의 사역을 곁에서 보고 또 직접 그를 도움으로써 그에게서 많은 것을 배웠다. 그는 바울의 사역을 보았으며 동시에 동역자로서 함께 사역하였다.

제자 훈련의 자세는 목회자의 올바른 삶의 자세와 목회 철학에서 비롯된다고 볼 수 있다. 목회자가 교회를 성장시키기 위한 수단으로 제자 훈련을 한다면 그것은 잘못된 일이 될 것이다. 아래 표는 박종용 목사의 글을 정리한 것이다.[488]

〈그림 1-11〉 제자훈련 목회자의 삶의 자세와 철학

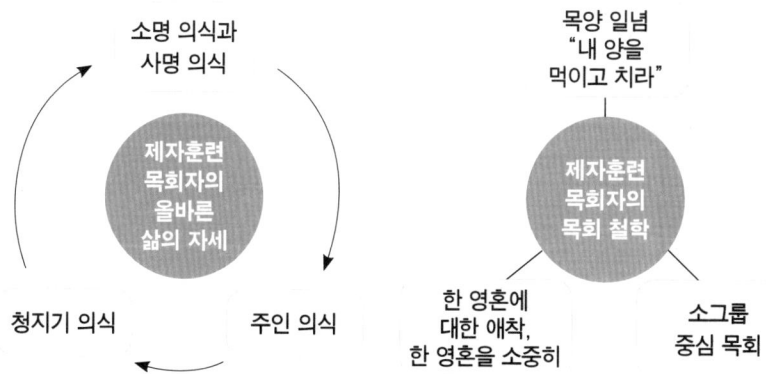

[488] 박종용, 교회개척, 실패는 없다, 117-123.

나는 양현표 교수님께서 수업 시간에 '한 영혼'에 대한 강조를 하신 것이 너무 좋았다. 그리고 박종용 목사의 글에서도 '한 영혼'에 대한 강조가 여러 번 등장해서 무척 반갑고 동의가 되었다. 나 역시 이러한 목회를 하고 싶다는 생각이 들었다. 제자 훈련과 지도자 훈련은 두 가지로 볼 수 있다. 첫 번째는 성경공부이며, 두 번째는 삶의 적용이다.

【 성경공부와 제자 훈련 】

성경공부에 있어서 구역장을 제자화시키는 방법도 좋을 것이다. 다음은 내가 출석하는 충현교회의 제자 훈련 안내이다. 이것을 기초로 제자 훈련을 계획하고자 한다.

충현교회는 새가족부, 성경 아카데미부에서 실시하는 양육 프로그램을 기초 과정으로 하고 각 교구나 부서의 일꾼들을 대상으로 신청을 받는다.

※ 제자 훈련과 제자 훈련 일정 생략(과제 제출시에는 포함했음)

【 삶의 적용 】

삶의 적용에 있어 성경이 '나의 삶에 대하여 무슨 말씀을 하고 있나? 본문이 말씀하는 것 중 어떠한 면이 나의 경험과 일치하는가?'를 하워드 헨드릭스(Howard G. Hendricks)는 그의 책 『삶을 변화시키는 성경연구』에서 다음과 같이 논의한다.[489]

> 우리는 성경을 실생활의 이야기가 아닌, 단지 학문적인 연구 자료로만 가르칠 때가 종종 있다. 많은 사람들이 성경을 지루하게 느끼는 것도 무리가 아니다. 성경 속에 나타난 인물들의 삶의 경험들을 무시함으로 가장 훌륭한 인생의 교훈들을 놓쳐 버리는 경우가 많

---

[489] Howard G. Hendricks·William D. Hendricks, *Living by the Book*, Moody Press, 1991; 정현 옮김, 삶을 변화시키는 성경연구, 디모데, 1993, 220-221.

이 있는 것이다.

내가 성경을 사랑하는 이유 가운데 하나는 성경은 항상 나의 삶의 이야기를 들려주기 때문이다. 분을 뽀얗게 바른 예쁜 얼굴만을 소개하고 있지 않다. 필요하다면, 있는 모습 그대로를 보여주기 위해 더러운 빨래라도 앞마당에 그대로 널어 놓는다.

그는 '실생활에 도움이 되는 것들을 주목하라'고 하며 다음과 같이 제시한다.[490]

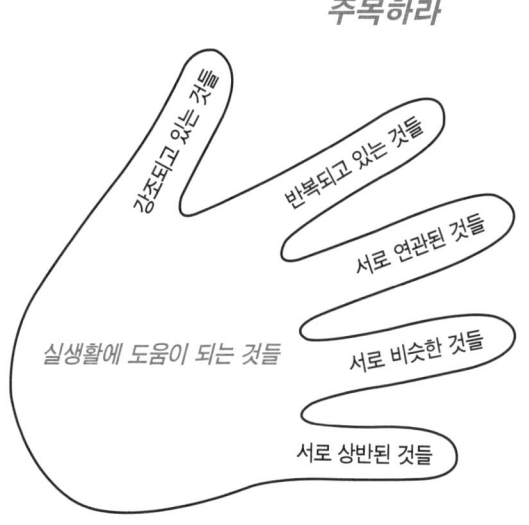

하워드는 "성경을 펼 때마다 손가락들을 쳐다보면서 추구해야 할 다섯 가지의 실마리를 생각해보라"(226)고 한다.

위의 내용들과 같은 부분들에 집중하여 성경공부를 통한 실생활의 적용을 이루어 나가면 좋을 것 같다.

8.1.4. 다음 세대를 세우는 목회

다음은 밀레니얼 세대가 교회를 방문할 때 무엇을 원하는지에 대한 조사다.

---

490 Howard G. Hendricks·William D. Hendricks, *Living by the Book*,; 정현 옮김, 삶을 변화시키는 성경연구, 221.

〈그림 1-12〉 밀레니얼 세대 그들이 교회를 방문할 때 무엇을 원하는가?

(Whats Millennials Want When They Visit Church)　　George Barna[491]

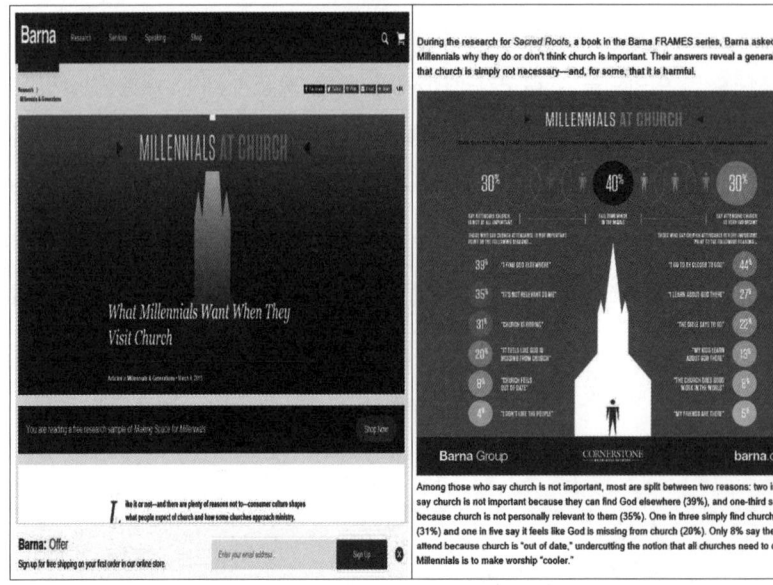

밀레니얼 세대(Millennials) 그들이 교회를 방문할 때 무엇을 원하는가?

그들은 왜 교회가 중요하지 않다고 말하는가?

① 5명 중 2명은 교회가 아닌 다른 곳에서 하나님을 찾을 수 있기 때문(they can find God elsewhere)에 중요하지 않으며(39%).
② 교회의 1/3은 '교회가 그들과 개인적으로 관련이 없기 때문에'(35%).
③ 3분의 1은 단순히 '교회가 지루(church boring)하기 때문에'(31%).
④ 5분의 1은 '교회에서 하나님이 빠진 것(it feels like God is missing)처럼 느껴지기 때문에'(20%).
⑤ 단지 8%만이 교회가 '구식'(out of date)이기 때문이라고 응답했다.
⑥ 상당수의 청년들이 교회에 대해 더 깊은 불만을 가지고 있으며, 3분의 1 이상은 그들의 부정적인 인식이 교회 지도부의 도덕적 실패의 결과라고 말한다(35%).

491　출처: https://www.barna.com/research/what-millennials-want-when-they-visit-church/

【 교회의 business of sell, sell, sell 】

Barna FRAMES 시리즈 Sacred Roots에 대한 연구(During the research for Sacred Roots, a book in the Barna FRAMES series)에서 Barna는 Millennials에게 '왜 교회가 중요하다고 생각하는지 또는 그렇지 않은지'를 묻는다. 그들의 대답은 교회가 단순히 필요하지 않다는 일반적인 느낌을 표현하며, 어떤 사람들은 그것이 해롭다고 말한다.

교회가 시장 점유율을 추구하는 또 다른 사업(market share)이 되는 경우, 이것은 이익이 되거나 해가 될 것이다. 그러나 교회는 그렇지 않다. 밀레니얼 세대에 이르기까지 교회에 가려고 하는 많은 사람들이 교회가 하이퍼 마킹(과민함, hyperaware)인데 대한 깊은 의심을 품고 있다. 많은 사람들은 교회가 판매, 판매, 판매의 더러운 사업을 넘어서서 또는 어떻게 해서든지 달라야한다는(beyond the dirty business of sell, sell, sell.) 생각을 가지고 있다.[492]

필자는 교회가 시장이 될 때 교회는 교회 본연의 맛을 잃어버리게 된다고 생각한다. 교회보다 더 멋있고 화려한 시장은 도처에 많이 있기 때문이다. 왜 많은 밀레니얼 세대가 교회에 출석하지 않게 되었는가? 교회에서 자란 사람들 가운데서도 왜 10명 중 6명이나 교회를 떠나게 되었는가?

이와 같은 문제는 우리나라에서도 가장 심각하게 떠오르는 과제이며 교회학교의 위기이다. 교회교육이 이론으로만 그치는 것이 아닌가, 기존의 방법론을 넘어 참여하는 아이들의 마음도 동일하게 역동적으로 만드는 틀을 다시 세워야 할 것이다.

【 하나님의 자녀라는 정체성에 대한 확신 】

세상의 흐름을 거슬러 하나님의 자녀라는 정체성을 가지고 날마다 믿음으로 선택하며 살아가는 다음 세대를 세우고자 한다면 어려서부터 매 주일 이어지는 예배와 공과공부를 통해 믿음의 작은 승리를 경험하도록 해야 한다.

---

[492] 출처: https://www.barna.com/research/what-millennials-want-when-they-visit-church/

처음부터 큰 승리를 경험하기는 쉽지 않다. 그러기 위해서는 교회학교 교사들이 먼저 자신의 삶 속에서 믿음의 승리를 경험한 내용을 주일학교 소그룹 모임에서 다음 세대에게 증거함으로써, 하나님의 말씀을 다음 세대도 경험하도록 해야 한다.[493]

8.2. 노인 목회

인구의 고령화는 교회의 고령화를 낳고 있다. 교회 뜰에서 오다가다 오랜만에 만난 권사님을 뵈면 그 사이에 얼마나 늙으셨는지가 먼저 보인다. 교회 안에서 노인 교인이 차지하는 비중이 가장 큰 데도 불구하고 교회는 다음 세대를 세우는 목회에만 관심을 둘 뿐이다.

현실은 노인 목회에 대한 관심도가 극히 미약하다. 노인도 목회의 대상이며 하나님의 형상으로서 고귀한 인간 가족의 일원이요, 오늘날까지 역사와 문화, 창조의 유산을 물려준 은인이다. 이러한 사실을 고려할 때, 교회에서도 노인 목회에 관심을 가져야 한다는 것은 당연하다.[494]

특수 목회의 방향은 노인 목회를 할 것이다. 필요한 자원이 준비된다면 노인 케어센터(작게는 노인 요양원)를 마련하여 갈 곳 없이 소망없는 노인들에게 천국을 준비시켜 드리고 싶다. 나는 사회복지사 1급을 가지고 있기 때문에 노인 요양원 같은 시설을 운영할 수 있다.

8.2.1. 노인 목회를 하고 싶은 동기: 나의 사랑하는 그리운 엄마를 기억하며

나는 친정 어머니를 떠올릴 때면, 노인 목회를 하고 싶은 간절함이 생긴다. 나의 어머니는 올해 96세로 아주 젊어서 혼자 되시고, 딸만 둘을 키우셨다. 아버님이 7년 동안 폐결핵으로 편찮으시다가 돌아가셨다. 거의 50년 전

---

[493] 권진하, 협동학습, 파이디온선교회, 2018, 17.
[494] 대한예수교장로회총회교육부편, 한국교회와 노인목회, 한국장로교출판사, 1995, 236. 이 책을 학교 도서관에서 빌렸는데, 출판연도가 1995년이다.

에 우리나라에 결핵약이 없었을 때 전부 수입약을 구해서 아버님의 병을 돌보았지만 잠시 나으시더니 다시 재발해서 결국 그 당시 유행처럼 번지던 신유집회 하시는 변 권사님과 현 권사님 재단을 나와 함께 다니시다가 마지막 기도를 받으시고 집에 오셔서 소천하셨다.

그래서 나의 친정의 모든 재산은 전부 아버님의 약값으로 나갔고, 대구 경북여고를 졸업하신 어머니는 공부를 잘했던 나와 여동생을 중심으로 애들을 모아 과외공부를 가르치며 우리를 키우셨다. 약값 한 번 대준 사촌 오빠가 공장을 하면서 어머니에게 보증을 서 달라고 해서 동네에서 돈을 얻어 가고는 이자 한 번 주지 않아 우리는 어렵게 학교를 다녀야만 했다. 고등학교 때부터는 중학생이 된 어머니가 가르치던 애들을 가르치며 학교를 다녀야 했고, 결국 졸업했다. 그 어머니가 이제 5년째 누워계신다.

넘어져서 고관절이 부러지고, 누우신 채 5년이 되어간다. 이루 말할 수 없는 힘듦과 입주 간병인 간병비는 두 딸에게 긴 세월의 인내를 훈련시키고 있다. 교회개척 마스터 플랜 과제를 미리미리 준비하면서 이때만 해도 엄마가 살아 계셨는데, 이제 두 주 전 2019년 10월 31일, 1924년생 96세로 주님 품으로 가셨다. 양지에서 3년 동안 학내 사태로 수업을 안하던 두 주간, 그 때, 엄마가 뇌경색이 와서 병원에서 엄마와 함께 시간을 보낼 수 있었다. 하지만, 그 외 엄마는 나의 신대원 수업에 방해될까 한 번도 병원을 다니지 않으셨고, 응급상황 없이 조용히 주무시듯 주님 품에 안기셨다.

4년 4개월 동안 들어간 비용만 병원비(수술 등) 포함해서 약 2억 정도가 들었다. 친여동생 정은실 교수와 내가 각각 1/2씩 나눠서 부담했다. 친여동생이 더 많이 부담하기도 했다. 노인 요양 보험으로 보조금이 100만 원 정도 나왔지만 센터 회비, 간병인 4대 보험료, 퇴직금 등을 떼고 나면 54만 원만 우리에게 들어왔는데, 이것 빼고도 약 2억이 더 들어갔다. 이것이 내가 직면해 있는 문제이고 현실이다. 이 글을 쓰는 지금은 간병비가 더 올랐으니 어찌하랴!

긴 시간, 너무 많이 힘들었지만 소천하시고나니 엄마가 많이 많이 그립고 보고 싶다. 다시 볼 수 없는 엄마이다. 작년에 뇌경색이 와서 한쪽이 마비된 채 누워계신 엄마는 여름이면 욕창으로 나를 가슴 아프게 했다. 여름에는 날씨가 너무 더울까봐 매일 일기예보를 들여다봐야 했다. 새 살이 나서 피부를 덮어야 욕창도 나을텐데, 새 살이 나지 않아 욕창은 그대로 진물이 되어 흘러 내렸다. 대상포진으로도 많이 아프셨을 텐데, 엄마는 신경이 마비되었는지 아프다고 하지도 않으셨다. 단지, 이따금 '엄마 엄마, 나 너무 힘들어' 하시곤 엄마의 엄마를 찾으실 뿐이었다. 그 옆에서 나는 무척 고통스러우신가보다 하고 짐작하는 것 말고는 할 수 있는 게 없었다. 이 긴 세월의 의미가 뭘까? 남들은 내가 엄마께 너무 잘해서 이렇게 오래 사신다고 하는데, 난들 이렇게 힘들게 오래 사시게 하려고 잘해드렸을까보냐! 하다보니 여기까지 온 것이다.

하늘을 아무리 쳐다봐도 답이 없는 시간들이 얼마나 많았던지, 하나님이 침묵하시고 답이 없는 것 같은 시간들을 보내면서 신대원 3년을 다녔다. 그렇게 엄마가 편안하게 천국가시기를 기도했건만 이제 엄마가 떠난 자리는 말할 수 없이 허전하다. 고아가 되었다.

양지 도서관에서 공부하다 저녁이면 매일 내 전화를 기다리고 있을 엄마에게 전화를 했는데, 어느 날은 전화를 받지 않으셨다. 보통은 간병 선생님이 전화를 받아 엄마에게 바꿔주시곤 했는데, 그날은 전화를 받지 않는 것이었다. 아침저녁으로 하던 전화를 그날은 왜 바쁘다고 저녁에만 했는지, 아침에 한 번만 전화했더라면 엄마가 천국 가시는 날 마지막 인사를 할 수 있었을텐데… 그날따라 낮에도 전화를 하고 싶었는데, 오후 수업이다 뭐다 하고 뒤로 미루고 미루다 저녁에야 전화를 하니 엄마는 이미 천국에 가시고, 안 계셨다. 간병 선생님이 여러 번 전화를 했다는데 나는 수업에 방해가 될까 싶어 전화기를 무음으로 해놓고 쳐다도 안봤던 것이다. 선생님이 발견한 것도 점심 식사 후, 오후 3시에 배춥을 갈아 드리고 나서, 오후 5시 반에 저녁 드리려고 보니 이미 천국을 가 계셨다고 한다. 저녁이 되어 어슴프레해질 때 엄마에게 전화를 하니 엄마는 이미 주님 품에 가셨다. 나한테 인사 한 번이라도 하고 가시지….

엄마가 없는 빈 자리는 광야에 서 있는 내게 겨울 하늘, 뚜껑이 열려 억수 같이 쏟아지는 폭우와 눈 섞인 비바람을 다 맞아야 하는 자리였다. 그래서 생각한다. 내가 엄마와 같은 노인들에게 봉사를 하면 못해드린 엄마에 대한 죄짐이 감면될 수 있을까…그래도 우리 엄마는 안 계신데.

난 노인들의 노욕(老慾)이 싫었다. 그래서 노인들을 쳐다보기조차 싫었다. 얼마나 교만했던가. 엄마가 오랫동안 누워계시면서 교만한 내 마음을 하나님이 깨뜨리신 것 같다. 이제는 노인들을 보면 손을 잡아 드릴 수 있다. 엄마를 보듯이 보듬어드릴 수 있다.

▲ 대통령 표창 받은 친여동생 정은실 교수와 함께

▲ 2019년 10월 26일 토요일 엄마와 마지막 찬송 부르다

▲ 사위 박지영 선생과 함께

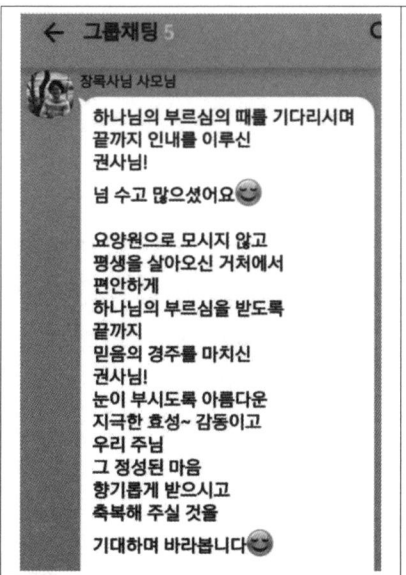
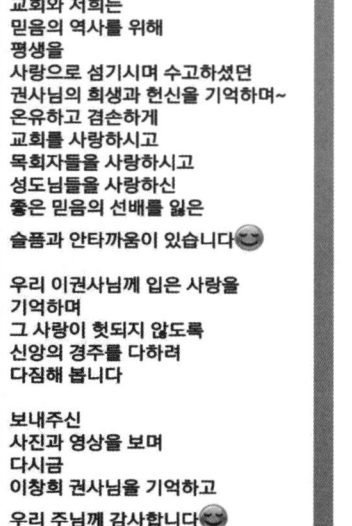
▲ 2019년 11월 2일 엄마 장례를 마치고 엄마 교회 목사님 사모님께서 보내주심

유림 학자이자 양반집 지주로 소작인을 거느리고 살았던 만종가의 3대 독자가 예수를 믿는다고 집안에서 박해를 받아 선교사를 따라 만주로 도피했다. 그리고 그렇게 일제강점기와 한국전쟁을 지나는 한 시대를 겪고, 새 시대를 맞이했다. 돈은 항상 있을 줄 알았는데, 시대의 흐름을 감지하지 못했던 부모님들의 전기는 한국의 애잔한 역사의 한 토막이다. 한 가문에 대한 이야기를 덧붙이면서, 엄마가 살아 계실 때 한자를 여쭈어보며 책을 냈으면 좋아겠다는 아쉬움이 크다.

▲ 엄마가 아버지랑 같이 쓰신 원고 (엄마 필적)[495]

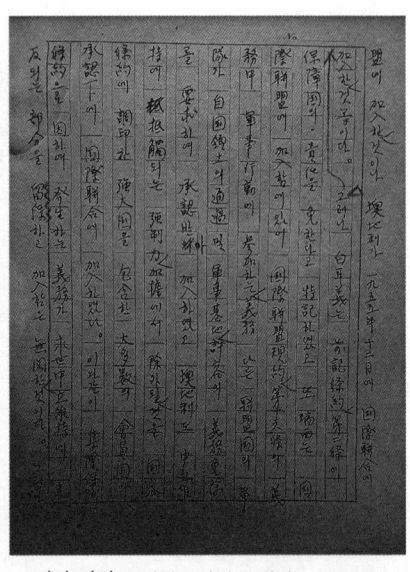

▲ 엄마 필적(교정부호까지 보인다)

◀▲ 아버지가 부르시고, 엄마가 쓰셨다. 엄마의 필체는 명필이었다. 특히 한자는 예술이다. 이것을 출판하려다 아버지의 병환으로 진행할 수 없었고, 나중에 출판하려 할 때는 시대의 조류가 바뀌었다.

내가 노인 요양시설을 하고 싶은 마음은 엄마에게 대한 미안함과 내 삶의 힘든 시간들을 엄마가 같이 견뎌 주셨던 고마움 때문이다. 여러 가지 일로 힘들어서 어찌 살아야 좋을지 몰라할 때, 엄마에게 가서 화풀이를 하고 소리를 지르던 그 시간, 엄마는 나와 같이 아파해 주었다.

긴 병상 중에도 엄마는 정신이 들면 '나를 이렇게 견디게 해주신 하나님께 감사한다'라고 말씀하셨다. 그리고 '나는 십자가 붙들고 천국간다'고, 불평하고 감사하지 못하는 내게 늘 말씀하셨다. '인선아 감사하자' '감사뿐이다.'라고 나를 세뇌시키셨다.

때로는 기억력이 흐려지셔도 엄마가 제일 좋아하시는 찬송가 85장(예수를 생각만해도 내 맘이 좋거든)을 부르면 엄마는 다 외웠기 때문에 나를 따라 찬송을 부르셨다. '엄마 예수님 붙들고 천국 가자' 하면 '그러면 내가 너를 붙들고 가니, 당연히 예수님 붙들고 가지'라고 말씀하셨다.

이렇게 엄마를 생각하면서 어르신들을 대하면, 그분들께 천국 복음도 잘 전할 수 있을 것 같다. 훗날 엄마께 다 전하지 못한 내 마음을 어르신들에게 나마 흘려 보낼 수 있을 것 같아 이따금씩은 내가 노인 요양원을 차려서 복음을 전하는 생각을 하곤 했다.

소설가 박경리(1926-2008)는 가톨릭 신자로서 그녀는 2008년 사망하기 전에 '다시 젊어지고 싶지 않다. 모진 세월 가고 아아…편안하다. 늙어서 이

---

495 이 원고는 충현교회 서상근 집사님을 통해 소개받은 풍각제일교회 김용호 목사님을 통해 문화재 신청 중에 있으며, 청도군과 경북연구원이 용역을 체결하고 수장고, 박물관 건축 용역 중에 있고, 이곳에 보관될 예정이다.(가칭 "경북기독교박물관") 또한 이 원고를 통해 당시 기독교인들이 한국교회 역사 속에서 신앙만 붙들고 가만히 있었던 것이 아니라, 조국을 위해 일했던 모습을 보여주는 사례로 한 학자의 박사학위 논문에서 "영세중립화" 연구의 자료(reference)로 귀하게 사용하게 될 것 같다. 엄마가 늘 '내가 주님 품에 갈 때, 이 원고를 같이 태워달라'고 부탁하셨기에, 엄마가 주님 품에 안기실 때 발인하던 날 이 원고를 엄마와 함께 화장하려 했으나, 화장하는 곳에서 받아주지 않아 다시 가져왔는데, 늘 엄마가 아쉬워했던 이 원고가 빛을 보게 될 것 같아 부모님을 향한 두 딸들이 마지막 해야할 일을 한 듯한 마음에, 모든 것이 하나님의 은혜라 고백한다. 하나님이 막으시고, 세상에 빛을 보게 하시는 은혜이다.

렇게 편한 것을…버리고 갈 것만 남아서 참 홀가분하다.'라는 말을 신앙 안에서 편안히 남겼다. 노년이란 이렇듯 노쇠한 육체를 초월하는 멋을 즐기는 때이며, 삶에 대하여 집착하지 않는 여유로운 시기이다.[496]

나는 노인 목회를 한다면 철저하게 말씀을 나누는 사역을 하고싶다. 어르신들 중에는 천국에 대한 확신이 없는 분들이 너무 많다. 그저 막연한 불안감만을 안고 살아가는 것이다. 더구나 노인들은 소외 대상으로 등한시되어 왔다. 그러므로 노인 복지의 모든 프로그램은 노인이 가정과 이웃 및 사회에서 소외되어 있다고 하는 감정을 줄이고 사회체계의 삶의 주류에 같이 흐르고 있다는 느낌을 줄 수 있어야 할 것이다.[497]

'노인 복지 프로그램의 실천적 대안'이라는 논문[498]에 의하면 여러 가지 의견이 참 많다. 그러나 나는 많은 논문과 노인 목회에 대한 책을 봐도 찾아낼 수 없는 실제를 알고 있다. 얼마나 많은 논문과 책이 뻔한 이야기를 하고 있는가! 소위 그 밥에 그 나물이다. 노인 목회를 논할 때 의례 상투적으로 들어가는 노인 인구 통계로부터 시작하는 논의는 많은 어려움을 겪고 있는 노인과 노인을 모시고 있는 가정에 있어서 탁상공론일 뿐이다.

내게도 두려워하는 일들이 임했었다. 처음에는 나에게는 일어나지 않을 것이라고 생각했다. 우리 엄마는 선하게 사셨고, 교회에 충성하고 봉사하시며 사셨으니까. 그래서 힘든 일은 일어나지 않을 것이라고 생각했는데, 우리 엄마는 겪어서는 안될 모든 것을 다 감당하고 가셨다. 돈이 아쉬웠다. 가장 필요한 것은 돈이었다. 간병 선생님은 때마다 돈을 올려달라고 졸랐다. 그런데 더 중요한 것은 엄마를 버리지 않는다는 엄마에 대한 사랑과 그것을 믿을 수 있는 엄마의 확신이었다.

---

496 최성훈, 고령사회의 실버목회, CLC, 2017, 18.
497 김영구, 고령화 시대에서의 노인목회를 통한 교회 성장, 석사학위논문, 총신대학교, 2003, 71.
498 박종운, 교회의 노인목회에 관한 발전방안 연구, 박사학위논문, 총신대학교, 2005, 98.

엄마(아! 교수님 죄송하지만, 저는 어머니가 아닌 엄마가 이 나이에도 좋습니다.)가 혼자 되어 두 딸을 키워내고, 내가 약국을 하면서 돈을 벌게 되었을 때, 나는 엄마의 인생이 허무하지 않도록 엄마를 신학대학에 강제로 입학시켰다. 엄마가 공부하기 힘들어 하시면 내가 대신 가서 공부하고(엄마는 대구 경북여고를 나오셨기 때문에 바로 대학에 가실 수 있었다. 그때는 서울 장로회 신학대학이 신설동에 있었는데, 내가 그 부근의 약국에서 근무했기 때문에 쉽게 갈 수 있었다.) 노트 필기를 대신하기도 했다. 그래서 엄마는 본교회에서 1년 6개월간 전도사로도 일할 수 있었다. 아마도 엄마는 그때가 인생에서 가장 행복하셨을 것이다.

충현교회는 선교를 가려면 1인 전도를 해야 한다. 정 안될 때는 타교회 교인을 등록시켜도 무방하다. 그래서 엄마께 충현교회에 등록해달라고 부탁을 했더니, 들어주셨다. 그후로 엄마는 충현교회 말씀이 좋다고 하시며, 충현교회에서 심방을 받기도 하셨다.

이런 연유로 해서 한 분의 권사님이 구역장이 되셔서 심방을 오시기 시작했다. 그분은 구역장을 그만 두셨음에도 엄마가 편찮으시기 전부터 엄마가 천국 가시던 날까지 매주 심방을 오셨다.

나는 그 권사님의 삶이 어떤 목회자의 삶보다 더 소중하다. 엄마는 그분을 기다리셨고, 함께 찬송을 부르시며 좋아하셨다. 한 번도 변함없이, 빠짐없이 8년이 넘도록 엄마를 찾아오셨다. 그것도 다른 동네에서…여름이고 겨울이고 할 것 없이 정확히 오셨다. 그래서 나는 노인들을 찾아가는 것, 그리고 함께 기도해 주고 찬송 불러주는 일이 얼마나 귀한 사역인지 안다.

나는 그 권사님(강순희 권사님)이 어떤 여전도사보다 낫다고 본다. 나는 그분같이 노인을 섬길 수 있을까? 그분은 신학을 하지 않았지만 한 영혼을 변함없이 사랑하셨다. 나는 그분께 많은 빚을 지고 있다. 그분은 자신의 수고에 대해 어떤 선물도 받지 않으셨다. 내가 심방 전도사가 된다면 그분같이 섬길 수 있을까 싶다.

한 영혼이 사랑받는다는 느낌을 갖는 것만큼 소중한 것이 있을까? 늙어서 버림받고 소외당한다는 느낌이 깊숙히 배어있는 노인들을 향한 사랑의 섬김보다 더 소중한 프로그램이 있을까? 프로그램에 참여할 수 있다는 것은 걸을 수 있다는 뜻이다. 걷지도 못한 채 누워있는 노인들을 향한 심방과 사랑의 보듬어줌은 그 어떤 학위 논문에서도 읽을 수 없었다. 뼈아픈 삶을 살아야 하는 노인과 그 가족들을 향한 보살핌이 더 필요하다.

8.3. 의료선교

8.3.1. 의료선교사와 나

나는 의료선교사가 되기를 꿈꾸었다. 약학대학을 졸업하고 의료선교사가 되려고 아세아연합신학대학원 M. A. Healing Ministry 과정에 입학했다. 논문을 마치지 못하고 수료만 했지만, 그때 방글라데시 의료선교사를 모집한다고 해서 지원을 했다.

지도교수님과 상담을 할 때 교수님께서 가족관계를 물으셨다. 어머니 혼자 계시고, 여동생이 있다고 말씀드렸을 때, 어머니에 대한 대책을 세워놓고 나가는지를 물어보셨다. 나는 그때 뭐라고 변명을 해야 할지 궁색해졌다. 그래서 대답을 못하고 있었더니 교수님께서 다음과 같이 질문하셨다.

'한 생명이 천하보다 귀한 것을 아시지요?'
'네, 알고 있습니다.'
그러면 '어머니를 한 생명이라고 한다면 어떻게 하시겠습니까?'
꼭 외국에 나가는 것만 하나님께서 원하실까요?

거기서 나는 멈추어야 했다. 그리고 30년의 세월이 흘러 총신대학교에 왔고, 이제 이 글을 쓰는 오늘(2019년 11월 14일, 이 글은 한 달째 쓰고 있지만), 어머니는 두 주 전 10월 31일에 95세로 천국으로 가셨다. 그것도 요양원이나 요양병원에 안 계시고 4년 4개월을 집에서 간병인을 두고 모시다 주무시다가 편안히 천국으로 가셨다.

한 생명이 소중한 것을 온몸으로 가르쳐주신 나의 어머니를 천국으로 보내드리고 이 글을 쓰며 나는 그 교수님과의 약속, 그리고 하나님 앞에서의 순종을 하나님의 은혜로 지킬 수 있었다.

그러나 나는 의료선교사로 나가기에는 이제 나이가 너무 많다. 그리고 함께 늙어가는 남편을 두고 내가 혼자 어디론가 나간다는 것은 하나님이 원하시지 않기 때문에 이제는 국내에서의 사역을 준비해야 한다고 생각한다. 그런 의미에서 나는 내 주변에서 약이나 의료 상담과 관련된 도움이 필요한 자들에게 도움을 줄 수 있을 것이다.

여기서 나는 의료선교의 개념이나 역사, 의료선교의 성경적 기초, 의료선교사로서의 부르심에 대한 논의를 하려고 하는 것은 아니다. 이제는 단기선교팀에서 의료선교를 갈 때 함께 갈 수 있다. 전에도 C.C.C. 내(內)에 Agape라는 의료봉사 팀이 있어서 그 팀들과 함께 파키스탄도 갔었고, NGO와 같이 협력하여 라오스도 다녀왔다.

8.3.2. 단기의료선교와 '자기 의'(自己 義)

이것은 내가 경험한 일이었다. 2004년엔가 C.C.C에서 파키스탄으로 의료선교를 다녀왔다. 우리는 파키스탄의 옛 수도 카라치에 있는 선한사마리아 병원에 본부를 두고 버스로 7시간 되는 거리를 달렸다. 한밤중 우리를 싣고 가는 트럭(장비도 싣고 갔기 때문이다.) 위로 별똥별이 꼬리에 꼬리를 물고 떨어졌다. 우리는 안에 앉아 있을 수 없어서 트럭 위로 올라갔다. 은하수가 꼬리에 꼬리를 물고 내려오다 우리 앞으로 뚝뚝 떨어졌다. 사막 가운데를 지나며 그렇게 아름다운 밤하늘은 내 평생에 다시 볼 수 있을까 하는 생각이 드는 밤이었다. 우리는 그렇게 위험한 길을 7시간을 달려 진료소에 도착했다. 진료소라고 해봐야 사막 가운데 돌담을 쌓고 그저 천 조각으로 칸을 나눈 곳이다.

그곳에서 나는 평생 기억에 남을 가슴 아픈 어린이 환자를 보았다. 머리가 새까맸다. 의사의 order가 나오고 머리를 dressing하고 연고를 발라주라고 하기에 새까만 머리 위로 소독약을 묻힌 탈지면을 대는 순간, 머리 위를 까맣게 덮고 있었던 것이 파리 떼라는 사실을 깨달았다. 상처가 난 머리 위로 파리 떼가 새카맣게 앉아서 고름을 빨아먹고 있었던 것이다. 심지어 거기에 알까지 까서 구더기까지 득실거렸다. 한 번의 소독이면 되는 아이였다. 아이는 파리 떼를 쫓을 생각도 하지 않았다. 1년에 한 번 의사가 오지도 않는 지역에서 아이는 순복하고 사는 삶을 온몸으로 감당하면서도 한마디의 불평조차 하지 못한 채 살고 있었던 것이다. 그곳에 다시 가고 싶다.

그러한 현장을 2~3년 후 파푸아뉴기니에 갔을 때도 경험했다. 파푸아뉴기니 수상가옥으로 진료를 나갔을 때의 일이다. 그때는 머리가 아니라 발바닥이었다. 발바닥에 난 상처에 고름이 흐르고 있었고, 그 사이로 구더기가 꼬물꼬물 기어다니고 있었다.

교회에서 단기선교팀이 나갈 때 의료팀으로 함께 join하여 나가서 진료를 하면, 다른 팀은 진찰을 받고 약을 타가는 사이에 사람들을 붙들고 복음을 전할 수 있었다. 그들은 약 때문에 꼼짝 못하고 사영리를 '아멘'으로 받아들였다. 단기선교팀이 나갈 때 가장 좋은 선교 방법은 의료선교팀이 함께 가는 것이다. 그렇게 간 지역만해도 네팔, 스리랑카, 베트남, 몽골, 우즈베키스탄, 인도, 불가리아, 엘살바도르, 캄보디아, 파푸아뉴기니 등이며, 한 나라도 여러 번 다녀왔다. 앞으로도 기회가 있는 데로 나갈 작정이다.

그런데 내가 이런 의료선교를 하면서 나중에 깨달은 것이 있었다. 이것은 나의 의'(義)'였다. '자기 의(自己 義)'였고 자기만족이었다. 자기 의인 줄도 모르고 얼마나 교만했는지를 후일에야 알게 되었다. 나의 공로에 대한 자랑, 나의 겸손함에 대한 자랑과 실력 발휘를 하는 내 모습을 보시며 주님께서 얼마나 슬프하셨을까를 생각하며 부끄러웠다. 그러나 어느 날, 그 모습조차도 주님은 기쁘게 받으셨다고 나에게 말씀하시며 위로하시는 듯한 체험을 하기도 했다.

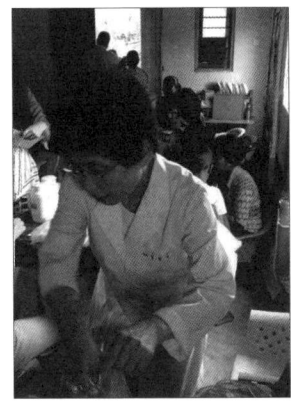

◀▲ 2018년 9월 추석 때, 학교 가정학습일에 스리랑카 의료선교 갔을 때이다.

8.3.3. 의료선교(Medical Mission) vs 선교와 의료(Mission and Medical)

'의료선교'라는 말 안에는 여러 가지 복합적인 의미가 포함되어 있다. 의료인들은 선교를 하는 의료인인가? 아니면 의료 행위를 위주로 하는 선교사인가? 여기에 대한 우선순위를 잘 결정해 두어야 한다. 이런 질문들은 의료 행위가 먼저인가 아니면 영혼 구원이 먼저인가 하는 사명의 우선순위의 문제에서 비롯되는 것이다. 사람들의 필요를 채우는 것이 먼저인가? 아니면 그들에게 하나님의 복음을 전하는 것이 먼저인가?

그렇다면 의료 행위를 하는 전문인들도 직접적으로 전도 활동을 활발하게 해야만 한다는 논리에 봉착하게 된다. 왜냐하면 환자들과 직접적으로 만나는 진료 현장만큼 사람들이 쉽게 마음을 열고 비밀을 털어놓는 곳은 드물기 때문이다.[499]

8.3.4. 상처받은 세상 상처받은 치유자들

이 책을 쓴 저자 설대위 선교사(David Seel)는 1954년 한국에 와서 우리나라의 작은 도시인 전주에서 평생을 바쳤고, 1989년 65세가 되어 선교사로서

---

[499] 고세중 외 17, 의료선교사가 현장에서 쓴 의료선교학, 연세대학교 출판부, 2004.

정년퇴임하였다. 당시 우리나라의 현실은 한국전쟁 후 피폐할 대로 피폐한 상태였으며, 그는 이런 우리나라 사람들의 아픔을 그리스도의 사랑으로 어루만지는 생애를 살았다.500 다음은 그 책의 본문 중에 나온 글이다.

나는 그를 돌보았고, 하나님은 그를 치유하셨다.

8.3.5. 노인 의료선교 사역

병원 입원 환자의 대다수를 차지하고 있는 노인 환자의 질병 치료 및 간병의 문제는 국가적인 재정과 대책만으로는 부족하다. 의료선교 차원에서 노인들의 질병과 가난, 소외 등의 총체적 문제를 도울 수 있는 전략들을 마련해야 할 것이다.

노인들을 대상으로 의료선교 차원에서 수행해야 하는 사역으로는
첫째, 노인들이 현재 앓고 있는 질병의 고통을 덜어주기 위한 예수님의 돌봄과 같은 의료적 치료를 제공한다.
둘째, 노인들에게 총체적 치유 돌봄을 통해 영적 욕구를 충족시켜서 창조주 하나님의 사랑을 회복하게 한다.
셋째, 노인들의 신체적, 정신적, 영적 건강을 유지하기 위해서는 예수님의 사랑을 실천할 수 있는 생활양식으로 전환하도록 한다.
넷째, 하나님을 위시하여 노인들과 인연이 있는 모든 사람들과의 관계를 회복하기 위해 지원한다.
다섯째, 기독교를 믿지 않는 노인들의 영혼구원을 위해 교회와 연합해서 선교사역을 전개하는 등의 다양한 역할들이 있다.501

여기에 추가한다면 노인 고독의 문제, 우울증 등에 대한 상담 사역도 겸

---

500 설대위(David Seel), 김민철 옮김, 상처받은 세상 상처받은 치유자들, 11. 역자 서문.
501 강경미, 예수님의 치유사역과 21C 총체적 치유선교전략, 동문사, 203-204.

해야 할 것이다. 오랜 세월을 살아온 노인들의 고집을 한 번에 바꿀 수 없고, 절대적인 돈의 필요를 해결할 수 없지만 나의 경험으로 볼 때 교회가 노인들을 향해 '내가 하나님과 사람에게 사랑받는 존재'라는 것을 인식하게 해 준다면 그것이 한 생명을 품는 사역이 될 것이다.

8.3.6. 치유하시는 분은 예수님임을 명심해야 한다.

의료선교는 현대 의학을 십분 활용해야 하지만 예수님의 기적의 치유도 함께 구해야 함을 배우게 된다. 기도하며 성령의 역사를 구하라. 우리는 환자를 돌보지만 그들을 치유하시는 분은 예수님이시다.

나는 여기에 대한 것을 선교현장에서 경험했다. 아무것도 없이 선교 현장에서 환자를 만나고 가진 것이라고는 소독약과 남은 연고 몇 가지 뿐일 때 함께 기적을 구하는 기도를 하면 성령의 역사가 나타난다. 그리고 놀라운 것은 예수님께서는 환자를 전인적으로 진료하고 치료해 주셨다는 사실이다.[502]

9. 교회개척 준비: 교회개척자의 소명, 동기, 성품과 자세

9.1. 소명

교회개척에 있어서 가장 중요한 핵심은 무엇일까? 그것은 교회개척의 의지가 뚜렷하고 열정이 있는 하나님의 사람, 즉 목회자이다. 이제 교회를 세움에 있어 목회자가 기본적으로 어떤 자질을 갖추어야 할 것인가를 하나하나 짚어 보자.[503]

---

[502] 심재두 외 지음, 단기 의료선교의 새로운 패러다임을 찾아서, 좋은 씨앗, 2016, 44.
[503] 홍정길, 목회와 신학 총서: 교회개척-개척교회는 목회자의 자질에 달려 있다-, 두란노아카데미, 2010, 104.

〈도식 1-4〉 목회자 · 개척교회 목회자의 자질

목회자의 기본 자질	개척교회 목회자가 갖추어야 할 자질
첫째, '예수 그리스도가 구세주와 주님이 되신다'는 신앙고백	첫째, 비전의 사람이어야 한다.
둘째, 죄의 문제를 해결하는 능력	둘째, 적극성이다.
셋째, 하나님 말씀을 전하는 능력	셋째, 창의적인 능력이 있어야 한다.
넷째, 바른 삶이다.	넷째, 설득력이다.

양현표 교수님의 '소명'에 대한 강의가 좋았기 때문에 이것을 기초로 하여 논의를 하려고 한다.(2019년 10월 10일 교수님 강의를 도표로 만들고 강의 내용을 정리 요약한 것이다.)

〈표 1-37〉 소명(부르심)의 여러 가지 형태

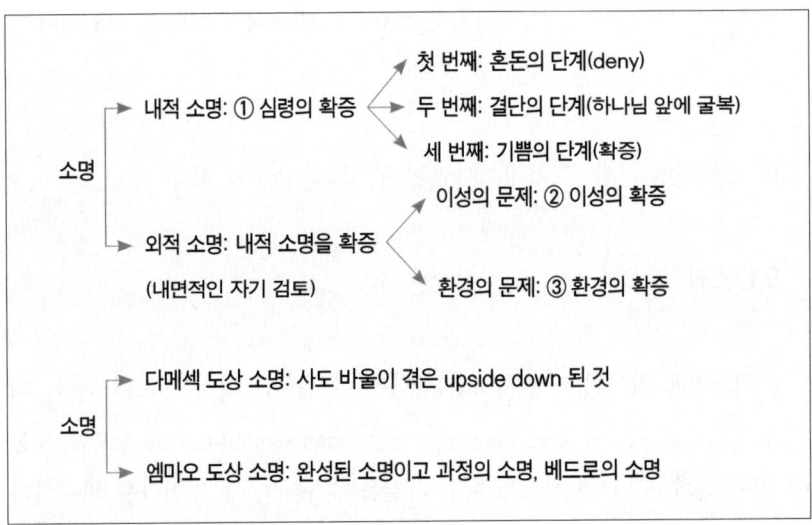

소명에는 내적 소명과 외적 소명이 있으며 외적 소명은 두 가지로 나누는데, 하나는 이성의 문제 즉 이성의 확증이며, 또 하나는 환경의 문제입니다. 그래서 환경의 확증이라고 합니다. 소명의 확증은 ① 심령의 확증과 ② 이성의 확증 ③ 환경의 확증으로 이루어집니다. 이 세 가지를 합쳐서 나는 '소명

자'다 라고 말할 수 있는 것입니다.

내적 소명은 감정의 착각, 일시적 충동, 열광적인 분위기, 주변의 영향에 의해 '아 하나님이 나를 인도하시나보다'라고 막연한 추측에서 비롯된 것은 아닌지 점검할 필요가 있습니다.

내적 소명을 확증시키는 게 외적 소명이라고 할 수 있습니다. 이성의 확증이란? 내가 나를 평가하는 것입니다. 나를 돌아보는 것이고, 내가 목사가 될 수 있는 성경적 지식과 달란트가 있는지, 하나님이 내게 주신 gift가 있는지, 목사가 될 성품이 있는지를 살펴보는 것입니다.

우리들은 성격의 결함을 다 가지고 있는데, 결정적으로 다음과 같은 성품들은 가지고 있으면 안됩니다. 그것은 거짓말 하는 것입니다. 말을 바꾸거나 정직하지 못한 모습들은 목회를 하면서 integrity와 관련된 것입니다. 또 다른 것은 바람기입니다. 그런 게 있다고 하면 진짜로 어렵습니다. 성령이 충만하면 극복할 수 있지만, 절대절명의 위기나 이익 앞에 섰을 때 그 기질이 튀어나오게 됩니다. 목사가 항상 성령이 충만할 수는 없습니다. 이러한 성품들은 내가 무슨 일을 부딪혔을 때나 위기 때 보면 나오게 됩니다.

주변에서 '너 목사감이다'라고 하는데, 물론 외적 소명은 극복의 대상이기도 하지만, 주변에 있는 내 배우자, 내 형제들이 나를 가장 잘 아는데, 너 목사감 아니야 하는데, 나만 목사감이라고 하는 것도 아니라고 생각합니다. 이 기심과 욕심은 목사의 최대 적입니다.

이게 합쳐져서 소명론이라고 이야기할 수 있는 것입니다. 그런데 소명의 본질은 외적인가요? 내적인가요? 내적입니다. 외적 소명은 극복의 대상이기도 하지만, 검토해 보는 것이고, 내적 소명이 본질입니다. 내적 소명을 보증하는 것, 방위할 수 있는 것이 외적 소명이므로 내적 소명이 중요합니다. 그렇다면 내적, 외적 소명의 비율은 7:3으로 볼 수 있을 것 같아요.

외적 소명을 너무 중시 여겨서 본질적인 내적 소명을 무너뜨리는 경우가 있어서는 안된다는 거구요.(미국에서 학비가 없는 학생이 교수님께 말했던 예를 말씀하심)

이쯤 되면 벌떡 일어나서 가셔야 해요. 제가 많이 겪었구요. 현장에서 목사님을 보면서 겪었구요. 또 현상론으로 내린 결론인데 제가 말씀드리는 소명은 두 가지가 있어요.

첫째는 다메섹 도상 소명: 사도 바울이 겪은 upside down 된 것으로 확실하게 겪은 경험입니다. 한 순간에 일어난 일로 모든 것이 뒤집힌 거죠. 그런데 많은 분들이 이 소명을 간증하고 있어요. 그런데 이런 소명을 겪지 않은 사람은 말하는 것을 자신없어 해요.

두 번째 엠마오 도상 소명입니다. 이것은 완성된 소명이고 과정의 소명입니다. 엠마오도상의 제자들은 3년간 예수를 따라다닌 사람입니다. 그런데 예수님이 돌아가시자 낙심해서 돌아가는 것입니다. 그들은 예수의 전문가이지만 소명이 있다고 말할 수 없다는 거에요. 더구나 예수가 동행을 해도 예수를 못 알아봐요. 그리고 호텔에 도착해서야 비로소 눈이 밝아져서 예수를 알고, 다시 예루살렘으로 돌아가는 것이지요.

베드로도 이 소명에 해당합니다. 베드로가 소명을 깨달은 것은 부활하신 예수님이 생선을 구워주시면서 내 양을 먹이라 치라 할 때입니다. <u>성경의 많은 케이스에 있어서 엠마오 도상 소명들이 많아요.</u> 그런데 이 소명에 대해서는 간증을 못합니다. 전자는 '불 받았어' 하고 말하면 되는데, 엠마오 도상 소명을 말하려면 살아온 이야기를 말해야 하므로 말을 못하는 것입니다.

어느 순간에, 어느 moment가 와요. 그래서 나가지 말고 어느 순간에 여기보다 훨씬 튼튼한 소명으로 완성될 수 있어요. 그래서 지금 가지 말고, 잘 버티고, 소명 때문에 고민하지 말고 더 버티시고, 현장에서 몸부림치시고, 가다보면 어느 momentum이 이렇게 올 것입니다. 이걸 여러분들이 기억하시고, 잘 버텨주시면 좋겠어요.

이 수업 시간 처음에 나는 '나가야 하는 사람'이라고 생각했다. 나는 입학시험 면접 때 교수님께서 다행히 소명에 대해 물어보시지 않았지만 나는 소명이 불붙듯 왔던 사람은 아니었다. 아주 젊은 시절에는 기분상 소명이라고 하고 뜨거웠지만 이 나이에 무슨 소명인가! 그럼에도 하나 확실한 것은 이

세대가 예수 그리스도의 십자가와 부활을 전하지 않고 딴 소리만 하는 목사들뿐인데, 나는 내 입으로 예수 그리스도의 죽음과 부활을 전하리라 하고 양지에 왔던 것이다. 이게 부끄러워 내놓지 못하는 나의 작은 소명이다.

9.2. 자세: '한 영혼이면 충분합니다'

바른 목자론, 목양론의 핵심은 '한 영혼이면 충분하다'는 것이다. 일평생 한 영혼을 바르게 키우고 제자 만들어오면 된다는 뜻이며, 한 영혼을 바르게 키우다 보면 더 큰 목회를 하게 하시기도 한다. 한 영혼에 만족하지 못하면 기업 윤리와 똑같아지게 된다.

나는 이날(2019년 10월 10일) 교회개척과 복음전도 수업 시간에 눈물이 쏟아지는 것을 참고 있었다. 교수님의 아름다운 신앙 인격과 따스함이 가슴에 파고들어왔다. 지금 다시 수업 시간 노트 필기를 읽으면서도 눈물이 왈칵 하고, 어쩌면 이렇게 좋은 분일까 하는 감탄이 끊이지 않는다. **'한 영혼'은 지난 10월에 주님 품에 가신 어머니를 붙들었던 나의 삶이었기 때문이다.** 마치 하나님이 내게 위로해 주시며 말씀해 주시는 것과 같이 느껴져 눈물이 쏟아졌다.

10. Planting Churches: Where?

'교회를 어디에 세울 것인가?'에 대한 문제는 중요하다. 욕심을 낸다면 강남에 세우는 것이 합당하다. 그러나 '한 영혼이 천하보다 귀하다'는 것을 명심할 때, 내가 사는 곳이 가장 소중하다는 생각이 든다. 나는 큰 목회를 할 것은 아니기 때문에, 개발 예정지나, 신흥 도시, 신도시 등에 대한 관심은 없다. 남편과 함께할 수 있는 곳이면 어디든 가능할 것으로 생각된다.

지금 남편이 운영하고 있는 학원은 아파트 상가이기 때문에 접근성이 좋고, 엘리베이터가 있어서 통행에 불편함이 없으며 주차장이 충분히 확보될 수 있다. 더욱이 주일에는 상가가 많이 비어서 주차에 불편함이 없다. 가장 좋은 것은 월세와 관리비가 나가지 않는다는 것이다. 학원 내에 연주홀과 같은 넓은 장소가 있어서 예배드리기에 적당하며, 여러 개의 방이 나뉘어 있어서 그런 방은 개별 상담이나 교회학교 공과공부하기에 적합할 것이다.

그리고 내가 원하는 것은 늙고 연로하여 아무도 반겨주지 않는 노인들에게 천국을 소망할 수 있는 믿음의 장소를 마련해 드리는 것이다. 나는 화려한 것도 원하지 않고, 목회의 성공도 원하지 않는다. 그저 소박하게 삶을 나누고 하나님의 사랑을 나누고 싶을 뿐이다. 더욱이 젊은이들을 세울 수 있다면 그들이 진정으로 예수 그리스도를 만나게 하고 싶은 마음의 소원이 있다. 이것은 나의 어머니께로부터 나오는 마음이다.

10.1. 동대문구 인구 통계[504]

다음 통계는(생략) 서울특별시 동대문구 구청 홈페이지에서 다운로드 받은 것으로 도표에서 볼 때, 65세 이상 인구수가 ○○1동은 5,292명, ○○2동은 3,498명으로 합 8,790명이다. 개척하려고 하는 ○○2동의 65세 이상 인구수는 다른 동에 비해 작지만, 오랫동안 익숙한 동네라서 인구수에 관계없이 다가갈 수 있을 것이다.

서울특별시 동대문구 ○○1동·○○2동 주민등록 인구통계

2019. 10. 31. 현재

동명	세대수	인구수			65세 이상 인구수		
		남	여	계	남	여	계
○○1동	14,990	15,414	15,192	30,606	2,340	2,952	5,292
○○2동	7,749	9,393	10,215	19,608	1,547	1,951	3,498

[504] 출처 http://www.ddm.go.kr/info/populationStatistics.jsp

10.2. 교회개척 준비(1) - 지역, 장소(대상), 교회 이름, 가정

① 융통성

예수께서는 우리에게 융통성 있는 예배의 모범을 보여주셨다. 때때로 그분은 제자들을 모아 옥외예배를 드리기도 하셨다. 그분은 두세 사람과 만나 언덕 위에서 사적인 모임을 가지거나 갈릴리 바다 근처의 산 중턱에서 이만 명 이상의 사람들에게 하나님 나라의 복음을 선포하기도 하셨다. 신약 전체를 놓고 볼 때 그리스도인들이 예배를 위한 어떤 센터를 짓기 위해 기금을 조성하는 데 관심을 가졌다는 내용은 그 어디에서도 찾아볼 수 없다. 모든 기금 조성 노력은 결코 어떤 시설 투자를 위해서가 아니라 사역을 위해 집중되었다.[505]

② 교회 건물

교회 건물은 남편이 현재 음악학원으로 운영하는 장소를 쓸 계획이다. 월요일부터 토요일까지 학생들이 수업을 하고 있으며, 주일에는 쉰다. 평일에도 오전 중에는 학생들이 오지 않기 때문에 평일 오전에 성경공부가 가능하며, 토요일 오전에도 성경공부가 가능하다.

- 주소: 서울특별시 동대문구… 4층 / 면적: 116.85㎡(약 36평)
- 용도: 교육연구시설 / 교회 예정지 위치 및 내부 전경·지도 및 사진 생략

③ 지역조사의 중요성

명성훈 목사는 교회개척을 위한 지역조사의 중요성을 다음과 같이 다섯 가지로 요약하고 있다.[506]

---

[505] 최동규, 초대교회 모델을 따라 교회를 개척하라, 베다니출판사, 2004, 278-279.
[506] 명성훈, 교회개척의 원리와 전략, 국민일보, 2001, 8th, 187-189.

첫째, 지역조사는 목표 그룹을 설정하게 한다. 어떤 사람들을 목표로 목회할 것인가 밑그림을 그려주는 것이다.

둘째, 지역조사는 목표 그룹을 분석하고 이해하는 데 도움을 준다. 즉 지역주민의 수입, 교육, 연령, 성별 분포, 가족 구성, 종교적 성향 등과 관련된 자료를 제시해 준다.

셋째, 지역조사는 인구의 이동 경향과 발전 지역들을 탐사하는 데에 도움을 준다. 예를 들어 어느 지역이 영적인 문제에 더 열려 있는지를 알게 해 준다.

넷째, 지역조사는 교회가 들어설 가장 적절한 위치를 결정하는 데에 도움을 준다.

다섯째, 지역조사는 개척교회의 사역에 신빙성과 확신을 가져다 준다. 지역조사를 철저히 하는 개척자 자신뿐만 아니라 그 사실을 알게 되는 후원자들도 개척자를 우수하고 신뢰할 만한 사람으로 받아들이게 되는 것이다.

④ 지역조사

내가 개척교회를 할 곳은 동대문구이다. 교회개척과 관련된 책을 읽으면 지역조사에 대한 많은 논의가 있다. 그러나 서울은 특수한 강남 지역을 빼고는 대부분 평등하다. 어느 동네나 할 것 없이 이단이 들어와 있으며, 대부분이 아파트와 단독으로 이루어져 있다.

'한국의 교회개척에 대한 심층 연구 보고서'에 의하면, 지역조사를 하지 않는 것은 개척교회의 운영에 있어서 계획적이지 못하거나 전략 없이 개척을 시작하는 것을 의미하며, 토양을 알지 못하고 씨를 뿌리는 것과 같아서 전략적 성장을 이루지 못하는 원인이 될 수 있다고 한다.[507]

---

[507] 교회성장연구소, *Church Planting*; 교회개척에 대한 심층 연구 보고서, 2003, 63-64.

〈표 1-38〉 교회개척에 대한 지역조사 항목[508]

1단계: 조사대상 지역 명확화	1) 행정 구역상 위치
2단계: 지역 특성 분석	1) 지역의 주요 기능: 주거지역, 상업지역, 업무지역 등 2) 교통 편이성: 지하철 연계성 등 3) 생활 편이성: 시군구청, 공공기관 위치 　· 초·중·고, 유치원 구비 정도, 질적 수준 4) 지역개발 전망 5) 경제적 고려 사항 6) 문화적 고려 사항: 주요 학교, 문화, 놀이 시설 7) 영적 고려 사항: 지역 소재하고 있는 종교관련 시설
3단계: 인구분포 분석	1) 현재 인구(남녀별, 세대수 등) 2) 유형별 인구 분포(동별·연령별 등) 3) 중장기적 인구증가 전망(3~5년간 인구 증가)
4단계: 표준 인물 분석	1) 인구분포 분석을 통해 볼 때 가장 대표적 인물
5단계: 기존교회 분석	1) 기존교회 분포 현황 2) 기존교회의 주요 경쟁력 　· 설교, 성경공부, 성령은사, 전도, 찬양과 경배, 상담, 유치원 운영 등 3) 기존교회의 특성
6단계: 목표 그룹 설정	1) 지역적 접근 2) 인물적 접근(목표 인물 - 접근할 인물 부류)
7단계: 바람직한 교회 입지 검토	
8단계: 교회 홍보전략 구상	1) 홍보 전략(스티커, 전단지, 신문광고 등) 2) 전도전략: 표준인물 접촉 방안, 가가호호 방문 등

[508] 명성훈, 교회개척의 원리와 전략, 393-399.

11. Planting Churches: When?

교회개척 시기를 언제로 잡을 것인지에 대해서는 아직 확신이 없다. 내가 가진 성품이 여전히 자신이 없다. 그럼에도 2년 이내에 진행한다고 가정하면 다음과 같은 계획을 세울 수 있을 것이다.

〈도식 1-5〉 교회개척 준비 단계 요약

12. Planting Churches: Who?

12.1. 교회개척 준비(2)-개척멤버

나에게 있어서 개척 멤버는 나 한 사람이 될 것이다.
아무런 관계가 없는 낯선 사람들과 함께 '**맨바닥에서 교회개척**'(Chruch Extension from New Ground)[509]을 해야 할 것이다. 단신 교회개척은 실제로 가

---

[509] 민장배, 교회개척학, CLC, 2011, 60.

장 많이 개척되는 방법으로 단신 개척의 장단점을 민장배 교수는 다음과 같이 제시한다.

〈표 1-39〉 단신 교회개척의 장·단점

장 점	단 점
첫째, 모든 의사 결정이 개척자의 철학에 의하여 확정되고 진행되기 때문에 교회개척이 빠르다. 둘째, 개척자가 비전에 따른 리더십이 충분히 발휘될 수 있다. 셋째 목회자 중심으로 강력한 결속력을 가진다. 넷째, 새로운 프로그램을 수용하기 용이하다.	첫째, 재정적인 어려움이 많아 이중 직업을 가져야 한다. 둘째, 평신도 지도자가 부족하여 개척자 혼자 감당해야 할 일이 많아 어려움을 겪을 수 있다. 셋째, 인적 자원의 부족으로 좋은 프로그램을 시행하기 어렵다. 넷째, 인적·물적 자원의 부족으로 개척자 가족의 희생이 강요될 수 있다. 다섯째, 열악한 시설과 재정으로 인하여 다양한 계층의 욕구를 충족시키기 어렵다.

위의 장·단점이 있지만, 나에게는 가족에 대한 부양의 부담이 없다. 단지 한 사람이라도 온다면 좋은 관계를 유지하면서 그들을 통하여 oral 전도를 하려고 한다.

13. Planting Churches: What?

13.1. 교회개척 준비(3)-후원그룹: 물품, 인력, 기도, 멘토(생략)

13.2. 교회개척 준비(4)-후원그룹(재정)

'한국의 개척교회 목회자들은 개척을 할 때 어느 정도의 자금을 지출할까?' 이를 알기 위해 개척을 할 때에 총 소요된 개척자금에 대해 찾아보았다. 그 결과, 개척자금이 평균 9천만 원으로 나타났다. 그리고 분립 개척을 한 경우와 자비로 개척한 경우를 나누어서 평균 개척 자금을 조사해 보았다. 그 결과 분립 개척을 한 교회는 평균 1억 7천 519만 원이, 목회자 자비로 개척한 교회는 평균 4,896만 원이 소요되었다. 분립 개척을 한 교회가 더 많은 개척 자금을 갖게 된 것은 모교회로부터 많은 지원을 받고 나가기 때문이라고 볼 수 있다.[510]

나에게는 개척 후원그룹이 없다. 그렇다고 돈이 많지도 않다. 하지만 학원이라 피아노가 있고, 강대상 같은 것도 있고, 별로 부족함이 없다. 나는 생활비에 매이지도 않는다.

〈표 1-40〉 교회개척 초기 1년간 예상 지출 금액[511]

(단위: 원)

	항목	지출액	내용
1	예 배 비	500,000	성찬기 등
2	전 도 비	500,000	전도용품, 선물 등
3	교 육 비	1,000,000	
4	수 련 회 비	2,000,000	여름 수련회 + 겨울 수련회

---

510 교회성장연구소, 한국의 교회개척에 대한 심층 연구보고서, 2003, 55. 이 통계도 2019년을 기준으로 한다면 너무나 차이가 나는 액수라고 생각한다. 그리고 이것은 너무 오래된 통계이다.
511 양현표, 사도적 교회개척 신학과 실천과 방향, 솔로몬, 2019, 362.의 예시를 따라 작성한 것이다.

5	예 찬 비	5,400,000	100,000원 × 54주(성탄절 등 포함)
6	기타 운영비	600,000	50,000 × 52주
7	예 비 비	1,000,000	
	총 합 계	1,100,000	※ 장소 대여료 제외한 합계 금액

13.3. 개척교회 전도 프로그램[512]

1. 새신자들과 새로운 대상자들은 매 주일 심방해야만 한다.
2. 가능한 많은 사람들과 함께 가정 성경공부반을 시작한다.
3. 성경공부반을 시작하고, 복음적 설교를 한다. 이것은 개척교회가 복음을 전하는 교회임을 증명하고 복음을 듣기 원하는 사람들이 찾아올 수 있게 한다.
4. 교회 주소 혹은 약도가 인쇄된 전도지를 소지해야 한다.
5. 주일날 교회학교 외에, 토요일과 주일 오후에 성경공부반을 연장 실시한다.
6. 적어도 6개월에 한 번 전도운동을 계획한다.
7. 선교 프로그램을 진행해야 한다.
8. 심방을 진행할 계획이다.(환자 심방과 상담자 심방 등)

---

512 Benson, Donald, 고용남 역, 모교회를 통한 교회개척의 실제, 71.

■ 목회활동 타임라인(2021년 5월 설립예배 기준)[513]

월	날짜	교회력	교회 행사	내용	비고
1	3	신년감사예배		개척을 위한 가정예배	
	10		성찬식(1차) (다음해)	개척 준비 모임 기도회	

나가는 말

『교회개척과 복음전도』 과목을 듣던 첫 수업 시간에 나는 양현표 교수님께 죄송하고 미안한 마음으로 회개를 해야만 했다. 사실 나는 교회개척은 나와는 먼 이야기라 생각하고 있었기 때문이다. 교수님의 '**교회개척은 하나님께서 이 땅에 그의 나라를 확장하기 위해 사용하시는 유일한 방법**'이라는 선포는 너무 위대해 보였다.

교수님의 서언이자 선포는 마치 창세기 1:1 '하나님이 태초에 천지를 창조하시니라', 요한복음 1:1 "태초에 말씀이 계시니라 이 말씀이 하나님과 함께 계셨으니 이 말씀은 곧 하나님이시니라"와 같은 복음의 선포같이 느껴졌다. 내 속의 양심에 가책이 되었고 개척을 할 필요성을 느끼지 못했던 나의 교만함에 부끄럽고 죄송한 마음이 들었다. 그리고 교수님의 정확한 진단과 확신에 찬 말씀에서 거룩함이 느껴지기까지 했다. 그리고 기뻤다. '아! 교회개척은 귀하고 아름다운 것이구나'라는 생각과 함께 교회개척에 대한 나의 생각의 turning point 가 된 시간이었다.

---

513 양현표, 사도적 교회개척 신학과 실천과 방향, 솔로몬, 2019, 363-364. 이 표는 양현표 교수님께서 예시로 들어준 분의 것과 충현교회 1년 행사 기준표를 따라 작성한 것이다.(일부 생략)

교회를 사도적으로 개척하는 마음으로 임해야 다른 목회도 제대로 할 수 있다는 교수님의 말씀은 그야말로 진리였다. 교회개척 마스터 paln을 쓰면서 '내가 남자라면 해볼텐데' 하는 마음이 속에서 일어나곤 했다. 어디까지나 가정으로 생각하고 작성하라고 말씀하셨지만, 이 마스터 plan이 마치 학생들의 미래의 삶의 예언서같이 펼쳐질 것만 같았다.

교수님의 수업시간은 정말 유익했다. 강의 도중에 말씀하시는 comment는 인간적인, 지극히 인간적인 가슴으로 사람을 품으시는 교수님의 아름다운 인격을 만나는 시간이기도 했다. 교인이기 전에 한 인간으로 사람을 대하시고, 목사이기 전에 한 인간으로 상대방을 배려하시는 마음과 인격이 녹아내리는 고백적인 간증에 가슴이 뛰기도 했다. 양현표 교수님 앞에 가면 천벌 받을 것 같은 죄인도 저절로 고해성사가 나올 것 같은 인간적인 따스함이 있었다. 교수님을 닮은 목회자가 더 많이 나왔으면 좋겠다.

나는 작은 목회를 꿈꾼다. 먼저 천국가신 사랑하는 나의 엄마를 만날 날을 기다리며, '엄마! 나 엄마의 삶의 모습대로 순종하며 열심히 최선을 다해 살다가 왔어요. 그렇게 한 영혼을 가슴에 품고 살다가 엄마를 만나러 왔어요'하고 우리 엄마를 만날 그 시간을 기다리며 열심히 최선을 다해 정성껏 신실하게 내게 주시는 양을 돌볼 것이다.

그 자리가 개척의 자리가 되든, 전문적인 섬김의 자리가 되든, 말씀을 나누는 자리가 되든, 어떤 자리에서라도 주님의 사랑을 나누고 싶다. 엄마는 언제나 무조건 순종하셨고 누구라도 가슴에 품으며 사랑하셨기에 나도 엄마의 순종과 감사의 삶을 교훈 삼아 살고 싶다. 그리고 나를 위해 돌아가신 사랑하는 예수님, 나를 용서하신 예수님, 그리고 예수님의 십자가에서 비로소 답을 찾을 수 있었던 긴 인생의 터널, 그 시간에 나와 함께 걸어주신 주님을 증거할 것이다.

참고문헌

【 단행본 】

강경미　　　　예수님의 치유사역과 21C 총체적 치유선교전략. 동문사.
고세중 외 17　의료선교사가 현장에서 쓴 의료선교학. 연세대학교 출판부. 2004.
교회성장연구소　Church Planting; 교회개척에 대한 심층연구보고서. 2003.
권진하　　　　협동학습. 파이디온선교회. 2018.
대한예수교장로회총회교육부편　한국교회와 노인목회. 한국장로교출판사. 1995.
명성훈　　　　교회개척의 원리와 전략. 국민일보. 2001.
민장배　　　　교회개척학. CLC. 2011.
박종용　　　　교회개척. 실패는 없다. 호산나. 2018.
박형룡　　　　교회론. 한국기독교교육연구원. 1977.
서철원　　　　서철원 박사 교의신학 Ⅵ. 교회론; 교회. 하나님의 집. 쿰란출판사. 2018.
송인규　　　　대형교회 멘탈리티와 작은 교회 모델.
심재두 외.　　단기 의료선교의 새로운 패러다임을 찾아서. 좋은 씨앗. 2016.
양현표　　　　사도적 교회개척. 솔로몬. 2019.
최동규　　　　초대교회 모델을 따라 교회를 개척하라. 베다니출판사. 2004.
최성훈　　　　고령사회의 실버목회. CLC. 2017.
최창수　　　　십대를 위한 소요리 성경공부. 생명의 말씀사. 2019.
홍정길　　　　목회와 신학 총서: 교회개척-개척교회는 목회자의 자질에 달려있다. 두란노아카데미. 2010.
Benson, Donald　고용남 역. 모교회를 통한 교회개척의 실제. 요단출판사. 1992.
Berkhof, Louis　고영민 역. 벌콥 조직신학 제6권 교회론. 기독교문사. 1981.

G. C. Berkouwer   나용화·이승구 옮김. 개혁주의교회론. CLC. 2006.

【 영문 원서 】

Robinson, Martin. & Christine, Stuart.   Planting Tomorrow's Churches Today. Monarch Tunbridge Wells. 1992.

Rainer, Thom S.   Surprising Insights from the Unchurched and Proven Ways to Reach Them. Grand Rapids. Mich.: Zondervan. 2001.

Stuart, Murray.   Planting churches in the 21st century: a guide for those who want fresh perspectives and new ideas for creating congregations. Scottdale. Pennsylvania. Herald Press. 2010.

Tournier, Paul.   A Doctor's Casebook in the Light of the Bible(SCM Press Ltd.: London. 1969).

Wagner, C. Peter.   Church Planting for a Greater Harvest. Ventura. CA: Regal Books. 1990.

【 번역본 】

Baxter, Richard.   고성대 옮김. The Reformed Pastor(참된 목자). 크리스챤다이제스트. 2011.

Hendricks, Howard G.   William D. Hendricks. Living by the Book. Moody Press. 1991; 정현 옮김. 삶을 변화시키는 성경연구. 디모데. 1993.

Schnabel Eckhard J.   존더반 신약주석 강해로 푸는 사도행전. 디모데. 2018.

Seel, David.(설대위)   김민철 옮김. 상처받은 세상 상처받은 치유자들; 의료선교의 도전과 위기. IVP.

Stott, John R. W.　The Radical Disciple(Nottingham: InterVarsity Press, 2010); 김명희 역. 『제자도』 IVP. 2010.

Wagner, C. Peter.　교회개척 이렇게 하라. 서로사랑 편집부 옮김. 2002.

【 학위논문 】

김영구　고령화 시대에서의 노인목회를 통한 교회 성장. 석사학위논문. 총신대학교. 2003.

박종운　교회의 노인목회에 관한 발전방안 연구. 박사학위논문. 총신대학교. 2005.

【 학술발표회 논문 】

양현표　"대형교회의 역기능과 그 대안으로서 '성숙한 작은 교회'"(총체적복음사역 연구소 발표회). 총신대학교 신학대학원. 2014.

_____. 『2017 개혁주의 실천신학 학과 세미나』. "교회개척의 당위성과 개척 이후에 목회자가 직면하게 되는 위기와 그 대안" 발제안 모음집.

_____. 사도적 교회개척 신학과 실천과 방향. 솔로몬. 2019.

【 인터넷 주소 】

https://www.barna.com/research/what-millennials-want-when-they-visit-church/

https://www.barna.com/research/how-pastors-plan-to-improve-their-churches/

WWW.barna.org. Barna Research Online'. 'More than Twenty Million Churches Adults Actively Involved in Spiritual Growth Efforts.' May 9. 2000.

http://www.kidok.com/news/articleView.html?idxno=203503 기독신문.

http://www.newspower.co.kr/sub_read.html?uid=28062&section=sc4&section2=뉴스파워.

http://www.newsnjoy.or.kr/news/articleView.html?idxno=219590 뉴스앤조이.

http://www.igoodnews.net/news/articleView.html?idxno=50809 아이굿뉴스 기독교연합신문.

2부

목회학 연구
Pastoral Studies

조직신학 · 역사신학 · 실천신학 · 선교신학
Systematic Theology · Historical Theology
Practical Theology · Mission Theology

1. 목회상담학 과제 I

이관직 교수님
『개혁주의 목회상담학』

1. 들어가는 말

- 이 책은 편안한 마음으로 산책하듯이 읽어나갈 수 있었다. 내가 해왔던 상담이 한계에 부딪혔을 때, 나는 그것을 어떻게 해결해야 할지 알 수 없었다. 내가 배웠던 것은 기독교상담학임에도 불구하고 심리학의 기법을 사용하는 방법이었다. 그것은 곧 한계에 부딪히고 말았다. 슈퍼바이저나, 강사들은 그들이 말하는 기법으로 모든 문제가 해결될 것이라고 역설했지만, 인간의 죄성의 문제, 영혼의 깊은 고독의 문제, 태어날 때부터 가지고 있는 영혼의 길 잃어버림 등, 내가 고민하던 문제는 그러한 방식으로 해결되지 않았다. 마치 인본주의 성경신학이 세상을 점령하듯이 포스트모더니즘의 조류는 기독교상담학에 있어서도 성경을 성경으로 풀어가며 우리의 영혼을 치유하는 방법에서 벗어나고 있었고, 그러한 기술은 받아들일 수 있는 좋은 것들이 많지만 결론에 이르는 방법에서는 한계가 있었기에 받아들일 수 없었다.
- 내 인생의 깊은 문제들이 예수님을 만나면, 그 빛에 모든 문제들이 다 해결되는 것을 체험했다. 밤에는 전등을 켜도, 날이 밝아 햇빛이 비치면 모든 전등은 저절로 필요없게 된다. 예수님을 만나 그분의 삶의 인도하심을 성

경대로 믿는다면 심리학의 기법이 무슨 소용이 있단 말인가? 심리학이나 정신분석학을 연구하는 분들의 수고를 무시하는 것은 결코 아니지만, 따스한 봄날 얼음이 스르르 녹듯이 예수님의 십자가 앞에서는 그 어떤 깊은 아픔도 치유될 수 있다. 그래서 나는 기독교상담학이 예수님을 만날 수 있게 인도해 주는 것으로 생각했다. 나 역시, 예수님의 십자가의 은혜를 입었을 때 아픔도, 고통도, 쓰라림도 만져주시고 해결해 주심을 체험했기 때문이다.

그래서 인간의 방법, 어찌 보면(죄송하지만) 말장난 같은 상담학의 이론이 하나님의 빛 앞에 아무것도 아님을 맛보았기에 인본주의 기법의 기독교상담학에 한계를 느끼고 상담학이라는 학문에서 발걸음을 돌렸었다.

- 이 책은 일반 심리사나 심리치료사의 기법으로 목회상담을 하는 것에 대한 문제를 잘 다루고 있다. 비로소 20여 년간의 의문이 풀리게 되었고, 진주를 발견한 느낌이 들었다. 이 책의 발견이야말로 내가 양지에 들어와서 얻은 큰 수확 중의 하나라고 생각된다. 교수님을 못뵈었더라면 나는 기독교상담학이라는 학문에 대해 불신과 비판적인 시각을 가지고 다시는 상담이라는 분야를 쳐다도 안봤을 것 같다.
- 강의 시간 중, 모든 상담의 근본 원리는 성경에 기초한다는 말씀과 조직신학이라는 틀에서 비롯되어진다는 말씀에 감동이 밀려왔다. "이 책은 전체적으로 성경적이며 신학적인 내용에 치중하여 다루었으며 심리학적인 내용들과 '연결하는' 접근을 하였다." 이것이 책 표지에 나온 저자의 책을 쓴 의도를 한마디로 표현한 글이다.

2. 서평 및 본론

- 저자의 목회상담의 원리와 틀에 공감하는 마음으로 책을 열었다. 책 뒷표지에 쓰인 글에서도 이 책의 목적을 분명히 볼 수 있었다. 이 책은 제목

에서부터 상담학에 깊이 뿌리박힌 인본주의의 오류를 바로잡을 것이라는 기대를 품게 만들었다. 오랫동안 상담을 했지만, 결국 상담의 Goal이 인본주의에 귀착됨에 회의를 느꼈기 때문이다. 나는 다시 기대를 걸며 개혁주의 목회상담에 대한 소망을 가지고 이 책을 읽어나갔다.

　　　　이 책이 목회상담 또는 기독교상담의 정체성에 대해서 혼란스러워 하는 기독교상담사 또는 목회상담사들에게 등불의 역할을 하게 되기를 기대한다.

• "성경에서 언급하고 있지 않다고 해서 무조건 비성경적인 것으로 보거나 성경 본문의 컨텍스트를 이해함이 없이 심리학의 이론들에 몇몇 그럴듯해 보이는 성경 구절들을 인용하거나 연결한다고 해서 성경적 기초를 갖추었다고 주장하는 것은 옳은 태도가 아니다." 이러한 교수님의 논의에 전적으로 동감한다. 왜냐하면 성경 구절들을 언급한다고 해서 성경적 상담이 되는 것은 아니기 때문이다. 더욱이 그러한 자신의 모습을 보지 못하며, 나이가 들어감에 따라 고집을 부리며 양보하지 않는 경우가 많았을 것이라는 생각을 한다. "나만 맞다"라는 고집으로 클라이언트에게 무리한 짐을 지우는 우(愚)를 범하기도 했을 것이고, 앞으로도 그러한 일이 일어나지 않으리라는 보장도 없을 것이다. 따라서 늘 나를 경계해야 한다.

• 저자는 목회상담의 뿌리를 코머스 오든의 주장에서 인용한다. 목회상담운동이 초대교회로부터 중세교회, 종교개혁 시대의 교회, 근세교회로 이어지면서 교회가 제공해 온 목회적 돌봄이라는 역사적인 뿌리 의식을 잃어버렸기 때문에 잘못된 목회상담이 되었음을 논의하고 있으며, 목회상담의 역사적인 뿌리가 일반상담이나 기독교상담과 구별된다는 점을 밝히고 있다. 저자는 목회상담의 경계선을 긋고 있으면서도 목회상담자의 자격에는 벽을 쌓지 않으며 평신도이지만 신학교육을 받고, 상담 교육과 훈련을 거친 자라

면 목회상담을 할 수 있다는 유연성도 보여주고 있다.

• 저자는 목회상담의 독특성과 관련된 논의에서 상담자와 내담자의 관계(양자 대화, dialogue)가 아니라 삼자(삼자대화, trialogue)를 끌어들인다. 이러한 논의는 처음 접하는 논의이지만 너무 반갑고 행복했다. 상담의 현장에 임재하는 하나님에 대한 인식과 하나님과 관련된 신앙의 이야기를 할 수 있다는 점을 목회상담의 독특성으로 풀어나간다. 풀어나가는 방법에 있어서 강박적으로 하나님에 대한 이야기를 하는 것이 아니라 자연스럽게 하나님의 성품에 대한 이야기, 구약과 신약을 통해 나타난 하나님과 인간 관계에 대한 통찰, 예수 그리스도의 인격과 사역, 성령의 역사하심에 대한 이야기들을 경청과 나눔의 방법을 통하여 이야기한다는 것이다.

• 내가 흔히 접한 상담에서는 내담자의 이야기를 듣는 순간 나이 많은 권사님들은 무조건 '기도하라, 예수 믿어라'와 같은 무지한 방법으로 상대방을 질리게 했다. 그런 의미에서 내가 봉사했던 생명의 전화 상담기관에서는 신앙에 대한 이야기를 하지 못하도록 규율로 정하고 있었다. 나는 이러한 규율에 반감을 가지고 있었다. 나는 지금도 잘 훈련된 목회상담만 가능하다면, 우리 인생의 모든 문제는 하나님 앞에서 해결될 수 있다고 믿는다.

• 저자는 신학적 반추능력과 심리적인 인간이해를 중요한 관점으로 제시한다. 목회상담자는 삶에 대한 고찰을 우선시한다는 점이 아주 중요하다는 것을 깨달았다. 또한 이미 배운 전문교육인 신학교육의 내용을 스스로의 삶에서 신앙고백적으로 소화하며 삶을 영위하는 동시에 내담자의 삶을 하나님의 시각 속에서 해석할 수 있는 렌즈를 갖고 있는 사람이어야 함을 강조한다. 목회상담자의 삶의 투영과 반추가 없다면 목회상담자로서의 자격이 없다는 것을 우리는 많이 경험한다. 아무 책임감 없이 지나가는 말로 '기도하세요'라든지, 대충 대답해 주는 목회자, 본인의 삶과 괴리된 상담을 하는

목회자들 앞에 얼마나 많은 사람들이 시험에 들고 희생양이 되는가.

- 저자는 진단(diagnosis)에 대한 성경적인 근거를 제시하고, 예수님의 치유사역은 올바른 진단으로부터 나온 것이었음을 말한다. 특히 저자의 '예수님의 진단은 관심과 사랑으로 구체화된 것이다.'라는 논의에 많은 의미가 녹아있음을 글 속에서 느낀다. 관심과 사랑이 없는 진단을 우리는 얼마나 자주 하는가? 그동안 나는 교만의 잣대를 놓고 상대방을 진단하고 있었던 것은 아닐까? 이 책을 읽으면서, 그랬을지도 모를 나 자신을 진심으로 회개했다.

- 저자는 목회적 진단의 방법에 있어서 현미경과 망원경이 동시에 필요함을 말하고 있다. 나무를 보면서도 큰 흐름을 놓치지 않고 숲을 볼 수 있는 훈련이 필요함을 말하며 '여러 심리검사 도구를 사용하여 내담자의 상태를 진단하는 것'이 필요함을 강조한다. 이러한 저자의 논증은 상당한 신뢰감을 준다.

- 저자는 '신앙인도 우울증에 걸릴 수 있는가?'라는 문제를 제시한다. 성경은 적나라하게도 많은 인물이, 심지어 예수님까지도 우울의 감정을 경험하였다고 제시한다. 이런 적나라하고 솔직한 성경의 고백이 있기에 우리는 다시 일어날 수 있는 것이 아닐까? 우울증에 대한 저자의 논의는 아주 놀라운 통찰을 담고 있다.

- 우울증을 '지나가는 감기'라고 정의하기도 하지만, '지나가는 감기'라고 무시하기에는 그 증상이 회복되지 못하고 자살이라는 심각한 결과를 낳기도 하는 것이 우울증이다. 나는 우울증이 인생의 삶에서 누구나 한 번씩은 겪어야 하는 피해갈 수 없는 통과의례와 같은 제사 의식의 일부임을 절실히 깨달았었다.

- 서울시립대학교 사회복지 대학원을 다니면서, 나는 정신분석학 시간에

우울증에 대한 치료에 대해 더 많은 관심을 가지고 살펴보았다. 사회복지 대학원에서 공부할 당시, 정신분석학 시간에 교수님께서 우울증을 다루는 영화로 "디 아워즈"와 "뻐꾸기 둥지 위로 날아간 새"만한 영화가 없다고 말씀하셔서 함께 시청하게 되었다.

> 우울증상의 다양한 면모를 보기에는 스티븐 딜드리 감독의 "디 아워즈(The Hours 2002)"만한 영화가 없다. 실제로 우울증을 앓았고, 이로 인해 자살을 한 것으로 알려진 버지니아 울프의 1923년의 하루와 그녀가 쓴 델러웨이 부인이라는 책을 중심으로 이야기가 펼쳐진다. 영화의 또 다른 축은 1949년 미국 LA에서 평범하고 행복한 일상을 살고 있는 브라운 부인의 이야기이다. 그녀는 둘째 아이를 임신했다는 것을 인식하고 갑자기 자살을 경험하지만, 결국 아이를 두고 자신의 정체성을 찾기 위해 떠난다. 그리고 영화의 마지막 축은 2001년 뉴욕에 사는 클라리사라는 여인의 이야기이다. 이 영화의 세 명의 등장인물은 내인성 우울증, 정체성과 관련한 중년여성 우울증 등 아침부터 저녁까지 벌어지는 하루의 사건을 중심으로 매우 정교하게 제시하고 있다.[1]

- 나이가 들어감에 따라 늙어가는 것이 두렵다. 친정 간병인을 쓰면서 3년째 누워 계신 어머니가 우리를 힘들게 하는 이 시간이 두렵다. '나도 저렇게 될까?', '그러면 나는 누가 돌봐 주지?' 모든 것이 두렵다. 이런 것들이 다시 우울증으로 이어질까 두렵다. 그때마다 붙드는 것이 말씀이다. 성경말씀이 없다면 나는 다시 우울증의 나락으로 빠져들 수밖에 없는 것이다. 그래서 교수님께서 목회상담은 조직신학과 연결되어져야 한다는 말씀에 생명이 있음을 그 누구보다 깊이 체험한다. 나를 십자가에서 구원하시고 천국의 소

---

[1] 출처 http://blog.naver.com/PostView.nhn?blogId=kslim713&logNo=40034143120

망을 주신 영원한 하나님만 붙든다면 무엇이 두려우랴. 내가 넘어질 때마다 십자가를 바라본다면 우울증에 걸리지 않을 수 있기 때문이다.

• 우울증을 앓는 사람들을 붙들어 주고 싶은 마음이 간절하다. 그들이 삶을 포기하지 않고 버텨낼 수 있도록 품어주고 들어주는 일을 하고 싶다. 언젠가 사망의 음침한 골짜기를 통과하며 아무것도 할 수 없어, '손가락도 움직일 수 없어서 소파에 하루종일 누워만 있었다.'고 고백했던 자매와 함께 아픔을 나누고 싶다. 신앙인의 삶이 긍정과 부정, 씨줄과 날줄로 얽혀서 천국을 소망하며 나아가는 삶임을 그 자매에게 온 맘을 다해 말해 주며 살고 싶다.

• 저자는 숲도 보고 나무도 볼 수 있는 거시적이면서도 미시적인 접근을 통해 균형 잡힌 인간 이해와 치료를 제안하고 있다는 점에서 저자의 시도는 긍정적이고 심리체계적 목회상담의 원리에 근거한 통찰이라고 볼 수 있다.

• 여기에서 한 걸음 더 나아간다면, "한 생명이 천하보다 귀하다"는 예수님의 말씀을 실천하는 것이 목회상담자에게 필요하다고 본다. 물론 사회를 구원하지 못할 것이고 내담자가 앓는 구조적인 문제에 대하여 근원적인 도움을 줄 수는 없지만 작은 도움으로도 한 사람이 위로를 받고 설 수 있다면 그 내담자는 다음 step을 내딛을 수 있을 것이다. 이런 구조적인 문제에 대한 도움을 실제로 준 일이 있는데, 기초연금을 받지 못했던 두 분을 내가 모시고(자기는 못 받는다고 안 가겠다는 것을 끌고 다니면서) 국민연금공단과 주민센터에 다니면서 받을 수 있게 도와드렸다. 지금은 기초연금 없으면 어떻게 사나 할 정도로 고마워하신다.

• 저자는 인간을 먼저 죄로 정의한다. 나는 여기서 사마리아 여인을 만나신 예수님을 떠올리게 된다. 사마리아 여인은 끝내 자기 인식을 하지 못했

다. 자기의 정체성, 자기의 죄성을 깨닫지 못하고 늘 다른 말로 자기의 죄성을 피해 나가려고 했다. 예수님께서 "네 남편을 불러오라" 하시기 전까지 '예배'에 관한 토론으로 자신을 포장하고자 했다. 여인의 가장 약한 부분을 직면하게 되었을 때에야 비로소, 그녀는 자신의 모습을 인식하기 시작했다. 사마리아 여인에게 그제서야 복음으로 접근할 수 있었던 것이다.

• 저자는 중독에 대한 문제를 다루고 있다. 약사로서 보건소에서 근무하면서 나는 마약류 관리에 관한 교육을 많이 했다. 한성대 중독치료학과에서 특강을 요청해서 중독치료학과 대학원 학생들에게 약물 교육을 하기도 했다. "약물 중독'의 gate는 '담배'이다."라는 강의도 참 많이 했다. 저자는 성경이 중독에 대하여 어떻게 다루고 있는지를 논의한다. 중독은 죄인가에 대하여 세 가지 모델로 나누는데,

- 도덕 모델: 중독을 죄로 이해함
- 학습 모델: 중독이 학습된 행동이기 때문에 '탈학습(de-learning)'이라 함
- 병 모델: 중독은 하나의 병이라고 함

• 내가 경험한 바에 따르면, 중독에 대한 치유는 예수 그리스도를 만나는 것만이 답이라고 생각한다. 십자가를 분명히 만난다면 중독에서 치유되고 회복되어 자신을 절제하고자 애쓸 것이다. 그리고 죄의 종이 되는 것을 거부하게 되고, 거룩하고 성결한 삶을 살아가기를 원하게 될 것이다. 내가 하는 것이 아니라, 우리를 강권하사 정결케 하시는 성령님의 인도하심을 믿고 순종하면 하나님이 책임지실 것이다. 그 과정 가운데 필요한 목회적 돌봄은 목회상담자의 몫이 된다.

• 저자는 19장 '욥기와 목회상담'을 마지막으로 이 책을 마무리한다. 욥기에 대한 나의 전체적인 통찰은 욥의 친구들에 대한 상담자로서의 태도이

다. 성경은 처음에 그들이 욥의 힘든 상황을 보고 "그에게 한마디도 말하는 자가 없었더라"(욥 2:13)라고 표현을 한다. 그것을 교수님은 상담자의 침묵으로 평가하셨다. 내담자가 침묵하는 동안 차분하게 기다릴 수 있어야 한다고 논하고 있는데, 하지만 욥의 고통을 보고 침묵했다는 표현은 적절하지 않는다고 본다. 왜냐하면 친구들의 입에서 나온 충고는 그럴싸하지만 욥의 고통을 깊이 품어주는 대화는 아니었기 때문이다.

- 그들은 하기 좋은 말로 교훈을 하고 있는 것이다. 이러한 점에 있어서는 욥의 말에 대해 충분히 공감할 수 있다. 욥기 12장을 보면 분명히 드러나는데,

    1 욥이 대답하여 이르되
    2 너희만 참으로 백성이로구나 너희가 죽으면 지혜도 죽겠구나
    3 나도 너희 같이 생각이 있어 너희만 못하지 아니하니 그같은 일을 누가 알지 못하겠느냐

- 나는 이러한 경험을 했었다. 너무 오래전의 일이라 기억이 희미하지만 그때 내가 받았던 작은 충격은 잊을 수 없다. 그날도 생명의 전화에서 전화 상담을 한참 했었다. 내 이야기가 끝나고 내담자가 하는 말이 "선생님 그 정도는 저도 알고 있어요. 그렇게 교훈하시지 마세요." 하며 전화를 끊는 것이었다.

나는 뒤통수를 한 대 맞은 기분이었다. "아! 내가 알게 모르게 이런 식으로 교훈을 하고 있었다니" 나는 너무 놀랬다. 그 이후 내가 무심결에라도 교훈을 하고 있지는 않은지 늘 상담을 하면서도 순간순간 나를 돌아보며 상담을 하게 되었다.

- 욥은 친구들을 향해 이와 같이 말하는 것이다. 나도 너희만큼 안다고.

친구들이 조연으로 나오지만 하나님이 하시는 일을 누가 판단할 수 있으랴! 우리는 단지 들어줄 수 있을 뿐이라는 것을 나는 매번의 상담을 통해 온몸으로 체험하곤 했다.

나가는 말

- 내가 겪었던 목회상담은 상담자의 자질이 가장 우선시된다고 본다. 적절한 훈련과 인품을 갖추지 않은 채, 얼마나 많은 이들이 자기의 소견대로 목회상담을 하는지, 지금 이 시간에도 많은 목회상담자들이 소경이 소경을 인도하듯, 심지어 그 사실조차 깨닫지 못한 채, 성도들을 상담하는 자들이 많을 것이다. 나 자신도 그랬기 때문이다.

- 목회상담에서 중요한 것은 하나님의 펴신 손을 발견하는 것이다. 이에 대한 논의는 교수님의 저서 "성경으로 불안 극복하기"[2]에 잘 나와 있다. 시선을 하나님께 고정하고, 하나님께 피하며, 하나님께 부르짖으며, 하나님의 도우심을 기다리고, 소망의 하나님을 기억하며, 하나님이 목자되심을 믿고 하나님만 의지해야 한다. 그러나 이것이 머리로는 받아들여지지만 가슴으로 느끼는 데는 얼마나 많은 시간이 걸리는 것인지! 기다리며 인내할 수 있도록 손을 잡아주는 것이 상담자의 자세이다.

- 저자는 '다시 불안한 나와 마주하기'를 논의한다. 목회상담자이면서 한 사람의 연약한 인간으로 하나님 앞에 홀로서기를 해야 하는 인생임을 저자는 직시하고 있다. 우리도 마찬가지로 연약한 인생임을 누구나 부인할 수 없다. 양지에 와서 더욱 그러한 마음을 헤아리게 된다. 스승들의 연약한 모습,

---

2 이관직, 성경으로 불안 극복하기, 두란노, 2017, 203-222.

넘어지는 모습, 고민하고 힘들어하시는 모습을 뵈면서 우리의 인생 여정이 얼마나 두렵고 어려운 일인지 새삼 깨닫게 되는 것이다. 상담자로 서는 우리 자신이 먼저 넘어질 수도 있는 벌레 같은 인생이다. 그리고 이러한 불안과 두려움은 모든 인생에게 임하는 것이다. 저자는 다시 '고난의 보편성'[3]을 말한다.

> 욥의 말이 기억난다. "내가 두려워하는 그것이 내게 임하고 내가 무서워하는 그것이 내 몸에 미쳤구나".(욥 3:25)

- 3년 전 어느 날 당시 92세이셨던 친정 어머니가 넘어지셔서 고관절 수술을 하셨다. 고령인데다 심장판막증에 대한 병력이 있어 수술을 할 때 마취제를 심하게 썼는지 그렇게 명석하시던 어머니께서는 살짝 치매까지 오게 되었고, 지금까지 3년째 누워계시더니, 2주 전에는 뇌경색이 와서 왼쪽이 마비가 되셨다. 그때 나의 느낌은 욥의 심정과 같았다. 나의 어머니는 곱게 천국을 가실 줄 알았다. 우리를 고생시키지 않고 천국에 곱게 홀연히 가실 줄 알았다. 치매나 뇌경색은 남의 이야기인줄 알았던 것이다. 그러나 내가 두려워하던 것이 내게 임했을 때, 나는 무서웠다. 엄마를 붙들고 병원에서 밤을 새우며 얼마나 울었는지 모른다. 길을 걸으면서도 '하나님! 나 좀 살려주세요.' 하고 울면서 소리를 질러댔다.

- 긴 시간이었다. 그 시간 동안, 나는 바닥에 내던져진 채로 지내야 했다. 지금도 밑바닥에 내던져져야 했던 이유를 모르지만 하나님의 간섭하심을 믿는다. 하룻밤에도 7번씩 기저귀를 갈아대고 나면 허리는 끊어지듯 했고, "나는 이런 일은 하지 않을 거야" 했던 일, 즉 엄마의 대변을 나무젓가락으로 파내는 일까지 해야 했다.

---

[3] 이관직, 성경으로 불안 극복하기, 264.

- 직장에 20일을 휴가내고, 엄마를 살려야 한다는 마음으로 돌보았지만 언제 끝날지 모르는 이 길을 가며, 하나님의 섭리하심이 무엇인가 때로는 생각한다. 그래서 그런 것일까? 바닥을 치며 엄마를 끌어안던 그 시간을 통해 이제 노인들을 끌어안을 수 있을 것 같다. 노욕(老慾)으로 보이던 노인들의 웅켜쥐고 싶어하는 마음들도 용납이 되는 것 같다. 이것이 나의 목회상담학의 기본 원리가 될 것이다.

- 온몸으로 살아낸 고통스런 시간들 모두가 나에게 불협화음으로 여기저기서 삐져나와 나를 힘들게 했지만, 그 모든 일은 화음이 되어 내가 살아낸 삶의 발자취들의 세포가 되어 여기 인생의 답이 있다고 알려주는 듯하다. 하나님의 사람으로 빚으셨기에 한 생명을 천하보다 귀히 여기며, 한 생명을 붙드는 남은 자로서의 삶을 살아가도록 주께서 인도하실 것이다.

2. 목회상담학 과제 II

이관직 교수님
『목회심리학』

1. 들어가는 말

> **과제**
> - 요약은 원치 않고 이 사람이 이 책을 읽었구나 하는 것,
> - 이 부분의 내용이 내 자신의 삶에는 어떤 의미가 있는가?
> - 목회자 후보생으로 이 글이 나에게 어떤 의미가 있고 어떻게 연결되어 있는가를 수필형식으로 쓰도록 한다.
> - 여러분에게 신앙생활과 목회 사역에 어떤 빛을 던져 주는지를 스스로 발견하면서 쓰도록
> - 160포인트 10포인트 5~6장 정도 9~10주차에서 마감일 수업시간까지 프린트해서 제출하도록 한다.

- 아버님이 초등학교 3학년 때 천국을 가셨다. 7년 넘게 오랫동안 앓으시던 폐결핵이 그 당시 현 권사님과 변 권사님이 하시는 용산 어딘가의 치유집회를 다니며(어린 나도 함께 아버지 손을 잡고 그 집회를 다녔다) 나으셨다고 했지만 결국 다시 재발되는 바람에 천국을 가셨다. 모든 것을 잃었다. 아버님의

폐결핵은 그 당시 한국에는 약이 없어서 비싼 수입약을 사야 했지만, 아버님은 끝내 돈만 생기면 남편을 살려야만 한다며 비싼 수입약을 구해 오시던 엄마의 낡고 찢어진 흰 고무신을 뒤로하고 눈을 감으셨다. 약값으로 나간 돈 등으로 모든 것이 무너진 바닥의 삶이었다.

- 아버님이 돌아가신 후 우리가 공부를 잘했고 어머니도 경북여고를 나오셨기에 동네에서 과외공부를 가르쳐 보라 권유해서 어머니가 초등학생을 가르치셨고 여동생과 나는 고등학교, 대학교를 다니면서 그 애들이 졸업하여 중학생이 되면 학교만 마치면 집으로 와서 애들을 가르치며 어렵게 공부했다. 그런 와중에 고종 사촌 오빠가 아버님 약값 한번 대준 것을 핑계로 엄마를 보증세워 돈을 빌려가고는 이자조차 갚지 않아 우리는 이자를 갚으며, 원금을 갚느라 늘 굶고 학교를 다녀야만 했다.

- 그런 어느 날, 학생 부모님이 조그만 상자로 포장된 제주도 귤을 가지고 왔다. 우리 형편에 처음 받는 선물이었고, 그것이 귤인지도 몰랐다. 난생 처음 보는 것이었다. 예쁘게 포장된 노란색 빛이 나는 과일이 담긴 포장이었다. 지금은 박스 포장이지만 그때는 귤이 아주 귀한 때라 메리야스 속옷 담는 포장지 같은 종이 박스에 노란 귤이 15개 정도 정갈하게 포장이 되어 있었다. 어린 나이였지만 아직도 그 귤의 포장이 기억에 생생하다. 처음 보는 것인데 너무 먹고 싶었다. 한 개만이라도 먹어봤으면 했다. 밥도 제대로 못먹던 우리가 그런 고급 과일을 구경이나 해봤겠는가!

"엄마, 이게 뭐야?", "응, 귤이야"
속으로 '우리 이것 먹을 수 있겠다. 아! 좋다.' 했다.
그렇지만 "우리가 먹을래" 하고 말을 하지 못했다. 그렇게 자랐으니까.
그런데 그 다음 엄마의 말이 내 귓가를 때렸다. "이거 목사님 갖다 드리자"

"응 엄마, 그렇게 해"('싫어'라고 한마디도 하지 못했다.)
"이거 목사님께 갖다 드리면 하나님이 이것보다 더 많이 주실 거야"

- 엄마는 그것을 바로 그 자리에서 목사님께 갖다 드리셨다. 지금도 귤 포장을 보면 엄마의 그 마음과 행동이 원망스럽고 섭섭한 기억은 50여 년이 지난 지금도 생생하다. 하지만 그것이 목사님을 잘 섬기셨던 우리 엄마의 삶이었고 '목사님을 잘 대접하면 복받는다'는 맹목적인 엄마의 마음이었다.

- 지금 엄마는 95세의 노인으로 3년 동안 누워계시다가 두 주 전에 뇌경색까지 와서 입주 간병인을 쓰면서까지 집에서 모시고 있다. 그때, 그 목사님은 우리 엄마의 마음을 얼마나 헤아렸을까? 우리가 먹지도 못하고 갖다 드린 그 마음을 과연 아셨을까? 이 글을 쓰면서도 눈물이 핑 돈다.

- 엄마는 가장 소중한 것이 생기면 늘 목사님이 먼저였다. 우리는 그런 것을 보고 살아왔다. 그렇게 목사님을 대접하며 사는 것이 옳다고, 당연하다고 생각하며 배우면서 살아왔다. 한국 교회 노인 세대는 그렇게 훈련되어지며 고단한 삶을 살았다.

- 그 목사님 다음으로 오셨던 목사님은 매주 월요일이면 배를 빌려서 낚시를 하러 다니셨다.

- 목회심리학을 논하기에 앞서, 나는 목사가 될 수는 없지만, 목사가 된다는 가정하에, 내가 경험했던 위의 두 가지 일이 가장 먼저 떠올랐다. 그래서 나는 이러한 관점에서 논의해 나가고자 한다.

- 서문에 『목회심리학』으로 제목을 정했지만, 내용상으로는 "목회자 심리 이해"라는 제목이 보다 더 적절할 것이라는 교수님의 언급을 보았다. 굴곡 많은 삶을 살아가는 교인들에게 있어서 목회자의 삶이 유독 연약하다고 말해야 하는 것에 대해 동의하지 못함은 '목회자들의 대접 받음'에 대한 섭섭한 마음 때문일까? 교회에서 대접받는 목회자들의 모습, 눈치껏 살살거리며 심방 다녀온 후 교인들이 주는 돈 봉투를 서로 많이 갖겠다고 싸우는 목사님과 전도사님들, 이번 총신 사태와 관련한 목회자들에 대한 실망감이 뒤

엉켜서 그런지도 모르겠다. 결국 돈 앞에 굴복하고 전별금을 엄청 많이 받아가서 교회를 풍비박산 낸 목사님, 양지에 와서 겪은 목회자의 모습, 목회자 후보생들이 공부는 뒷전이고 철저하게 눈치로 살아가는 모습을 보면서 실망감에 쌓여 이런 반발심이 생기는지도 모르겠다.

• 지금까지 내가 살아온 삶의 나이테를 보면 결코 쉬운 인생이 아니었다. 생명의 전화에서도 2,000시간 이상 상담 자원봉사자로 표창을 받기도 했다. 사회복지 대학원을 다니면서 또 치유에 대한 많은 책들을 읽고, 이론들을 공부하기도 했다.

직업은 약사이지만 10년간 약국을 하다가 공무원으로 26년을 재직했던 경험은 온갖 삶의 다양한 경험이 내 가슴에 응축되어 있다.

• 3년 전 어머니가 넘어져서 고관절 수술을 하셔서, 직장에(당시 보건소를 다녔다) 20일을 휴가를 내고 엄마 옆에서 간호를 했다. 그 후 엄마는 살짝 치매가 오셨고, 일어나지 못하셨다. 그때 나는 우리의 인생이 바로 지렁이 같은 인생임을 깨달았다. 아프고 병들고 늙어서, 밟히면 밟혀야 하는 것이 인생이다. 병원에서 이리 굴리고 저리 굴리면 당하는대로 받아들여야 하는 인종(忍從)만이 있을 뿐이다. 거기에는 인권이 없고 이리 치면 치임을 당하고, 저리 치면 치임을 당하고 그렇게 죽음을 향해 가는 것이 인생인데, 인생의 길을 다 간 후에 천국이 가시(可視) 거리에 온 지금에 와서 이런 목회자의 '갈등·고독·탈진·스트레스'라는 표현이 얼마나 우스운, 하찮은 표현인가 하는 마음이 들기도 한다. 생명을 내놓고 삶과 죽음 사이에서, 때로는 구더기 같은 벌레의 인생을 경험하는 우리 삶에 있어서 '목회자의 힘듦!' 이러한 단어들이 얼마나 사치스러운 단어이고 자기 변명이란 말인가?

• 해 아래서 볼 것, 안 볼 것을 다 보고 양지에 온 나로서 어찌보면 목회자들이 너무 사치스럽다는 생각이 든다. 그들이 삶의 밑바닥에서 콩나물 팔아가며 헌금하는 촌로(村老)의 쪼글거리는 손을 한 번이라도 따뜻하게 붙잡아 봤을까 생각하면 슬며시 부아가 치민다. 지금 이 시대는 콩나물 팔아 십

일조 하려고 따로 빼서 속옷에 깊숙이 넣어놓고 정성껏 헌금을 드리는 노인들이 사라진 지 오래되었다. 그것은 예전의 고전 소설이나 전설의 고향에나 나올 법한 이야기가 될 것이다. 그럼에도 여전히 노인들은 그런 마음을 지니고 있다. 그들에게 목회자는 우상이고 신이고 정성껏 모셔야 할 하나님의 종이다. 그런 평신도들의 간절한 마음을 안다면, 아니 죽기로 각오하고 십자가를 지고 주님을 따르기로 맹세하고 목회의 길에 섰다면, 자기가 살아있어서는 안 된다.

- 물론 이것은 양 떼를 위해, 복음을 순수하게 전하는 목회자의 지친 삶에 대한 고발은 아니다. 인간의 연약함을 무시하는 그런 고발은 더욱 아니다. 그럼에도 날을 세우는 것은, 목회자의 고민과 투쟁도 한 인간으로서의 살아가는 과정에서의 투쟁이지 특별히 목회자라는 타이틀 안에 묶여 놓는다는 그 자체가 기득권을 전제한 표현이 아닌가 싶기 때문이다.

- 얼마나 많은 목회자들이 피상적인 삶을 이야기하며 설교의 자리에 오르는가를 강조하고 싶은 마음은 내 속에 아직도 무엇인가 섭섭함이 자리하고 있다는 증거일 것이다. 하지만 사실, 섭섭함 같은 것은 없어진지 오래되었다. 섭섭할 것도 없다. '목회자인 당신도 한 인간일 뿐이다'라며 '그러려니' 하는 마음이 드는 것은 나이가 든 탓일 것이다. 그러다보니 목회자에 대한 신뢰감과 영적권위를 느끼지 못함에 내 영혼이 피폐해지는 것을 깨닫기도 한다.

- 그래서 이 책을 겸손히 읽어보려 한다. 교수님의 가르침에 순종하는 마음으로 이 책을 따라 걸을 것이다. 그리함으로 하나님의 사역에 부르심을 받으며, "한 영혼이 천하보다 귀하다"는 말씀을 붙들고 내가 만나야 할 영혼에 대한 준비를 다져나가기 원한다.

2. 치유

• 고린도전서 13장으로 문을 여는 본서에서는 '오래 참음'에 대한 논의가 가장 먼저 나왔다. 먼저 내 속에서 나오는 독백은 솔직히 '아! 지겨워!'였다. 오래 참음을 얼마나 진저리나도록 훈련 받았던가! '모든 것을 견디느니라' 이 두 가지 명제에 대하여 '오래 참음을 내가 한 것도 아니다. 모든 것을 내가 견딘 것도 아니다.'라는 것으로 나의 연역적 가설을 세우고 싶다. 세월이 그렇게 해주었다. 몸부림을 치며 땅바닥을 치고 통곡하던 세월이 나를 그냥 그렇게 끌고 나갔을 뿐이다.

• 나는 견디고자 했던 의지도 없었고, 한두 번이야 참았겠지만, 여전히 나는 방바닥을 구르고 흙더미 위에서 진흙을 온몸에 바르며 그냥 멍하니 넋을 잃고 앉아 있어야만 했던 시간들이었다. 그래서 '오래 참음', '모든 것을 견딤'이라는 단어가 사치스럽다는 생각이 들기도 한다. 그 세월을 끌고 가신 분이 하나님이시라는 것을 이제는 걸어온 내 발자국을 돌아보며 고백할 수 있지만, 온몸으로 당해야 했던 세월 앞에서는 당해낼 장사도 없었고, 아무 말도 들어오지 않았다. 그저 나는 수동적으로 당하고 견뎌 내야만 했을 뿐이다.

• 어쩌면 예수님도 이렇게 당하신 것이 아닌가, 물론 예수님은 능동적으로 십자가를 지셨다고 하지만, 능동과 수동을 구별하기 어려운 논의는 차치하고서라도 예수님의 당하심을 붙들고, 내 삶에서 십자가를 바라보지 않았다면, 십자가가 아니었다면 견딜 수 없었던 시간이었다. 십자가를 붙들고 건널 수 없는, 건너지 못할 강을 건넜을 뿐인 것이다.

• "목회자의 리더십 유형"에 대하여는 MBTI 검사를 중심으로 네 가지 영역으로 분류한다. 교수님은 에니어그램의 틀 속에서 분류하였는데,

1. 개혁자형/교사형(Reformer/Teacher) 2. 헬퍼형(Helper) 3. 지위추구형 혹은 동기부여형(Status Seeker or Motivator) 4. 예술가형(Artist) 5. 사고형(Thinker) 6. 충성형(Loyalist) 7. 다재다능형(Generalist) 8. 리더형(Leader) 9. 평화주의자형(Peacemaker)을 들 수 있다.

〈그림 2-1〉 노먼 라이트의 스트레스에 효과적으로 대응하지 못하는 여덟 가지 유형[4]

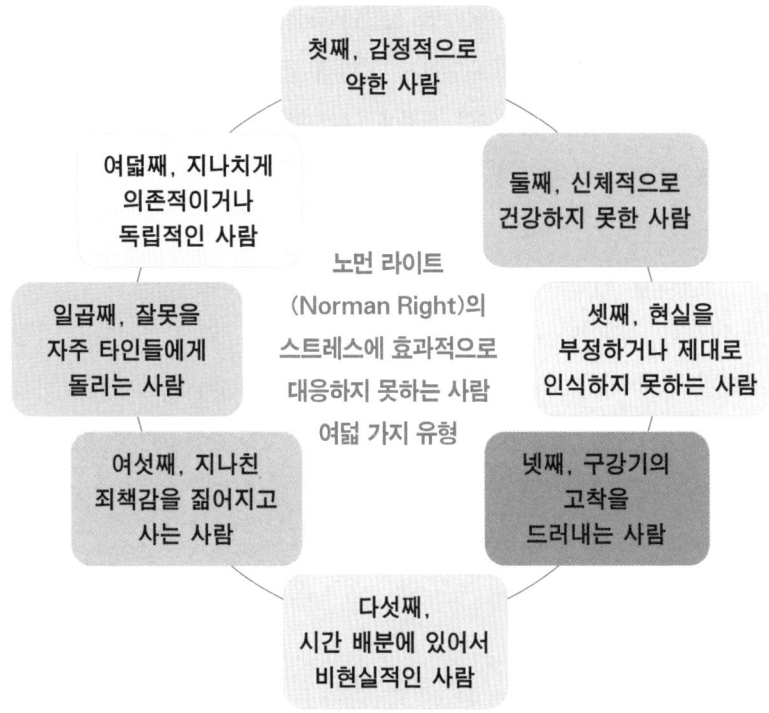

- 책을 읽으며 나는 첫째, '감정적으로 약한 사람'의 부류에 속한다는 것을 깨달았다. 그럼에도 이러한 성격이나 유형 분석을 하는 것은 도움이 된다. 나를 돌아볼 수 있게 하고 성격 유형 분석을 통해 나타난 성격이 비단 나에

---
4 이관직, 목회심리학, 77.

게만 해당되는 것이 아님을 통하여 나도 정상적인 사람임을 인식하게 되어 위로가 될 수 있고, 다른 사람의 성격에 대하여 이상하다는 느낌보다는 '그러려니'함을 배울 수 있게 되기 때문이다.

- 나는 졸업을 하고 나면 과연 어떤 사역지로 가게 될까 생각해볼 때 갈 곳이 없고, 교육전도사가 되기에는 나이가 너무 많다. 일단은 졸업을 하면 전임 사역을 하는 심방 전도사로 나갈 수는 있겠지만, 여기에도 나이 제한이 걸린다. 그래서 나이 상관없이 봉사하는 마음으로 사역비를 받지 않고 갈 수 있는 곳이면 가려고 한다. 그렇다면 소형교회 사역지로 가게 될 텐데, 거기에 있는 목회자가 어떤 성격의 유형인지, 신학적 색깔은 어떨지 염려된다. 교수님의 논의를 읽으면서 목회자의 성격에 내가 함몰되지 않고, 길들여지지 않도록 하는 훈련이 필요한 것 같다고 생각한다.

- 여기에 또 다른 문제가 있다. 사역비를 받지 않고 가야할 곳이라면, 가난한 미자립 교회이다. 그렇다면 거기에 있는 교인들 역시 가난한 교인들이 대부분일 텐데 내가 그들을 돕거나 목회자를 돕게 된다면 한계에 부딪히게 될 것이다. 적절한 나눔과 helper가 필요한데, 이것을 나의 연약한 마음이 과연 잘해낼지 두렵다.

3. 목회자의 탈진

- 세상의 어느 부모도 부모 자격이 있어서 부모가 되는 것은 아니다. 부모 자격이 형편없어도 부모가 된다. 목회자도 완벽하고 건강한 성격을 가진 사람만이 목회자가 되지는 않을 것이다. 이러한 목회자의 연약함을 보듬어 주어야 할 것이다. 또한 목회자의 탈진에는 여러 가지 원인들이 있을 것이다. '자신의 필요를 무시함, 자기를 돌보는 것을 무시함'에 대해서도 놓치면 안될 것이다.

- 내 나이가 되니 탈진이라고 명명(命名)할 것도, 안할 것도 없다. '지나가는 바람이었다'고 말하는 마음으로 각 Chapter의 글을 읽는다. 젊은 시절에는 탈진이라고 명명했지만, 그래도 목회자의 힘듦을 탈진으로 분류할 수 있는 나이가 더 행복하지 않은가? 이하 목회자의 탈진은 다음에 논의하기로 한다.

나가는 말

- 수업 시간에 강조하시던 교수님 말씀이 내게 힘이 되고, 위로가 되었다. 또 앞으로 만나야 할 사람들에 대한 명확한 시금석도 되었다. '우리가 작은 그림을 보면, 큰 그림이 안 보여요. **큰 그림은 하나님의 주권성이에요.**' 그렇다 내 삶에서도 하나님의 주권성을 굳게 믿고 나갈 것이며, 내가 만나는 클라이언트들에게도 하나님의 주권성을 신뢰하고 믿으며 나가도록 힘든 손을 꼭 붙잡아 주고 싶다.

- 우리는 과정 중에 있다. 천국을 가는 과정 중에 잠시 들린 소풍길에 하나님의 용서를 내면화함이 필요하다. 함께 살아가는 것, 내 것을 양보하고 나누는 삶, 그리고 하나님이 나를 용서하셨는데, 내가 누구를 용서하지 못하겠는가 하는 자기 죄의 본질을 깨닫는 것이 필요하다.

- 이제 내가 사역할 곳이 어떤 곳이될 지 기도하며 준비한다. 어느 곳에 부르심을 주실지 모르지만, 이 나이에도 아플 것이고, 마음에 상처가 생길 것이고, 갈등할 것이고 힘들 것이다. 그렇지만 한 영혼을 하나님께 인도할 수 있다면 무엇이 두려울까 하는 순종하는 마음으로 사역을 준비한다. 그저 나그네 길의 내 삶을 총망라하여 후회없이 살다가 하나님의 나라에 부르심을 입고 싶은 소망 뿐이다.

3. 구원론 과제 I

김광열 교수님
구원의 계획

1. 들어가는 말

○ 때때로 내 문제에 빠져 허덕일 때가 있었다. 나는 그때 '하나님은 인간을 창조하시고 그리고 그냥 방치하신다.'고 생각했다. 이것이 이신론(자연신론)이라는 것을 신대원에 와서야 알게 되었다. 그때는 이신론인지 모르는 채 이신론의 사상을 가지고 하나님의 구원 계획을 믿지 못했다.

○ 이러한 나의 무지함이 죄송하고 부끄럽다. 그럼에도 우리가 만나는 고난당하는 자들이 하나님에 대한 아픈 감정을 가지고 있기에, 내가 어떻게 그들에게 하나님의 살아 계심과 우리를 인도하심, 그리고 구원 계획을 확증하심에 대해 분명하게 증거할 수 있을까 생각하면 이러한 논의만큼은 확실하게 정리해 놓아야겠다는 생각이 들었다.

2. 본문

O "구원의 계획"은 전부 5개의 장으로 나뉘어 있다.
제1장에서는 '개념의 차이, 작정의 순서', 제2장 자력구원설(Autosoterism), 제3장 사제주의(Sacerdotalism), 제4장 보편구원론(Universalism), 제5장 칼빈주의를 다루고 있다. "구원의 계획"을 전문적으로 표현하자면 "작정의 순서"라 할 수 있다.

O 인격적인 하나님이시기에 "구원의 계획"은 하나님의 모든 사역의 기초를 이룬다. 본서는 하나님의 구원 계획에 대하여 자신들 스스로 구원하도록 인간들을 방치하셨는가 아니면 하나님 자신이 개입해서 그들을 구원하시기로 계획하셨는가 하는 점에서 문제를 제기하면서 하나님의 "구원의 계획"이 있음을 부정할 수 없게 변증하고 있다.

O 다음은 "구원의 계획 안에서 중대한 차이점"에 대한 정리를 도표화한 것이다.[5]

〈도식 2-1〉 구원의 계획에 대한 다양한 주장들

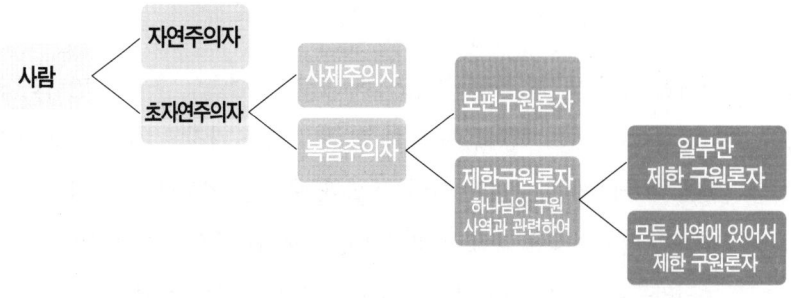

다음은 구원론의 유형과 작정의 순서에 대한 이론을 분류한 것이다.

---

5 Warfield, Benjamin B., 모수환 옮김, 구원의 계획, 22.

〈표 2-1〉 구원론의 유형

초자연주의					
복음주의					
제한구원론			보편구원론		
철저한 제한구원론		불철저한 제한구원론			
타락전 선택설	타락후 선택설	아미랄드주의	루터주의	웨슬레주의	순수보편구원론
하나님과 영생으로 일부가 선택됨	타락의 허용 = 죄책, 타락, 그리고 전적인 무능력	타락의 허용 = 죄책, 타락, 그리고 도덕적인 무능력	타락의 허용 =죄책, 타락, 그리고 전적인 무능력	타락의 허용 = 죄책, 타락, 그리고 전적인 무능력	타락의 허용
타락의 허용 = 죄책, 타락, 그리고 전적인 무능력	그리스도 안에서 생명을 얻을 일부를 선택함	모든 자에게 구원을 가능하게 해주도록 그리스도를 선물함	세상의 죄의 대가를 치르도록 그리스도를 선물함	세상의 죄의 대가를 치르도록 그리스도를 선물함	모든 사람을 생명에 예정함
택자를 구속하고 모든 사에게 초청의 근거를 마련하기 위해 그리스도를 선물함	그리스도의 택자를 구속하고 모든 사에게 초청의 근거를 마련하기 위해 그리스도를 선물함	도덕적인 능력을 선물할 일부를 선택	구원의 은혜를 전달하는 은혜의 수단을 선물함	모든 사람의 원죄를 용서하고 충족한 은혜를 모든 사람에게 선물함	모든 사람의 죄를 속죄하기 위해 그리스도를 선물함
구속된 자를 구원하기 위해 성령을 선물함	구속된 자를 구원하기 위해 성령을 선물함	택자 안에서 도덕적인 능력을 행하는 성령을 선물함	은혜의 수단을 거부하지 않는 자들을 영생에 예정함	충족한 은혜를 활용하는 자들을 영생에 예정함	모든 사람에게 그리스도의 속죄를 적용하는 성령을 선물함

| 구속받고 중생한 모든 자의 성화 | 구속받고 중생한 모든 자의 성화 | 성령에 의한 성화 | 은혜의 수단을 통한 성화 | 충족한 은혜와 협력하는 모든 자의 성화 | 모든 자의 구원 |

〈표 2-2〉 작정의 순서(교재 27)

| 초자연주의 | | | 자연주의 | |
| 사제주의 | | | | |
성공회	로마교회	희랍 정교회	알미니우스	펠라기우스
죄의 허용	타락의 허용=초자연적인 의의 상실	타락의 허용=원의의 상실. 이는 하나님에 대한 지식의 상실과 악의 성향을 내포함	타락의 허용=(육체적인) 타락 (그후에 도덕적인 타락이 따름)	각자가 자신에게 요구되는 모든 것을 행할 수 있는 자유의지의 선물
모든 사람의 죄의 대가를 치르도록 그리스도를 선물함	온 인류의 죄의 대가를 치르도록 그리스도를 선물함	죄악된 인류가 하나님과 화목하도록 그리스도를 선물함	충족한 은혜의 수여를 가능케 하도록 그리스도를 선물함	자신에게 요구된 그 길을 보여주고 또 그 길을 가도록 설득하기 위해 율법과 복음을 선물함
하나님의 충족한 은혜를 전달하는 살아 있는 대리인으로서 교회를 세움	그리스도의 대속을 적용하도록 교회와 성례를 설립	"십자가 은혜의 지속적인 공급을 위해" 교회를 세움	모든 사람에게 충족한(설득하는) 은혜를 선물함	(옛 죄를 속죄하고) 좋은 본을 세우기 위해 그리스도를 선물함
필수적인 통로인 성례를 통해 이 은혜를 전달함	제2원인의 작용 하에서, 성례를 통해 그리스도의 대속을 적용함	교회의 규례를 통한 교훈, 칭의, 건덕	이 은혜와 자유롭게 협력하는 모든 자를 구원함	옳은 길로 걸어가는 모든 자를 영접함

생명을 수여하는 세례와 이를 풍성하게 하는 성찬의 성례를 통한 구원	성례가 지속되는 모든 자의 거룩한 삶의 증강	칠성례를 통한 은혜의 증강	은혜와의 협력에 의한 성화	자발적인 노력에 의한 지속적인 선행

3. 자력구원설(Autosoterism)

○ **구원의 교리의 두 가지**
- 구원이 하나님으로부터 말미암는다는 교리
- 구원이 우리 자신으로부터 말미암는다는 교리(자력구원설)

○ **자력구원설**
① 자력구원설은 펠라기우스주의이며 펠라기우스주의는 스토아학파의 윤리가 기독교의 형태 안에 구체화된 것이다.
② 자력구원의 체계는 최초의 인간이 범한 '타락'을 일체 부인하며 악의 전가(轉嫁)도 부인함으로 스스로 자기 체계를 보호한다.
③ 자력구원설은 옛 죄가 우리의 본래적인 능력을 빼앗거나 축소하지 못한다고 한다.
④ 자력구원설은 '은혜'를 부정한다. 펠라기우스주의자들에게 은혜란 하나님이 인간에게 근본적으로 부여하신 것으로서, 빼앗을 수 없는 자유의지를 의미하며, 이 자유의지로 말미암아 인간은 자신에게 요구되는 모든 것을 완전히 행할 수 있다.
⑤ 자력구원의 교리는 은혜교리의 주장에 부딪혔고, 이 논쟁의 대변자는 어거스틴이었다.

○ 어거스틴과 펠라기우스를 시작으로 하여 저자는 여러 학자들의 이론을 비교하며 전개한다. 워필드는 자력구원설을 고함치고 있는 헨리(W. E. Henley)의 시 구절을 빌어 혼돈으로 묘사했다.

헨리는 말하고 있다. "나는 내 운명의 주인이며, 나는 내 영혼의 지휘자다."[6]

○ 나는 헨리의 시구에서 '나의 정복할 수 없는 영혼'이라는 시구에서, 또한 내 운명의 주인이 자신이라고 외치는 고함소리를 들을 수 있다. 부럽기조차 하다. 헨리는 그만큼 자기 자신에게 자신이 있었을까? 그는 낭떠러지에도 내려가보지 않았고, 죄도 짓지 않았고, 자기 모순에도 빠져보지 않았던가? 절망이 없었을까? 아니 오히려 그의 시구에서는 처절한 자기 모순에 대한 몸부림을 표현하고 있다는 생각이 들어 헨리의 영혼이 가여웠다.

○ 고뇌의 침대에서 몸부림치는 하이네(Heinrich Heine)의 이야기가 그 답을 대변하는 듯하다. 그는 '왜 아니겠소. 분명히 맞소. 그것이 하나님이 존재하는 목적이니까'라고 대답한다. 여기서 하나님이 존재하는 목적이란, 하나님께서 가지고 계시는 단 하나의 의무로서, 이는 곧 죄인들의 죄를 용서하는 것이다.

○ 저자는 자력구원설의 결론에서 누가 이 마른 뼈들을 살아나게 할 것인가라는 문제를 제기하면서 전능하신 하나님의 은혜 뿐임을 역설하며 스펄전의 말을 빌어 다음과 같이 주장한다.

스펄전은 적절히 말하기를 '단 한 땀이라도 우리 스스로가 바느질해

---

6 Warfield, Benjamin B., 모수환 옮김, 구원의 계획, 42.

서 우리 자신의 의의 거룩한 옷을 입어야 한다면 우리는 구원받지 못할 것이다.'라고 하였다.[7]

O 너무나 정확한 논의이기에 스펄전 목사님께 박수를 보내드린다. 이러한 귀한 논의가 있기에 의심많은 나도 하나님의 구원 계획이 전달되어 인생길을 가는 동안 자주 넘어지면서도 믿음으로 말미암은 구원을 확신할 수 있어 감사하다.

4. 사제주의(Sacerdotalism)

① 사제주의란 구원 사역에 있어서 하나님이 인간의 영혼에 직접 역사하시는 것이 아니라 간접적으로 역사하신다는 주장이다.
② 하나님은 세우신 기구를 통하여 간접적으로 역사하신다는 주장으로서, 이 기구를 수단으로 하여 당신의 구원을 인간들에게 전달하신다는 뜻이다.
③ 하나님은 인간을 직접적으로 구원하기를 전혀 바라지 않으시며, 인간들을 구원하심에 있어서 모든 사역을 교회의 중재를 통하여 하신다. 이 기구들의 집행이 인간의 손에 위임되었으며 이것이 로마 교회의 조직에서 설명된다.
④ 이러한 사제주의는 구원의 직접적인 근거를 그리스도나 하나님의 은혜에 돌리지 않고 교회에 돌림으로 죄인을 하나님의 자비로운 손에 빠져들게 하기보다는 인간의 손 안에 빠져들게 한다.

---

[7] Warfield, Benjamin B., 모수환 옮김, 구원의 계획, 53.

> **사제주의 교리의 적용 양상들**
>
> 첫째, 사제주의적인 교리는 일단의 기구들을 삽입하여 영혼으로 하여금 모든 은혜로운 사역들의 근원이신 성령 하나님과의 직접적인 관계를 맺지 못하게 하고, 그에 대해 신뢰하지 못하도록 만든다.
> 둘째, 사제주의는 성령 하나님의 인격을 완전히 무시하는 가운데 교회를 "구원의 기구" 또는 "구원의 창고"라고 말한다.
> 셋째, 사제주의는 성령의 사역에 있어서 사람들의 지배에 대한 복종을 요구한다.

5. 보편구원론(Universalism)

○ 보편구원론이란 하나님이 죄인의 구원을 원하시되, 개개인의 사람들이 구원받는 것이 아니라 모든 사람이 차별없이 똑같이 구원받기를 원하신다고 주장한다. 이 주장이 바로 복음주의적인 알미니우스주의로 알려진 교단과 복음주의적인 루터교의 논지이다.

○ 복음주의는 보편구원론과 제한구원론의 개념 차이로 구분된다. 루터교회와 알미니우스주의자들은 보편구원론의 입장으로 모든 이들에게 차별없이 하나님의 사역이 베풀어지지만, 오직 일부만 구원을 받는다고 주장한다.

○ 루터주의자들은 구원하는 은혜를 은혜의 수단과 연결시키고, 아울러 그 은혜가 실제로 보편적으로 확산되었음을 시도하는 가운데 스스로 난제에 빠져들었다.

○ 저자는 날조된 이야기로 말미암은 루터주의자들과 웨슬레주의자들이

자신들의 난점으로부터 도피할 수 없어 빠져버린 문제, 즉 모든 사람에게 전달된 하나님의 은혜가 왜 실패했느냐의 문제를 설명하면서, 성경은 분명히 모든 사람들이 구원받는 것이 아니며, 반대로 마지막 날에 구원받는 무리와 버림받는 무리의 두 부류가 있게 되며, 이들은 각기 자신에게 속한 영원한 운명으로 보내진다고 주장하고 있다.

6. 칼빈주의

> **칼빈주의**
>
> ① 제한구원론은 칼빈주의의 증표이다.
> ② 칼빈주의자는 하나님은 구원 사역에 있어서, 전체적으로 크게 인류를 대하지 않으시고, 구체적으로 실제로 구원받는 개인들을 대하신다고 주장하는 자다.
> ③ 모든 구원의 공을 하나님에게 돌리는 구원의 초자연주의, 또는 복음주의의 증표로서 구원을 영혼에 대한 하나님의 직접적인 사역에 돌리는 구원 은혜의 사역의 직접성은 하나님 자신의 권리가 된다고 칼빈주의자는 주장한다.

○ 칼빈주의는 개인의 구원과 세상의 구원에 대한 보증이며 제한구원론의 수호자일뿐만 아니라, 보편구원론의 수호자이다. 칼빈주의는 하나님이 당신의 구원의 은혜로 찾아가시는 개인은 반드시 구원받으리라는 보증일 뿐 아니라, 아울러 하나님께서 구원의 목적으로 임재하시는 세상이 하나님의 임재의 길이와 넓이 안에서 구원받으리라는 보증인 것이다. 칼빈주의는 다음 네 가지 유형으로 나뉜다.

〈표 2-3〉 칼빈주의 네 가지 유형

타락 전 선택설 (Supralapsarians)	선택의 작정을 작정의 순서상 타락의 작정 이전에 둔다. 어떠한 피조물에 대해서건 하나님은 차별에만 관심이 있다고 가정하고, 차별하실 수 있도록 작정하신다고 가정하는 것이다.
타락 후 선택설	"선택"이 창조나 타락보다 논리적으로 앞서는 것이 아니라, 구원과 관계되는 사역들보다 논리적으로 앞서는 것으로 생각한다.
타락 후 선택설	선택의 작정이 타락의 작정 뒤에 있다. 워필드(Warfield)는 이 견해를 지지한다.
구속 후 선택설 아미랄드주의 (Amyraldianism) 또는 가정적 보편구원론	그리스도 안에서 구원의 제공이 보편적이지만, 성령이 개인들에게 단지 제한적으로 구원을 적용한다고 주장한다. 　선택의 작정을 그리스도의 구속의 작정 다음에 온다고 본다. 다시 말하면 구속은 모든 인간들에게 동등한 관련을 갖지만 성령이 작용할 때 제한적으로 구별된다고 보는 입장이다.
빠종주의 (이외의 일치주의)	성령은 권고의 사역으로 죄인들을 인도하는데, 인간들은 자발적으로 그리스도께 나아옴과 동시에 구원을 위해 그리스도를 붙드는 행위로 말미암아 구원을 받는다고 주장한다. 　이 입장은 제한구원론은 확실하나 자력구원론적인 입장으로 사실상 반칼빈주의적이다.

나가는 말

○ 얇지만 쉽지 않은 책이었다. 처음에는 술술 잘 넘어가더니, 중간에 여

러 학자들의 논의가 전개되자 머리가 아파왔다. 복잡한 것은 때때로 이해하기 어려웠지만, 워필드가 말하려고 하는 것은 칼빈주의자가 고백하는 구원이다.

○ 구원의 대상에 있어서 개인의 구원 뿐만 아니라 세상의 구원에 대한 워필드 논의의 첫 문장을 대했을 때는 놀라웠다.

○ '세상의 구원은(개인의 구원과 마찬가지로) 주 그리스도 자신의 불가항력적인 능력 안에서 그의 유일한 사역이 되는 구원에 절대적으로 의존하며, 온전히 하나님의 주권적인 은혜에 달려 있으며 그 외에 다른 모든 근거는 무너지는 모래다.' 구원의 계획'이라는 대장정과도 같은 논의를 이와 같이 마무리하는 워필드에게 깊은 찬사를 보내게 된다.

○ 이제 '구원의 계획에 대해 논하라' 하면 조금은 말할 수 있을 것 같다. 그것은 나의 구원의 서정에 대한 한 단계 한 단계 기초를 쌓아주며 확신을 갖게 하는 귀한 논의였기 때문이다.

4. 구원론 과제 II

김광열 교수님
그리스도 안에 있는 구원과 성화

1. 들어가는 말

"그리스도 안에 있는 구원과 성화" 책의 제목만 봐도 가슴이 떨 만큼 아름다운 제목이다. 이 단어 안에 모든 것이 녹아 있지 않은가!

저자는 '그리스도 안에 있는 구원'으로만 그치지 않고 '성화'까지 나아간다. 그리고 '성화' 역시 '그리스도 안에 있는' 것으로 연결하고 있다는 점에서 저자의 영적 통찰력의 절정을 느낄 수 있었다. 우리가 매일 말하고 연구하여 공부하고 설교하는 그 많은 복음의 너울들이 "그리스도 안에 있는 구원과 성화"라는 요체로 변증되는 이 단어구 앞에 그 어떤 이론도 더 이상 맥을 못추는 느낌으로 다가왔다.

서문의 주제 역시 '주만 바라보는 신앙'이다. 지극히 평범한 이 단어, 세 개의 단어가 연결된 주제는 나이가 들어갈수록 내게 가슴으로 다가온다. 살아갈수록, 나이가 들수록 '주만 바라보는 신앙' 이외에 무엇을 말할 수 있으랴.

이 책을 읽어가며 저자와 함께 구원의 서정을 따라갈 것이다. 제1부 그리스도 안에 있는 구원과 제2부 그리스도 안에 있는 성화로 나뉘어진 귀하고 아름다운 믿음의 고백을 나도 하게 되리라 확신하며 겸손히 '그리스도 안에 있는', '구원과 성화'의 의미를 되새김질 하고 싶다.

그리스도의 부활은 일차적으로는 자신의 구속사건[8]이었으며, 더 나아가 은혜언약 속에서 그와 연합한 신자들을 위한 구속의 기초였다.

그리스도의 구속사역을 이루도록 역사하신 성령님께서는 오늘날 같은 역사를 통하여 신자들의 삶 속에서 그리스도의 구속사역을 적용하시는 사역을 이루신다. 이 사실은 이러한 설명을 처음 접하는 나에게 큰 충격을 안겨주었다. '그리스도의 구속 사역을 이루도록 역사하신 성령님께서'라는 단서 때문이다. 이 논의는 내가 지금까지 그리스도인의 삶을 살기 위해 노력했던 버거운 삶에 휴식을 주는 느낌이었다.

그리고 교수님께서 논의하신 대로, 나의 삶 역시 그리스도의 구속사역과 예수께서 자신의 삶을 살아가신 모습으로 나를 이끌어가실 것을 믿기에 내가 고민하지 않아도 되는 자유와 놓임을 주는 설명인 것이다.

"만일 구원을 알기 원한다면, 이것은 '그분의 것'(고전 1:30)이므로, 예수님의 이름만으로 가르침을 받아야 한다."[9] 구원이 그분의 것이다. 막연히 알았던 뿌연 안개 같은 것이 베일을 벗고 내게 다가오는 느낌이 들었다.

2. 본론

2.1. 그리스도 안에 있는 구원

2.1.1. 구원의 서정(ordo salutis)

저자는 구원의 서정에 대한 논의의 필요성에 대하여 말하고 있으며, 로마서 8장에 나오는 구원의 서정을 기본으로 하여 구원의 순서를 8단계로 잘

---

[8] 김광열, 그리스도 안에 있는 구원과 성화, 2014, 총신대학교출판부, 9.
[9] 김광열, 그리스도 안에 있는 구원과 성화, 10.

정리하고 있다.

> **구원의 서정에 대한 논의의 필요성**
>
> 첫째, 가장 쉽게 제기될 수 있는 반론들 중의 하나는, 구원의 서정에 대한 사변적인 논쟁에 시간을 허비하는 것은 그보다 중요한 복음전도의 시급성과 필요성을 깨닫지 못한 스콜라적인 오류라는 지적이다.
> 둘째, 신자 자신의 경우, 자신에게 역사하시는 성령님의 구원 적용의 역사에 대한 올바른 이해를 지닐 때에야, 그는 좀 더 균형있는 신앙생활을 영위할 수 있기 때문이다.
> 셋째, 우리가 믿는 성령 하나님은 질서의 영이시다. 우리가 믿는 하나님은 중생과 회심, 혹은 칭의와 성화를 아무렇게나 연결시켜서 역사하시는 분은 아니시기 때문이다.

〈도식 2-2〉 구원의 서정 순서[10]

전통적인 구원의 서정 논의의 문제점에 대한 대안

구원의 서정에 관련된 문제점에 대해 네덜란드의 개혁신학자 베르까우어 G. C. Berkouwer는 구원과 관련된 성경의 초점은 '구원이 개개인들의 경험 속에서 어떠한 순서로 파악되느냐(Ordo Salutis)에 있는 것이 아니라, 그러한 요소들로 이루어진 구원의 풍요로움에 있다는 것으로 파악한다.'고 논의했다.

Gaffin 교수는 '구원이 신자들에게 적용되는 과정 속에서도, 칭의, 양자, 성화 등은 구원이라는 한 사건의 여러 가지 국면들이 된다.'고 논의했다.

10　김광열, 그리스도 안에 있는 구원과 성화, 24.

이러한 논의에 대하여 저자는 '문제는 전통적인 ordo salutis 논의에서 취급되어 온 내용들에 있는 것이 아니라, 그것이 설명되어진 전통적인 방식(직선적 접근방식)에 있다고 지적한다. 이에 대한 대안은 그리스도를 중심으로 한 원형적 접근방식으로 전환시켜야 한다.'는 것이다.

〈표 2-4〉 전통적인 구원의 서정 논의가 지니는 문제점에 대한 대안

① 중생, 회심, 칭의, 양자, 성화 등의 개념들은 그 자체가 문제를 지닌 것이 아니라, 그것들을 직선적인 방식으로 연결하려 했던 접근 방식의 재고 필요
② 그리스도를 중심으로 하는 원형적 접근 방식으로의 전환
③ J. Calvin "그리스도에 참여"하는(Participation in Christ) 방식으로의 구원- "그리스도와의 연합"(J. Murray)
④ 개혁신학의 특징인 언약신학적 구조

2.1.2. 그리스도와의 연합

〈그림 2-2〉 그리스도와의 연합의 성격

그리스도와의 연합이 성령의 사역이다. "성령의 사역의 핵심은 그리스도인들을 그리스도와 연합케 하는 사역"이다.

성령의 사역이란 방언, 예언, 병고치는 은사 등을 생각하다 보니 그리스도와의 연합이 성령의 사역인 것을 놓치고 있었다.

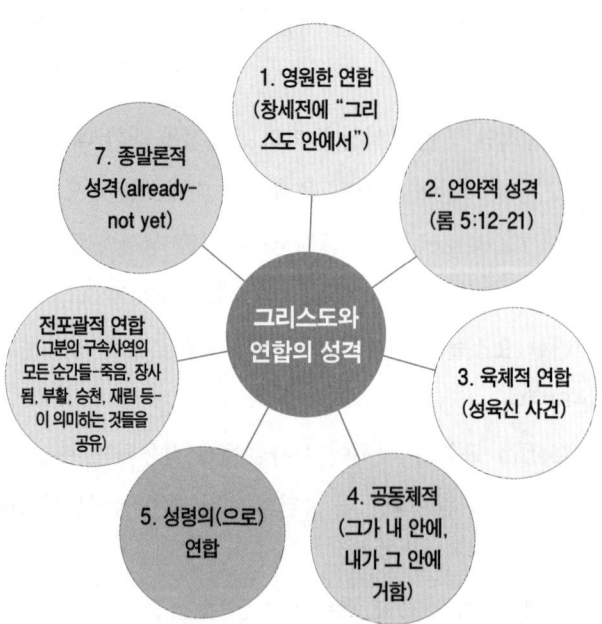

2.1.3. 믿음

다음은 그리스도 중심의 "믿음의 내용 속의 3가지 요소"에 관한 분류이다.

〈그림 2-3〉 믿음의 3가지 요소와 회개의 3가지 요소

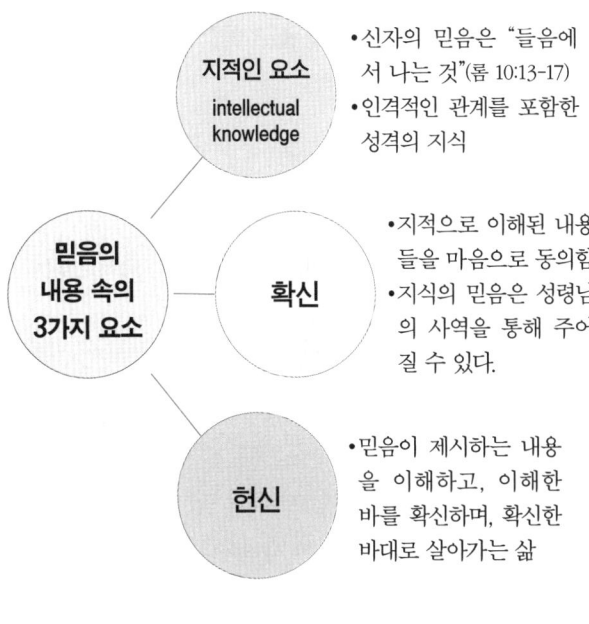

※ 여기서 믿음의 성격에 대한 논의를 한 가지 더 추가하였는데, 성경은 믿음의 근원이 예수님인 것으로 설명한다.

- 우리가 구원 받는 것은 "나의 믿음에 대한 믿음" 때문이 아니라, "예수님께 대한 믿음" 동시에 그것은 믿는 자가 전적으로 참여하는 사건으로 이러한 양면성의 진리는 "고난과 믿음"의 유비관계(빌 1:29)에서 볼 수 있다.

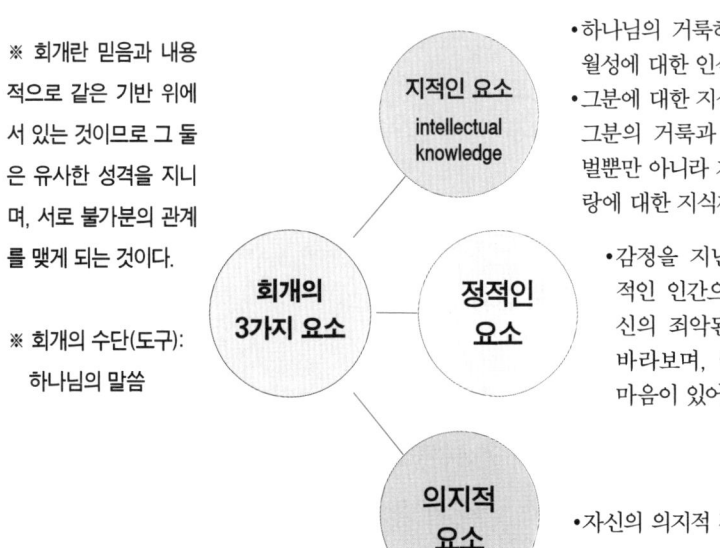

※ 회개란 믿음과 내용적으로 같은 기반 위에 서 있는 것이므로 그 둘은 유사한 성격을 지니며, 서로 불가분의 관계를 맺게 되는 것이다.

※ 회개의 수단(도구): 하나님의 말씀

2.1.4. 칭의와 성도의 견인

○ 칭의, 믿음, 선행(행위)의 실체들은 서로 유기적인 연관성을 지니고 있으며, 그 연관성에 대한 연결점은 동전의 양면과 같이 불가분의 관계에 있다. 이것은 칭의를 받은 신자의 삶을 하나님의 뜻에 순종하는 삶으로, 하나님의 거룩을 이루어가는 신앙생활로 이끌어주는 "성화의 믿음"이 되는 것이다.

예수님의 구속사역 / 순종의 사역

그의 구속사역은 그가 이 땅에서 이루신 순종의 사역, 좀 더 구체적으로는 능동적 순종과 수동적 순종의 사역들을 통하여 성취된 것이다.

첫째, 능동적 순종의 사역이란 율법이 인간들에게 일차적으로 요구하는 내용들을 다 이루신 사역을 의미하고
둘째, 수동적 순종의 사역이란 인간들이 범죄함으로 하나님 앞에서 감당해야 했던 형벌들과 죄의 대가들을 다 치루신 사역이다.

○ 성경은 신자의 삶 속에는 실제하는 죄의 도전이 있음을 가르칠 뿐만 아니라, 성도의 견인도 가르친다. 이것은 종말론적 의(義)로서 종말에 가서도 '그리스도의 의'로 인하여 구원받게 된다는 것으로 성도의 견인을 보장해 주는 것이다.

2.2. 그리스도 안에 있는 성화

복음주의 안에서 성화에 대한 다양한 견해를 아래와 같이 정리할 수 있는데 이들의 논의 안에 놓인 공통분모는,
"성경을 하나님의 무오한 말씀으로 믿는 자들 사이의 토론"이라는 점이다.

2.2.1. 루터교의 성화론

○ 루터교의 성화론은 "율법의 제3의 용법"으로서의 율법의 기능에 대한 긍정적인 이해 결여이다. 종교개혁을 하였던 루터를 근간으로 하는 루터교의 교리를 배우면서 많은 의문이 들었다. 개혁주의 입장이 아니고, 오히려 로마가톨릭의 입장에서 평하고 있기 때문이다. 이러한 의문을 저자는 다음과 같이 풀어주었다.

"Sola Fide"에서 시작된 루터의 "이신칭의"의 성화관이 어쩌면 후대의 신학자들에 의해 루터의 의도와 전혀 다른 방향으로 나아가게 되었음을 깨닫게 된다.

〈그림 2-4〉 복음주의 안에서 성화에 대한 다양한 견해

첫째, 루터교의 성화관
- "오직 하나님의 은혜로만"이나 "믿음으로만" 하나님께 받아들여진다.

둘째, Wesleyan의 성화관
- 자신의 미성숙에 대한 신앙적 고민은, 온전한 사랑으로 채우시는 성령님의 제2의 특별 역사를 통하여 해결된다고 보는 방식

셋째, 개혁신학의 성화관
- 구원이란 그리스도께서 그의 자녀들을 이미 죄의 권세와 속박으로부터 해방시킨 것을 의미하므로, 그분과 연합한 중생자들은 그 연합 안에서 이미 자신들에게 허락된 구원의 축복과 능력들을 바로 깨달아 활용함으로 그러한 문제들을 해결할 수 있다고 보는 입장

○ Calvin은 율법의 기능에 있어서 "율법의 제3의 용법"을 말한다. "율법의 제3의 용법"이란 하나님의 율법이 인간이 죄인이라는 점을 밝혀주는 일을 통하여, 정죄하는 기능을 지니고 있으며, 또한 율법의 위협을 통하여 악을 억제하는 기능을 가지고 있다는 것이다. 하지만 루터의

성화관 속에서는 이러한 "율법의 제3의 용법" 기능에 대한 이해가 결여되어 있다. 그럼에도 저자는 루터의 글들 속에서 성화의 삶에 대한 많은 강조가 있음을 발견하게 된다고 밝히고 있다.

2.2.2. J. Wesley의 성화론

O 중생과 구별되는 제2의 성령의 역사를 강조하는 성화관으로 Wesley의 성화론이 있다. 그것을 특히 "완전성화교리"라고 일컬어진다. 이러한 Wesley의 교리는 다음과 같은 점을 보게된다.

O Wesley의 교리의 구조 안에서는 두 종류의 신자들이 존재케 된다.
  첫 번째의 종류는 중생되었으나, 아직까지 그러한 '죄로부터의 자유'를
    소유하지 못한 신자
  두 번째는 완전성화의 경험을 소유한 신자이다.

O Wesley가 영적인 축복을 중생의 때로부터 분리시키는 문제를 야기시켰다는 저자의 견해에 동감한다. 저자는 로마서 7:14-25에서 제시되는 바울의 경험을 빌어 논증하는데, 이와 같은 해석에 완전 공감이 되었다.

2.2.3. 개혁주의 성화론

O 개혁주의 성화는 '그리스도와의 연합을 통한 성화'이다. 구원과 성화의 선구자로서의 예수님은 처음으로 온전한 성화를 이루신 분이셨다. 그분은 신자들의 성화를 위한 성화의 원천으로서 성화의 창시자가 되셨다.(요 17:19)

⟨그림 2-5⟩ 성화의 의미

그리스도와의 연합을 통한 성화의 의미 I
- '죄에 대한 죽음'과 '죄로부터의 자유함'의 삶을 소유케 한다.

그리스도와의 연합을 통한 성화의 의미 II
- 그리스도 안에서 주어진 새로운 피조물로서의 삶을 살아가는 것

2.2.4. 19C 미국의 성결운동과 케직교훈의 성화론

○ 케직교훈의 성화론은 다음 3단계의 성화과정으로 논의하며, 개혁신학의 관점에서 긍정적인 부분과 부정적인 부분으로 평가되어진다.

⟨그림 2-6⟩ 케직교훈의 성화론의 3단계의 성화 과정

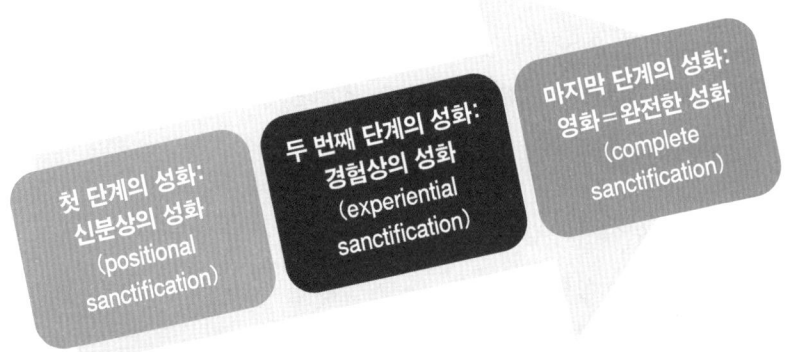

○ 개혁신학의 관점에서의 케직의 성화관에 대한 평가의 긍정적인 부분
첫째, 현실적인 갈등의 문제 직시
둘째, 자기의(自己義)의 위험성을 극복케 해준다

○ 개혁신학의 관점에서의 케직의 성화관에 대한 평가의 부정적인 부분 (문제점)

첫째, 기독교적 신앙의 이상(理想)을 단순히 깨지지 않는 기쁨, 고통이나 고민이 없는 평온하고 조용한 성결의 삶이라는 측면에만 치중한 점은 "하나님/이웃 중심"의 신앙생활이라기보다 자기중심적(Self-centered)인 성향을 지니게 된다.

둘째, 그리스도 구속사역의 참된 효과란 회심 때의 믿음과는 구별된 또 다른 믿음의 결단을 통해서 주어지는 것으로 설명되고 있다.

셋째, 케직의 교훈은 그리스도의 구속사역의 효과를 과소평가하는 결과를 낳는다. 자신들의 입장을 Wesley적인 완전주의와는 구별된 입장인 것으로 주장하면서, 케직교훈이 말하는 "승리의 삶"이란 단지 "의식적인 죄로부터의 승리"만을 가리키는 것으로 설명한다. 그러나 로마서 6장이 말하는 "죄에 대한 죽음"의 의미가 단지 "의식적인 죄로부터의 승리"만을 의미하는 것이라고 할 수 있는가?

○ 19세기 미국에서의 성결운동에는 세 가지 부류의 운동들이 포함되는데, 이 모든 운동들의 공통점은 Wesley적인 제2축복의 교리(완전성화교리)를 지니고 있다(기원을 갖는다)는 점이다. 미국의 성결운동은 다음 세 가지로 나뉜다.

① 미국 안에서의 감리교회 운동
② Oberline 성결운동
③ Higher Life 운동

2.2.5. J. Murray의 결정적 성화론(Definitive Sanctification)

○ ἵνα ταῖς ἁμαρτίαις ἀπογενόμενοι τῇ δικαιοσύνῃ ζήσωμεν, οὗ τῷ μώλωπι ἰάθητε.(1 Pet. 2:24 GNT)

"이는 우리로 죄에 대하여 죽고 의에 대하여 살게 하려 하심이라 그가 채찍에 맞음으로 너희는 나음을 얻었나니."(벧전 2:24)

동사 ἀπογενόμενοι(원형, 아포기노마이, to die, 부정과거분사 중간 디포넌트 주격 1인 남성복수)는 신약성경에서 베드로전서 2:24에 한번 나온다. 저자는 Murray 교수의 관점들을 중요한 논거로 활용하여 다음과 같이 논의한다.

ἀπογενόμενοι가 부정과거 분사형이므로 신자의 삶 속에서 이미 발생된 사건을 가리킨다고 보고, 그리스도의 죽음으로 말미암아, 그와 연합한 신자에게는 "죄와의 결정적인 단절"의 결과를 가져오는 "죄에 대한 죽음"의 사건이 이미 발생되었다는 사실을 분명히 드러내준다.(앞의 책, 207)

○ 그럼에도 성경에서 결정적 성화와 점진적 성화는 서로 모순되거나, 충돌되지 않는다. 오히려 그 둘은 서로 상호보완적인 관계, 혹은 필수불가결의 관계로 연결되며 성화의 역사도 하나님의 역사임을 강조하려는 성경적 관점을 견지한다.

Murray 교수의 성화관

- Murray는 예수 그리스도의 죽음과 부활이 칭의의 영역에서만이 아니라, 성화의 영역에서도 중요한 의의를 지니고 있음을 밝혀 주었다. 그러나 결정적 성화에 대한 강조가 결코 성경이 제시하는 복음 안에서의 명령문(imperative)들을 약화시키는 방향으로 전개되지 않는다. 오히려, 결정적 성화의 의의는 점진적 성화를 추구하기 위한 발판을 제공해 주는 것이다. 이런 의미에서 Murray 교수의 성화관을 Dr. Forde의 것과 구별할 수 있다.(앞의 책, 221)

- 기독신자의 성화의 삶 속에서 하나의 역설적인 진리란, "신자가 점점 더 성화되면 될수록, 자신이 하나님의 거룩하심으로부터 멀리 떨어져 있는

> 존재임을 점점 더 깊이 깨닫게 된다"는 사실이다.
>
> - 그러나 신자가 그러한 상황에서도 용기를 잃지 않는 것은, 그가 이미 완전한 성화에 도달했기 때문이 아니라, 자신의 죄의 몸이 그리스도와 함께 못 박혔고, "죄에 대한 죽음"으로 말미암아 죄의 세력과의 결정적인 단절이 발생되었으므로, "죄로부터 자유함과 하나님께 대하여 사는 삶"이 결정적으로 보장되었음을 알고 있기 때문이다. 그렇기 때문에 신자는 죄의 도전들에 대하여 과감히 "영적 싸움"(점진적 성화)을 지속할 수 있게 된다.

○ Murray 교수가 결정적 성화교리에서 강조하는 바는 그리스도의 죽음과 부활의 성화론적 의의, 그중에서도 특히 그분의 죽음이 성도의 성화역사에 미치는 중요성에 관한 것이다.

- "은혜를 더하게 하려고 죄에 거하겠느냐?"(롬 6:1)
- "그럴 수 없느니라"(롬 6:2)

○ 구약에서의 "결정적 성화"의 개념(출 19:5, 6)(여호와의 '소유', '제사장 나라')
○ 신약에서 다시 적용(벧전 2:9)(택하신 족속, 왕같은 제사장, 거룩한 나라, 그의 소유가 된 백성)

→ 여기에서의 '거룩함'이란, '언약의 주 여호와의 통치를 인정하고, 그와의 언약의 내용대로 살아가는 존재로서 세움을 입었다'는 의미에서의 거룩이다.

---- 결정적 성화교리의 구약적 근거 결론 ----

- 결정적 성화의 개념이 구약에서는 그렇게 명백하게 제시되지 못한 것이 사실이다. 그러나 그 점은 계시의 점진적인 성격에 비추어 볼 때, 구약계시 속에서 제시되었던 다른 가르침들의 상황과 마찬가지 방향에서 설명될 수 있다.
- 그러나, 구약의 거룩함의 개념이, 실제적인 내적 성품의 거룩을 말하기 전에 하나님의 거룩한 위엄과 광채와 통치 안에서 주어진 거룩의 개념을 말한다는 점에서, 그것이 결정적 성화 개념을 가리키는 예표적 의미를 지니고 있었다고 볼 수 있다.
- 둘째로, 신구약 전체의 계시를 통해 모든 시대의 성도들은 그리스도의 구속사역을 그들에게 적용시키시는 성령님의 역사로 말미암아 구원의 다양한 은총들을 경험케 된다는 사실과, 그 같은 구속적용을 위한 성령님의 역사가 구약시대에도 동일하게 있었다.

2.2.6. 총신에서의 성화론 논의

○ 총신에서의 조직신학 논의를 접하면 빼놓지 않고 등장하는 분이 박형룡 박사님이시다. 지금까지 나는 총신의 조직신학의 틀은 박형룡 박사님만 계신 줄 알았는데, 총신의 제1대 조직신학 교수였던 분이 이율서(W. D. Reynolds) 박사님이시고, 제2대 조직신학 교수님이 구례인(J. C. Crane)교수님이셨다는 것도 놀라왔다. 늘 총신의 신학은 어디서부터 기원하는가 궁금했는데, 이러한 귀한 역사가 숨어 있음을 알게 되었다.
○ 또한 저자는 박형룡 박사님을 빌어 '그의 생애를 통해서 그분이 얼마나 칼빈주의 신학에 충실하려 했었는지'를 확인시켜 주신다. 성화론에 대하여, 총신에서 논의될 수 있는 새로운 대안 제시가 있을 수 있다면 성경신학적 논의와 통찰력에 기초한 성화론 정립일 것이다. 이러한 방향에서의 시도는 J. Murray의 성화론 논의에서 찾아볼 수 있다고 하

는데, 이러한 이론도 내게는 처음이고, 총신대학교가 얼마나 귀한 개혁주의 신학의 기초를 다지며, 개혁신학의 틀 안에 자리잡고 있는가를 생각하게 했다. 이러한 총신의 조직신학의 역사를 더듬으며, 총신이 얼마나 보배로운 유산들을 가지고 있는지를 깨달으며 가슴이 뿌듯해진다.

○ 그럼에도 총신과 한국교회의 역사 속에서 죽산이 차지하는 비중이 내 세지향적 신앙의 태도로 살아가도록 했다는 지적을 받아들이며, 교수님은 한걸음 더 나아가 21세기를 준비하는 우리들은 복음이 신자들의 삶 속에 그 나라의 능력으로 활동하기 시작하고 있음을 예견하며 이것이 사역의 현장까지 연장되어 '성경적 동력을 제공하는 조직신학 연구방법'으로 나가야 함을 제시하심에 감사했다.

나가는 말

○ 오랫동안 충현교회에서 믿음의 생활을 하다보니 그리스도의 십자가와 부활이 너무 좋았다. 그런 내게 총신에서의 교수님들의 강의는 진짜 하나같이 좋았다.

○ 많은 목사님들의 설교 속에는 선한 행위, 복음 전파—그것을 소위 나는 '잇샤잇샤'라고 불렀다—를 강조한다. 그들은 신학교에서 무엇을 배웠을까 늘 의아했었다. 배고픈 양들에게 잇샤잇샤만 가르친다. 성도들은 예수 그리스도의 십자가와 부활에 목마르다. 합동측 교회도 예외는 아니다. 그래서 총신은 어떤 곳이기에, 무엇을 가르치기에, 그래도 우리나라에서 얼마남지 않은 보수신학의 정통인데, 무엇을 배웠기에 저럴까 하는 의문이 들곤 했었다.

○ 그런데 총신에 와서 보니 교수님들이 살아 계셨다. 내가 총신을 바라보며 암울하게 여겨졌던 모습이 아니었다. 1년 반을 지나는 동안 많은 교

수님들이 제자들에게 옳지 않은 행동을 하셨음에도 아직 그루터기 같이 남은 자로 계신 교수님들이 계셔서 감사하다. 많은 것을 잃을 것까지 각오하시고, 학생들을 품고 싸워주신 것이 성화가 아닌가 생각한다.

○ 그리고 또한 행위로만 구원받음을 강조하지 않고, 예수 그리스도의 십자가와 부활의 끈을 놓치 않고 그 틀에서 벗어나지 않음을 말씀하심에 감사했다.

어느덧 한국교회는 많이 변질되었다. 예수 그리스도의 십자가와 부활을 붙들라는 설교를 하기보다는 '~어떻게 하라'는 설교가 더 많다. 약한 자를 도와야 한다는 사회적 분위기가 한층 더 도화선이 되었기 때문에 여기에 편승하여 사람들의 감성을 자극하고, 동정심을 불러 일으키는 설교가 유행하게 된 것 같다. 여기에는 생명이 없음이 안타까웠다.

○ "구원과 성화"의 책을 읽으며 많은 학자들이 나눴던 논의를 살펴보았다. 많은 논의들이 있음에도 성화는 머리로는 가득히 채워질지 모르나 가슴으로 안아야 한다고 생각한다. 이것은 자기 희생 없이는 일어날 수 없다. 자기 희생 없이 성화를 논하기에 많은 이론들만 비일비재할 뿐이다. 자기 희생 앞에는 그 누구도 이길 수가 없다. 설령 그 누군가가 알아주지 못하는 들풀 같은 존재가 될지라도 우리는 영원을 붙들어야 하지 않겠는가?

○ 저자이신 교수님과 함께 구원과 성화의 길을 한 학기 동안 잘 걷고 싶다. 교수님의 삶과 겸손하신 성품을 본받으며 함께 한 학기를 잘 마무리하고 싶다. 학기 초에 이것을 작성해서 아마도 이 페이퍼가 제출될 쯤이면 기말이 되리라. 그때 교수님께 감사를 드리며 한 학기 내내 주님의 십자가를 붙들며 주님의 은혜로 깨끗한 삶을 살고픈 다짐을 하게 되는 은혜의 시간이 되길 소망한다.

5. 구원론 기말고사 예시

박재은 교수님

1. 구원론과 성령론 사이의 관계성[11]

1	구원론과 성령론 사이의 관계성에 대해 서술하라.

- 그리스도의 사역은 성령에 의해 신자 각 개인에게 구원의 유익을 적용하는 것이다.
- 성령은 신자들의 마음에 죄 용서의 복음 선포를 확증하시고 그들이 하나님의 자녀라는 사실을 -즉 의롭다 함을 얻었음- 확신시키실 뿐만 아니라 또한 성화의 윤리적이고 신비한 유익들을 이루신다.
- 성령은 신자들 안에 새 생명을 창조하시고, 이로써 그들이 그리스도 안에서

---

[11] 여기에 있는 모든 내용은 박재은 교수님께서 직접 만드셔서(PPT까지) 학생들에게 나눠주시고 강의하신 것이다. 각 예제에 대한 답은 교수님의 강의 내용 중에서 본인(필자)이 작성한 것이다. 참고할 문헌으로는
① 박재은 저, 『칭의, 균형있게 이해하기』: 하나님의 주권 대 인간의 역할, 그 사이에서 바라본 칭의, 부흥과 개혁사, 2016과
② 박재은 저, 『성화, 균형있게 이해하기』: 하나님의 주권 대 인간의 역할, 그 사이에서 바라본 성화, 부흥과 개혁사, 2017가 있다.
　예제를 이 책에 포함해도 되느냐고 여쭈었을 때, '귀한 계획'이라면서, '구원론의 핵심 내용은 많은 사람들이 더 많이 알았으면 한다'고 기쁘게 허락해 주셨다.

존재하고, 살며, 생각하고, 행동하게 하신다.
- 그래서 신자들은 그리스도의 모든 유익, 그의 지혜, 의로움, 거룩함, 구속에 참여한다. 성령 안에서 신자들은 그리스도의 장성한 분량에까지 함께 자라고, 인치심을 받고 영화롭게 된다.
- 인간은 지성이 아무리 예리하다 해도 하나님을 아는 지식에 관한 한 그저 눈먼 상태에 지나지 않는다. 성령께서 사람을 "어둠"이라고 부르고 있으니 이는 곧 그들에게 영적인 분별력이 전혀 없다는 뜻이다.
- 그러므로 하나님 나라에 들어가는 길이 오직 성령의 조명하심으로(성령의 계시를 통해서만) 말미암아 그 마음이 새로워진 사람에게만 열려 있다는 것을 깨달아야 한다.
- "성령이 친히 우리의 영과 더불어 우리가 하나님의 자녀인 것을 증언"(롬 8:16)하시고, 우리를 거듭나게 하시고 하나님의 형상을 따라 우리를 바꾸어 가신다.
- "구원의 적용"은 인간론적으로가 아니라 신론적으로 다루어야 할 하나님의 사역으로서, 성령이 그 창시자이시며 따라서 성령의 특별한 사역으로 불릴 수 있다. "구원의 방식" 전체는 "성령의 적용하시는 은혜"다.

2. 각 구원의 과정

| 2 | 삼위일체 하나님의 경륜적 역할의 구별(economical distinction)에 의해 각 구원의 과정을 설명하라. |

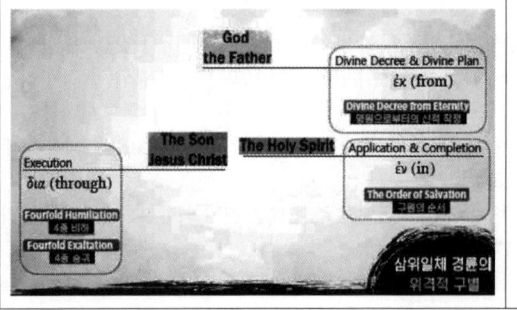

하나님
신적 결정과 신적 계획
영원 전 신적 작정
적용(Application)과
완성(Completion)
구원의 순서
시간 속 실행(Execution)
4중 비하, 4중 승귀

- 성부가 작정한 사역에 대해서 성자가 적용하시고 성령께서 실행하신다. (꼭 외워라)
- 구원에 대한 성경적 견해는 성령의 고유한 사역을 인정하면서 온전히 삼위일체적이어야만 한다.
- 구원의 삼중적 근본 원리는 하나님 성경 성령이다. 이것이 삼위일체적 구조이다.
- 구원의 획득은 마치 어린아이가 태어나기도 전에 자기 아버지의 모든 소유에 대한 권리를 갖지만 훨씬 나중에 그것을 소유하게 되는 것처럼, 나중에 믿게 될 모든 사람도 역시 그리스도가 얻으신 모든 유익에 대한 권리를 그리스도 안에서 이미 갖고 있는 것이며 단지 믿음으로 그것을 소유하기만 하면 된다.
- 그러므로 구원의 획득은 이 유익들의 적용을 요청한다. 이 적용은 이중적인데,
- 그리스도가 우리의 죄책과 형벌을 친히 담당하시면서 율법을 성취하셨다. 성부·성자·성령의 본질적 연합으로부터 성령이 성자의 사역과 긴밀한 관계를 갖는다는 사실이 도출된다. 본질에서 하나이신 세 위격은 다양한 활동들 가운데 함께 일하신다.
- 우리는 성령의 능력 안에서 칭의를 얻는다. 또한 우리에게는 성령의 능력이 성화를 위해 주어졌다. "성령이 친히 우리의 영과 더불어 우리가 하나님의 자녀인 것을 증언" 하시고 우리를 거듭나게 하시고 하나님의 형상을 따라 우리를 바꾸어 가신다.
- 그러므로 이 일을 이루시는 성령은 성부·성자와 함께 영원히 찬송 받으실 유일하신 한 분 하나님이시다.

결론 정리
- 구원의 논리는 우리 의지에 근거하는 것이 아니라 그리스도의 사역에 근거하여(제한 속죄, 택자에게 찍는) 성령 하나님께서 신자 각 개개인에게 그 구원의 유익을 적용하는 것이 성령론과 구원론의 관계로써 하나님의 주권과 인간의 책임을 동시에 보는 초월적인 관점이다.

3. 구원의 서정 혹은 순서(ordo salutis)의 의미와 신학적 본질

3	구원의 서정 혹은 순서(ordo salutis)의 의미와 신학적 본질, 그리고 신학적 함의를 설명하라.

The Order of Salvation — **ORDO SALUTIS** "The Order of Salvation"
- ELECTION // 2 Thessalonians 2:13; Ephesians 1:3-4
- THE GOSPEL CALL // Romans 10:14-15
- REGENERATION // John 3:3-8
- CONVERSION // James 1:18; 1 Peter 1:23
- JUSTIFICATION // Romans 5:1-10
- ADOPTION // Romans 8:15
- SANCTIFICATION // 1 Thessalonians 5:23-24
- PERSEVERANCE // 1 John 2:19
- GLORIFICATION // 1 Corinthians 15:12-14; Romans 8:23-25, 30

구원의 순서(서정)	구원의 의미
1. 선택(election)	- 선부중회칭양성견영(앞 첫 글자로 외움)
2. 부르심(The Gospel Call)	- 1, 2, 3은 하나님의 단동사역이다.
3. 중생(Regeneration)	
4. 회심(Conversion)	- 4~8은 신적 협력이다.
5. 칭의(Justification)	- 2번의 부르심은 특별한 효과적 부르심이다.
6. 양자(Adoption)	- 부르심이 먼저이고 다음이 중생이다
7. 성화(Sanctification)	- 중생의 결과로서 회심이다.
8. 견인(Perseverance)	- 믿음과 회심은 모두 중생으로부터 나온다.
9. 영화(Glorification)	- 회심은 믿음+회개이다.

⟨신학적 본질⟩

- 중생부터 turning이 돼서 하나님의 자녀로 입적이 되는데, 내가 새 자아가 되는 게 아니라 새 자아로 만들어 주신다.
- 구원의 서정에 대한 이해는 논리적인 것이지 반드시 이러한 시간의 순서로 진행되지 않는다. 구원은 한 번에 일어난다. 그러나 그 안에 논리가 있는 것이다.

- 경건의 문제에 있어서 경건은 하나님이 베푸시는 온갖 은혜와 유익들을 아는데서 생겨나는 바 하나님에 대한 두려움과 그를 향한 사랑이 하나로 결합된 상태를 뜻한다.
- "너희 구원을 이루라" 하는 것에서
  우리의 믿음이 시작은 객관이지만 주관으로 방점을 찍고 나가는 것이다.
- 이신칭의의 문제에 있어서 이신칭의를 강조한다고 성화가 약해지지 않는다.
- 이신칭의를 강조했던 어떤 사람도 성화를 무시하지 않았다.
- 끊임없이 사랑을 이야기하고, 성화의 삶을 말했다. 따라서 이신칭의 자체가 문제라고 말하는 것은 이해할 수 없다.
- 칼빈도 이중은혜라고 말하는데, 이신칭의 때문에 성화를 약화시키지 않는다.
- 하나님 중심적 구원은 언제나 언약적 방식이다.
- 구원협약을 통하여 이미 언약적 방식으로 맺어버린 것이다. 그래서 은혜언약이다.
- 우리가 구원받았다는 사실은 언제나 하나님이 시작점이고, 그리스도를 통하여(through) 시작하고 적용과 완성이 된다는 말이다.

4. '그리스도와의 연합' 교리의 본질, 인간론적 함의, 구원론적 함의

4	'그리스도와의 연합'(union with Christ) 교리의 본질, 성경적 근거, 인간론적 함의, 구원론적 함의에 대해 서술하라.

1. '그리스도와의 연합' 교리의 본질
- 그리스도와의 연합은 우리가 그리스도 안에 있으며 그리스도께서 우리 안에 계신다는 것이다.

  그리스도와 신자들의 신비적 연합은 구원사역에서 본질적이고 필수적인 구성요소이다.

- 그리스도와의 연합은 구원론에서 가장 중요한 핵심인데 이 신비적 연합은 성경에서 언약의 관계 위에 설립되었으며, 그리스도 안에서 이루어졌고 이 일은 성령이 행하신다.

"그리스도 예수 안에서 너희에게 주신 하나님의 은혜로 말미암아"(고전 1:4), "그리스도 예수 안에서 선한 일을 위하여 지으심을 받은 자니"(엡 2:10), 이 비밀은 구원을 말한다. 하나님께서 우리를 위하여 하신 일이 구원이다.

2. '그리스도와의 연합'의 성경적 근거

그리스도와의 연합은 영적 연합과 신비적 연합의 두 가지로 나눈다.

1. **영적 연합**(Spiritual): 로마서 8:9 "만일 너희 속에 하나님의 영이 거하시면 너희가 육신에 있지 아니하고 영에 있나니 누구든지 그리스도의 영이 없으면 그리스도의 사람이 아니라" 로마서 8:9은 아주 중요한 구절인데, 위격적 연합과 동시에 동일 본질까지 말하고 있는 것이다.
- 그리스도의 연합교리는 구원의 서정 모두를 umbrella처럼 다 싸고 감쌀 수 있는 것이다. 이것은 우산으로 표시한다. **우산 연합교리**

2. **신비적 연합**(Mystical)이다. 물질적 연합이 아니다. 골로새서 1:26-27 "이 비밀은 만세와 만대로부터 감추어졌던 것인데 이제는 그의 성도들에게 나타났고 하나님이 그들로 하여금 이 비밀의 영광이 이방인 가운데 얼마나 풍성한지를 알게 하려 하심이라 이 비밀은 너희 안에 계신 그리스도시니 곧 영광의 소망이니라."

이것이 신비이고 비밀인데, 이것은 신비롭고 영적이고 믿으려고 노력한 것이 아니라 믿어져버렸다는 사실은 참 은혜이다. 신령한 복! 이것이 믿음이다. 현대 신학은 이것을 다 폐기해 나간다.

3. '그리스도와의 연합'에 있어서 인간론적 함의

3.1. 인류의 통일성-유기성-일치성

- 예수님이 하신 의로운 행위로 말미암아 모든 사람이 의롭게 되었다. 인류의 통일성은 다른 말로 하면 연합이다. 이 모든 것은 인류의 통일성에 기초해 있다.
- 아퀴나스가 "예수가, 하나님의 아들이 사람의 모습으로 와야만 했었는가?
- 왜 이분은 인성을 취한 것인가?"라는 질문을 제시하는데,
- 하나님께서 그렇게 하신 이유는 "이게 인류의 통일성 안에 전가가 되었기 때문에 인류의 통일성 안에 행해진 전가는 속죄가 가능하다."는 것이다.
- 원죄는 사람에게 전가되었기 때문이다. (이 통일성이 연합교리가 되는 것이다.)
- 그리스도와 연합된 신자들만이 교회를 이룰 수 있기 때문이다.
- 성만찬도 그리스도와 연합되었기 때문에 할 수 있는 것이다.
- 그리스도와 연합된 자가 몸과 피를 같이 먹고 마시는 행위는 연합되지 않으면 안 된다. 그리스도와 연합이 되지 않으면 다 무너진다. 연합은 그리스도와의 영적인 연합으로만 보면 된다.

4. '그리스도와의 연합'에 있어서 구원론적 함의

4.1. 그리스도와의 연합에 있어서 구원의 첫 번째 유익은 객관적인 신비적 연합을 전제로 하는 언약의 유익이다.

4.2. 그리스도와의 연합에 있어서 구원은 효과적인 부르심이다.

- "몸이 하나요 성령도 한 분이시니 이와 같이 너희가 부르심의 한 소망 안에서 부르심을 받았느니라"(엡 4:4). 교회론의 핵심이다.
- "몸은 하나인데 많은 지체가 있고 몸의 지체가 많으나 한 몸임과 같이 그리스도도 그러하니라"(고전 12:12-13) 이 구절은 그리스도의 연합교리를 잘 제시해 주고 있다.

4.3. 그리스도와의 연합에 있어서 구원은 구원의 서정 안에서의 이중적 부르심으로 내적 부르심(효과적 부르심)과 외적 부르심(일반적 부르심)이 있다.

5. 중생(regeneration)의 원인과 결과 및 신학적 의미

5	중생(regeneration)의 원인과 결과에 대해 기술하고 그 신학적 의미를 상술하라.

중생은 하나님의 단동 사역(God's monergistic work) 이것 꼭 외우세요.

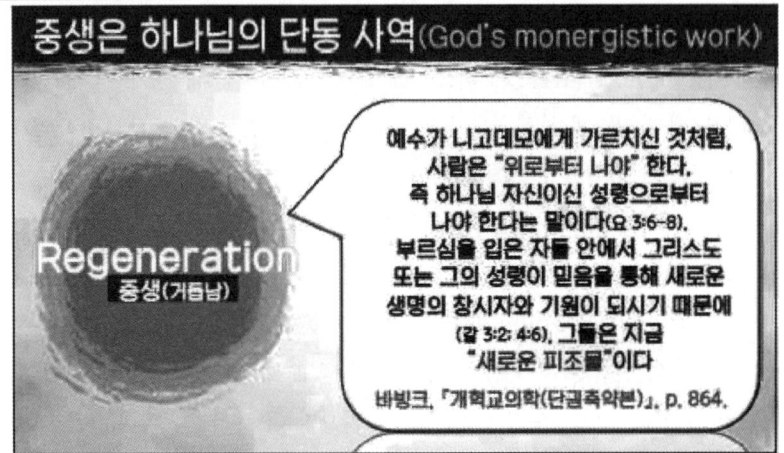

〈중생의 원인〉

- 중생은 "하나님의 완전한 단동 사역"으로 인간의 의지 불필요, 인간의 선택 불필요, 인간의 행위 불필요이다. 하나님이 하셔야 하는 하나님의 일이다.
- 중생이 먼저냐 부르심이 먼저냐로 교회사에서 싸웠는데 기계적인 순서는 없으나 논리적인 순서는 있다. 부르심이 먼저이고 다음이 중생이다.
- 중생은 항상 하나님의 일이며, 사람이 내적으로 변화되고 새롭게 되는 것이다.
- 중생은 "위로부터 나야"(요 3:6-8) 한다. 즉 하나님 자신이신 성령으로부터 나야 한다는 말이다. 중생의 시작점은 하나님이 하신다는 것이고, 그 다음에 우리가 해야할 일이 있다.
- 부르심으로부터 구원이 시작되기 때문에 구원의 시작점에 있어서 인간이 할 수 있는 게 없다. 그러나 하나님이 시작해 주시면 인간이 divine comportment(행동)으로서 해야 할 일이 있지만, **시작점은 하나님이라는 것이다. 이게 중요하다.**

〈중생의 결과〉
- 중생의 결과는 정체성이 확 바뀌어 버린다. 회심은 중생의 결과다.
- 중생은 존재 자체, 정체성이 바뀌는 것이다.
- 중생이 먼저인가? 세례가 먼저인가?
  우리는 중생이 먼저이고, 로마가톨릭은 세례가 먼저라고 주장한다.
- 세례는 외적인 seal(봉인) 즉 외적인 **표시와 보증물**(인침, sign and seal)이 된다. 세례를 받을 때 그리스도의 초자연적 능력이 주입된다. (가톨릭) 개혁신학은 전가된다고 말함.
  가톨릭에서 말하는 이 세례는 사제에 의해 받을 때이다.

- 중생의 주체는 인간이 아니고 대상이 될 뿐이다.
- 중생을 하면 회심을 하게 된다. 회심을 하면 믿음을 갖게 된다.
  중생의 결과가 회심이면 믿음의 결과는 회개이다.
- 중생은 말씀을 그들 속에 심겨주는 것이다. 그래서 정체성이 바뀌는 것이고, 그들의 마음에 기록하는 것이다. 신뢰함이 믿음이요 굴복이 회개이다.

- 구원의 시작점에서 주체는 늘 하나님이지만 이제는 내가 믿음의 대상이 되는 것으로 내가 믿어야 하는 것이다. 이것은 놀라운 신적 협력이다.
- 협력으로 가지 않는 것이 하이퍼 칼빈주의이다. 우리가 할 것이 없다.
  하나님께서 다 해주신다는 것이 하이퍼 칼빈주의이다.

6. '준비적 은혜' 혹은 '선행 준비 은혜'에 대한 설명과 신학적 평가

6	로마가톨릭 교회가 말하는 '준비적 은혜' 혹은 '선행 준비 은혜' (preparatory grace)에 대해 설명하고 신학적으로 평가하라.

- 하나님께서 하나님의 때에 믿음의 선물을 주시고, 많은 다양한 방식으로 그들의 마음에 하나님의 은혜로운 사역을 준비시키신다.

- 하나님께서 구원의 서정을 받아갈 수 있도록 준비시켜 주시는 것이다. 인간이 준비하는 것이 아니다. 이것을 준비적 은혜라고 한다.
- 로마가톨릭은 선행준비이다. 인간이 준비하면 하나님이 은혜를 주신다는 것이다. 이것은 아르미니우스적이다.
- 우리가 준비를 해야 할 것은 없다. 중생은 하나님께서 해주시고, 하나님이 심겨주면 그 다음에 우리가 우리의 역할을 하는 것이다.
- 우리가 준비되었기 때문에 구원받는 것이 아니다.
  이것은 하나님께서 사람들을 성령에 의한 거듭남을 위해, 그리고 후에 신자로서 교회에서 맡을 역할을 위해 준비시키시는 섭리적이고 은혜로운 방법들이다.

  이렇게 올바른 의미에서 "예비적 은혜"를 말하는 것은 하나님이 자신의 은혜 사역을 우리의 자연적 삶에 관련시키신다는 것을 상기시키는 가치 있는 일이다.

  개혁파 신학은 하나님의 자유로운 주권을 존중하고 하나님의 은혜의 풍성함에 경탄한다.

7. 구원에 이르는 믿음의 대상과 내용

7	구원에 이르는 믿음(saving faith)의 대상(object)과 내용(content)에 대해 서술하라.

- 성경적으로 믿음은 하나님과 그의 약속의 말씀을 향해 신뢰함으로 굴복하는 것이다. 구원은 하나님의 사랑에 기인하는 언약의 형태인데, 오직 믿음으로만 받아들일 수 있는 약속의 형태로 나타난다.
- 믿음의 대상은 예수 그리스도시다. 바울은 특히 믿음의 대상을 예수 그리스도께 집중하며, 그분의 인격과 유익들에 우리는 율법의 행실과 상관없이 오직 믿음으로만 참여할 수 있음을 말한다. (롬 3:21-28)

- 히브리서의 저자는 예수 그리스도를 믿음의 대상과 "믿음의 주요 온전케 하시는 이"로 인식하면서도, 믿음을 객관적 측면보다는 주관적 측면에서 바라본다.

- 믿음은 두 가지 요소를 내포하는데
  (1) 그리스도에 대한 사도적 메시지를 받아들이는 것(그리스도의 인격에 대한 무한한 신뢰는 물론이고 하나님이 아들에 대해 사도들을 통해 주신 증언을 받아들이는 것을 포함한다.)
  이 첫 번째 요소는 특히 요한문헌에서 강조하는 것이며, 사도적 증언을 진실로 받아들이는 자들은 자신의 구원을 위해 그리스도만을 신뢰한다.
  (2) 지금도 살아 계시면서 죄를 용서하고 완전한 구원을 베푸실 수 있는 전능하신 그리스도를 개인적으로 믿는 것이다.
  이 두 번째 요소는 바울서신에서 강조된다.

8. 믿음(faith)의 다양한 요소

| 8 | 믿음(faith)의 다양한 요소들에 대해 기술하라. |

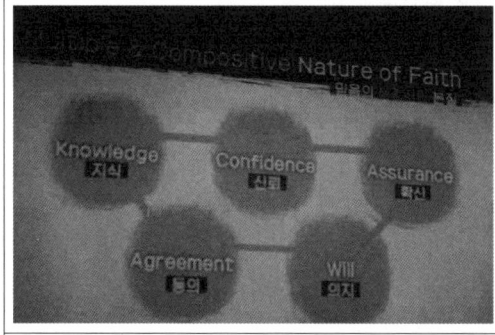

← 〈믿음의 다양한 요소들〉
지식 knowledge
신뢰 confidence
확신 assurance
의지 will
동의 agreement

지신확의동(첫 글자로 외움)

1. 지식
- 신자들은 성령으로 조명되어 새로운 믿음의 지식을 얻는다.
- 하나님은 예수 그리스도 안에서 자신을 알게 하시고 누리게 하심으로써 구원하신다. 그러나 믿음이 없이는 어떠한 지식도 없다.

- 예수 그리스도의 얼굴에 있는 하나님을 아는 지식이 우리를 구원하고 의롭다 하고 죄 용서와 영생을 우리에게 베푼다.
- 믿음은 지식으로 시작하지만 반드시 신뢰로 연결되고 동시에 확신으로 발전된다.
- 즉 믿음은 객관에서 시작하지만 결과적으로 주관에서 된다는 것이다.

2. 신뢰
- 믿음은 하나님과 그의 약속의 말씀을 향해 신뢰함으로 굴복하는 것이다.
- 사람과 하나님 간의 이러한 종교적 관계는 하나님을 경외하고, 섬기고, 사랑하고, 붙드는 것, 그를 의지하는 것 등으로 표현된다.
- 구약성경에는 믿음을 가리키는 고유한 용어가 없지만, 우리가 사용하는 "믿는다"는 말에 관련된 가장 가까운 말은 "견고히 하다, 붙들다, 의지하다, 신뢰하다"이다.
- 칼뱅의 견해에 따르면 지식은 신뢰를 포함하고, 역으로 신뢰는 지식이 없이는 불가능하다.

3. 확신
- 믿음은 신뢰로 연결되고 동시에 확신으로 발전된다.
- 확신이란 그리스도가 나의 주 나의 구원자시며 나의 죄가 용서되었음을 믿는 것이다. 이 확신이 없으면 믿음이 없는 것이다.
- 곧 믿음이란 '성령에 의해 우리 지성에 계시되고 우리 마음에 인쳐진' 것에 대한 개인적 확신을 의미한다.
- 믿음은 보이지 않는 것들에 대한 확신과 신념이다.

4. 의지
- 확신을 해야겠다는 의지를 사용하게 되는 것이다.
- 믿음은 지성과 의지를 포함하는데, 지성의 차원에서는 지식이며, 의지의 차원에서는 동의이며 감정의 차원에서는 사랑·갈망·기쁨이다.

〈결론〉
- 우리가 여기서 앞으로 더 나아가면 믿음이나 회심은 구원을 얻기 위한 조건은 아니라는 사실을 인정해야 한다.
- 하나님은 무엇보다도 먼저 우리를 하나님께로 향하게 하시고, 또한 우리는 우리의 능력과 힘을 다해(믿음으로) 우리 자신을 하나님께로 향하게 한다.
- 그리스도 안에서 객관적으로 실현된 구원은 내적 부르심을 통해 개인적으로 적용되고 분배되며, 또한 중생을 통해 인간 편에서 수동적으로 받아들여진다.
- '거듭나지 않았다면 어느 누구도 하나님의 말씀을 구원을 얻도록'(salvifically) 들을 수 없기 때문이다.

9. 로마가톨릭 교회의 칭의론과 개혁 교회의 칭의론의 차이점

9	로마가톨릭 교회의 칭의론과 개혁 교회의 칭의론 사이의 차이점에 대해 상술하고 무엇이 성경적으로, 신학적으로 옳은지 평가하라.

칭의는 법정적이고 전가된 것이다. 우리는 구원받기 위해서는 무언가를 해야 한다고 말하든지 아니면 우리의 구원은 순전히 은혜의 선물이라고 해야 한다. 만일 우리의 행위, 우리의 덕, 우리의 성화가 주된 기준이라면, 우리는 마지막 숨을 거둘 때까지 의심과 불확실성에 머물러 있을 것이다. 로마가톨릭은 성경이 칭의와 선행을 대조시키는 것과는 달리 선행을 칭의에 대한 이해 자체에 포함시키면서 순서를 뒤바꾼다.

〈로마가톨릭 칭의론〉
- 트리엔트 공의회의 진술에 따르면 로마가톨릭 교회에서의 칭의는 "죄를 사하는 것일 뿐만 아니라, 은혜와 은사를 자발적으로 받아들임으로써 속사람을 성화시키고 갱신하는 것이다." 이것은 주입을 이야기하는 것인데, 개혁주의는 전가를 이야기한다.

- 로마가톨릭에 의하면 칭의는 죄책을 용서하고 사람을 영원한 형벌로부터 자유롭게 하는 동시에 그를 내적으로 중생시키고 새롭게 하는 하나님의 행위이다.
- 로마가톨릭은 그리스도의 의가 신자들에게 전가되는 것을 부인하지 않지만, 여전히 칭의가 그리스도의 의를 윤리적으로 주입하는 것도 포함한다고 주장한다.
- 로마가톨릭은 의화이다. 실제로 들어오니까(주입) 예수 그리스도의 의로움이 들어와버려 로마가톨릭은 세례를 받으면 그리스도의 완전한 의로움이 주입되어 성인이라는 개념이 있다. 그래서 칭의와 성화를 분명하게 구분하지 않는다.

〈개혁 교회 칭의론〉
- 우리의 의로움은 오로지 하나님의 전가에 의한 것이다. 왜냐하면 칭의는 우리 안에서부터 오는 것이 아니며, 우리의 능력으로부터 오는 것도 아니기 때문이다. 우리는 내적으로는 현재 불경건하고 앞으로도 항상 불경건할 것이다.
- 성경에서 '의롭다고 하다'는 '의롭게 여기다, 용납된 사람으로 대우하다, 죄를 전가하지 않는다, 불신앙을 용서하다, 행위와 상관없이 의를 수여하다, 의를 전가하다'를 의미한다. 우리가 의롭게 되는 것은 바르게 행하기 때문이 아니라, 의롭게 됨으로써 바르게 행하는 것이다. 그러므로 오직 은혜만이 우리를 의롭게 한다.
- 어떤 사람이 의롭기 때문에 하나님이 그를 의롭게 여기시는 것이 아니라, 하나님이 그를 의롭게 여기시기 때문에 그가 의로운 것이다. 옳은 일을 했기 때문에 의롭다 인정 받은 것이 아니라, 의롭다 인정을 받았기 때문에 옳은 일을 할 수 있는 것이다.
- 이것이 하나님의 주권과 인간의 책임 사이에서 신적 협력의 균형으로의 갈 추구이다.

두 가지 서로 다른 강조 – 하나님의 약속이라는 객관성과 믿음의 반응이라는 주관성 – 는 오늘날까지 개혁파 교회들에 남아 있다. (교수님 좋아하시는 문구)

〈그림 2-7〉 칭의의 6중 원인(박재은 교수님 강의안 중에서)

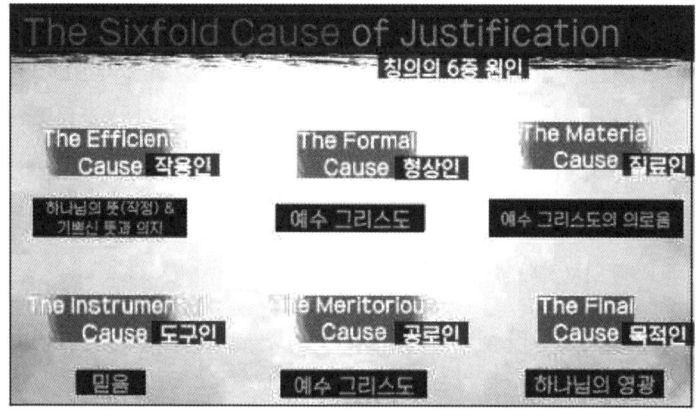

10. 칭의의 6중 원인(the sixfold cause of justification)

10	칭의의 6중 원인(the sixfold cause of justification)에 대해 기술하라.

위 도표와 같이 "칭의의 6중 원인"은 다음 6가지이다.

① 작용인 The Efficient Cause   ② 형상인 The Formal Cause
③ 질료인 The Meterial Cause   ④ 목적인 The Final Cause
⑤ 도구인 The Instrumental Cause ⑥ 공로인 The Meritorious Cause

6중 원인(작형질목공도)
- 성부는 유효적으로 의롭게 하시고, 성자는 공로적으로, 성령은 적용함으로 하신다.
- 하나의 도식으로 표현하자면, 믿음은 깨닫고, 성례는 인치고, 행위는 선포한다.
- 작용인(유효적 원인): 칭의의 원인 / 하나님의 기쁘신 뜻(작정)과 기쁘신 의지 방아쇠를 당긴다는 것으로 방아쇠를 당기는 것을 작용인이라고 부른다. 작용인이 없으면 칭의가 벌어지지 않는다. 이것을 하나님의 뜻이라고 한다.

- 형상인: 그리스도=복음
- 질료인: '그리스도의 의'가 질료가 된다.
- 도구인: 믿음(도구인은 반드시 믿음이 되어야만 한다.) **믿음이 도구인이다.**
  믿음 그 자체에 공로가 없다는 것이다. 내가 믿었으니 나한테 공로가 주어진다는 것은 세미펠라기우스주의나 아르미니우스주의이다.
- 공로인: 예수 그리스도(모든 공로는 그리스도에게 가는 것이다)
- 목적인(최종인): 하나님의 영광

"그 안에서 발견되려 함이니 내가 가진 의는 율법에서 난 것이 아니요 오직 그리스도를 믿음으로 말미암은 것이니 곧 믿음으로 하나님께로부터 난 의라"(빌 3:9)

〈결론〉

믿음은 그 자체가 의라서 그 자체의 본질이나 행위로 의롭게 하는 것이 아니라, 그것이 우리의 의이신 그리스도에 대한 믿음이기 때문에 그 믿음의 내용이 의롭게 하는 것이다. 의롭게 하는 믿음은 정확하게는 그리스도를 대상과 내용으로 갖는 믿음이다.

로마가톨릭은 내가 믿음을 품었기 때문에 도구인으로 남지 않고 공로인이 된다.

11. 칭의와 성화 사이의 바른 관계성

| 11 | 칭의와 성화 사이의 바른 관계성에 대해 상술하라. |

- 그러면 이신칭의는 방종으로 가는 것인가, 이것이 가장 큰 오해이다.
- 죄사함의 경우와 마찬가지로 성화 역시 하나님의 사역이고 선물이다.
- 성화는 무엇보다 하나님의 역사요, 더 구체적으로는 그리스도와 성령의 역사다.

- 그래서 요새 책들은 허수아비 공로를 이야기한다. 이신칭의는 윤리를 약화시키므로 한국교회가 개판이 되었다는 것이다. 이신칭의는 한 순간도 행위를 약화시킨 적이 없다. 막 살아도 구원받는다. 이런 말을 한 적이 없다.

믿음은 행함으로 드러나고, 행함으로 온전케 된다. 이런 의미에서, 믿음 자체가 행위, 가장 탁월한 행위, 모든 선행의 원리다.

야고보서는 율법의 행함이 아니다. 로마서의 행위는 율법의 행위이고 야고보서의 행위는 참된 믿음으로부터 필연적으로 나오는 참되고 진정한 행위이다.

이신칭의를 잘못 이해하여, 아니면 양심의 화인 맞아서 그런 행위를 하지 않음으로 벌어지는 일이다.

칭의가 있으면 성화가 있을 것이고, 성화가 있으면 칭의가 있을 것이라는 이중 은혜를 칼빈은 말하고 있다. 칭의된 사람은 늘 회개 기도가 나올 수밖에 없다.

"내가 주께만 범죄하여 주의 목전에 악을 행하였사오니 주께서 말씀하실 때에 의로우시다 하고 주께서 심판하실 때에 순전하시다 하리이다."(시 51:4-5)

고백과 기도가 은혜의 방편이 된다.
칭의된 사람이라면 늘 회개 기도가 나올 수밖에 없다.

야고보서는 "믿음이 그의 행함과 함께 일하고"에서 믿음이 늘 우선이다.
행함이 먼저 나오지 않고, 믿음이 옳다면 행함을 만들 수밖에 없다는 얘기다. 순종해야 되는구나 하면 신율법주의이다. 죽도록 해보라. 오히려 더 교만해질 것이다. 순종이 먼저인가? 믿음이 먼저인가?

순종해서 믿음이 생기는 게 아니고, 믿음이라는 선물을 받으면 예수 그리스도를 이해하게 되고, 율법을 기쁨으로 지키게 된다. 이것이 순종이다.

믿음이 진짜 있다면 그 믿음은 순종을 낳는다는 것이고, 이것이 성경적인 것이다. 믿음 그 자체도 행함으로 두고 있는 것이다.

성화는 많이 오해된다. 성화는 인간이 하는 게 아니냐고 말한다.
부르심과 중생은 하나님의 단동사역이다.
믿음은 하나님이 주실 때 우리가 하는 것이다

믿음·회심·칭의는 신적 협력이다. 신인협력은 아니다. (이것은 아르미니우스주의다) 즉 신적 협력은 하나님이 은혜를 주셔야지, 작용인으로 주셔야지 우리가 할 수 있는 것이다.

부르심과 중생은 하나님의 단동사역이다. 성화는 성부로 시작한다.
성부 하나님이 거룩하게 하시는 것이다.

"지혜는 말씀이고 말씀을 들어 의롭게 되어 거룩하게 되는 것이다."
(고전 1:30)

하나님으로부터 나와서 그리스도를 통하여 성화가 된다는 것이다.
균형은 여전히 중요하다.(성화론에서도 중요하고, 구원론에서도 중요하다)
그래서 바빙크는 이렇게 표현한다.
성화는 수동적 성화가 있고, 능동적 성화가 있다는 것이다.
수동적 성화는 하나님께서 하시는 것이다. 하지만 우리는 능동적 성화를 해야 한다.

성화는 우리 편에서 봤을 때 능동적으로 해결해야 한다. 내가 해야 한다.
성화는 선물인 동시에 임무다. 이것은 외워 버려야 한다.

바빙크의 구원론 중에 가장 좋아하는 핵심을 보여드리겠다.

① 성화는 성부로 시작한다.
② 성화는 하나님에게서 나와서 그리스도를 통하여 성화가 되며,
③ 성화의 방점은 인생 전반에 걸쳐서 되는 것이다.
④ 이것이 "균형잡힌 성화"이다.

바빙크, 「개혁파 교의학(단권축약본)」, p.978.

12. 배교(apostasy)와 견인(perseverance) 교리 사이의 관계성

12	배교(apostasy)와 견인(perseverance) 교리 사이의 관계성에 대해 기술하라.

- 성도의 견인도 성화와 마찬가지로 선물이자 임무라고 말한다.

- 신약 성경은 반복해서 신자들에게 그들의 구원자와 주님께 변함없이 신실하고 진실하되, 심지어 죽기까지 그렇게 할 것을 권고한다.

- 문제는 신자들 스스로 자기 믿음을 유지하느냐 아니면 잃어버리느냐 하는 것이 아니라, 하나님이 스스로 시작하신 은혜의 역사를 지탱하고 지속하고 완수하시느냐 아니면 때로 죄의 능력이 그것을 완전히 망가뜨리도록 허락하시느냐 하는 것이다.

- 견인은 인간의 행위가 아니라 하나님께로부터 온 선물이다.

- 개혁파에서 견인 교리는 은혜의 사역이 지속되고 완성되는 것을 보증하시는 하나님의 선물로 간주되는데, 하나님은 신자들을 통해 이것을 행하신다.

- 견인은 하나님께서 아들을 보내서 아들을 순종의 열매로 만들어서 영화롭게 하기 위한 것이다. 즉 견인의 최종목표는 영화이다.
- 견인이라는 것은 견디고 인내하는 은혜를 주신다는 것이다.

  우리가 견디는 것이다. 견디고 인내하는 이유는 뭐냐?
- 너희들이 죄 때문에 타락했는데, 그래서 회복했는데, 죄를 짓지 않을 수도 있고(전제는 늘 죄를 지을 수밖에 없는 존재), 죄인인 동시에 의인인 것으로 원죄의 뿌리가 있어 견디는 힘을 주는 것이 견인이다.
- 말씀으로 견디게 만들고, 왔다갔다 하면서 영화로 가는 것이며, 그래서 견인은 종말론적으로 바라봐야 한다. 견인은 영화의 상태까지로 가게 만드는 원동력이다.
- 오히려 더 큰 방점은 하나님께서 우리에게 견디는 은혜를 주시고, 또 우리가 참는 것이다. 예수와 연합했던 이 길 안에서 견디게 하는 것이다.
- 견인은 능동적 견인, 점진적 견인, 책임적 견인이다.
- 성경은 끝까지 견디는 자를 가르치며, 주체는 인간이다.

  그런데 수동적으로, 은혜적으로 견인을 주셔야만 견디게 된다.
- 견인의 완성은 영화가 될 것이며, 영광스런 영생을 얻게 될 것이다.
- 견인은 오직 하나님의 신실하심에 기초한다.
- 개인적으로 이 본문을 참 좋아한다. "그러므로 우리는 들은 것에 더욱 유념함으로 우리가 흘러 떠내려가지 않도록 함이 마땅하니라"(히 2:1)
- 이 본문을 가지고 개신교는 이것을 개인으로 보고, 로마가톨릭은 이것을 교회로 본다. 그래서 교회 밖에는 구원이 없다라고 말한다.
- 진리의 말씀인 성경에 근거하여 성경 말씀에 대한 본문에 대해서, 12사도가 적은 그 말씀에 의하여 또 속사도에 의하여, 속사도에 가르침에 정통했던 교부들에 의하여, 종교개혁자들의 말한 것에 의하여 함께 구속언약이라는 은혜언약 가운데 묶여있는 그것에 더욱 유념해야 한다.

- 견인의 시작은 주체가 하나님이다. 하나님께서 끌어서 우리는 객체가 되나, 끌림을 받으면 내가 주체가 되어 내가 견디고 내가 인내해야 하는데 선물이요 동시에 임무이기 때문에 그런 것이다.
- 또한 견인의 은혜를 받은 사람들은 무책임하게 일을 하지 않는다.
- 견인의 핵심은 하나님께서 스스로 시작하신 은혜의 역사를 하나님께서 지속하고 완수하시느냐 이게 문제이다. 주체의 시작점을 이야기하는데, 견인은 인간의 행위가 아니라 하나님께로부터 온 선물이다. 이것이 하나님께로 왔으면 가능하다.

〈변절〉
- 변절에 관한 것도 하나님의 신실하심에 기초한다. 이스라엘이 믿음에서 떠나 간음하게 되었을 때, 예언자들은 이 때문에 하나님이 변하시거나, 그의 언약이 흔들리거나, 그의 약속들이 파기될 것이라고 결론 내리지 않는다.
- 이와 반대로 하나님이 자발적으로 엄숙한 맹세와 함께 이스라엘과 연대하셨기 때문에 하나님은 자신의 언약을 파기하실 수도 없고 또 그런 일을 허용하시지도 않을 것이라고 가르친다.
- 바울이 이스라엘의 신실치 못함이라는 동일한 사실에 직면할 때, 그는 하나님의 말씀이 실패했다고 결론짓지 않고 하나님의 긍휼을 계속해서 신뢰하는 가운데 "하나님의 은사와 부르심에는 후회하심이 없느니라"(롬 11:29)고 확신한다.
- 때때로 성경은 변절(배교)이 가능한 것처럼 말하기도 한다. "그런즉 선 줄로 생각 하는 자는 넘어질까 조심하라"(고전 10:12) 심지어 성경은 타락했던 다양한 사람들을 언급하는 것처럼 보인다.
- 참된 신자의 변절에 대해 말하는 것처럼 보이는 성경 구절들을 대할 때, 우리는 무지를 고백할 수밖에 없다. 그들이 진실로 거듭남의 은혜를 받았는지, 또는 그들이 실제로 그것을 잃어버렸는지 우리가 알 수 없기 때문이다. 그러므로 은혜의 전적 상실 가능성에 대해 이런 성경의 권고들에 근거하여 결론을 내리는 것은 완전히 잘못된 것이다.

- 하나님께서 그의 사랑하시는 자 안에서 받으시고 그의 영으로 효력있게 부르시며 거룩케 하신 자들은 은혜의 상태로부터 완전히 또 최종적으로 떨어져 버릴 수 없고, 그 안에서 확실히 끝까지 견디며 영원히 구원을 얻을 것이다.

- 하나님은 자기 백성을 버리실 수도 없고, 버리시지도 않을 것이다. 믿음은 결코 우리를 실망시키지 않을 것이다.

- 성도들의 이러한 끝까지 견딤은 그들 자신의 자유의지에 의존하지 않고 신인협력이다. 견인은 사람의 행위가 아니라, 하나님의 선물이다.

> ▷ 위의 예제들 중에서 총 6문제를 출제하겠습니다.
> ▷ 배점: 6문제×각 10점 만점 = 총 60점 만점

13. 견인(개혁교의학을 중심으로)

- 견인에 대하여 시험에 쓸 것은 아니지만 정리한 것
- **여기부터**(개혁교의학 4권 314절, 위 6줄~)
- 다윗의 간음, 솔로몬의 우상숭배, 후메내오와 알렉산더, 데마, 자기들을 사신 주를 부인하는 거짓 선지자들과 교사들, 은혜와 믿음에서 떨어진 신자들, 이 본문들에 근거하여 펠라기우스파, 로마교, 소시누스파, 항변파, 메노파, 퀘이커파, 감리교 등 그리고 심지어 루터파조차 받은 은혜를 전적으로 상실할 가능성을 가르쳤다.
- 반면에 아우구스티누스는 '성도의 견인'을 고백했다. 하지만 그는 불확실함과 두려움이 구원의 관점에서 신자들에게 유익한 것이라고 여겼기 때문에, 세례로 거듭난 자들은 자신들이 받았던 은혜를 다시 잃어버릴 수도 있으나, 만일 그들이 택함 받은 자의 수효에 속한다면, 어쨌든 죽기 전에 다시 그 은혜를 받는다고 가르쳤다.

- 그러므로 신자들은 전적으로 은혜를 상실할 수 있으나, 택함 받은 자들은 궁극적으로 은혜를 상실할 수 없다.
- 가톨릭 교회와 후기의 로마교회에서 초기와 후기의 많은 신학자들은 아우구스티누스의 견해에 동의했다. 하지만 그럼에도 불구하고 이 교리는 오로지 개혁파에 의해 견지되었고 '믿음의 확신'과 연관되었다.
- 이제 이 견인의 교리에서 문제는 구원하는 믿음을 소유한 자들이, 그들만 남겨진다면, 자신들의 허물과 죄로 인해 다시금 이 믿음을 상실할 수 있는가가 아니다.

여기부터 개혁교의학 4권 315절
- 그리고 때때로 그들의 삶 가운데 사실상 믿음의 모든 활동, 담대함과 위로가 그치고 믿음 자체가 삶의 염려와 세상의 쾌락에 의해 가려지는가도 아니다.
- 문제는 하나님이 시작한 은혜의 사역을 또한 하나님 자신이 보존하고, 지속하며 완성하는지 아니면 이 사역이 때때로 죄의 권세로 인해 전적으로 파괴되는가다.
- **견인은 사람의 행위가 아니라, 하나님의 선물이다.**
- 아우구스티누스는 이것을 잘 통찰했다. 단지 그는 은혜를 두 가지 종류로 구분했고, 중생과 믿음의 은혜는 그 자체로 상실될 수 있으며 지속적으로 존속하기 위해서는 여기에 외부로부터 두 번째 은혜인 견인의 은혜가 반드시 첨가되어야 한다고 생각했다. 그래서 두 번째 은혜는 추가된 선물로 첫 번째 은혜와 연관이 없으며 사실상 그 어떤 영향도 없이 그리스도인의 삶의 외부에 존재한다.
- 개혁파의 견인 교리는 전혀 다른 것이었다. **견인은 하나님의 선물이었다.** 하나님은 은혜의 사역이 진전되고 완성되도록 지키고 돌보지만, 신자들과 상관없이 행하는 것이 아니라, 그들을 통해서 행한다. 하나님은 중생과 믿음 가운데 스스로 상실될 수 없는 성격을 지닌 은혜를 준다.
- **하나님은 본성적으로 영원한 생명을 준다.**

6. 구원론 과제 III

박재은 교수님
『칭의, 균형있게 이해하기』

1. 들어가는 말

○ 책 제목이 "칭의"가 아니라 『칭의, 균형있게 이해하기』에서 "칭의"가 딱딱하게 느껴지는 것이 아니라, 누구나 편안하게 읽을 수 있도록 정한 젊은 학자의 신선한 감각이 마음에 다가왔다. 덧붙인 작은 소제목 "하나님의 주권 대 인간의 역할, 그 사이에서 바라본 칭의"는 저자의 의도가 무엇인지 한 눈에 알 수 있도록 간결하지만 모든 것이 다 농축되어 있는 진함이 있다.

○ "칭의"하면 로마서 8장에서 바울이 말하는 정의(의롭다 하심) 이상의 것을 생각지 못했는데, 신대원에 들어와보니 왜 이렇게 복잡한지 머릿속만 시끄럽고 아직도 난해한 이론의 퍼즐이 맞춰지지 않고 있다. 그런데 저자는 이것을 간결하게 나눈다. 과거와 현대의 균형 잃은 칭의론을 논의하고, 마지막에 '균형 잡기'로 우리를 잘 인도하고 있다. 나도 "칭의"가 얼마나 아름다운 믿음의 고백인지 알고 싶어 교수님의 안내를 따라 이 길을 가려 한다.

2. 과거의 균형 잃은 칭의론

┌─── **이 책의 최종 목표** ───┐

이 책의 최종 목표는 ① 개혁신학의 빛 아래서
② 하나님의 주권과
③ 인간의 책임 사이의
④ 균형을 유지하며
⑤ 칭의 사건을 바라보는 데 있다.[97]

○ 위의 기술한 바와 같이 이 책의 최종 목표가 선명하다.
○ 저자는 "균형"을 정의하는데, 두 가지 관계가 있다.(17쪽)
  - 인간의 책임을 경시하고 하나님의 주권만을 배타적으로 강조하거나
  - 인간의 책임을 지나치게 강조하여 칭의의 방정식에서 하나님의 주권이 약화되는 상태
○ 두 가지 관계는 '불균형의 시소'라고 할 수 있는데 저자는 이와 같은 불균형의 관계에 대하여 16세기부터 19세기에 걸친 교회 역사 가운데 왕왕 등장한 칭의론을 논의한다.(18쪽)
○ 과거의 균형 잃은 칭의론으로 저자는 5가지를 논의하는데,(18쪽)

① 아르미니우스주의 칭의론
② 반율법주의 칭의론
③ 신율법주의 칭의론
④ 하이퍼 칼빈주의 칭의론
⑤ 영원으로부터의 칭의를 논의한다.

---
12 박재은, 칭의, 균형있게 이해하기: 하나님의 주권대 인간의 역할, 그 사이에서 바라본 칭의, 부흥과 개혁사, 2016, 17.

2.1. 아르미니우스주의 칭의론

○ 아르미니우스주의 칭의론은 '믿음이 인간에게서 난 것으로 오해하고 결국은 인간의 공로가 되어 하나님의 주권을 약화시킨다.'(26쪽)
○ 저자는 청교도 신학자인 앤서니 버지스(Anthony Burgess)가 저술한 그의 책 『참된 칭의 교리』(The True Doctrine of Justification)를 인용하여 칭의의 4중 원인에 대해 잘 논의하고 있다.[13]

〈그림 2-8〉 앤서니 버지스, 개혁주의 진영 안에서의 칭의의 4중 원인

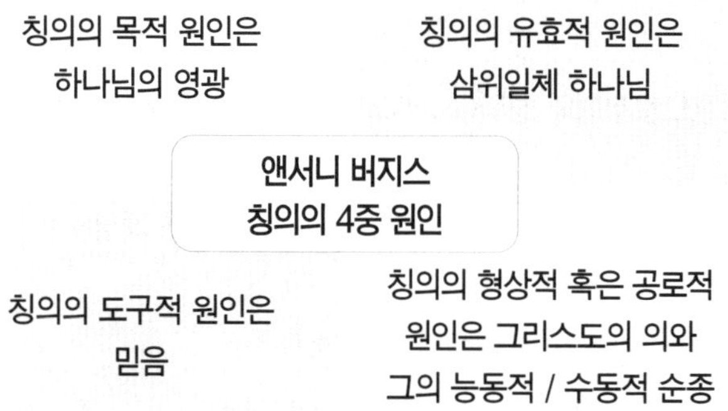

칭의의 목적 원인은 하나님의 영광

칭의의 유효적 원인은 삼위일체 하나님

앤서니 버지스 칭의의 4중 원인

칭의의 도구적 원인은 믿음

칭의의 형상적 혹은 공로적 원인은 그리스도의 의와 그의 능동적 / 수동적 순종

2.2. 반율법주의 칭의론
= 안티노미아니즘(Antinomianism) = 율법폐기론 = 무상 칭의

○ '반율법주의 칭의론'은 지나치게 '하나님의 주권'만'을 강조함으로써 죄인이 의롭다 칭함을 받기 위해 인간의 어떤 행동도 필요없다는 "무상 칭의"(true justification)를 말한다.(33쪽)

---

[13] 박재은, 칭의, 균형있게 이해하기, 20-21.

2.3. 신율법주의 칭의론 = 네오노미아니즘(Neonomianism)

○ 죄인이 의롭게 되기 위해서는 이중적(twofold) 의가 필요한데, 첫 번째로 필요한 의는 예수 그리스도의 복음이며, 두 번째로 필요한 의는 죄인의 믿음과 회개이다.(34쪽)

2.4. 하이퍼 칼빈주의 칭의론

○ 칭의 때 인간의 역할보다는 하나님의 주권을 높이기 위해 부단히 노력하는 칭의론으로 인간의 책임이 심각하게 경시된 것으로 인간이 역할은 거의 전무하다.

2.5. 영원으로부터의 칭의(justification from eternity) = 영원 칭의

○ 죄인이 의롭게 됨이 영원에서 다 이루어진다는 개념(41쪽)

2.6. "과거의 균형 잃은 칭의론"의 결론

○ '죄인을 의롭게 하시려는 하나님의 영원 작정'과 '칭의 자체'는 반드시 구분되어야 한다. 칭의를 위한 하나님의 영원 작정은 '영원성'을 갖고 있지만, 칭의 자체는 '시간성'을 지니기 때문이다. 그러므로 이 둘은 영원성과 시간성의 섞임 없이 각각의 성격을 유지해야 한다.(46)

○ "적용"(46-47쪽)
 - 첫째, 칭의는 전적으로 하나님이 하신다.
 - 둘째, 비록 칭의는 전적으로 하나님이 하시지만, 인간 편에서 해야 할 일은 '믿음'의 역할과 관계된다. 이때 믿음의 역할은 '**도구적 원인**'으로 이해되어야 한다.

3. 현대의 균형 잃은 칭의론

○ 현대의 균형 잃은 칭의론으로 저자는 3가지를 논의하는데,(51-104쪽)

① 주재권 구원 논쟁
② 페더럴 비전의 칭의론
③ 바울에 대한 새 관점의 칭의론 이다.

3.1. 주재권 구원 논쟁

	주재권 구원	무상 은혜
발단 학자 (52쪽)	존 스토트(John R. W. Stott)	에버렛 해리슨 (Everett F. Harrison)
논쟁의 핵심 (52쪽)	"예수 그리스도가 구세주(Savior)가 되기 위해서는 반드시 주(Lord) 여야만 하는가?"	
위 논쟁의 입장 (53쪽)	한 개인이 진정으로 그리스도를 구세주로 영접했다면 그의 삶 속에서 그리스도의 "주 되심"과 "주재권"이 드러나야 한다.	한 개인이 진정으로 그리스도를 영접했다고 하더라도 그 삶 속에 그리스도의 "주 되심"이 드러나지 않을 수도 있다.
"구세주 되심" "주 되심" 관계	그리스도의 "구세주 되심"과 "주 되심"을 분리하지 않음	그리스도의 "구세주 되심"과 "주 되심"을 분리
"칭의"와 "성화"	"구세주 되심"을 "칭의"라고 본다면 "주 되심"은 "성화"로 본다	
"칭의"와 "성화" 관계 (53쪽)	"칭의와 성화는 구분될 수 있지만 분리될 수는 없다"고 주장	"칭의와 성화는 구분될 수 있을 뿐 아니라 분리될 수 있다"고 주장

"구세주 되심" "주 되심" 관계(53쪽)	구원에서 하나님의 주권(구세주 되심)과 인간의 역할/책임(주 되심)을 불가분의 관계로 봄	하나님의 주권과 인간의 역할/책임 사이에 구별성을 강조하는 입장
두 논쟁의 촉발 원인 (53쪽)	두 논쟁은 존 맥아더(John MacArthur)의 책『참된 무릎 꿇음』이 출간되면서 더 크게 다시 촉발됨	
주재권 구원과 무상 은혜	맥아더의 입장은 "주재권 구원"	제인 호지스의 입장은 "무상 은혜"
지지 학자 (54쪽)	존 스토트, 제임스 패커, 존 파이퍼, 밀라드 에릭슨, 마이클 호튼, R. C. 스프로울, 아더 핑크, 제임스 몽고메리 보이스 등	루이스 체이퍼, 찰스 라이리, 로버트 라이트너 등
지지권(54쪽)	범복음주의권 혹은 개혁주의권에서 지지를 받음	세대주의권에서 많은 지지를 받음
이신칭의 입장	"믿음으로 말미암아 의롭게 된다"는 이신칭의를 둘 다 믿음	
믿음(56쪽)	믿음은 한 번의 결단으로 끝나는 것이 아니라 "헌신"과 "순종"의 열매	믿음이 한 번의 "결단"으로 이루어짐
행함(57쪽)	무상 은혜를 지지하는 이들 입장은 "행위구원론", "율법주의"라고 비판	무상 은혜의 입장은 인간의 어떤 "행함"도 필요없다고 가르침
주재권 구원의 입장 정리 (58쪽)	- 죄인이 의롭게 되는 것은 하나님의 강권적인 은혜로 되는 것인데, 이는 오직 믿음(도구적 원인)을 통해서만 가능하다. - 만약 이 믿음이 참된 믿음이라면 그에 걸맞은 영적 열매들(순종, 회개, 선한 일 등)을 맺게 된다. - 참된 믿음을 가지고 있는 영적 증거로서의 열매로 "의롭고 선한 행위"를 필연적으로 낳지만 그 열매들이 구원 자체를 불	

	러오는 것은 아니다. - 따라서 주재권 구원이 무상 은혜보다 균형 잡힌 시각이라 할 수 있다.
무상 은혜의 입장 정리 (59쪽)	- 무상 은혜 입장은 오직 믿음으로 말미암아 의롭게 된다는 사실을 강조 - 이보다 더 나아가 참된 믿음과 행위를 분리시킴 - 그 결과 "행함이 없는 믿음은 그 자체가 죽은 것이라"(약 2:17)의 가르침에서 멀어짐
로마서와 야고보서의 가르침에서 "행위"에 대한 논의 (59-61쪽)	- "행위"(works)의 용어 차이로 볼 때 로마서가 "행위가 아닌 오직 믿음으로"라고 하는 것에서 행위는 "율법의 행위"인 반면, - 야고보서가 "행함이 없는 믿음"이라고 하는 것에서 행위는 "참된 믿음으로부터 필연적으로 나오는 참되고 진정한 행위" - 즉, 로마서와 야고보서는 모두 "율법의 행위"가 구원을 주지 못한다고 주장함 - 야고보서가 말하는 행함은 율법의 행위가 아니라 참된 믿음의 결과인 참되고 의로운 행위로 이런 측면에서 로마서와 야고보서는 서로 상충되지 않는다.

3.2. 페더럴 비전의 칭의론

○ 페더럴 비전의 칭의론은 신율법주의 칭의론과 유사하다. 즉, 신율법주의의 칭의론처럼 페더럴 비전의 칭의론도 칭의에서 인간의 역할과 책임에 주목하는 칭의론이다.(61쪽)
○ 페더럴 신학은 칭의론과 관련하여 세 가지 측면에 대한 차이가 있다.

첫째, 언약에 대한 이해의 차이,

둘째, 그리스도의 능동적 순종을 거부하는 문제,
셋째, 믿음과 순종의 관계에 대한 이해 차이이다.(63-73쪽)

○ 이와 같이 저자는 논하는데, 얼핏보면 그 신학적 결이 비슷하여 구별하기 어려운 것을 젊은 신학자인 저자는 명쾌한 논의를 보여준다.

3.3. 바울에 대한 새 관점의 칭의론

○ 바울에 대한 새 관점의 칭의론(New Perspective on Paul)에서 "새 관점"의 사상적 뼈대를 이루고 있는 "언약적 신율주의"에 대해서 다루고, 다음으로 "새 관점"의 칭의론이 기존 칭의론을 재해석하고 있는 부분을 세 가지(율법의 행위, 이신칭의, 의의 전가에 대한 재해석)로 본다.(74-75쪽)

3.4. "현대의 균형 잃은 칭의론"의 결론과 적용

○ 저자는 1세기의 유대교가 언약적 신율주의가 아니라 율법주의적 행위의 형태를 지녔다고 보는 것이 성경 자체가 증언하고 있음을 제시하면서, 기독교가 사회 속에서 빛과 소금의 역할을 제대로 감당하지 못하는 결과로 인하여 교리 자체가 잘못 오해된 것임을 변증한다.(97-99쪽)

4. 다시 균형 잡기

○ 다시 균형 잡기에서는 헤르만 바빙크와 헤르만 비치우스의 칭의론을 살펴보는데, 이들 칭의론은 현대의 각종 균형 잃은 칭의론들에 대해 바른 대답이 될 것임을 제시한다.

4.1. 헤르만 바빙크의 칭의론(111-123쪽)

○ 바빙크는 반립이나 대립보다는 종합적 사고를 추구하면서 능동적/수동적 칭의가 각각 서로 '분리될 수 없는 개념'으로 이해하며 두 측면에서 균형있게 바라본다. 왜냐하면 이 둘은 구원의 사슬 안에서 '하나의 연결'을 이루고 있기 때문이며 '시간 안에서는 동시성을 지니고 있기 때문'이라고 설명한다.
○ 바빙크는 칭의를 '법정적 결정'과 '실제적 소유'로 나누어 생각하는데 '법정적 결정에 근거해서 죄인은 비로소 칭의를 [실제적으로] 소유할 수 있게 된다.'라고 논의한다.
○ 능동적/수동적 칭의에 대한 구분은 칭의의 방정식 안에서 하나님의 주권과 인간의 역할/책임 모두를 균형있게 강조하게 만드는 신학적 장치를 제공한다.

〈표 2-5〉 능동적 · 수동적 칭의 개념(105-138쪽)

	능동적 칭의 (active justication)	수동적 칭의 (passive justification)
관점의 차이 (107-108쪽)	하나님 편에서의 칭의, 죄인들을 의롭게 하시는 것	죄인들이 수동적으로 의롭게 되는 것
믿음의 위치 (109-1110쪽)	- 능동적 칭의란 하나님의 법정에서 이루어지는 것으로, - 논리적으로 주관적 믿음보다 앞선다. - 능동적 칭의를 "객관적 칭의"라고도 부른다.	- 수동적 칭의란 인간의 마음 혹은 의식의 법정에서 이루어지는 것으로, 논리적으로는 주관적 믿음 후에 이루어진다. - 수동적 칭의를 "주관적 칭의"라는 용어로도 표현한다.

믿음의 위치 (109-1110쪽)	- 능동적 칭의 개념은 이신칭의 원리와 상충되지 않는데, 능동적/수동적 개념이 서로 구분되기는 하지만 분리되는 개념은 아니다. - 즉 믿음을 통해 일어나는 수동적 칭의는 단독으로 가능한 것이 아니라, 하나님의 법정에서 이미 하나님에 의해 능동적으로 죄인의 의로움이 선포된 능동적 칭의 때문에 가능한 것이다. - 수동적 칭의에서 믿음이 하는 역할은 바로 능동적 칭의에서 선포된 것을 의식의 법정에서 믿고 받아들이는 것이다.	
논리적 우선순위 (110-111쪽)	- "첫째 칭의"로서 능동적 칭의는 언제나 수동적 칭의에 우선한다.	"둘째 칭의"
	- 우선순위를 다룰 때 주의해야 할 점은 이 우선순위가 논리적 영역에서의 우선순위이지, 시간적 영역에서의 우선순위가 아니라는 것이다.	
헤르만 바빙크 "획득"과 "적용"	- 바빙크에게 있어서 칭의의 획득은 "능동적 칭의"와 같은 개념	- 바빙크에게 있어서 칭의의 적용은 "수동적 칭의"와 같은 개념
"윌리엄 크륵생크"의 정의	- "법령적"(decretive) 혹은 - "가상적"(virtual) 칭의	- "실제적"(actual) 칭의
"비치우스"의 칭의 구분 (130-132쪽)	- "일반적 판결" - "하늘의 법정"에서의 칭의	- "특정적 판결" - "의식의 법정"에서의 칭의
	- "하늘의 법정"에서의 칭의는 "하나님의 법정"에서의 칭의와 개념적으로 유사하다. 능동적/수동적, 일반적/특정적, 하늘의 법정/의식의 법정으로 구분하지만, 각각의 개념은	

	분리해서 이해하면 안된다. 오히려 구분된 이 두 개념이 복합적으로 작용할 때 죄인이 의롭게 될 수 있다. - 즉, **능동적으로 그리고 수동적으로 의롭게 된 죄인**이 비로소 하나님과 밀접한 관계를 맺을 수 있게 된다.

4.2. 헤르만 비치우스의 칭의론(123-138쪽)

- 비치우스의 신학적 방법론은 "절충주의"이다.
- 비치우스의 능동적/수동적 칭의에 대한 구분은 바빙크의 칭의 구분과 그 본질과 내용이 같다.
- 비치우스의 능동적 칭의, 일반적 판결, 하늘의 법정에서의 칭의 개념은 모두 **"그리스도 중심적"** 칭의이며 그 근거를 그리스도의 사역에 깊게 뿌리내리고 있는 그리스도 중심적인, 하나님의 신적 약속들이다.

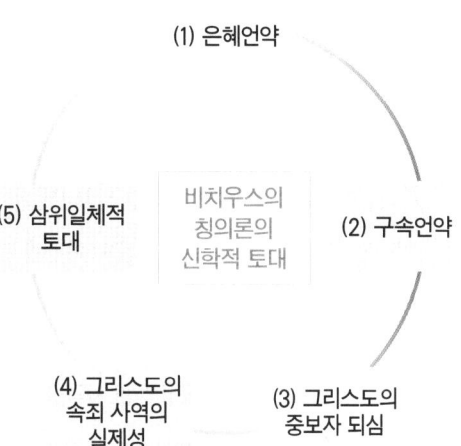

4.3. "다시 균형 잡기" 결론과 적용

○ 능동적 칭의인 하나님의 주권을 강조하여 반율법주의가 되면 '값싼 은혜'가 양산되어 '이제는 막살아도 된다'는 '도적적 방종'에 빠지게 되고, 수동적 칭의인 인간의 행위를 강조하다보면 '영적 패배주의'에 빠지게 된다.(139-141쪽)

○ 능동적 칭의와 수동적 칭의는 서로 구분되지만 분리되지 않으므로, 신학적 담론을 그치고 '하나님의 주권'과 '인간의 역할' 사이에서 포괄적이고 균형 잡힌 시각으로 칭의를 바라보면 된다.(139쪽) 바빙크와 비치

우스는 하나님의 주권과 인간의 역할/책임 사이에서 균형 잃은 칭의 론들을 보면서, 신학적으로 정교하게 능동적/수동적 칭의를 구분해 균형을 되찾으려 한다.(144쪽)

O 하나님의 주권이 강조되는 능동적 칭의의 강조를 통해서는 칭의의 방정식에서 인간의 공로를 제거할 수 있다. 이것을 도식화 해보자.

〈 능동적 칭의 - 인간의 공로 = 성경적 칭의 〉

O 인간의 역할과 책임이 강조되는 수동적 칭의에서는 반율법적이고 값싼 은혜를 추구하는 칭의론에 경계를 표할 수 있다.(144쪽)

〈 수동적 칭의 - 극단적 인간의 역할 = 성경적 칭의 〉

O 죄인이 의롭게 되는 칭의는 하나님이 주권적으로 하시는 사역이다. 하지만 하나님이 홀로 하시는 사역은 아니다. 이것을 표로 정리해 보자.(144쪽)

하나님의 주권적인 사역을
↓ 도구적 수단인 믿음을 통해 믿고 의지하고 받아들일 때
죄인이 의로운 자로 여김을 받게 된다.

나가는 말

O "칭의, 균형있게 이해하기" 책은 너무 좋은 책이다. 작은 책이지만 엑기스만 뽑아 놓은 책이다. 그리고 설명이 논리적이어서 따라가기 힘들지 않아서 좋다. 각 단락을 잘 분별할 수 있도록 나누어 놓았고, '결단'과 '적용', '생각해 볼 문제'로 앞에서 제시한 논의에 대하여 이해하지 못하고 넘어갔던 부분이라도 실제 적용을 보면서 그 뜻이 무엇인지 알 수

있도록 정성스럽고 세심하게 편집한 흔적이 느껴진다.
○ 교수님은 개혁주의 이론과 그에 반하는 이론을 명확하게 잘 제시하면서 그 이론이 왜 틀렸는지에 대하여 친절한 안내를 하고 있다. 그리고 결론에서 힘들었던 여러 가지 결을 잘 다듬으면서 적용으로 독자들을 인도한다. 적용점은 오늘날 우리의 삶의 문제로 나아간다.
○ 그리고 다시 우리에게 '생각해 볼 문제'를 제시하는데 이 작은 책에 소위 '들어갈 것은 다 들어가 있는 것'이 신기하고 놀랍다.

○ 칭의의 방정식에서 수동적 칭의를 설명하며 그리스도 외의 또 다른 공로자가 생긴다는 점을 잘 지적한 교수님의 명확한 신학에 감사와 박수를 보내고 싶다. 참된 믿음과 참된 순종의 인과관계를 제대로 파악하기가 얼마나 어려운지!
○ 얼핏 보기에는 맞는 것 같은데 5°, 10° 살짝 비뚤어진 것을 따라가다보면 어느새 나도 모르게 이단의 그물망에 걸려들 수 있는 우리의 신학의 약함을 짚어가며 잘 안내해 주고 있다.
○ 헤르만 바빙크와 헤르만 비치우스의 논의는 이 책의 가장 보석같은 부분이다. 비치우스의 논의에서 '믿음 자체가 어떤 능력과 힘이 있는 것'이 아니라 오로지 '**도구적 수단**'으로 사용된다는 설명과 '무상 칭의'에 대한 교수님의 정의가 참 아름답고 귀하다.

○ 김광열 총장님 대신 낯설게 들어오셨던 첫 수업 시간, 너무 젊으셔서 우리들은 '어! ~' 하고 어색했는데, 첫 시간 수업을 들으며 박재은 교수님의 강의가 너무 좋았고 명확했고, 신학 노선이 분명했기 때문에 너무 감격했었다. 그리고 딕션도 분명해서 전달도 잘 되었다. 시니어 교수님들에게서 배우는 것도 좋지만 젊은 학자들이 얼마나 귀한지 다시 한 번 깨닫는 시간이기도 했다.

○ 칭의에 대해 균형잡으려고 애를 쓰신 교수님의 노고가 귀하다. 그러면서도 어느 한쪽에 치우침 없이 명확하게 객관적인 평가를 내리면서 그리스도인의 정체성을 잘 정의하고 계셨다. 글을 읽는 내내 평안함과 교수님의 확신에 찬 선언(수업 시간의 음성)이 들려오는 듯한 마음으로 읽을 수 있었다. 감사합니다.

7. 목회학 과제 I

윤영민 교수님

1. 들어가는 말

○ 참된 목자, 영혼의 목자를 생각하는 목회학 과제를 하며 엄마를 생각한다. 엄마가 원하시던 목회의 길을 걷고, 총신대 신학대학원을 다니고 있지만, 내가 신대원을 입학하기 전해에 넘어지셔서 고관절 골절로 힘든 수술을 하셨다. 노환의 수술이었고 과도한 마취제로 인함인지, 그렇게도 명석하시던 엄마는 섬망증세가 호전되지 않은 채 내가 총신에서 공부하고 있는 것을 수없이 말씀드려도 그게 뭔지 모르신다. 희미하게 그저 좋은 건가보다 하신다.

○ 그렇게 엄마는 3년째 혼돈 속에서 누워계시지만 엄마 교회 목사님과 사모님이 오시면 정신이 맑아지시고, 너무 행복해하신다. 엄마에게 목사님은 온 삶의 전부였고, 최선을 다해 정성껏 잘 섬겼으며 목사님 말씀에 순종밖에 하지 않았다.

2. 목사란 누구인가? "영혼의 목자이며 감독"

2.1. 목사란

- '목사'는 '영혼의 보호와 치료를 주 임무로 하는 화해의 사역자'[14]로 옥한흠 목사는 평하고 있다. 베드로전서 2:25은 예수를 '영혼의 목자와 감독'으로 말씀하는데, 목사도 '영혼의 목자'가 된다. 이와 같은 논의를 빌면, 칼뱅은 목회자의 본질이 '영혼의 치유(care)와 감독'에 있다고 말했다. 즉 목사는 **영혼의 목자**이며, **감독**이다.

- '목회자'는 하나님의 목적을 이루는 수단이며, 거룩한 목회자는 하나님의 손에 들린 무기다. 하나님은 절대적인 주권으로 형편없는 도구들로도 얼마든지 일하실 수 있으며, 목적에 합당한 수단을 사용하신다.[15]
- 에베소서 4:12에 의하면 "이는 성도를 온전하게 하여 봉사의 일을 하게 하며 그리스도의 몸을 세우려 하심이라"고 기록되어 있듯이 **사도, 선지자, 복음 전하는 자, 교사**와 함께 하나님께서 교회를 위하여 삼으신 자이다.
- 디모데후서 2장에 의하면 **예수 그리스도의 좋은 병사**(3절), **수고하는 농부**(6절), 진리의 말씀을 옳게 분별하며 **부끄러울 것이 없는 일꾼**(15절)으로 설명한다.

2.2. 오늘날 변형된 목회자상

- 오늘날 목회자상은 성경적 목회자상을 크게 벗어나 위기에 처해있다.

---

14 『Wayne E. Oates(웨인오트) 저, 김득룡 역, 기독교 목회학, 생명의 말씀사, 1974.』에 대한 옥한흠 평의 일부이다.
15 Charles H. Supergeon, 이용중 옮김, 스펄전의 목사론, 부흥과 개혁사, 2005, 14-15.

마치 스스로를 큰 회사의 CEO처럼 여기거나 강단을 코미디 마당으로 만드는 예능인으로 착각하는 리더십의 모습을 취한다.

o 성실한 목회자들이 더 많지만 때로는 자신이 하나님 앞에 구원받은 사람인지, 목회자에게 필수인 회심(거듭남, 요 3:7)의 은혜가 있는지부터 검토해야 할 것 같기도 하다. 지극히 소수의 몇 분들에 해당하겠지만 자신이 어떤 존재이며, 맡은 사명은 무엇인지, 목자로서 양과의 관계는 어떠해야 하는지, 자신이 돌보는 양이 어떤 존재인지에 대한 관심은 전혀 부재한 채, 목회를 생계수단으로 생각하는 목회자도 있는 듯하다.[16]

o 이것을 표로 정리해 보았다.[17]

변형된 목회자상

1) 말씀론의 측면에서
오늘날 설교자들이 맘몬의 설교자인지, 십자가 복음의 선교자인지 점검해야 한다.

2) 교회론의 측면에서
교회가 어머니의 역할과 같은 부분들을 하지 못해 사회의 신뢰와 존경을 잃어버렸다.

3) 기독론의 측면에서
목회자를 스스로 제사장이라 하고 심지어는 레위지파라고 역설하는 신분상 차이를 강조한다.

4) 직무론적 측면에서
교회의 권위가 수직적이 아니라 수평적으로 지배가 아니라 질서로 독점이 아니라 공유와 나눔으로 건강하게 기능하도록 해야 한다.

---

16 오늘날 모든 목회자가 다 그렇다는 것은 아니다. 성실하게 말씀을 먹이고 양들을 위해 수고하고 희생하는 목회자가 더 많이 계시다. 그런 목회자들께 죄송하며 그런 분들이 계시기에 오늘의 한국 교회가 유지되고 있음을 밝힌다.

17 이것은 2008년 2월 ACTS 심포지엄 2008년 첫째 마당 "한국교회와 리더십"을 주제로 진행된 심포지엄에서 정홍열 교수(ACTS 조직신학)의 강연을 발췌하여 정리한 것이다.
http://biblenet.co.kr/s07_5.php?bo_table=s075&wr_id=20&page=&sca=&sca=&page=&type=&ctype=&stz=

○ 이러한 자본주의 가치관에 따라 움직여지는 맘몬주의(Mammonism)와 포스트모더니즘(postmodernism)이 낳은 목회자상이 곳곳에 만연한 시대에 시대적 조류를 거슬러 자기를 지키기가 얼마나 어려운지, 그럼에도 많은 목회자들이 말씀을 붙들고 헌신하며, 몸부림치는 것을 본다.

3. 목회자로 훈련 받게 된 동기나 소명 체험[18]

3.1. 하나님께서 목회자로 부르신 소명

① 예수 그리스도의 십자가와 부활이 구약에서 예언되었고, 구약과 신약이 퍼즐같이 맞춰진 사실(fact)이 성경 말씀 속에 하나님의 비밀로 계시된 것을 깨달으면서 예수님의 제자들이 증언했던 예수님을 증언하며, 그분들이 갔던 길을 가고 싶다는 소원함이 생겼다.
② 지금까지는 '약'으로 사람들을 치유했으나, 말씀을 붙들고 영혼을 살리는 일이 더 귀한 일임을 깨달았다.
③ 충현교회 주간충현 출판국에서 교회학교 교재, 매일의 묵상 등을 편집하면서 말씀과 씨름하며 말씀을 전하고 싶었다. 이 부르심에 대한 믿음과 확신, 절박한 영적 소명감과 영혼에 대한 사랑을 주심이 은혜라고 생각한다.

3.2. 사역을 하는데 필요한 자질과 사역 경력

① 대학교 재학중 C.C.C.에서 G.B.S. 순장과 Ten Step 교육 및 네비게이토 선교회에서의 성경공부 등 체계적인 Bible Study를 하고 선교훈련

---

18 이것은 총신대학교 신학대학원 입학 시 자기소개서에 쓰는 내용이었는데, 목회학 과제에도 비슷한 제목이 주어져서 종결 어미의 경어체만 바꿔서 옮겼다.

을 받았다.
② 아세아연합신학대학교 M.A. Healing Ministry(수료)에서 신학과 선교학을 공부했다.
③ 교회 편집국에서 봉사하며 계속 말씀을 접하고, 교정, 교열 및 편집을 10년간 했으며, 충현교회 55년사를 편집했고, 은퇴목사님 설교집을 교정했다.
④ 서울시립대학교 도시과학대학원에서 사회복지학 석사, 약사로서 10여 년간 약국 경영, 서울시 공무원으로 재직하여 시 행정과 민원 서비스를 통하여 대인관계 훈련을 받았다.
⑤ 생명의 전화에서 자원봉사로 전화상담을 오랫동안 하면서 대인관계 훈련을 했다.

3.3. 자신의 목회 자질

① 젊은 시절에는 섬김과 헌신, 전공을 통한 봉사로 예수 그리스도를 증거한다고 생각했다. 그러나 그것이 어느 날 '자기 의'임을 깨달았다. 그러한 '자기 의'조차 부숴뜨리시며, 예수 그리스도의 갈보리 언덕의 십자가가 내게로 다가왔다.
② 우리 삶을 「지·정·의」의 세 가지 부분의 연합이라 생각할 때, 목회 역시 이러한 세 부분의 조화가 있어야 할 것이다. 그에 비견하여 볼 때, 지금까지 훈련 받았던 학문, Para Church Movement에서의 훈련, 직장에서 공무원으로서의 훈련 등은 지와 정과 의의 조화로움을 아우를 수 있다고 생각한다.
③ 하나님 앞에 서는 날까지 깨끗한 양심을 지키며 사역을 하고 싶다. 전하는 말씀의 내용과 삶을 일치시키려고 애쓸 것이다. 한 영혼이 천하보다 귀하다는 것을 평생 잊지 않고 내게 맡겨주신 영혼들을 사랑하고 섬기며 품어주고 예수 그리스도와 십자가, 그리고 예수님을 보내주

신 하나님을 전하며 성경적인 설교를 하고 예수님의 십자가와 부활을 전하는 사역을 하고 싶다.

4. 내가 생각하는 목회란 무엇인가?

○ '내가 생각하는 목회'란 다음 7가지로 나눌 수 있다.

내가 생각하는 목회

- 첫째, "설교자"로서 하나님의 말씀을 선포하는 목회
- 둘째, "기도하는 사람"으로서 늘 하나님께 기도하는 목회
- 셋째, "성령의 임재"를 체험하며 성령의 도우심을 의지하는 목회
- 넷째, "위기의 사람"으로서의 위기를 경험하는 양들을 지켜주는 목회
- 다섯째, "상담자"로서 개혁주의에 근거한 목회적 상담자의 역할을 하는 목회
- 여섯째, "동역자"로서의 수직적 관계가 아닌 수평적 관계를 잘 유지하는 목회
- 일곱째, "섬기는 자"로서 선포하는 말씀과 삶의 일치가 조화를 이루는 목회

○ 목사가 위와 같은 일을 하는 것을 교인들도 당연히 여기기 때문에 안정감을 가지고 나가는 반면, 때로는 mannerism에 빠지기 쉽다. 처음에는 한 영혼에 대한 기대감으로 흥분되었으나 이것이 시간이 지남에 따라 통과의례같이 되어 버린다. 이와 같이 되는 경우, 목사가 신실성이 잃게 되는 것을 종종 본다. 영적 예민함이 부족하거나, 은혜가 부족하거나, 교만하면 성령이 떠나게 되고, 성령이 떠나면 사울처럼 버림받을 수도 있다.[19]

---

[19] Charles H. Supergeon, 이용중 옮김, 스펄전의 목사론, 179, 266-269.

○ 목사는 목회사역을 하나하나 구별지어 바라보는 것이 아니라 전체적인 안목으로 바라보는 종합적 조화의 관점을 지닐 필요가 있다. 목회사역은 하나하나의 일이 연합적이면서 조화를 이루는 전체적인 일이기 때문이다.[20]
○ 그러나 숲만 보다가 나무를 놓칠 수 있기 때문에 숲과 나무를 신중하게, 또 세밀하게 봐야 할 것이다.
○ 목사도 때로는 넘어진다. 아니, 매일 넘어진다. 그래서 늘 하나님 앞에 무릎 꿇고 위로부터 주시는 은혜를 사모하며 간구해야 할 것이다. 우리의 영혼이 소생되고, 힘을 얻기 위해서 은혜가 필요한데 Richard Baxter 목사는 이것을 '자아성찰(The oversight of ourselves)'이라고 명명하며 그 이유를 제시하였다.
○ Richard Baxter 목사는 '자아 성찰의 이유들'에 대해 몇 가지 논의하는데, 이것이 나의 목회에 있어서 늘 살펴봐야 할 항목이라는 생각이 든다.[21]

자아 성찰의 본질	자아 성찰의 이유들
1. 구원하는 은혜의 사역이 여러분이 영혼 속에 온전히 역사하고 있는지 살펴보십시오.	1. 여러분도 다른 사람들처럼 천국을 얻을 수도 있고 잃을 수도 있습니다. 2. 여러분도 다른 사람들처럼 타락한 본성을 가지고 있습니다.
2. 여러분이 은혜 가운데 거할 뿐 아니라, 이 은혜가 활기차고 생명력 있게 발휘되고 있는지 살펴보십시오.	3. 여러분은 다른 사람들보다 더 큰 유혹에 노출되어 있습니다. 4. 많은 눈들이 여러분을 지켜보고 있으며 여러분이 실족하는 것을 지켜볼 많은 사람들이 있습니다.

---

20 Wayne E. Oates(웨인 오트), 김득룡 역, 70.
21 Richard Baxter, 고성대 옮김, *The Feformed Pastor*(참된 목자), 7-8, 58.

3. 여러분의 행동이 여러분의 가르침과 모순되지 않는지 살펴보십시오. (중요하다)	5. 여러분이 짓는 죄는 다른 사람들이 짓는 죄보다 더 끔찍한 진노를 부를 것입니다.
4. 여러분이 다른 사람들에게 설교하며 비판했던 그 죄 가운데 살고 있지 않은지 살펴보십시오.	6. 여러분이 행하는 위대한 사역에는 다른 사람들보다 더 큰 은혜가 요구됩니다.
	7. 그리스도의 영광과 관련된 문제는 다른 사람들보다 여러분에게 더 많이 달려 있습니다.
5. 이 사역에 필요한 자질을 여러분이 과연 원하고 있는지 살펴보십시오.	8. 여러분이 하는 수고의 성공 여부는 실질적으로 여러분이 자신을 살피는데 있습니다.

○ 끝으로 '내가 생각하는 목회'란 '내가 죽는 것'이다. 나는 감히 성도를 위해 내가 죽겠다고 말할 수는 없지만 내가 죽으면 성령님이 역사하실 것이다. 아니 나를 죽이시는 하나님께 대한 인내와 순종만이 있을 뿐이다.

○ '내가 생각하는 목회'란 '선포하는 말씀과 삶이 일치하는 것'이다. 이것은 희생을 요구한다. "자기 십자가를 지고 나를 따르라"는 예수님의 명령에 의한 철저한 자기부인과 희생이 없이는 선포되는 말씀과 삶이 일치할 수 없다.

○ '내가 생각하는 목회'란 '이웃을 섬기며, 내 것을 아낌없이 나눠주는 정결한 삶'이다. 나는 이것을 내가 다니던 모교회, 현재 다니는 충현교회에서 아무도 그렇게 살지 않는 것을 철저히 학습하고 보았다. '나는 그러지 말아야지', 철저히 나를 깎으며 죽이는 연습을 내 속에서 끊임없이 일하며 하나님 앞에 정결하기 위해 몸부림칠 것이다.

나가는 말

○ 교수님의 첫 강의 시간이 참 잊혀지지 않는다. 너무 좋은 시간이었다. 성경말씀으로 양들을 먹여야 교회가 산다는 선포와 같은 강의를 들으며, '내가 생각하고 있는 것이 맞구나'를 다시 한번 확인했던 귀한 시간이었다.

○ 작년 실천학회 세미나에 참석했을 때 교수님은 교리에 대한 강조를 하셨다. 목회학을 들으며 과제를 하다보니 교리 위주의 목회가 얼마나 귀한 것인지 깨닫는다. 교리 위주의 목회란 교리의 가르침도 있지만, 나는 여기에 하나 더 추가해서 **말씀 위주와 그 말씀대로 실천하는 목회**까지 포함시키고 싶다. 교리와 말씀의 선포도 중요하지만 간과해서 안 되는 것은 **"섬김과 실천의 삶"**이다.

○ 하나님이 약속하신 언약에 따라 당신의 구속사를 이루시기 위해 예수 그리스도를 보내신 복음과 성령의 역사를 기록한 성경말씀을 선포할 때, 교인들이 변화하는 모습을 보고 싶다. 나는 확신한다. 말씀의 능력이 있음을 믿으며, 예수 그리스도의 이름이 불리워지는 곳에는 반드시 변화가 일어난다는 사실을 말이다. 예수의 이름에는 능력이 있다.

○ 교회는 이웃을 향한 **'사회적 책임'**이 있다. '복음주의적 입장에서 교회가 사회적 책임을 감당해야 할 것이다.… 그러므로 우리는 사랑에서 나온 예수님의 전도와 봉사를 이분화하거나 고립화시킬 수 없듯이 교회도 복음전도를 주님의 사랑의 계명에 순종하는 맥락에서 추구해야 할 것이다.'[22]

---

[22] 윤영민, 교회의 본질과 사회적 책임 고찰, 총신대학교신학대학원 석사학위논문, 1998, 59.

○ 말씀과 섬김이 조화되는 목회가 얼마나 어려운지! 인간은 불완전하기에 두 가지를 다 잘할 수 없지만 그럼에도 '**목회자의 자기 희생**', '**섬김**' 과 '**자기부인**'을 하려고 애쓴다면 교인들이 알 것이며, 하나님이 은혜를 내려주실 것을 확신한다. 주님이 맡기신 '**한 생명**'을 위해 최선을 다하는 목회가 되게 해 달라고 겸손히 기도드린다.

참고문헌

【 단행본 】

권진하　　협동학습. 파이디온선교회. 2018.
윤영민　　교회의 본질과 사회적 책임 고찰.
　　　　　(1998). 총신대학교 신학대학원 석사학위 논문.
＿＿＿＿．(2013). D. James Kennedy의 복음전도와 사회적 책임에 관한 연구. 신학지남.
＿＿＿＿．(2014). 새신자 교육: 무엇을 어떻게 가르칠 것인가? 신학지남.
＿＿＿＿．(2017). 개혁주의 실천신학 학과 세미나.
　　　　　총신대학교신학대학원 실천신학과.

【 번역본 】

Charles Bridges　　황영철 옮김. 참된 목회. 2011. 익투스.
Charles H. Spurgeon　　이용중 옮김. 스펄전의 목사론. 부흥과 개혁사. 2005.
Richard Baxter　　고성대 옮김. The Feformed Pastor(참된 목자).
　　　　　크리스챤다이제스트. 2011.
Wayne E. Oates　　김득룡 역. 기독교 목회학. 생명의 말씀사. 1974.

【 기타 학술지 】

정홍열　　2008년 2월 "ACTS 심포지엄 2008년 첫째 마당", "한국교회와 리더십".

【 인터넷 주소 】

George Barna　　"Barna Research Online"
　　　　　　　　https://www.barna.com/research/how-pastors-plan-to-improve-their-churches

8. 목회학 과제 II

윤영민 교수님
『팀 켈러의 센터처치』, 팀 켈러(Keller, Timothy J.) 지음 / 오종향 역

1. 들어가는 말

수업거부가 한창이던 지난(2019년) 4월! 총학회 특별 세미나에 오종향 목사님께서 오셔서 하신 강의가 참 좋았다.

학생들이 많이 참석하지 않아 목사님께 죄송했지만, 목사님의 인품에 더 좋았던 기억이 난다.

그때 노트 필기를 했던 강의 내용은 과제 중간에 삽입할 예정이다.

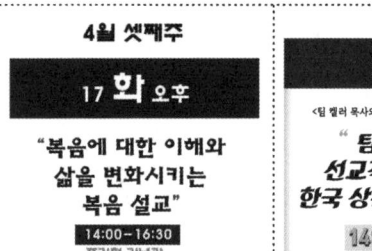

O 팀 켈러는 개혁주의 신학자, 목회자로서 도시 선교에 관심이 깊다. 복음 중심, 지역 중심, 공동체 중심으로 이 시대의 모든 교회가 센터처치가 되기를 소망하는 마음으로 본서를 집필했다. 이 책은 본문 주해와

성경 신학에서 출발해서 성경적이면서도 진정한 교회의 특징들과 역할들을 열거한다.

○ 나는 8개의 Part 중에서 다음 4part를 읽고 과제를 해가려고 한다.

- **Part 1**에서 [복음 신학]은 하나님께서 그리스도를 통해 우리의 구원을 이루시고 우리와 하나님의 관계를 바르게 만드시며 궁극적으로는 세상 모든 죄의 결과들을 사하실 것임을 선포하는 기쁜 소식이라고 한다.

- **Part 4**에서 [도시 비전]은 유배당했던 유대인들이 명령에 순종해서 돌아와 고국 땅을 복구할 수 있었던 것이 도시 비전이었음을 저자는 변증하고 있다.

- **Part 6**에서 [선교적 공동체]는 예수님이 우리를 위해 무엇을 하셨는지 좋은 소식을 사람들에게 말하는 것으로 평신도 사역의 역동성을 강조하고 있다.

- **Part 7**에서 [통합적 사역]은 균형있는 사역이 말씀과 실천이 신학적으로 함께 가는 것이며, 교회는 전도와 예배를 통해 사람들을 하나님께 연결하도록 도와야 한다는 것을 말해주고 있다.

2. 책의 장·단점 평가

- **Part 1 [복음 신학]**에서는 복음 자체의 본질에 대한 현대의 토론들과 갈등들을 다루고 있다. '성경이 가르치는 모든 것이 복음인 것은 아니

기 때문이다.' 이러한 논의는 깊은 의미가 있다. 이 논의에서 복음은 우리가 행하는 무엇이 아니라, 우리를 위해 행해진 것임을 깨닫게 된다.

○ 우리나라의 복음이 변질되어 가는 것을 얼마나 많이 실감하고 있는가?

복음의 본질보다 복음의 실천이 강조되어 마치 실천이 복음 같이 되어 버린 이때, 저자는 복음에 대한 분명한 정의를 내리고 있다. 저자의 말을 들어보자.

"복음은 사랑의 삶을 창조하는 소식이다. 그러나 **사랑의 삶 자체가 복음인 것은 아니다.** 복음은 무엇보다도 기쁜 소식으로 이해되어야 한다. 그 소식은 우리가 무엇을 성취해야 한다는 것에 대한 것이 아니라, 무엇이 성취되었는가에 대한 것이다."[23]

〈표 2-6〉 복음의 근거와 결과

	결과가 나 (내가 달라짐)	결과가 달라짐 (하나님이 달라짐)
근거가 나 (나의 공로)	A 무신앙의 영역	B 나는 최선을 다한다 그러므로 신이 나를 사랑할 것이다.
근거가 하나님 (예수님의 공로)	C 복음의 영역	D 잘못된 신본주의로 복음이 나의 삶에 영향을 미치지 않음

○ 저자는 복음이 모든 것을 변화시킨다고 논의한다. 복음에는 우리를 변화시키는 능력이 있다. 이러한 작업은 설교자의 말씀 선포 가운데 묻

---

23 Keller, Timothy J., 오종향 옮김, 팀 켈러의 센터처지, 두란노, 2016, 73.

어나야 한다.
- ○ '성경 주해(정경적 의미)는 인지적으로, 기계적으로 적용하는 것이 아니라 정경적 의미가 어떻게 그리스도 안에서 완성되는지를 말해야 하는 것이다.'[24]

- ○ 팀 켈러의 "복음"에 대한 논의는 보석같이 빛이 난다. 이벤트와 같은 행사로 교회가 복음을 전한다고 해서는 안될 것이다. 그리스도를 진정으로 만난 목회자라면 복음에 대한 이야기가 하고 싶어서 견딜 수가 없을 것이다.
목구멍까지 차서 툭 치면 터질 것 같은 복음에 대한 이야기는 토해냄이 당연하다.

- ■ Part 4 [도시 비전]에서 팀 켈러는 도시를 선교의 대상지로 정의한다. 이러한 관점은 새롭기도 하고, 지금까지 생각해보지 못했던 새로운 도전이다.

- ○ '바울과 여러 기독교 선교사들은 복음을 전할 때 큰 도시로 갔다.'[25]에서 먼저 감동이 온다. '그렇지! 바울은 로마로 가기를 원했고 스페인으로 가기를 원했지' 새롭게 깨닫는다. 내게 있어서 로마는 어디인가? 새삼스레 도전이 된다.

- ○ 지금까지 그리스도인에게 있어서 도시는 선교의 중요한 거점이었다. 국제화로 연결된 도시의 선교적 기능은 놀라웠다. '도시'는 복잡한 곳, 바쁘게 살아가야 하는 기능적인 측면으로만 생각한 내게 있어서 복음

---

24 "복음에 대한 이해와 삶을 변화시키는 설교", 총신대신학대학원 오종향 목사님 강의(2018. 04. 17) 중에서 발췌하여 정리한 것이다.
25 Keller, Timothy J., 오종향 옮김, 팀 켈러의 센터처치, 329.

으로 도시를 품으며, 도시에 대한 성경적 이해를 논의하는 것이 독특하게 느껴졌다.

o 저자는 구약 성경 속 도시의 모습을 다루면서 족장시대의 도시, 이스라엘과 도시, 유배지로서의 도시를 다루면서 가장 대표적인 도시로 예루살렘에 방점을 찍고 있다.

o 저자는 "도시 선교"의 장점을 말하지만, 내가 느끼는 약점을 말하고자 한다.

- 첫째, 도시 선교가 일회성 행사에 그칠 우려가 있음을 간과해서는 안될 것이다. 사람을 끌기 위해 여러 가지 이벤트를 하지만, 이것은 그것을 보기 위해 잠깐 몰려들었던 사람들에게 그 순간 뿐이며, 돌아서면 잊혀지고, 눈요깃거리로만 여겨질 수 있다.
- 둘째, 우리가 책상에 앉아서 복음을 말하며 복음만으로 도시를 품기에는 그 기능이 너무나 다양하고 복잡하다. 우리가 생각하는 그 이상의 많을 것들이 쉴새없이 변하고, 많은 엘리트들이 도시를 주도하면서 끌고 나가는데, 오히려 그리스도인들은 그에 비해 낮은 학력과 비전문성, 뒤처지는 문화를 붙들고 있기에 도시에 나가는 것을 두려워하며 주저한다. 이것은 선교지에서도 확인할 수 있다. 교회에서 선교를 가면 시골 마을에서는 담대하게 선교하다가도, 도시에 가면 나조차도 전도지를 들고 도시의 세련된 사람들을 만나 복음을 전하기가 두려워진다.
- 셋째, 도시는 시간에 쫓겨 달음질한다. 그들은 복음을 들을 시간조차 할애할 수 없다. 여유 없는 삶, 늘 쫓기듯 살아가며 분초를 다투는 도시인들에게 복음은 아무런 감동을 주지 못한다.

○ 그럼에도 나는 희망을 갖는다. 복음의 능력과 성령의 사역을 믿는다. 우리가 복음을 전한다면 성령이 역사할 것이다. 선교는 진정성 있는 우리의 삶을 통해 이루어질 것이다. 나를 죽이고, 철저한 섬김과 희생을 통한 헌신이 그들 가운데 녹아질 때, 도시를 거점으로 지역 사회를 변화시키고, 그리스도의 복음이 영적 결실을 맺을 것임을 확신한다. 팀 켈러는 이것을 말하고 싶었을 것이다.

■ Part 6 [선교적 공동체]에서는 교회가 선교적 공동체임을 변증하면서 여러 학자들의 의견을 개진하고 보수주의 진영과 자유주의 진영에서의 종교를 비교한다.
○ 보수주의 진영은 종교를 소비자의 개인적 필요를 채우는 수단으로 보는 사상에 젖어서, 보수 교회를 신자들의 욕구와 결핍을 채우는 쇼핑상가로 탈바꿈시켰다.
○ 자유주의 진영은 만물을 세속적으로 보는 견해에 취한 나머지 성령 사역을 세속적인 해방 운동으로 보았다. 그리하여 자유주의적 기성 교회들은 사회봉사 단체들과 다를 바 없게 되었고 세속적 인권운동가들의 언어에 지배되었다.[26]
○ 이와 같은 두 가지 견해에 대하여 비판적으로만 바라볼 것은 아니다. 보수주의 진영이 고집스럽게 버텨왔기 때문에, 아직도 한국에 개혁주의가 무너지지 않았고, 복음을 진정으로 받아들이면 섬김의 자세가 자연스럽게 나오지 않을까 생각이 든다.
○ 모든 사람을 선교사로 세우라는 저자의 주장은 타당성이 있다. 내가 다니는 충현교회는 모든 교인이 선교사이다. 일정한 훈련만 받으면 해외 단기선교는 70세가 넘은 어르신도 나갈 수 있고 중학생만 되면 보낸다. 그러한 선교의 외적인 축은 다른 내적인 축을 돌리는데 역동성

---

26 Keller, Timothy J., 오종향 옮김, 팀 켈러의 센터처지, 529.

을 심어준다. 선교의 동력이 축소되면 교회의 다른 동력까지 축소되는 것을 우리는 경험하지 않는가!

- **Part 7 [통합적 사역]**에서는 제일 먼저 '어느 하나의 사역에 치우치지 말라.'의 제안이 아주 중요하다. 교회는 통합적이고 균형 잡힌 사역을 추구해야 한다.
- ○ 저자는 네 개의 교회 사역(사역 접점, Ministry Fronts)을 말하고 있으며, 성경적인 사역의 목표들을 다음과 같이 논의한다.

사역 접점 Ministry Fronts
① 사람들을 하나님께 연결하는 것 ➡ 전도와 예배를 통해서
② 사람들을 서로에게 연결하는 것 ➡ 공동체와 제자도를 통해서
③ 사람들을 도시에 연결하는 것 ➡ 자비와 정의를 통해서
④ 사람들을 문화에 연결하는 것 ➡ 신앙과 직업의 통합을 통해서

성경적인 사역의 목표들
첫째, 우리는 예배를 통하여 하나님을 예배하고 섬기도록 부름을 받았다.
　(롬 15:8-6; 벧전 2:9)
둘째, 우리는 기독교적 양육을 통하여 서로에게 동역하며 섬겨야 한다.
　(엡 4:12-26)
셋째, 우리는 증거를 통하여 세상에 사역하고 섬겨야 한다.
　(마 28:18-20; 눅 24:28)

오늘날 그리스도인들은 자기를 위해 일하지 않고 다른 사람들을 위해 일하며 복음으로 말미암아 역동성을 살리는 공동체가 되기를 힘써야 할 것이다.

3. 개인적인 적용과 결단

- 음식점이 멀어도 맛집으로 소문이 나면 손님들은 모여든다. 이러한 원리는 교회에도 적용된다고 본다. 아무리 많은 계획과 행사가 있어도 그곳에 복음의 진리가 없다면 양들은 배가 고파서 양식을 얻기 위해 다른 곳으로 갈 것이다.
- 나는 이 진리를 목사님들이 알았으면 한다. 왜 많은 목사님들이 강단에서 다른 이야기를 하는지 모르겠다. 예수님께서 '나를 대신해서 이 자리에서 나와 아버지 하나님에 대한 이야기를 해줘'라고 맡기신 그 자리에 서서 왜 딴소리를 할까?

    그분들은 예수님을 모르는 것 같다는 생각이 들기도 한다. 말씀을 붙들고 예수 그리스도를 전한다면 하나님이 그 교회를 살리실 것을 나는 확신한다.
- 시장 원리, 마케팅 원리, 이미지 리더십으로 관리하려는 목회, 요새는 CEO형 리더십에서 → 예능형 리더십으로 바뀌고 있다. 시대가 예능형 목사를 요구하고 있다. 현대의 소비지향적 대중이 보이는 반응과 비슷하다. 무엇보다 교회가 흥미롭기를 바란다. 윌리엄 스티븐스(William Stevens)는 "'믿음으로 지금 완전한 구원(full salvation)을 받을 수 있다.' 는 설교를 부끄럽게 여겨서는 안됩니다."라고 말한다.
- **"우리의 존재 이유는 시대를 넘어서 환경을 넘어서 성도들을 사랑해 주고, 성도들을 지켜주고, 성도들에게 영혼의 꿀을 먹여주는 것에 있다. 교회는 세상이 줄 수 없는 것을 줘야 한다. 말씀을 먹일 때 교회가 살아난다."**(교수님 강의)
- 오종향 목사님께서 강의하실 때 다음과 같은 도표를 제시하셨다. 오늘날 우리의 설교는 어디로 가야 하는지 제시하신 것인데, 센터처치가 이러한 과정을 통해 설교하며 복음의 역사를 펼쳐갈 때 비로소 교회다운 교회가 되리라 생각한다.

〈도식 2-3〉 우리의 설교는 어디로 가야 하나?

A Text. 본문이해 (성경)	⇄	B Exposion 성경 주해 (정경적 의미)	A → B A → C A → D B → C B → d C → D
↓	✕	↓	C → A D → C A → B → C A → B → D
Situation 상황 (삶의 적용) D	⇄	Christ 그리스도 (구속사적 의미) C	A → B → C → D A → B → D → C 요즘은 A → B → C로 먼저 간다.

9. 개혁신학 과제

문홍선 교수님
개혁신학이란 무엇인가?

1. 들어가는 말

"개혁신학"이라는 말은 총신 입시 때 열심히 외워야 했던 단어이다. 2박 3일의 면접과 철학 주관식을 준비하며 걱정하는 우리에게, '개혁신학'이라는 단어를 반드시 써야 교수님께서 점수를 잘 주실 거라고 조교가 살짝 귀띔해 주기도 했다.

입시 준비를 하면서 칼빈의 5대 교리를 외우려고 애를 썼다. 그러나 칼빈의 교리와 '개혁신학' 사이에서 혼동이 있었다. 도대체 '칼빈'은 뭐고, '개혁신학'은 뭐지?

총신은 '개혁신학'을 기치로 내세우고 있는데, "그래도 '개혁신학'에 대해 좀 알아야 할 것 아닌가?" 하며 네이버에서 검색을 해 보기도 했다. 그런데 '칼빈은 또 뭐야?'

처음 내가 이 단어를 접했을 때, 나는 개혁(改革)의 의미부터 조사했다. 개혁의 사전적인 의미는 '제도나 체제를 새롭게 뜯어 고침'이다. 이런 어설픈 사전 지식이 나의 전부였다.

'개혁'이라고 말은 하면서도 개혁되는 것이 없는 것이 우리의 현실이고 교회의 처한 상황 가운데 '개혁신학'은 뻔한 것이 아닌가 했다. 교회의 제도를 개혁한다는 것인가? 율법적인 교회의 의식과 예배를 개혁한다는 것인가? 희미한 허상 같은 '개혁신학'이 내 귓전을 맴돌았지만 정확한 답은 찾을 수 없었다.

또 한 가지는 장로교 교단 가운데 개혁 교단이 있었던 것 같다. 그리고 합동신학대학원이 개혁파로 출발된 학교였다. 우리 세대에 그 학교가 출발하면서 좋은 인재들이 그 학교로 많이 가게 되었고, 이 때문에 총신이 흔들렸던 모습도 보았다. 총신에 계시던 많은 신학자들이 합신으로 갔던 기억을 지금도 하고 있다.

나는 당시 신학을 하지는 않았지만, 옆에서 가까이 지내던 명문대 출신의 전도사님들이 합신을 선택하고 그 길로 나가는 모습을 보며, 그때의 기억이 새로웠다. '그래, 그때 그 학교가 개혁이라고 했었는데.' 그러나 합신으로 간 분들의 사역이 그리 밝지 않았던 것도 내 기억의 언저리에서 맴돌고 있었다.

이와 같이 '개혁신학'은 일단 입시에는 붙어야 하니까 개혁신학이 무엇인지도 모르면서 무조건 성경 중심이라고만 하면 된다고 하기에 그렇게 외우기에 궁금했던 것에 지나지 않았다. 그렇게 나의 첫 수업이 시작이 되었다. 개혁신학총론 첫 시간을 맞으며 막연히 듣고 알았던 '개혁신학'은 내가 생각했던 그 이상이었다.

첫 수업 시간 문홍선 교수님께서 우리에게 말씀하신 내용은 개혁신학의 핵심이었고, 그것은 내게 큰 도전이 되었다. 내가 듣고 싶었던 강의여서 너무 감사했다.(2017년 3월 9일 강의)

> 신학을 사변적으로 공부하고, 신학과 신앙이 같아야 하는데 다른 사람이 많습니다. 설교의 일관성이 없어요. 자기의 신학의 색깔이 없기 때문에 설교의 일관성이 없고 좋다고 하는 것만 여기저기서

붙여서 하는 경우가 많습니다

여러분의 틀과 기준 자체를 만드는 것이 조직신학입니다.

나의 구원을 내 입을 설명할 수 없으면 구원받은 게 확실한지 의심해봐야 합니다. 복음을 내 입술로 설명할 수 있어야 하는데 그런 것을 하려면 조직신학적으로 잘 갖추어져야 합니다.

문홍선 교수님 말씀이 자신이 강의를 하는게 처음이어서 어렵다는 고민을 말씀하시며, 그래서 문병호 교수님 강의를 먼저 들으신다는 말씀은 내게 큰 감동이 되었다.

그런 첫 인사에 대한 감동을 뒤로 하고 말씀하신 개혁신학에 대한 정의 '오직 성경으로'(Sola Scripture)라는 모토로 집약되는 '개혁신학'의 간단하면서도 단순 명료한 정의는 내 마음을 큰 기쁨으로 충분히 적셔주었다.

개혁신학이란 무엇인가에 대한 세부적인 사항을 기록하기 전에 개혁주의 신학의 핵심인 칼빈의 5대 교리를 넣고 이 논고가 어떻게 개혁주의에 대하여 전개하고 있는지 살펴보고자 한다.

「칼빈의 5대 교리」

1. Total Depravity(전적타락)

2. Unconditional Election(무조건적 선택)

3. Limited Atonement(제한된 속죄)

4. Irresistible Grace(불가항력적 은혜)

5. Perseverance of Saints(성도의 견인)

「5가지 Sola」

1. 오직 말씀(Sola Scriptura)

2. 오직 은혜(Sola Gratia)

3. 오직 믿음(Sola Fide)

4. 오직 그리스도(Sola Christo)

5. 오직 하나님께 영광(Sola Deo Gloria) 이다.

이 책이 다루고자 하는 주제를 보면 다음과 같이 두 가지의 큰 대지로 나눌 수 있다.

Ⅰ. 대지에서 개혁신학에 대한 정의의 문제를 다루고

Ⅱ. 대지에서 실제적으로 구현된 부분을 다루고 있다.

Ⅰ. 개혁신학과 신앙의 요체: 오직 '성경의 신학'만이 '성경적 신학'

Ⅱ. 우리가 서 있는 자리: 칼빈, 녹스, 웨스트민스터 신앙고백서, 박형룡 중심으로

각 대지를 세분하면 다음과 같다

Ⅰ. 개혁신학과 신앙의 요체: 오직 '성경의 신학'만이 '성경적 신학'

1. 들어가는 말: 연원

2. 개혁주의와 개혁신학

　2.1. 정의적 규정: 개혁주의의 객관성

　2.2. 개혁주의 근본원리

　　2.2.1. 다양한 조명 그러나 "하나의 근본원리"

　　2.2.2. 개혁주의에 대한 오해들

　　2.2.3. 칼빈의 신학

　2.3. 개혁신학의 원리와 중심교리

　　2.3.1. 신학의 원리: 삼위일체론적-기독론적 계시 이해

　　2.3.2. 개혁교리

3. 결론: 우리가 서 있는 자리

Ⅱ. 우리가 서 있는 자리: 칼빈, 녹스, 웨스트민스터 신앙고백서, 박형룡 중심으로

1. 서론

> 2. 칼빈의 기독론적 교회론
> 3. 장로교의 형성: 녹스의 신학과 장로교 신조들
>   3.1. 녹스의 예정론
>   3.2. 녹스의 칼빈주의 그리고 스코틀랜드 신앙고백서
>   3.3. 웨스트민스터의 신앙고백서
> 4. 박형룡의 기독론적 교회 이해
> 5. 결론: 장로교 교회 신학의 적절성

2. 개혁주의란 무엇인가?

칼빈의 신학은 "Sola Scripture" 원리에 따라 아래와 같이 정의될 수 있다.

1. '칼빈주의'와 동의어로 사용된다. 개혁주의는 '오직 성경으로'(Sola Scripture)라는 모토로 집약된다. 이 안에는 '오직 성경 안에 오직 믿음, 오직 은혜, 오직 그리스도, 오직 하나님께 영광'이라는 모토가 다 들어있다.

    개혁주의는 '성경의 복음'만을 '성경적 복음'이라고 한다. 이것은 포괄주의, 혼합주의, 다원주의를 의미하지 않는다.

2. 개혁주의는 성경의 가르침에 따른 참 신학(theologia vera)과 참 경건(pietas vera)을 엄밀하게 추구한다. 그리하여 그것은 '보수주의' 혹은 '근본주의'라는 이름과 동일시되기도 한다. 개혁주의가 '보수주의'라 불리는 이유는 그것이 고유한 기원(origo)과 근원(fons)에 충실하고자 하기 때문이다.

3. **협의로서의 개혁신학은 칼빈주의가 맞다.**

대체로 개혁주의는 협의(俠義)로 이해된다. 이 경우 개혁주의는 루터란과 구별되는 개념으로서, 칼빈과 그를 잇는 후예들의 신학 즉 '칼빈주의'를 지칭한다.

〈표 2-7〉 루터주의와 개혁주의

루터주의	개혁주의
인간론적	신론적
칭의를 교회의 서고 넘어짐의 조항으로 여김	선택을 교회의 심장(cor ecclesiae)으로 여김
믿음이 공로가 됨	믿음이 공로가 될 수 없음

4. **개혁주의는 하나님 중심이다.**

성경 중심이니까 당연히 하나님 중심이고, 하나님이 말씀하시는 데까지 가는 것이다. 칼빈의 사상이 이러한 '하나님의 자기 세계관'을 창조, 계시, 구원의 전 영역에서 가장 뛰어나게 추구, 구현하고 있다. 칼빈주의는 하나님의 관점에서 생과 세상을 바라보는 시각이다. 그것은 관점 자체를 하나님으로부터 찾고, 관점에 따른 사유 즉 '사상' 자체를 하나님께 맡기는 것이다. 모든 것을 하나님 중심으로 바라본다. 인간이 주체가 아니고 하나님이 중심이다.

5. **"개혁신앙"의 근본원리에는 하나님의 예정과 선택이 중심에 있다.**

즉 하나님 중심 신학에는 하나님의 예정과 선택이 있다. 개혁주의에 속한 사람은 모든 것을 하나님의 작정에 돌리고 그 원인을 추적하며, 전망함에 있어서는 모든 것을 하나님의 영광에 부속시킨다. 이것은 하나님의 예정과 선택의 교리로 발전된다.

신학자 펠리칸의 이해는 바빙크(Herman Bavinck)에 있어서 좀 더 신학적으로 기술된다. 믿음 때문에 구원을 얻은 것이 아니라 믿음을 통해서 구원을 얻은 것이다. 하나님이 독생자를 보내시고, 그 독생자를 우리는 믿음으로, 즉 수납함으로 구원을 받는 것이다.

6. 신구약의 실체는 그리스도이시다. 이것이 언약신학이다. 그리스도께서 행위언약과 은혜언약을 모두 성취하시고 다 이루신 자신의 의를 우리에게 전가해 주심으로써 우리 자신뿐만 아니라 우리의 행위도 의로운 것으로 삼고 받아주신다는 이중적 은혜가 역동적으로 논의된다.

칼빈에게 있어서 신구약, 복음과 율법의 언약신학적 이해는 '율법의 중보자 그리스도(Christ the Mediator of the law, Christus mediator legis)'라는 개념 가운데 뚜렷이 부각된다. 칼빈의 언약신학은 그의 신학체계 전체를 관통하는 구속사적-구원론적 원리로서 읽어야 한다.

칼빈은 그리스도가 언약의 실체라는 점에서 율법과 복음을 이야기한다. 칼빈은 속죄론을 다루면서 **하나님의 사랑과 그리스도의 공로가 언약의 두 축**이라는 사실을 강조한다. 그것은 주님께서 고통을 당하신 순종(obedientia passiva)과 율법을 모두 행하신 순종(obedientia activa)을 통하여 의를 다 이루셨기 때문이다. 친히 주님께서 언약의 당사자가 되셔서 아버지의 요구를 다 이루시고 그 의를 택한 백성에게 전가하심으로 행위언약과 은혜언약을 모두 성취하셨다.

7. 성경은 오직 성령의 역사로 말미암아 믿음으로 받아들여진다. 즉 수납된다.

성령의 영감으로 기록된 말씀이 성령의 조명으로 떨어지고 그 감화로 돌아온다. 이러한 수납은 오직 믿음으로 말미암는다. 세상의 지식(scientia)이 이성으로 추론된다면, 성경의 지식(notitia, cognitio)은 오직 믿음으로만 수납된다. 성경은 인식의 외적(externum) 원리이고, 성령 혹은 믿음은 인식의 내적(internum) 원리이다.

8. 삼위일체 교리는 하나님의 존재와 경륜의 관점에서 다루어진다.

성부 하나님은 계시의 시작 혹은 뜻이며, 성자는 계시물 즉 말씀이며, 성령은 계시의 작용이다. 아들은 이 땅에 오신 계시 자체이며 그 완성이시다. 한분 하나님이 세 위격—세 인격, 세 위격적 존재—으로 계신다. 성부, 성자, 성령은 항상 함께 계시고, 함께 일하신다. 삼위 각각은 고유한 특성으로 구별되나 분리되지 않으며, 그 실체와 본질에 있어서 동일하시다.

9. "개혁신앙"은 특별은총과 일반은총을 강조한다.

일반은총은 모든 사람이 인식할 수 있는 일반계시적 은총이다. 특별은총은 택함 받은 백성만이 인식하는 특별계시적 은총이다. 하나님을 바로 앎으로 그분께 감사하고 그분을 영화롭게 하는 중생자의 지식은 오직 특별계시로만 말미암는다. 일반계시는 유기된 백성이 무지를 핑계할 수 없는 조건이 될 뿐이다.

10. 뜻을 다하여 하나님의 뜻에 순종하는 것을 그리스도인의 자유의 본질로 여기며 하나님의 무조건적인 은혜로 자녀가 되었음을 확신하는 성도가 말씀과 기도로 거룩한 삶을 살아가는 것을 성도의 표지로서 부각시킨다.

공로없이 주어지는 선택의 은혜를 감사하는 자는 날마다 감사하는 삶을 살고 그 삶을 영적인 산 제물로 하나님께 되돌려 드린다. 부르심을 확신하며 쫓아가는 성도의 삶 그 자체가 곧 예배이다.

나가는 말

본 논고는 '개혁신앙'에 대하여 정의를 내린 후 결론에서 '우리가 서 있는 자리'를 다루고 있다. 우리의 신앙고백의 원리는 '성경'이라고 명명한 후에 웨스트민스터 신앙고백서에서 하나님의 주권은 '신비한 예정의 교리'에서 현저하게 나타나는데 예지예정론을 반대하고, 선택과 유기가 만세 전에 미리 정해졌다는 이중예정을 뚜렷이 공표한다. 이것이 전적타락 교리와 함께 천명된다.

칼빈에 의해서 신학적으로 수립되고 녹스에 의해서 실제적으로 구현되었으며 스코틀랜드와 웨스트민스터 신경을 통하여 고백된 개혁신앙이 오늘날 우리에게 적절성을 갖는 것은 기독론적 교회로서 남을 때에만 그리할 것이다.

여기에 한걸음 더 나아가 이것이 단지 교회 안에 머무는 것이 아니라 장로교로서 본연의 임무를 다할 때, 교회 밖으로 나아가는 것이기도 하다. 장로교 신학은 구원과 교회의 신학뿐만이 그리스도인의 삶의 교리(the doctrin of the Christian life)를 강조한다. 이를 위해서 오직 강단에서 복음만이 선포되어야 하며 성도는 말씀에 부착하되 성령의 조명과 감화로 그 말씀대로 살고 행하는데 이르러야 한다.

'개혁신학'을 붙들고 있는 총신이 눈물겹게 감사했다. 다른 한쪽에서 말로만 '개혁신학'을 말하고 경쟁하는 그 사이에서 '개혁신학'을 면면히 붙들고 여러 모양으로 참 신학을 가장하는 자유주의, 신복음주의, 신정통주의, 성경비평주의 등과 맞서서 어려운 이 시대의 한국 교회의 역사를 쓰고 있는 총신이 있어서 행복했다.

수업 시간 중 이런 교리가 제대로 세워지지 않으면 우리의 믿음(신앙)이 흔들리게 된다는 교수님의 말씀은 진정으로 공감이 되었다. '교리는 사변적인 것이 아니다. 교리에 친숙해져서 내 신앙의 고백으로 나와야 한다. 교리가 내 신앙의 고백으로 나와서 가르칠 수 있으면 좋겠다.'라는 교수님 말씀이 보화같이 참 귀했다.

이걸 몰랐구나, '아! 그래서 조직신학이 필요한 거구나'를 비로소 깨달았다. 딱딱한 조직신학을 왜 공부해야 하는지에 대한 답을 깨닫는 시간이었다. 성경 말씀이 없으면 죽을 것 같은 나의 갈급함에 '오직 성경으로', '성경이 말하는 데까지만 가는 것이 개혁주의 신학이다.'라는 말씀은 정말로 행복하고 감사했다.

참고문헌

문병호　『개혁신학: 기원과 계승과 심화, 그리고 적용』, 강의안.
────.　『칼빈신학: 근본 성경교리 해석』, 지평서원, 2015.
────.　『30주제로 풀어 쓴 기독교강요: 성경교리정해』, 생명의말씀사, 2013.
문홍선　"율법과 복음에 관한 새관점(New Perspective)에 대한 비판과 연구", 총신대학교 대학원 박사논문, 2007.

10. 변증학과 현대신학 과제

정승원 교수님
『기독교와 자유주의』

1. 들어가는 말

- 나는 '존 그레샴 메이천'(J. Gresham Machen)이라는 분을 처음 알게 되었다. 그분이 이 땅에서 나그네 길을 아름답게 잘 살아내셨으며, 웨스터민스터 신학대학원(Westminster Theological Seminary in Philadelphia)을 세운 분인 것도 이제야 알게 되었다.
- 시작부터 마음이 짠해오는 첫 문장에 아픔이 묻어나는 이유는 무엇일까? 얼마나 많은 논쟁 속에 휩싸여 있었기에 대적하는 무리들을 달래가면서 자신의 생각을 그나마 전달해 보려 했던 몸부림의 체취가 어디선가 흘러나오는 듯하여 가슴이 아파왔다. 그런데, 저자의 몸부림치던 삶이 부럽기도 하다.

  메이천은 '예수님을 어떻게 만났기에 이렇게 믿음을 지키켜 분명한 푯대를 향해 걸어갈 수 있었을까?' 흔들리지 않는 저자의 믿음에 대해 경외심이 앞선다.
- 이 책의 목적은 다음과 같다. '현재의 종교적인 이슈들을 결정하는 것이 아니다. 그러나 가능한 현재의 이슈들을 더 분명하고 선명하게 함

으로 독자들 자신이 그것을 결정하는데 도움이 되기 위함이다.'[27](but merely to present the issue as sharply and clearly as possible, in order that the reader may be aided in deciding it for himself)[28] 그는 이렇게 서언을 시작하는데, 한 문장의 글 속에 저자의 응축된 외침이 녹아내리고 있는 듯하다.

Christianity and Liberalism 6 topics		
1. Doctrine 교리	2. God and Man 하나님과 인간	3. The Bible 성경
4. Christ 그리스도	5. Salvation 구원	6. The Church 교회

- 저자는 위의 6가지 용어의 정의를 내리면서 '현대 자유주의가 기독교의 전통적 용어를 자유롭게 사용함에도 기독교와는 전혀 다른 종교일 뿐만 아니라 전적으로 다른 종류의 종교이며(not only is a different religion from Christianity but belongs in a totally different class of religions), 현대과학과 기독교를 조화하려는 자유주의적인 시도는 기독교가 아직 나타나기 이전에 이미 세상에 있었던 것과 동일한 막연한 종교적인 갈망에 불과하다'고 제시한다.

- 저자는 다음 두 가지 문제를 제시한다.
  - 기독교와 현대 문화는 어떤 관계인가?
  (What is the relation between Christianity and modern culture)
  - 기독교는 이러한 과학적 시대에서 지탱할 수 있는가?

---

27 J. Gresham Machen 지음, 김길성 옮김, 기독교와 자유주의, 크리스챤출판사, 2004, 1.
28 J. Gresham Machen, *Christianity and Liberalism*, Grand Rapid, Mich. W. B. Eerdmans Pub., 1923, 1.

(May Christianity be maintained in a scientific age?)

- 저자는 과학과 기독교를 조화시키려는 자유주의적 시도에 대하여 현대 자유주의에 대한 두 항목의 비평을 제시한다.
  (1) 그것이 비기독교적이라는 점에서(on the ground that it is unChistian)
  (2) 그것이 비과학적이라는 점에서(on the ground that it is unscientific)

- 저자의 논의 가운데 다음 논의는 분명한 중심을 보게 된다. 그리고 나의 삶을 들여다보기도 했다. 우리는 '적당히'라는 입장을 취하면서 적당히 양보하고 살지 않는가! 저자의 논의를 보자.

> "자유주의 신학자가 기독교 교리를 하나씩 차례로 대적에게 양보한 후에 남는 것은 전혀 기독교가 아닐 것이며"[29](the liberal theologian has retained after abandoning to the enemy one Christian doctrine after another is not Christianity at all)[30]

- 이러한 질문과 가정들을 독자들에게 제시하면서 '시대적인 상황과 세계의 상황에 대한 현대주의와 전통주의(modernism and traditionalism), 자유주의와 보수주의 사이에서 편견이 개입하는 것을 허락하지 않는 접근을 요구한다.'(to be approached without any of the prejudice)고 못 박는다.

- 그렇다면 우리는 어떻게 해야 하는가? 저자는 이런 문제를 해결할 수 있는 비밀을 기독교에서 찾고자 한다. 그렇다면 필자(본인)도 저자가 있던 그 시대에 거의 주류가 된 현대 자유주의를 기독교와 대조하여 논술하면서 '기독교가 무엇이 아니라는 것을 명확하게 진술함'으로 '기독

---

[29] J. Gresham Machen 지음, 기독교와 자유주의, 김길성 옮김, 3.
[30] J. Gresham Machen, *Christianity and Liberalism*, 5-6.

교가 무엇인가를 제시할 수 있기'를 희망한다.

- 우리의 탐구 끝에는 시대가 아무리 변해도 변하지 않는 분명한 성경말씀이 있고, 예수 그리스도의 성육신과 십자가가 있다. 나는 분명한 답을 알고 있으며 믿음으로 고백한다. 저자가 독자들을 향해 논증해 가는 과정 속에 나도 메이첸 교수님과 함께 현대신학과 싸울 수 있는 기독교 변증을 배우고 싶다.

2. 교리(Doctrine)

- 저자는 교리에 대한 논의를 시작하면서 다음과 같이 문제를 지적한다. 이는 정확한 지적이다.

    "종교 교사들에게 있어서 상대의 '감정을 상하지(위반하지, 다치지) 않으려는' 열망보다 더 해롭게 과장되어 온 것은 없다. 이 열망은 너무나도 자주 위험하게 부정직함에 가까웠다."[31]
    (Few desires on the art of religious teachers have been more harmfully exaggerated than the desire to avoid giving offence.)[32]

- 저자의 판단이 정확하다. 나는 이것을 많이 경험했다. 교회학교 교사를 할 때면, 옆에서 분반공부 하는 선생님들의 이야기가 들리곤 한다. 듣지 않으려 해도 들리는데, 복음을 가르치지 않고 자기의 이야기를 하고 있었다. 분명한 교리를 전하면 사람들은 싫어한다. 그리고 성경은 말씀이 전해지는 곳에는 핍박이 따른다고 했다. 핍박이 없다면 우리는

---

31 J. Gresham Machen 지음, 김길성 옮김, 기독교와 자유주의, 13.
32 J. Gresham Machen, *Christianity and Liberalism*, 15.

삯꾼이다. 그렇기 때문에 종교 교사(교회학교 교사나 목회자 등)들은 분명한 말씀 선포를 피한다. 이것은 지금 이 시대에도 여전하다. 적당히 상대방의 마음과 감정을 피해가면서, 죄에 대한 지적과 예수 그리스도의 십자가와 부활을 전하기보다는 '예수 믿으면 잘 살고, 잘 돼'라는 말로 상대방을 설득하려 한다.

- 메이천이 논의한대로 그것은 우리 영혼의 깨우침과 성령의 가르침과 지시하심을 거스리는 부정직함임을 나도 역시 깨닫는다. 그럼에도 교리를 정확히 선포한다는 것은 얼마나 어려운 일인가! 다시 한번 용기가 생긴다. '이제부터는 나도 교리를 분명히 가르칠 것이다.'라고 다짐한다.

- 자유주의자들의 이론과 그에 대한 저자의 논의를 정리해 보자

기독교 교리에 대항하는 자유주의자들의 원리와 그에 대한 논의

- 첫째, 가르침(교리)은 중요한 것이 아니다. (Teachings, it is said, are unimportant.)

- 둘째, "기독교는 삶이지 교리가 아니다."라는 것이다. (Christianity is a life, not a doctrine.)

- 셋째, 기독교 운동은 그 시작에 있어서 현대적 의미로서의 "삶의 길(way of life)"이 아니라 메시지(복음)에 기초한 삶의 길이다.
  기독교는 단순한 감정이나 단순한 사역 프로그램이 아니라 사실들(facts)에 대한 설명이며, 다른 말로 교리에 기초를 둔 것이다.[33]

- 저자는 바울의 가르침을 들어 논의를 전개하고 있다.[34]

⟨표 2-8⟩ 바울과 유대주의자들의 인간론에 대한 정의

바울에서 인간은 믿음과 불가분하게 직결되는 것으로 보았다.	유대주의자들은 인간을	- 그리스도께서 죽으셨다. 이것은 역사이다. - 그리스도께서 우리 죄를 위하여 죽으셨다. 이것은 교리이다. - 절대적으로 분리할 수 없이 하나로 결합되어 있는 이 두 내용이 없다면 기독교는 존재 할 수 없다.[35]
① 첫째로 그리스도를 믿고	① 첫째로 그리스도를 믿고	
② 둘째로 하나님 앞에서 의롭다하심을 받고	② 둘째로 하나님의 율법을 지키는 일에 최선을 다하면	
③ 셋째로 즉시 하나님의 율법을 지키며 수행한다는 것이다.	③ 의롭다함을 받는 것이다.	
④ 은총의 종교 (a religion of grace)	④ 공로의 종교 (a religion of merit)	

- 그리스도가 죽고, 부활하셨다는 것이 '전설의 고향'의 스토리가 아닌 분명한 fact라고 받아들인다면 우리의 삶은 달라질 것이고, 두려워 그 앞에 떨 수밖에 없게 된다. 예수님의 제자들은 그의 손을 만지며 그의 입으로부터 나오는 말을 들음으로서 예수님과 접촉할 수 있었

---

33 Machen 18. "It is that the Christian movement at its inception was not just a way of life in the modern sense, but a way of life founded upon a message. It was based, not upon mere feeling, not upon a mere program of work, but upon an account of facts. In other words it was based upon doctrine."
34 J. Gresham Machen 지음, 김길성 옮김, 기독교와 자유주의, 19-20.
35 같은 책, 22. Machen 23. "Christ died"–that is history; "Christ died for our sins"–that is doctrine. Without these two elements, joined in an absolutely indissoluble union, there is no Chirstianity.

다. 그래서 이 지식은 십자가의 이야기에서 얻을 수 있다고 했다.(That knowledge is given in the story of the Cross)[36] 그것은 어떻게 믿을 수 있단 말인가?

- 나는 여기서 예수님의 제자들의 심경을 읽는다. 그리고 2세기 신약 시대의 갈릴리 사람들의 마음을 읽고 있었다. 어떻게 우리가 그의 현존에 들어갈 수 있으며, 그와 우리 사이에 접촉이 이루어질 수 있겠는가? 그에 대한 답은 성경이다.

- 우리는 안내가 필요하다. 우리는 신약성경에서 충분하고 자유로운 – 모든 의심을 제거할 수 있을 만큼 완전하면서도 어린아이도 이해할 수 있을만큼 단순한 – 안내를 발견한다. And in the New Testament we find guidance full and free-guidance so complete as to remove all doubt.

- 눈물이 쏟아지고 목이 메이는 이 글은 나를 십자가 앞으로 이끌고 간다. 나도 예수님을 만져보지 못했고, 예수님의 음성을 듣지 못했지만, 예수님과 함께 있으면서 '그분의 숨소리를 듣고, 손으로 만졌던' 예수님의 제자들이 쓴 성경을 믿는다.

3. 하나님과 인간(God and Man)

- 하나님과 인간에 대한 논의에서 기독교 복음은 인간을 구원하는 하나님의 방법에 대한 서술 안에 기초하며, 하나님에 대한 교리와 인간에 대한 교리를 복음의 위대한 두 전제로 제시한다.

---

[36] J. Gresham Machen, *Christianity and Liberalism*, 37.

- 첫째, 하나님에 대해서(about God)
- 둘째, 인간에 대해서(about man) 일정한 예비지식이 있어야 한다.

• 자유주의의 하나님과 인간에 대한 관점을 보면,
  ① 자유주의는 하나님 개념에 있어 기독교에 반대되며(It is opposed to Christianity, in its conception of God.), 그들은 하나님에 대한 '개념'을 갖는 일은 필요 없는 일이며, 그의 존재만을 감지하면 충분하다고 말한다.37
  ② 자유주의는 인간론에서 죄의식을 제거하려고 한다. 하지만 기독교의 본질에는 죄된 인간이 있다. 인간은 죄인이기에 하나님께로 나아갈 수 없으며 하나님과 단절되어 있다.

4. 성경(The Bible)

① 현대 자유주의는 기독교 복음의 양대 전제인 살아 계신 하나님과 죄의 사실을 인식하고 있지 않다. 이와 더불어 그들은 성경의 "완전 영감"(plenary inspiration)을 인정하지 않는다. 그들은 성령 활동의 기계설을 뜻하는 것으로 성령이 저자들에게 성경을 구술로 수여한 것으로 나타나 있다고 말한다.
② 그들은 신자들의 감정을 해칠 수도 있는 문제를 피하려 하며 단지 '기계적 영감론'(mechanical theories of inspiration), '받아쓰기론'(the theory of dictation), '성경을 주문으로서 미신적 이용'(the superstitious use of the Bible as a talisman)과 같은 말로 말하기를 좋아한다.
③ 현대 자유주의자는 사실상 예수님의 권위를 소유하고 있지 않다.

---

37 J. Gresham Machen 지음, 김길성 옮김, 기독교와 자유주의, 43.

④ 현대 자유주의자가 그리스도의 권위를 대신하고 있다.
⑤ 현대 자유주의자는 사실상 예수님의 권위를 소유하고 있지 않다.[38]

그러나 성경은 완전히 새로운 계시의 기록을 내포하며 이 새 계시는 죄인이 살아 계신 하나님과 교통할 수 있는 길에 관한 것이다. 기독교는 성경이라는 본 바탕 위에서 있는(Christianity is founded upon the Bible) 동시에 그의 자유와 삶을 모두 성경에 근거한다. 하지만 현대 자유주의는 **죄인의 변동성 있는 감정**(founded upon the shifting emotions of sinful men)에 그 기초를 두고 있다.

5. 그리스도(Christ)

- 저자는 자유주의와 기독교 사이의 차이를 제2장에서 교리의 문제, 제3장에서 신관과 인간관, 제4장에서 성경에 대한 평가로 직시했다. 이제 그리스도에 대한 쌍방의 차이를 살펴볼텐데, 여기에서도 자유주의와 기독교는 첨예하게 맞서고 있음을 논증한다.
  ① 현대 자유주의자들은 무차별적인 박애의 따뜻한 선구자라고 예수님을 칭송할 뿐 예수님을 구주가 아니라 삶의 모범으로 본다.
  ② 자유주의자들은 예수님의 메시야 의식에 대하여 '예수의 체험 가운데 나중에 나타난 현상일 뿐이며 진정 근원적인 것이 아니었다. 진정 근원적인 것은 신에 대한 아들이라는 의식인데, 이 의식은 미천한 제자들도 모두 함께 소유할 수 있는 것이다.'라고 그들은 재구성한다. 그러나 그들의 수고는 실패로 끝난다. 왜냐하면 그들이 재구성한 예수가 역사적이라는 신빙성이 없기 때문이다.[39]

---

[38] J. Gresham Machen, *Christianity and Liberalism*, 63.
[39] J. Gresham Machen 지음, 김길성 옮김, 기독교와 자유주의, 73.

- 저자는 '예수님이 스스로를 믿을 수 없었다. 따라서 그는 분명코 기독교 신자가 아니었다.'는 결론에 대한 두 가지 반대에 대해 변증하는데,[40] 이 부분은 상당히 난해하고 이해가 가지 않았다. 여러 번 읽어봤지만 이해하기 힘들었다.

어려운 문단을 뒤로하고 다시 저자가 논의하는 문장으로 들어가보면 저절로 '아멘'이 나온다. '이처럼 예수님은 인간에 대한 최고의 모범이다. 그러나 모범으로서의 역할을 할 수 있는 예수님은 현대 자유주의가 재구성한 예수가 아니라 오로지 신약성경의 예수님이다.'[41]

- 저자의 논의를 빌어 자유주의와 기독교에 대해 비교해 보자.[42]

〈표 2-9〉 예수님에 대한 현대 자유주의와 기독교의 관점 비교

현대 자유주의	기독교
① 예수님을 모범과 교도자로 본다.	① 예수님을 구주로 믿는다.
② 예수님을 신앙의 본으로 삼는다.	② 예수님을 믿음의 대상으로 삼는다.
③ 예수님을 최고의 미적인 인간의 꽃으로 여긴다.	③ 예수님을 초자연적인 인격으로 여긴다.
④ 자유주의 교회는 기적을 거부하고 주님의 초자연적 인격 전체를 부정한다.	④ 기독교는 기적을 그분의 인격과 운명을 함께하며 세상에 내려오신 예수님의 사명이 지닌 성질로서 여긴다.

- 저자는 '초자연을 인정함이 죄의 실제에 대한 확신에 근거한다.'(the

---

40 J. Gresham Machen 지음, 김길성 옮김, 기독교와 자유주의, 78.
41 J. Gresham Machen, *Christianity and Liberalism*, 81.
42 J. Gresham Machen 지음, 김길성 옮김, 기독교와 자유주의, 83-94.

acceptance of the supernatural depends upon a conviction of the reality of sin.)는 논의로 시작하여 죄의 문제를 다룬다. '죄의 확신이 없다면 예수님의 유일성이 지닌 가치를 알 수 없었으며, 오직 우리의 죄 많음과 그분의 거룩함을 대조할 경우에만 우리는 모든 인간의 자손과 그분 사이에 가로놓인 심연을 깨달을 수 있다.'[43]

- 현대 자유주의자들이 예수를 신이라 표현하는 것은 예수님을 높게 생각하기 때문이 아니고 신을 지극히 낮게 생각하기 때문이다. 그럼에도 '그를 역사의 페이지에서 삭제하려는 수많은 시도에도 불구하고 그를 사랑하는 사람들이 아직도 존재한다는 것은 참으로 신기한 일이다.'라고 저자는 끝을 맺는다.

6. 구원(Salvation)

- 저자는 다음과 같은 대강령을 선포한다.

> 자유주의는 사람으로부터 구원을 발견하지만 기독교는 하나님의 역사로부터 구원을 찾는다.
> Liberalism finds salvation in man; Christianity finds it in an act of God.

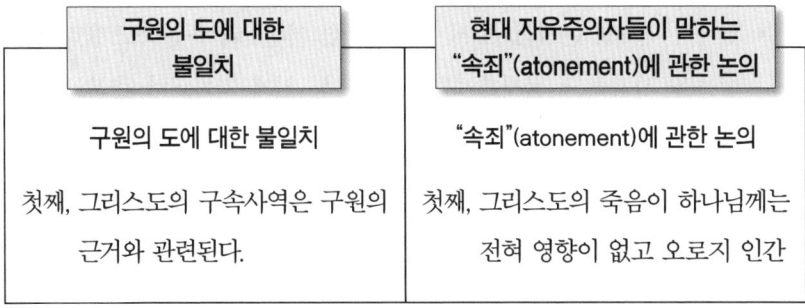

구원의 도에 대한 불일치	현대 자유주의자들이 말하는 "속죄"(atonement)에 관한 논의
구원의 도에 대한 불일치	"속죄"(atonement)에 관한 논의
첫째, 그리스도의 구속사역은 구원의 근거와 관련된다.	첫째, 그리스도의 죽음이 하나님께는 전혀 영향이 없고 오로지 인간

---

[43] J. Gresham Machen 지음, 김길성 옮김, 기독교와 자유주의, 92.

기독교 신앙에 따르면 예수님은 우리의 구주시다. 하지만 이는 예수님의 말씀 혹은 심지어 그분이 생존하셨다는 사실에 의존하는 것은 아니다. 단지 그분이 성취한 업적으로 인해 우리의 구주이신 것이다. 둘째, 그러나 자유주의자들은, 예수님께서 우리 구주되심은 그분이 자신의 생애와 동일한 생애를 살 수 있게끔 우리를 자극했기 때문이라고 한다.	에게만 영향이 있다. 둘째, 그리스도의 죽음은 다만 우리가 노력해서 본받아야 하는 자기희생의 표본으로 여겨진다. 셋째, 그리스도의 죽음은 하나님이 얼마나 죄를 미워하는가를 보여준 것이다. 넷째, 그리스도의 죽음은 하나님 자신의 아들이 우리의 모든 것을 위해 버림받은 것을 보여준다.

- 저자는 자유주의자들이 제시하는 논증도 '그럴듯하다.'고 고개 끄덕이는 나를 향해 너무 귀하고 보석같은 논의로 마무리를 짓는다.

  저자는 하나님의 사랑의 현시가 '그리스도의 죽음을 통해 우리를 이끄시는 희생의 원래적 이유임을 규명하며, 현대적 학설의 밑바탕을 간파하여 우리를 사랑하사 우리를 위해 자기 몸을 버리신 예수님께 이르러야 한다.'[44]고 제시한다.

- 얼마나 위대한 논의인가! 저자는 풍부한 어휘력과 유창하고 유려한 표현들을 사용하되 절제를 하면서 일관성 있게 기독교의 근본 교리를 확연히 보여주고 있다.

- 기독교 신앙에 따르면 인간이 하나님을 위해 존재한다. 하지만 자유주

---

[44] J. Gresham Machen 지음, 김길성 옮김, 기독교와 자유주의, 105-107.

의 교회에 따르면, 실제로는 하나님이 인간을 위해 존재한다.

> **기독교의 십자가 교리에 대한 현대 자유주의의 대항**
>
> 첫째, 그리스도의 십자가에 의한 기독교의 구원 방법은 역사에 근거한다는 이유로 비판을 받는다. 이에 대하여 저자는 "기독교는 예수님이 인간의 죄에 대해 대속의 죽음을 하지 않았다면 우리의 종교는 완전히 포기되어야만 한다. 기독교가 역사에 근거하고 있음은 명백한 사실이다."라고 제시한다.
>
> ※ "십자가 앞의 복음은 그리스도인의 영혼 속에 깊숙이 수납되어 그의 삶은 시시각각 그것이 진리라는 새로운 확인을 얻는다."[45]
>
> 둘째, 그리스도의 죽음을 통한 기독교적 구원 교리는 편협하다는 이유로 비난받는다. 그러나 기독교적 구원 교리는 구원을 예수님의 이름에 분명히 결부시킨다.
>
> ※ 이것을 주장하지 않는 것은 기독교의 배타성을 포기하게 되는 것이다. 당시 많은 구주가 각종 종교에 의해 사람들의 이목을 끌고, 수많은 이교들이 매우 조화롭게 공존 가능했다. 구원은 그리스도만으로 말미암았다. "**만**"이라는 이 작은 어휘가 없었다면 핍박도 없었을 것이며, 당시 교양 있는 이들은 예수님을 인류의 많은 구주 중 또 하나의 구주로 존경하기를 즐겨했을 것이다.
>
> 그러나 기독교는 이와 같은 '**영혼의 품위 있는 일부다처주의**'(courtly polygamies of the soul)와 전혀 무관하다.[46]

---

[45] Gresham machen 103. "On the contrary, it is received into the Christian's inmost soul, and every day and hour of the Christian's life brings new confirmation of its truth."
[46] J. Gresham Machen 지음, 김길성 옮김, 기독교와 자유주의, 111.

- 기독교의 속죄 교리는 철저히 그리스도의 신성에 대한 기독교 교리에 기초를 둔다. 그리스도의 사역은 성령으로 인해 각자의 그리스도인에게 적용된다. 게다가 성령의 역사는 하나님의 창조적 사역의 일부이다.

- 기독교의 '내세론'(other worldliness)은 결단코 현세의 싸움으로부터의 퇴각이 아니다. 복음적인 기독교인은 자신의 사업과 모든 사회적 관계를 총망라한 자신의 모든 삶에서 사랑의 율법에 복종한다. 이것이 "적용된 기독교(a christianity to apply)"이다.

7. 교회(The Church)

- 자유주의자들이 기독교를 향하여 사회 구원(인류 구원)에는 관심이 없고 개인 구원에만 관심이 있다고 하는데 대한 논증으로 중생한 기독교인들에게는 사회가 선재하는데, 이것이 바로 교회임을 제시한다.(~중략~)
- 저자는 얇지만 긴 책을 7가지 주제를 가지고 마무리하면서 '교역자나 평신도가 함께 열심을 품고 하나님의 말씀을 연구할 수 있어야 한다.'고 마무리하고 있다.
- 하지만 어떤 해결이 있든지, 한 가지 사실은 분명하다. 어딘가에 기필코 구속받은 남녀성도가 있어 틀림없이 그리스도의 이름 아래 겸손히 하나되어 말할 수 없는 그의 은혜의 선물 때문에 그리스도께 감사하며 그를 통해 하나님 아버지께 경배드릴 것이다.[47]

---

47 J. Gresham Machen, *Christianity and Liberalism*, 151. 너무 아름다운 맺음이라 영어로 옮겨본다. "But whatever solution there may be, one thing is clear. There must be somewhere groups of redeemed men and women who can gather together humbly in the name of Christ, to give thanks to Him for His unspeakable gift and to worship the Father through Him."

나가는 말

이 논의를 마주하며 읽어가는 동안 왜 이렇게 눈물이 났는지, 나는 몇 번이나 울컥했는지 모르겠다.

- "Christ died"-that is history; "Christ died for our sins"
  저자의 논의를 읽으며, 가슴이 벅차올라 과제를 하면서도 가슴이 뛰었다. 예수님께서 나의 죄를 위하여 죽었다는 사실, 아! 그리고 그것이 fact라는 것이 얼마나 내게 믿음의 용기를 주는가!
- 저자의 논의를 따라가면 예수님이 돌아가시고 실패했다고 생각하던 제자들이 예수님을 어디에서도 만나지 못하고 방황하다가 끝내 부활한 예수님을 만나 기뻐하는 마음을 읽는 것 같았다. 세 번이나 부인한 베드로가 예수님을 얼마나 그리워했을까? 그리고도 갈릴리로 고기 잡으러 가자고 동료들을 데리고 나선 베드로가 부활하신 예수님을 보는 순간 벗고 있던 겉옷을 두르고 허겁지겁 바다로 뛰어 내리던 그 마음이 왜 이렇게 고스란히 전해지는지 목이 메어온다. 거기 그 자리에 나도 있다. 성령님께서 나를 이끌어 2,000년 전 갈보리 언덕으로 이끌어 가시고, 갈릴리 바닷가로 초대하신다.

- "태초부터 있는 생명의 말씀에 관하여는 우리가 들은 바요 눈으로 본 바요 자세히 보고 우리의 손으로 만진 바라 이 생명이 나타내신 바 된지라 이 영원한 생명을 우리가 보았고 증언하여 너희에게 전하노니─우리가 보고 들은 바를 너희에게도 전함은"(요일 1:1-3).
- 저자의 논의 속에 이 말씀이 살아 있었다. 많은 자리에서 설교는 못했지만, 나는 이 말씀을 가지고 사람들 앞에 예수님을 전하곤 했었다. 그럴 때는 힘이 났다. 그리고 예수님의 제자 요한 선생님이 예수님에 대하여 쓴 고백 "우리가 들은 바요, 눈으로 본 바요, 자세히 보고 우리의

손으로 만진 바라" 하는 이 말씀이 fact가 아니라고 누가 말할 수 있단 말인가? 요한 선생님이 이것이 사실이라고 말하는 것을 어찌 믿지 않을 수가 있단 말인가? **그래서 나는 예수님의 제자들이 쓴 성경이 진짜임을 믿음으로 받아들일 수 있다.**

- 제자들이 보고 싶다. 제자들은 예수님에 대한 추억을 가슴에 간직하고 있었을 것이다. 우리도 누군가 사랑하는 사람이 생기면 그 사람에 대해 어떤 식으로든 말하고 싶어한다. 예수님의 제자들도 예수에 대해 말하고 싶어서 붓을 들었을 것이다. 그리고 독자들에게 예수님이 우리의 죄를 위해 죽으신 분이라는 사실을 큰 소리로 외치고 싶었을 것이다. 생각만 해도 눈물이 난다.
- 세 번이나 부인하고 떨고 있던 자리에서 자신을 돌아보시던 예수님의 눈빛을 베드로는 기억하며 끝내 순교의 자리에 갔을 것이다. 그 기억을 다시 회상시켜주며 가슴 뭉클한 감동으로 그리고 나의 믿음의 고백이 되어 다가왔다.

☐ 메이첸의 논의를 읽으며 한 가지 의문이 드는 것이 있다. 메이첸이 오늘을 살고 있다면 오늘날의 modernism에 대해서는 무엇이라고 말할까? 시대적 조류에 역행하면서 믿음을 지키기에는 감당하기조차 어려운 쓰나미에 휩쓸린 것은 아닌지 생각하게 된다.

☐ 여기서 나는 또 하나의 의문을 가진다. 21세기 현재는 "현대 자유주의"를 무엇으로 대치해서 기독교와 대조해야 하는 것일까? 여기에 대한 답은 있는 것일까? 이 글을 쓰면서 필자는 지금 이 시대에 잃어버린 비밀을 어떻게 찾아서 제시할까 생각해본다. 이런 생각을 하고 있는데 마음 속에 한 가지 생각이 떠올랐다. 성령님이 주신 생각으로 받아들인다. **그것은 성경이다.**

- 바울에게서 기독교는 삶일 뿐만 아니라 그것은 또한 교리였으며, 논리적으로 볼 때 그 교리는 첫째 자리에 위치했다.[48] 바울의 삶을 제시한 논의를 읽으며 눈물이 났다. 바울이 받았던 많은 고난과 핍박 가운데 바울을 붙들고 갔던 예수 그리스도의 복음이 내게 확신으로 다가오고 있었다.
- 저자는 죄의 문제를 다루는데(92쪽) 나는 이 단락이 참 좋았다. 죄의 문제가 없이 우리는 십자가 앞에 나갈 수 없다. 죄의 심각성을 깨달을 때만이 예수 그리스도의 십자가가 얼마나 귀한 것인지를 알게 된다.
- 하나님이 약속하신 언약에 따라 당신의 구속사를 이루시기 위해 예수 그리스도를 보내신 복음과 성령의 역사를 기록한 성경말씀에 대한 철저한 연구와 말씀이 들어갈 때, 교인들이 변화하는 모습을 보고 싶다. 나는 확신한다. 말씀의 능력이 있음을 믿으며, 예수 그리스도의 이름이 불리워지는 곳에는 변화가 일어나고, 예수의 이름에 능력이 있음을 확신하기 때문이다.

"그러므로 자유주의 신학이 기독교와 전혀 다르다는 것은 이상한 일이 아니다.
그 근거가 다르기 때문이다. **기독교는 성경 위에 서 있다.**
기독교는 그 사상과 삶에서 성경을 근거로 한다.
반면 자유주의 신학은 **죄 있는 사람의 무상한 감정**에 근거해 있다."

---

[48] J. Gresham Machen 지음, 김길성 옮김, 기독교와 자유주의, 18.

11. 설교의 이해와 작성

김대혁 교수님

주해화·신학화·설교화 Outline

▶ **선택본문: 에베소서 1:3-10**

³ 찬송하리로다 하나님 곧 우리 주 예수 그리스도의 아버지께서 **그리스도 안에서** 하늘에 속한 모든 신령한 복을 우리에게 주시되

⁴ 곧 창세 전에 **그리스도 안에서** 우리를 택하사 우리로 사랑 안에서 그 앞에 거룩하고 흠이 없게 하시려고

⁵ 그 기쁘신 뜻대로 우리를 예정하사 예수 그리스도로 말미암아 자기의 아들들이 되게 하셨으니

⁶ 이는 그가 **사랑하시는 자 안에서** 우리에게 거저 주시는 바 그의 은혜의 영광을 찬송하게 하려는 것이라

⁷ 우리는 **그리스도 안에서** 그의 은혜의 풍성함을 따라 그의 피로 말미암아 속량 곧 죄 사함을 받았느니라

⁸ 이는 그가 모든 지혜와 총명을 우리에게 넘치게 하사

⁹ 그 뜻의 비밀을 우리에게 알리신 것이요 그의 기뻐하심을 따라 **그리스도 안에서** 때가 찬 경륜을 위하여 예정하신 것이니

¹⁰ 하늘에 있는 것이나 땅에 있는 것이 다 **그리스도 안에서** 통일되게 하려 하심이라

1. 주해화 과정(The Exegetical Process)

1.1. 주해적 Focus(Main Idea)

O 사도 바울은 "찬송하리로다"라는 단어로 에베소서의 문을 열면서 기쁨과 감사로 성도들이 받은 신령한 복들을 열거하며 독자들도 동일한 복을 받았음을 강조한다. 에베소 교인들과 그리스도 예수 안에 있는 신실한 모든 자들이 하나님의 구원의 계획과 구원의 방식을 깨닫고 하나님의 은혜를 찬미하며, 우리를 위하여 준비하신 일들을 바라보게 하려는 것이다.(3절)

1.2. 주해적 목적 Function(Purpose)

O 사도 바울은 그리스도의 사람들이 누구이며 그들이 어떠한 사람들인가 하는 것을 깨닫고, 그들에게 은혜로 제공된 하늘에 속한 모든 신령한 복들이 무엇인지를 인식하여 구원의 복을 깨달아 그리스도인의 삶을 누리고 찬양과 감사로 하나님의 영광을 위하여 살아가기를 바라는 것이다.(6절)

1.3. 주해적 Form(Outline)

O 사도 바울은 그리스도 안에서 하나님이 하신 일을 말한다.
   ① 모든 신령한 복을 주심.(3절)
   ② 우리를 택하심.(4절)
   ③ 거룩하고 흠이 없게 하심.(4절)
   ④ 우리를 예정하사 자기의 아들들이 되게 하심.(5절)
   ⑤ 속량 곧 죄사함을 받음.(7절)

⑥ 그리스도 안에서 통일되게 하려 하심.(10절)

2. 신학화 / 원리화 과정(The Theological Process)

2.1. 신학적 Focus(Main Idea)

○ 하나님께서 우리를 위하여 준비하신 일들을 바라보게 하는 것이다. 이것은 구원의 본질로서, "그리스도 안에서" 행하신 일로 말미암는 것임을 깨닫기 원하신다.(5절)

2.2. 신학적 목적 Function(Purpose)

① 하나님은 "그리스도 안에서" 하늘에 속한 모든 신령한 복을 우리에게 주심으로 하나님 앞에 거룩하고 흠이 없기를 원하시며(4절), 우리가 하나님의 아들들이 된 것을 깨닫기를 바라신다.(5절)
② 그리하여 하나님은 "그리스도 안에서" 우리에게 거져 주시는 그의 은혜의 영광을 찬송하기를 원하시는 것이다.(6절)
③ 또한 하나님은 우리가 하나님을 찬송을 해야 하는 이유가 "그리스도 안에서" 하늘에 있는 것과 땅에 있는 것이 다 통일되게 하는 데 있음을 알기를 원하신다.(10절)

2.3. 신학적 형식 Form(Outline)

① 하나님을 찬송해야 할 이유가 택하심(4절), 예정하심(5절), 아들들이 되게 하심(5절), 속량 곧 죄사함(7절)과 통일되게 하심이다.(10절)
② 이러한 하나님의 행하심은 "그리스도 안에서(in Christ)" 이루어진 것

임을 알기를 원하신다. '그리스도 안에서'를 계속하여 역설함으로 하나님의 독생자 예수 그리스도를 통한 구원의 은혜를 덧입음으로 먼저는 그리스도와 연합하고, 그리스도와의 연합은 그리스도의 아버지(3절)이신 하나님과의 연합으로 이어지기를, 더 나아가 분열과 이단들로 인하여 힘들어하는 에베소 성도들과 그리스도 예수 안에 있는 자들과의 연합으로 이어지기를 원하신다.(10절)

③ "그리스도 안에서"라는 표현은 3-10절 사이에 여러 번 나오는데, 다음과 같이 하나님의 사랑이 표현되고 있음을 깨닫기를 강권하신다.

〈표 2-10〉 에베소서 1:1-10 "그리스도 안에서"

① ἐν Χριστῷ 'Ιησοῦ	1절, in Christ Jesus	/ 그리스도 예수 안에서
② ἐν Χριστῷ	3절, in Christ	/ 그리스도 안에서
③ ἐν αὐτῷ	4절, in sight	/ 그 안에서
④ ἐν τῷ ἠγαπημένῳ	6절, in the One he loves	/ 그가 사랑하시는 자 안에서
⑤ ἐν ᾧ ἔχομεν	7절, in him	/ 그리스도 안에서
⑥ ἐν αὐτῷ	9절, in Christ	/ 그 안에서
⑦ ἐν τῷ Χριστῷ	10절, in him	/ 그리스도 안에서

※ "그리스도 안에서"라는 용어는 신약 전 27권 중 가장 많이 사용된 표현이며 바울서신서에서만 164회나 사용되었다. 특히 에베소서·빌립보서·골로새서·빌레몬서 등의 옥중서신에 많이 사용되었으며 가장 많게는 에베소서에 30회나 사용되었다.

3. 설교화 과정(The Homiletical Process)

3.1. 설교적 Focus(Main Idea)

○ 우리는 하나님이 하늘에 속한 모든 신령한 복을 주심을 찬양한다.
○ 신령한 복은 아래와 같은 것이며, 우리가 하나님을 찬양하는 이유는 "**그리스도 안에서**" 하나님이 하신 일이기 때문이다.

① **그리스도 안에서** 우리를 택하심(4절)
② **사랑 안에서** 거룩하고 흠이 없게 하심(4절)
③ **기쁘신 뜻**대로 예정하심(5절)
④ **그리스도로 말미암아** 자기의 아들들이 되게 하심(5절)
⑤ **사랑하시는 자 안에서** 그의 은혜를 거저 주심(6절)
⑥ **사랑하시는 자 안에서** 그의 은혜의 영광을 찬송하게 하심(6절)
⑦ **그리스도의 피**로 말미암아 속량 곧 죄 사함을 받음(7절)
⑧ **모든 지혜와 총명**을 우리에게 넘치게 하심(8절)
⑨ 그 뜻의 **비밀**을 우리에게 알리심(9절)
⑩ 때가 찬 **경륜**을 위하여 **예정**하심((9절)
⑪ **그리스도 안에서** 통일되게 하려 하심(10절)

3.2. 설교적 Function(Purpose)

○ 하나님이 우리에게 주신 것은 거저 주신 것이다. 그 까닭은 "**그리스도 안에서**" 행하신 일 때문이다. 우리는 우리의 구속과 죄 사함이 "**그리스도 안에서**" 주어진 것임을 기억하며 하나님을 찬송해야 한다.(3절)
○ 신약에서 복(blessed)은 항상 하나님으로부터 기인한다. 하나님의 놀라운 구원의 계획은 "**그리스도 안에서**"이다.(4-10절)

3.3. 설교적 형식 Form(Outline)

① 예수 그리스도로 말미암아 자기의 자녀가 되게 하신 목적은 **"그리스도 안에서"** 하나님과의 관계를 누리게 하는 것으로 믿는 자들은 하나님 아버지를 찬송해야 한다.

② 구속과 죄의 용서는 **"그리스도 안에서"** 신성한 하나님의 선물이기에 하나님을 찬송해야 한다.

③ 택하심과 죄의 용서는 우리의 공로가 아니라 **"그리스도 안에서"** 거저 주심이기에(그분의 자유로운 결정과 사랑) 우리는 은혜의 영광을 찬송해야 한다.

④ 세상의 어려움과 힘듦 때문에 우리는 하나님을 찬양하지 못한다. 그러나 우리가 진정으로 찬양할 수 있는 것은 **"그리스도 안에서"** 하나님이 하신 일이 곧 우리 한 사람 한 사람에게 하신 일이기 때문이다.

⑤ 이것을 알게 하심은 하나님이 우리에게 하나님을 알 수 있도록 지혜와 총명을 우리에게 주셨기 때문이다. 이것은 우리가 거저 받은 것이며, 우리의 노력이나 애씀으로 이루어진 것이 아니다. 하나님이 그 뜻의 비밀을 우리에게 알리셨기 때문이다.

⑥ 이러한 하나님의 예정과 섭리와 비밀을 알 때, 우리는 그리스도 안에 있는 것이 어떤 것인지 알게 되며 은혜를 입게 된다. 그리스도 안에 있음을 경험하는 것은 비밀이고 신비이다.

이러한 은혜를 입은 자는 그의 삶이 변화되며 하나님과 화목함으로 사람들과도 화목하게 되고 더 나아가 **"그리스도 안에서"** 통일되게 된다.

12. 신약서론 과제

이풍인 교수님
신약의 세계 문화인류학적 통찰

1. 들어가는 말

이 책의 목적

신약에 나타난 인물의 행동에 대한 사회적 배경을 통찰하는데 필요한 몇 가지 유익한 모델들을 문화인류학의 분야에서 제시하려는 것

신약 연구에서 문화인류학적인 모델을 사용하려는 목적

문화적인 배경의 관점에서 최초로 선포되었던 본문의 의미를 듣고자 하는 것

이 책은 다음 6가지 chapter로 논의를 전개하고 있으며, 본서 전체를 통해서 현재 우리가 가지고 있는 암묵적인 가정(假定)을 지적하고 비교관점을 제시하고 있다.

1장 성경연구와 문화인류학: 본문의 올바른 해석	2장 명예와 수치: 1세기 지중해 세계의 중심 가치들

3장 1세기의 인격체: 개인과 집단	4장 한정된 자원에 대한 인식: 개인의 사회적 신분 유지
5장 친족관계와 결혼: 대가족적 융합	6장 정결함과 불결함: 정결 규례 이해

2. 제1장 성경 연구와 문화인류학 / 본문의 올바른 해석

> **본 장의 목적**
>
> 성경 자체가 말하고자 하는 의미를 파악하기 위하여 탐구해야 할 성경 연구의 몇 가지 영역들을 개괄하는 일

신약의 세계를 이해하기 위해서 가장 먼저 할 수 있으며 우리 가까이 있는 자원은 성경 연구이다. 21세기를 사는 우리가 1세기를 추정할 수 있는 가장 좋은 수단은 성경이다. 당시에 쓰여진 성경은 지금의 언어가 아니기에 성경 번역 또한 중요한 무엇인가를 나타낸다.

성경 자체가 말하는 것이나, 성경 번역의 도구와 틀조차 신약 세계의 정보를 제공해주는 것이다. 또한 성경 연구는 문화인류학의 토대가 될 수 있다.

○ **성경 번역이 무엇을 제공해 주는가?**
  - 성경에서 그들이 말한 것과 그들이 말하려고 의도한 것은 구분되어야 한다는 것이다.
○ 1세기 팔레스타인 세계를 구성했던 사회적인 규범과 가치에 관하여 질문하는 일뿐만 아니라 그 질문에 대답하는 방법은 성경학 분야에서는 아직은 새롭지만, 그 질문과 방법은 오늘날 성경을 이해하기 위해 사용된 일련의 모든 접근 방법들에 의해서 이루어진 산물이며, 그것은 우리가 살고 있는 현 시대에서 하나님의 말씀을 이해하기 위한 시도들

의 논리적인 결과로서 발전해 왔다.
- ○ 성경 연구와 이해를 목적으로 이루어지는 성경 연구의 방법들?
  - 성경 번역
  - 구체적인 대상들과 연관지어 이해하고 정보를 제공하는 성경백과사전
  - 다양한 성경지도가 이러한 일을 하는 것을 돕는다.
- ○ 그럼에도 이러한 방법으로 알았다고 해서 성경을 충분히 제대로 이해했다고 말할 수 없을 것이다. 인간 행동의 숨겨진 측면을 다루고, 구체적인 정황 등을 보는 통찰력으로 이해되어져야 할 것이다.

2.1. what 과 how

- 성경과 관련된 현대의 성경 주석들은 무엇을, 언제, 어디서, 그리고 역사적인 문제와 더불어 문학적인 분석을 제공해 준다. 이러한 문학적 분석, 즉 문체나 문학 양식에 대한 연구는 우리가 다루는 본문을 이해하기 위해 본문에 나오는 사람들에게 또 다른 차원의 '무엇'(what)과 '어떻게'(how)를 질문하는 것이다.
- 이러한 전제들(누가, 무엇을, 언제, 어디서, 그리고 어떻게)과 관련하여 타문화 지식, 즉 '왜'(why)라는 질문과 그 대답의 의미와 중요성을 다루게 된다.

이 책의 배후에 있는 전제들

① **인지 지식**
(awareness knowledge):
어떤 사물 또는 사람에 대한 정보

③ **원리 지식**
(principle knowledge)
또는 왜-지식(why knowledge)

② **사용 가능한 지식**
(usable knowledge)
또는 실용 및 방법 지식

2.2. 문화의 이해

- 문화란 사회적으로 상징화된 사람과 사물 그리고 사건과 관련이 있는 상징의 체계다. 결국 인간의 세계는 문화적으로 해석된 사회적 세계다. 이중에서 언어는 가장 중요한 형태로서 문화의 의미에 대한 가장 훌륭한 실례가 된다.
- 문화의 이해에 있어서 잘못된 해석, 즉 자민족 중심의 시대착오적 해석을 피하는 유일한 방법은 외국책의 문화를 이해하는 것이다.
- 문화를 이해하기 위해 사용할 수 있는 문화적 단서는 다음과 같다.

우리는 우리가 공유하고 있는 언어에 동화되는 것처럼 우리는 문화의 의미와 가치에 동화된다.

모든 문화적인 상징은 가난한 사람에게 자선을 베푸는 단순한 것에서부터 결혼과 친족관계 같은 복잡한 것에 이르기까지 모두 형태화되어 있다.

그것들은 우리의 일상의 언어와 마찬가지로 사회적으로 공유하고 있는 규칙과 규범을 따른다.

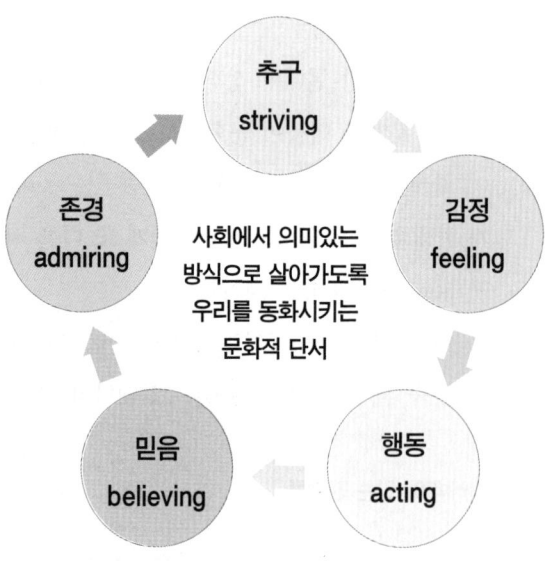

제1장을 결론적으로 살필 때

- 우리가 문화를 이해한다는 것이 신약성경에 살고 있는 사람들의 문화와 같은 외국인이 문화를 이해할 수 있다고 주장할 수 있는가 하는 것이다. 신약성경의 저서들을 이해하려고 시도하는 것은 우리 가운데 떨어진 한 외국인 집단을 이해하려고 시도하는 것과 유사하다. 우리에게

는 낯선 사람들, 먼 시대로부터 온 외국인들이기 때문이다.
○ 이에 대하여 중요한 인식의 여러 가지 단서를 제공해 주는데, 그 단서는 다른 사람의 입장으로 옮겨볼 수 있으며, 다른 사람의 관점이나 입장에서 인식할 수 있는 능력이다. 이러한 것은 감정이입이라는 것으로 그 역할을 감당할 수 있다.
○ 필자는 이러한 삶의 다양한 모델을 제시함으로써 기독교인과 독자층을 갈라놓는 문화적인 차이의 폭을 깨닫게 되기를 바라고 있다.

3. 제2장 명예와 수치 / 1세기 지중해 세계의 중심 가치들

○ 인간이 의미를 부여하는 일은 인간 환경이라는 보이지 않는 재료에 선을 긋고, 정의하고 사회적으로 공유되는 의미를 만들어 내는 것과 같다. 그리고 사회적으로 그어진 선들은 개개의 사람들, 집단들, 자연, 그리고 하나님 또는 신들로 통제되고 통합되어 사회적으로 그어진 선 내부 주변을 따라 그려져 있다.
○ 우리 모두는 모든 경험을 구분 짓는 경계선 체계 내에서 태어난다. 그러한 경계선들은 자기 자신, 다른 사람들, 자연, 시간, 공간, 그리고 하나님을 규정한다. 인간은 자신이 어디에 있는가를 알려고 하며, 그러한 선(경계)들을 기를 쓰고 그으려고 애쓴다. 이러한 이론을 배경으로 지중해 세계에서 매우 일관성 있게 발생되는 세 가지 유형의 사람의 경계선을 생각해 볼 수 있다.

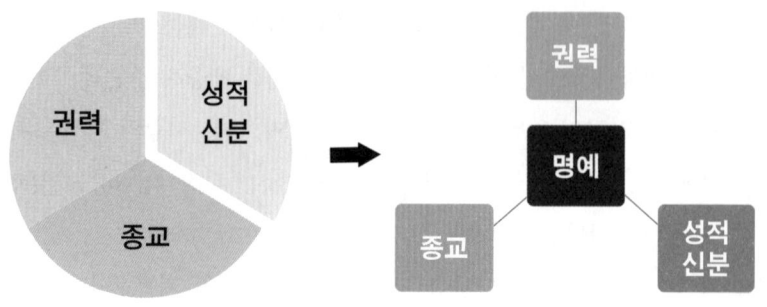

- 이 세 가지의 경계선은 권력, 성적 신분, 그리고 종교라고 지칭되는데, 이것을 가진 사람은 명예를 갖게 된다.
- 그런데 특히 과거의 지중해에서 다양한 사회의 중심제도는 친족관계였다. 그곳에서 가족은 정말로 모든 것이었다. 결국 가정이 가장 관심사가 되는 제도일 때, 삶을 조직하는 원리는 소속감이다. 지중해에서 그 중심 집단은 개인의 친족집단이었다.
- 한 개인의 정체성은 가족 내에서의 소속과 수용에 달려있다. 그리고 그러한 전통적인 질서의 규칙은 명예와 수치의 기본적인 가치를 둘러싼 규범에 뿌리박혀 있다.

3.1. 명예에 대한 이해

○ 명예는 권력, 성적 신분, 그리고 종교의 세 가지 경계들이 교차하는 영역에서 사회적으로 적절한 태도와 행동이라고 묘사될 수 있다.
○ 한 사회의 구성원들은 권력, 성적 신분, 그리고 종교라는 상징 안에 묶여 있는 일련의 의미와 감정을 공유한다. 예를 들어 아버지가 명령했지만 자녀들이 불순종한다면, 그들은 아버지의 명예를 더럽힌 것이다.
○ 명예란 가치에 대한 주장이며, 그 가치에 대한 사회의 인정이다. 1세기의 사람이 관심을 가졌던 것은 자신의 명예등급이었다. 가치에 대한 권리와 자격은 신분에 대한 권리이며 그 신분은 자신의 사회적인 정체

성에 대한 인식에서 나온다. 따라서 사회에 속해 있는 사람은 그의 명예등급에 의존하며, 그것은 그 공동체의 신분 서열에서 그 사람의 위치를 결정한다.

3.2. 사람은 어떻게 해서 명예를 부여받는가?

- 부와 마찬가지로 명예도 부여되거나 획득되어질 수 있다. 부여된 부처럼 부여된 명예는 그것을 얻기 위해서 무엇인가를 하기 때문에 생겨난 것이 아니라 단지 그 사람의 존재 때문에 얻게 되는 명예이다.
- 성경에 나오는 족보의 주요한 목적 중에 하나는 어떤 사람의 명예로운 계보를 제시해서 그 사람을 그 지위의 서열에 사회적으로 위치시키는 것이다. 결국 족보는 사람의 부여된 명예를 가리킨다.
- 그 외에도 지중해 세계에서 혈통이나 이름으로 상징되는 명예 등이 있다. 명예등급이 좋지 않으면 아무도 자유롭게 언약의 관계를 맺으려 하지 않았을 것이다. 그러므로 좋은 이름과 가족의 명성은 가장 가치 있는 자산이 되는 것이다.
- 명예란 그가 획득한 것을 지키고 보유하는 것을 통해서가 아니라 베풂을 통해서 얻어진다. 그래서 돈, 자원, 그리고 어떤 종류의 부든지 간에 실제로는 명예를 위한 수단이며, 부를 다른 용도로 사용하는 것은 어리석다고 여겨진다.
- 따라서 명예로운 사람은 하나님을 포함해서 권력, 성(性), 그리고 사회적인 존경의 교차점에서 자신의 사회적인 경계선들을 유지하는 방법을 아는 사람이다.

제2장을 결론적으로 살필 때

- 필자는 지중해 세계에서 성경에 제시한 것을 바탕으로 명예와 수치에 대한 명시적이고 암시적인 상호작용을 설명하고 있으며 명예는 부여되

거나 획득될 수 있으며, 명예는 권력과 직결되는 것으로 이러한 상호작용은 지금의 세계와 다를 바가 없음을 알 수 있었다.

4. 제3장 1세기의 인격체 / 개인과 집단

○ 명예와 수치는 전반적으로 신약성경과 성경에 묘사되어 있는 사람들에게 있어서 중심적인 가치였다. 성경의 사람들 중에 덕망 있는 남자는 자신의 집단의 명예와 자신의 명예등급을 유지하고 증가시키는 방법을 아는 힘있는 남자였다. 그리고 덕망 있는 여자는 자신의 가족의 명예를 어떻게 보호하고, 자녀를 어떻게 가르쳐야 할지를 아는 자로서 남편과 가족에게 헌신하는 여자였다.
○ 저자는 1세기의 인격체와 관련하여 성경의 각 페이지에서 어떤 종류의 개인들을 발견하리라고 생각하는가? 하는 문제를 던지고 있다.
○ 1세기의 인격체에 대한 이해를 제공하기 위한 문화인류학에서의 두 개의 모델
  - 첫 번째 모델: 비개인주의적인, 즉 대단히 집단 지향적인 자기인식
  - 두 번째 모델: 개인적인 구조 개념을 개괄적으로 다룸(셈족의 하류문화의 특징)

○ 1세기 지중해 세계에서 발견할 수 있는 것은 강력한 집단 지향성이다. 사람들은 항상 집단적인 측면에서 자신을 생각하고, 헤어나올 수 없을 정도로 그 집단에 깊이 관련되었다. 이는 '상호관계주의'로 묘사될 수 있다.
○ 바울은 집단 전체, 즉 유대인들과 헬라인들 또는 갈라디아인들을 비난했고, 개인적인 죄악 뒤에는 어느 정도 사회적으로 악영향을 미치는 hamartia(판단의 잘못)가 있었다고 본다.

5. 제4장 한정된 자원에 대한 인식 / 개인의 사회적 신분 유지

○ 우리가 신약성경의 책들을 읽을 때 엿듣게 되는 외국인 집단은 1세기 지중해 세계의 사람들이다. 1세기 지중해 세계의 다른 중요한 특징은 인류학자들이 전통적으로 소작농(peasant) 사회라고 부르는 것과 거의 완벽하게 일치한다는 것이다.
○ 따라서 한정된 자원에 대한 인식을 통하여 신약성경을 읽을 때 우리는 대체적으로 공관복음서에서는 소작농 공동체들을 다루는 것을 보게 되며, 바울과 바울학파의 저서들에서는 산업화 이전 도시의 비엘리트 계급의 공동체들을 다루는 것을 볼 수 있게 된다고 논술하고 있다.
○ 이것을 비엘리트 계급과 엘리트 계급으로 나눌 때 다음과 같다.

〈표 2-11〉 신약의 세계 속에 나타난 엘리트 계급과 비엘리트 계급

분류	구성원	특징
엘리트 계급	산헤드린에 속한 사두개인들, 헤롯당원들, 예루살렘의 서기관과 같은 도시의 엘리트	- 새로운 유행을 이끌어가는 사람들 - 이스라엘 사회의 이상과 가치들에 가장 근접해 있는 사람들
비엘리트 계급	이스라엘 집에 속해 있는 주변 마을 사람들	- 도시 엘리트 계급의 표준에 따라 측정했을 때 시대에 뒤떨어지고 종종 "옳지 않고" 불완전한 형태로 삶을 영위해 가는, 즉 이스라엘 사회의 이상과 가치에 대한 도시의 표현으로부터 여러 번 옮겨져 있는 사람들 - 예를 들면 갈릴리의 강도(bandit) 집단들 - 예루살렘의 바리새인들과 그들의 서기관들

6. 제5장 친족관계와 결혼 / 대가족적 융합

○ 지금까지 신약성경을 읽을 때 목격하는 외국인 집단에 대하여는 그들의 주된 관심사인 명예와 수치에 사로잡혀 일종의 갈등적인 삶의 경기장에 참여하되, 집단지향적이고 집단규정적인 인격체들로 참가했음을 깨닫게 되었다.

○ 1세기 친족관계는 다음과 같이 정의할 수 있다.

① 친족관계의 규범은 결혼상대자의 선택뿐만 아니라 결혼의 특성과 기간, 핵가족 결합, 그리고 대가족에 의한 결합을 다룬다.

② 단결이나 적극적인 협동에 대한 표현은 친족 단위 내에서의 결혼을 금지하는 형태를 취할 수 있다. 이것은 이족결혼(exogamy), 즉 배우자가 친족단위가 아닌 외부에서 와야 한다는 필요조건이 요구된다.

③ 긍정적인 협동은 친족집단 이외의 사람들과는 결혼을 금하는 동족결혼(endogamy)이 요구된다. 이러한 외부집단에 대한 폐쇄성을 가지는 동족결혼은 배타주의를 상징하는데 이것이 1세기 지중해 세계에서 선호된 관습이었다.

④ 1세기 이스라엘 사회에서 친족의 규범에 대한 두드러진 특징은 근친상간 금기, 일부일처제, 동족결혼, 부계혈통에 대한 강조, 부계지역 중심의 결혼, 확대된 가족의 삶의 배열, 가족 전승에 대한 강조, 결정된 결혼, 남편과 아내보다는 형제, 자매, 어머니와 자녀의 애정의 유대, 그리고 그 집에서 종종 이방인으로 남았던 혈연관계로서의 아내를 포함한다.

⟨표 2-12⟩ 성경에 나타난 결혼 전략들

결혼 및 친족관계	회유적	공격적	방어적	은사적인 방어적인	그리스도인의 방어적인
주요 상징	거룩한 가족	거룩한 땅	거룩한 씨	거룩한 교회들	거룩한 교회
시 대	족장 시대	이스라엘 시대	유대 시대	바울 시대	바울 이후 시대
수 장	족장	지도자 / 왕	제사장	은사를 가진 지도자들	교회의 과리들 (감독)
규 범	관습	법	법	관습	법
예 배	가족 중심	성전 / 궁전 중심	성전 중심 집단 행동	집단 행동	교회 중심 집단 행동

7. 제6장 정결함과 불결함 / 정결규례 이해

성경에 나오는 정결함과 불결함

- 무엇이든지 밖에서 사람에게로 들어가는 것은 능히 사람을 더럽게 하지 못하되 사람 안에서 나오는 것이 사람을 더럽게 하는 것이니라(막 7:14-16)
- 베드로가 환상 중에서 "속되고 깨끗지 아니한 물건을 내가 언제든지 먹지 아니하였삽나이다"(행 10:14)
- 초대 기독교 무리들의 "먹고 마시는 것과 절기나 월삭이나 안식일"에 관한 문제(골 2:16)와 "날과 달과 절기와 해"를 지키는 특별한 규례(갈 4:10)

○ 모든 문화는 어느 정도 정결규례를 가지고 있는데, 정결규례는 사회의 모든 측면들을 포괄하는 일종의 바둑판 모양의 격자망을 제공하기 때문에, 이러한 정결규례는 그 사회조직체의 전체성 또는 완전성을 유지하는데 중요하다. 이런 관점에서 정결규례는 그 사회의 외부 경계선에 관심이 많고, 그 사회의 정결성과 건전성을 유지하는 역할을 했다.

○ 이스라엘의 정결규례는 자신을 포함해서 주변 요소들을 어떤 규칙적인 방식으로 위치시키는 것을 가능케 해주는데, 예수께서는 곧 오실 이스라엘의 메시야로 여겨졌기 때문에, 예수의 죽음과 부활에 의해 진행되어진 기독교 운동조직은 이스라엘의 정결규례와 타협해야만 했다.

〈표 2-13〉 유대교에서의 사회적 분류

a	1. 제사장
b	2. 레위인
c	3. 순전한 혈통의 이스라엘 사람("평민")
	4. 제사장의 사생아
d	5. 유대교로의 개종자, 즉 개종한 자유민
	6. 한때는 노예였던 개종자, 즉 개종한 자유민
e	┌ 7. 사생아(근친상간이나 또는 부정한 결합으로 태어난 사람)
	│ 8. "아비없는" 자(창녀에게서 태어난 자)
	│ 9. 버려진 아이
	└ 10. 사람에 의해 만들어진 고자
f	┌ 11. 태어나면서부터 된 고자
	│ 12. 성적인 부분들이 불구가 된 사람
	└ 13. 남녀 양성을 가진 사람
x	14. 다른 모든 민족 집단들에 속한 사람(="이방인")

8. 서평

○ 이 책은 신약에 나타난 인물의 행동에 대한 사회적 배경을 통찰하는 데 필요한 몇 가지 유익한 모델들을 문화인류학의 분야에서 제시하고

있다. 전체적인 구조에 있어서 6개의 단락으로 나누어 신약의 중심 세계인 1세기에 대한 문화인류학적인 고찰을 전개함으로써 필자는 본서 전체를 통해서 현재 우리가 가지고 있는 암묵적인 가정(假定)을 지적하고 비교 관점을 제시하고 성경의 독자들로 하여금 복음서를 이해하기 쉽게 풀이하였다.

○ 신대원 들어오기 전에 성경을 공부할 때는 성경을 읽으면서도 성경에 나오는 유대인, 이스라엘 사람들이 우리와 같은 성정(性情)을 가지고 똑같은 환경 가운데 문화를 이루어가는 사람들로 생각하는데 아무 이견(異見)조차 생기지 않았다. 신대원에 들어와서 신약의 세계라는 책을 접하면서 처음으로 깨달았다.

○ 저자는 교회와 세상을 분리하지 않고, 이스라엘과 외부 세상을 분리하지 않고 조화시키며 그들의 문화를 존중하면서 성경 속에서 1세기의 문화가 어떻게 어우러지고 통일되는지를 독자층이 거부감 없이 신약의 세계를 이해할 수 있도록 지중해의 아름다운 그림을 그려내고 있었다.

○ 이 책을 읽어내려가는 동안 부끄러움을 느꼈다. 어쩌면 이렇게도 나 자신의 사고의 범위가 제한적이고 협소했을까? 성경을 읽으며 '이스라엘의 문화는 내가 접한 문화와 다를 것이다.'라는 생각을 한 번도 한 적이 없으니 말이다. 성경에서 나타난 모든 기록들은 절대적인 신적인 세계의 것으로 신성한 것이라고 생각했기 때문이다. 그래서 성경에 나타난 결혼 의식이라든지 정결함에 대한 규례, 사회적 신분 등에 대한 생각은 한 번도 의심없이 나의 현재의 삶에서 당연히 그대로 투영되어 스며들었을 뿐이었다.

○ 이 책을 읽으면서 예수님이 거니시던 당시의 문화, 그 문화를 형성하고

있는 명예, 수치 등의 지중해 세계의 중심 가치들을 뒤집고 "화 있을진 저"(마 23장), "회칠한 무덤"(마 23:27)이라고 말씀하시는 것을 듣는 유대인들은 얼마나 황당했을까 상상해보았다. '어디서 알지도 못하던 사람이 튀어나와 외치는데, 뭐 저런게 다 있어?' 하는 마음 아니었을까? 그런 사회적 분위기를 관통하며 '회개하라'고 선포하신 예수님을 그들은 받아들일 수 없었을 것이다. 내가 그 시대에 살았다한들 나도 역시 그들과 똑같이 '뭐 저런 게 다 있어?' 했을 것이다. 그런데 그중에도 남은 자들을 남기시고 그들이 복음을 듣고 예수님을 믿는다는 사실은 은총이다. 그런데 이러한 자들은 사회 계층에서 낮은 자들이라는 것이 신약시대 뿐만아니라 현재에 이르기까지 인류가 빚어내는 사회적 산물이 되는 것 같다.

○ 그렇기에 이러한 문화인류학적 통찰에 있어서 책을 따라 읽어내려가면서 통찰의 깊이가 깊어질수록 1세기 지중해 이스라엘에서 복음을 전한다는 것은 마치 낙타가 바늘귀로 들어가는 것과 같은 느낌이 든다. 이러한 사회적 분위기를 꿰뚫고 복음을 전하다니! 이것은 기적이 아니고는 한 사람의 열매도 얻을 수 없는 조건이다.

○ 우리나라도 혈통이나 이름으로 상징되는 명예를 아주 존중해 왔다. 그러나 성경을 읽을 때 적용에 있어서 나에게는 관대하고 성경의 인물들에게는 아주 인색하다. 그것은 마치 '이것도 못해, 어휴 한심하다.'라는 느낌으로 성경 속에 주인공들이 펼치는 내러티브를 읽어나가는 것이다.

○ 그런데 이 책을 읽다보니 그것은 감히 내가 그들을 그렇게 판단할 수 있는 자격이 없음을 깨닫는다. 그들의 명예와 신분, 잣대의 기준, 사회 구조 등에서 그들의 정체성을 찾아내려는 시도는 우리보다 더 치열하면 치열했지 덜하지 않다는 것을 깨닫게 되었다.

○ 그래서 베드로가 고넬료를 맞이하는 것이 그렇게 어려웠다는 것을 어렴풋이 알 것 같았다. 그런 의미에서 이방 땅에 선교가 이루어진 것은 그들의 혈통과 문화, 사회 체계 내에서 커다란 희생이었기에 그들의 전통적인 문화를 뚫고 이방 선교가 이루어진 것은 기적이었다는 생각이 든다.

○ 필자는 우리의 관심사를 첫 번째로 모든 인간은 전적으로 동일하다는 유사성에 집중시키고, 두 번째로 모든 인간은 전적으로 다르다는 개별적인 인간들의 독특성에 집중시킨다. 세 번째는 모든 인간은 어느 정도는 동일하고 어느 정도는 다르다는 유사성과 차이성의 상호작용에 집중시킨다.

○ 이러한 관점에 대하여 자민족주의에 치우치지 않으려는 필자의 노력을 엿볼 수 있었다. 이와 같은 노력으로 이 책의 한 장 한 장을 펼치면서 저자는 개인으로부터 시작하여 그 범위를 점점 확대하였다. 독자들이 알지 못하는 사이에 저자가 전개하는 글을 따라 읽어내려가다 보면 어느새 친족관계와 대가족적 융합에 이르게 된다.

○ 거기서 한걸음 더 나아가서 정결규례까지 문화인류학적 관점에서 성경을 다룬다는 것은 평범한 우리의 사고를 뛰어넘는 예리한 통찰력으로 볼 수 있다. 이러한 많은 장점과 범인이 사고(思考)하지 못하는 부분까지 신약의 세계를 통하여 조명하는 작업은 그리 쉽지는 않았을 것이며 독자들로 하여금 성경의 새로운 면을 바라보도록 해 주는 역할을 해 준다고 평할 수 있다.

○ 여기서 분위기를 전환하면서 이 책이 가지고 있는 아쉬운 부분에 대하여 논하고자 한다. 이러한 통찰은 신약의 세계에 대해서 신선한 충

격을 던져주기도 하지만, 지금까지 금기(禁忌)와 같이 성스럽게 여기던 성경에 대한 가치를 인간의 저급한 수준까지 떨어뜨리면서 성경이 성경으로 존재하는지를 되돌아보게 하는 역효과를 낳을 수도 있다는 것이다. 이는 나에게 큰 충격으로 다가오기도 했다. 따라서 필자는 이 책과 관련된 아쉬움을 다음과 같이 몇 가지로 제시하고자 한다.

o 첫째, 성경이 성경으로서의 정경성을 놓칠 수 있는 부분이 간과되어진 것이라면 이에 대한 점검이 있어야 할 것이다. 여기에 대하여 저자는 충분한 변명을 제시해야 할 것이다.

o 둘째, 저자의 의도가 당시의 시대적 상황성에 맞추어 성경 속에 인물들이 드러내는 그들의 특성을 살피는데 목적을 두었다는 것을 좀 더 자세히 때로는 쉬운 우리의 언어들로 표현하는 것이 훨씬 더 접근성이 있지 않았을까 하는 점이다.

o 셋째, 각 장마다 제기되는 '가설의 점검' 부분에 있어서는 너무 어려운 질문들이 있었다. 이 질문들은 한 장을 뭉뚱그려서 포괄적인 질문으로 전개시켰는데, 앞선 설명들과 논증들이 구체적이지 않고 추상적인 부분을 다소 함유한 상태에서 가설의 점검을 제시하는 것은 독자들로 하여금 더욱 미궁으로 빠져들어가게 하는 경향이 있어서 아쉬움이 남는다.

o 위와 같이 전체적인 편집 부분에 있어서의 문제점들을 제기했다. 이것을 각 장별로 다시 세분화하여 제시하고자 한다.

o 가장 먼저 개요를 전개하는 부분에서 저자는 『신약의 세계』라는 제목 하(下)에 문화인류학적인 통찰이라는 소제목을 언급했다. 그렇다면 저

자는 간략하게라도 통찰의 방법에 있어서의 개괄적인 서술이 먼저 전제가 되었어야 할 것이다.

예를 들면 통찰의 종류가 어떤 것이 있는데, 그 중에서 문화인류학적인 통찰을 왜 하게 되었는지에 대한 개괄적인 이해가 없이 난데없이 문화인류학적인 통찰이라는 범주를 정하는 것에는 무리가 있다. 등장인물, 문화와 내러티브가 나오는 성경 전체는 문화인류학적인 통찰이다. 그것을 굳이 문화인류학적인 통찰로 분류해야 하는 의도를 가장 먼저 서문에서 다루었어야 했다고 생각한다.

○ 제1장에서는 긴 문장으로 성경과 별개의 개념을 서술하는 느낌이 들었다. 문장의 전개 방법에 있어서도 너무 일괄식으로 길다. 중간중간에 작은 문단의 제목을 다루었는데, 작은 문단의 결론도 제목과 연관되어 내려지는 경향이 있다는 것을 희미하게 느껴졌다.

○ 명예와 수치에 대한 필자의 의견을 볼 때, 이론적인 전개와 서술보다는 성경 속의 인물에 대한 구체적인 예를 들어 주었으면 좋았겠다는 아쉬움이 든다. 예를 들어 이것은 명예와 수치에 대하여 어떠어떠하다는 것을 서술해 주었다면 이해에 도움이 되지 않았을까 하는 마음이다.

○ 1세기의 문화를 이해한다는 것은 결국 성경을 이해하기 위한 주춧돌을 놓아 주는 것인데, 성경의 문장 하나하나를 열거하며 설명을 해 주는 것이 훨씬 더 이해하기 쉬웠을 것이다. 95쪽에서도 '긍정적인 수치는 자신의 명예에 대한 민감함, 즉 다른 사람들의 의견에 대한 민감함을 의미한다.'라고 서술했다. 그렇다면 누가 어떻게 했기에 이런 긍정적인 수치를 느꼈는지에 대한 서술을 한다면 독자층이 훨씬 더 쉽게 이 책에 다가갈 수 있을 것 같다.

○ 105~108쪽을 보면 필자는 성경에 대한 예를 들어 명예와 수치에 대한 명시적이고 암시적인 상호작용을 추려 설명하도록 마가복음에 집중해서 우리에게 질문을 던지고 있다. 여기에 대하여도 독자층을 배려한 작업이 좀 더 구체적이었다면 하는 마음이다. 한 가지 주제를 설명한 후 그에 대한 성경의 예를 들어 질문을 던지고, 다시 다른 주제로 들어가서 그에 대한 성경의 예를 들어 질문을 했다면 더 쉬운 이해가 되지 않았을까 하는 마음이다. 필자는 모든 서술을 마친 후에 뭉뚱그려서 질문을 하고 있다. 이러한 질문은 추상적으로 막연히 파악은 되지만 이것이 어떤 논술과 관련하여 풀어나가야 하는지는 감을 잡기가 어렵다.

○ 143쪽 '인간의 구조에 대한 문화학적인 모델은 유비적으로 하나님께 적용되고, 또한 하나님은 이러한 세 영역의 견지에서 묘사된다.'로 하여 삼위일체를 이끌어내는 것이 결국 1세기 지중해 문화에 근거하였다는 것에 놀라왔다. 그러나 여기에서 삼위일체를 끌어내는 것이 양태론이 되는 것은 아닐까 하는 생각이 들었다.

○ "제4장 한정된 자원에 대한 인식"을 읽어내려가면, 1장부터 4장까지도 계속 흐르고 있는 한 가지 중심 주제가 있다. 그것은 인간의 악함이다. 이러한 악함은 죄의 뿌리임에도 1세기 사회에서 너무나 자연스럽게 그러한 삶이 반영되어 왔다.

○ 그러나 더욱 중요한 것은 지금 현재의 삶의 모습 역시 이와 별반 다르지 않게 계속 이어져 온다는 사실을 필자는 우리에게 보여 주고 싶었다는 생각이 든다. 왜냐하면 신약의 세계라는 것이 결국은 오늘날 우리의 세계를 통해 1세기를 바라보게 하는데, 오늘 우리의 현재의 절망의 모습은 그 당시의 절망의 모습과 거의 똑같다고 볼 수 있기 때문

이다. 그래서 성경을 우리가 읽어나가는데 큰 어려움이 없었다는 생각이 든다. 이러한 점을 잘 적용해 주었다고 본다.

나가는 말

○ 앞부분에서 이 책에 대한 단점들을 열거했다면 결론으로 나가면서 이 책이 나에게 얼마나 고마운 책이었는지에 대하여 감사함으로 좋았던 부분들을 열거하고 싶다.

○ 어떤 종류의 문화학적인 단서들이 사회에서 의미 있는 방식으로 살아가도록 우리를 동화시킨 중요한 것들인가? 이러한 신약의 세계에 대한 물음은 우리를 성경에 대한 깊은 문화적인 충격으로 나아가게 하기도 했다. 지금까지는 성경을 절대적인 신성에 가까운 개념으로 이해했는데, 이 책을 펼치는 순간 신약의 세계라는 명제 속에는 찌질한 인간의 세계가 펼쳐져 있었다. 처음에는 놀라웠다. 처음으로 접하는 통찰이었고, 은총과 은혜의 개념이 없이 그저 문화인류학적인 개념으로 받아들여야 하는 그래서 왠지 성경의 권위가 파괴되는 느낌이었다.

○ 그러나 한편으로는 또 다른 세계를 바라보는 느낌이었다. 신약의 세계를 바라보는 것도 은총이다. 인간을 둘러싼 자연, 문화, 사람, 명예와 수치에 대한 이해들, 한정된 자원과 구조화된 사회 안에서 예수님과 그리스도인들의 삶을 기술한 본서는 성경을 fact로서 fact 되게 하는 것이라는 의미가 함축되어 있음을 느낀다.

○ 제2장 명예와 수치의 항목에서 권력, 성적 신분, 그리고 종교라고 지칭되는데, 이것을 가진 사람은 명예를 갖게 된다는 필자의 논의를 통해

새로운 것을 알게 되었다. 우리는 막연히 이스라엘을 이해했다. 어렴풋이 신약의 세계 속에 예수님이 가져야 했던 정체성에 대해 막연한 그림자로 느껴지던 것이 뚜렷한 형상으로 떠오르는 느낌이었고, 또한 서기관과 율법사들이 예수님을 향해 하나님을 모독한 자로 강하게 표현했던 의미가 어떤 것인지 알 것 같았다.

○ 또한 2장에서 족보에 관한 설명은 충분한 공감이 되었다. 공감이 되기보다 성경의 족보를 이해하는 계기가 되었다. 지금까지는 성경에 나오는 족보를 이해함에 있어서 족보니까 족보로만 막연히 이해했는데, 이것이 1세기 지중해 사람들에게 어떤 의미를 부여하는지 알 수 있었고, 마치 예수님이 그 시대에 살아 계셔서 족보 속의 한 인물로, 실제(fact) 사건으로 내게 다가오는 표현으로 느껴졌다.

○ 지금까지 성경의 내용들이 추상적이고 막연히 다가오던 것들이었다면, '신약의 세계'라는 거대한 관문을 통과하면서 구체적이고 분명한 그림으로 내게 다가왔다. 그것은 성경이 '전설의 고향'에 나오는 한 장면이 아니라 분명 1세기의 지중해의 역사이고, 사실이고 그러기에 더욱 분명한 것은 성경을 처음 기록한 제자들이 증언하는 분, 그들이 "태초부터 있는 생명의 말씀에 관하여는 우리가 들은 바요 눈으로 본 바요 자세히 보고 우리의 손으로 만진 바라"(요일 1:1)고 증언하는 예수 그리스도의 십자가와 부활도 사실이라는 것에 focus를 맞추고 싶다.

○ 이 책을 읽으며 내가 내리고 싶은 결론은 '신약의 세계'라는 책이 다루고 있는 많은 부분이 예수님의 제자들이 신앙적 고백보다는 탁월하지는 않다는 것이다. 그러나 성경의 관점을 다른 부분으로 돌리게 하는 데 신선한 충격이었고, 1세기의 지중해 사람들의 삶과 호흡과 체취가 성경 속에 녹아 흘러내려 그들이 부활의 목격자로서 예수님을 받아들

이고, 그들이 보았고 증언하는 예수 그리스도가 내 삶 속에 더 깊이 구체적으로 다가오는 느낌이다.

○ '신약의 세계'가 비록 많은 문제점을 안고 있지만 어찌보면 성경의 말씀이 살아서 숨쉬고 나를 향해 손짓하고 말하는 모든 것들이, 성경에서 말하듯 천 년이 하루 같은 시점에서 바라볼 때, 1세기가 그리 멀지 않다는 생각이 든다. 동시에 내가 선 이 자리, 현재의 시점에서 1세기 사람들의 손짓이 나를 향해 예수 그리스도의 십자가가 정말 사실이라고 합창하는 소리를 듣고 있는 나를 발견한다. 이것만이 더욱 분명하다는 것이다.

○ 이 책이 제시하는 신약의 세계에서 그 옛날 예수님이 거니시던 갈릴리 언덕 길을 걷는다. 예수님과 함께 걸으며 '바알세불'(마 12:24)이라 조롱하던 유대인들 앞에서의 내침 당하심이 나를 향한 사랑이었음을 확신한다. 1세기 지중해 세계의 갈릴리 호수 앞에서 그물을 들라 하시던 주님의 음성을 들으며 나도 베드로 선생님같이 '주님만이 나의 전부이십니다.'라고 겸손히 고백한다.

13. 인간론과 종말론 과제

이상웅 교수님
인간의 기원·본질·재림·심판

1. 들어가는 말[49]

기독교의 3대 교의는 다음과 같이 나누어진다. 종교개혁의 핵심 진리들을 담고 있는 다섯 가지 솔라(Sola)의 관점에서 저자는 삶의 전 영역에서 하나님의 영광이 드러나도록 실제적인 투쟁을 했었던 아브라함 카이퍼가 하나의 좋은 선례가 될 것이라고 한다.

〈표 2-14〉 기독교의 3대 교의와 다섯 가지 솔라(Sola)

기독교의 3개 교의(3P)	Five Sola(4P)
1. 삼위일체론	1. 솔라 피데 *Sola Fide* 오직 믿음으로
	2. 솔라 그라티아 *Sola gratia* 오직 은혜로만

---

[49] 이상웅, 『인간론과 종말론』, *Anthropology and Eschatology*, 총신대학교신학대학원 강의안, 2017.에서 과제를 제출하였다. 기말과제 제출시 앞뒤 1장이고 초과하면 감점이라고 말씀하셔서 떨면서 엑기스만 뽑고 또 뽑아서 제출했던 기억이 있다. 학교가 한창 시끄러울 때 시험 대신 학생들을 배려해주셨던 교수님의 고마운 마음이 새삼 떠오른다.

2. 기독론(칼케돈)	3. 솔루스 크리스투스 *Solus Christus* 오직 그리스도 또는 오직 그리스도를 통해
3. 이신칭의론	4. 솔리 데오 글로리아 *Soli Deo Gloria* 오직 하나님께 영광을
	5. 솔라 스크립투라 *Sola Scriptura* 오직 성경으로

'한국 교회에 하나님의 영광이라는 말이 수시로 언급되지만, 정확하게 무엇인지, 어떻게 영광을 돌려야 하는지에 대한 지식 없이 구호처럼 사용되는 것에 대하여 신학적으로 잘 정립해야 할 필요성이 있다.'는 저자의 말에(7, 9P) 동감하면서 인간의 기원과 본질, 목적을 살펴보고 웨스트민스터 신앙고백서에 나타난 개혁주의 종말론에 집중해보려 한다.

2. 인간의 기원

○ 창세기 1장과 2장의 인간의 기원은 서로 독립하고 배치하는 것이 아니라 둘째는 첫째를 보충하여 사람의 창조 이후 상태를 묘사하는 것이다.(16P)

○ 유물론적 관점에서 진화를 주장하는 다원주의에 대한 바빙크의 비판으로(19P)

　① 유전론은 생명의 기원을 적절히 설명하는 데 전적으로 무능한 것이며,
　② 다원주의는 유기적 존재들의 후속 발전을 설명할 수 없으며
　③ 다원주의는 인간의 발생 기원에 대한 질문을 해결할 수 없으며,
　④ 다원주의는 인류의 정신적 차원을 설명하는 데 철저히 실패했다고 한다.

3. 인간의 구조적 본성론(the constitutional nature of man)

O 최홍석의 인간론 가운데 현저하게 강조되는 두 주제.(28P)
① 인간의 본질로서 하나님의 형상에 대한 방대한 논의를 하였다.
② "인간의 구조적인 본성론": 루이스 벌코프와 최홍석에게서 비롯된다.

O 하나님의 형상은 전인적으로 드러난다. 최홍석은 삼분설과 실체적 이분설에 대한 개요를 제시한 후에, 두 입장에 대한 개혁신학적 평가를 내림에 있어서(34P) '영육 통일체로서의 전인 개념'(35P)임을 밝히며, 신약에서는 인간을 몸과 혼과 영으로 구분하는 헬라 철학의 이원론적 경향을 발견할 수 없다고 한다.(36P)

O 개혁주의적 입장에 의하면 '조건적 영육 통일체로서의 인간관'으로 또 하나의 중요한 강조점은 통일체라는 것은 '인간의 인격의 단일성'을 가리킨다는 것이다.(41P)

4. 인간의 본질(세 단계의 순서에 따라 정리)

① 성경적인 근거: 원래 상태에서의 형상, 부패 상태에서의 형상, 회복되어야 할 하나님의 형상
② 역사적으로 어떠한 해석들이 제출되었는지 추적
   첫째, 자연주의적 견해,
   둘째, 초자연주의적 견해
   셋째, 루터파의 견해,
   넷째, 개혁파의 견해(특히 칼빈의 견해)(49-53P)

③ 개혁신학적인 관점에서의 정리(최홍석의 신학적인 결론 다섯 가지)(57-58P)

첫째, 하나님의 형상을 '구속사의 긴장을 따라 다양한 관점으로 보아야' 한다. 인간의 사중 상태(원래 상태, 부패 상태, 은혜의 상태, 영광의 상태)

둘째, 인간은 바로 하나님의 형상 자체이다.(58P)

셋째, 하나님의 형상은 인간을 향한 하나님의 뜻과 조화를 이루는 인간의 적절한 기능을 의미한다.

넷째, 형상을 두 국면으로 보는 관점은 '타락 전 상태'와 '타락 후 상태'를 이해하는데 도움이 된다.

다섯째, 창세기 1장에 숨겨져 있는 하나님의 형상으로서의 인간을 '참으로 알고자 한다면' 우리는 '하나님의 형상'이신 그리스도에게 주목해야한다.

헤르만 바빙크의 형상론에 대한 결론

인간 전체는 즉 영혼과 육체, 모든 능력들, 힘과 은사들에 있어서 하나님의 형상과 모양이다. 하나님의 형상은 인간적인 것에까지 확대되며 그것은 인간 안에 있는 인간적인 것이다.(61P)

---

5. 인간의 목적 - 행위언약, 영혼의 기원

○ 성경은 행위언약과 은혜언약 가운데, 인간에 대한 단 한 가지 최상의 이상을 말해 주는데 그것은 영생이다.(63P) 구속언약, 행위언약 등을 구별하되 교회는 언약의 사역이다. 그리고 이것은 헤세드의 언약적 측면이고 하나님은 헤세드의 포기하지 않는 사랑으로 우리를 회복시키신다.

6. 신앙고백서의 종말론(벨직신앙고백서 제37조 / 웨스트민스터신앙고백서)

○ 신앙고백서의 종말론을 노트하기 전에, 수업 시간 중 **일치를 위한 세 신앙고백서(벨직신앙고백서, 하이델베르크요리문답, 도르트신경)** 중 벨직신앙고백서의 저자 '드 브레'의 삶에 대한 교수님의 강의가 감동적이었다. 종교개혁과 더불어 많은 믿음의 선배들이 순교를 하였다는 사실을 최근(지난 여름 종교개혁 성지답사 때)에 직접 보고 오면서 개혁주의 신앙을 지키기 위해 수고했던 많은 분들의 삶을 들을 때마다 가슴이 뭉클했다. 말씀을 붙들기 위해 피로 얼룩진 고백서를, 이제 내가 감히 대할 수 있다는 사실에 죄송하고 감사하고 미안한 마음이 들었다.

○ 종말론은 개혁주의 신학의 가장 정확한 요약(118P) 이라고 불리는 '웨스트민스터 신앙고백서'에 담긴 종말론을 따른다.

벨직신앙고백서 37장 분석
① 정하신 때에 예수 그리스도가 심판자로 재림하실 것이다.(90P) 승천하신 것과 동일한 모습으로 다시 재림하실 것이다.(91P) 그리고 신자는 "그리스도의 영광스런 몸"을 닮게 된다(바빙크).(93P)
② "무익한 말들"에 대해서도 심판을 받게 된 것이며(94p), 심판의 기준과 내용은 양심의 책들이 펴질 것이며, 사람들은 선악간에 행한대로 심판을 받게 될 것이다.(89P)
③ 심판의 날에 "사악하고 불경건한 자들"에게 주어지는 심판과 "경건하고 선택된 자들"에게 주어진 두 가지 심판이 있다.(95P)

④ 결론 "우리 주 예수 그리스도 안에서 하나님의 약속들을 충만히 누릴 수 있기 위하여, 그 위대한 날을 크게 소원하며 기다린다." 이것은 귀도 드 브레가 순교자로서 분명히 체현해 주었던 바이고, 믿음의 선진들이 몸소 확증했던 바이다.(96P)

웨스트민스터 신앙고백서의 종말론

① 웨스트민스터 신앙고백서 가운데 종말론을 다루고 있는 부분은 32장("죽음 후의 사람의 상태, 죽은 자의 부활")과 33장("최후 심판", 103P) 두 장이 있다.

② 웨민신앙고백서는 종말에 대한 간단한 형식을 취한다. (김길성)(104P)

③ 의견의 불일치가 심각한 문제들(전천년인가, 후천년인가와 같은 주제)에 대해서는 포함시키지 않고, 근본적이고 빼트릴 수 없는 요목들만 포함하기로 결정했다.(105P)

④ 재림의 시기에 관해서도 시한부 종말론적인 관심을 가지지 않도록 원천봉쇄하는 입장을 취한다. 다만 주님이 언제 오실지, 최후 심판이 언제 일어날지 알 수는 없지만, 분명히 계시된 사실이므로 마라나타의 신앙을 가지도록 권장한다.(118P)

7. 시작된 종말론

○ 시작된 종말론(Inaugurated Eschatology)을 구약의 종말론과 신약의 종말론으로 나누어 볼 때,

구약의 종말론: 장차 오실 구속자(창 3:15 여인의 후손), 하나님의 나라

(단 2:44-45), 새 언약(예레미야), 이스라엘의 회복, 여호와의 날, 새 하늘과 새 땅에서 구약의 종말론의 개념이 나타나고 있다.

○ 신약의 종말론의 본질은 **"already but not yet"**의 긴장 관계다.(121P)

8. 개인적 종말론 = 중간 상태

○ 성경에는 중간 상태(The Intermediate State)에 대한 독립적인 교리는 없다. 중간 상태에 대한 성경의 가르침은 몸의 부활과 땅의 새로워짐에 대한 성경의 가르침과 결코 분리해서는 안된다. 우리는 죽은 뒤에 그리스도와 함께하는 영원하고 영광스러운 존재, 부활에서 절정에 이를 존재를 고대한다. 그러므로 중간 상태와 부활은 하나의 기대가 지닌 두 측면으로 여겨야 한다.[50](126p)

9. 그리스도의 재림론

○ 그리스도의 재림에 관하여 박형룡에 의하면 '성경의 많은 약속들은 주의 재림을 열쇠로 해서만 상당히 이해된다고 한다. 여러 시편을 통하여 발표된 약속들은 주의 재림을 믿는 견지에서만 요령 있는 설명을 얻는다.'(163P)

○ 이와 같이 개혁주의적 입장에서의 그리스도의 재림을 믿을 때 성경을 따라 해석할 수 있고 이것이 나의 믿음의 근간이 된다고 생각한

---

[50] Anthony A. Hoekema, *The Bible and the Future*, Grand Rapid, 1979; 이용중 옮김, 개혁주의종말론, 부흥과 개혁사, 서울, 2012, 156-157.

다. 또한 '우리는 무천년설을 취한다.'는 교수님의 말씀이 있어 감사했다.(130p)(박형룡 7권 종말론 제2부 제1장)

10. 천년왕국

○ 세대주의 전천년설에 대하여 후크마는 세대주의의 주장인 '예언에 대한 문자적 해석(263P)과 이스라엘과 교회는 언제나 분리되어야 하는 것'(274P)을 비판하였다. 무천년설은 요한계시록 20장에 묘사되는데, '계시록 20:1-6의 천년왕국은 사실 그리스도의 재림 이후에 있을 일이라고 결론짓게 될 것이다.'(313-314P)라고 논의하고 있다.(후크마, 개혁주의 종말론 14-16장)

11. 몸의 부활과 최후 심판

○ 신자와 불신자는 같은 시점에 부활한다. 성경은 분명히 부활이 있다는 것과 역사의 종말에 마지막 심판이 있음을 가르친다.

※ 앞, 뒤 2장을 펼치니 이렇게 5장이다. 수업 거부 등으로 학점이 부족한 학생들을 위해 계절학기를 마련하여 귀한 강의를 해주셨던 이상웅 교수님의 "개혁주의 신론" 또한 너무 좋았었다. 본인은 너무 듣고 싶어 청강했다.(2019년 12월 18일)

14. 초대교회사 과제

박영실 교수님
'초대교회의 이해에 관한' 본인의 insight

1. 들어가는 말

교수의 강의에 기초하여 '초대교회의 이해에 관한' 본인의 insight(본인 자신의 견해)를 적으시오

초대교회사 첫 수업 시간은 '초대교회사는 교회사이고 교회사는 역사의 한 분야라는 것입니다. 교회사의 관점에서 이야기하겠습니다. 교회사를 교회사 되게 하는 것이 무엇입니까? 교회사는 세속사와 달라도 한참 다릅니다. 교회사는 하나님을 하나님 되게 하는 것입니다.'라는 말씀으로 시작되었다.

○ '초대교회의 이해에 관한 본인의 견해를 적으라'는 초대교회사 과제가 주어졌을 때, 눈물이 솟구치려 했다. 아니 이 글을 쓰고 있으면서 눈물이 자꾸 흘러내리는 것은 초대교회사 시간이 행복했고, 그리웠고, 감격스러웠던 시간이었기 때문이기도 하다. 그것은 불과 몇 달을 거슬러 올라간 시간의 기억이 아직도 생생한데, 초가을의 시간을 넘어 겨울이 왔고, 초대교회사는 아직도 교회의 역사 속에서 우리 가슴에 남아 순

환하면서 수업 거부로 못다한 시간을 초대교회의 시간이 여기까지 연장선상에서 실제가 되어 1세기의 **초대교회의 사상적 정초**를 21세기 양지에서 보여주고 있었다.

○ 가을의 초입에 초대교회사 강의를 듣기 시작했다. 그때 교수님은 이렇게 말씀하셨다.

> '몸과 마음이 분열하는 시기가 지금 가을의 초입이듯이, 조금 후에는 양지에서 가장 아름다운 낙엽의 계절이 오고, 악명높은 양지의 겨울이 온다. 그리고 다시 봄이 오고, 여름이 오고, 올 여름은 유난히 비가 많이 와서 이렇게 짙은 초록을 처음 봤다. 너무너무 아름다운데, 내년에도 올해처럼 무더운 계절이 오고 언제든지 장마철로 오게 되는 이렇게 돌고 도는 것이 진보적 역사관이다.'

○ 교수님의 말씀 속에는 가슴을 파고드는 역사의 슬픔이 묻어 있었다. 그 역사는 교회의 역사이기도 했고, 학교와 한국교회사이기도 할 것 같았다. 학생들을 지루하지 않게 하시려고 애쓰시면 재미있게 시간을 read해 가셨음에도 위트 같은 말씀 속에 역사의 슬픔이 느껴졌다. 인간의 역사에도 수많은 슬픔과 아픔과 회한이 깃들거든 하물며 초대교회의 역사는 어떠하랴! 초대교회의 믿음의 삶을 보면서 나의 삶을 비견하고 부끄러움으로 낙엽이 떨구어지던 가을이 내 가슴 속에 벅참으로 밀려오고 있었다.

○ 겨울이 오고 양지에 눈이 왔다. 양지의 눈 속에 나의 역사가 초대교회사의 역사와 함께 굴러가며 눈사람을 만든다. 눈, 코, 입을 붙여서 어떤 모습을 만들까, 믿음을 지키려 온갖 추위와 모진 형을 견디다 순교했던 분들의 모습이 눈사람과 함께 어슴프레 떠오르며 가슴이 저며온다. 귀하고 좋은 교수님 밑에서 순결함으로 믿음을 지켜온 초대교회사를 공부하는 시간이 고맙고 감사하다.

○ 초대교회사의 역사를 눈으로 보고, 귀로 듣고 손으로 만져본다. 그 역사가 머리부터 발끝까지 흘러내린다. 피의 역사이다. 이 과목을 배우기 전까지는 초대교회사가 이토록 매서운 겨울 추위만큼 처절하고 생명을 걸어야 하는 것인지 몰랐다. 신약성경 속에 나오는 사도들의 순교 정도만 생각하고 있었다.

2. 본론

초대교회사 정의

초대교회사는 교회사이고 교회사는 역사의 한 부분임을 잊지 말아야 한다. 초대교회사는 교회의 시작이고 여기에는 이견이 없다. 그러나 교회사는 세상사와 구별되어야 한다는 것을 잊지 말아야 한다. 이것이 기독교적 역사 이해이다. 초대교회사의 시점은 예수 그리스도의 오심과 그분의 ministry로 시작되었다.[51] 예수 그리스도의 사역이 교회의 탄생이며 초대교회의 시작이다.[52] 예수님이 "내가 교회를 세우겠다"라고 하심에 근거한다.

○ 첫 수업 시간 초대교회사의 정의에 대한 말씀은 내게 있어서 선포와 같은 무게로 전달되어졌다. 얼마나 행복했던지, 첫 수업 시간에서 과거를 거슬러 올라가 믿음을 회복하는 시간 같았다.
○ 과제를 하면서 다시 한번 놀란 점은 초대교회사의 범위를 어떻게 나눌 것인지에 대한 정의였다. 학습계획서에 올려 주신 책을 빌려 보면서 각 책마다 목차를 살펴보았다. 각 책마다 분류된 범위가 다 달랐다.
　F. F. 브루스가 나눈 것은 기독교의 여명기부터 시작을 해서 기독교

51　박영실, 초대교회사 강의, 2017. 8. 30.
52　Justo L. Gonzalez, *The Story of Christainaity*, 서영일 역, 초대교회사, 은성, 1987, 19.

의 성장기, 기독교의 서방에서의 빛으로 나눈다.[53]

곤잘레스에 의하면 초대교회는 '때가 차매'에서 예루살렘 교회를 거쳐 이방인에의 전도와 박해, 콘스탄틴을 지나 히포의 어거스틴으로 결론짓고 있다.[54]

박용규의 초대교회사에 의하면 초대교회의 서론과 배경으로 시작하여 각 세기별로 나누고 기독교 사상에 대한 논쟁과 어거스틴을 지나 중세로의 준비까지 마주한다.[55]

○ 아이보르 J. 데이빗슨(박영실 역)의 『교회의 탄생』은 예수에 의해서 새 시대의 여명으로 시작된 초대교회가 복음의 확산과 순교를 거쳐 서방 기독교의 사상에서 자리매김을 하고 알렉산드리아 기독교와 그 유산으로 남기까지의 과정을 그려나가고 있다.[56] 초대교회사가 이렇게 복잡한 과정 속에서 탄생했다는 것을 비로소 알게 됐다. 이것은 초대교회사의 인물을 살펴보면 더욱 뚜렷이 나타난다.

○ 초대교회사에서 중요하지 않은 인물이 누가 있으랴? 오리겐의 Hexapla도 중요하고, 이레니우스도 중요하다. 그 가운데 더욱 중요한 분은 어거스틴이다. 어거스틴에 대한 이해는 박영실의 "어거스틴의 구원과 성화"[57]가 잘 보여준다.

---

[53] F. F. Bruce, *The Spreading Flame*, 서영일 역, 기독교문서선교회, 1986, 6-7.
[54] Justo L. Gonzalez, *The Story of Christainaity*, 서영일 역, 초대교회사, 은성, 1987, 7-10.
[55] 박용규, 초대교회사, 총신대학출판부, 1994, 7-10.
[56] Ivor J. Davidson, *The Birth of the Church*, Monarch Books, 2005, 박영실 옮김, 교회의 탄생, 그리심, 2010, 10.
[57] Aurelius Augustinus, 박영실 옮김, 어거스틴의 구원과 성화, 신학지남 73(2), 2006. 6, 159-179.

성육신으로 시작한 예수 그리스도의 구속사역에 대한 어거스틴의 이해는 다음과 같이 정리될 수 있다.

먼저, 그리스도는 둘째 아담으로 오셔서 인간의 잃어버린 하나님의 형상을 회복시키셨다. 또한, 중보자 그리스도는 죄로 인해 분리된 하나님과 인간 사이를 중보하심으로 관계를 회복시키셨다.

그리고 그리스도는 인간의 죄값을 치루시므로 인간을 죄의 종의 신분에서 구원하시는 하나님의 은혜의 성취인 것이다.

그러기에 성화는 그리스도에 의한 구원 역사의 열매로 나타난다. 성화는 은혜의 선물을 통한 하나님의 행위인 것이다. 성화는 인간 구원을 위한 하나님의 예정된 수순이라 할 수 있을 것이다.

나가는 말

○ '왜 이처럼 순환적 사관이 힘을 얻고 있는가?', '왜냐하면 이 세상은 역사가 돌아가는 것으로 힘을 얻고 있는 것이기 때문이다. 생성, 소멸 죽음에서 새로운 세대가 시작되는 과정을 따라 가는 것이 인간 세상이다.' 교수님께서 이 말씀을 하실 때, 나는 부흥회를 온 기분이었다. 초대교회사가 이렇게 귀한 시간이고, 이렇게 아름다운 과목이라는 것이 좋았고, 교수님의 믿음의 고백이 우리에게 전달되는 것 같아 너무 행복하고 감사했다.

○ 내가 인생을 살아오면서 느낀 것은 예배라는 것이 분명히 필요하다는 것이다. '15세에 건강을 잃어버려 10년 동안 질고와 병약함 가운데 신학을 하게 되었습니다. 인간 세상은 추위와 더위가 끊이지 않는 것입니다. 그럴 때마다 우리는 가정 예배를 드립니다. 그럴 때 우리는 목사나 사모이기 때문에 이야기하는 것이 아니라 예배는 많은 것을 대속해 주

죠.' 이런 믿음의 간증과 같은 말씀을 듣는 강의 시간은 그 무엇으로도 바꿀 수가 없었고 귀하고 감사했다.

o '사도 바울 이후에 신학은 어거스틴 신학의 각주를 다는 것에 지나지 않는다.'고 한다. 어거스틴은 '왜 로마가 멸망할 수밖에 없는가?'에서 로마 제국은 바벨론이다. 바벨론은 인간의 나라의 장자로 로마인들은 스스로 자기들이 받아야 할 상을 받았다고 말한다. 이것이 지금 초대교회사를 통해 우리가 깨달아야 할 우리 역사의 바벨론의 전부이다.

o "예수는 그의 몸을 그들에게 의탁하지 아니하셨으니 이는 친히 모든 사람을 아심이요 ~ 이는 그가 친히 사람의 속에 있는 것을 아셨음이니라."(요 2:25) 예수님은 우리의 성정을 너무 잘 아신다. 우리 속에 있는 것이 얼마나 악하고 죄성으로 점철되어 있는지 너무 잘 아셨다. 인간의 악함과 남을 짓밟아야만 하는 잔인성, 이것이 초대교회사의 한 부분이 되어 하나님의 역사를 이루어가는 도구가 되었다. 이에 대하여 시대를 거슬러 믿음으로 응전한 우리의 선배들의 역사를 살펴본다. 이러한 삶의 모습이 성경에 나타난 평신도 지도자상, 탈 권위적으로 가자는 교수님의 논의에 맞는 초대교회사가 아닐까 생각한다.

o 우리가 갈 수 있는 길은 신실하게 가는 것이다. 초대교회사의 역사 속에 암흑기를 거치며 가장 근본적인 박해 이유는 '그리스도의 이름 때문(propter nomen ipsum)'이었다. 그러나 '300여 년 동안의 박해에도 궁극적으로 승리했던 것은 그리스도의 부활을 생각나게 한다.'는 교수님의 말씀은 너무 귀하고 내 삶을 위로해 주는 말씀 같아서 그 말씀을 영원의 그릇 속에 담가 두고 싶었다. 결국 역사에 끝이 있는데, 오리겐의 삶이 저만치 먼데 있지 않고, 어거스틴의 삶도 멀지 않고 가까이 있다. 짧다면 짧은 인생의 굴레를 살아오면서 "천 년이 지나간 어제 같

다"(시 90:4)는 시편 기자의 말이 어찌 그리 맞는지 이제 남은 삶은 주님을 위해 살리라는 오롯한 결심을 세워본다.

o **초대교회사는 하나님의 섭리이며, 인간 역사의 incarnation의 현장이다.** '내가 주님 안에 주님이 우리 안에 계심을 실감하며 살아가도록 도우소서', '정말로 콘스탄틴이 그랬듯이 주님을 만난 체험이 있으면 역사는 주님께서 이끌어 가시는 거다.'라고 말씀하시던 교수님의 강의가 내 가슴에 각인되는 것 같다.

o 초대교회사를 통해 역사를 보는 눈에 익숙해지고 우리의 믿음의 선배들의 이야기를 통해 내 자신의 생애에 남은 삶을 어떻게 살아가야 할지를 다짐하는 귀하고 아름다운 시간이었다.

15. 중세교회사 과제

정원래 교수님
스콜라 신학과 교회사 구분

1. 들어가는 말: 연구 방법

- "교회사"(Kirchengeschichte)라는 명칭을 지닌 가장 오래된 책은 콘스탄틴 대제의 동시대인인 가이사랴의 유세비우스(Eusebius won Caesaria)의 것이다. 오늘날 우리가 이러한 제목으로 다루고 있는 학문적 영역으로서의 교회사는 18세기에 비로소 시작되었다. 유세비우스의 324년까지의 교회사는 역사적 문헌으로서 유일하게 값진 것이다.[58]

- 과제를 함에 있어서 먼저 교회사의 본질이 궁금했다. 교회사의 영역은 어렴풋이 세계사 속에 작은 부분으로 별 볼일 없는 학문처럼 생각되었다. 신대원에 와서 초대, 중세, 근세로 나뉘어지며 교회사를 배우게 될 때, 과연 교회사가 왜 중요한가에 대한 의문이 들었다. 그러나 초대교회사를 배우면서 감동이 있었고 역사의 줄기 속에 기독교가 견뎌온 세월을 보게 되었다. 초대교회사의 연장선이 오늘 우리 삶이고, 또 우

58　Heussi, Karl, 손규태 옮김, 칼 호이시의 세계교회사, 한국신학연구소, 2004, 17.

리 학교 앞에 나타난 현실임을 깨닫게 된 것이다.
- 연구 방법에 있어서 교회사의 본질을 먼저 정의하고, 헷갈리는 교회사를 도표로 구분할 것이다. 그리고 중세교회사의 범주 안에 있는 연대기를 다시 한번 정리할 것이다. 이렇게 교회사에 대한 초석을 놓은 후에 스콜라 신학자들에 대한 연구를 하면서 오늘날 기독교 리더들과의 모습을 비교 연구하고 싶다. 필립 샤프에 의하면 교회사의 본질은 다음과 같이 정의될 수 있다.

교회사의 본질

- 역사는 신적인 측면과 인간적인 측면이라는 양면성을 가지고 있다.
- 하나님의 편에서 보자면, 역사란(창조가 공간의 질서 안에서의 신적인 계시인 것처럼) 시간의 질서 안에서의 신적인 계시이며, 하나님 스스로의 영광과 인간의 영원한 행복을 지향하는 무한한 신적 지혜, 정의, 그리고 자비의 계획이 연속적으로 전개되는 과정이다.
- 교회의 역사는 하나님의 영광과 세상의 구원을 위하여 땅 위에 하늘의 왕국이 세워지고 진보해 가는 역사이다. 신적인 측면에서 고려하자면 그 주관적 의미에 있어서 교회사는 이러한 하나님의 나라의 기원과 진보에 대한 충실하고 생생한 서술(敍述)인 것이다. 또 다른 한편에서 보자면, 교회사는 하나님이 사탄보다 훨씬 더 강하다는 것을, 그리고 그분의 빛의 왕국이 어둠의 왕국을 수치스럽게 만들어 버린다는 것을 보여준다.[59]

---

[59] Philip Schaff, *History of the Christian Church*, 이길상 옮김, 교회사전집 1, 크리스챤다이제스트, 2004, 18-21.

2. 교회사 구분

※ 이것은 Philip Schaff, History of the Christian Church, 이길상 옮김, 교회사전집 1, 크리스찬다이제스트, 2004, 30-33과 심창섭 · 박상봉, 교회사가이드, 아가페문화사, 1994, 9쪽을 요약 정리한 것이다.

〈표 2-15〉 교회사 분류(사도시대~근대교회사)

		일반적인 교회사 분류			지배적 성격에 의한 교회사 9가지 분류		
구분	연도	범위	특징	시대	구분	연도	범위
제1부 고대기독교 역사 (초대교회사)	A.D. 1-590	그리스도의 탄생으로부터 대(大) 그레고리우스까지: 그리스-라틴 교회의 시대, 또는 교부들의 시대					
제1장 사도 시대	1-100	사도들의 활동 종료 시까지	교회 정초기	첫 번째 시대	그리스도의 생애와 사도적 교회	A.D. 1-100	성육신으로부터 성 요한의 죽음까지
제2장 사도 후시대	100-170	교부 등장까지	교회 펼박기				성 요한의 죽음으로부터 최후의 기독교인 황제인 콘스탄티누스까지
제3장 니케아 전시대	170-325	니케아회의까지	교회조직과 이단 발생	두 번째 시대	로마 제국하에서 박해받는 기독교	100-311	
제4장 니케아 후시대	313-590	초대 교황 그레고리 1세 즉위까지	신학 조성기	세 번째 시대	그리스-로마 제국과 결합한, 그리고 민족 대이동의 와중에 위치한 기독교	311-590	콘스탄티누스 대제로부터 교황 그레고리 1세까지

15. 중세교회사 과제 | 755

구분		연도	범위	특징	시대	구분	연도	범위
제2부 중세 교회사	대 그레고리우스로부터 종교개혁까지	590-1517	○ 대 그레고리우스는 교회사의 시대를 구별하는 가장 적절한 제기를 제공하는 인물로 여겨진다. ① 대 그레고리우스 1세(590): 절대적 교황 제도의 신기원을 이루는 인물 ② 그레고리우스 7세 또는 힐데브란트(1049): 교황 제도의 정점을 이루는 인물 ③ 보니파키우스 8세(1294): 교황 제도의 쇠퇴를 말해 주는 인물 ○ 중세기의 시작은 다양하게 제시된다. ① 306년 또는 311년의 콘스탄티누스로부터 ② 476년 서로마제국의 멸망으로부터 ③ 590년 대(大) 그레고리우스로부터 ④ 800년의 샤를마뉴로부터 ○ 그러나 중세가 끝나는 시점에 대해서는 매우 일반적인 동의가 이루어져 있다. 그것은 1517년 종교개혁이 시작과 더불어 중결된다는 것이다.				
중세교회사 세부 분류	제1장 로마교회 과도 시대	590-800	신성로마 제국 탄생까지	선교 발달기	네 번째 시대	튜튼족, 겔트족, 슬라브족 국가들에 이식된 기독교	590-1049	그레고리우스 1세로부터 힐데브란트, 그레고리우스 7세까지
	제2장 로마교회 성장 시대	800-1073	그레고리 7세 이까지	동서교회 분리기	다섯 번째 시대	교황 제도와 스콜라주의 신하 아래의 교회	1049 -1294	그레고리우스 7세로부터 보니파키우스 8세까지
	제3장 로마교회 전성 시대	1073-1303	보니파키우스 8세 사망까지	기독교 실생활기				
	제4장 로마교회 쇠퇴 시대	1303-1517	루터의 종교개혁까지	개혁 전조기	여섯 번째 시대	중세 가톨릭교회 쇠퇴와 종교개혁의 예비적 운동들	1294 -1517	보니파키우스 8세로부터 루터까지

구분	연도	범위	특징	시대	구분	연도	범위
제3부 중세 이후 교회사	1517-1880	16세기의 종교개혁으로부터 지금까지 이르는 근대기독교					
근대교회사 세부 분류							
제1장 종교개혁사	1517-1648	베스트팔렌 조약까지	선교 발생기	일곱 번째 시대	복음주의적 종교 개혁과 로마 가톨릭 교회의 반동	1517-1648	루터로부터 베스트팔렌 조약까지
제2장 근대교회사	1648-1800	프랑스 혁명까지	선교 확장기	여덟 번째 시대	논쟁적 정통주의와 배타적 고백주의 시대, 반동적 그리고 진보적 운동들이 혼재함	1517-1648	베스트팔렌 조약부터 프랑스 혁명까지
제3장 현대교회사	1800-현재	현재까지	세계기독교화기	아홉 번째 시대	유럽과 아메리카에서 불신앙의 확장, 또는 기독교의 부흥, 전 세계를 포괄하는 선교사역	1789-1880	프랑스 혁명으로부터 현재까지

3. 중세교회사의 정의와 서언

- 초대교회가 끝나고 중세교회가 시작되는 정확한 시기에 대해서는 아무도 확신 있게 말할 수 없다. 한 시대에서 다른 시대로의 이행은 하나의 사건이 아니라 동시대인들은 자각하지 못하는 긴 과정이다. 로마제국의 운명은 기독교의 미래에 거대한 함축을 내포하고 있었다.
- 중세교회의 역사는 세 시기로 구분하는데, 그 시기들은 가톨릭 교회의 선교적, 교황적, 그리고 선(先) 또는 전(前) 종교개혁적 시대들이라고 명명할 수 있다.[60]
- 중세교회는 서로마 제국의 멸망 후에도 기독교가 생존하여 매우 상이한 환경과 타협해야만 했던 시기로부터 시작된다.[61] 중세라는 개념은 보통 로마 문화와 르네상스 사이에서 아무런 문화가 없는 암흑시대라고 부른데서 유래한다. 이는 르네상스 인문주의적인 편견의 일종이라고 할 수 있는데, 왜냐하면 긍정적으로 볼 때, 중세교회는 역사의 골짜기도 아니요 암흑시대도 아니고, 도리어 새로운 유럽의 담당자가 된 게르만 민족이 기독교화되고, 유럽에 기독교 공동체 사회가 형성된 의욕적인 시대였다고도 할 수 있기 때문이다.[62]
- 우리는 중세 기독교의 모순과 부패만을 끄집어 내어 비판의 시각에서만 중세 기독교를 연구해서는 안된다. 우리는 오히려 실패와 더불어 남겨진 교회의 영적 싸움의 흔적들을 동시에 추적함으로써 중세 기독교에 대한 객관적인 평가를 내리도록 노력해야 할 것이다. 왜냐하면 중세교회가 인간의 전통 그리고 그리고 교권의 남용 등 비신앙적인 요소 때문에 진통을 겪었지만, 교회는 여전히 신앙인들의 삶의 자리이기에

---

60 Philip Schaff, *History of the Christian Church*, 이길상 옮김, 교회사전집 1, 30.
61 Joseph. h. Lynch, *The Medieval Church A brief history*, 심창섭·채천석 옮김, 중세교회사, 솔로몬, 2007, 45.
62 심창섭·채천석, 중세교회사, 솔로몬, 1998, 11.

시비를 가려 올바른 역사적 조명을 받을 가치가 있기 때문이다.[63] 정원래 교수님의 말씀과 이러한 글을 읽으며 중세교회에 대한 선입견부터 고치기 시작했다.
- 또한 중세교회의 시기에 대한 정의부터 알아야 한다는 생각이 들었다. 바로니우스(Baronius)와 그의 계승자들에 의해 추구된 방법이기는 하지만, 순수하게 연대기적인 교회사 서술 방식은 이제는 일반적으로 포기되고 있다. 플라키우스(Flacius)로부터 모스하임(Mosheim)에 이르는 동안 지배적이었던 백년 단위의 서술방식도 포기되었다. 모든 혼란과 어려움들에도 불구하고 기독교의 역사를 세 시대로 구분하는 것에 대해서는 일반적인 동의가 이루어져 있다. 즉 고대, 중세, 그리고 근현대의 시대 구분이다.
- 중세교회사의 첫 시간 정원래 교수님께서 '중세인들은 신앙인들이다.'라고 말씀하셨다. 교수님께서 제시하신 말씀에 근거하여 중세 스콜라 철학자들의 삶과 신앙을 다시 조명하며 중세교회사의 믿음의 선배들과 함께 걸어가고 싶은 마음이 들었다.

4. 스콜라 신학과 관련된 서구 교회사[64]

〈표 2-16〉 스콜라 신학과 관련된 서구 교회사 연보

연대	A. 신학, 교리, 신조	B. 인물 / 사건	C. 일반 문화사	D. 작품/문서
주후 590년	그레고리 대제 1세가 교황이 됨. 그레고리가 재의 수요일을 도입했다.			

---

63 심창섭·채천석, 중세교회사, 11.
64 Susan Lynn Peterson, *Time Line Charts of the Western Church*, Grand Rapid, Michigan, USA, 1999; 장광수 역, 차트 서구 교회사, 기독교문서선교회, 2003, 53-126. 이 도표는 각주에 제시한 책에서 내가 스콜라 철학에 관한 부분만 정리 요약한 것이다.

596년	그레고리 대제가 캔터베리 대주교가 된 아우구스티누스와 40명의 수도사들을 영국에 선교사로 파송했다.
598년	교황 그레고리 대제에 의해 크리스티 엘레이손("그리스도여 우리를 불쌍히 여기소서")이 키리에의 일부로 사용되기 시작했다.
604년	교황 그레고리 1세가 죽었다. 그는 중세 교황제의 창시자였다. 사비니안이 로마 교황 감독이 되었다.
630년	무하마드가 이슬람의 영적 중심지가 된 메카를 정복했다
637년	아랍의 무슬림이 예루살렘을 정복했다.
647년	비잔틴 황제 콘스탄츠 2세가 "칙령"(Typos)을 발하여 누구도 단의론이나 양의론 중의 어느 것도 주장하지 못하도록 금지시켰다.
798년	로마의 주교회의에서 양자론을 이단적 주장으로 선포했다.
810년	둔스(존) 스코투스 에리우게나가 태어났다.
842년	둔스 스코투스의 신학: 진정한 하나님의 실재가 인간의 언어로 표현될 수 있는가? 둔스 스코투스는 "불가능하다"고 말하였다. 그가 살던 시대에 에리우게나는 훌륭한 인물로 여겨졌으나 400년 후에는 정죄되었다.
877년	둔스(존) 스코투스 에리우게나가 죽었다.
925년	"세 명의 마리아와 천사의 대화"극이 상연되었다. 최초로 알려진 부활절 연극이다.
997년	성 아달베르트가 순교당했다.
1004년	성모 마리아 탄생 축일이 서방 교회에서 널리 지켜지게 되었다.
1073년	그레고리 7세가 교황이 되었다.

1078년	실재론(Realism)(유명론에 반대되는)이 스콜라 신학의 한 형태로, 캔터베리의 안셀름이 "프로슬로기온"을 집필했다.
1093년	안셀름이 캔터베리의 대주교가 되었다.
1099년	십자군이 예루살렘을 탈환했다.
1106년	아벨라르가 "긍정과 부정"을 썼다. 이 작품은 스콜라주의적 방법에 깊은 영향을 주었다.
1109년	안셀름이 죽었다.
1136년	아벨라르가 "나의 불행의 역사"를 썼다.
1142년	아벨라르(가장 혁신적인 스콜라주의 신학자이자 철학가 중의 한 사람)가 죽었다.
1163년	안셀름이 성인 반열에 올랐다. 파리의 노틀담 성당의 건축이 시작되었다.
1187년	예루살렘이 살라딘과 회교도에 의해 점령되었다.
1200년	유대교의 카발라[신비철학]가 발달되었다. 카발라는 스콜라주의 학문적 연구 방법의 하나이다.
1212년	소년 십자군이 예루살렘을 되찾기 위해 성지로 출발했으나 알프스 산맥을 넘기도 전에 사망했다. 아시시의 프란시스가 젊은 수녀 클라라를 프란시스 수도회원으로 받아들였고 클라라는 후에 극빈 수녀회를 세웠다.
1216년	탁발 수도사들로 알려진 도미닉 수도회가 공식적이고 구체적인 형태를 갖추게 되다.
1244년	예루살렘이 회교도에 의해 함락당했다.
1245년	알베르투스 마그누스가 토마스 아퀴나스를 아리스토텔레스 사상으로 인도했다.

1245년	가장 보수적인 학자조차도 더 이상 아리스토텔레스의 철학과 아랍 철학을 무시할 수 없게 되었다. 잉여공로(공덕), 그리스도의 무한한 공로, 성모 마리아의 공로 사상
1255년	프랑스 대학들이 신학과 별도로 철학을 공부할 수 있게 되었다.
1265년	- 클레멘트 4세가 교황이 되었다. - 토마스 아퀴나스가 "숨마 테올로기카가"(신학총론)를 집필했다. "숨마"는 오랜 세월이 걸린 작품으로서 신학적 시도를 신학적 전통의 축적과 통합으로 이해한다. - 토마스 아퀴나스가 그리스도께서 견신례를 제정하셨다고 주장했다. - 아퀴나스는 천사들이 신자들의 수호 천사로서 섬길 수 있다고 명확히 설명했다. - 토마스 아퀴나스가 고전적 연옥 교리를 고안했다. - 요하네스 둔스 스코투스가 태어났다.
1268년	로저 베이컨이 "오푸스 마이우스"(중요한 일)를 썼다.
1272년	토마스 아퀴나스가 나폴리에 도미닉 수도원 학교를 시작하고 "숨마 테올로기카"를 썼다.
1274년	토마스 아퀴나스가 죽었다. 그는 "천사같은 박사"로 불리워지며 가장 위대한 스콜라주의 신학자로 여겨진다.
1290년	알베르투스 마그누스가 죽었다. 그는 독일의 스콜라주의 철학자. 도미닉파 수도사. 교회박사를 지냈다. 그는 토마스 아퀴나스의 스승이자 아리스토텔레스의 전집에서 구인들이 접근할 수 있게 만들었다.
1290년	스코투스주의: 토마스 아퀴나스 철학에 대한 가장 유명한 비평가 중의 하나인 둔스 스코투스의 사상이다. 스코투스주의는 실재론과 유명론의 중간 입장으로 오늘날까지 로마가톨릭에 영향을 주고 있다.

1294년	- 로저 베이컨이 죽었다. 그는 영국의 스콜라주의 철학자이자 과학자였다. - 보니파키우스 8세가 교황이 되었다.
1300년	수도원 생활이 붕괴되기 시작했다. 학자들은 대학에 소속되었고, 금욕주의자들은 은둔생활을 했으므로 더 이상 수도원을 보호할 필요가 없어졌다. 수도원들은 점차 세속화 되어가고 특성을 상실해갔다.
1303년	교황 보니파키우스 8세가 죽었다.
1308년	요하네스 둔스 스코투스가 죽었다. 위대한 스콜라 학자 중의 한 사람이다.
1309년	교황 클레멘트 5세가 "교회의 바벨론 유수"가 시작되면서 "교황의 거처"를 아비뇽으로 옮겼다(주후 1377년까지).
1310년	프란시스파가 교황 요한 22세 앞에서 청빈 문제를 논의했다(1312년까지).
1311년	제15차 에큐메니칼회의: 비엔나회의(주후 1313년까지)
1320년	- 단테 알리기에리가 "신곡"을 집필했다. - 존 위클리프가 태어났다.
1321년	이탈리아 시인인 단테 알리기에리가 죽었다.
1323년	토마스 아퀴나스가 성인으로 추대되었다.
1327년	존 마이스터 엑크하르트가 죽었다. 그는 독일 출신의 도미닉 수도사이며 신비주의자였다. (14세기의 가장 영향력 있는 신비주의 신학자 중의 한 사람)
1328년	윌리엄 오캄이 교황 요한 22세가 프란시스파의 청빈 문제에 대해 보인 입장이 이단적이라고 주장함으로 인해 파문되었다. 그는 아비뇽으로 도피했다.
1331년	구이의 버나드가 죽었다. 당시 가장 유명한 종교재판관 중의 한 명이었다.
1335년	오캄의 면도날.

1337년	백년전쟁: 영국과 프랑스 사이에 분쟁이 시작되었다(1453년까지).
1349년	윌리엄 오캄이 죽었다. 그는 신학자였다.
1350년	- 주후 1350년부터 종교개혁이 일어날 때까지 여성은 교회에서 점차 큰 지도력을 발휘해 가고 있었다. 성직에 임명될 수는 없었지만 신앙공동체 내에서 지도자적인 역할을 감당하며 신비주의 신학의 형성을 도우며 현명한 조언자로 여겨졌다. - 중세 후기가 시작되었고 흑사병이 유럽의 인구 통계를 바꾸어 놓았다.
1361년	제2차 흑사병이 유럽 전역을 휩쓸었다.
1378년	교황권의 대분열. 서방교회가 두 세 부류의 교황파와 반대 교황파로 나뉘었다.
1418년	토마스 아 켐피스가 "그리스도를 본받아"를 썼다.
1434년	요한 구텐베르크가 이동식 인쇄기를 발명했다(1435년까지).
1455년	구텐베르크가 벌게이트를 개정하여 이동식 인쇄기로 "구텐베르크 성경"을 인쇄했다.
1483년	마틴 루터가 광부의 아들로 태어났다.
1484년	이노센트 8세가 교황이 되었고, 울리히 쯔빙글리가 태어났다.
1505년	마틴 루터가 에르푸르트대학 석사 학위를 받고 법학과에 들어갔다. 마틴 루터가 벼락에 맞아 죽을뻔한 체험을 한 후에 아우구스티누스 수도원에 들어가기로 했다.
1509년	존 칼뱅(칼빈)이 북부 프랑스의 한 마을 노용(noyon) 중산층 가정에서 태어났다.
1517년	루터가 비텐베르크 쉴로스키르케(비텐베르크 성) 문에 "95개 조항"을 내걸었다.

5. 스콜라 신학

5.1. 스콜라 신학의 개요

- 스콜라(Schola) 하면 가장 먼저 떠오르는 것은 '신앙과 이성 사이의 조화와 갈등'이다.[65] '스콜라'라는 어원은 중세 초기의 샤를마뉴 대제에 의해 창설된 궁정학교에 대한 호칭에서 유래되었다.[66] 스콜라 신학은 주로 도시 주교좌성당 학교들에서 가르쳤던 바, 이곳에서는 이미 교양 과목을 공부한 성직자들이 스콜라스티쿠스(scholasticus, 교사)의 지도 하에 적극적인 목회 활동을 하기 위한 준비를 하였다. 이들이 한 공부는 대부분 '사색적' 또는 '이론적' 성향을 띠었고, '지식', 즉 논리적으로 변호 가능한 진리를 습득하는 데 목표를 두었다.[67]

- 『스콜라 신학 선집: 안셀름부터 오캄까지』에 의하면 스콜라주의에 대하여 다음과 같이 정의한다.

  신학자들이 바늘의 끝에 천사가 올라가 춤을 추는 문제에 자신들의 관심을 기울여도 아무런 문제가 없던 시대로 되돌아가본다.[68] 이 모든 것은 이상하고 비현실적이고 마음에 썩 들지 않는 것처럼 보이는 문제들이다. 그러나 만약 이것이 이상하게 보인다면, 그것은 우리가 스콜라주의자들이 무엇을 말하려고 했는가를 알아보기 위해 애쓰지

---

65 Pieper, Josef, 김진태 옮김, 중세 스콜라 철학-신앙과 이성 사이의 조화와 갈등-, 가톨릭대학교출판부, 2003.
66 심창섭·채천석, 중세교회사, 286.
67 Walker, Williston, *A History of the christian church*, 송인설 옮김, 기독교회사, 크리스챤다이제스트, 2005. 367.
68 최영근·김도훈 옮김, 스콜라 신학 선집: 안셀름부터 오캄까지. 두란노아카데미, 2011, 22. 각주에 의하면 '이 루머의 기원과 역사는 몇몇 부지런한 연구자들에게 재미있는 연구가 될 것이다.'라고 논의한다.

않았기 때문일 뿐이다. '스콜라주의'의 정의가 있다면, 그것은 중세 문화의 위대한 시기에 나타난 서유럽 학파들의 신학과 철학, 그리고 부수적인 학문들을 의미할 것이다.

- 중세 스콜라 신학의 초기에는 플라톤의 사상이 지배적이었으나 점점 신학이 조직화되면서 아리스토텔레스의 사상이 그 자리를 대신하게 되었다. 중세교회는 처음에 플라톤을 선호하고 아리스토텔레스의 사상을 멀리했으나 교황이나 종교회의도 이러한 사상 운동을 막기에는 역부족이었다. 결국 아리스토텔레스주의(Aristotelianism)는 플라톤주의(Platonism)를 대신하여 중세철학에 특징을 부여한 대표적인 사상이 되었다.[69]

5.2. 스콜라 시대의 시대 구분[70]

〈표 2-17〉 스콜라 시대의 시대 구분

시대	기간	철학	신학자
첫 시기 =태동기	9세기 중엽부터 약 3세기간	- 신앙과 지식 간의 관계 - 권위와 이성 간의 관계에 대한 종교적인 의문 - 우주에 관한 철학적인 문제 - 그리스도의 구속 사역의 속성과 조건에 관한 신학적인 질문 - 신앙과 지식의 문제에 관해서는 합리적인 성향과 신비주의적 성향의 대립을 보게 됨	- 안셀무스 - 로셀린 - 아벨라르 - 피터 롬바르두스 - 베르나르 - 빅토르수도원 신학자들

---

69 김영재, 기독교 교회사, 310.
70 김영재, 기독교 교회사, 이레서원, 2000, 310-313.

제2시기 =개화기	13세기 말까지	- 스콜라 신학이 정리되고 자리가 잡혀 개화기를 이룸 - 이 시기에 인노켄트 3세가 크게 활약 - 프란체스코 교단과 도미니크 교단이 창설 - 동방과 교통 빈번하여 십자군 원정 - 교리사적으로 볼 때 기독교 지성들이 아리스토텔레스의 철학과 접하게 됨	- 알베르투스 마그누스 - 토마스 아퀴나스 - 보나벤투라 - 로저 베이컨 - 둔스 스코투스
제3시기 =쇠퇴기	14세기	- 스콜라주의의 쇠퇴기 - 유명론(종교의 객관적인 진리와 그것을 다루는 주관적 양식[mode]간에는 일치가 되지 않음)의 회의론 때문에 교회의 권위에 대한 비판 정신이 고양됨 - 이러한 반작용으로 신비주의 운동 발생됨 - 교황의 절대주의에 반대하는 운동 나옴	- 둔스 스코투스 - 윌리암 오캄 - 라이문트 - 가브리엘 비엘

5.3. 프란체스코 수도회(the Franciscans)와 도미니크 수도회(the Dominicans)[71]

- 스콜라 철학을 논의하면 늘 등장하는 것이 수도회이다. 스콜라 시대의 지적인 분위기와 관련하여 탁발 수도사들이 설립한 교단인 프란체스코 수도회와 도미니크 수도회의 등장은 대학의 설립만큼이나 중요한

---

[71] Anthony Kenny, *Medieval Philosophy*, Oxford University Press, 2005; 김성호 옮김, 케니의 서양철학사 2권, 중세철학, 서광사, 2010, 103. 위의 박스는 중세철학 중에서 내가 정리한 것이다.

위치를 차지한다.

〈표 2-18〉 프란체스코 수도회와 도미니크 수도회 비교

프란체스코 수도회(the Franciscans) = '소탁발 수도회', '회색수도회'	도미니크 수도회(the Dominicans) = '설교자 수도회', '검은 수도회'
• 가난한 자들로 이루어진 소규모 공동체 • 도심의 가난한 이들에게와 그리스도의 자비와 긍휼을 필요로 한 모든 이들에게 전하는 것	• 전통성를 수호하기 위하여 끊임없이 분투 • 도미니크 수도회 설립을 위한 단 하나의 이유는 잘못된 가르침을 박멸하기 위한 것
• 프란체스코 수도회의 핵심 단어 "청빈" • 프란체스코 수도사들은 어느 것 하나라도 소유하지 않았다. 그들은 구걸하며 살았고, • 만일 그것이 불가능하다 싶으면 그들의 손으로 일해서 먹었다. • 복음이면 충분하였기에 배움과 학습에 강조를 두지는 않았다.[72]	• 탁발과 기부에 의존하여 생활하였지만 처음부터 이들의 정서는 프란체스코 수도회보다 덜 낭만적이고, 더욱 학문적임 • 시작부터 교육을 강조하여 도미니크 수도원의 어느 곳이든지 가르침과 학습의 중심지가 됨, 병원을 세웠고 사람들에 대한 헌신과 봉사를 하였다.
보나벤투라, 둔스 스코투스, 오컴	알베르투스, 토마스 아퀴나스

- 이 두 수도회는 1219년 파리에 대학을 설립하였다.
- 중세 전성기를 장식한 위대한 철학자들은 대부분 이 두 교단 소속의 수도사이다.

---

[72] David N. Bell, *Many Mansions: An Introduction to the Development and Diversity of Medieval Theology West and East*, Kalamazoo, Michigan, 1996; 이은재 옮김, 중세교회 신학, 2012, 기독교문서선교회, 91.

5.4. 스콜라 신학자들

5.4.1. 스콜라주의의 초기의 신학자들

초기 스콜라주의는 인간이 경험이나 이성에 의해 자연적으로 얻을 수 있는 지식과 신의 계시에 의해 인간에게 알려진 지식이 양립되지 않는다고 생각했다. 스콜라주의자들은 고전적 헬라철학과 기독교 신앙을 조화시키려고 노력했으며 대표적인 신학자로는 안셀무스와 아벨라르, 롬바르두스 등이 있다.[73]

① 스콜라주의의 아버지 캔터베리의 안셀무스(St Anselm of Canterbury, 1033~1109)

- 안셀무스는 '나는 알기 위해 믿는다.'라는 명언을 남겼고,[74] 신의 존재에 대한 논증을 시도한 이로 잘 알려져 있다. 안셀무스의 주장은 다음과 같다.

안셀무스의 구속론[75]

① 성육하신 아들의 자기 비하(卑下)는 그의 신성에 전혀 손상을 준 것이 아니다. 그의 죽음은 죄 없는 희생에 대한 부당한 형벌이 아니었으며, 자의로 결정하여 드린 자기 희생이다.
② 그리스도는 죄가 없으시기 때문에 죽으실 수 없는 분이시다. 그러나 하나님께 단순히 순종하신 결과로 죽으신 것이었다. 혹은 하나님의 선하신 뜻이 그리스도로 하여금 자기를 희생하도록 감동하였다는 의미에서 하나님만이 그리스도의 죽음을 원하셨다는 것이다.
③ 사람이 참된 목적을 성취한다면 그것은 죄 씻음을 받는 것이다.

---

[73] 최덕성, 종교개혁전야, 본문과 현장사이, 2003, 278.
[74] Hans Joachim, Storig, 박민수 옮김, 세계철학사, 자음과모음, 2008, 358.
[75] 김영재, 기독교 교회사, 317-318.

죄는 속죄를 요구한다. 하나님께서는 어떤 죄라도 속회하시지 않은 채로 용서하실 수가 없다. 그냥 용서한다는 것은 그의 공의에 부합하지 않기 때문이다.

④ 인간은 죄의 값을 치러야 하는데 자기 힘으로는 불가능하다. 그렇다고 하나님께서 무조건 죄를 도말(塗抹)해 주실 수는 없다. 만일 그렇게 하신다면 그것은 하나님의 공의에 위배되기 때문이다. 그러므로 인간은 어쩔 수 없는 상황에서 구원의 주이신 그리스도를 바라보아야 한다.

⑤ 인간을 향한 하나님의 목적은 하나님 아닌 그 어떤 것보다도 위대한 것이 하나님께 바쳐질 때만 성취될 수 있다. 그런데 하나님 자신 말고는 이러한 것이 있을 수가 없다. 그러므로 보상은 하나님 자신에 의하여 지불되어야 하며, 그것은 또한 사람에 의하여 제공되어야 한다.

그러므로 하나님께서 사람이 되실 수밖에 없다.

- 안셀무스의(Anselm of Canterbury) 구속사의 기여
- 구속이 죄로부터의 구원이라는 점을 인식하였으며, 그리스도께서 인간으로서 하나님의 뜻에 자유의지를 가지고 자발적으로 순종하심으로써 구속을 성취하셨다고 말하였다. 아퀴나스 같은 후대의 스콜라주의자들과는 달리, 안셀무스는 이성의 자연적인 진리들과 오직 신앙으로만 알 수 있는 초자연적인 진리들 사이를 명쾌하게 구분하지 않았다.[76]

② **스콜라주의의 아벨라르**(Petrus Abälardus, 1079~1142)
- 아벨라르는 안셀무스의 제자로 예수의 교훈과 행하심에 역점을 둔다.
- 아벨라르의 중요한 공헌은 그의 저서 『긍정과 부정』(Yes and No)이다. 그는 이 저서에서 158개의 신학적 문제를 제시하고, 그 해답들에 있어서 성경 및 고대 기독교 저술들을 포함한 여러 전거들이 일치하지 않음을

---

76 Walker, Williston, *A History of the christian church*, 송인설 옮김, 기독교회사, 370

증명했다.[77]

> **아벨라르 구속론**
>
> ① 그리스도께서 고난을 받으심으로 하나님께서 우리를 얼마나 사랑하시는지를 가르치셨으며, 부활하심으로 우리에게 영원한 생명을 약속하시고, 승천하심으로 우리 영혼을 천당으로 받아들이신다.
> ② 그리스도는 우리를 위하여 인류에게 향하신 그의 사랑이 얼마나 큰지를 보여주시고 사랑이 곧 기독교의 핵심임을 입증하시기 위하여 죽으셨다.
> ③ 안셀무스에서는 개별적인 인간이 그리스도의 대속을 받아들이는 방법에 관한 언급이 없지만, 아벨라르는 이 문제에 대한 해답을 제시하였다. 아벨라르는, '죄의 용서란 그리스도의 모범을 통하여 우리 안에 일깨워진 사랑에 근거하여 주어지는 것이다.'라고 하였다.
> ④ 그러나 그와 견해를 같이하는 사람은 많지 않았다. 중세 시대의 속죄론의 특징은 속죄가 성례전을 통하여 얻어지는 것으로 주입된 은혜의 형태로 인간에게 임한다는 사상이었다.

- 필립 샤프는 다음과 같이 논의한다. '아벨라르는 당대 신학자들의 주류 사회에서 벗어나 있었기 때문에 앞으로도 늘 중세의 가장 흥미를 끄는 인물 가운데 하나로 남을 것이다. 그의 결함은 도덕적 능력이 부족한 데 있었다. 그렇기 때문에 그의 진술들이 과연 진실한 소산에서 나온 것인가 하는 의문이 자주 든다. 그가 당한 불행들은 우리가 인간으로서 공동으로 안고 있는 연약함으로 인하여 동정을 자아내지만, 그의 신학과 인격은 우리의 존경을 일으키지 못한다.'[78]

---

[77] Justo L. Gonzalez, *The Story of Christianity*, 엄성옥 역, 중세교회사, 은성, 2012, 170-171.
[78] Philip Schaff, *History of the Christian Church*, 이길상 옮김, 교회사전집 5, 560.

③ 페트루스 롬바르두스[Peter Lombard, 1095(?)~1164]
- 페트루스는 가톨릭교회 조직신학의 아버지이다. 토마스 아퀴나스가 중세의 가장 완벽한 신학 체계를 이룩해냈듯이, 그는 중세의 가장 유용하고 인기있는 신학교과서를 써냈다. 롬바르두스가 하나님의 존재에 대해서 제시하는 논증은 주로 우주론적 논증이다.(이하 생략)
- 속죄를 다루는 과정에서, 롬바르두스는 그리스도의 죽으심이 마귀에게 지불된 죄값이라는 생각을 부인했다. 그것은 하나님의 사랑의 표현이었으며, 십자가로 나타난 그리스도의 사랑에 의하여 우리 속에서도 사랑이 불붙는다고 했다.
- 이렇게 보편적으로 인정을 받고, 아우구스티누스를 인용해가며 신중을 기한 저서가 투르 교회회의(1163)와 제3차 라테란 공의회(1179) 등에 의하여 거듭 이단으로 단죄를 당했다는 것은 주목할 만한 일이다.[79]

5.4.2. 제2기 스콜라 신학자들

제2기, 즉 전성기의 스콜라 신학자들, 특히 초기의 프란체스코회 신학자들은 구원에 대하여 여러 가지 답변을 시도하였다. 그들의 답변은 주로 전통에 기초한 것이었으나 대체로 초기의 어거스틴주의적 견해에서보다는 공로와 상급 사상을 크게 강조하였다. 2기 스콜라 신학자들로는 알베르투스 마그누스와 보나벤투라, 토마스 아퀴나스 등이 있다.

프란체스코회의 신학에서는 은혜의 전달 수단으로서 성례전에 상당한 의미를 부여하는가 하면, 전성기의 신학자들은 자연적인 은혜의 사역과 초자연적인 은혜의 사역을 구별하였다. 초기 프란체스코 수도사들은 구원의 서정(序程, ordo salutis)을 발전시켰는데, 그들은 칭의의 교리에서 의롭다함을 받기 위하여 먼저 예비적으로 행함이 있어야 한다는 예비적 행위 사상을 발전시켰다.

---

[79] Philip Schaff, *History of the Christian Church*, 이길상 옮김, 교회사전집 5, 564-567.

① 알베르투스 마그누스(Albert Magnus, 1193~1280)
- 13세기에 가장 박식하고 널리 읽힌 사람은 알베르투스 마그누스 곧 대 알베르투스이다. 그의 백과사전적 지식은 중세에 따라올 사람이 없었으며 그는 이 시기 독일의 학자들과 사상가들 가운데 가장 탁월한 인물이었다.
- 알베르투스는 신학적 사고의 근면성과 범위, 그리고 지적 노력과 재능으로 우리는 놀라게 한다. 그가 방대하게 끄집어낸 신학 문제들을 명쾌하고 간결하게 정리하는 임무는 그의 위대한 제자 토마스 아퀴나스의 몫으로 남았다.[80]

② 보나벤투라(St Bonaventure, 1221~1274)
- 보나벤투라는 신학자이자 프란체스코회를 이끈 저명한 행정가였다. 그는 가르침이 안전하고 듬직하며, 경건하고 독실한 인물이었다. 호기심을 위해 봉사하지도 않았고, 신학적 논의에 세속적 변증학과 자연과학을 뒤섞지도 않았다. 단테는 그를 토마스 아퀴나스 곁에 둔다. 중세 신학의 역사가 슈퇴클(Stuckl)은 두 사람을 13세기의 지평에 떠있던 밝은 별들이라고 부른다. 프란체스코와 도미니쿠스 이후에 그들의 수도회들이 배출한 가장 빛나는 이름들이 되었다.
- 토마스는 정신이 예리하고 분석력이 탁월했으나 보나벤투라는 치밀하고 꼼꼼했다. 토마스에게는 윤리적 요소가, 보나벤투라에게는 신비적 요소가 두드러졌다. 토마스가 권위 있는 교수였다면, 보나벤투라는 융통성과 재능이 많은 저자였다. 두 사람 모두 중세교회의 신학과 조직을 지켜낸 사람들이다.[81]

③ 토마스 아퀴나스(Thomas Aquinas, 1225~1274)
- 토마스 아퀴나스는 지식과 신앙, 즉 철학과 신학의 영역의 한계를 분명

---

80 Philip Schaff, *History of the Christian Church*, 이길상 옮김, 교회사전집 5, 583-589.
81 Philip Schaff, *History of the Christian Church*, 이길상 옮김, 교회사전집 5, 605.

히 하였다. 토마스는 하나님으로부터의 은총의 빛과 인간 본성의 이성의 빛(lumen rationale)을 구분하여 양자의 고유 분야의 한계 및 권한을 인정하였다.
- 신의 존재와 세계 창조 및 세계 내의 모든 법칙과 사실은 이성의 빛으로 밝혀질 철학의 대상으로 생각한 반면, 기독교적 신앙이 안고 있는 본래의 오의(娛意), 즉 삼위일체 교리, 성육신, 부활, 최후의 심판과 같은 최고의 진리(초자연적 진리)는 철학적인 사색으로 도달할 수 없는 영역이므로 은총의 빛에 의해서만 계시되는 것으로 봤다.

토마스의 신의 5가지 방식에 의한 존재 증명

토마스는 안셀무스가 제시한 신의 본체론적(本體論的) 논증을 거부한다. 토마스에 의하면 "신은 존재한다."라는 말은 결코 직접적으로 자명한 것으로 조명되어질 수 있는 생래적인 진리는 아니라는 것이다. 따라서 신의 존재는 논증되지 않으면 안 된다고 한다. 이를 우주론적 논증(cosmological argument)과 목적론적 논증(teleological argument)이라고 한다.

① **운동**: 세상에는 움직이는 물체로 가득한데, 최초의 가동자가 하나님이다.
② **원인**: 모든 사물에는 원인이 작용하므로 궁극적인 최초의 원인이 곧 하나님이라고 하여 작용인(作用因)으로부터의 증명을 시도한다.
③ **필연**: 존재하지 않는 필연적인 사물이 존재하려면 필연적으로 존재하는 어떤 사물에 의하여 가능하다. 그러나 궁극적으로는 그 자체가 존재의 필연성을 가져서 존재하는 존재를 인정할 수밖에 없는데, 그것이 바로 하나님이시다.
④ **완전**: 사물에는 정도의 차이가 있어서 비교를 하게 되면, 가장 선하고 완전한 것을 생각하게 되는데, 그것이 바로 하나님이시다.
⑤ **목적**: 세상의 사물은 어떤 목적을 지향하고 있다. 사물이 목적을 지향하도록 움직이는 존재가 하나님이라고 말하여 우주의 질서로부터 증명하려고 한다.

- 토마스가 강조한 창조 교리는 무로부터의 창조이며, 시간 속에서 이루어진 창조가 아니라, 세계의 창조와 함께 시간의 창조가 이루어졌음을 말한다.
- 최초의 인간은 가장 존엄한 피조물로서 동물과는 달리 이성적 존재로서 하나님을 아는 것이 목적이었다. 이 하나님을 아는 지식은 하나님을 사랑하게끔 이끈다. 인간이 이러한 존재의 목적을 보존하기 위해서는 하나님의 초자연적 은혜가 요구되었다.
- 개신교 종교개혁자들은 스콜라 신학에 분개한 나머지 토마스 아퀴나스를 공정하게 평가할 수 없었다. 루터는 토마스의 『신학대전』을 심지어 모든 이단들의 진수라고 불렀다. 그러나 이러한 과도한 비판들은 오랜 후에야 좀 더 공정하고 역사에 토대를 둔 평가에 의해 교정되었다.

5.4.3. 스콜라주의의 후기 신학자들

① 둔스 스코투스(Johannes Duns Scotus)
  [(출생연도는 1265~1274년의 어느 시점[82])~1308]
- 토마스 아퀴나스보다 40년 후에 태어난 둔스 스코투스는 중세 교회의 철학자와 신학자로 스콜라주의의 절정을 보여 주는 대표적인 인물인데, 별칭은 그의 지성적 예민성과 탁월한 추리력에 근거하여 "예리한 박사(doctor subtilis)"로 일컬어진다.
- 14세기 유명론의 등장에 그 기세가 꺾이기도 했지만, 스코투스의 사상은 중세뿐 아니라, 다른 시대에도 심오한 영향을 미쳤는데 18세기에 이르기까지 프란치스코 신학 전통 안에서 그 원리 형성에 특별한 영향을 주었다. 또한 스코투스는 모든 죄인에게까지도 스스로 책임지는 자유의지를 주장하였다.[83] (이하 생략)

---

82 Philip Schaff, *History of the Christian Church*, 이길상 옮김, 교회사전집 5, 609.
83 주도홍, 새로 쓴 세계교회사, 139-141.

② 오캄(Wilhelm von Ockham, Occam)
- 프란치스코 수도회의 많은 사상을 공유한 오캄의 사상, 유명론 또는 명목론(terminism)은 독창적이고 아주 독립적인 것으로 평가되고 있다. 토마스 아퀴나스에 대한 비판 못지않게, 스코투스에 대하여서도 확고한 비판자였다.
- 하나님의 절대 권능(potentia dei absoluta)과 제한 권능(potentia dei ordinata)을 나누어 생각한 스코투스의 구분을 받아들여 자신의 신학의 시금석으로 삼았으나, 훨씬 더 급진적 입장을 취하였다. 오캄은 선택된 자들의 예견된 공로 또는 과실을 고려하지 않고 하나님은 그들을 영원히 예정하신다는 스코투스의 입장을 거부하였다.(이하 일부 생략)

6. 스콜라 신학의 학파별 특징[84]

- 스콜라 신학에서는 개개의 학자가 기독론이나 하나님 이해 등에서 어떤 주장을 하고 있는지도 중요하지만 교회사적으로 더 중요한 것은 이들이 주장한 내용들이 그 시대의 교회와 어떤 관계를 가지고 있고, 이 신학 사조들을 통해서 당시의 교회가 가진 일반적 특징들을 알아내는 것이 더 중요하다. 어쨌든 중세를 대표하는 신학 사상인 스콜라 신학은 이렇게 유명론과 신비주의에 의해서 심각한 도전을 받았고, 이 도전은 종교개혁으로 이어진다.
- 스콜라 신학의 핵심적인 문제는 실재의 궁극적인 본질에 관한 것이었다. 즉 실재가 본질적인 보편적 관계에 의해 결합된 비물질적인 것들과 물질적인 것들의 결합체인가, 아니면 독립되고 서로 무관한 개별적 요소들의 총합으로 구성되는가였다. 이것은 대표적으로 다음과 같이 보

---

84 서요한, 중세교회사, 그리심, 2003, 489.

편론과 유명론으로 나뉘어졌다.

⟨표 2-19⟩ 스콜라 신학의 학파별 특징 비교

특징	보편론(극단 실재론)	개체론(온건실재론)	유명론
신앙과 이성의 관계	나는 알기 위해서 믿는다	나는 믿기 위해서 배운다	나는 지식과 상관없이 믿는다
실재의 본질	univerailia ante rem	universalia in re	universalia post rem
인물	안셀무스	아퀴나스와 아벨라르	오캄의 윌리엄
저서	프로슬로기온, 모노로기온	신학대전	대화(Dialogus)
현대의 옹호자	복음주의	로마가톨릭 교회	르네상스와 계몽주의

- 스콜라 신학자들은 항상 인간 안에서 도덕적, 영적으로 어떤 결과가 생기는가 혹은 생겨야 하는가 하는 관점에서 인간을 위한 하나님의 사역을 파악하곤 하였다. 토마스 아퀴나스는 또한 인간들의 죄를 용서하기 위하여 그리스도의 죽음이 불가피한 필요 수단이거나 혹은 유일한 방법은 아니라고 하였다. 마찬가지로 우리들을 위한 그리스도의 고난 역시 순정과 사랑에서 우러난 자발적인 행위였다.
- 그러나 이는 스콜라 학파 신학자들이 어떤 형태이든 구속의 필요성을 부정했다는 의미는 아니다. 이들은 하나님께서 세상을 창조했을 당시부터 인간의 구원이 오직 하나님으로부터 비롯된 것임을 분명히 말하고 있다.[85]

---

[85] William R. Cannon, *History of Christianity in the Middle Ages*, 서영일 역, 중세교회사, 기독

7. 결론

- '무엇보다도 중세 스콜라주의는 교회가 그 자신을 이해하고 교회가 불가피하게 연결되어 있는 세상을 이해하는 도구였으며, 교회는 스콜라주의의 발전을 통해서 기독교 사회를 세워 나가는 데 중요한 역할을 할 사람들을 교육하는 것에 관심을 기울였다. 위대한 스콜라주의 대가들은 수도사와 수사들의 스승이었을 뿐만 아니라 군주와 왕들의 스승이기도 했다. ~중략~ 그들은 중세의 심각한 지적인 문제들을 다루면서 사회와 문화의 문제들을 신중하게 도식화한 대답들에 비추어 접근하였던 역동적인 시도들이 넘쳐나는 역사적 시기였다.'[86]고 평한 논의에 동감한다.

- 스콜라 철학에 '노동을 경시하고 노예들의 몫이라고 천시하는 것'에는 동의하지 못하지만, 중세가 이룬 업적은 불완전함과 미완의 작업들에 있다고 생각한다. 스콜라 신학과 철학은 창조주요 구속주이신 하나님에 대한 기독교 신앙과, 인간과 세계에 대한 인간의 지식 간의 상호 관계에 의해 제기되는 계속적인 질문들을 다룬 훌륭한 노력이었다.

- 토마스 아퀴나스는 스콜라 학자들의 제왕이자, 성 아우구스티누스 이래로 라틴 교회의 가장 유력한 신학자이다. 그는 재능과 지혜가 탁월한데다 삶도 매우 순수한 사람이었다. 다른 여러 스콜라 학자들, 특히 둔스 스코투스와 비교할 때, 토마스는 사변적이라기보다 실천적인 사람이었다고 한다. 이 글을 쓰면서 실천적인 삶의 면에서 토마스 아퀴나스는 더 아름답지 않았을까 생각했다.

- 중세기의 영적 암흑 시대는 비극적이었다. 진리의 말씀보다는 전통을 우상화하며 진리도 모른 채 살아간 시대였다. 천국도 지옥도 아닌 연

교문서선교회, 1995, 343-344.
86 최영근·김도훈 옮김, 스콜라 신학 선집, 25-26.

옥을 만들어 낸 것도 그 시대의 교황과 그의 하수인들이었다. 연옥에서의 탈출은 헌금함에 떨어지는 동전 소리에 좌우된다고 믿은 시대였으며, 이단에 대한 단죄를 명목으로 교회 개혁을 종교 재판의 이름으로 철저히 봉쇄하였던 시대였다. 어둠의 밤이 지나면 새벽이 오듯이 중세의 어둠은 천 년이 지난 후일에야 비로소 걷히게 되었다.[87]

- 중세 말의 스콜라 신학은 그들이 아무리 경건했어도 그들의 난해하고 번잡한 이론과 사고의 전개는 많은 이들의 반발을 샀을 것이다. 이와 같이 스콜라 신학이 계속 복잡해지는 동안, 새로운 시각으로 열려지는 역사는 종교개혁을 준비하고 있었다.
- 중세교회사를 읽어가는 가운데 아래와 같은 곤잘레스의 논의를 인용한다.

곤잘레스의 논의[88]

- 그러나 이는 이 신학자들이 단지 사상의 유희를 위해 난해한 질문들을 제기한 불신자들이었다는 의미가 아니다. 이제까지 알려진 기록들을 보면 이들은 대부분 경건하고 헌신적인 신자들이었으며, 이들의 목적은 하나님의 영광을 찬양하기 위함이었다.
- 창조주는 무한히 피조물들 위에 계시다. 인간 지성으로는 하나님의 신비를 짐작할 수조차 없다. 이것은 이성으로 증명할 수 있는 것만 믿으려 하는 불신 신학이 아니다.
- 이성으로는 하나님의 깊음에 도달할 수 없음을 보여준 후에 모든 것을 하나님의 손에 맡기고 하나님이 계시하신 모든 것을 기꺼이 믿으려한 신학이었다. 따라서 이들은 어떤 교리나 진리가 합리적이었기 때문이 아니라 계시되었기 때문에 믿으려 했다.

---

87 장순석, 기독교 역사 요약, 기독교문서선교회, 2004, 33-34.
88 Justo L. Gonzalez, *The Story of Christianity*, 엄성옥 역, 중세교회사, 은성, 2012, 267.

- 엘리야 시대에 바알에게 무릎 꿇지 않은 7,000명의 숨겨진 성도가 있었듯이 중세 암흑 시대에도 하나님께서는 그분의 참된 종들을 보이지 않게 준비시켰다. 클레르보의 베르나르(Bernard of Clairvaux)가 그들 중 한 명이다.
- 그는 죽기 전에 다음과 같이 말했다. '내가 영원을 사모하는 세 가지 이유'가 있다.

  > 첫째는 그의 백성에 대한 하나님의 사랑이요,
  > 둘째는 그분의 약속의 확실성이며,
  > 셋째는 그 약속이 성취되는 능력이다.

- 위와 같은 논의를 읽으며, 이번 과제를 하다보니, 중세에 대한 비판적 시각을 거두게 되었고, 새로운 시각으로 바라보게 되었다. 중세교회사를 배우지 않았더라면 그럴 수 없었을 것이다. "중세 철학 이야기"의 역자 신창석 교수의 말을 인용해보자.

  > 우리의 의식은 은연중에 중세의 문화와 학문을 언젠가는 극복해야 할 대상으로 겨냥하고 있다. 그 중에서도 가장 근본적인 것은 우리의 의식을 무의식적으로 지배하고 있는 중세 사상이다. 우리는 이 중세 사상의 요체를 알기 전까지는 아마도 우리 자신의 현재와 미래를 온전히 알 수 없을지도 모른다.[89]

- 중세 스콜라 신학에 대한 비판의 입장에서 Evans는 '중세의 신학자들이 13세기까지는 순탄한 길을 걸어갔으나 결국은 단순한 궤도로 끝나버린 길을 그저 너무 멀리 지나갔었던 것이 아니었는가?'라는 질문을 우리에게 남기고 있다. 그것이 아니었다면, 중세를 통해 그것의 완전한

---

89 Flasch, Kurt, 신창석 옮김, 중세철학 이야기, 서광사, 1998, 9.

결실에 도달했던 성숙한 학문을 16세기에 일어난 변화들이 어떻게 파괴할 수 있었다는 말인가?[90]

이와 같은 질문에도, 나는 중세교회사는 하나님의 구속사의 한 과정임을 확신한다. 과제를 하면서, 정원래 교수님의 수업을 들으면서 중세교회사를 재해석할 수 있었다.

나가는 말

- 과제를 하면서 스콜라 신학자들의 삶을 살펴보려고 많은 문헌을 뒤져 보았지만, 그들의 사상에 대한 전개만 소개되었을 뿐이다. 몇 줄 정도 할애한 것은 토마스 아퀴나스의 실천적인 삶만 논의하고 있었다. 그분들의 삶이 어떠했는지 더 살펴볼 수 없어서 아쉽지만, 분명 그들은 혼돈의 시기에 - 사실 어느 시대나 역사가들은 혼돈의 시대라 평하기는 하지만 말이다. - 신앙의 대상이신 하나님을 붙들고, 말씀이 나타내는 삶을 살기 위해 애쓰고 간 믿음의 선배들임에 틀림없다고 느껴진다.
- 처음에 중세교회사 수업을 접하기 전에는 나도 비판적인 입장에 있었다. 흔히 말하는 암흑의 시대였다는 것을 습관적으로 들어왔기 때문이다. 그러나 정원래 교수님의 첫 시간의 수업은 감동이 있었다. 진실하고 따뜻하신 성품으로 진정성 있게 중세 신학자들에 대한 그들의 신앙에 대한 말씀을 하실 때 그것이 믿어졌다. 그리고 내가 가지고 있던 선입견을 내려놓을 수 있었다. 그것은 아마도 긴 세월을 살아오면서 스콜라 신학자들이 가지고 있던 인간의 연약함을 수용할 수 있는 내 모습을 그곳에서 발견하게 되었기 때문일 것이다.

---

90 G. R. Evans, *The Medieval Theologians*, 한성진·오흥명 옮김, 중세신학과 신학자들, 기독교문서선교회, 2009, 31.

- 단지 소원하기는 스콜라 신학자들이 바라보던 하나님, 그분들 가운데 비록 실천적인 삶을 살아가지 못한 부끄러운 모습의 스콜라 신학자들이 간혹 있을지라도, 죽음이 가시권이 보이는 내 삶에서(친정어머니가 현재 겪고 있는 상황에서) 그분들이 붙들었던 하나님을 나도 오늘 이 자리에서 붙들고 싶은 소원함이 뼛속 깊이 절절이 사무쳐 온다. 뭇 사상이 왈가왈부했을지라도 스콜라 신학자들의 믿음의 고백은 goal이 되신 하나님 한 분이었을 것이다. 그분들의 하나님이 나의 하나님이시며, 우리의 죄를 대속하시기 위해 은혜로 이 땅에 보내신 예수님이 나의 구주가 되심을 그분들의 왈가왈부한 고백에 함께 싣는다.

참고문헌

【 단행본 】

김영재 기독교 교회사. 이레서원. 2000.
서요한 중세교회사. 그리심. 2003.
심창섭·채천석 중세교회사. 솔로몬. 1998.
장순석 기독교 역사 요약. 기독교문서선교회. 2004.
주도홍 새로 쓴 세계교회사. 개혁주의신행협회. 2012.
최덕성 종교개혁 전야. 본문과 현장 사이. 2003.
최형걸 중세교회사. 이레서원. 2000.

【 번역본 】

Anthony Kenny Medieval Philosophy. Oxford University Press, 2005; 김성호 옮김. 케니의 서양철학사 2권. 중세철학. 서광사. 2010.
Bell David N. Many Mansions: An Introduction to the Development and Diversity of Medieval Theology West and East. Kalamazoo.

Michigan. 1996; 이은재 옮김. 중세교회 신학. 기독교문서선교회. 2012.

Cannon William R. History of Christianity in the Middle Ages. 서영일 역. 중세교회사. 기독교문서선교회. 1995.

Eugene Rathbone Fairweather 엮음. Westminster John Knox Press; 최영근·김도훈 옮김. 스콜라 신학 선집: 안셀름부터 오캄까지. 두란노아카데미. 2011.

Evans G. R. The Medieval Theologians. 한성진·오홍명 옮김. 중세신학과 신학자들. 기독교문서선교회. 2009.

Flasch Kurt 신창석 옮김. 중세철학 이야기. 서광사. 1998.

Hans Joachim. Storig 박만수 옮김. 세계철학사. 자음과모음. 2008.

Heussi Karl 칼 호이시의 세계교회사. 한국신학연구소. 2004.

Joseph. h. Lynch The Medieval Church A brief history. 심창섭·채천석 옮김. 중세교회사. 솔로몬. 2007.

Justo L. Gonzalez The Story of Christianity. 엄성옥 역. 중세교회사. 은성. 2012.

Le Goff Jacques. 최애리 옮김. 중세의 지식인들. 동문선. 1998. 참조.

Philip Schaff History of the Christian Church. 이길상 옮김. 교회사전집 1. 크리스챤다이제스트. 2004.

_____. History of the Christian Church. 이길상 옮김. 교회사전집 5. 크리스챤다이제스트. 2004.

Susan Lynn Peterson Timeline Charts of the Western Church. Grand Rapid. Michigan. USA. 1999; 장광수 역. 차트 서구 교회사. 기독교문서선교회. 2003.

Walker Williston A History of the christian church. 송인설 옮김. 기독교회사. 크리스챤다이제스트. 2005.

16. 중세교회사 시험 예제

정원래 교수님 | 2018년 1학기

번호	문제	답	쪽
중세교회사 예제〉 *상기 문제에서 2문제 출제합니다. 시험은 논술입니다.			
1	"Credo ut intelligam; intelligo ut credam"을 설명하시오. "믿고, 고백하고, 사랑하는 당신을 알고 싶습니다."와 "알아야 믿지요!"로 대변되는 신앙과 신학의 관계를 설명하고 본인의 입장을 밝히시오. 신앙에서 이성의 역할에 대하여 평가해보세요. PPT 10-24, 10-75		

☆ Credo ut intelligam 나는 알기 위해서 믿는다(안셀무스=안셀름)

☆ intelligo ut credam 나는 믿기 위하여 안다. (아벨라드)

【 신앙과 신학의 관계 】

- 신앙과 신학의 관계에 관한 논의는 신앙과 이성의 문제로서 스콜라 신학의 주류를 이루는 논의이다. 이성과 신앙의 조화가 스콜라의 중요한 슬로건이었다.
- 스콜라의 권위는 이성을 교회의 권위에 복종시키고, 교회의 교의들을 변증의 방법으로 독자적으로 증명하고자 하는데 있었다.
- 스콜라 신학의 가장 중요한 선구자인 안셀름의 중요성은 신앙문제에 관한 해답을 얻기 위해 이성(reason)을 적용하려 하였던 그의 욕구에서 찾아볼 수 있다.
- 안셀무스는 자신의 저서 『서언』〈프로슬로기온〉의 첫 머리에서 '하나님의 존재 증명'을 위한 자신의 태도를 다음과 같이 고백한다.

    "저는 제 마음이 믿고 사랑하는 당신의 진리를 조금이나마 이해하기를 원합니다."

그래서 저는 믿기 위해 앎(이해하려)을 추구하는 것이 아니라, 알기 (이해하기) 위하여 믿습니다. 왜냐하면 저는 또한 만일 내가 믿지 않는다면 이해할 수도 없으리라는 점도 믿기 때문입니다." 안셀무스의 이 말은 "내가 사랑하는 주님을 알고 싶어요." 하는 뜻이다. 그는 믿기 위해서 몸부림치는 사람이었다.

- 이것은 신학의 출발을 믿음에서 하는 것이다.
- 그러나 현대에 와서는 "알아야 믿지요!"에서 "알아야"에 방점이 찍혀서, 내가 믿지 않는 것은 내가 몰라서 안 믿는다고 한다. 이것은 핑계이다. 그렇다면 역으로 알면 믿겠는가 라는 질문을 한다면, 알아도 믿지 않을 것이다.
- 그것을 안셀름은 그의 서언에서 "믿지 않는다면 이해할 수도 없으리라는 점도 믿기 때문이라."고 예견을 하였다.
- 이에 대하여 아벨라드의 대조적인 논지는 '나는 믿기 위하여 안다.'이다. 이것은 초월적인 하나님은 사라지고 인간의 이성과 합리주의만 남게 된다는 면에서 신학적 자유주의로 흐를 가능성이 있다.

【 본인의 입장 】

- 본인의 입장은 안셀무스의 고백과 같은 입장이다. "내가 사랑하는 주님을 알고 싶어요."라고 교수님께서 말씀해 주실 때, 마치 '나의 고백과 같다.'라는 생각을 했었다. 이것은 우리의 삶의 긴 여정에서 저절로 나오게 되는 고백이다. 이러한 믿음의 고백 없이 이 길을 갈 수 없으며, 또 앞으로 살아갈 나의 모든 삶에서 이러한 믿음이 없다면 살아갈 힘이 없기 때문이다.
- 안다는 것은 머리로만 알 수 있다. 알면 믿게 된다는 것은 과연 가능한가?
- 사도행전 24:22을 보면 벨릭스가 '이 도에 관한 것을 더 자세히 아는 고로'라는 말씀이 있다. 벨릭스는 예수 그리스도의 도에 대해 아는 사람이었다. 그러나 그는 받아들이지 않았다. RSV, ESV, 성경에 보면 accurate knowledge of the way 라고 되어 있듯이 그는 정확하게 알았음에도 25절

에 보면 벨릭스가 두려워하여 대답하되 "지금은 가라"(행 24:25)고 하면서 바울을 보내고, 26절은 오히려 바울에게서 돈을 받을까 바라는 고로 더 자주 부른다는 기사가 나오고 있다.
- 그렇기 때문에 '안다'는 것은 '믿는 것'이 아니다. 알기 위해서 믿는 믿음이 선행될 때 성령이 임하여 은혜 가운데 하나님을 더 알게 될 것이다.

【 신학에서 이성의 역할 】

- 신학에서 이성에 대한 논쟁은 아리스토텔레스의 이론으로부터 기원된다.
- 필립 샤프의 교회사전집 제5권에 의하면 안셀무스는 이성과 순수한 신앙이 완벽한 조화를 이룬, 어지간해서는 만나기 힘든 인격자였다고 한다. 하나님을 사랑하는 것이 그의 생활의 핵심이자 신학의 중심이었다.
- 그가 사색을 하게 된 동기는 의심이 아니라 진리를 향한 열정과 하나님에 대한 헌신이었다. 안셀무스는 "믿지 않는 사람은 느끼지 못하고, 느끼지 못한 사람은 이해하지 못한다"고 말하였다.
- 이성의 역할에 있어서도 안셀무스가 고백하였듯이 '당신이 가르치시지 않으면 저는 당신을 찾을 수도 없고, 당신께서 자신을 보여 주시지 않으면 발견할 수도 없기 때문입니다. 당신을 그리워하면서 찾게 하시고, 찾으면서 그리워하게 하소서. 사랑하면서 발견하게 하시고, 발견하면서 사랑하게 하소서.' 하는 고백이 있다.
- 그리하여 우리 안에 "당신의 모상"을 창조하셨기에 감사드리나이다. 이것이 하나님을 알아갈 수 있는 이성을 허락하신 것이라고 본다. 하나님을 알 수 있는 이성도 하나님이 허락하지 않으시면 우리가 소유할 수 없기 때문이다. 추상적인 언어이지만 '이성'조차 하나님이 창조하신 인간의 의지 개념이기 때문이다.
- 믿음이 선행되어 하나님 앞에 드려질 때, 모든 것이 믿음에서 출발할 때 이성의 역할은 갈라디아서 3장의 율법의 역할과 같이 그리스도께 인도하는 초등교사가 되는 것이다.

- 믿음은 이성을 전제로 수납될 것이다. 이성이 도구가 되지 않는 믿음은 감정이 될 수 있다. 하나님으로부터 오는 계시는 말씀(로고스)을 통해 우리에게 전달되었기 때문이다. 따라서 하나님으로부터 오는 계시 즉 신앙은 믿음의 고백과 더불어 이성의 합리적 판단으로 수납할 때, 계시의 완전성이 성립될 것이다.

2	클루니 수도회 설립증서에서 제시된, 중세교회사 심창섭 190. PPT 6-61(교재 77) "(수도원장 베르노)가 세상을 버린 이후에는 이 수도사들은 하나님의 뜻에 따라 그리고 성 베네딕트 규율에 따라서 자기 종단의 임의의 한 지체를 원장(abbas)과 지도자로 선출할 전권과 윤허를 가지게 된다. 그렇게 함으로 나나 그 어떤 다른 권위(potestas)가 이의를 달며 – 양심적으로 집행한– 선출을 방해할 수 없도록 한다." 이 내용이 지닌 역사적 배경과 그 의의에 대하여 설명하시오.

- 베네딕트 수도원 개념은 그리스도를 따르기로 헌신한 사람들의 안정되고 자급자족적인 공동체였다. 그는 그 구성원들에게 사유재산을 포기하고, 금욕을 실천하며 공동체 안에 남아서 살 것을 요구하였다.
- 수도원 자체도 개혁을 필요로 하고 있었다. 수많은 수도원들이 스칸디나비아인과 헝가리인들에 의해 약탈되고 파괴되었다. 이러한 침략의 불길을 피한 수도원들은 탐욕에 찬 수도원장들과 고위 성직자의 제물이 되어 갔다.

- 서쪽 프랑크 왕국에서는 정치적 중심 권력이 무너지고 지역통치 세력들이 융기하는 가운데 교회와 수도원 재산이 거듭거듭 인정사정 없이 정치적 목적을 위해서 오용되었다. 수도원을 수호해야 할 책임을 맡았던 귀족들과 감독들은 오히려 수도원들을 사유재산화 하였다.
- 어떤 자들은 돈을 지불하거나 혹은 전임자를 살해하고 수도원장을 차지하였으며, 그후에는 수도원의 수입을 사유화했다. 베네딕트의 규율은 제대로

지켜지지 못하였으며, 진정한 수도생활을 마음속으로부터 추구하였던 이들은 무언가 급격한 변화를 간절히 바라게 되었다.

- 이러한 혼란한 상황에서 910년 아퀴텐의 공작 윌리엄 3세(William of Aquitaine)가 수도원을 설립하였다. 매우 경건한 평신도 성직임명권자였던 윌리엄은 베네딕트의 〈수도회칙〉(Rule)에 명시된 대로 자신의 수사들로 하여금 세속 군주의 간섭을 받지 않고 대수도원장을 선출할 수 있도록 하는, 당시로서는 예외적인 법령을 제정하였다. 그리고 윌리엄은 수도원장으로 베르노(Berno)를 초빙하였다. 베르노는 이미 수도원 개혁을 위한 열성으로 널리 알려진 인물이었다.
- 베르노의 요청에 따라 윌리엄은 자기가 가장 아끼던 사냥터 클루니뿐만 아니라 수도원을 유지하기 위한 토지를 "성 베드로와 성 바울"에게 바침으로써 이 새로운 공동체를 교황의 직접 감독과 보호 아래 두었다.
- 또한 이 새로운 수도원이 당시 부패했던 교황들의 손에 들어가는 것을 막기 위해, 윌리엄은 교황이 두 사람의 거룩한 사도들에게 속한 재산에 손대는 것을 명문화하여 금지시켰다. 베르노는 클루니를 지도하였다.
- 더욱이 그 대수도원은 평신도의 감독으로부터 뿐만 아니라 주교의 감독으로부터도 자유로웠다. 처음부터 이 대수도원은 오직 교황에게만 감독을 받았다.
- 클루니 대수도원은 당대의 독특한 기관이 되었고, 저명한 대수도원장들이 계속 등장함으로써 한층 더 두드러지게 되었다. 클루니 수도원은 교황의 직할을 받았으며, 대단히 후한 기부와 특권을 받아 누렸다.
- 클루니 수도원은 개혁파 베네딕투스회 수도원들의 거점이었으며, 그 수장은 수석 대수도원장이었다. 이 수도원이 교회에 여러 유력한 주교들과 세명의 교황(그레고리우스 7세, 우르바누스 2세, 파스칼리스 2세)을 배출했다. (이분들은 교회는 세상으로부터 자유로워야 한다고 해서 성직자 임명권을 놓고 왕들과 대판 싸웠다.)

- 전성기에는 이 수도원이 2천 곳이 넘는 수도원들을 감독했다. 하루의 많은 시간동안 침묵하도록 했고, 침묵 시간에는 신호로만 의사 소통을 하도록 했다. 수사들은 상급자에게 절대 복종해야 했다. 또한 가난한 사람들과 나그네들에게 환대와 자선을 후하게 시행하였다.
- 많은 수도원들은 앞을 다투어 클루니 수도원을 모방하며 지원이 되기를 원했다.
- 이로 인하여 클루니 수도원은 사회개혁에 지대한 영향을 끼쳤으며 이웃 수도원들도 이를 모방하여 지원이 되기를 원했다.
- 클루니 수도원에게는 명성과 번영이 곧 유혹과 쇠퇴의 원인이었다. 그 실패의 주된 원인은 부였다. 대수도원장 폰티우스가 기금을 물쓰듯 하다가 결국 교황에 의해 교회의 강도라는 오명을 받은 채 면직과 파문을 당했다.
- 클루니 수도원이 너무 부유하고, 너무 고상하게 살아가며, 화려한 장식품들로 교회를 치장하고, 수련 수사들의 소명 의식을 시험하지 않으며, 또 충분한 사전 교육도 없이 수련 수사들을 마구 받아들였다는 비판을 받았다.
- 이후 쇠퇴의 길을 걷던 클루니 수도원은 1789년 프랑스 대혁명으로 수도원 문을 닫았고, 한때 그토록 명성을 날리던 건물들이 폐허로 변하게 되었다.

3	중세시대 "암흑시대"란 일차적으로 암흑이란 "영적인 리더, 혹은 삶의 리더"의 역할을 하는 태양과 달이 그 빛을 잃어버린 모습을 말합니다. 우리 시대의 교회에 이러한 리더쉽을 상실케 하는 원인들과 대안을 제시하시오. 우리 시대 "암흑시대"로 만드는 것은? PPT 6-21

들어가며
- 10세기에 대한 가장 일반적인 평가는 암흑시대이다. 중세 시대를 암흑시대라고 하는데, 역사적 관점의 해석으로 본다면 인간이 눌린 게 암흑시대라고 평하기 보다는 리더가 없는 것이 암흑시대라고 볼 수 있다. ~중략~

- 삶을 살아가는 사람들, 누리는 사람들, 견디는 사람들! 우리는 어떤 사람들인가?
- 완전히 깜깜한 그 시기에서 교회가 자리를 다시 회복할 때, 그래서 리더십이 다시 세워질 때 교회에 어둠이 걷힌다. 우리 한국 교회를 어둡게 하는 것은 무엇인가?
- 목회자(성직자)에 관련된 부분이다. 리더부터, 성직자부터 바로 잡아야만 개혁이 되는 것 같다. 리더의 부유함이 문제가 될 것이고, 리더의 문제들이 교회의 문제가 되어 리더십이 제대로 서지 못하는 것 같다. (교수님 강의 중) 이하 생략

4	787년 니케아 공의회는 다음과 같이 결론을 내린다. 필립샤프 교회사 전집 4권 405. PPT 5-33 ··· 그러니까 그들이 끊임 없이 그림으로 완성 된 것을 바라보면 볼수록 거기에 침잠하는 자들과 그 원형(prototype)을 상기하고 그들을 사모함이 일깨워지고 그들에게 경의와 존경에 가득한 예(proskuneo)를 드리고 싶어지게(충동)되되, 그러나 오직 하나님의 본성에만 드려지는 우리 신앙에 걸맞은 참된 숭배(latreia)가 아니라 오히려 그 고귀하며 생명을 선사하는 십자가와 거룩한 복음서와 그 밖의 거룩한 성별된 대상들과 소제의 향과 불(초)들을 공경하려고 하는 식, 그러니까 구약의 경건한 관습이었던 것처럼 해야 한다. 이러한 공의회의 배경을 설명하고, 결정문에서 제시하는 proskuneo와 latreia를 비교 설명하고, 성상에 대한 바람직한 이해와 태도를 설명하시오. 서방교회의 입장과 더불어 그에 대한 평가를 적으시오.

- "프로스퀴네오(proskuneo)"(요 4:23)는 '절하다, 몸을 굽히다, 엎드리다, 혹은 입을 맞추다.'라는 뜻으로 '존경이나 어떤 가치를 대상에게 돌리다'는 뜻이다.

【 공의회 배경 】

- 성상 파괴에 관한 논쟁들은 황제의 선도에 의해 시작되었으며 황제들과 황후들은 비잔틴의 기독교를 거의 따로 갈라놓는 한 싸움의 중심에 있었다.
- 초대 기독교인들은 형상에 대하여 유대인의 영향하에 있었고, 이들은 전혀 어떤 그림이나 상을 만드는 법이 없었다. 유대교와 초대 기독교의 전통은 교회당이 매우 단순, 소박하고 그 안에 일체의 성상들을 두지 않는 것이 원래 모습이었다.
- 그러나 오랫동안의 갈등을 거쳐 교회당을 화려하게 꾸미고, 예배와 장식 등에 성상들을 이용하는 행위가 이미 보편화되었으므로, 당시에는 동서방 교회를 막론하고 교회당 혹은 교회에 관련된 건물 내에서 성상들이 없는 경우가 거의 드물었다.
- 따라서 초대 기독교가 우상숭배로서 회피해 왔던 현상들이 8세기경에는 이미 교회 내에서 흔히 시행되고 있었다. 즉 성상의 사용을 반대하는 이들이 오히려 기독교권의 기존질서를 파괴하고자 하는 위험한 혁신분자들로 간주되고 있었다."
- 성상 사용에 관한 질문은 예술과 예배의 관계에 관한 일반적 주제에 연결되어 있다. 성상들을 장식과 교육과 예술에 사용하는 것과, 성상을 숭배하는 것 사이에는 상당한 거리가 있었으나 중세에는 성인 숭배가 성행한 탓에 그 둘을 구별할 수 없었다.
- 그림들이 교회에 도입될 때는 예술 작품들이 아닌 신앙의 보조 수단과 대상으로서의 성격을 띠었다. 상징과 그림들이 처음에는 아주 순수한 의도로 사용되기 시작했다가 세월이 흐르면서 성상 숭배는 성인 숭배와 더불어 부

지불식간에 널리 보급되었다. 여기에 대한 세 가지 이론이 있는데 다음과 같다.

1. 성상숭배 이론

- 성상숭배는 주로 그리스 정교회의 이론으로서, 반대파는 이것을 우상숭배라고 비판했으나, 민중과 수사들과 시인들과 여성들과 황후 이레네와 테오도라의 강력한 지지를 받았고, 제7차 에큐메니컬 공의회(787년)와 교회들의 재가를 받았다.
- 이 이론은 그리스도와 성모, 성인들의 성상들을 사용하고 숭배할 권리와 의무를 주장하면서, 그것이 우상숭배라는 비난을 단호히 배격했으며, 그림들에 대한 제한된 공경과 오직 하나님께만 드려야 할 것을 구분했다(하지만 실제로는 그 구분을 무시하는 경우가 많았다).
- 성상들에 대한 공경이 그들을 나무에 묘사해 놓은 성상으로 옮겨졌다. 성상들이 끊임없이 입맞춤을 당했고, 한쪽 무릎 꿇기와 촛불켜기, 향 피우기 같은 이교의 의식들에 에워싸였다.
- 관습은 점차 변했다. 교회 장식은 점점 더 정교해졌고, 그림은 문맹자인 신자들에게 신앙을 가르치는 데 훌륭한 수단을 제공했다. 그리스도, 마리아 그리고 성자들 의상은 교회 안에서 흔한 것이 되었고, 그들 앞에서 기도하는 것은 많은 기독교인들의 경건생활의 중요한 부분이 되었다.
- 그 열정이 시적 영감을 자극하여 그리스 교회의 예배서들을 풍부하게 만들어 주었다. 성상 숭배 이론에 가해진 주된 비판의 논거는 제2계명이었다. 성상 숭배파는 이 비판을 다각도로 답변했다.
- 그들은 성상에게 바쳐지는 공경이 그들이 상징하는 원형들에게 돌아가기 때문이다. 같은 이치로, '우리가 입맞추고 그 앞에서 모자를 벗고 무릎을 꿇는 화상들에 힘입어 우리는 그리스도를 경배하고, 인격이 그리스도를 닮은 성인들을 공경하는 것이다.'라고 했다.

- 다른 한편으로, 언약궤를 감싸는 그룹들과 광야에서 만든 놋뱀을 지적하면서, 모세 시대의 예배에서 가시적 상징들이 사용되지 않았느냐고 주장했다.

2. 성상 파괴 이론

- 그러나 어떤 사람들은 여전히 그러한 형상들에 대하여 거부감을 느꼈고, 717-741년까지 통치한 이사우리아(Isauria: 소아시아 동부지방의 고대도시)의 레오(Leo) 황제는 그것들이 불경스러우므로 없애버려야 한다고 주장했다

- 이 이론을 견지한 사람들은 그리스 황제들인 레오 3세와 그의 아들 콘스탄티누스이다. 아마도 726년 황제 레오 3세(717-741), 곧 시리아 왕조의 창시자는 기독교 성상을 적대시하기 시작하였다. 한 관리가 콘스탄티노플 황제 궁의 청동으로 만든 문 옆에 있는 그리스도 상을 없애라는 명령을 받았다.

- 하지만 이 일은 '경건한 부녀자들'이 그에게 달려들어 그를 짓밟아버려서 목숨을 잃게 만들었다(PG 100, 1085C). (리터, 중세교회, 104)

- 그의 대적들은 물론 일반 대중들을 자기들의 편으로 끌어들였다. 각종 주방 용구, 빗자루, 빨래 방망이 등으로 무장한 일단의 주부들이 교회당에서 성상들을 철거하는 병사들을 타살하는 등 끔찍한 사태로 발전하였다.

- 754년 교회회의는 성상 숭배를 이교의 우상숭배로 전락한 행위이자, 영과 진리로써 오직 하나님께서만 받으셔야 할 예배의 자리에 마귀가 슬그머니 끼워넣은 것이라고 규정하고서 그것을 금했다.

- 하지만 성상 파괴는 일관된 태도를 취하지 못했다. 그들 역시 성상 숭배의 뿌리인 성인 숭배를 고수하고 있었고, 모든 종교 상징물들을 제거하는 대신에 가장 미신적으로 사용되던 십자가 상징을 그대로 남겨 놓았다.

- 이렇게 예외를 둔 데 대해서 성경이 여러 곳에서 십자가의 능력을 가르치지 않느냐는 논리로 해명하고 지나갔기 때문이다.

- 하지만 성경이 가르치는 십자가의 능력이란 그리스도께서 십자가에서 드리신 제사를 가리키는 것이지, 십자가 상징을 말하는 것이 아니다.

- 성상 파괴론의 가장 큰 약점이자 실패 원인은 그것이 지닌 부정적 성격에 있다. 이 이론은 성상 숭배에 대한 대안을 내놓지 않았다. 그것은 복음적 종교개혁의 성상 파괴론과 사뭇 달랐다. 종교개혁은 성상을 제거하고 그 자리에 하나님 말씀에서 이끌어낸 풍성한 지적, 영적 교훈을 세웠던 것이다.

【 다마스커스의 요한(John of Damascene)의 반박 】

- 레오의 대적들은 또한 신학자들과 학자들의 도움도 끌어들였다. 이 가운데 가장 유명한 인물이 다마스커스의 요한(John Damascene)이다. 그는 아랍 도시인 다마스커스에 거주하고 있었으며, 그로 인해 황제의 징벌을 피할 수 있었다. 그래서 그는 이 문제에 관해 자기가 생각하는 대로 자유롭게 의견을 제시할 수 있었다.

- 727년 〈성상수호를 위한 첫 번째 변론〉(First Oration in Defence of the Images)을, 2년 후에는 이와 대동소이한 내용의 두 번째 변론을 발표했다.

- 성상들에게 바쳐지는 신자들의 흠모는 성상 그 자체가 대상이 아니라, 성상을 통해 대표되는 원형(original)인 것이다. 또한 이러한 흠모도 성자들이나 선지자들에게 행해질 경우에는 원형들 역시 영예와 존경을 표현하는 것에 불과하며, 예배는 아니다. 예배는 오직 하나님에게만 속한 것이다.

- "이전에 하나님은 몸과 형태가 없었기에 표현될 수 없었다. 그러나 오늘날 하나님께서는 육체로 나타나셔서 사람들 속에 계셨기 때문에 보일 수 있는 하나님으로 표현될 수 있다."

3. 절충 이론

- 절충이론은 말 그대로 정당한 사용과 남용을 구분함으로써 성상 숭배와 성상 혐오 사이에 연결고리를 제시하려고 했다.

- 그림에 신성이 있다고 생각하여 그 앞에서 무릎을 꿇는 것이 아니라, 그림이 탄생이나 수난이나 위엄의 보좌에 앉으신 이를 기억하게 해주는 그리스도를 경배하려는 것이다.
- 성상에 대한 보조 수단들의 용도가 이교의 야만적 상태에서 갓 회심하여서 성경을 가지고 직접 가르칠 수 없는 사람들을 위한 것임을 환기시켰다.
- 이러한 견해는 특히 이탈리아에서 순수 미술의 발달을 자극했다.
- 반면에 종교개혁자들(칼슈타트·츠빙글리·칼빈·녹스)은 성상 파괴 이론을 다시 제기하여 질서 정연한 방식으로 교회당들에서 성상들을 제거했다.

【 결론 】

- 이 성상 파괴 논쟁(the Iconoclastic Controversy)은 황제였던 레오 3세(717-741)에 의해 주도되어, 아들 콘스탄틴 5세(Constantine V, 741-775), 손자 레오 4세(Leo IV, 775-780)에 의해 계속되었으며,
- 레오 3세가 칙령을 발하여 성상들의 사용을 금하고 그 파괴를 명하였을 때, 과연 레오가 이를 통해 개인적으로나 혹은 국가적으로 무엇을 얻고자 하였는지 분명하지 않다. 콘스탄티노플 총대 주교이던 게르마누스(Germanus, 715-730 재위)는 즉각 이에 반대했다.
- 결국 제2차 니케아 종교회의(787)에서 일단 막을 내렸다.
- 서기 787년 니케아에서 황후 이레네에 의해 소집되어 350명의 주교가 참여하였다. 레오 3세와 그의 아들 콘스탄티누스 5세에 의해 이루어진 성화상(이콘)에 대한 성상 박해를 끝내고 성상 공경의 전통을 다시 복원할 것을 결의하였다.
- 공의회는 "성화에 바치는 공경은 성화에 그려진 성인들에 대한 것이며 성화를 숭배하는 게 아니므로, 성화 공경은 절대 우상숭배가 아니다"라고 결론을 내렸다.

- 현대에 접어들어 미술이 발달하고, 기법과 시설의 발달로 그림이 대량 생산되면서 개신교 국가들에도 변화가 일어났다. 주일학교 교재들과 그 외의 신자들을 위한 서적들에 성경 역사를 소재로 한 그림들이 많이 실리고, 위대한 신앙 화가들의 걸작들이 많은 가정들을 장식하고 있다. 하지만 그런 것들이 오직 하나님께만 드려야 할 경배의 자리를 차지하는 대상이 되는 일은 다시 없어야 할 것이다.

17. 근세 및 현대교회사 과제

안인섭 교수님
『Abraham Kuyper(아브라함 카이퍼)의 사상과 삶』

1. 들어가는 말

2017년 안인섭 교수님과 함께 갔던 종교개혁 성지답사 시간이 그립다. 그 당시는 잘 몰랐지만 종교개혁사를 배우며 얼마나 소중한 장소인지를 다시 한번 느낀다.

여행 초기에 뼈를 다치시고 바로 수술하지 않으면 안되는 위험했던 시간임에도 한국으로 돌아가지 않으시고 끝까지 학생들을 붙들고 함께 다니시고, 아픔을 참아내며 이동하는 버스에서도 계속 설명해주셨다. 한국에 돌아와 병원에 가신 후에야 위험했다는 것을 아시게 되기까지 교수님의 인내는 너무나도 귀하고 숭고했다. 귀한 시간 학생들을 위해 자신을 내어놓으셨던 안인섭 교수님의 삶에서의 실천은 종교개혁자들의 삶을 그대로 우리에게 보여주셨던 시간이었다.

『아브라함 카이퍼의 생애』를 읽으며 네덜란드를 왜 꼭 가야하는 곳인지 알 것 같다. 자유와 관용의 도시, 그 가운데 왜곡과 굴절됨 없이 개혁주의 노선을 붙들었던 카이퍼의 나라, 네덜란드가 새삼스레 가슴에 와 닿는다.

여행 말미에 학생들에게 부탁하시던 안인섭 교수님의 말씀을 새겨본다.

'인생을 걸고, 생명을 걸고, 기득권을 포기하며 신앙생활을 했던 분들이 우리의 선배들이다. 자신의 인생을 걸었고, 자신의 삶을 걸었던 개혁주의의 본질의 목적은 하나님의 나라를 바라보고, 하나님의 나라의 완성을 향해 나아가는 삶이 무엇인지 알려주는 것이다. 이것이 우리의 삶의 모습으로 우리 마음에 담아야 할 것입니다.'

2. 요약

아브라함 카이퍼(Abraham Kuyper, 1837~1920)는 헤르만 바빙크와 B. B. 워필드와 더불어 세계 3대 칼빈주의 신학자라고 불리며, 혹은 제2의 칼빈이라고도 불리는 신학자이다. 1920년 아브라함 카이퍼 박사가 서거했을 때 전 세계 120개 신문들은 아브라함 카이퍼의 서거를 애도하고 제2의 칼빈이 잠들었다고 논평했으며, 그가 일생동안 하나님의 주권과 하나님의 왕권을 위해서 일했던 위대한 신학자요, 교회 개혁가요, 정치가요, 언론인이었음을 평가했다.

카이퍼는 칼빈의 신학적 교리적 체계를 대중들이 알아듣고 이해할 수 있도록 헌신의 노력을 다했으며, 그의 칼빈주의적 삶의 원리는 우리들에게 신선한 충격으로 다가온다.

본서는 제1부에서 "아브라함 카이퍼의 생애"를 다루고 있으며,

〈그림 2-9〉 아브라함 카이퍼의 생애와 사상

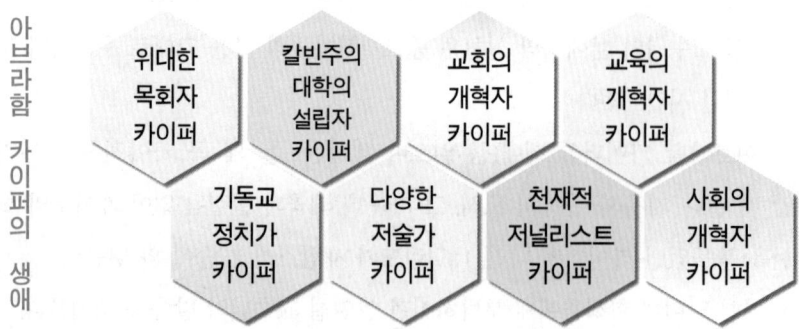

제2부에서 "아브라함 카이퍼의 사상"을 다루고 있다.

카이퍼는 불을 튀기는 대설교가였을 뿐만 아니라 '열 개의 머리와 백 개의 손을 가진 자'라는 칭송을 들었으며, 자유주의 노선에 선 국교에서 교회를 개혁하여 화란 개혁교회를 세운 교회개혁가였으며 인본주의적이고 무신론적 학문 운동의 국립대학에 대항해서 성경적이고 신본주의적인 칼빈주의 사상을 가진 뿌라야 대학(화란자유대학교)을 설립했다.(17~18)

1880년 뿌라야 대학을 개교하면서 영역주권(領域主權, Souvereiniteit in eigen King) 사상을 제창함으로써 삶의 모든 영역에 하나님의 주권을 인정하였다.

그는 모든 그리스도인들은 예수 그리스도의 십자가로 구원을 받았기 때문에 우리의 삶 전체를 하나님의 영광을 위해 살아야 하며 그의 말씀 앞에 순종의 삶을 살아야 할 것을 역설하였다. 그는 하나님 앞에서(Coram Deo) 우리의 삶 전체를 드려야 할 것을 주장하였다.(19)

3. 본론 제1부 아브라함 카이퍼의 생애

3.1. 위대한 목회자 카이퍼(44-60)

카이퍼는 라이덴 대학교에 들어가 문학과 신학을 공부하는 동안 계몽주의, 합리주의 사상에 물든 자유주의 사상의 영향을 받았다. 카이퍼는 당대의 시대적 흐름인 자유주의 신학을 자연스럽게 수용하게 되었다.

카이퍼의 첫 목회지인 베이스트 교회의 교인들은 하나님의 영광과 주권을 최우선으로 삼을 뿐만 아니라 하나님의 말씀인 성경을 절대적으로 믿고 순종하면서 살아가려는 개혁주의자들의 원형이었다. 그들은 자유주의 냄새가 풀풀나는 젊은 카이퍼 목사를 상대조차 하지 않았다. 그곳에서 여성도 발투스는 진심어린 충고와 경고로 카이퍼를 변화시켰으며, 장차 칼빈주의 신학과 신앙의 거목이 그곳에서 태어나게 되었다. 진정으로 칼빈을 가슴으로 만난 곳은 바로 이 시골교회 베이스트였다.(47-48)

마침내 카이퍼가 암스테르담 중앙교회 목사가 되었을 때 그의 설교는 성경의 본문에 충실한 설교를 하게 되었다. 그의 설교를 들으면 그가 꿈꾸던 칼빈주의적인 세계관으로 교회와 세상을 변화시키는 일에 자연스럽게 동참하게 된다. 카이퍼는 개혁교회의 역사를 심도있게 가르쳤으며, 현대주의는 자유주의 신학이라고 비판하고 분석했다.

【 카이퍼가 확신하는 신앙의 진리 】[91]

> 첫째, 교회 문제에 대한 관심은 일찍이 요한 칼빈과 요한 라스코의 교회론을 비교 연구하면서 이미 구체화되었다. 그리고 베이스트 교회에 있을 때 자기는 처음에는 자유주의자였으나 철저한 개혁주의 사람들과 만남으로 변화되었다고 했다.

---

[91] 정성구, 아브라함 카이퍼의 사상과 삶, 킹덤북스, 2010, 59.

> 둘째, 카이퍼가 교회 문제에 그토록 정열을 쏟은 것은 개인이나 교회 공동체나 가정이나 모든 국민이 교회가 교회답게 새롭게 될 것을 요구하고 있었기 때문이다.
>
> 셋째, 카이퍼가 구상하고 있는 이상적인 교회의 청사진, 그가 꿈꾸는 교회는 **말씀의 목회, 예배의 목회, 선교와 박애의 목회**였다.

카이퍼의 교회개혁은 실로 외로운 전투였으나 그의 가슴은 세상이 감당할 수 없는 신앙과 열정으로 충만해 있었으며 그는 위대한 설교자였고 스승이었고, 영혼의 문제를 터놓고 이야기할 수 있는 상담목사로서, 행정목사로서 자리매김을 했다.

3.2. 칼빈주의 대학의 설립자 카이퍼(61-78)

자유대학교는 카이퍼 박사가 세운 대학이다. 카이퍼 자신이 평생 꿈꾸어 왔던 **하나님의 영광과 주권을 삶의 전 영역에 증거하려는 열매**가 실현된 셈이다.(61)

그는 그 당시의 시대적 배경인 계몽주의나 합리주의 사상의 배경에서 인본주의 교육에 대항하면서 하나님 중심의 세계관을 가지고 자유롭게 교육할 수 있는 대학을 만들고자 했다. 자유주의 사상을 가진 입법부 사람들이 자격 요건을 까다롭게 만들어 대학 설립을 포기할 수밖에 없도록 했으며 원천봉쇄하려고 했다. 그는 입법을 위해 투쟁하던 중 심한 스트레스를 받아 신경쇠약에 걸리기도 하였으나 칼빈주의적 세계만이 어두움의 세계를 밝혀주고 하나님께 더 가까이 나아가게 할 수 있다고 생각했다. 카이퍼는 하나님의 주권이 삶의 전 영역에 확고히 자리매김하는 것을 원했다. 카이퍼는 **칼빈주의적 세계관**이 교육 목표였으며, **교리적 기초는 하이델베르크 신조, 벨직 신앙고백, 그리고 도르트 신경** 등이었다.

카이퍼는 1880년 10월 20일 자유대학교 개교식에서 했던 총장 취임 연설에서 "영역주권사상(領域主權, Souvereiniteit in eigen Kring)"을 선포했다. 이 세상에는 그리스도께서 이 땅이 내 것이 아니라고 말할 수 없는 땅은 한 치도 없다고 함으로써 그리스도의 왕권을 확실히 선포한 것이다.

카이퍼의 뒤를 이어 바빙크도 카이퍼의 부름을 받아 자유대학교의 교수로서 일생을 보냈으며, 그 뒤를 이어, 도예베르트 박사 등 카이퍼의 수많은 계승자들이 나타나게 되었다.

3.3. 교회의 개혁자 카이퍼(79-112)

16세기 요한 칼빈은 종교개혁자로서 교회의 개혁자였다. 칼빈이 교회 개혁을 한 것은 로마가톨릭 교회가 성경적 교회가 아니었기 때문이다. 이와 같이 카이퍼는 19세기 말, 당시 국가교회를 보면서 칼빈 시대와 흡사하다는 생각을 했다. 그에게 있어서 교회의 개혁은 피할 수 없는 과제이자 소명이기도 했다.

카이퍼가 주장했던 칼빈주의 사상은 인간의 전적부패를 믿고 하나님의 주권을 내세웠다. 이런 사상이 삶의 전 영역에 구체화되고 실현되어야 한다고 믿었다.(83)

당시 현대주의 사상들은 강단에서 공공연히 설교되어지고 있었고, 결국 기독교는 인본주의적인 종교가 되어버렸다. 카이퍼는 이러한 자유주의자들과 끊임없이 도전하고 싸웠다. 이는 미국의 그레샴 메이첸 박사가 『기독교와 자유주의』라는 책에서 자유주의는 기독교가 아니라고 주장한 것과 같다.[92]

1886년 화란 국가교회는 개혁교회와 분열되었다. 화란 사람들은 이를 **슬픔**(Doleantie) 또는 **슬픔의 교회**(Doleantie Kerk)라고 말한다. 자유주의 목회자들이 총회를 등에 업고 신앙의 자유를 부르짖자 자유주의자들의 공격으로 화란 국가교회도 동조해 버린다. 여기에 카이퍼와 그의 동료들은 총회와 자유주의 목회자들을 탄핵하고 불법을 소원했으나 총회는 도리어 자유주의

---

92 정성구, 아브라함 카이퍼의 사상과 삶, 85.

목사들을 두둔하고 카이퍼와 그의 일행들을 조사하기로 하고 압박을 가하며 80명의 개혁주의자들을 면직시켰다. 여기에 카이퍼를 비롯한 자유대학교 모든 교수들이 포함되어 있었다.

교권과 정권이 야합해서 성경적인 진리를 지키려는 사람들을 무참히 짓밟았다. 곳곳마다 난제들이 있었다. 직격탄을 맞은 것은 자유대학교였다. 하지만 카이퍼는 이런 상황 가운데 국가교회와 정치 지도자들에게 정면 대결했다. 그에게는 물리적 폭력과 암살의 위험도 있었다. 방탄복을 입은 경찰관으로 하여금 그를 보호하도록 하겠다는 제안에 카이퍼는 이를 거절했다. '나의 생명은 하나님의 손 안에 있습니다.'라고 했다.(99) 1886년 카이퍼는 화란 개혁교회를 탄생시켰다.

3.4. 교육의 개혁자 카이퍼(101-112)

아브라함 카이퍼는 교육의 개혁자이다. 그의 주장에 의하면 하나님이 영광과 주권을 높이기 위해서는 개인의 신앙만 중요한 것이 아니라 사회의 구조나 정치의 구조, 교육의 구조까지도 바꾸어야 한다는 것이다.(101)

【 카이퍼의 영향으로 말미암아 이루어진 칼빈주의 교육의 특색과 원리 】

첫째, 칼빈주의 교육 사상은 이원론을 거부한다. 즉 "은혜"와 "자연" 혹은 "영적 영역", 또는 "교회와 세상"을 완전히 둘로 나누어 버리는 이원론적 세계관을 거부한다.

둘째, 칼빈주의 교육 이념은 청지기로서의 인간의 소명을 강조한다.
  칼빈주의 교육은 하나님께서 주신 문화 건설의 소명을 강조한다.

셋째, 칼빈주의 교육 원리는 하나님 중심 사상이다.
  하나님이 없으면 만물이 존재하지 않으므로 칼빈주의 교육의 출발점은 창조주 하나님께 대한 신앙 회복이다.

> 넷째, 칼빈주의 교육 원리는 인간 존재에 대한 바른 대답이다. 인간의 내부는 "종교적 자아"와 "종교의 씨앗"이 있다. 이것이 기독교 교육의 전제가 된다.

3.5. 기독교 정치가·저술가 카이퍼(113-161)

그는 그리스도인이 예수 그리스도의 피 공로로 구원을 받았다면 삶의 전 영역에 하나님의 왕권을 세우고 하나님께 영광을 돌리기 위해서 세상을 변화시켜야 하고 잘못된 제도를 바꾸어야 한다고 생각했다. 그 구조적 틀 곧 시스템을 바꾸기 위해서는 기독교인의 정치 참여는 필수적이라고 생각했다. 그래서 그는 반혁명당의 당수가 되었고 하원의원, 상원의원 그리고 내무장관, 수상의 자리에 올랐고, 당권을 장악했을 뿐 아니라 불법 파업을 잠재우고 교육법을 고치고, 기독교 민주정치의 뿌리를 내리게 했다.

카이퍼가 주장하는 칼빈주의적 정치(Calvinistische Politiek)는 바로 칼빈주의적 세계관(Calvinistische Wereldbeschouwing)을 갖고 정치한다는 뜻이다. 카이퍼가 비록 정당의 당수, 하원의원, 상원의원, 수상으로 살았지만 그의 가슴은 항상 하나님 중심의 사상으로 불타고 있었다.

【카이퍼가 제시한 성경만이 신앙과 생활의 유일한 법칙이라는 반혁명의 원리】 (132-135)

첫째	둘째
정치를 개혁하고 민족적 양심을 가지고 독재와 맞서 싸우려면 개혁주의 신앙에 확고히 서 있어야 한다.	반혁명의 원리는 궁극적으로 주권은 하나님께만 속해 있다는 사실을 선포한다.

셋째	넷째	다섯째
반혁명의 원리는 정치적 영역에서까지도 하나님의 말씀을 영원 불변의 진리로 고백한다.	제도적 종교에 대한 형평성을 언급했다. 즉 국가와 교회는 서로 구별되어야 할 것을 말했다.	주일과 사법적 서약이다. 주일 성수 자유를 위하여 법정에서 사법적 서약들을 사용할 수 있는 권리이다.

카이퍼는 철저한 칼빈주의자이며 칼빈 이후 최대의 칼빈주의자로 불리면서 삶의 전 영역에 하나님의 주권을 부르짖었다.(153) 그는 프로테스탄트적 기독교 민주주의자였으며 칼빈의 신학을 보다 구체적으로 삶의 현장으로 끌고 와서 대중화하고 실제화함으로써 하나님께 영광을 돌린 위대한 정치가였다.

이밖에도 카이퍼는 다양한 저술가(162-173)로, 천재적 저널리스트(174-187)였다. 그는 다방면에 타고난 천재였으며 수사학(Rhetoric)을 깊게 연구했다. 그는 독서광이었으며 타고난 저널리스트로서 기독교 주간지인 De Heraut지의 발행인 겸 편집주간이었으며, De Standaard지의 편집인과 주필이었다.

사회의 개혁자였던 카이퍼는 칼빈주의적 신학자이고 정치가였다. 동시에 그는 사회를 개혁한 사회개혁자였다. 그가 사회개혁자가 된 이유는 삶의 전 영역에 하나님의 주권이 미치지 않는 곳이 없다고 생각했기 때문이다. 카이퍼는 사회개혁자였지만 사회주의 운동은 거부했다. 국가의 책임은 가난한 자를 돕는데 있는데 이런 원리도 십계명에서 찾았다. 당시 유럽이 화란의 합리주의 사상, 현대주의 사상이 판을 치고 있을 때 진실로 영적인 변화없는 사람들의 변화와 사회 제도의 개혁은 불가능하다고 인식했기 때문이다. 사회 변화가 먼저냐 인간의 영적인 것이 먼저냐라고 할 때 카이퍼는 영적인 것이 우선되어야 한다고 생각했다.(188-200)

4. 본론 제2부 아브라함 카이퍼의 사상

4.1. 카이퍼의 설교론 불꽃 같은 설교자

카이퍼의 설교는 하나님의 영광과 주권을 최우선으로 하며, 칼빈주의적 세계관을 끝내 관찰시키려고 노력하였다. 그는 활화산 같은 설교자였다. 카이퍼는 설교할 때 '성경의 상징적인 것이나 교훈적인 것에만 매달려서는 안 되며, 성경 전체에 흐르는 하나님의 위대한 구속사의 흐름을 관찰해야 한다.'고 주장했다. 하나님의 언약과 이스라엘을 위한 구속의 사역은 결국은 예수 그리스도를 향해 있다. 하나님은 그의 능력의 손길로 역사를 주관하시며 섭리하신다. 그러므로 하나님의 말씀을 섬기며 설교한다는 것은 하나님의 위대한 구속사를 분명하게 드러내는 사역이다.

성경과 설교의 관계를 말할 때, 그는 예수 그리스도가 성경 계시의 핵심이므로, 항상 성경을 그리스도 중심으로 살펴야 한다고 역설했다.(205)

카이퍼는 19세기 교회가 철저히 자유주의 사상으로 세속화 되었을 때, 하나님의 영광과 주권을 힘있게 외쳤다. 그는 단순히 예수 믿고 구원 얻는 것만을 전한 것이 아니라 <u>구원받은 그리스도인은 마땅히 세상을 변화시키고 궁극적으로 하나님의 나라 건설에 이바지해야 한다</u>고 했다.(224)[93]

4.2. 카이퍼의 영역주권(259-273)

'영역주권'이란 말은 아브라함 카이퍼의 사상의 핵심이다. 카이퍼가 주장한 영역주권은 칼빈주의 사상을 이해하는데 지름길이기도 하다. 카이퍼는 하나님이 주권자이고 국가도 교회도 하나님의 도구이며 모든 삶의 영역에는 하나님이 주권을 가진다고 주장하였다. 하나님은 인간의 삶의 영역에 간섭하시고 통치하시고 주관하신다는 것이다.

'영역주권'이란 하나님을 절대주권자로 보고 하나님이 모든 영역에서 주인이 되는 것을 선포하는 것이다. 결국 영역주권사상은 국가, 교회, 정치, 경제, 문화, 예술, 교육, 학문 등의 모든 영역을 <u>예수 그리스도를 머리로 하여서만 존재하고 그에게 소속되어 있음으로</u>, 각 영역은 다른 영역의 권리나 자유를

---

[93] 카이퍼의 교회론(226-237), 카이퍼의 성령론(238-258) '카이퍼는 성경이 성령의 사역으로 쓰여졌다고 믿었으며 성령의 사역이 설교자들과 함께하신다고 했다.' 이하 생략.

간섭 또는 침해하지 아니하고 자주적으로 존재해야 한다는 것이다. 그리고 삶의 모든 분야에서 주권을 가지고 하나님의 영광을 위하도록 하는 것이 카이퍼의 사상이다.(271-272)

4.3. 카이퍼의 칼빈주의적 기독교 세계관

기독교 세계관은 달리 말해서 칼빈주의이다. 카이퍼는 종교적 부패와 혼합주의를 통탄하면서 <u>종교다원주의는 불가하다고</u> 했다.
카이퍼의 칼빈주의적 세계관은

첫째, 세계관은 전 포괄적으로 모든 실제(Inclusive of all-embracing view of realities)를 보는 눈이다. 다시 말하면 세계관은 하나님, 인간, 세계를 포괄적으로 보는 눈이다.
둘째, 세계관은 그 판단 기준과 잣대가 처음과 나중이 꼭 같아야 한다. 하나님을 만유와 만사의 근원으로, 그는 창조주이시고 구속주이시며 심판주란 확고한 하나님 중심 사상으로 인생과 역사와 우주와 사회를 보는 시각이다.(274-300)

4.4. 카이퍼의 하나님 중심의 신학

카이퍼의 신학의 핵심은 언제나 '<u>삼위일체 하나님께 초점을 맞추고</u>' 있다. 카이퍼는 하나님의 자기 계시가 기독교 신학의 원리라고 주장했다. 성경이 하나님의 말씀이며, 종교개혁자들의 기본 틀인 **오직 성경**(Sola Scriptura)을 통해서만 구원에 이르는 원리를 확실하게 알 수 있다고 주장했다. 카이퍼의 **하나님 중심 사상**은 칼빈의 사상과 일치하며, <u>범신론과 진화론을 거절하고</u>, 삼위일체론의 신본주의자로서 요한 칼빈 이후 신본주의 신학 체계를 일깨우고 성경으로 돌아갈 것을 강력하게 외쳤다.(301-313)

4.5. 카이퍼의 구원론·특별은총론

카이퍼에게 있어서 구원은 하나님의 단독사역이다. 그는 구원이 전적으로 하나님의 역사라고 단정했다.(315) 카이퍼는 개혁주의 신학의 핵심이 '오직 은혜'(Sola Gratia)로 구원얻는 진리를 확고히 붙잡았다.(317) 카이퍼의 구원관이나 죄에 대한 입장은 신본주의적 입장이다.

우리는 흔히 카이퍼를 일반은총의 창시자로 알고 있다. 그러나 그는 철저한 특별은총의 옹호자였다. 카이퍼는 예수 그리스도의 고난과 죽음과 부활을 믿게 된 것이 하나님의 특별한 은총이라는 것이다. 카이퍼는 성경만이 우리의 신학과 신앙의 근거이며 성경은 일점일획도 잘못됨이 없는 영감된 말씀이라는 것이다.(331)

카이퍼는 하나님의 특별은총이 필요한 것은 **인간의 전적인 무능** 때문이라고 했다. 카이퍼는 특별은총의 이유로 우리를 구원하신 구속주의 인격에서 찾는다. 예수 그리스도의 주권적인 은총이 아니고서는 누구든지 예수를 주라고 시인할 수 없다. 그러므로 그리스도의 구속사역은 하나님의 은혜에서 출발한다. **특별은총은 말로 다할 수 없는 하나님의 자비이다.** 카이퍼는 특별은총 없이는 일반은총은 아무 소용이 없을 것이라고 말하며 카이퍼의 특별은총은 역사적 칼빈주의 신학에 확고히 섰을 뿐 아니라 거져 주시는 은총의 교리를 복원했다고 볼 수 있다.(339)

4.6. 카이퍼의 일반은총론과 문화

일반은총과 특별은총은 두 개의 거대한 톱니바퀴가 맞물려 돌아가는 것과 같다.

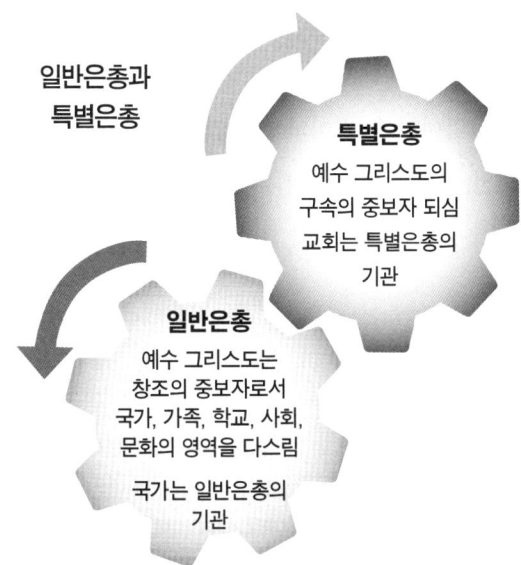

일반은총과 특별은총

카이퍼는 일반은총에 관하여 체계적인 신학을 세웠다. **일반은총은 특별은총에 대한 그의 신념과 이해를 쓸모없게 하거나 위태롭게 하지 않았다.**

- 카이퍼의 주장에 의하면, 하나님께서는 불신자들에게까지 호의를 베푸신다는 것이다.

일반은총은 이 세상에 사는 악한 자나 선한 자나 할 것 없이 즉 구원 문제와 상관없이 하나님께서 모든 사람들에게 주어지는 호의라고 할 수 있다.

4.7. 카이퍼의 선교론

〈그림 2-10〉 카이퍼의 선교론

카이퍼의 선교 신학의 기초를 놓았으며 칼빈주의 선교의 이론을 명백히 세웠다.

카이퍼의 선교론에 의하면, '선교 사역은 하나님의 주권적 사역이다.'라고 말하였다. (355-362)

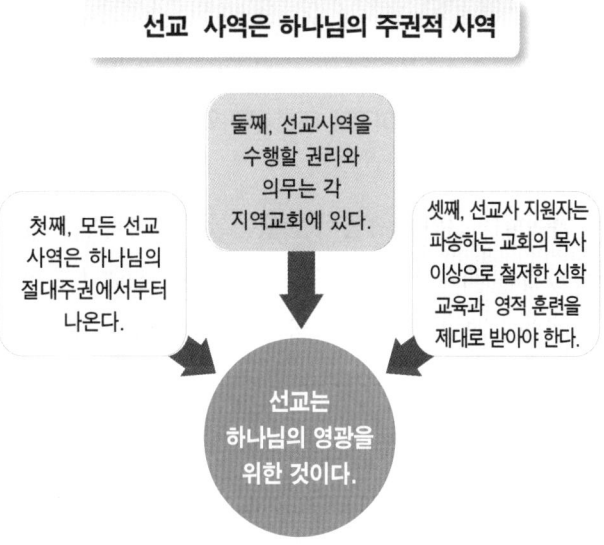

4.8. 카이퍼의 경건론

카이퍼는 경건한 하나님의 사람이었다. 카이퍼에게 있어 경건의 의미는 그의 멘토인 칼빈의 경건을 먼저 생각해 보는 것이 좋은데, 칼빈에 비해 경건의 의미가 진취적이며 적극적이다. 카이퍼에게 경건이란 하나님의 일을 하는 것이다.[94]

〈그림 2-11〉 카이퍼의 경건론

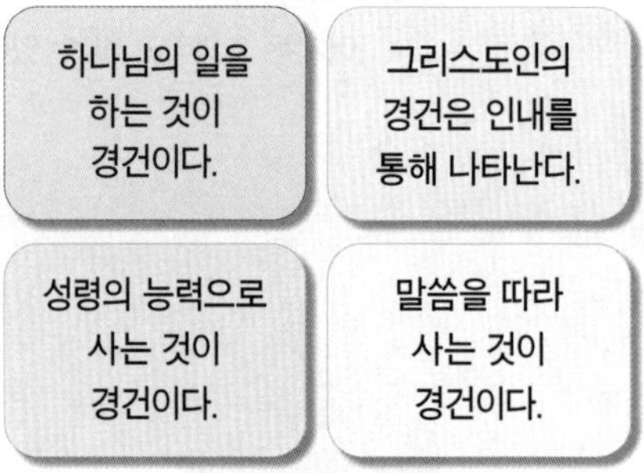

하나님의 일을 하는 것이 경건이다.	그리스도인의 경건은 인내를 통해 나타난다.
성령의 능력으로 사는 것이 경건이다.	말씀을 따라 사는 것이 경건이다.

경건은 하나님께 전적으로 맡기고 하나님의 뜻을 따라 일하는 것이다.
- 카이퍼가 말한 경건의 훈련 또는 경건의 의는 하나님 앞에서 (Coram Deo) 산다는 것이다.

우리는 연약하지만 하나님이 구속주이심을 믿고, 성령의 능력으로, 그리스도의 십자가로, 하나님의 말씀으로 끝까지 싸워서 승리를 쟁취하는 것이 경건의 삶이다.

4.9. 아브라함 카이퍼에 대한 평가와 결론

카이퍼는 그의 적수들이 말했던 것처럼 냉랭한 가슴에 불을 지르는 사람이다. 그는 세속적인 인본주의와 대결하기 위해서 문서 운동을 전개하고 정권 창출도 했다. 그는 '복음이냐 혁명이냐?'라는 물음에 오직 '복음'만이 문제 해결의 열쇠라고 힘있게 주장했다.(376)

---

[94] A. Kuyper, *The Practice of Godliness*(Grand Rapids; Eerdmans, 1948) 12. 재인용, 정성구, 아브라함 카이퍼의 사상과 삶, 364-365.

카이퍼는 미래를 내다볼 줄 아는 위대한 칼빈주의 학자이다. 그러면서 카이퍼가 던진 영역주권 사상과 삶의 전 영역에 하나님의 영광과 주권을 높이고, 칼빈주의의 신학과 신앙을 삶에 실천하고자 했던 그의 헌신은, 그를 본받아 세상에서 소금과 빛이 되어야 할 것이라고 우리를 초청하고 있다.(375-379)

5. 자신의 목회에 적용

카이퍼의 의도한 칼빈주의는 그가 1880년 10월 20일 네덜란드의 중심부 암스테르담의 새 교회(De Nieuwe Kerk)에서 전했던 자유대학교 개교 연설에서 확연하게 드러난다.

> "우리 인간 삶의 모든 영역에서 만유의 주재이신 그리스도께서 나의 것이다!"라고 외치지 않는 영역은 한 치도 없다."[95]

카이퍼의 이 선언은 그의 뼛속 깊이 뿌리박힌 사상이다. 그리스도의 통치가 구체적으로 실현되어야 하는 우리의 목회 현장에서 하나님의 영광과 주권을 구현시키려는 카이퍼의 사상과 주장은 철저히 본받으며 지켜야 한다. 이러한 삶을 우리의 목회에 적용시키려면 얼마나 많은 희생이 따라야 하는가? 그럼에도 나의 삶을 이렇게 드리고 싶은 마음이 간절하다. 본서를 읽어 내려가면서 철저한 카이퍼의 개혁주의 노선은 너무 귀하고 좋았다. 개혁주의

---

[95] "Mijn!" J. Stellingwerff, *Kuyper en de VU*, (Lampen; Kok, 1987), 114. *De Stnadarrd*, 자유대학교 개교는 10월 19일-21일까지의 3일간의 축제로 진행되었는데, 카이퍼는 20일 수요일에 네덜란드의 장관, 암스테르담의 시장 및 국가 고위 관리들과 자유대학교 개교를 위해 헌신했던 동료 교수들, 재정적으로 지원을 아끼지 않았던 동지들, 그리고 무엇보다도 평범한 신앙의 동지들인 민초들에게 자유대학교가 기초한 개혁파의 원리인 '영역주권'을 자신의 특유한 수사학적 표현으로 개교 연설을 전달하였다. 이 개교 연설문은 곧바로 출간되어 전국에 소개되었다. 재인용, 이상웅, 아브라함 카이퍼를 만나다, 종교개혁 500주년 기념 총신 교의학회 강좌, 2017.

라 하면서도 미묘하게 5% 옆으로 비껴가는 목회 현실과, 강단에서의 선포는 얼마나 사이비한 것이 많은가!

카이퍼가 '**자유주의는 기독교가 아니다.**'라고 선언하듯이, '**유사한 개혁주의는 개혁주의가 아닙니다.**'라고 온 세상에 외치고 싶다.

강단에서 선포되는 말씀 가운데 예수 그리스도가 빠지고 인간의 기교만 난무한 세상이 되었다. 퍼포먼스와 이벤트성 행사만 가득한 세상이 되었고, 윤리만 가르치는 강단이 되었고, 말씀대로 행하지 않는 목회자가 얼마나 많은가?

카이퍼 박사님이 만난 예수 그리스도가 정말이고 진짜라는 생각을 하면서 그분의 귀한 믿음의 고백이 그분의 삶 전체를 이끌어가고, 또 그렇게 살도록 인도하신 예수님의 흔적을 보는 듯했다.

본서를 읽으면서 나는 어떤 목회를 할 것인지, 목회에 어떻게 적용해야 할지를 다음과 같이 요약하였다.

1. 나는 **하나님의 영광과 주권을 구현시키는 목회**를 할 것이다. 카이퍼 박사님이 평생동안 붙들고 있었던 십자가를 기억하며 나의 목회는 **십자가를 선포하는 목회**가 되게 할 것이다. 나는 이것이 목회의 본질이라고 확신한다.
2. 나는 예수 그리스도의 십자가의 능력이 말씀의 능력으로 임하는 것을 체험하면서 **성령의 거룩하심에 의지하는 목회**를 할 것이다. 이것이 나의 메시지의 중심이 되고 싶다. 예수의 이름의 능력이 어떠한 것인지를 체험하며 하나님이 우리를 얼마나 사랑하시기에 예수님을 십자가에 못박히게 하셨는지를 전하는 목회를 하고 싶다.

> 3. 카이퍼는 "칼빈주의에서 내 마음은 안식을 발견했다"[96]고 고백하였다. 이것이 나의 목회 적용의 기저가 될 것이다. 왜냐하면 칼빈주의는 성경에 기초하기 때문이다.
> 4. 나는 **삶의 예배로 나아가는 목회**를 하고 싶다. 칼빈주의는 삶의 체계이기 때문이다. 비록 때때로 실패하며 삶의 실천이 제대로 되지 않을 때도 있겠지만 나의 삶의 남은 시간들은 칼빈과 카이퍼 박사님, 그리고 믿음의 교부들과 사도들이 걸었던 그 길을 따라 순종하고 섬기며 살아가고 싶다.

『아브라함 카이퍼의 사상과 삶』 책을 읽으며, 말씀에 더욱 철저히 순종하고 실천하는 삶을 살겠노라고 다짐하게 된다. 젊은 시간을 방황하며 '하나님이 살아 계시면 왜 나에게 이런 일이 있냐'고 불순종하던 많은 시간들 속에 주님은 나를 용서하시며 얼마나 많은 시간을 기다려 주셨을까 생각하면 주님을 아프게 해드린 시간만큼 더욱 순종하고 싶은 마음이 간절해진다.

~ 중략 ~

---

[96] Kuyper, *Het Calvinisme*, 33; "Dáárin heeft mijn hart rust gevonden.(내 마음은 평화를 찾았다.)" 카이퍼의 심정에서 나온 허심탄회한 이 고백 이면에는 아우구스티누스의 유명한 고백이 자리하고 있는 걸로 판단되어진다("…quia fecisti nos ad te et inquietum est cor nostrum, donec requiescat in te. —당신은 우리가 당신을 향해서 살도록 창조하셨으므로 우리 마음이 당신 안에서 안식을 얻을 때까지는 안식할 수가 없습니다.—", 네이버 블로그 번역 인용, Augustinus, Confessiones, 1.1). 재인용, 이상웅, 아브라함 카이퍼를 만나다, 종교개혁 500주년 기념 총신 교의학회 강좌, 2017, 이상웅, 제4강 삶의 체계로서 칼빈주의: 아브라함 카이퍼의『칼빈주의 강연』에 대한 분석적 고찰, 84.

18. 선교학 과제

김성태 교수님
『현대 선교학 총론』

1. 내용 요약

선교는 교회 사명 중의 하나이다. 선교는 분명히 구약과 신약에 소개되어 있다. 개인적인 생각으로 볼 때 선교의 시작은 하나님께서 예수 그리스도를 이 땅에 보내신 것이 선교의 시작이라고 볼 수 있다. 과거의 전도의 개념은 개인 구원에 중점을 두었다면, 2차 대전 이후 에큐메니칼 운동의 등장으로 인하여 선교가 인간화, 해방화 등의 사회구원으로 대치되었다. 이러한 급진적인 선교 사상과 반대로 복음주의적인 선교는 복음을 듣지 못한 자들(unreached people)에게 전도하는 것을 강조하고 있다. 이 책은 선교의 성경적 기초에 대한 주제를 다루면서 개혁주의(복음주의) 입장에서 선교 이론을 소개하고 있다.

○ 구약의 선교론은 해외로 선교사를 파송하는 직접적인 선교 활동은 없으나 하나님께서 온 세계 민족 중에서 그의 백성을 불러 모으신다는 사실은 창세기로부터 말라기까지 나타난다. 이것이 구약 선교의 뿌리이다. **출애굽을 통하여 하나님께서 이스라엘을 자기 백성으로부터 부**

르신 것은 구약에 나타난 선교의 절정이다.

○ 신약의 선교론은 신약성경 자체가 구원의 복음을 온 세상에 알리는 선교의 책이다. **예수의 생애와 교훈 및 활동은 처음부터 끝까지 세계 선교이다.** 복음서는 이방인들이 자발적으로 예수에게로 나아오는 것을 말함과 동시에 예수께서 이방인에게 나아가는 원심적 선교(centrifugal)를 말한다. '이스라엘의 잃은 양'이라는 개념은 계약신학의 관점에서 해석할 수 있으며 이것이 하나님의 선교이다. 또한 신약에서의 '대사명에 대한 복종'이라는 의무도 선교의 동기이다.

○ 『교회와 선교』에 있어서 선교의 목적 가운데 가장 중요한 것은 '교회'이다. 사도들이 복음을 전하게 된 궁극적인 목적은 회심과 교회 설립이며, 세워진 교회가 주 안에서 바로 서는 데 있다. 여기에서 교회와 선교의 개념이 등장한다.

○ 〈선교는 교회에 속하며, 선교회는 교회에 속하여 교회의 지도와 통제〉를 받아야 한다. 선교는 본질적으로 하나님의 사역이지만 사람을 수단으로 사용한다.

○ 선교가 타문화의 사람들에게 복음을 전하는 것이라는 관점에서 『토착화 문제』가 발생한다. 토착화에 대한 성경의 원리는 거부와 수용의 태도가 함께 요구됨을 알 수 있다. 총괄하여 볼 때 선교 개념과 전략 등 선교의 기본 원리는 성경에서 배워야 한다. **성경은 신학의 교과서일 뿐만 아니라 선교의 교과서**이기 때문이다.

2. 평가

2.1. 강점(장점)

○ 이 책을 대하며 80년대 아세아연합신학원 M.A. Healing Ministry를 다닐 때 뵙던 전호진 박사님, 전재옥 박사님을 떠올리게 했다. 그로부터 36년이 흐른 지금, 전호진 박사님의 선교학 책을 읽으며, 감회가 새로웠다. 전호진 박사님의 선교학 책을 접하며 30년이 지난 현재도 복음주의 선교는 진리이고, 그 진리를 그 당시에 이렇게 천명(天鳴)하셨다는 것이 참으로 귀한 것임을 느낀다.

○ 본서에서 성경을 인용하여 선교가 복음주의에 기반한다는 사실을 읽어내려가며 이것은 시대가 아무리 변해도 진리임에 틀림없다는 것을 깨닫는다

○ 본서는 신약과 구약에서 선교의 예를 하나하나 들었다. 그 중에도 출**애굽이 '하나님의 선교의 클라이막스'**라는 사실은 너무 놀라왔다. 선교의 개념과 정의에서

첫째, 선교는 하나님을 영화롭게 하는 것이다.
둘째, 선교는 영원한 구속을 주는 것이다.
셋째, 선교는 악한 마귀를 내쫓는 것이다.
넷째, 선교는 그리스도의 재림을 준비하는 것이다.[97]

이와 같이 **선교를 구속사의 관점**에서 파악한 것은 본서의 의도와 맥을 같이 한다.

---

[97] 채은수, 선교학 총론, 총신출판사, 1998. 59-60.

○ 선교학의 고전과도 같은 이 책이 있었기 때문에 우리나라 복음주의 선교학의 디딤돌로서 자리매김을 하여 다른 많은 서적들이 출간하게 되지 않았을까 생각한다.

○ 80년대를 흔들어 놓았던 시대적 상황에 대하여 본서는 '에큐메니칼 운동'을 말하고 있는 반면, 다른 책에서는 이러한 문제를 취급하고 있지 않다. 에큐메니칼 운동이 당시에는 적그리스도와 같이 대적하는 무리들의 집단으로 여겨졌음에도 지금 현대의 사회는 포스트모더니즘(Postmodernism)으로 분장하여 나타난 채, 교회도 그 조류에 휩쓸려, 거부감도 느끼지 않은 채 거대한 물줄기를 즐기고 가면서도 무엇인지 분별 못하고 있다. 포스트모더니즘의 기원이 에큐메니칼 운동이 아니었을까 생각하면 현재의 교회의 상황에 대한 경종을 울리는 내용이 이와 같은 고서(古書) 속에 녹아 있음을 깨닫는다.

○ 선교지에서 **우리 선교사들 간의 상호 협력과 연합의 결여는 '파송하는 교회 자체의 문제점 때문이다.'**[98]라는 분석도 필자의 현명한 판단이다. '우리는 이것을 교회의 다양화로 동일시 할 수 없다.'는 지적에 동감한다.

○ 30여년 전에 선교학을 배우고 선교사로 나가기 위해 헌신했던 시간이 주마등 같이 지나간다. 많은 시간이 흘렀다. 이 책을 읽으며 그동안 나는 무엇을 했을까? 아세아연합신학대학원 의료선교학과에서 함께 공부했던 동료도 네팔에 선교사로 헌신했다. 젊음을 함께 나누던 주변에 많은 사람들이 선교사로 헌신했다.

---

[98] 전호진, 선교학, 개혁주의신행협회, 1993. 112.

본서를 읽으며 마음이 아려오기도 하고, 지나가버린 세월이 아픔이 되어 나의 가슴 한 켠을 지나치듯 회한을 느끼게도 한다. 세월을 다 지나온 지금, 마치 거울 앞에 선 누이 같은 심정으로 선교를 바라보며, 우리가 뜨거웠던 젊음의 시간들과 대조적으로 지금 현재 젊은이들에게는 그렇게 다가오지 않음이 안타깝다는 생각이 교차한다.

2.2. 단점(약점)

○ 고전과 같은 귀한 책이지만 출간 후 오랜 시간을 지나면서 **시대를 반영하지 못하고 있는 점**이 아쉽다. 몇 가지 요약하면 다음과 같다.

- 첫째, 전호진 박사님이 번역한 바빙크의 책은 선교의 방법에 있어서 실제적으로 일어나는 문제에 대하여 넓은 의미의 접근과 케리그마적 접근의 방법을 도입한다. 예를 들면 허드슨 테일러는 중국 선교활동에 있어서 중국옷을 입고 가능한 중국관습을 따랐다. 그러나 선교사가 자신의 문화를 버리고 그 사람들처럼 되면 영적으로 도덕적으로 새로운 환경 속에 점차 빠져 들어감으로써 자신의 소명을 완수할 능력을 잃어버릴 가능성도 있다는 것이다. 그러나 **분명한 것은 선교사는 가능한 많은 사람들을 구원하기 위해서 어느 정도까지는 자신의 자유를 포기하고 새로운 봉사에 묶여져야 한다는 것이다.**[99]
- 둘째, 아시아, 아프리카, 라틴 아메리카 교회들에 관한 연구나, 앞선 지역을 포함한 카리브해와 태평양 군도에 있어서 에큐메니칼 조직화에 관한 연구, 흑인 신학 등에 관한 연구에 대하여는 요하네스 베르카일(J. Verkuyl)『*Contemporary Missiology an Introduction*, 현대 선교신학 개론』의 책이 뛰어나다.

---

[99] Bavinck, Herman, 전호진 옮김, 선교학개론, 성광문화사, 2007, 112-113, 119.

베르카일의 책은 선교의 방법들에 관하여 실제적이고 구체적인 방법론을 제시한다. 일차적으로 신학교육, 성경 번역과 배포, 전자 매체 이용을 통하여 복음의 확산을 들 수 있고, 더 나아가 사회, 의료사업 및 구제사업을 논하고 있다.

베르카일은 개혁주의 입장에서 선교학을 다루고 있으면서 전 세계 6대륙 전체의 교회의 동향, 선교의 동향, 그리고 선교 신학의 동향을 다루고 있으며, 흑인 신학과 교회 상호간 협조연구를 다루는 점에서 이 책만의 독특한 가치가 있다.[100]

- 셋째, 토착화(indigenization)의 문제에 대하여 다음과 같이 제시한다.

〈그림 2-12〉 요한 타우렌(Johann Thauren)의 토착화[101]

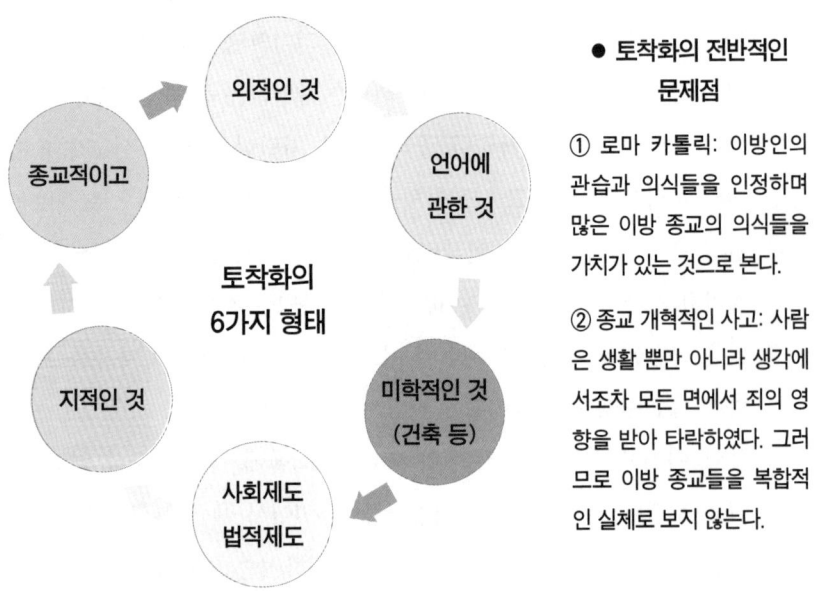

---

100 J. Verkuyl, *Contemporary Missiology an Introduction*, Eerdmans Pub. 1978; 최정만 역, 현대선교신학개론, 기독교문서선교회, 1991., 318-327, 459-461.
101 Bavinck, Herman, 전호진 옮김, 선교학개론, 성광문화사, 2007, 197-198.

〈그림 2-13〉 토착화의 방법론[102]

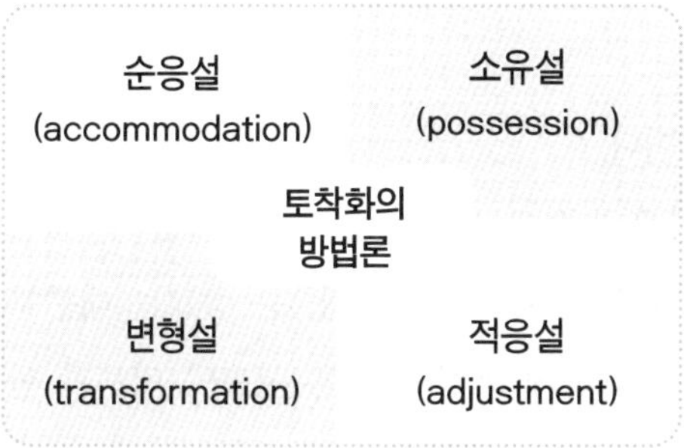

- 순응설 (accommodation)
- 소유설 (possession)
- 토착화의 방법론
- 변형설 (transformation)
- 적응설 (adjustment)

- 순응설: 로마 천주교의 원리로서 선교지의 예절과 풍습과 관계를 바꾸지 않음 (예, 천주교에서 제사 허용)
- 소유설: 이방의 문화와 풍속을 신자들이 장악하여 완전히 다른 방향으로 전환하는 것
- 변형설: 새로운 가치관에 입각하여 풍속과 습관 등 문화를 변형하는 것
- 적응설: 질그릇에 담긴 보화는 결코 바꿀 수 없지만 질그릇 자체(선교사)는 상황에 따라 다른 문화의 사람에게 잘 받아지도록 적응해야 한다는 설

3. 응용(Application)

○ 교수님께서 지정해 주신 참고 도서를 전부 다 꼼꼼히 읽지는 못했지만, 책을 넘기면서 근본적인 개혁주의 입장에서 선교 이론에 대한 내용이 충분히 공감되고 옳다는 생각이 든다. 그것은 앞으로도 예수님이 오실 때까지 변하지 않는 성경적인 진리이다.

○ 그러나 급변하는 21세기에 들어온 한국과 세계를 비견해 본다면 고전적인 내용만 붙들고 있기에는 세상은 너무 낯설고 두렵고 광대하다. 하루하루를 둘러보면 어떤 일들이 일어날지 모르고, 이슬람이라는 어려운 땅이 있고, 중국이라는 거대한 산맥이 우리를 압도하고 있다. 이런 상황에서 선교에 대한 새로운 모색은 시급하고 절박하다. 이와 같은 책으로 우리가 선교학을 공부하기에는 지금 현재의 시대의 실제와 너무 다르다. 우리는 세상을 lead 하는 자가 아니라 세상에 끌려가는

---

[102] 전호진, 선교학, 개혁주의신행협회, 1993, 159-160.

자로 아장아장 걸으며 옛것을 고집하고 있는 듯하다.
○ 세계의 변화와 함께 한국에도 많은 변화가 있었다. 그 중 몇 가지를 들면

- **첫째, 다문화 민족의 확산이다.**
  한국의 다문화 가정은 이제 법적으로 제한하거나 막아낼 수 없는 거대한 물결이 되었다. 그로 인하여 그들이 가져오는 종교는 대부분 이슬람이다. 이러한 다문화 민족에 대한 정책은 선교의 정책과 함께 병행되어져야 한다.

- **둘째, 다문화 민족의 목회자 교육이다.**
  우리나라로 들어오는 다문화 민족에 대한 선교 정책을 세워 그들을 교육해서 본국으로 돌아가 본국에서 선교사의 사명을 잘 감당할 수 있는 훈련이 체계적으로 이루어져야 할 것이다. 그런 의미에서 우리 학교에서 하고 있는 Global M-Div 과정은 계속 확대되어야 한다.

- **셋째, 중국 기독교의 확산을 들 수 있다.**
  중국 기독교는 소수민족 안에서 많은 확산을 이루어 내고 있다. 중국 소수민족을 향한 하나님의 구속 역사의 물줄기를 도외시할 수 없으며 또한 중국 기독교를 통하여 주변 '~탄' 국가(카자흐스탄, 파키스탄, 키르기스스탄, 우즈베키스탄 등)에 대한 선교 정책을 펼쳐야 할 것이다.

- **넷째, 몽골, 네팔, 미얀마, 캄보디아와 같은 제3세계 국가에 대한 선교 확대이다.**
  이들 나라들은 현재 기독교에 대해 문을 열고 있으며 복음을 잘 받아들이고 있다. 이와 같은 나라에 복음의 문이 닫히기 전에 복음을 전해야 할 것이다.

- **다섯째, 평신도 선교 운동이 계속적으로 일어나야 한다.**

  성경에서 평신도는 "오직 택하신 족속이요, 왕같은 제사장들이요, 거룩한 나라요, 그의 소유된 백성"(벧전 2:9)으로서, 하나님의 '아름다운 덕'을 선포하는 선교 사역자이다. 이런 점에서 종교개혁자 루터와 칼빈은 오늘의 평신도 선교를 위한 중요한 신학적 기초인 만인제사장론을 재확립했다고 볼 수 있다. 한국교회는 성경적인 사역의 만인제사장론을 추구하여, 평신도 선교사역자들을 세우고 격려함으로 21세기 세계 선교를 활발하게 열어가야 할 것이다.[103]

4. 통합(integration)

4.1. 21세기를 향한 평신도 / 전문인 선교정책[104]

○ 우리는 21세기를 맞이하면서 평신도 선교사의 활동을 대거 활성화해야 할 필연적인 '하나님의 때'(kairos)가 되었음을 깨닫는다.

교수님들께서 수업 시간에 들어오시면 '지금은 평신도들의 수준이 웬만한 일반 교회 목사님들의 수준보다 높다. 오히려 평신도들이 목회자들을 향해 안내하고 기다려 주고 있다.'고 말씀하신다. 사실 그 말씀이 맞다. 유능하고 열정 많고 성경을 잘 아는 분들을 평신도 선교사로 세우면 더욱 좋지 않을까 하는 생각이 든다.

---

[103] 김성욱, 종교개혁과 평신도선교운동 연구, 종교개혁 500주년 기념 2017년 봄 개혁신학회 학술대회, 「종교개혁 신학과 신앙」, 2017, 309.
[104] 강승삼, 21세기 선교길라잡이, 생명의말씀사, 1998, 118-119.

⟨그림 2-14⟩ ➔
평신도 선교사의 영역

- 평신도 선교사로 활동할 수 있는 선교의 영역은 다양하다. 초문화권에서의 선교사역 또한 목사 선교사만으로는 그 모든 사역들을 감당할 수가 없다. 그러므로 평신도 선교사가 필요하다.

- 이 외에도 선교지 정부의 공직자, 주요 기관의 요원 등의 평신도 선교사가 요청되고 있다.

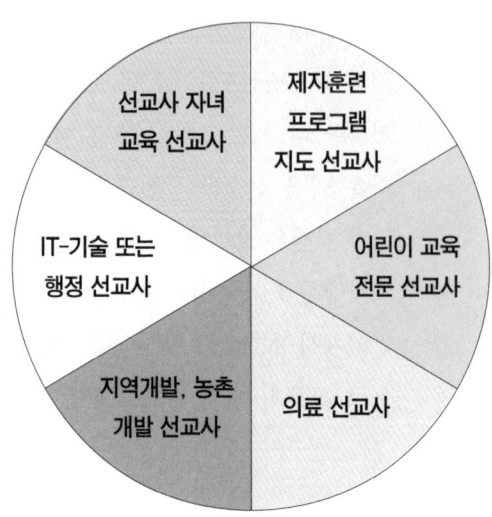

4.2. 21세기를 향한 선교신학의 방향의 세 가지 전망

첫째는 변화 속에 연속성의 추구이고
둘째는 협력과 독특성의 추구,
셋째는 역사 가운데와 그 지평 너머의 하나님 나라의 추구이다.

2004년 발간된 『21세기 글로벌 선교학』은 다음과 같은 글로 문을 열고 있다.

> 오늘날의 세계는 세계화(globalization)라는 가파른 파도를 타고 시간과 공간을 압축하는 지구촌을 형성해 나가며 새로운 상황들을 연출하고 있다. 이러한 복합적이고 급속하게 변화해 나가는 상황 가운데 예수 그리스도의 불변하는 복음을 전하는 것은 그리스도인들이 가장 긴박감을 가지고 성취해 나가야만 되는 과제이다. 세계선교의 중심이 서구에서 비서구로 이동하고 있는 상황에서 복

음의 상황화와 세계화는 동전의 양면과 같은 특성을 갖고 피할 수 없는 과제이며 논의의 이슈임에 틀림없다.[105]

요즘은 한국 교회는 단기선교의 물결이 커졌다. 따라서 단기선교에 대한 전략과 feed back, 외국인 노동자들에 대한 선교정책도 시급하다. 외국인 노동자들을 양성한 다음 현지 교회와 협력해 파송해야 할 것이다.[106](이하 생략)

나가는 말

선교학 수업 첫 시간, 김성태 교수님께서 선교에 헌신하셨던 시간들을 말씀하실 때 동시대(同時代)를 살아온 나로서 허허로움이 스쳐가는 듯했다. "나는 뭐였지?"

지난 30여 년 전에 선교사로 나가기 위해 준비했던 시간들이 기억에 하나씩 떠오르기 시작했다. EXPLO'74가 막 끝난 무렵 대학을 입학했고, 뒤이어 여의도 광장에서 빌리그레함 목사님을 모시고 선교대회를 했었고 거기서 우리는 너나 할 것 없이 선교에 헌신했었다. 그 세월이 지금 이렇게 지났다.

그 때 헌신했던 마음은 지금도 소중히 간직되어 있다. 비록 선교사로 못 나갔지만 나는 삶 속에서 늘 선교를 꿈꾸며 기회만 있으면 잠시라도 선교를 다녀오곤 했다. 먼 나라엔 못가지만 내가 처한 환경에서 선교를 하리라 생각했던 시간들이 훌쩍 지나가 버린 채 아프게 내 마음 속에 남아 나와 마주한다. 그래 다시 시작하는 거다. 내게 주어진 부스러기라도 은혜로 수납하며 한 영혼과 마주하는 것이다. 다짐한다.

---

105 William D. Taylor, *Global Missiology for the 21st Century*, 김동화·문상철·이현모·최형근 공역, 기독교문서선교회, 2004, 9.
106 Phillips, James M. & Coote, Robert T., 선교신학의 21세기 동향, 전호진 박사 한국복음주의 선교학계 30년 성역 기념 논총, 이레서원, 2001, 29.

19. 선교와 문화 과제

이동현 교수님
타문화권에 대한 소개와 타문화권에서의 선교전략

1. 들어가는 말: 연구의 목적

처음 단기선교를 시작한 것은 약사의 직업으로 C.C.C. 내 의료사역팀인 AGAPE에서 파키스탄 선한사마리아 병원을 기점으로 한 의료사역이었다. 그리고 본인이 다니는 충현교회는 그야말로 단기선교가 대세이다. 본인도 20회 가까이 단기선교를 다녀왔다. 그중에서 10번은 약사로서 의료선교를 다녀왔고, 나머지 10번 중 5번은 단기선교 팀장으로 대학부(1회), 청년부(2회), 일반 교구팀(2회)과 같이 다녀왔고, 나머지 5번~6번 정도는 팀원으로, 회계로, 서기로 다녀왔었다.

이러한 축적된 경험을 가지고 타문화권에 대한 선교를 문헌연구를 통하여 살펴보고 그에 대한 경험을 근거로 하여 다음 두 주제에 관하여 논의하려고 한다.

① 타문화권의 선교사역에 대한 소개를 할 것이다.
② 타문화권에서 어떤 선교전략을 펼쳐서 선교할 수 있는가?

이 목적은 선교와 문화가 충돌하는 것이 아니라, 선교사의 헌신과 선교전략과 성령의 역사가 함께함으로 부정적인 단기선교가 아니라 단기선교를 통하여 교회가 세워지고, 현지 사역자들이 세움을 입는 것을 경험했던 것을 논증하는 것이다.

2. 연구의 방법

① 먼저 문화에 대한 정의를 내리려고 한다. 문화의 보편적 특성들을 열거하고, 문화 충격이 일어나는 요인들을 살펴볼 것이다.
② 그리고 단기선교에 대한 논의를 하면서 타문화권의 선교의 어려움, 문제점 등을 열거한 후 어떤 선교전략을 펼쳐서 선교할 수 있는 것인지를 이끌어 낼 것이다.
③ 문서에 대한 연구로는 단기선교에 관련된 책과 논문집을 참고할 것이며
④ 실제적인 것은 본인이 경험했던 충현교회의 단기선교 방침과 훈련의 과정들을 집중해 보고자 한다.

3. 문화 개관

- 문화란 '믿음(하나님 혹은 궁극적인 실제), 가치, 관습(어떻게 행동하고, 타인과 관계하고, 대화하고, 옷을 입고, 일하고, 놀이하고, 상거래하고, 농사짓고, 먹고)과 이런 믿음과 가치와 관습을 표현하는 기구들의 통합된 제도로서, 사회를 결속시키고 사회에 정체성, 존엄성, 안정성, 계속성을 부여한다.'로 정의한다. 문화의 보편적 특징들은 다음과 같다. 이와 같은 현상은 또한 문화 충격을 야기한다.[107]

---

[107] 김성태, 선교와 문화, 이레서원, 2000, 117-126.

〈그림 2-15〉 문화의 보편적 특성들

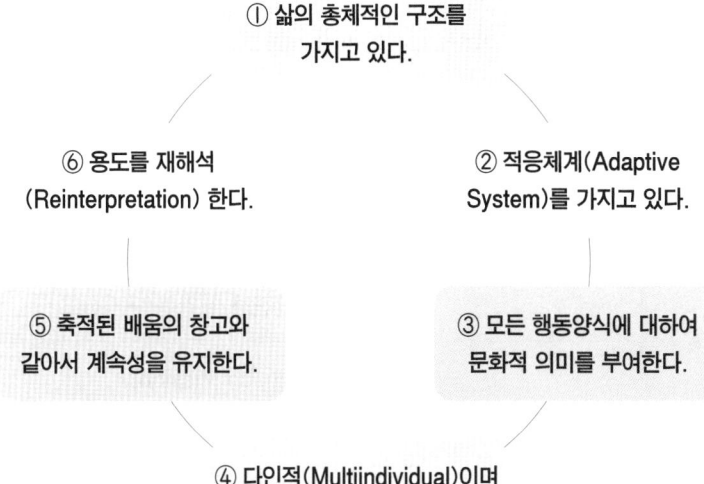

〈그림 2-16〉 문화 충격이 일어나는 주요 원인들

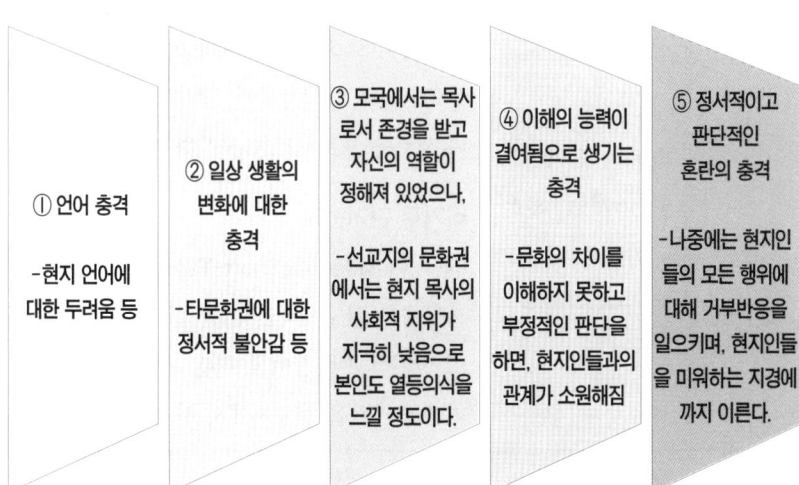

위와 같이 선교지에서의 문화 충격은 선교사들을 선교사로 세움을 입게 되거나 실패한 선교사가 되는 두 양극단의 선택을 하게 되는 결과를 낳는다.

4. 단기선교(Short Term Mission, STM)

4.1. 지역 교회를 위한 5단계 단기선교의 모델[108]

단계	기간	사역 목적
ST 1	단회적 단기선교	**비전여행(Vision Trip)** 파송교회와 참가자들이 세상을 향하신 하나님의 비전을 발견하기 위한 단기선교
ST 2	12주 미만의 단회적인 선교지 방문	**아웃리치(Outreach Mission)** 복음증거 혹은 가르치는 사역으로 현장 사역을 돕는 단기선교, 장기 선교사의 삶을 체험하는 기회
ST 3		**단기봉사(Short-Term Service)** 구체적인 선교 프로젝트를 돕는 협력 사역
ST 4	반복적 단기선교 3-36개월 혹은 단회적 단기선교의 주기적 반복	**단기사역(Short-Term Ministry)** 선교현지의 사역자들과 장기 선교사를 돕거나 새로운 프로젝트를 시작하는 단기선교
ST 5		**비거주 단기선교** (Non-Residential Short-Term Mission) 본국에서 선교사적인 삶을 살면서 반복적으로 단기선교에 참여함. 혹은 장기적으로 3년 미만의 기간을 선교지에서 사역함

---

[108] 백신종, 단기선교 퍼스펙티브, 두날개, 2008, 314.

4.2. 지역 교회 단기선교의 어려운 점은 무엇인가?[109]

4.2.1. 단기선교를 위해 지출되는 재정적인 부담이 너무 크다.

불과 몇 주간의 사역을 위해서 수천 달러를 지출하는 것이 충분히 재정 낭비라고 판단될 수 있으며, '몇 주간의 제한된 시간으로 무슨 사역에 도움이 되겠는가?'라는 회의적인 반응이 나타날 수 있다.

☞ 이러한 질문을 보면 단기선교를 보는 부정적인 관점 역시 단연 우위가 재정에 관한 문제이고, 단기선교를 진행하는데 가장 어려운 점은 교회와 교인들의 선교인식에 뿌리를 두고 있음을 알 수 있다.

〈그림 2-17〉 타문화권 선교에서의 스트레스

```
┌─────────────────────────────┬─────────────────────────────┐
│ 1. 문화적 스트레스: 문화 충격 │ 2. 생활 방식과 인간 관계에서 │
│  새로운 문화권으로 갈 때 항상│    오는 스트레스:            │
│  명심해야 할 중요한 모토는   │  ① 사생활  ② 돈과 편의시설  │
│  "잘못된 것이 아니라 다를 뿐 │  ③ 환경과 건강 ④ 시간과 효율성│
│  이다." 라는 것이다.         │                              │
└─────────────────────────────┴─────────────────────────────┘
            타문화권 선교에서의
                스트레스
┌─────────────────────────────┬─────────────────────────────┐
│ 3. 언어적 스트레스           │ 4. 문화적 스트레스에 수반되는│
│  언어와 문화는 서로 얽혀 있기│    심리적 방어기제:          │
│  때문에 언어를 잘 배우게 되면│  ① 부인 ② 억압 ③ 투사       │
│  그 문화를 이해하는 데 크게  │  ④ 합리화 ⑤ 후회            │
│  도움이 된다.                │                              │
└─────────────────────────────┴─────────────────────────────┘
```

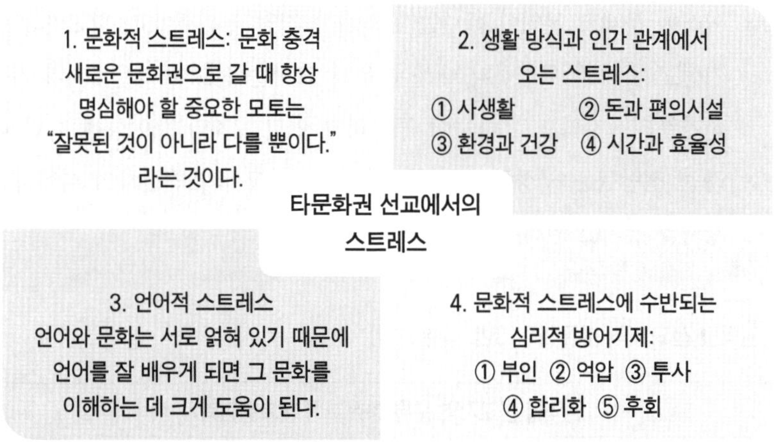

4.2.2. 단기선교를 교육하고 훈련할 만한 교재와 자료의 부족

교재와 자료의 부족은 단기선교 지도자의 부족을 낳기도 한다.(이하 생략)

---

[109] 백신종, 단기선교 퍼스펙티브, 281-284. 또한 다음 챠트는 통계치를 넣어 본인이 만든 것이다.

⟨차트 2-1⟩ 단기선교 준비 시 겪는 어려움은?

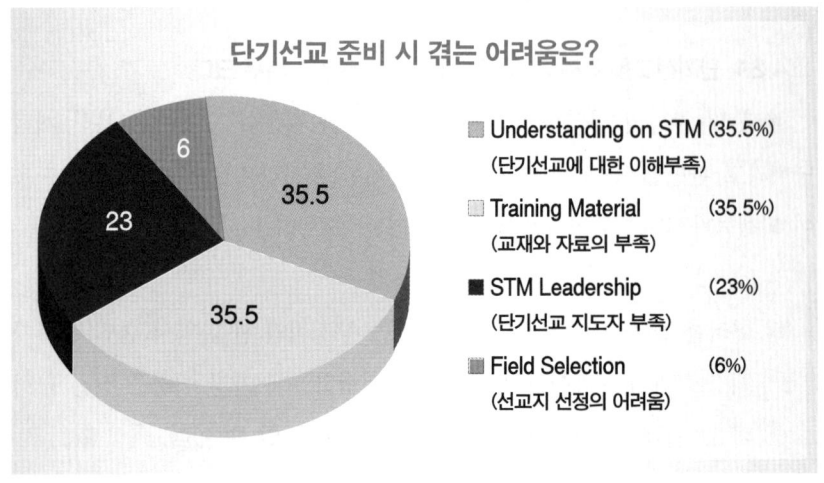

4.2.3. 단기선교팀이 방문할, 적절한 선교지 선정의 어려움이다.

① 이러한 문제도 본인이 다니는 교회에서 겪었던 문제이고, 회교권의 단기선교가 사실 위험하기 때문에 우리 교회는 선교 지역을 1지역 거점 국가부터 4지역으로 나누어 구분하고 있고, 2지역권 이상에 속한 나라는 정탐팀을 구성하여 보내거나 현지 선교사와 연결하여 사역하는 정책을 펼치고 있다.

❖ 권역별 선교지역 분류(2018년, 충현교회)

권역별 선교지역 분류(충현교회 선교위원회)		
거점국가	몽골, 미얀마, 베트남, 스리랑카	1차 추천 지역
2지역	캄보디아, 인도네시아, 네팔, 라오스	2차 추천 지역
3지역	우크라이나, 몰도바, 러시아 ※ 2024년 현재 몰도바만 진행함	3차 추천 지역
4지역	인도, 방글라데시, 우즈베키스탄	4차 추천 지역 선교위원회와 협의 하에 선교

② 단기선교 지역으로의 적합성도 살펴봐야 한다. 이러한 요건에는 안전성과 효율성, 효과성을 살펴야 하지만, 가장 중요한 것은 "한 영혼이 천하보다 귀하다"는 예수님의 말씀에 대한 순종으로 필요한 곳이라면 한 영혼을 바라보고 나가야 할 것이다.

그 외에도 지역 교회나 국내에도 더 많은 사역 거리들이 있는데, 굳이 해외선교를 떠나야 하는 이유가 무엇인가?라는 실용적인 질문들도 다루어야 한다.

4.2.4. 단기사역 결과의 문제점

① 단기선교 후 평가나 계속적인 양육이 이루어지지 않고 있다. 단기선교는 선교지를 방문하는 몇 주로 끝나는 것이 아니라, 준비와 평가의 전 과정이 하나의 사역으로 융합되어야 한다.
② 지역교회 단기선교 담당자들이 사역의 열매에 대해서 무관심하거나 부정적인 시각도 있다. 단기선교 사역의 결과, 실제적인 선교의 열매는 없다고 말하고 있으며, 사역 이후 현지 관리는 전혀 이루어지지 않는다고 평하고 있다. 이처럼 용두사미격의 단기선교를 더 이상 방치해서는 안될 것이다.[110]
③ 그러나 본인은 확신하건데 선교의 열매가 없다고 하지만 하나님이 하시는 일은 서서히 이루어지고 있었다는 것을 체험했다.

4.2.5. 단기선교 후 기대 이상의 변화

- 단기선교의 최고 목적은 믿지 않는 영혼들에게 복음을 전하고, 선교지의 교회와 연계하여 그 교회의 영적인 상태와 사역을 돕는데 있다. 이것을 통해 선교지의 약한 교회들이 세움을 입고 용기를 덧입으며 복음을 접하지 못해 믿지 않던 영혼들이 주님께 돌아온다. 하지만 단기

---

[110] 백신종, 단기선교, M.T.I. 1998, 17-18.

선교는 이러한 1차적인 목표와 유익뿐 아니라 2차적인 유익을 우리에게 돌려준다. 해외단기선교를 준비하면서 성도 자신이 영적으로 무장되기 때문이다. 또한 이를 통해 교회가 하나된다. 선교를 준비하면서 우리부터 변화가 시작되는 모습을 보는 것이다.

- 단기선교가 끝난 후 늘 수많은 간증을 듣는다. 그렇게 변화되지 않았던 자신이 일주일이라는 짧은 시간을 통해 변화되었다는 것이다. 또한 선교를 준비하면서 섬김을 배우고 팀워크를 배웠다는 지체들도 있다. 또한 자신의 능력으로 되지 않는 부분을 철저히 깨닫고 기도를 배웠다는 지체들도 있다. 그러나 가장 귀한 것은 단기선교를 다녀옴으로써 내가 영적으로 더욱 민감한 사람이 되었다는 것이다. 선교지에서 직접 복음 진리를 가지고 악한 영의 세력들과 부딪혀보면 말씀이 실제화되는 경험을 하게 된다.[111]

- 내가 다니는 교회에서는 중등부가 되면 단기선교를 보낸다. 중학교 1학년 때부터 학생들을 보내는데, 처음에는 어린 학생들이 가서 무엇을 할까 했다. 그들의 이야기 속에는 '처음에는 여행으로 갔고, 장난으로 갔다. 가서 도마뱀을 잡아 병 속에 넣고 다녔다. 이것을 한국까지 가지고 와서 공항에서 뒤집힌 일도 있었고, 너무나 먹을 것을 잘 먹었다. 열대 과일을 배가 터지도록 먹었다. 전도지로 비행기를 만들어 날리거나 전도지를 주다 남아서 찢어버렸다.' 등의 솔직한 고백도 있었다.

- 하지만 그런 가운데 아이들이 믿음의 성숙이 일어남을 바라보게 되었고, 그들은 성장했고, 자기들이 전도하는 가운데, 역으로 자신이 전도되어 믿음의 고백을 하게 되었다는 소박하고 놀랍고 맑은 간증들이 뿜

---

111 황은우, 삼일교회 단기선교 이야기, 좋은씨앗, 2008, 21-24.

어나오기도 했다. 그리고 그 학생들은 현재 교회 일꾼으로 잘 성장해 나가고 있다.

- 교회는 선교와 성경공부가 안팎으로 이루어져야 한다. 이것이 축이 되어 두 바퀴가 굴러가야 교회의 원동력이 이뤄지고, 교회의 침체감이 벗어나게 된다. 이러한 양축의 회전이 없이는 교회의 성장도 멈추고, 성도들의 영적 성장도 멈추게 된다는 것을 분명 체험한다. 교회의 부흥을 위해 단기선교를 수단으로 사용할 수는 없지만, 그럼에도 필요충분조건에 속한다고 볼 수 있다.

5. 나의 단기선교 이야기

파티스탄의 옛 수도 카라치에 도착해서 선한사마리아 병원에 짐을 풀었다. C.C.C. 활동을 하던 나는 C.C.C. 내(內) Agape라는 의료팀에서 선교를 갈 때 함께 했다. 선한사마리아 병원에서 하루 사역을 하고 다음날 카라치에서 버스로 7시간 걸리는 지역으로 사역을 하러 갔다. 한밤중에 트럭 같은 차에 몸을 싣고 이동하며 달리는데 하늘에 펼쳐지는 은하수의 아름다움은 평생 내가 처음 본 풍경이었다. 너무 아름다웠다. 은하수와 별똥별이 하늘에서 경쟁하듯이 꼬리에 꼬리를 물고 떨어지고 사라지고 나타나고, 어떤 것은 우리 품 안으로 안기듯 떨어지는 모습에 우리는 차 안에 앉아 있을 수가 없어서 트럭 위에 올라가서 밤하늘의 향연을 보았다.

- 도착한 곳은 어딘지 지금 지명에 대한 기억은 없다. 단지 기억이 나는 아픈 사건이 있다. 난생 처음 의사를 본다는 지역이다. 말을 타고 하룻길을 왔다고 한다. 어떤 노인이 아이를 데리고 왔다. 나중에 보니 노인이 아니고 36세의 젊은이였지만 고생하고 못 먹어서 60세 노인과 흡

사했다. 남자 아이 머리가 부스럼으로 뒤엉켜 있어서 의사 선생님의 처방이 내려졌다. 일단 드레싱이었다. 아이 머리가 너무 새까매서 소독을 해줘야겠다는 생각을 하고 탈지면에 소독약을 묻혀 머리에 대는 순간 나는 기절할 뻔했다. 쌔까맣던 머리가 실은 새까맣게 앉아 있던 파리 떼였기 때문이다. 머리에 흠집이 났지만 소독약조차 없는 곳에서 소독을 못해서 진물이 나고, 진물이 난 곳은 다시 곪고, 곪은 곳에 파리가 알을 까고 기생하고 있었던 것이다. 너무 비참했다. 소독약을 대자 한 번에 날라가는 파리 떼를 보며 넋을 놓고 있었는데, 그 아이에게 다시 파리 떼가 또 왔다. 그러나 그 아이는 팔을 내젓지 않았다. 파리가 코에 앉아도 눈에 앉아도 머리에 앉아도 쫓지를 않았다. 쫓아내도 다시 달려들기 때문에 포기하고 체념했던 것이다. 정작 아이는 자신의 초라한 모습에 미안하고 부끄러워 어쩔 줄 몰라했다.

- 이러한 기억은 파푸아뉴기니에 의료선교를 나갔을 때도 다시 한번 경험했다. 파푸아뉴기니의 강가에 지은 수상가옥에 사는 사람들을 대상으로 의료선교를 할 때, 거기서도 역시 제대로 치료를 받지 못해, 발가락에 고름이 엉켜서 파리 떼가 앉아 고름을 빨아 먹던 모습을 보았다. 소독약 한 번만 발라주면 되는 일이었는데 가슴이 쓰렸다.

- 나는 나사로에게 "개들이 와서 그 헌데를 핥더라"(눅 16:21)의 말씀을 실감했다. 눈물이 났다. 여기는 개들이 아니고 파리 떼였다.

- 잊을 수 없는 그분들, 여전히 내 가슴에 남아 있는 환자들, 가슴으로 사랑하며 섬기던 그 많은 선교지의 영혼들과 사람들에 대한 기억이 고스란히 베어나온다. 그것은 분명 그 영혼들에 대한 사랑이었고 예수님이 내게 허락하신 시간들이었고, 사람을 사랑하라고 내게 베푸신 은혜의 시간이었음을 이제야 깨닫는다.

- 인간의 인권이 없는 곳, 가슴 아픈 사람들이 자기 삶에 체념하며 순복하지 않으면 안되는 곳, 인간이 벌레이고 구더기임을 눈으로 보아야 했던 곳을 수도 없이 많이 다녔다.

- 이 글을 쓰면서 불과 몇 년 전의 일이지만, 그동안 잊었던 나의 의료선교 사역이 생각났다. 그리고 그 시간을 회복하고 싶다는 마음의 감동이 일어난다. 지금 신대원에서 공부하고 있지만, 내가 설 자리가 여기, 이런 곳이 아니었을까 하는 마음의 감동이 오고 그때 그 사람들을 기억하면 눈물이 다시 흐른다.

'아! 내가 참 많은 일들을 했구나, 많은 사람들을 섬기고 살았었구나 하는 감동!'과 한편으로는 '나는 무엇을 했나, 무엇을 하면서 이 나이가 되었을까?' 하는 회한(悔恨)이 있었는데, 이제 내가 걸어왔던 길을 돌아보니, '주님 기뻐하시는 일이었구나!' 하는 위로를 받는다. '그래, 다시 이 길을 가자, 아직 내가 내 발로 다닐 수 있을 때 이 길을 가야하겠구나.' 하는 소명이 생긴다.

이러한 기억들이 지금 아득히 멀어졌지만 앞으로 해야 할 사역들이 아닌가 생각한다. 이제 나이가 들어 나의 건강이 어떨지 모르지만 내가 해야 할 남은 사역들을 기억의 상자에서 꺼내며 나의 시간을 채워가고 싶다.

- 어떤 나라에서는 NGO를 통해 의료사역을 했지만 우리는 약을 주고 진료를 하면서도 예수님에 대해 한마디도 전할 수 없었다. 예수님을 전하면 바로 그 자리에서 잡아가기 때문이었다.

- 엘살바도르는 우리 팀이 안갔더라면 짐을 싸서 철수를 하려고 했다는 현지 선교사의 탈진을 경험한 곳이다. 차로만 이동해서 한 번도 땅을 밟지 못한 채 돌아왔던 곳이다. 10불만 가지고 있는 것을 보아도 총을

들이대고, 한국인들이 표적의 대상이라고 해서, 어느 일정한 장소에 선교사님이 사람들을 모아놓으면 우리는 거기서 진료를 하고, 오후 4시가 넘으면 짐을 싸서 나왔다. 호텔에서 약을 짓고, 다시 선교사님을 통해 약을 보내 주었다. 선교사님도 계속되는 장염으로 탈진이 되었지만 약이 없어서 몸을 추스릴 수가 없는 상태에서도 계속 사역을 하셔야만 했던 곳이다. 우리가 가지고 갔던 장염약이 없었다면 철수할 계획이라고 하셨다.

- 이동하는 버스 창문으로 보면 어린 여자아이들이 애기들을 안고 다닌다. 거기까지도 좋다. 그러나 다음 해설이 더 기가 막혔다. 그 아이들의 아버지가 누군지 모른다는 것이다. 한 여자가(15세 안팎) 5명의 아이를 낳으면 5명의 아이들 아버지가 다 다르고, 아버지는 마약 중독자로 어디로 갔는지 알 수도 없다는 것이다.

- 스리랑카 선교지 공항에 도착했다. 싼 비행기로 직항도 아니고 태국에서 8시간을 대기하며 기다린 끝에 도착한 시간은 한밤중이지만 습습한 습기의 냄새와 사람들의 땀내가 코를 적시며 동시에 사람들이 몰려들었다. 짐을 실어주겠다는 것이다. 두려운 마음으로 서로 팀원들을 챙기며, 피켓을 들고 나와 있는 현지인 버스 기사를 만났다. 얼른 짐을 차에 싣고 어딘지 모르는 곳으로 밤을 세워 7시간 넘게 버스는 털털거리며 산을 넘고 또 넘어서 갔다. 가는 길 내내 팀원 중 한 명은 차멀미를 했다. 나중에는 도저히 갈 수가 없을 지경이었다. 그렇게 밤길을 달려 희미하게 동이 트고 있는 것을 보니 차창 밖으로 스리랑카의 유명한 홍차밭 풍경이 펼쳐지는 산을 넘고 있었다.

- 의료선교 사역으로 함께 했던 선교지에서의 사역이 시작되었다. 함께 동행한 의사 선생님과 내가 주로 하는 일이다. 각 파트로 나누어서 먼

저 전도를 하고 영접기도를 시키고 나서 의료팀으로 넘기면 의사 선생님이 처방을 하고, 약을 받고 나면 모든 과정이 마친다. 하루에 100명 이상 약을 지으려면 허리가 휘었다. 옆에서 보조하는 팀원들이 있어서 견뎌냈지만, 힘든 하루였다.

- 몽골에서의 선교는 유독 추운 1월에 사역을 시작했다. 러시아에서 생산된 차라야 몽골의 눈밭을 갈 수 있다는 차를 타고 의료사역을 했다. 몇 시간씩 계속되는 눈밭길을 달리다가 차가 퍼졌다. 그리고 선교사님도 퍼졌다. 그 선교사님을 내 옆에 앉히고 지압을 하기 시작했다. 몇 시간을 해드리고 나자 겨우 정신이 드신다. 내 손이 저려왔고, 그분의 통증이 내 몸에 흐른다. 전기가 감전되듯이 내 몸에 그분의 통증이 전달되면서 선교사님은 일어났다. 화장실이 없는 게르에서 우리 팀원들은 용변을 볼라치면 허허벌판 눈밭에서 용변을 봐야했다. 보고나면 바로 얼음으로 고드름이 땅에서 거꾸로 솟아올랐다. 그런 곳에서 사역을 했고, 우리가 한국으로 돌아오고 얼마 후에 몽골에 영하 40도의 혹한으로 양들이 몇 천 마리가 죽었다는 기사가 올라왔었다.

- 또 다른 어떤 나라에서의 의료 사역은 처방된 약을 받은 현지인들이 공안에게 바로 전화 신고를 한 일이 있었다. 약은 받아야 했으니까… 사역을 마치고 평가회를 하는데 버스 기사가 팀장님을 불렀다. 잠깐 나갔다 오시더니 빨리 짐을 싸라고 한다. 그래서 우리는 몇 개의 도시를 넘어 머나먼 다른 도시로 향해야 했다. 그런 일이 세 번이나 있었다.

- 또 다른 한 국가에서 청년부를 데리고 갔을 때이다. 한참 함께 복음을 전하던 청년 한 명이 없어졌다. 내가 팀장이라 하얗게 질려서 찾으러 다녔더니 조금 후에 어디선가 나왔다. 힌두교 사원에 끌려갔다는 것이다. 거기서 청년들이 그에게 '너희가 전하는 그 예수를 우리에게 전하

는데, 여기 있는 힌두 신들에게 너도 절하라'고 했다고 한다. 돌아보니 코끼리를 비롯하여 코끼리 상 옆에 작은 신들을 같이 모아놨다고 한다. 그 청년이 웃으면서 '우리는 여기에 절하지 않습니다.' 하고 그 제안을 지혜롭게 물리치고 나오면서 우리는 도망가듯이 그 자리를 떴다.

- 그 다음 날은 그 나라에서 가장 유명한 대학을 갔다. 세계 최고의 지성이 모인 법대이다. 우리는 사도 바울이 '로마로' 가듯이 우리도 그 나라의 로마를 향해 용감하게 법대에 들어가서 교회에서 만든 힌두어와 영어로 된 사영리를 전했다. 한참 전하던 중 한 청년이 다가오더니, 여기서 나가지 않으면 너희를 총으로 쏘겠다고 했다. 그렇게 우리는 선교를 하며 다녔다.

- 대학부를 데리고 어떤 나라를 갔다. 이틀 뒤면 출국하는데 한 주민이 공안에게 신고하여 우리는 길에서 붙잡혔다. 그리고 우리에게 100$을 주면 보내주겠다고 했다. 길에서 한 시간 실갱이를 하며 버티고 우리는 풀려났지만, 다음 날부터 사역을 할 수 없었다. 호텔에서 하루를 보내며 안타까운 마음에 조심조심 동네를 다니며 전도를 하던 기억이 새롭다. 그래도 예수님을 전하고 싶은 마음이었다.

- 어떤 나라의 빈민촌이었다. 천장이 없이 넓디넓은 운동장 같은 곳, 자갈과 쓰레기가 뒤범벅 된 땅에 솥을 걸어 놓고, 바닥에 거적을 깔아놓고 살아가는 사람들이 사는 곳이었다. 팀원 중 한 명이 말씀을 전하는데 영접 기도를 마친 젊은 자매가 물거품을 물고 쓰러졌다. 빈민촌의 사람들이 다 몰려들었다. 우리를 주시하며 쳐다보고 있었다. 이렇게 두고 도망하다가는 우리가 몰매 맞기 십상이다. 피하고 싶었고 자신 없었지만 팀장인 내가 자매를 붙들고 기도하기 시작했다.(중략) 잘 못하지만 축귀 기도였다. 정신이 돌아와 다시 일어난 자매는 주섬주섬하며

부모에게 돌아갔다. 무리는 흩어졌고 우리는 숙소로 돌아왔다.

- 우리 팀원 한 명이 이 일을 보더니 무섭다며, 서울로 돌아가겠다고 여권을 달라고 밤새 소리를 지르고 울었다. '이들에게 빵을 줘야지 무슨 복음을 주느냐?'고 소리를 지르면서 내게 달려들었다. 그 팀원은 성령이 역사하는 것에 대한 두려움으로 떨었고, 애써 부인하고 싶었던 성령의 역사와 하나님의 일하심을 받아들이기 싫었으며, 그런 마음을 빵과 복음으로 핑계하여 항변하고 있었다. 곳곳마다 다니며 마귀가 나가는 것을 경험하고, 예수 그리스도의 복음이 그 땅을 적시는 것을 볼 때마다 하나님의 살아 계심을 체험하는 시간이었다. 척박한 그 땅이 유월절 어린 양의 피로 물들어지는 시간이었다.

- 그렇게 훈련 받았던 팀원들이 당시에는 초신자였던 사람들도 많지만, 지금은 집사로, 권사로 교회 곳곳에서 잘 섬기고 있다. 그리고 선교도 많이 다닌다.

- 다음은 교회에서 본인(필자)이 받았던 선교훈련 과정이다.
  우리 교회는 단기선교 파송을 다음의 〈표 2-20〉과 같은 선교 훈련 점검 과정으로 선교 훈련과 선교 심사를 하고 이에 적합할 때 파송한다. 1차 점검에서는 사역지에 대한 OT를 하고, 사역지 문화와 선교 계획, 그리고 선교지에 대한 정보를 나누고, 교회에서 단기선교 갔던 팀의 보고서를 전부 숙지하게 한다. 그 보고서에는 서기와 회계 보고서가 있고 사후 평가서가 있다. 그리고 선교 팀의 이동경로를 표시한 지도까지 보며 사전 점검을 한다.

〈표 2-20〉 선교 훈련 점검표

	주관	점검자	점검 일정	평가 내용	평가	준비 서류
1차	선교위	선교위원		팀장과 총무 면담	여부	단기선교 계획서
2차 점검 (영성)	점검 전담 목회자	점검 위원 · 전담 교역자	출발 8주 전	【영성 점검】 • 금요 집회 및 공예배 출석 확인 • 십일조 등 헌금생활 • 로마서 1독 • 영적 준비 상태 -자기를 부인하고 자기 십자가를 지려고 하는가? -복음 위에 서 있고 주님을 따르는 삶을 살고 있는가? -교회 선교 방향에 순종하며 선교하려고 하는가? -팀 훈련을 철저히 받으며 팀원으로 하나 되려고 하는가?	상 · 중 · 하	• 2차 점검(영성) 결과표 • 단기선교 지원서(질병 및 복용약 표기) • 외국인 밀집 지역 전도 실습 실적표(2회) • 팀 훈련 출석부(사본) • 팀 훈련 일지(3회 이상) • 4시 기도회 참석 • 국가별 언어 훈련 • CMTC 훈련 수료 여부
재검				영성 훈련 및 2차 재검		준비 서류 철저 제출
3차 점검 (선교)	선교 위원회 관리 분과	점검 위원 · 선교위 장로 실행위원 (관리 분과)	출발 3주 전	【선교 준비 점검】 • 개인별 언어(일반 언어 및 전도 기본 문항) • 전도시범(시청각 자료 활용 등 점검) • 현지어 찬양(2곡) • 직무 및 선교정책 확인 • 행정 사항 점검 • 최종 서류 확인	상 · 중 · 하	• 3차 점검 결과표, • 2차 점검 결과표 • 훈련 출석부(원본) • 팀 훈련 일지(10회 이상) • 팀 영성훈련 일지(1회) • 4시 기도회(4회 필참) • 언어 훈련(10회 필참) • 릴레이 금식기도표 • 워크북 1권 • CMTC 수료 여부

• 교회에서는 각 선교지마다의 선교(전도) 언어(15문장)와 일반 언어(10문

장)를 외워서 점검을 받도록 하고 선교지로 내보낸다. 다음은 전도지의 샘플이다.

국가별 전도지 예시	예수님을 믿으세요. 화장실은 어디입니까? 대단히 반갑습니다. 바훗 바훗 단데바드. 만나서 반갑습니다.	끄리뻬야 이쑤메 비쓰와스 깔헤 쏘우짤레(뚜와일렛) 까하 헤 안녕히 계세요 알비다 압세 밀깔 메 쁘라싼 후아
국가별 딕션을 써서 암기	【예수 사랑하심은 거룩하신 말일세】 이수 무제 프레임 까르따 해 / 해 보 ㅎ 퍼비트르 비- 해 함 캄 조르해 레-킨 / 이슈 마즈부트 해 무제프레임카르타해(×3) / 바이블메 리카 가-야	

집안으로 들어가도 되나요? 개를 붙잡아 주세요 참 잘 하셨습니다. 참 좋습니다. 예수 그리스도 나의 구원자, 나의 하나님 우리 함께 기도합시다. 우리 함께 찬양합시다. 이 성경책을 드리겠습니다. 이것을 읽어 보세요.	꺄 메 압께 가르께 안달 아 썩다 홍 끄리뻬야 압 아쁘네 굿다 꼬 썸할레 바훗 아차. 마한헤 바웃 아차 이쑤 메레 옷 다하렉, 메레 빠르메쑤와르 아이에 써브 밀깔 쁘라트나 까레 업 우쓰께 리에 깃트가에 메 압꾸 바이벌 둥가 끄리뻬야 압 이쎄 조르세 빨헤

- 내가 팀장으로 팀원들을 붙들었던 도구는 말씀이었다. 말씀 안에 생명이 있고, 예수의 이름에 권세가 있고, 십자가의 능력이 나타날 것을 믿었기 때문이다.

- 팀원들이 때로는 힘들어했지만, 그들이 예수를 만나지 않으면 생명을 전할 수 없다. 자기 자신에게 확신이 없는데 어찌 예수를 전하겠는가! 생명이 생명을 전할 수 있다는 것이 진리이기 때문이다. 늘 이것을 강조했다. 이것은 내가 신대원에 들어오기 전부터 경험했던 것이기 때문이다. 그럼에도 전하는 그 말이 팀원들 각자에게 다시 메아리 되어 그들이 복음을 전하며 그들 자신이 예수님을 영접하고 있었다.

6. 단기선교와 구제 및 의료 사역

- 단기선교 사역에서 쉽지 않은 과제 중 하나가 선교와 구제를 구분하는 것이다. 사역을 준비하면서 팀원들은 가능한 현지인의 필요를 채워주려는 마음을 갖는다. 일반적으로 현지인들은 복음보다 단기선교팀이 주는 물건 혹은 현금을 더 많이 환영하는 입장에 서게 된다.

- 단기선교의 주목적은 구제가 아니라 복음을 나누는 것이다. 구제는 복음 나누기의 한 방법으로 인식해야 한다. 구제는 또 다른 구제를 낳을 수 있다. 구제로 인해 현지인들이 팀에 대한 의존성이 높아져 독립심이 현저히 떨어진다면 구제 자체를 심각하게 평가해야 한다. 대개 단기선교팀의 현지 사역이 한번으로 끝나지 않는다. 사역을 할 때마다 물건이나 현금이 전달되면 현지인들이 물질에 지배당하지 않는다고 누가 장담할 수 있겠는가? 이와 함께 여기서는 장기 선교사와의 인터뷰를 게재하였다.[112]

---

[112] 조호중, 단기선교 길라잡이, 지역교회 단기선교팀의 운영과 실제, 요단, 2004, 143-146

장기 선교사와 인터뷰 요약

① Y 선교사

Y 선교사는 일 년에 꼭 단기선교팀을 한 팀만 받는다. 그 이유는 한 팀 이상은 현재 자신이 하고 있는 사역에 부담이 될 가능성이 높기 때문이다. 단기선교 한 팀을 받기 위해서도 여러 달 동안 철저한 준비과정을 거친다. 선교 현지에서 단기팀을 위해 미리 모든 사항(통역, 숙소, 식사, 교통, 선교대상자 확보 등등)을 준비하고 또 기도로서 사역을 준비한다.

Y 선교사는 팀에 두 가지 조건을 수용할 것을 요구한다. 즉 한 번 선교지에 오면 적어도 3년을 계속해서 와야 한다는 것과 아무런 물품을 가져와서는 안 된다는 것이다. 선교사님은 팀이 처음부터 현지인들에 물품이 아니라 사람들을 통한 사랑을 나누는 것이 중요하다는 것이다. 현지인들이 그리스도의 사랑과 복음을 경험하면 그것보다 더 귀한 것이 없다. 복음과 함께 물건을 계속 주게 되면 처음 의도와는 달리 복음보다 자연히 눈에 보이는 물건에 더 관심을 갖게 된다.

② 구소련 국가에서 단기선교를 거의 마칠 무렵의 현지인 지도자

선교팀은 자신들의 시각을 가지고 현지인들을 너무 가난하게 보고 있다. 우리를 도우면 얼마나 도울 수 있겠는가? 우리를 가난하게 보지 않기를 부탁했다. 비록 냉장고나 에어컨이 없고 집이 허름해도 우리는 냉장고가 없다고 불편함을 느끼지 않고, 집에 대해서도 큰 불만이 없다. 우리가 처해 있는 현실을 그대로 봐주고 인정해 주길 바란다.

7. 허드슨 테일러의 선교

- 오! 지난 주 수업 시간(2018년 6월 1일)은 얼마나 흥분이 되었는지!

- 이동현 교수님께서 내가 그토록 그리워하던 허드슨 테일러의 선교를 선교 '상황화'(mission contextualization)에 대한 예로 말씀하셨다. 가슴이 뛰었다. 나는 그분을 뵌 적도 없었지만 내가 소중하게 간직하고 있는 책이 "허드슨 테일러의 생애"이다. 내가 이 책을 산 때가 1883년(1967년 출간, 9판)도 였던 것 같다.

- '상황화'에 대한 내세울만한 마땅한 전략 없이 과제를 마치기에는 뭔가 부족한 마음이었다. 그리고 내가 논의하고 싶었던 '상황화'라는 것은 수많은 정책이 있겠지만, 몸으로 떼워야 하는 것 같다는 생각을 늘 한다.

- 나의 단기선교의 예에서도 그러했다. 나는 몸으로 떼웠고, 내가 가는 곳마다 그 영혼들을 가슴으로 품었다. 그래서 내가 전도를 할 때면 영접기도를 대부분 다 했다. 그리고 곳곳마다 성령의 역사를 체험하곤 했다. 그들은 예수님의 십자가 앞에 무릎을 꿇고 함께 기도를 했었다.

- 이 책을 볼 때마다, 지나간 젊은 시간들, 선교를 접었던 마음들에 대한 아픔이 밀려오곤 한다. 김성태 교수님을 뵐 때도 그랬다. 작년 2학기에 교수님의 강의를 들으면서 거의 동갑의 나이에 '나는 지금까지 뭐 했지? 왜 내게는 선교사로서의 기회가 주어지지 않았을까?' 하는 아픔이 스멀스멀 살아나기도 했다.

이따금 마음을 내려놓고 오래 된 책을 아낌없이 왕창왕창 버릴 때가 있었다. 그때마다 이 책은 살아남았다. 이제는 이 책이 삭아서 만지면 부서질 것 같지만, 그럼에도 버리지 못하는 것은 나의 20대 선교에 대한 그리움과 눈물이 이 책 속에 있었고 힘들 때마다 이 책을 다시 읽어보고 힘을 얻곤 했기 때문이다.

- 나는 테일러 선교사의 삶을 읽으며 선교지의 영혼을 끌어 안을 때 하나님께서 지혜를 주신다는 것을 확신할 수 있었다. 그분의 헌신된 삶의 모습, 하나님의 사람, 영혼에 대한 불타는 사랑이 뿜어나오는 것을 영물(靈物)인 인간이 어찌 느끼고 전달되지 않으랴! 내가 영적으로 스올에 내려갈 때면 이 책을 손에 들었었다.

나가는 말

내게 있어서 선교는 20대 ACTS(아세아연합신학원) M.A. Healing Ministry를 공부하던 시절부터 소망했던 사역이었다. ACTS를 다닐 때 어느 날 방글라데시 의료선교사를 모집한다고 말씀하셔서 교수님을 찾아갔다. 교수님께서 가족상황을 물어보시더니 '한 생명이 천하보다 귀한 것을 아시지요?, 어머니를 한 생명이라고 생각하면 어떻게 하실 거지요?'라고 말씀하시며, '꼭 외국만 나가야 선교인가요? 국내서도 하실 수 있지요?' 하고 따뜻한 권면을 하셨다.

딸 밖에 없는데 맏딸로, 젊을 때 혼자 되신 친정 어머니를 모셔야 하는 일이 더 소중하다는 ACTS 교수님의 조언이 내 발을 묶어버렸고, 엄마는 지금 95세로 3년째 누워계시면서 입주 간병인을 고용해서 집에서 모시고 있다. 그러다 한 달 전에는 뇌경색이 와서 몸 왼쪽이 마비되었다. 친여동생이 재정을 반씩 부담하고 도와주면서 긴 세월을 견디었다.(나의 엄마는 2019년 10월 31일 주님 품에 안기셨다. 그리고 나는 몇 년간 우울증을 앓았다.)

- 어느 선교사님의 감동적인 고백을 여기에 쓰고 싶다. 마치 예수님이 성경책에서 뛰쳐나와 내 옷깃을 잡고, 내 얼굴에다 대고 다음과 같이 강력하게 말씀하시는 것 같았다. '나는 너를 사랑한단다. 내가 책임을 맡았어. 너는 지금 지상명령의 중간 부분에만 있는데, 이제 그 말씀의 첫 부분과 마지막 부분도 믿거라. 내가 모든 권세를 가졌고, 영원히 너와 함께 있을 거란다.' 그 선교사님은 계속해서

- '선교에 있어서 가장 좋은 것은 하나님이 신실하심을 배운 것입니다.'라고 하였다. 하나님의 신실하심을 경험하는 것, 말씀에 생명이 달려있음을 깊이 근본적으로 경험하는 것이 단기선교의 가치다. 우리는 머리에서 가슴으로 45cm를 가는 여행이 집에서 아프리카 한가운데까지 가는 여행보다 더 먼 것을 알았다.[113]

- 선교에는 문화충격이 있고, 힘듦이 있을 것이지만, 나는 온몸으로 했고, 가슴으로 선교했다. 나는 확신한다. 온몸으로 그들을 사랑하면 그들이 예수님을 믿는 자리로 나올 것이다. 그리고 선교지에서 의지할 것이 아무것도 없이 빈털터리로 성령만 의지할 때 역사하셨던 체험을 한 자는 하나님의 능력을 안다. 다시 도전하고 시작하는 것이다. 한 생명이 천하보다 귀하다는 말씀을 붙들고….

---

113 Stiles, J. Mack & Stiles, Leeann, *Short-Term Missions*, InterVarsity Press, USA, 최동수 옮김, 위대한 도전, 단기선교, 죠이선교회출판부, 2007, 26-27.

참고문헌

김성태	선교와 문화. 도서출판 이레서원. 2000.
백신종	단기선교 퍼스펙티브. 두날개. 2008.
―――――.	단기선교. M.T.I. 1998. 17-18.
짐츄	타문화권 선교. 네비게이토출판사. 1994.
조호중	단기선교 길라잡이. 지역교회 단기선교팀의 운영과 실제. 요단. 2004.
황은우	삼일교회 단기선교 이야기. 좋은씨앗. 2008. 21-24.
F. Howard Taylor 부부.	Hudson Taylor's spiritual secret.; 오진관 역. 허드슨 테일러(Taylor. James Hudson. 1832-1905. Missionaries -England-)의 생애. 생명의 말씀사. 1983.
Stiles J. Mack & Stiles Leeann.	Short-Term Missions. InterVarsity Press. USA. 최동수 옮김. 위대한 도전. 단기선교. 죠이선교회출판부. 2007.

20. 선교와 문화 시험 예제

이동현 교수님

| 1 | 성경적 세계관의 세 가지 차원에 대해 논하고 개혁주의 세계관에 대해 논하라. (성경적 세계관의 세 가지를 쓰고, 반드시 개혁주의 세계관을 써야 한다) | 91쪽~ |

【 들어가며 】
- 세계관은 세상과 삶에 대한 종합적 이해를 갖게 되는 것이고 학문의 차이가 아니라 종교적 색깔을 띠게 되는 것으로 볼 수 있다.
- 세계관을 통해서 세상과 삶에 대한 궁극적인 답을 가지게 되는 것이다.
- 세계관은 세상을 만드는 전략이기도 하다. 그에 따라 세계를 만들어 내는 것이고 이것을 문화라고 하면 자연, 세계관, 문화의 연결고리가 생기게 되는 것이다.
- 세계관은 문화의 영적 뿌리, 죄와 악에 대한 내용도 세계관 안에 들어 있다. 세계관에 영향을 주는 게 종교이다. 그래서 세계관은 종교적이라 할 수 있다. 어떤 종교를 가지느냐에 따라서 그 나라의 문화와 습관이 다 달라지는 것이다.
  종교의 관점에서 볼 때 세 개로 나눠서 고등, 중등, 자연의 세계관이 있다.

(1) **고등영역의 세계관**(91~): 삼위 하나님의 절대적이고 초자연적 영역이다.
- 이것은 고등 종교의 가치관을 가지고 사는 사람들에게서 발견된다. 이들은 절대적인 존재나 궁극적인 실재를 믿고 있으며, 초문화 절대 영역, 초문화 절대자를 믿는 것이다. 이런 형태의 세계관을 가진 종교로서 이슬람, 소승불교, 정통주의 유대교가 있다.
- 이런 지역의 사람들을 대상으로 선교할 때는 선교사의 인격적이며 거룩하게 성별된 삶의 모범이 필요하다. 말씀을 전함에 있어서도 저들의 교리를 잘 파악하여 기독교를 변증적으로 확실하게 증거해야 한다.

(2) **중간영역의 세계관**(92~): 초자연적이나 절대적이지 못한 천사와 사탄의 영역
- 초문화 비절대적인 영역으로, 중간 존재(천사, 귀신, 조상신, 샤머니즘이 발달된 지역)를 믿으며, 이들이 인간의 삶에 직접적인 영향을 미친다고 본다.
- 이 중간영역의 세계관을 가진 사람들의 특징은 매우 종교적이며 기복 신앙을 가지고 있다. 예를 들면 중국은 그 나라의 관습 자체가 집집마다 빨간 글자로 복 자를 써 붙인다.
- 피터 와그너에 의하면 이 지역은 '**힘의 충돌이 일어나는 지역**'으로 하나님의 존재가 표적과 이적으로 많이 나타나는 지역이라고 한다.
  그러나 힘의 충돌을 통해 복음을 수용하게 될 때, 이교적 가치관이 사람들의 마음에 그대로 숨어 있어 결국 시간이 지나면 기독교 이교주의의 형태를 지닌 사이비 기독교가 나타날 위험이 있다.
- 그러나 우리의 이론은 인격적인 주님을 말씀을 통하여 만나게 해야 한다. 여기까지 가야 진정한 회심이 이루어지는 것이다. 그러므로 피터 와그너의 이론은 조심해야 한다.
- 중간영역의 세계관 지역에서는 복음을 전할 때, 교회 공동체에 주신 성령의 은사로서 외적 은사를 인정하되 하나님 말씀 중심의 신학이 바로 서야 한다.

(3) **자연 중심의 세계관**(95~): 인간의 삶이 이루어지는 문화 영역이다.
- 이성 중심의 세계관으로 인간 중심적이고 인간의 이성이나 경험을 중시한다.
- 이 영역의 세계관이 신학에 영향을 미칠 때 신학은 자유주의 신학의 온상이 된다.
- 합리주의, 경험주의, 계몽주의, 이성주의, 공산주의, 과학주의 등등의 영역으로 자기 이성으로 믿어져야 믿는 세계관이다.
- 이 영역에 속한 사람들에게 복음을 전할 때, 감정적이기보다 논리적이어야 하며, 하나님의 살아 계심을 경험케하는 역사가 일어나도록 항상 간구해야 한다.

총제적인 성경적 세계관을 정리하면 다음 표와 같다.(95)

고등영역의 세계관	절대자 하나님 = 궁극적 실재	절대적이며 초자연적 영역
중간영역의 세계관	천사, 사탄	비절대적이며 초자연적 영역
자연주의적 세계관	자연, 사람	비절대적인 문화 영역

〈도식 2-4〉 문화의 구성 요소 동심원 (로이드 콰스트 Lloyd E. Kwast)
문화의 동심원을 항상 염두에 두면 이해가 빠르다.

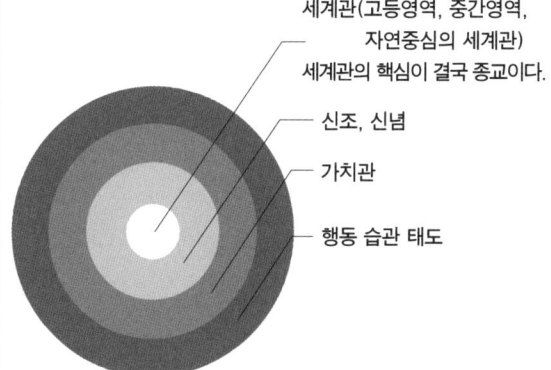

- 세계관(고등영역, 중간영역, 자연중심의 세계관) 세계관의 핵심이 결국 종교이다.
- 신조, 신념
- 가치관
- 행동 습관 태도

- 문화의 표피가 행동, 습관, 태도인데,
- 행동에 영향을 주는 게 가치관이고,
- 가치관에 영향을 주는 게 신조, 신념이고,
- 신조, 신념에 영향을 주는 게 세계관, 세계를 보는 창이다.
- 그래서 세계관의 중심은 종교라고 한다.

【 개혁주의 세계관 】

개혁주의 신학의 근간은 본문이 상황을 해석하게 하는 것이고, 이것이 개혁주의 신학의 기초이다. 성경을 가지고 세상을 해석하는 것이 개혁주의 근간이다.
- 하나님이 만드신 것에 대한 세계를 보는 눈을 쓰는 것인데,
  하나님이 만드신 자연을 어떤 눈을 가지고 보는가, 자연을 어떻게 보느냐,
  그리고 이 세계관에 의해서 다시 만들어 낸 공간, 자연이 문화이고,
  이것이 제2의 창조이다. 이것은 자연, 세계관, 문화로 세 개가 연결되는데
  심층구조 속에 세계관은 종교이다.

그러면 개혁주의 세계관, 우리는 세계를 어떻게 보느냐? 바로 세 가지이다.

- 개혁주의 세계관에 창조, 타락 그 다음에는 **구속**이다.
- 첫 번째, 타락한 인간은 창조와 문화 명령(창 1:28)으로 하나님이 동역자로 불러주셨는데, 문화 명령을 수행하지 못하고 타락했다. 그것을 만든 인간이 악하기 때문에 문화가 자율적 방향 즉, 악한 방향으로 나가게 되었다. 그래서 타락의 관점에서 보고 모든 자연만물까지 저주의 대상이 되어버린 것이다.
- 두 번째, 타락의 결과로 하나님 아닌 다른 것을 목적으로 삼아서 삐뚤어지는 것이다. 인간의 궁극적 대상이 하나님 외에 그 무엇으로 바뀌어 버린 것이다.
- 비극적인 사건의 포문을 여는 사건이 가인과 아벨이고, 라멕이라는 인물이다. 비극적 결과가 이 땅 위에 펼쳐지고 있다는 것이다.

- 이것을 정리하면
    1. 문화에 미치는 죄의 영향은 구조적이라기보다는 방향적이라고 볼 수 있다.
    2. 죄의 영향은 존재론적이라기보다는 윤리론적이라고 볼 수 있다.

- 개혁주의 세계관에 창조, 타락 그 다음에는 **구속**이다.
- 구속의 결과는 창조계의 회복, 본래의 모습으로 회복되는 것이라고 볼 수 있다.
- 구속을 통해서 하나님의 문화를 이 땅에 만들어내는 것이다.
- 구속받은 백성들이 하나님의 나라를 다시 회복시켜야 할 사명이 있다는 것이다.
- 하나님의 나라는 지역, 곧 지리적 의미가 아니다.
- 구속은 하나의 새로운 시작으로 중생을 거쳐 성화에서 영화로 나가고 인간 편에서의 순종을 통해서, 하나님의 백성이 얻은 구속은 원리적 구속으로 우리 삶 속에서 실천이 따르게 된다.

2	다음은 문화 세계관을 다루었으니까 타문화권 커뮤니케이션 다루는데 여기서 가장 중요한 것이 상황화 contextualization를 주목해야 된다고 말했습니다. 상황화에 대해서 비판적 상황화가 있는데, 폴 히버트(Paul G. Hiebert)가 말한 것으로 비판적 상황화에 대해서 논하고 개혁주의 입장에서 성경적 상황화 모델을 서술하라.

【 개혁주의 입장의 성경적 상황화 모델 】
- 여러 가지 상황화 모델 즉, 번역모델, 역동적 등가 모델 등이 있지만, 개혁주의 입장의 성경적 상황화 모델이란, 비판적 상황화로 성경 계시의 **완전 영감설**(Plenary Inspiration)과 **유기적 영감설**(Organic Inspiration)을 전제로 한다.
- 성경적 상황화란 비판적 상황화라고도 하며, 이 모델은 폴 히버트가 제시했다.
- 비판적 상황화는 '선교지 지역의 문화 즉, 전통과 관습을 어떻게 할 것이냐?'를 다루는데 있어서 세 가지를 제시한다.
- ① 옛 것에 대한 거부, ② 무조건적 수용, ③ 비판적 수용으로 나뉘어진다.

① 첫 번째, 그 문화권에 있는 이질적인 요소들, 상황을 다 거부하느냐,
② 두 번째, 또 어떤 곳에서는 무비판적 상황화이냐,
③ 세 번째는 선별적으로 선택적 상황화하는 것(비판적 상황화로 선택하는 것)

1. 첫 번째와 같이, 옛 것에 대한 거부로 모든 문화를 다 거부해 버리는 것(이질적 요소들을 거부)은 기독교 이기주의가 되기 쉽다. 그러면 선교가 이루어지기 어려워 선교의 문이 닫히기 쉽다.
2. 두 번째와 같이, 모든 문화를 무비판적으로 받아들이면 이교주의, 혼잡주의가 되서 과한 상황화가 된다.
3. 따라서 성경적 상황화는 비판적 상황화로 선별적으로 선택적 상황화를 하는 것이다.
    - 성경을 기준으로 해서 성경에 비추어서 받아들일 수 있는 것은 받아들이고 받아들이지 못하는 것은 받아들이지 않는 것이다.

- 이것은 성경해석학이 나와야 한다. 그래야 어디서 멈춰야 되는지 알게 된다.
- 상황화는 반드시 성경해석학이 동반되어야 하고 그렇게 될 때, 어디서 멈춰야 하는지 어디서 가야 하는지를 알게 된다.
- 복음 전달자는 자신의 모국 문화를 이상적인 문화로 여기지 말고, 항상 성경을 통해서 개혁하고 끊임없이 성찰해야 한다. 복음 전달시에 수용자의 문화를 무조건 거부하고 부정하는 것이 아니라, 문화 속에서 일반 은총의 접촉점을 찾고, 하나님이 예비하신 바 된 선교의 다리(Bridge)를 사용하여 하나님의 말씀을 통한 문화 변혁을 일으킴으로, 성경적 토착 교회와 신학을 형성해야 한다.
- 이러한 성경적 상황화의 신학을 이루기 위해서는 성경 해석에 있어서, 하비 칸(Harvie M. Conn)이 말한 성경 해석학적 나선형(Hermeneutical Spiral)의 모델을 취하며, 그리고 다면적 전망(Multiperspective)의 성경해석 신학 모델을 취해야 한다. 이것이 하비 칸이 말한 기독주의 신학의 최종적인 모델이다.
- **'해석학적 나선형'**이란 각 문화권 속에서 문화 변혁과정이 결과적으로 성경으로 귀착된다는 뜻이며.
- **'다면적 전망'**이라는 것은 성경을 바라보는 관점이 하나의 관점이 아니라 많은 관점으로 본다는 뜻이다.

21. 예배와 예전 과제

정은상 교수님
『한국교회 예배사』

들어가는 말

저자는 시대별로 분류하여 각 시대마다 제목을 붙여서 예배의 변천사에 대한 간단하면서도 함축적인 단어로 한 시대의 예배를 요약하고 있다.

모태신앙인 나는 어릴 때 엄마 손을 잡고 교회를 갔고, 인생의 반세기를 더 지나도록 교회에서 예배를 드리면서도 예배의 역사에 대해 한 번도 생각해 본 적이 없었다. 예배의 부름, 찬송, 기도와 성가대의 찬송, 설교, 헌금, 광고의 순서로 진행되는 예배에 대해 '예배는 그저 이렇게 드리려는 것이려니' 하며 스폰지가 물을 빨아들이듯 그대로 받아들였다. '한국교회의 예배 역사는 한국에 선교가 시작된 이래 지금까지 120년이나 된다.'[114]는 서문을 읽으며 비로소 지금까지 나는 한국교회의 예배 역사에 대해 무심했음을 깨닫게 되었다.

저자는 시대별로 나누어 주일예배의 1장 '형성', 2장 '전통', 3장 '토착', 4장 '굴절', 5장 '갱신', 6장 '미래'를 논의하며 이와 같이 나눈 다섯 시기의 각 시

---

114 허도화, 한국교회 예배사, 한국강해설교학교 출판부, 2003, 8.

대별 예배가 지닌 특징을 중심으로 기술한다.

⟨표 2-21⟩ 한국교회 시대별 예배 변화

제1장 주일예배의 형성 1879~1900년 1. 한국인 예배 공동체 2. 선교와 예배의 연결	제2장 주일예배의 전통 1901~1930년 1. 1900년대의 예배 2. 1910년대의 예배 3. 1920년대이 예배	제3장 주일예배의 토착 1931~1960년 1. 1930년대의 예배 2. 1940년대의 예배 3. 1950년대의 예배
제4장 주일예배의 굴절 1961~1990년 1. 1960년대의 예배 2. 1970년대의 예배 3. 1980년대의 예배	제5장 주일예배의 갱신 1991년 이후 1. 새로운 예배 2. 장로교의 예배 3. 감리교의 예배 4. 성결교의 예배	제6장 주일예배의 미래 1. 한국교회 예배의 미래 2. 문화에 대한 도전으로서 예배 3. 아름다운 미술과 건축으로서 예배

1. 연구 목적[115]

- 본 연구는 각 시대에 따라 주요 교단의 표준 주일예배를 비교, 분석함으로 우리 예배의 과거 역사적인 형성과 변화, 그리고 예배의 변화 속에 나타난 현상학적인 경향을 살펴보는 것이다.
- 이와 같은 연구는 각 주요 교단의 예배 역사와 전통을 찾으려는 시도이기도 하다.

---

[115] 허도화, 한국교회 예배사, 15.

2. 연구 방법[116]

- 예배를 연구하고 분석하는 일에서 예배서나 예식서를 중요한 증거자료로 사용하는 것은 당연하다.
- 그러나 예배를 예배서나 예식서와 동일시 할 수는 없다. 왜냐하면 예배의 많은 부분이 성령의 역사 정도에 따라 나타나는 '**자발적 즉흥성의 비율**'에 따라 다르게 나타나기 때문이다. 그럼에도 불구하고 예식서나 예배서를 중심으로 분석해야만 한다.

그 이유는 두가지 이유 때문이다.
첫째로, 각 교단이 제시한 표준예배를 중심으로 예배사를 기술하는 방법은 각 교단의 예배 변화의 흐름을 연속성 있게 이해하는 데 도움을 준다.
둘째로, 지역 교회들의 예배자료보다 교단의 예배모범을 선택한 것은 너무 다양하게 나타난 지역 교회들의 예배 형식들로는 각 교단의 예배가 지닌 성격과 특징을 연구하는 것이 어렵기 때문이다.

3. 연구의 관점과 연구의 범위[117]

첫째로, 예배의 형성과정에 대한 것. 각 시대의 예배는 언제, 어디에서, 그리고 누구에 의해 시작되었는가?
둘째로, 예배의 발전과정에 대한 것. 각 시대의 예배는 어떤 내용, 구조, 형식으로 즉 어떤 특징과 경향을 나타내며 진행되었는가?
마지막으로, 예배의 영향에 관한 것. 각 시대의 예배는 한국교회에 어떤

---

116 허도화, 한국교회 예배사, 15.
117 허도화, 한국교회 예배사, 16-17.

영향을 끼치고 어떤 예배 전통을 형성하였는가? 이다.

- 연구의 범위를 정하는 기준에 있어서 '**어느 시기를 한국 교회의 예배가 시작된 것으로 볼 것인가?**'가 중요하다.
- 예배는 교회가 설립되기 이전부터 형성되었기 때문에 교회보다 역사가 더 길다.
- **한국인들의 최초 예배도 한국 교회의 시작보다 이전에 형성되었다.**
- 한국 교회 예배는 만주에 살던 한국인 30여명이 정기적으로 모여 예배를 드리다가 그곳에서 한국 사람들이 최초로 세례를 받았던 1879년 10월에 시작되었다고 볼 수 있다. 그래서 우리가 다룰 **한국 교회의 예배 역사의 범위는 1879년부터 현재까지**이다.

다음은 한국 교회의 예배 변화를 다섯 시기로 나누어 각 시대별 특징을 요약한 것이다.

〈표 2-22〉 한국 교회의 예배 변화 다섯 시기

제1장 예배형성기 (1879-1900년)	제2장 예배전통기 (1901-1930년)	제3장 예배토착기 (1931-1960년)	제4장 예배굴절기 (1961-1990년)	제5장 예배갱신기 (1991년 이후)
만주, 일본, 그리고 한국에서 활동하던 선교사들에 의해 미국 교단 배경의 예배 형식이 소개됨으로 예배가 시작하던 시기	교회와 교단이 조직된 후 한국교회 지도자들이 선교사들로부터 예배모범을 통해 예배 인도에 대한 훈련을 받으며 예배의 전통을 세우던 시기	예배 토착기는 선교사들이 전해준 예배 형식이 대부흥운동의 영향을 받아 형성되기 시작한 한국형의 예배가 자리를 잡아가던 시기	1960년대 말에서 70년대, 80년대로 이어지는 경제개발에 힘입어 과열 현상까지 나타낸 개교회주의적 교세확장의 열기에 의해 교회의 대형	예배 갱신기는 예식서를 편찬하여 초대교회의 예배 회복을 시도하거나 경배와 찬양과 같은 오순절적 예배의 본질을 찾으려는 시기이다.

이 기간에 자체적인 예식서 없이 선교사들이 소개한 외국의 예배 형식에 따라 주일 예배를 드림	선교사들에 의해 번역된 예식서들을 중심으로 제정되기 시작한 예배 모범은 헌법과 교리, 장정을 통하여 각 교회에 전달됨	일제시대의 교회 핍박과 한국동란으로 인한 사회 변화에 영향을 받은 예배형식, 신사참배문제로 진보와 보수로 나뉨	화가 가속되면서 예배는 교세 확장을 위한 프로그램이나 수단으로 사용되던 시기로 이때 예배가 크게 굴절되기 시작함.	각 교단은 예식서를 통하여 세계교회의 예배 전통을 살리려는 노력을 나타내기 시작했으나, 어떤 교회들은 자유로운 예배
예배 형식은 선교지향적이며 비예전적인 경향을 띠었으며, 선교사들은 19세기 미국에서 왕성하던 부흥회 형식의 예배를 소개함	주정주의적 경향을 띤 설교 중심의 사경회, 경건과 성령운동을 강조한 기도회로 선교사들이 전해준 예배를 더욱 단순하게 만들었다.	길선주의 말세신앙, 김익두의 치유와 이적, 이용도의 신비신앙 등과 같은 다양한 요구를 채우려는 한국형 부흥회에 의해 지배되었다.	예배가 교세 확장의 수단이 되자, 개체 교회의 필요에 의해 다양한 예배형식은 교단의 표준예식이 지닌 권위를 무색하게 만들었다.	형식을 취하였다. 이 형식은 경배와 찬양, 방언과 치유 등의 은사 체험을 강조하거나 멀티미디어를 사용하는 동영상 예배 등이다.

【 본론 】

1. 주일예배의 형성(1879-1900년)

1.1. 한국인 예배공동체(26-40)

한국이 기독교의 복음을 접한 경로를 고려한다면 한국교회의 예배는 한국보다 먼저 선교를 받은 중국과 일본에서 거주하던 한국인들의 예배와 결코 무관하지 않다. 그러므로 초기 한국교회의 예배 형성을 이해하기 위하여 중국이나 일본에서 시작된 한국인 예배공동체의 예배 내용과 형식을 고찰한 후, 그 예배가 후에 한국에서 선교사들에 의해 시작된 예배에 어떤 영향을 주었는지를 알아볼 필요가 있다.

1.1.1. 한국인 첫 예배공동체

① 만주의 예배공동체(27-28)

최초의 한국인 예배공동체는 스코틀랜드 선교사들인 맥킨타이어(John MacIntyre)와 로스(John Ross)에 의해 만주에서 형성되었다. 최초의 한국 개신교 신자들은 1879년에 맥킨타이어에 의해 세례를 받고 탄생하였다.

② 북부지방의 자생교회(29-31)

만주에서 형성된 한국인 예배공동체는 한국인들의 경로를 따라 자연스럽게 한국의 북부지방으로 전달되어 자생적인 교회가 형성되기 시작하였다. 1880년대에 들어오면서 만주에서 번역되고 간행된 성서를 한국에 들여와 보급한 한국인 개종자들의 노력에 의하여 북한 지역에 신앙공동체가 형성되기 시작하였다. 이처럼 미국의 선교사들이 한국에 도착하기 이전에 만주의 권서전도인들에 의해 한국인 예배공동체를 형성한 자들이 세례를 받기 위해 선교사들을 기다리고 있었다는 기록은 여러 곳에서 발견된다.

③ 일본의 한국인 예배공동체(31-32)

만주에서 한국선교가 시도되고 있을 무렵, 일본에서는 이수정(李樹廷)이 한국선교를 위하여 노력하고 있었다. 일본에서 선교사들로부터 복음을 접한 개화파 지식인들 중 이수정은 대표적인 인물이었다. 그는 일본어 성경(마가복음)을 한국어로 번역하였는데, 이수정은 미국교회에 한국에 선교할 선교사를 파송하도록 진정서를 보냄으로 기독교가 한국에 수용되는데 기틀을 마련하였다. 아펜젤러와 언더우드가 제물포에 상륙할 때 들고 온 복음서가 바로 이수정이 번역한 마가복음이었다.

1.1.2. 한국인 예배공동체의 예배

① 구도자들을 위한 예배(33-37)

초기 한국교회의 예배가 형성되는 과정에서 가장 먼저 나타난 예배 형태는 구도자들을 위한 것이었다. 로스는 네비우스와 친밀한 관계를 형성하면서 그로부터 선교방법을 배우고 보완하여 만주 지역의 선교현장에서 토착교회론을 실천하였다.

만주에서 형성된 한국인들의 예배는 평일 오후에는 전도설교, 저녁에는 성경교육, 그리고 주일에는 찬송과 기도를 중심으로 진행되었다.

【 최초 한국인들에 의한 세 가지 예배의 내용들과 그 특징 】

첫째로, 회심자들을 얻기 위하여 복음을 전하는 평일 오후예배는 가장 효과적인 대중설교를 중심으로 이루어졌다. 로스의 보고에 의하면, 중국에서 선교하던 선교사들은 각 마을을 순방하는 선교 방법 외에 큰 마을에 정착하여 그곳을 선교본부로 삼고 2~3개월 동안 주변 작은 마을들을 돌면서 복음전도, 교육, 또는 의료선교를 하였다.

둘째로, 저녁예배는 복음전도로부터 얻은 회심자들을 교회의 일원으로 만들기 위한 성경교육과 상담 중심으로 진행되었다.

셋째로, 만주의 한국인 예배의 형태는 구도자들의 신앙부흥을 위해 찬송과 기도가 많이 사용되는 주일예배로 진행되었다.

② 토착민에 의한 예배(37-40)

네비우스가 중국 선교의 선교 경험으로부터 얻은 선교 방법론(Methods of Mission Work)은 언더우드와 아펜젤러 같은 해외선교에 거의 경험이 없던 젊은 한국 선교사들에게 관심을 사로잡았다.

네비우스의 선교 방법의 두 가지 원리는 자급과 사경회 제도였다. 다음은 네비우스 선교 원리에 의한 토착인들의 예배 진행 방법이다.

첫째	• 한국인 토착민들에 의한 예배는 간단하게 구성되어 진행되었다. • 철저한 자립과 자전을 강조한 네비우스의 '토착교회론은 한국인들 스스로 예배 처소를 마련하도록 할 뿐 아니라 그들이 예배를 인도하도록 하였다.
둘째	• 토착민들에 의한 예배는 성경공부 중심으로 진행되었다. • 각 지역의 한국인 평신도 지도자들은 선교사들이 가르쳐준 성경 중심의 간단한 교훈이나 권면이나 교훈을 전함으로 네비우스 선교 방법에 따라 간접적이며 강요하지 않는 일상적인 대화 방법으로 설교를 대신하였다.
셋째	• 토착민들에 의한 예배는 지역 중심의 연합예배를 가능하게 하였고 선교사들과 한국인 평신도 지도자들에 의해 인도되던 성경공부반과 훈련된 인도자들에 의해 점차 발전하였다.

1.2. 선교와 예배의 연결

선교사들의 예배 경험은 19세기 미국에서 독특하게 발생한 프론티어(Frontier; 변경(邊境)) 예배를 그 배경으로 한다. 프론티어 예배는 미국의 변경에서 주로 교회에 다니지 않는 자들을 대상으로 며칠 동안 열린 야영집회를 통해서 형성되었다.

1.2.1. 성경연구반(42-45)

한국 개신교의 예배는 십자가, 성화와 같은 예배적 상징과 기도서, 교리문답서 등으로 접근한 천주교와 매우 다르다. 한국 개신교의 예배는 성경 중심의 선교에 회심을 강조하는 설교와 교리를 강조하는 교육 중심으로 형성되어 처음부터 예전적 접근과는 거리가 있었다.(43)

선교사들은 선교활동을 자유롭게 할 수 없었기에 개인적인 전도를 위한 성경경부반을 만들고, 병원과 학교를 통하여 간접적인 선교활동을 하였다.

1.2.2. 세례식(46-49)

성경연구반과 아울러 세례식도 선교 초기에 한국교회의 예배공동체를 형성하는 중요한 매개체가 되었는데, 세례문답의 중요한 심사 기준의 하나가 전도한 사람이 있는가의 여부였기 때문에 세례는 전도의 의무를 강조하는 기회가 되었다. 세례를 받은 자들이 늘어남에 따라 예배공동체가 형성되고 교회가 시작될 수 있는 기반을 마련하게 되었다.

1.3. 주일예배(50-76)

1.3.1. 사랑방 예배(51-56)

초기 기독교의 전도와 예배가 다락방에서 시작되었듯이 한국의 전도와 예배는 사랑방에서 시작되었다.
첫째로, 선교사의 사랑방은 성경공부를 나누는 장소였다.(51-52)
둘째로, 선교사의 사랑방은 기도를 나누는 장소였다.(52-53)

1.3.2. 예배당 예배(56-76)

1890년대 후반부터 사랑방에서 모이던 예배공동체들은 점차 자체의 예배당이 생기기 시작했다. 이때부터 한국교회는 두 가지 변화를 경험하였다.
하나는, 선교의 자유가 없던 사랑방 시대에는 장로교와 감리교 선교사들과 외국인들을 중심으로 교단의 구별 없이 주일 오후에 연합예배를 드렸다. 그러나 각 교단의 예배당이 건축되면서 교단적인 특징이 나타나며 교파교회를 위한 선교가 시작되었다.
또 다른 하나는, 예배당이 건축되면서 예배의식에 토착화 양상이 나타나기 시작하였다.

1.4. 예배의 경향(77-85)

초기 한국교회의 예배가 형성되는 과정에서 나타낸 경향은 여러 가지 배경과 원인들에 기인하는데 다음 두 가지 배경을 살핌으로 한다.

> 한 가지는, 기독교 예배 의식과 만나기 이전에 형성되어 있던 **한국인들의 종교적 토양**이며, 다른 한 가지는, 선교사들이 한국에 가지고 온 **자신들의 종교적 경험**과 깊은 관련이 있다.

1.4.1. 전통 종교들과의 만남(77-79)

한국의 전통적인 종교와 문화 충돌을 피하려는 선교사들의 노력은 토착화 과정을 통하여 나타났다. 이와 같은 과정 속에 유교, 무교, 불교의 복합적인 성격이 나타났다.

> 첫째로, 초기 한국교회의 예배는 **유교(Confucianism) 의식의 부성적(父性的) 영성**에 접근하면서 성경과 설교를 강조하는 교훈적 예배의 경향을 나타냈다.
> 둘째로, 초기 한국교회의 예배는 **무교(Shamanism) 의식의 모성적(母性的) 영성**에 접근하면서 간단한 형식으로 감정에 호소하는 부흥회적 예배의 경향을 나타냈다.
> 셋째로, 초기 한국교회의 예배는 **불교(Buddhism) 의식의 중성적(中性的) 영성**에 접근하면서 관조와 경건을 강조하는 기도 중심의 예배 경향을 나타냈다.

1.4.2. 선교사들의 예배 경험(79-85)

한국에 선교사들을 파송하기 시작한 미국의 교파 교회들에서 나타난 공통점은 순수한 형태의 복음을 전하려는 복음주의와 경건주의 중심의 신앙 형태였다.

① **실용적인 예배 구조**(80-82)

초기 한국교회의 예배는 참석자들을 가능한 많이 그리고 빨리 회심자로 만들려는 열정이 있는 선교사들에 의해 실용주의적인 경향을 강하게 나타냈다. 회심자들을 수확하기 위한 실용적인 예배에서는 그 목적을 위하여 설교가 가장 중요한 초점이며 절정을 이루도록 예배 순서에서 보다 뒤쪽으로 옮겨지게 된다. 이와 같은 경향은 교회의 양적 성장에 대한 열정을 예배 속에 강조하던 1960년대 말부터 점차 바뀌기 시작하면서 그 순서들이 모두 설교 뒤쪽으로 이동하였다.

② **자유로운 예배 진행**(82-85)

초기 한국교회 예배는 가능한 많은 사람들이 참여하도록 그리고 그들을 회심자로 만들기 위하여 예배는 자유롭게 진행되고 또한 간단한 형식을 취하였다.

2. 주일예배의 전통(1901-1930년)

2.1. 1900년대의 예배(99-117)

초기 한국교회 예배는 두 가지 요인들로 인하여 선교지향적이었다.

첫째, 선교사들은 서민들에게 성경을 가르치며 회심을 목적으로 하는 선교지향적 예배를 시작하였다.
둘째, 선교지향적인 예배는 네비우스 선교정책에 의해 더욱 강화되었다.

네비우스 선교 정책은 참석자 숫자에 대한 경쟁을 일으켰으며 회심자들을 얻으려는 열정은 관리들이나 양반 계급 보다는 비교적 전도가 쉬운 일반 서민들로부터 열매를 거두어 한국교회의 급성장을 이룩하였다.

서민들을 중심으로 나타난 내적 동기는 교회를 통하여 개인적 도움이나 물질적 이득 혹은 보호를 구하려는 이기적이고 감정적인 동기를 가지고 기독교 신앙을 찾은 이들이다.

2.1.1. 대부흥운동(104-113)

첫째, '성경공부'에서 캐나다 출신의 의료 선교사역을 하던 '하디'로부터 시작된 회개의 고백과 간증은 계속되어 그리스도 안에서의 새로운 삶이 무엇을 말하는지를 알게 되어 선교사들에게 임한 회개와 성령 체험의 역사가 한국인들에게도 나타나게 되었다.

둘째, '새벽기도회'는 새벽에 기도하거나 산에서 기도하는 습관은 오래 동안 도교, 불교, 샤머니즘의 기도 형태였기 때문에 이에 익숙한 한국교인들에게 낯선 것이 아니었고, 길선주 장로가 새벽기도회를 한국교회의 예배 전통이 되도록 만드는 데 주도적인 역할을 했다.

2.1.2. 한국적 예배의 특징(113-117)

'사경회'와 '새벽기도회'는 한국교회의 대부흥운동을 지속적으로 유지시킨 두 개의 축이면서 동시에 산물이다. '사경회'와 '새벽기도회'는 다음 세 가지를 낳았다.

첫째, 설교 중심의 예배를 낳았으며
둘째, 성경 중심의 신앙을 강조하는 복음주의적인 예배 전통을 낳았으며
셋째, 성령체험을 강조하는 예배를 낳았다.

2.2. 1910년대의 예배(118-149)

2.2.1. 장로교·감리교의 예배

1907년부터 한인 목사를 배출하기 시작하면서 이전의 간단한 형식보다 더 엄숙하고 형식을 갖춘 동시에 교단적인 특색을 나타내는 예배로 발전하게 되었다.

한국 장로교의 주일예배의 기본 정신과 표현은 『웨스트민스터 예배모범』에 근거한다. 이 가운데 1919년 클락이 소개한 예배순서는 칼빈의 예배전통을 따름으로 예전적인 요소들을 잘 나타내고 있었다.(121-135)

감리교의 예배순서는 간단한 장로교의 예배순서에 비해 다소 복잡하다. 처음부터 미국 감리교의 예배 형식을 따르면서도 어느 정도 예전적인 성격을 유지하고 있었다.(135-142)

2.2.2. 성결교의 예배(142-149)

성결교회가 한국에서 시작된 것은 1907년이었으나 어느 정도 갖추어진 예배모범이 문서로 등장한 것은 1920년대 후반이다.

성결교회는 주일 저녁 예배를 다른 교단의 것과 성격이 다른 '구령회'(The Salvation Meeting)로 진행하였으며 주일 4회의 예배(새벽기도회, 주일 오전 예배, 구령회, 성별회)를 드린 것으로 나타난다. 성별회는 영국 성공회 소속 선교사 벅스톤(Berclay Fowell Buxton)에 의해 시작되었는데, 은사 집회로써 신유의 교리를 실천하는 신유집회로 발전되어 부흥회 성격을 띠게 되었다.

2.3. 1920년대의 예배(150-158)

1920년대의 한국교회는 일제 치하에서 친일(親日) 아니면 반일(反日)이라는 생존양태의 상황 속에서 고민하고 갈등하였다. 3.1운동 이후 기독교인들의 민족의식과 독립운동은 사라진 것은 아니었으나 대체로 일제 치하에서 많은 교회들이 민족문제보다는 교회의 내적 신앙을 강조하는 경향으로 기울어졌다. 독립만세 사건으로 교회들이 입은 상처가 오래 남았기 때문이다. 이때 국가적 환난과 교회의 시련을 극복하는데 공헌한 것이 김익두의 부흥회였다.

1920년대 한국교회의 예배가 비예전 방향으로 변화하였으며, 한국 장로교는 한국교회를 위한 예배모범을 위해 1894년에 발행된 미국 남장로교회의 예배모범(The Directory for the Worship of God with Optional Forms)을 번역하였다.

이 예배모범은 한국교회가 미국교회처럼 일어서서 기도를 드리는 자세를 권장하기가 쉽지 않았으며, 한국교회는 아직 예배에 익숙하지 못한 자들을 위하여 엄숙하고 경건한 예배 분위기를 유지하도록 훈련하는 것과 헌금이 예배의 중대 요소임을 강조하고 있다.(154-159)

3. 주일예배의 토착(1931-1960년)

3.1. 1930년대의 예배(170-183)

1930년대는 한국 개신교의 예배사에 변화가 일어나기 시작한 중요한 시기이다. 어떤 면에서 1930년대는 한국 개신교가 선교사들이 사용하던 예배를 중심으로 예배에 대한 규범과 설명을 강조하던 '예배모범'의 시대로부터 오늘날 주보에 게재되는 것과 같이 간소화된 '예배순서'의 시대로 나가는 시작 단계라고 할 수 있다.

【 1930년대 한국 개신교의 예배 형식의 몇 가지 공통점 】

> 첫째로, 주악이나 성악으로 시작하던 미국교회 형태의 주일예배 순서로부터 선교사들이 전해준 예배의 요소가 아니었던 묵도가 강조되면서 묵도를 첫 순서로 시작하였다.
>
> 둘째로, 기도의 순서가 다양해지면서 예배의 앞부분에서 공동기도의 성격을 띠던 기도가 평신도가 담당하는 대표기도로 변하였다.
>
> 셋째로, 설교 중심의 예배순서가 정착되면서 헌금과 광고가 설교 앞부분에 위치한다.

【 장로교의 예배 】

1930년대 초기 한국 장로교의 주일예배 순서에 대한 구체적인 설명은 웨스트민스터의 예배모범이나 헌법에서 발견되지 않는다. 또한 한국장로교는 1922년의 헌법에서 미국 남장로교의 예배모범을 번역하여 최초의 예배모범을 소개하였다.

1930년대 장로교의 또 하나의 주일예배 순서는 솔토가 출판한 『예배첩경』에서 소개한 것이다. 이 책은 클락에 의해 신학교의 실천신학 교재로 출판된 목사치법과 대조가 된다. 이 책은 예배 안내서로 사용되었으며 1977년 예식서가 출판될 때까지 장로교의 주일 예배순서를 정하는 기준이 되었다.

3.2. 1940-1950년대의 예배(184-188)

1930년대 말부터 한국교회 내에 일어나기 시작한 신사참배는 예배의 자유를 억압하기 시작했으며 심지어 예배의 정치적 의미에 대한 논란까지 불러 일으켰다.

신사참배 문제에 대한 찬반으로 분열되었던 한국교회는 해방 직후에도 분열의 아픔을 겪었다. 이후 한국교회의 예배는 1950년 한국동란으로 인하여 한때 결속과 화해의 의지가 보이는 듯했으나 신앙과 신학이 보수와 진보로 나누어져 장로교가 1952년에, 감리교가 1954년에 분열되었다. 여러 가지 아픔과 유혹이 계속되던 와중에 장로교와 감리교의 주일예배에 변화를 기대하기란 매우 어려웠다.

4. 주일예배의 굴절(1961-1990년)

한국교회의 예배사에서 제3기는 예배가 교회의 양적 성장을 위한 하나의 프로그램으로 사용됨으로 예배의 굴절 현상이 나타난 시기이다. 1960년대 이후 한국교회의 예배사에 발전이 없었던 것은 아니지만 외적 성장을 향한 관심과 노력이 오히려 내적 성장을 일으키는 예배에 대한 무관심을 낳아 결과적으로 예배의 정체현상을 불러왔다.

4.1. 1960년대의 예배(195-206)

1960년대부터 한국 개신교 안에 예배갱신론이 거론되기 시작하였으며 예배와 그리스도 안에서의 공통된 삶으로 표현되는 하나의 신앙과 하나의 성찬식 교제를 통해 가시적인 일치를 추구하는 에큐메니칼 운동에 영향을 받으면서 예배를 비판하기 시작하였다.

1) **장로교의 예배**는 선교 초기부터 선교사나 교단이 제시한 표준 주일예배순서를 따르지 않고 지역교회의 실정에 맞는 간단한 형식의 예배를 드려 온 특징이 있다.

2) **감리교의 예배**는 주일예배순서에서 부흥운동의 영향을 강하게 받은 19세기의 미국감리교 예배의 특징이었던 신신자견신(an invitation 또는 a confirmation)을 회복하였다.

4.2. 1970년대의 예배(207-215)

1970년대의 한국교회의 예배는 안과 밖으로부터 일어난 강한 유혹들에 의하여 예배의 굴곡현상을 나타냈다. 70년대 군사독재에 의한 억압이 한창일 때 많은 교회들이 은사 체험이나 축복을 강조하고 있는 부흥회의 영향을 받아 주정주의적 예배에 치우치기 시작했다. 주정주의적 예배로 인하여 교회는 점차 억압당하는 백성들을 위해 사랑하고 봉사해야 할 윤리적 책임과 정치적인 인권 탄압에 맞서야 할 예언적 사명을 외면하기 시작했다.

국가의 고도 경제성장에 힘입어 한층 더욱 교회성장을 목표로 삼고 사람들이 모이는 대형집회에 열정을 쏟았다. 이렇게 성장 이데올로기에 사로잡힌 한국교회는 밖으로부터 '한국교회는 집회가 있을 뿐 예배는 없다'는 비판을 받기도 했다.

4.3. 1980년대의 예배(216-219)

1970년대에 나타난 예배의 다양화 현상은 1980년대에 더욱 확대되었으며 표준예식의 의미를 상실한 교단의 예배모범은 잘못된 예배 이해를 증폭시켰으며, 목회자의 판단에 의해 자율적으로 진행된 예배는 교회성장을 위한 프로그램으로 전락되거나 부흥집회로 변하였다.

5. 주일예배의 갱신(1991년 이후)

한국교회의 예배 갱신기는 각 교단이 예배서나 예식서를 편찬하여 기독교 예배의 전통을 회복하거나 빠르게 변하는 현대 문화에 적응하려는 노력을 나타내는 시기를 말한다. 21세기를 전후하여 한국교회의 모든 교단에 확산되기 시작한 예배갱신운동은 예배의 본질을 찾으려는 시도로 크게 두 가지 방향으로 나타났다.

한국 개신교의 예배갱신에 영향을 준 두 주류는 예전적인(Liturgical) 예배와 현대적인(Contemporary) 예배로 서로 다른 방법으로 접근한다.

예전적 예배갱신은 성서적인 예전과 교회의 전통적인 예전을 회복하려는 운동이며 현대적인 예배는 성령의 현재적인 역사를 강조함으로 매우 주관적이며 경험 중심의 예배를 회복하려는 오순절, 은사주의, 그리고 경배와 찬양 전통에 속한다.(230-237)

예배갱신에 있어서 예전적 예배나 현대적인 예배 모두 예배의 구조에 '예배의 신학'을 포함해야 한다.

예배의 신학은

첫째로, 예배는 영원하신 하나님 아버지를 높이고 찬양하는 것이다.

둘째로, 예배는 성자 예수 그리스도가 이루신 일에 대해 감사를 드리는 것이다.

셋째로, 예배는 중보자 성령의 임재를 간구하는 것이다.

〈그림 2-18〉 예배의 4중 구조의 회복

① 함께 모여 Gathering	② 말씀을 듣고 Hearing of the Word
예배의 4중 구조의 회복	
③ 감사로 응답하며 Thanksgiving	④ 세상으로 파송되는 Sending out to the Wortd

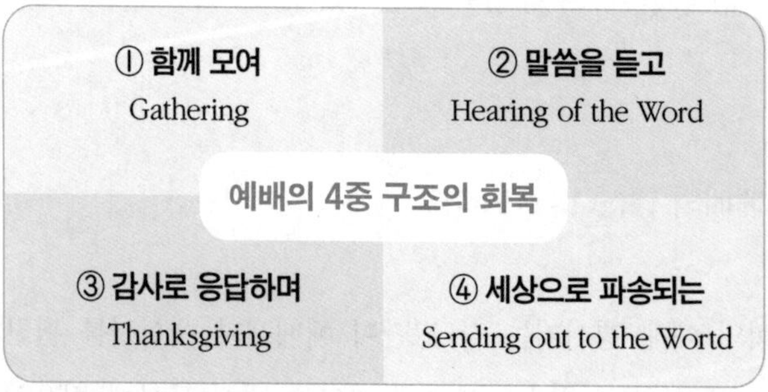

6. 주일예배의 미래

6.1. 한국교회 예배의 미래(270-271)

예전회복운동은 '초교파적인 예배 일치(ecumenical liturgical consensus)'로 알려진 운동으로 그 이유는 '현대의 필요들을 채우기 위한 노력의 결과가 상당부분 전통을 창조적으로 회복하는 것'으로 나타났기 때문이다.

〈그림 2-19〉 한국 교회 예식서나 예배서 발간에 사용한 기본 원칙

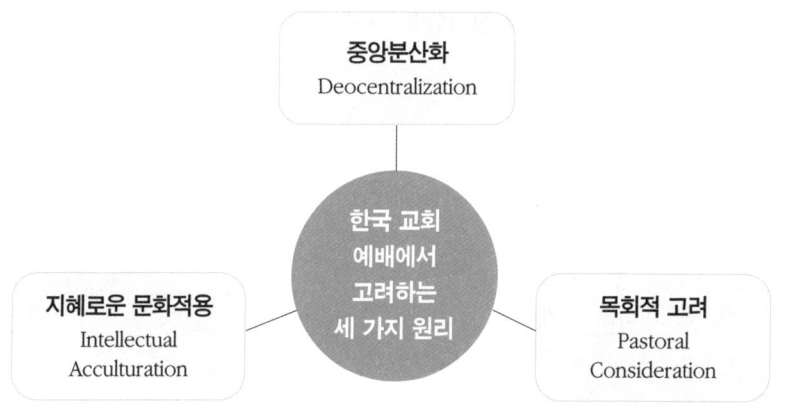

첫째로, 각 교단은 과거의 중앙집중형 예배로부터 탈피하여 지역교회들을 위한 예배로 그 중심을 교회의 교역자와 회중에게로 분산시키려는 노력을 하고 있다.

둘째로, 각 교단은 예배를 갱신할 때 목회적인 면에 최우선 순위를 둔다.

셋째로, 각 교단의 예배갱신의 방향은 현대 사회 속에 있는 신학적이며 문화적인 요소들에 우선순위를 둔다. 그 이유는 예배가 변하는 문화의 영향을 받기 때문이다.

6.2. 문화에 대한 도전으로써 예배(272-274)

예배는 문화에 도전할 수 있다. 복음이 필요할 때는 문화에 맞서기 위한 대리자로, 예배가 보증을 받을 때는 문화를 지원하고 강화시키기 위한 대리자로 활동한다.

【 한국교회가 예배를 문화에 대한 하나의 도전으로 다루어야 할 이슈들 】

첫째, 예배에 대한 신학적 이해이다.

둘째, 앞으로 한국교회는 인간의 죽음을 진지하게 여기는 방법 뿐만 아니라 그 죽음에 대한 진지함을 예배 속에서 최대로 표현하는 방법을 배워야 한다.

셋째, 예배에서 하나님의 풍성한 다양성을 경험하기를 원하는 모든 사람들을 어떻게 포함시킬 것인지가 될 것이다.

마지막으로, 한국교회는 예배를 통하여 자연과 창조와의 관계를 재평가할 필요를 느껴야한다.

7. 이 변화에 대한 자신의 생각

공기가 그저 우리에게 주어지듯, 어린 시절부터 아무 생각없이 무심히 다녔던 주일예배가, 어느 날 하늘에서 만물상자가 뚝 떨어지듯 내려온 것이 아님을 알게 되었다.

'예배의 본질이 무엇인가?' 이 문제는 나뿐만 아니라 신학생이나 평신도 모두가 끊임없이 추구하는 문제이다. 저자는 한국 예배의 역사를 찾아가며 예배의 본질 문제에 직시하여 우리가 앞으로 나아가야 할 예배의 모습을 과업으로 제시하고자 한다.

『한국교회 예배사』는 주일예배의 형성과 발전에 대한 연구이다. 한국의 어려웠던 식민지의 역사와 6.25 전쟁 등 역사의 흐름과 병행하며 풀어내야 하는 예배사에는 많은 어려움이 있었을 것이다. 단 시간 내에 급변화하며 굴곡 많은 한국교회의 예배사를 정리하기에 저자는 자료의 부족으로 난감하였을 것이다. 저자의 수고에 감사드리는 마음이다. 다음은 이 책을 읽으며 느낀 본인의 생각을 정리한 글이다.

7.1. 선교사들의 수고에 감사하다.

본서를 읽어가며 초기 선교사들(언더우드, 아펜젤러)의 수고가 눈물겹고 존경스러웠다. 초기 예배가 선교사들의 사랑방에서 이루어진 대목(51-56)을 읽다보면 가슴이 뜨거워진다. 그분들의 열정과 그 예배에 은밀히 참석했던 한국인들의 신앙고백이 얼마나 절절하고 뜨거웠을까! 참석자들이 많아 조그마한 사랑방의 칸막이를 치워 방을 넓게 만든 후 드린 예배의 시간을 생각하면서 내 믿음의 선 자리를 돌아보게 되며 내가 뜨거웠었던 어린 시절 중고등학교 때, 그 시간으로 다시 돌아가는 느낌이었다.

선교사들이 한국인들을 위해 선교와 기도 순서를 한글로 진행한다는 것이 매우 힘든 일이었음에도(63) 한국말로 설교하려고 애쓴 선교사들(아펜젤러, 스크랜톤 등)의 노력과 수고가 있기에 내가 복음을 듣게 되었다는 것을 이제야 깨닫는다.

7.2. 무엇으로 예배를 시작할 것인가?

1980년대의 예배에서 다양한 질문들이 나오는데, 무엇으로 예배를 시작할 것인가? 헌금과 광고의 바람직한 위치는 설교 전인가 후인가? 등의 질문이 나온다.(217-219)

본서에서 지적하였듯이 '많은 교회들이 행사나 목적에 집중한 나머지 하나님에게만 예배하는 분명한 예배정신을 상실하였다.' 참된 설교라면 예배가 살 것이라고 생각한다. 그것을 본서에서 지적하지 않음이 안타깝다. 물론 '예배 속에서 그리스도를 직접 체험하도록 해야 한다'(224)는 논의는 공감한다. 예배가 헌신만 강조하다보니, 본질을 놓치고 말씀에 배고픈 양 떼들에게 '무조건 헌신하라'는 목사의 설교는 정말 싫다. 목사는 할 말이 없으면 가장 말하기 좋은 헌신과 순종을 그들의 무기로 삼기 때문이다. 양 떼를 충분한 꼴로 먹이면 헌신의 마음은 저절로 생기게 마련이다.

아무리 세대가 변하더라도 변하지 않는 것은 예수 그리스도의 말씀이다. 온전한 예배를 위해 설교를 헌금 앞에 두느니, 뒤에 두느니 하지만 이러한 논쟁은 형식일 뿐이다. 설교자가 진정어린 말씀과 그리스도의 피흘린 생명을 두고 말씀을 전하기만 한다면, 예식의 순서는 그리 중요한 문제는 아닐 것이다. 나는 주일예배가 말씀의 본질로 돌아가기를 소망한다.

7.3. 예배의 형식의 본질은 그리스도 중심이어야만 한다.

그런 점에서 나는 브라이언 채플의 『그리스도 중심의 설교』에 마음이 간다. '성경은 우리의 구주요 힘의 근원이신 그리스도를 찾는 방법, 하나님이 요구하시는 존재가 되고 하나님이 요구하시는 것을 행하는 방법을 말해주고 있다.'[118]

브라이언은 '설교자의 메시지가 예수 그리스도의 구속사역에 대한 적절한 이해 안에 내재하는 동기부여와 능력 여부를 포함하지 않는다면, 비록 설교가 주는 교훈의 의도가 선하고 성경에 뿌리를 두고 있다 해도 설교자는 바리새주의를 선포하는 데 불과할 것이다'라고 꼬집는다.(같은 책 17) 이와 같은 점에서 나는 브라이언의 가르침에 감사하다.

---

[118] Bryan Chapell, *Christ Centered Preaching*, 엄성옥 옮김, 그리스도 중심의 설교, 은성, 1999, 404.

7.4. 예배에 반드시 포함되어야 할 요소들[119]

개혁파 장로교회들은 항상 잘 정리된 예배모범을 소유해 왔는데, 칼뱅 시대의 『스트라스부르크 예배의식』(1540-1545)과, 『제네바 예배모범』(1542)으로부터 『하이델베르크 요리문답』(1563)의 편람이었던 『팔라티나트 개혁교회 예배의식』과 영국과 스코틀랜드 장로교회의 『웨스트민스터 예배모범』이 그것이다.

성경이 명령하고 있는 예배의 요소는, 사도행전 2:42과 고린도전서 11, 14장을 비롯해 여러 구절들에 나온다. 손재익은 『특강 예배모범』에서 사도행전 2:42을 다음과 같이 제시한다.

〈도식 2-5〉 예배에 반드시 포함되어야 할 요소들(행 2:42)

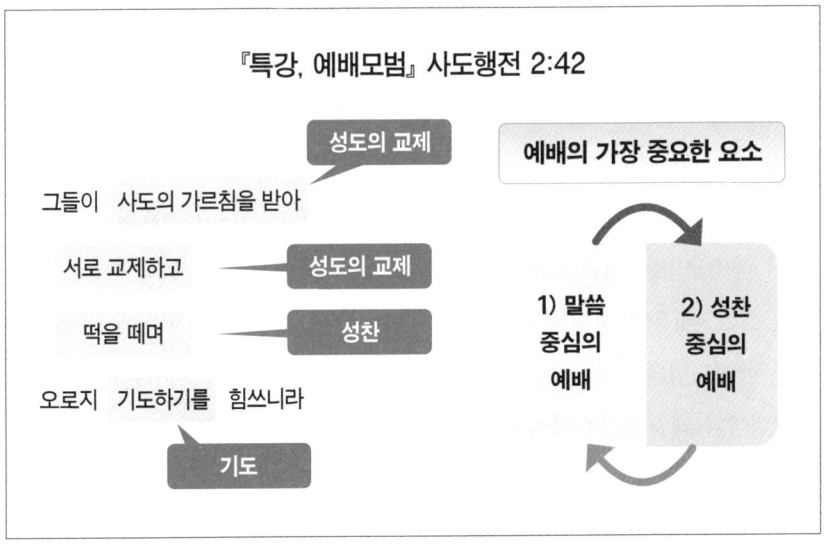

---

119 손재익, 특강 예배모범, 웨스트민스터 총회가 제시한 아름다운 예배를 찾아서, 흑곰북스, 2018, 46-74.

〈그림 2-20〉 칼뱅이 제안한 예배 순서(말씀의 예전, 1542)[120]

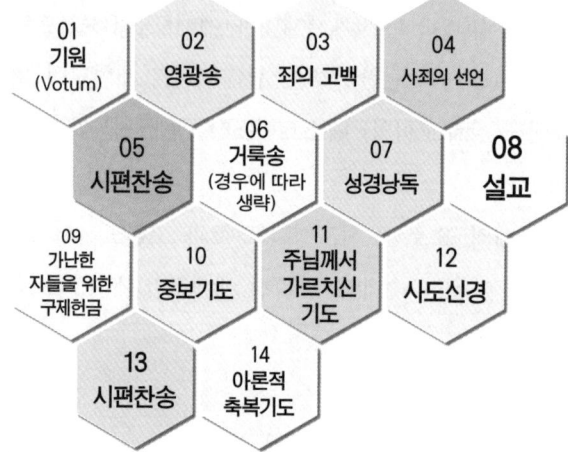

제안자: 장 칼뱅
1538년 4월 제네바에서 추방되어 '스트라스부르크'에서 목회하던 칼뱅이 1541년 가을, 제네바로부터 돌아와 달라는 초청을 받고
마르틴 부써의 강권에 못 이겨 다시 제네바로 돌아온 후 제안하고 실천한 예배순서이며, 네덜란드 교회를 이끌었던 요하네스 아 라스코와 피터 다떼누스가 사용했다.

【 웨스트민스터 예배모범 】

1643년부터 열린 웨스트민스터 회의에서 『웨스트민스터 예배모범』(The Directory for the public Worship of God, 1644)을 작성함으로 총회에서 70회기 이상 토론되었고, 예배모범은 신앙고백서에 첨부되었고 1645년에 공표되었다.

이 예배모범은 선교 초기에 장로교 선교사들에 의해서 한국교회에 전하여졌고, 그 내용의 상당 부분은 현재 대한예수교 장로회의 헌법에 수록되어 있는 예배모범의 근본 바탕을 이루고 있다.(68) 나는 앞서 제시한 칼뱅의 예배모범이나 웨스트민스터의 예배모범에 마음이 간다.

7.5. 예배, 종교개혁가들에게 배우다[121]

'예배개혁'은 종교개혁 핵심 쟁점 중 하나였다. 로마가톨릭의 잘못된 예배 관행에 반대하며 종교개혁가들은 '이해를 추구하는 예배'를 강조했다. 그 근

---

120 손재익, 특강 예배모범, 54-55.
121 문화랑, 예배, 종교개혁가들에게 배우다, CLC, 2017, 18-19.

거는 성경의 가르침이다.

루터의 예배개혁에도 아쉬운 점들이 있지만 당시 사제 중심으로 행해지던 '보는 예배'로부터 성도들이 예배에 직접 참여하도록 인도한 공헌은 결코 간과할 수 없다. 찬송을 성도들에게 돌려준 점 역시 마찬가지다. 루터의 '교회의 바벨론 유수1'에서 중세 로마가톨릭은 성찬의 잔을 평신도에게 허락하지 않았다. 그러나 마틴 루터는 마태복음 26장, 마가복음 14장, 누가복음 22장을 근거로 주님께서는 **'그의 모든 제자들에게'** 떡과 함께 잔을, 즉 완전한 성찬을 주셨다고 주장한다.[122]

칼빈의 제네바 예식에서는 회중이 '시편'을 불렀고, 그 다음 목사는 말씀이 교회를 바르게 세우고 하나님의 영광을 위해 충실히 강설되도록 기도했다. 이것은 성령의 조명을 구하는 것으로 이후 개혁파 예배의 중요한 요소가 되었으며 『웨스트민스터 예배 모범』에도 중요한 순서로 자리매김하였다.(126)

7.6. 내가 하고 싶은 예배 / 개혁교회 예배와 예전학

① **나의 예배는 십자가를 기억하는 예배가 되게 할 것이다.** 예전은 십자가에 대한 기억이면서(anamnesis), 동시에 성령의 임재에 대한 요청의 기도이다.[123] 나는 이것이 예배의 본질이라고 확신한다. 예수 그리스도를 통하여 하나님께 나아가기 때문이다.

② **나는 말씀과 성찬을 할 것이다.** 이것은 초대교회에서부터 예배의 중심 요소로 삼은 것이다. 예배와 예전의 근본은 삼위일체 되신 하나님을 섬기는 일이기 때문이다. 성찬이 얼마나 아름다운가! 성찬식을 통해 성령의 임재를 경험하게 될 것이다.

③ **나는 예수 그리스도의 십자가의 능력이 말씀의 능력으로 임하는 것을 체험하면서 성령의 거룩하심에 의지하는 예배를 할 것이다.** 나는 이것

---

122 Martin Luther, *"The Babylonian Captivity of the Chruch" Luther's Works*, vol, 36(Philadelphia; Muhlenberg Press, 1959), 20. 재인용 문화랑, 예배, 종교개혁가들에게 배우다, 25.
123 정일웅, 개혁교회 예배와 예전학, 범지출판사, 2008, 142.

이 모든 메시지의 중심이 되게 할 것이다. 예수 이름의 능력이 어떠한 것인지를 체험케 하며 하나님이 우리를 얼마나 사랑하시기에 예수님을 십자가에 못박히게 하셨는지를 체험케 하는 예배를 드릴 것이다.
④ 나는 삶의 예배를 드리고 싶다.

나가는 말

주님이 우리에게 원하시는 것은 무엇일까? 교회는 잘 살아라, 착하게 살아라, 헌신하라, 순종하라, 전도하라 하는데 무엇에 헌신하며, 무엇에 순종하며, 무엇을 전도해야 하는지에 대한 주어가 빠져있다. 윤리는 세상 사람들이 더 도덕적이고, 더 잘 가르친다.

예수 그리스도! 그분만 전할 수 있다면 주일 예배의 형식에 굴절이 온들 어떠하랴!
주일 예배를 갱신시키겠다고 머리를 마주하며 논의할지라도 인본주의로 흘러가는 거대한 물줄기는 막을 수가 없다. 이 문제에 대해 곱씹을 필요가 있다는 생각을 한다.

정말 그분이 그립다. 십자가에서 나를 위해 마지막 피 한 방울 남기지 않고 돌아가시며 "오늘 네가 나와 함께 낙원에 있으리라"(눅 23:43), "다 이루었다"(요 19:30) 하시는 음성을 예배에서 들을 수 있다면 좋겠다. 예수님만 전하는 목회자가 더욱 그리워지고, 그런 교회에서 예배드리고 싶음이 사무치게 간절하다. 사랑하는 예수님을 더 깊이 만나고 그 주님을 나누며 살고 싶다. 이러한 메시지가 건조하고 몸에 맞지 않다고 항변할지라도 나는 예수 그리스도만 전하겠다는 마음으로 삶에서 실천하기 위해 수없이 노력할 것이다.

내가 만약에 목회를 한다면 나는 고전적인 예배의 예전으로 모범예배를 하고 싶다. 예배 자체가 하나님의 임재를 경험하는 시간이기에 현대적인 문화의 꽹과리와 춤으로 따라가야 한다는 것에 동조할 수 없으며, 말씀으로 승부를 걸 것이다. 설령 고집스러운 나의 고전적 예배로 교인들이 안올지라도 나는 한 생명에게라도 말씀을 전할 수 있다면, 분명한 예수를 전할 수 있다면 내 고집을 꺾고 싶지 않다.

'21세기 한국교회 예배와 예전의 미래적인 방향은 어디로 향하여야 할 것인가? 그것은 지금까지의 비예전적인 예배를 말씀 중심의 예전적인 모습을 갖춘 예배로 전환하는 일일 것이다.'[124] 이러한 정일웅 목사님의 논의에 찬성한다. 이 시대에 영과 진리로 드리는 예배를 위해 고민하는 분들이 계시기에 행복하다. 나의 예배와 사역, 그리고 한국 교회의 모든 예배에 있어서 목회자들이 본질을 놓치지 않으려는 몸부림과 삶의 일치가 있기를 소망한다.

참고문헌

문화랑	예배, 종교개혁가들에게 배우다. CLC. 2017.
손재익	특강 예배모범. 웨스트민스터 총회가 제시한 아름다운 예배를 찾아서. 흑곰북스. 2018.
정일웅	개혁교회 예배와 예전학. 범지출판사. 2008.
허도화	한국교회 예배사. 한국강해설교학교 출판부. 2003.
Bryan Chapell	Christ Centered Preaching. 엄성옥 옮김. 그리스도 중심의 설교. 은성. 1999.

---

[124] 정일웅, 개혁교회 예배와 예전학, 358.

22. 총신대 신학대학원 및 생명의 전화 봉사 표창

1. 성적우수상(졸업성적 전체 3등)

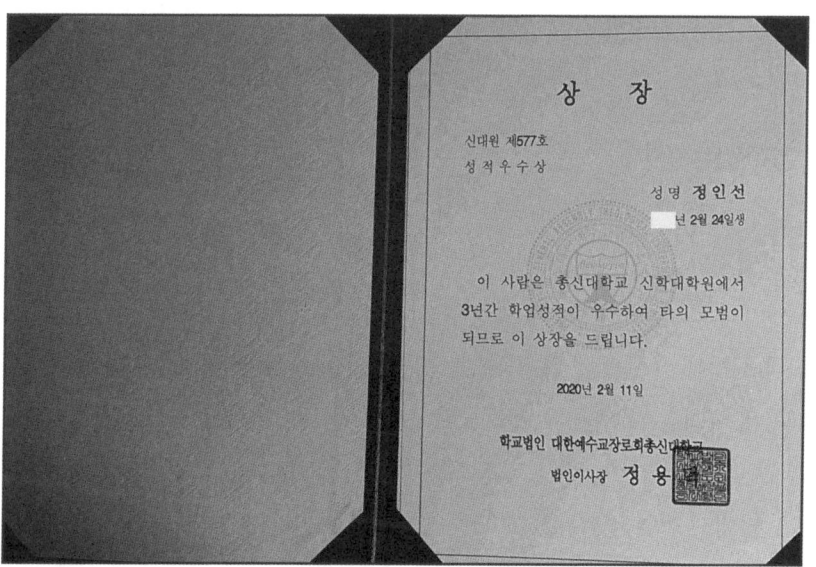

▲ 2020년 2월 졸업시 성적우수상 전체3등(법인이사장 표창)

▲ 2018년 1학기 all A⁺

2. 2017년 종교개혁 주간 독서서평대회

> 『칼빈의 언약사상』(피터 A. 릴백) / 기독교문서선교회

들어가는 말

　개혁주의를 붙들고 있는 우리는 언약신학의 두 가지 측면, 행위언약과 은혜언약의 양 산맥을 믿음과 순종으로 수납한다. 여기에 이견(異見)이 없다. 그러나 이러한 아우름이 처음부터 있었던 것은 아니다. 두 가지 언약의 첨예한 대립은 아리스토텔레스와 플라톤에서부터 갈라진 골에서 근원(根源)하여 어거스틴과 토마스 아퀴나스의 통찰을 거쳐 제네바와 취리히의 분수령을 넘어 오늘날에도 여전히 기독교 교리의 숙제로 남겨지기도 한다.
　이러한 양대 산맥의 문제에 대한 답을 릴백(Peter A. Lillback)은 그의 저서 『칼빈의 언약사상』(The Binding of God)에서 각 시대별로 칼빈의 언약사상과 충돌하거나 긴장 관계에 놓인 다양한 해석들을 분석과 비평의 프리즘을 통하여 칼빈의 신학이 언약신학이며 연속성이 있음을 제시한다. 릴백은 먼저

'칼빈을 언약신학자로 간주할 수 있는가?'라고 독자에게 물음을 던지고, '칼빈에게는 언약신학의 역사적 물줄기가 없다'는 논지를 주장하는 해석들을 제시한다.

저자의 물음은, 알라딘의 요술램프같이 모든 것이 칼빈에게서 귀납되는 것에 더 이상 의문의 개연성을 갖지 않고 칼빈에 젖어 있던 나의 시야(視野)에서 눈이 열리는 느낌이었다. 칼빈이 언약신학자였는지 비로소 궁금해졌다.

저자에 의하면 초기 개혁주의 언약신학은 재세례파의 언약신학에 대항하기 위하여 근본적으로 성경의 통일성과 성례의 두 가지 신학적 내용으로 제한되어 있었다고 한다. 이러한 언약신학은 제삼세대 개혁주의 신학자들이 나타난 이후 변화되었고, 그들은 칼빈이 미성숙한 언약신학을 가지고 있다는 관점에 동의한다.

저자는 언약에 대한 정의의 범위를 설정한 후 가장 먼저 언약의 개념에 대해 정의한다. 그런 후 칼빈의 예정론을 고정된 틀에 제한하여 무조건적인 일방적 언약이라고 왜곡되게 폄하하는 편협적인 다양한 스팩트럼에 대하여 논의한다. 그리하여 저자를 따라 칼빈의 언약신학에 대한 물줄기를 찾아가 볼 것이다.

제1부 언약신학의 시작: 칼빈의 역사적 배경에서 본 언약 개념

언약사상은 성례의 충성 맹세로 행동한다는 것에 의하여 성례라는 단어는 언약 상징이나 서약을 의미한다. 언약은 '싸크라멘툼'에서 기인된다. 칼빈이 어떻게 언약 개념과 접하게 되었는지에 대하여도 치밀하게 기술하고 있다.

칼빈은 '갑작스러운 회심' 후에 중세 말 언약신학에 노출되는 많은 기회를 가졌다. 베이커에 의하면 칼빈과 함께 노선을 같이하는 불링거의 언약신학은 쌍방적 조건 언약 개념이고 어거스틴은 일방의 견해를 고수했다는 것이다.

그러나 어거스틴도 쌍방적 언약을 주장하는데, '팍툼'(*Pactum*)과 '테스타멘툼'(*Testamentum*)의 용어에서 이것을 알 수 있다. 성경은 '팍툼'의 자리에 '테스타멘툼'을 사용하는데 그것의 의미는 계약이다.

그 방법은 약속(*testament*)의 상속인 그리스도를 주는 것이다. 약속은 죽음을 요구하고, 언약은 살아있는 자들 사이의 관계라는 것이다. 어거스틴은 쌍방적 언약을 예정교리와 연결한다. 어거스틴은 원죄를 타락 전 언약과 연결했으며, 타락 전 하나님과 아담 사이에 언약의 존재를 알고 있었다.

루터의 언약신학은 칼빈에게 많은 영향을 끼쳤는데, 루터에 의하면 '예수 그리스도는 하나님이시기 때문에, 그리고 하나님은 영생 자체의 근원이시기 때문에, 약속이 아니고 반드시 언약을 체결하셨어야 했다. 예수 그리스도는 죽으실 목적으로 인간이 되셨기 때문에 약속을 하실 수 있으셨다.'라고 하며 어거스틴이 강조한 언약의 쌍방적 성격과 일치하는 언약에서 인간의 책임 개념을 본다.

개혁주의 언약신학은 독일-스위스 개혁주의 사상에서 시작되었다는 저자의 초두는 칼빈이 문화적, 사회적으로 영향을 받았으리라 추측하는 당시의 신학자들의 주장을 들어 저자의 논증의 농도는 더욱 진해진다. 언약 개념이 독일-스위스 종교개혁 초기에 번성했다면, 칼빈이 마틴 부처와 불링거와 맺은 가까운 관계로 미루어 볼 때 언약 개념의 영향을 받았을 가능성은 매우 높다.

불링거에 의하면 츠빙글리의 언약 교리가 중요하다. 불링거는 츠빙글리가 언약의 통일성을 유아세례 수호와 연결하면서 세워 놓은 기초 위에 하나님과 인간 사이의 언약에 대한 기록을 창세기 17장에서 발견한다. 저자는 루터와 불링거를 대비하며 독자의 이해를 돕고 있다.

루터는 창세기 17장의 언약은 유대인에게만 주어진 율법이고, 불링거는 모든 시대의 교회를 위한 언약으로 복음이라 말한다. 개혁주의자들의 언약적 해석은 믿음과 사랑이 필연적으로 함께 존재하며, 성령의 은혜는 모든 율법의 완성임을 강조했으나, 루터는 믿음과 은혜를 율법과 분리했다.

이러한 두 가지의 상충된 견해를 칼빈이 피해갈 수 있겠는가? 칼빈은 언약과 선택에 대한 취리히와 비텐베르크 사이의 해석학적 분수령을 치열하게 맞닥드려야 했기에 이들 개혁자들의 영향을 받았을 것이다. 저자의 질문은 독자들에게 궁금증을 유발하며 다음 2부 "칼빈 언약사상의 진수"로 자연스럽게 연결되고 있다.

제2부 칼빈 언약사상의 진수

저자는 중세의 언약 개념과 루터 신학의 언약, 취리히의 언약에 대한 비평과 논증의 전개를 통해 역사적 배경을 살핀 후, 제2부 칼빈의 언약사상은 창조언약과 그리스도인의 삶에서 은혜언약의 문제를 다루면서 방점을 찍고 있다. 칼빈에게 언약은 '하나님 스스로 결속'을 함축한다. 여기서 '스스로'라는 단어를 살펴보면 자신을 그의 피조물과 연결하는 하나님 자신의 행위이다. 그러므로 언약은 하나님과 연합하는 수단이며, 하나님의 은혜를 강조한다.

저자는 칼빈의 언약 견해가 불링거의 『데 테스타멘토』(*De Testamento*) 다음에 나왔지만 언약적 구속사에 대한 칼빈의 견해가 불링거의 것과 동일한가 하는 것에 대하여 조화를 이룸을 논증한다.

칼빈에게 언약은 그리스도 중심적이기에 그리스도를 기초로 한다. 언약의 성취는 그리스도다. 그리스도로 언약은 궁극적으로 확인되고 비준된 것이다. 언약을 지키는 것, 또는 하나님 말씀을 순종하는 것은 칼빈에게 엄청나게 중요한 것이었다.

나가는 말

서언에서 논술했듯이 언약신학의 두 가지 측면은 행위언약과 은혜언약을 분리하는데서 쟁점이 생긴다고 본다. 두 언약은 분리되는 것이 아니다. 칼빈은 행위언약과 은혜언약을 분리하지 않았고, 칼빈에게 있어서 언약과 언약에 대한 순종과 실천은 그의 삶 자체이며, 그의 전 실존(全 實存)이었다. 은혜언약은 행위언약을 요구하며, 행위언약은 은혜언약을 거소(居巢)로 삼아야 함이다. 필자 역시 삶에서의 철저한 순종을 할 때 위로부터 주시는 은혜를 경험했기 때문이다.

그럼에도 '그리스도인이 죄에 빠지면 어떻게 되는가?'에 대한 답을 칼빈은 '우리 자신에 대하여 소망의 문을 닫지 않는다면, 하나님께서는 우리를 당신 자신과 화합하시기 위해 여전히 의도적으로 나오실 것이다. 우리 자신의 죄책으로 떨어져 나간 언약을 붙잡는다면 말이다.', **"언약은 부서진 죄인에게 소망의 널빤지다."**라고 한다.

죄에 대하여 넘어진 자가 언약에 대한 소망을 붙들고 일어날 수 있도록 위로함이 감사하다. 그렇기에 칼빈의 언약신학은 칼빈주의와 동의어가 될 수 있다. 죄인에게는 언약의 실체이신 그리스도를 만나는 회개함이 되고, 순종하며 성결하려 애쓰는 자에게는 언약의 제공자이신 하나님을 대면하는 경험을 하도록 인도하기 때문이다.

그림자처럼 스쳐가는 생각에 머뭇거리는 마음으로 시작했고 처음에는 어려웠던 책이지만, 이러한 언약신학에 대한 사상적 누각(樓閣)을 세워 준 칼빈과 이를 잘 논증해 준 릴백과 이 책을 추천한 학교와 교수님의 수고에 고맙고 감사하다.

3. 2018년 독서서평대회(1등)

> 『온전한 그리스도』 The Whole Christ
> 싱클레어 퍼거슨(Sinclair B. Ferguson) 지음/ 정성묵 옮김
> 디모데 출판사

들어가는 말

나는 아직 설교자가 아니다. 그러나 설교를 들으면서 '예수 그리스도'에 대한 말씀을 전하는지, 윤리를 가르치는 설교인지에 따라 가슴이 터질 듯이 벅차오르기도 하고 마음이 힘들어지기도 한다. 나의 최대 관심사는 '예수 그리스도와 그분이 십자가에 못 박히신 것'이다.(63)

- 그런데 목사님들의 설교는 미묘하게 '예수'를 벗어나, 윤리적인 교훈이 중심 내용이다. 주일 예배 설교에 '예수'라는 단어가 여러 번 나오는 것은 기대조차 하지 않지만, 한 번이라도 나오면 눈물이 날 정도로 말씀하신 목사님이 어쩌나 고맙고 예쁜지. '예수'를 말씀하신 목사님께 감사하는 마음으로 '예수'를 붙들고 견딜 힘이 생겨 교회당 문을 나설 수 있다. 예배 시간마다 '예수와 십자가'가 많이많이 고프다.

- 그래서 총신 신대원이 복음을 잘못 가르치는지 확인하고 싶었고, 조그만 기회라도 주어진다면 한 생명에게라도 다른 것 전하지 않고 "예수 그리스도와 그분이 십자가에 못 박히신 것'을 내 입으로 전하리라." 다짐하고 가슴에 후두둑 단풍이 떨어지는 인생의 늦은 계절에 먼 길 돌아 긴 시간 거스르며, 힘든 걸음으로 양지 신대원에 왔다.

- 『온전한 그리스도』는 매로우 논쟁을 중심으로 '예수와 그분이 십자가에 못 박힌' 복음의 제시이다. 자! 이제 '율법과 복음은 같은 것인가, 다른 것인가' 싱클레어를 따라 가보려 한다.

본론

- **1장 "매로우 논쟁이 불거진 과정"**에 있어서, 『온전한 그리스도』는 1717년 2월 스코틀랜드 오치터라더 장로회 모임에 일어난 일이 논쟁의 발단이 되었다. 이 논쟁은 에드워드 피셔가 쓴 『현대신학의 매로우』라는 책이 논쟁의 기저(基底)로 '율법과 복음은 같은 것인가, 다른 것인가'에 대한 논의를 나누고 있으며, '복음을 어떻게 전해야 하는가?'라는 문제를 제기한다. 이 책은 18세기에 대두되었던 신학적, 목회적 문제를 현재의 틀에서 집중적으로 조명한 책이다. 그런데 이 질문에 대한 더 근본적인 질문은 바로 '복음은 무엇인가?'이다.

- **2장 "복음 속의 은혜"**에 있어서, 죄를 버리는 것을 '하나님의 선택에서 비롯한 은혜의 열매'로 보지 않고 '은혜를 경험하기 위한 전제 조건'으로 본다는 점에서 '복음은 자격 있는 자만을 위한 은혜의 메시지'가 되어 버리는 '자격' 개념이 복음에 위험천만한 영향을 미친다는 것을 제시한다. 그리하여 복음의 혜택들이 복음 자체이신 그리스도와 분리되고 있다. 저자는 그리스도와의 연합으로 강조했으며, 칭의와 성화를 서로 분리할 수 없는 현존으로 다루고 있다.(67)

- **3장 "하나님의 성품에 대한 왜곡"**에 있어서, 그리스도와 그분의 혜택을 분리하고 선택과 관련하여 성령이 각 사람 속에서 행하시는 역사를 복음 제시의 조건으로 여기는 입장에는 또 다른 위험이 있는데 이런 입장은 준비주의(preparationism)를 조장하고, 하나님의 성품을 왜곡함으로 복음을 값없이 제시하는 데 큰 걸림돌이 되는 것을 저자는 설명한다.(73-74)

- '그리스도가 당신을 위해 죽으셨기 때문에 하나님이 당신을 사랑하신다!'는 표현이 과연 맞는가? 아니다. 그리스도의 죽음이 하나님이 우리를 사

랑하시는 이유가 아니다. 성부는 이미 처음부터 우리를 사랑하고 계셨다는 논의는 저자가 제시한 요한복음 3:16이 새삼스레 가슴으로 다가왔다.(85-86) 저자는 매로우 형제들이 바리새인을 향하여 '그들의 신학이 뱀이 말한 것과 같다.'고 날카로운 진단을 한다고 제시하는데, 이러한 표현은 저자와 번역자가 시의적절(時宜適切)하면서도 아주 정확하고 유려(流麗)한 필체로 독자들을 사로잡아 가고 있었다.

- **4장 "율법주의의 위험"** 에 있어서, 저자는 '율법은 무엇이냐?'(갈 3:19)를 제시하면서 너무 익숙하며 이미 '옳은 답'을 알고 있는 우리에게 도전한다. 2000년 전 사도 바울이 했던 질문이 오늘 나를 향한 질문으로 새롭게 다가왔다. 성경에서 이 구절을 읽을 때 느낌이 별로 없었다. 그런데, 비로소 오늘에야 바울이 얼마나 중요한 질문을 던졌는지를 알 것 같다. 이에 대한 대답은 두 가지인데, 하나는 율법주의이고 다른 답은 율법폐기주의이다.(97-98)

- 율법주의는 에덴동산만큼이나 오래되었기에 저자는 율법주의의 뿌리를 에덴에서 찾는다. "뱀과의 대화를 통해 하와의 머리와 가슴에 스며든 것이 하나님에 대한 깊은 의심이고 이 의심은 하나님에 대한 반역이며, 하와의 '율법폐기주의'의 뿌리는 사실상 '율법주의'의 표현이었다. 따라서 본질적으로 율법을 주시는 분인 하나님에 대한 왜곡이다."(107-108)

- **5장 "은혜의 순서"** 에 있어서, 저자는 로마서 8:29-30과 관련하여 구원의 서정이 사슬의 각 고리로 볼 수 있어 순서대로 진행된다는 그릇된 사고(오해)에 대하여 지적하고 이 비유가 시간 순서의 개념으로 변질된 것을 지적한다.

- 회개는 믿음의 울타리 밖에서 이루어질 수 없음을(136) 변증하기 위해 칼

뱅의 논의를 인용하며, 누가복음 15장의 탕자 비유에 나타난 세 가지 관점: 값없는 은혜의 구주-아버지, 은혜를 입은 율법폐기주의자-작은 아들, 은혜를 놓친 율법주의자-큰 아들에 대한 저자의 리트머스지 시험지는 독자로 하여금 글 속에 빠져들게 한다. 그리고 난 후 이것이 곧 '목회자의 마음속에서 발견되는 율법주의의 가면'을 지적한다.(141)

- 율법은 삶의 규칙이다. 우리는 '율법의 은혜'를 이해하고 느끼며 그 안에서 기뻐해야 한다. 하나님이 자신의 아들만이 아니라 율법을 통해서도 은혜를 보여주셨다는 확신을 얻지 않으면, 우리가 시내산에서 듣고 보게 되는 것은 오로지 천둥과 번개뿐일 것이다. 창의적 논지(論旨)이다.

- 6장 "율법주의의 의심 증상들"에 있어서, 율법주의는 가장 흔한 영적 질병 가운데 하나이며 이 병은 전염성이 있다. 율법주의의 의심 증상들로는 '자기 의'(自己義)가 있다. '자기 의'는 '자기 희생적인 사람'에게 나타나며 '영적 훈련을 철저히 하는 사람' 등에게서 나타난다는 저자의 주장은 뿌연 안개 속에 가려있는 내 믿음의 현 주소인 '자기 의'의 너울을 벗겨내는 프리즘이 작동하게끔 만들었다.

- '율법주의 기질'에는 많은 얼굴이 있다. 이 기질은 자신의 공로, 질투, 시기, 성과와 인정을 바라는 것, 죄책감 등, 그런데 이것은 사탄의 역사이며 '죄'임을 정확히 드러내고 있다.

- 7장 "율법폐기주의의 얼굴들"에 있어서, 케케묵은 문제를 마주하게 되는데 '율법폐기주의'란, 그리스도인의 삶 속에서 율법의 역할을 전면 부인하는 주의로 루터의 종교개혁에 뿌리를 둔다. 그렇다. 내 안에 율법주의와 율법폐기주의의 파도가 계속 밀려와 개혁주의 신학의 해변을 때리고, 하나님의 사랑을 의심하도록 공격한다. 그래서 "오호라 나는 곤고한 사람이

로다"(롬 7:24)라고 탄식할 수밖에 없다. 저자는 율법폐기주의가 하나님의 율법을 거부하는 것 같으나 결국 그 문제의 뿌리는 하나님의 사랑을 이해하지 못하고, 그래서 십계명을 위태롭게 하며 복음의 진리를 망가뜨린다고 변증한다.(205) 이 미묘한 색채를 지닌 자가 내가 아니던가!

- 8장 "원인과 치료제"에 있어서, 율법폐기주의와 율법주의는 서로 정반대라기보다 둘 다 은혜의 정반대로 변증한다. 율법주의의 진정한 치료제는 율법폐기주의가 아니라 바로 예수 그리스도와의 연합을 이해하고 실제로 맛보는 것이다. 그렇게 되면 하나님의 율법을 사랑하고 그것에 순종하려는 새 마음이 절로 우러나온다. 그리스도가 복음 안에서 우리에게 그렇게 할 힘을 주신다. 이것만이 율법주의와 율법폐기주의의 속박을 모두 깨뜨리는 유일한 치료제이다. 가장 심한 율법주의자는 곧 율법폐기주의자이다.(208, 211) 어느새 나는 저자의 변증에 매료되고 말았다.

- 9장 "확신의 매로우"에 있어서, 저자는 '확신'과 '믿음'의 관계에 대하여 논의한다. 일단, 거짓 확신을 가질 수 있으며, 진정한 신자도 의심에 시달릴 수 있음을 칼뱅의 제자들에 관한 논의(제자들이 부활 전에 참된 신자였지만 동시에 약한 신자였다는 점을 지적했다)를 빌어 제시한다. 또한 구원을 확신하는 사람이, 그 확신을 자기중심적이며 자기 몰두적인 삶의 구실로 삼을 수 있다는 우려로 율법폐기주의로 흐를 수 있다는 인식이 있었음을 제시한다.(240)

- '확신'은 오랫동안 논쟁거리가 된 문제 중 하나였지만, 『현대 신학의 매로우』와 웨스트민스터 신앙고백과 보스턴은 칼뱅과 의견을 같이 했다. 신자들은 자신의 불신과 계속해서 싸운다. 불신은 우리의 원죄에서 비롯된다. 사탄은 신자들을 불신으로 흔들며 수없이 공격하지만 결국, 신자는 믿음의 주요, 온전하게 하시는 이인 그리스도를 통해 완전한 확신에 이른다.

믿음은 결국 온 세상을 이긴다. 이런 배경에서 칼뱅은 구원의 확신을 돕는 것으로 성화의 역할을 인정한다.(254-255)

- 10장 "어떻게 그리스도에 대한 확신이 구원의 확신이 되는가?"에 있어서 우리가 확신을 얻는 것이 성령의 사역이라고 제시한다. 믿음의 행위는 그 안에 확신의 씨앗을 품고 있으며, 확신과 믿음은 별개로 존재할 수 없다. 진정한 믿음은 올바른 자기 인식에서 이루어지며 ① 은혜와 믿음 ② 믿음의 삶 ③ 성령과 믿음의 세 가지 차원에서 이루어진다.(266)

- 확신의 문제에 있어서 그리스도는 핵심이다. 아니, 그리스도는 전부가 되시며 순종은 믿음을 강화하고 확증해준다.(269) 요한에게 사랑과 믿음은 서로 상충하는 것이 아니었다. 믿음은 사랑으로 역사하고 사랑은 순종으로 표현되며 요한이 말하는 확신은 믿음의 삶 속에 깊이 뿌리 내리고 있는 확신, 삶의 증거로 낳는 확신을 말한다.(270, 273)
- 이 확신은 성령이 우리의 영과 함께 직접 증언을 더하여 확증해 주시는 것으로 '쉼말튀레오'(συμμαρτυρέω, witness with, '함께'하는 증언)(롬 8:16)(277)라는 동사와 '아빠 아버지'(롬 8:15)라고 '외침'('크라조', κράζω, to cry out)이 '꽈당 넘어져서 아버지에게 도와달라고 울부짖는 아이'(280)와 같은 절박한 신자의 본능에서 나오는 '외침'을 사용하여 신자됨의 확신을 변증하면서 '꽈당 넘어짐'에서 방점을 찍는다.

- 11장 "장애물이 길에 가득할 때"에 있어서, 확신에 대한 장애물로 ① 확신의 기초가 그리스도께 있음이 깨짐 ② 순종의 비일관성 ③ 고난의 역할을 오해한 까닭 ④ 칭의와 중생이 그리스도인과 죄의 관계를 어떻게 변화시키는지를 제대로 이해하지 못한 것으로 죄의 정죄와 지배는 끝났지만 죄 문제는 여전히 우리를 괴롭힌다. ⑤ 타고난 기질의 문제에 있어서 우울한 성격은 확신을 누리지 못하게 하는 장애물이 되기도 한다. ⑥ 마

귀의 공격도 구원을 확신하는 데 장애물이다.

나가는 말

- 『온전한 그리스도』는 표면적으로는 매로우 논쟁의 쟁점들을 다루고 율법과 복음의 관계를 제시했지만, 저자의 중심은 복음 그 자체이신 그리스도를 전하는 것이다. 저자는 율법주의의 뿌리를 에덴에서 찾는데 하와가 하나님의 율법을 거부한 것(율법폐기주의)은 사실 하나님에 대한 왜곡된 시각(율법주의)의 열매였다.(109-110) 결국 율법폐기주의와 율법주의는 뿌리가 같다. 이것은 하나님의 사랑을 알지 못하기 때문에 나오는 심각한 담론이다.

- 예수님이 "자기를 의롭다고 믿고 다른 사람을 멸시하는 자들에게"(눅 18:9) 말씀하신 비유가 곧 나임을 발견한다. '남들과 같지 않음이, 자기희생이라고 여기는 오만이, 계명을 지킨다고 하는 자만(自慢)'(164)이 자기 의로 똘똘 뭉친 내 모습을 투영하며, 나이가 들수록 부패한 본성이 나를 사로잡아 죄 아래로 빠뜨리는 것을 온몸으로 느낀다. 내 속에 왜곡된 율법주의가 있으며, 왜곡된 율법폐기주의가 있다. 아버지의 은혜와 용서가 필요한(157) 나 자신을 발견한다.

- 그리스도의 온전하고도 값없는 제시, 율법주의와 율법폐기주의 모두에서 나타나는 속박된 마음의 허물어짐, 그리스도와 연합하고 성령이 우리 마음에 주시는 믿음을 통해서 율법을 써주신 결과로 나타나는 하나님에 대한 즐거운 순종….(235) 이것이 나에게 있어서 복음의 매로우다. 이 책은 기질적으로 늘 흔들리고 어려워하는 나의 믿음에 자리매김을 해주고, 내가 다른 것을 전하지 않고 오직 그리스도만 전하고 싶은 나의 마음이 '옳다'는 확신을 갖게 해주었다.

- 저자는 단순하고 조야한 논리로 두 진영의 주장을 폄하하며 변증하는 것이 아니라 폭넓은 사고로 전체를 아우르며, 주옥같은 단어와 수려한 필체로 어느 한 편 간과(看過)됨 없이, 나무를 보며 숲을 안내하고 숲을 보며 나무를 안내한다.

- 복음과 율법의 비밀이 딱딱한 논의임에도 정제된 언어, 때로는 원석(原石) 같은 천연의 언어와 일상의 언어(예를 들어 '꽈당')의 적재적소의 배치는 명료하다 못해 아름답기까지 하다. '꽈당'이란 표현은 나에게 원픽(one pick)이었다.

- 저자의 탁월한 실력과 판단력뿐만 아니라 복음을 향한 열정과 정성과 수고(역자의 번역도 너무 훌륭하다)에 나의 제한된 어휘력으로는 '최고다! 경이롭다!'라고 할 수밖에 없지만, 깊은 은혜와 감동이 있어 우리 신대원 학생은 물론, 더 나아가 목회자와 그리스도인 전부가 읽어야 할 필독도서로 제시하는 바이다.

- 그리하여 "너희 모든 목마른 자들아 물로 나아오라 돈 없는 자도 오라 너희는 와서 사 먹되 돈 없이, 값없이 와서 포도주와 젖을 사라"와 같은 초대에 기쁨으로 나아가 '그분을 더 분명히 보고, 알고' 양들에게 '예수와 그가 십자가에 못 박힌 복음'만을 전하기를 소망한다.(91)

- 복음과 율법의 지경을 넓혀준 귀하고 소중한 책을 읽게 해주신 교수님과 도서관에 감사하다.

▲ 2017년 독서서평대회 알림   ▲ 2017년 독서서평대회 3등

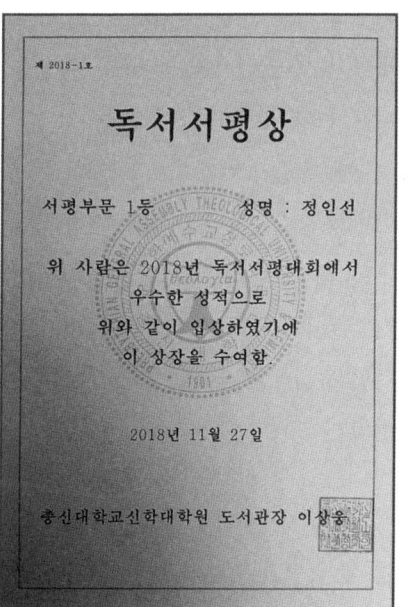

▲ 2018년 독서서평대회 1등

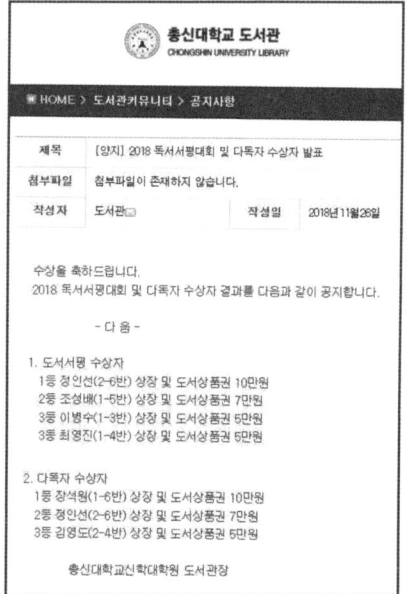

▲ 2018년 독서서평대회 1등 알림

4. 2019년 '독서서평대회' 서평부분 1등

총신대학교 신학대학원 도서관 주최

> 『하나님의 5가지 사랑의 언어』
> 게리 채프먼(Chapman, Gary D) 지음 / 박상은 옮김

들어가는 말

어느 날 화분 사이를 부지런히 다니는 개미를 보며 개미들의 언어가 있을 것이라는 생각이 들었다. 한 마리가 급한 행동을 하자, 그것이 언어인지 바로 연이어 따라오던 다른 개미들도 정신을 잃고 허둥댔다. 미물도 그들의 언어가 있지만 나는 그들의 언어를 들을 수 없고 그들도 내 언어를 들을 수 없다. 그렇다면 미물과 같은 나는 하나님께서 주시는 언어를 들을 수 없는가? 하나님은 내게 늘 말씀해 주시는데 나는 알아듣지 못하는 것일까?

나뭇잎이 다 떨어진 채 바르르 떨고 있는 나뭇가지 사이로 양지의 겨울 하늘이 눈부시게 빛났다. 하늘을 쳐다보며 묻는다. '하나님 제게 뭐라 말씀하시는지 들리지 않아요. 말씀 좀 해주세요. 대답 좀 해주세요.' 도서관 뒷문으로 나와 뒷산을 바라보며 이렇게 비명을 질러댔다. 파란 겨울 하늘만 무심히 껌뻑이고 대답이 없는 것 같았다. 하나님은 나에게 무어라 말씀하시는가? 직접 듣고 싶었는데, 듣지 못해 늘 궁금했다.

하나님의 5가지 사랑의 언어란?

하나님의 5가지 사랑의 언어는 저자가 『5가지 사랑의 언어』로 하나님의 사랑을 깊이 경험하도록 다양한 색깔의 다양한 언어를 독자들에게 제시하고 있다. 저자의 분석은 내가 미처 생각하지 못한 것이 하나님의 언어임을 명료하게 밝혀주며, 직접 말씀하시는 하나님의 음성을 들을 수 없는 이 시대에

하나님의 사랑의 확신을 갈구하는 많은 신자들에게 잔잔한 위로의 말로 안내를 하며, 영적 경험으로 인도한다.

부부의 결혼 생활에서도 아내가 원하는 사랑의 언어와 남편이 사용하는 사랑의 언어가 다를 때 상대방의 사랑의 언어를 발견하기까지 얼마나 오랜 시간이 걸리는지를 저자는 학문적 탐구와 실천적 경험에서 비롯하여, 하나님이 사용하시는 사랑의 언어 1로 '인정하는 말'을 제시하였다. 예수님이 '인정하는 말'은 구약에 나오는 하나님의 말씀을 거듭 확인시켜주는 것으로 표현된다.

구약에 나오는 하나님의 말씀, 인류에 대한 하나님의 무조건적인 사랑, 즉 예수님의 '인정하는 말'이 하나님의 사랑의 언어임을 비로소 오늘에야 깨닫는 느낌이다. 원문을 놓고 씨름하며 어떻게 하면 주해를 탁월하게 잘할 수 있을까를 먼저 고민했지만, 시편에서 다윗의 찬양과 감사의 말이 다윗이 '인정하는 말'로, '하나님께서 사용하시는 사랑의 언어'임을 깨닫지 못한 내게 문득 사랑의 언어가 되어 boldic체로 다가왔다.

3주 전 나의 사랑하는 친정 어머니께서 천국에 가셨다. 아직 그 아픔이 가시지 않은 채 '하나님이 사용하시는 사랑의 언어 2'가 '함께하는 시간'이라는 저자의 표현은 내 마음을 후벼댔다. 그렇다. 나는 어머니를 사랑한다고 하면서도 어머니와 함께 시간을 많이 나누지 못했다. 학교에서 수업을 하면서 마지막 임종도 지켜보지 못한 채 어머니를 혼자 천국에 보내게 한 자책과 회한이 물밀듯이 밀려왔다. 4년 4개월을 병상에 누워계시자 긴 간병에 대한 버거움과 학교 공부가 바쁘다는 핑계로 늘 옆에 함께하지 못했다. 어느 날은 엄마가 '벌써 가니?' 하고 물으셨지만 '네, 갈게요.' 했다.

그렇게 나의 사랑은 제한적이었지만, 어머니는 늘 자식을 기다리셨다. 어머니와 많이 함께하지 못했던 자식임에도, 하나님은 나와 함께 있겠다고 하시며 나를 조르시고, 내 마음을 두드리시고 끈질기게 나에게 다가오시지 않는가! 예수님의 지상 사역에 있어서도 예수님은 그분의 사랑에 반응하는 모든 사람들과 함께 시간을 보내셨다. 이것이 하나님이 사용하시는 사랑의 언어이다. 어머니의 긴 병환으로 힘들어하던 어느 날 '네 환경은 변하지 않지만, 내가 너와 함께 한다. 너는 혼자가 아니야.'라고 마음 속에 들려주시던 음성이 하나님이 사용하시는 사랑의 언어였던 것을, 그때의 희미한 허상이 이제야 저자의 활자 속에서 뚜렷이 실체로서 확인되어진다.

저자는 나를 감격하게 한다. '성경 전체에 걸쳐 하나님은 스스로를 선물 주시는 이로 계시한다.'는 것이다.(79) 그렇다. '하나님이 사용하시는 사랑의 언어 3'은 '선물'이다. 선물은 예수 그리스도 자체이시다. 또한 다른 사람들의 삶을 풍요롭게 하라고 주시는 지혜와 통찰, 경험, 기술, 물질 등이다. 하나님이 주신 선물은 그분께 받은 사랑을 돌려드리는데 사용하여야 할 것이다. '선물'이 하나님이 사용하시는 사랑의 언어라니! 놀라왔다.

홍해를 가르시고, 광야에서 음식과 물을 공급하시는 것이 하나님이 사용하시는 사랑의 언어-'봉사'이며, **하나님이 사용하시는 사랑의 언어가 예수 그리스도의 십자가**(103)임을 저자의 논지를 통해서야 깨닫는다. 하나님이 사용하시는 사랑의 언어가 봉사임을 말씀하시는 하나님은 우리를 향해 봉사하신 사랑과 같이 우리가 서로를 섬기는 봉사에까지 이르도록 하나님이 사용하시는 사랑의 언어 4로 권면하신다.

사울을 만지신 하나님이 사용하시는 사랑의 언어 5는 '스킨십'이다. 예수님은 제자들의 발을 씻기셨다. 하나님의 사랑의 언어는 우리의 한계인 '언어' 즉 '화술'이 아닌 영적 원리인 것이다. 이 원리를 깨닫게 될 때 가장 깊은 고통 속에서 하나님의 사랑을 깊이 만나며 하나님을 경험하게 되고, 결국은 하나님을 향한 절대 신뢰를 낳게 된다. 하나님은 늘 말씀하셨지만 안들렸던 하나님의 사랑의 음성이 '에바다'('열리라'는 뜻, 막 7:34)되어 "내 귀가 열리고 혀가 맺인 것이 풀려"(막 7:35)졌다.

나가는 말

본서는 하나님의 5가지 사랑의 언어의 영적 원리를 보여주고, 후반부에서는 사람과의 관계, 우리의 일상 속에서, 하나님과의 사랑의 언어의 어휘를 확장하도록 제시한다. 그리고 하나님과의 관계를 다른 사람들의 실제적인 필요를 충족시키는 데까지 표현하도록, 그것이 결국은 하나님의 사랑의 언어이며, 하나님과 더 깊은 관계 안으로 들어가는 하나님의 임재를 더 깊이 경험하는 원리인 것으로 해석한다.

마지막으로 '이 모든 인간적인 사랑의 굴레에서 벗어나 신적인 사랑의 자유를 경험하는 길은 우리의 연약함을 강하신 분, 나사렛 예수께 가져가는 것'(222)이라고 결론을 내린다. 한 가지 추가한다면 가져가기만 하면 안되고 믿음으로 이루어주실 것을 믿어야 하는 것이 선행되어야 한다.

하나님이 우리에게 주시는 언어는 꼭 귀로만 듣는 것이 아니다. 저자의 통찰력과 영적 세계를 바라보는 안목은 나에게 또 다른 세계를 볼 수 있는 눈을 열어주는 느낌이다. 지금까지 하나님의 사랑의 언어는 '음성'으로 들려주시는 것으로만 생각했었다. 분명히 깨달은 사실은 저자의 논지와 같이 '인정하는 말', '함께하는 시간', '선물', '봉사', '스킨십' 등에서도 하나님의 사랑의 음성을 들을 수 있고, 만질 수 있고, 느낄 수 있다.

이와 같은 경험은 이웃을 향한 사랑으로 흘러갈 것이다. 서투르게 사랑의 언어를 시도하는 일조차도 예수께 가져감으로 굴절된 나의 삶에 하나님을 더 깊이 만나며 하나님의 사랑의 언어로 찬양하며 이웃을 섬기며 감사하게 되기를 소망한다.

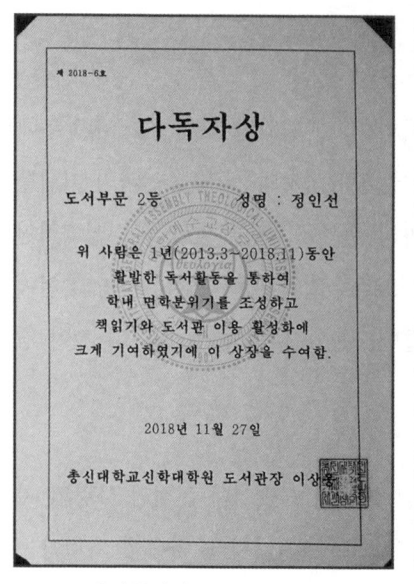
▲ 2018년 다독자상 2등

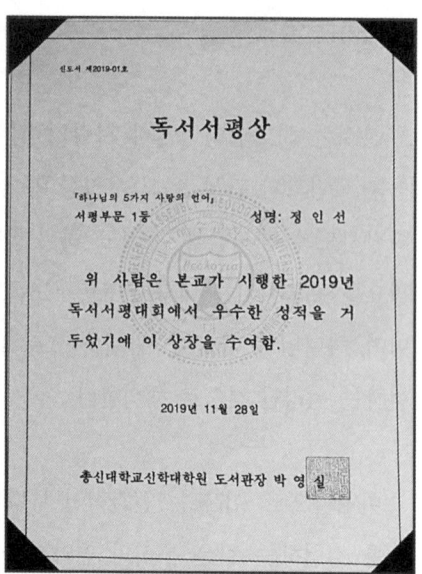
▲ 2019년 독서서평대회 1등

5. 『레위기』(박철현 저) 서문 감사 인사

총신대학교에 있었던 어려움으로 수업을 못하고 있었던 2017년 10월쯤 문득 박철현 교수님께서 레위기 교정을 부탁하셨다. 처음에는 깜짝 놀랐다. 충현교회출판국에서 10년간 교정을 했다는 말씀을 기억하셨다고 하셨다. 그 후 3~4개월 정도 교정과 편집을 하면서 디자인 회사까지 5번이나 다니고 힘들었지만, 행복하고 보람이 있었다. 다음은 교수님께서 레위기 서문에 게재하신 감사글이다.

> 네 번째 감사의 자리는 지금 총신대 신학대학원 2학년에 있는 정인선 권사님에게 드린다. 권사님은 2017년 11월말부터 시작해서 2018년 3월까지, 총 네 달에 걸쳐서 이 레위기 원고와 출판용 편집본을 수도 없이 읽고,

한글뿐만 아니라 히브리어와 헬라어의 오류 검토, 책의 편제, 편집과 관련된 깊숙한 부분들까지 거의 전 영역에서 수고해 주셨다. 또 출판을 위해서 여러 번 편집 디자인실을 방문하고, 그곳 직원들과 의견 교환을 하고 검토를 하는 등의 일들을 해주셨다.

또한 레위기 16장의 본문의 구조 도식도 직접 구상하고 만들어주는 일도 해주셨다. 아마 저자인 나보다 더 여러 번 나의 원고를 읽고 고치셨던 것 같다. 그런 노고에 대한 고마움은 결코 잊지 못할 것이다. 그럼에도 불구하고 혹시 여전히 오류가 남아 있다면 그것은 온전히 저자인 나의 책임이다. 이하 생략.

2018년 3월 12일

박철현

6. 생명의 전화 봉사 표창

생명의 전화
상담원 20년간 봉사 감사패
(2001. 9. 1.) ▶

▼ 상담 시간 1,500시간 이상 봉사

정 인 선

- 총신대학교 신학대학원 M.Div 석사
- ACTS(아세아연합신학대학원) M.A. Healing Ministry 수료
- 서울시립대학교 도시과학대학원 사회복지학 석사

총신대신학대학원을 졸업성적 전체 3등(법인이사장 표창)으로 졸업하였다.
신대원 재학 중 도서관 주최 독서서평대회에서 신대원 2학년(2018년)과 3학년(2019년) 때 두 번 모두 각각의 최고상인 1등을 하였다.

신학사, 사회복지사(1급) 그리고 약학사(약학과)로 10여 년간 약국을 개설하였고, 약무직 공무원으로 강남구 보건소 등 서울 시내에 있는 보건소와 은평서북시립병원과 동부시립병원 약제과에서 근무하였다. 생명의 전화에서 전문 상담요원으로 20년 이상(1,500시간 이상) 전화 상담으로 자원봉사하였다.

총신대학교 신학대학원 재학 중 박철현 교수님의 『레위기』(솔로몬, 2018.)를 교정 편집하였고, 이상원 교수님 『질그릇 안에 있는 보배』(솔로몬, 2018.)를 교정했다.
또한 조호형 교수님의 바울 서신 강의안을 교정 편집하였다(2019년).

충현교회 출판국에서 2006년~2016년까지 봉사하며 교회 인쇄물(주간충현·교재 등)을 교정하였으며, 매달 발간되었던 QT집 「충현의 만나」를 집필하였고 2012년에는 담임목사님 설교집을 교정하였다.

2008년에는 『충현교회 55년사』를 집필하였으며, 2023년에는 『충현교회 70년사』와, 『충현교회 선교백서』를 집필하였다.

의료선교 사역으로는 1980년 세계민족복음화 대성회(여의도 5.16광장)에서 C.C.C. 내 Agape팀으로 의료봉사를 하였다.

충현교회 내 의료선교로는 2000년 1월 몽골, 2001년 방글라데시, 2001년 우즈베키스탄, 2002년 이집트, 2002년 엘살바도르, 2003년 7월 네팔, 2004년 2월 인도, 2004년 7월 루마니아, 2005년 2월 파푸아뉴기니, 2005년 7월 몽골, 2006년 2월 스리랑카, 2006년 8월 우크라이나, 2007년 1월 베트남, 2018년 9월 스리랑카, 2024년 7월 몽골을 다녀왔다. 2025년 1월에는 압구정 소망교회 의료선교팀과 함께 인도네시아에서 의료선교 사역을 하였다.

1980년대 정도 C.C.C.내(內) Agape와 NGO 연합으로 라오스 의료선교를 하였고, 1980년대 파키스탄[(구) 수도 카라치 내(內) C.C.C.에서 세운 선한사마리아 병원과 연합]에서 의료선교 사역을 하였다. 그 외에도 일반선교로 몽골, 인도, 방글라데시, 스리랑카, 네팔 등에서 일반 선교사역을 하였다.